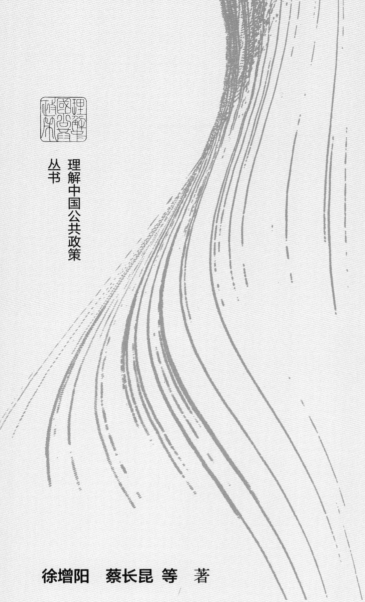

理解中国公共政策
丛书

政策过程
理论与实践研究

第一卷

徐增阳　蔡长昆 等　著

Research on Theory
and Practice of Policy Process

社会科学文献出版社
SOCIAL SCIENCES ACADEMIC PRESS (CHINA)

序

　　政策过程既是政策科学或公共政策学研究的核心主题，也是理解政策实践与国家治理的一把钥匙。中国政策过程具有自身的特色与优势。改革开放以来特别是党的十八大以来，中国通过有意识、有节奏地改进政策系统、改革决策体制，优化政策过程，丰富政策工具箱，强化执行能力，优化评估和反馈，积累了丰富的政策过程实践经验，促进了经济社会的高质量发展。因此，深化政策过程理论研究，理解中国之治，讲好中国故事，构建中国公共政策自主知识体系，改进中国政策系统及其运行机制，推动决策科学化民主化，是新时代中国公共政策学发展领域的重大问题。

　　政策科学或公共政策学是第二次世界大战后首先在西方兴起的一个跨学科、综合性和应用性的研究领域，是当代社会科学、管理科学或软科学的一个学科分支。改革开放之初，西方政策科学传入我国。经过学界与政界四十年的共同努力，中国的政策科学逐步发展，本土化的政策科学的话语和理论体系构建也开始起步。中国政策过程研究蓬勃发展，形成了众多具有中国特色的政策过程理论。这些理论及模型的提出，为分析中国政策过程的特征，理解政策决策和共识的形成、执行、评估等问题提供了有益的指导。但是，大量基于中国政策过程实践及经验的研究仍然以引入和借鉴国外的理论及模式为主，本土化的中国政策过程理论体系尚未完全建立起来。

　　新时代新征程要求我们迅速改变政策过程理论研究发展滞后于政策过程实践的局面，推动中国政策过程的理论创新与话语体系建设，以满足迅速变化着的中国公共政策过程实践的需要。面对这一重大理论与实践课题，亟须对现有政策过程的研究进行一次全面、系统的梳理和评估，以便挖掘更具潜力、更有生命力的研究议题，从而推进中国特色政策过程理论及自主知识体系的构建。在这一背景下，《政策过程理论与实践研究》（全三卷）

的出版，恰逢其时！

本书全面梳理和回顾了中国政策过程的研究进展，系统评估了西方政策过程理论在中国的应用情况，在此基础上尝试提炼和建构一些中国特色政策过程理论框架。这为中国政策过程理论体系的建构与实践应用提供了丰富的学术资源，也是理论创新的一次有益尝试。

读者从本书中可以看到，一方面，越来越多的学者致力于挖掘中国经验，提炼中国概念，创新中国特色的理论，构建中国政策过程自主知识体系。这些研究不断为中国政策过程研究领域注入新活力，丰富了中国政策过程研究的成果。另一方面，当前中国政策过程理论的自主知识建构也面临某些问题，如政策过程研究的不均衡和理论应用的不适配制约了中国政策过程理论的发展；缺乏中国政策过程框架的理论自觉也制约了本土化、竞争性政策过程理论的演进。如何整合不同阶段、不同因素、不同视角，构建一个具有中国特色的指导性概念框架，是中国特色政策过程理论取得突破的一个关键，需要学界的共同努力。

祝贺本书的出版，更期待本书能对中国特色政策过程理论建构产生积极与深远的影响！

陈振明

目 录

导论 中国政策过程：一个基础性评估 …………………………… 001

第一章 中国政策过程研究总体评估 ………………………………… 008
  引 言 ……………………………………………………………… 008
  第一节 研究设计 …………………………………………………… 009
  第二节 研究结果分析 ……………………………………………… 016
  第三节 核心研究议题 ……………………………………………… 061
  第四节 当下中国政策过程研究现状评估 ………………………… 101
  结 语 ……………………………………………………………… 108

第二章 中国的政策形成：问题建构、议程设定和决策 ………… 110
  引 言 ……………………………………………………………… 110
  第一节 政策形成理论基础 ………………………………………… 112
  第二节 数据与方法 ………………………………………………… 124
  第三节 中国政策形成过程的研究内容 …………………………… 135
  第四节 研究现状与缺陷 …………………………………………… 152
  第五节 总结与展望 ………………………………………………… 158

第三章 中国的政策设计：政策工具、社会建构与政策整合 …… 160
  引 言 ……………………………………………………………… 160
  第一节 政策设计理论基础 ………………………………………… 162
  第二节 研究方法与数据分析 ……………………………………… 174
  第三节 中国政策设计研究内容 …………………………………… 188
  第四节 中国政策设计研究述评 …………………………………… 220
  结 语 ……………………………………………………………… 223

第四章　中国政策执行研究：从概念"内卷"到理论突破 ············ 226

　　导　论 ··· 226

　　第一节　西方公共政策执行理论研究概述 ························ 228

　　第二节　研究方法与统计分析 ···································· 232

　　第三节　理论视角 ·· 239

　　第四节　研究议题 ·· 244

　　第五节　研究述评 ·· 278

　　结　语 ··· 288

第五章　政策评估：从方法到理论 ································· 290

　　引　言 ··· 290

　　第一节　研究设计 ·· 294

　　第二节　研究特征 ·· 296

　　第三节　研究议题 ·· 310

　　第四节　述评与展望 ··· 317

　　第五节　结论与不足 ··· 322

第六章　中国的政策终结过程探讨 ································· 324

　　引　言 ··· 324

　　第一节　研究方法 ·· 329

　　第二节　研究特征分析 ·· 331

　　第三节　中国研究议题分析 ······································ 345

　　第四节　研究述评和展望 ··· 359

　　结　语 ··· 363

第七章　中国的政策创新与扩散：追随者还是创新者？ ······· 365

　　引　言 ··· 365

　　第一节　政策创新与扩散的理论演进 ························· 366

　　第二节　研究方法与数据分析 ···································· 378

　　第三节　中国政策创新与扩散的主要研究内容 ············· 387

　　第四节　研究总结：追随者还是创新者？ ···················· 415

　　结　语 ··· 422

第八章　中国政策变迁：回顾、分析与展望················· 424

第一节　政策过程研究的政策变迁议题················· 424

第二节　中国政策变迁研究的文献梳理················· 429

第三节　中国政策变迁研究的现状分析················· 431

第四节　中国政策变迁研究的核心议题················· 440

第五节　中国政策变迁研究的总体评述················· 452

结　　语··················· 457

结论：站在十字路口的中国政策过程研究··················· 460

参考文献··················· 470

附录 1　中英文期刊目录··················· 571

附录 2　《国家科研项目分类表》··················· 579

附录 3　编码框设计··················· 581

导论　中国政策过程：一个基础性评估

一　在政治和行政之间：作为治理优势转化为治理效能"载体"的政策过程

习近平总书记在党的二十大报告中强调："高质量发展是全面建设社会主义现代化国家的首要任务。"（习近平，2023）公共政策的科学制定与有效执行，是推动经济社会高质量发展的关键保障。因此，推动中国政策过程理论研究，推动中国政策过程实践，理解中国之治，讲好中国故事，是新时代我国公共管理学科亟待聚焦的重要议题。

30年来，我国政策过程研究不断发展，成果卓著，形成了许多具有中国特色的政策过程理论，如"上下来去"模型（宁骚，2012）、"集思广益型"决策（王绍光等，2014）和中国式"共识型决策"模型（王绍光、樊鹏，2013）等。这些理论模型的提出为分析我国政策过程的特征，理解我国政策过程中的政策决策、共识形成等问题提供了积极的指引。同时，随着越来越多的海内外的学者关注中国的政策过程，无论是在区域研究领域还是在公共管理和公共政策领域，大量基于中国政策过程经验的成果不断涌现，加深了对中国政策过程以及政治过程和治理体制的理解。

虽然我国政策过程研究的优秀成果持续涌现，但仍存在实践探索有待丰富、理论体系有待完善、研究方法有待扩展、本土化程度有待提高等短板。特别是对本土化、特色化议题的关切仍有待加强，政策"黑箱"在各级政府的打开力度也亟待加强。这些困境的突破也是未来发展的重要增长点。对中国政策过程研究的系统总结不仅有助于为中国政策过程研究的自我观照提供视角，更可以为中国政策过程研究与世界政策过程研究的对话提供多维支点。

本研究基于当前中国政策过程研究中隐含的发展问题，整合近 30 年来相关研究成果，依托兼具量化和质性研究优势的系统性文献综述（SLR）技术展开多元维度分析，以期全方位、多角度把握当前研究脉络，探寻政策过程研究的短板和增长点，由此推测未来研究可能的发展方向。在总体性、系统性评估当前中国政策过程研究现状和缺陷的基础上，推动政策过程研究进一步关注中国本土实践经验，形成中国特色理论体系，让世界听见政策过程研究的中国声音，为公共管理和公共政策学科贡献政策过程研究的中国话语体系。

二 政策过程：理论基础和分析思路

（一）选择"过程"作为基础的原因

政策过程涵盖了从政策问题的产生到政策评估的整个周期，是一个全面的、系统的过程。它关注政策从初始问题识别到最终实施的各个阶段，并且试图理解不同因素如何影响这一过程。公共政策学科自建立以来，由拉斯韦尔提出的政策阶段框架一度成为政策过程研究的主导框架，此后的众多政策过程理论的建构也延续了阶段启发框架的传统。该框架将复杂的政策过程划分为相对离散的阶段，以便展开特定阶段的针对性研究。这种侧重过程阶段的研究范式一度成为理解公共政策的基础分析工具。虽然这一框架自提出就受到了诸多质疑，如缺乏连贯因果、过于线性和顺序性，以及不利于检验等（Sabatier，2004），但其简洁明确等特点和优势对本书的研究思路有着不可替代的作用。

本研究旨在对当前中国政策过程研究的现状进行总体评估，在深入分析当下研究的成就与短板基础上，推动政策过程研究进一步关注中国本土实践经验。这就需要一个更加清晰明确、具有普遍性和可持续性的分析框架作为基本依据。基于此，本研究决定以虽然充满争议但已然被广泛采纳的政策过程作为理论评估的基础。之所以做出这样的选择，理由有以下几点。

第一，把政策过程作为本书展开的基础，能够更好地将政治和行政的基础过程，或者说将"国家意志"转换为"执行结果"的过程呈现出来。这种历时性、阶段性的解释框架，其结构清晰的分阶段方法使得复杂的现实政策过程更易于理解和分析。

第二，由于其足够简单、直接和明确，即便在不同的政治背景下，基本的政策过程仍然具有一致性。因此，以政策过程的不同阶段为评估的基础，更适合解释不同的政治体制下的政策过程。在政策系统和子系统分析的逻辑下，不同政策过程可以为理论的持续发展提供分析的基础。基于此，通过对不同阶段的理论进展进行分析，能够为未来的国际理论对话提供更为清晰的基础，为进一步的理论沟通与对话提供指引。

第三，政策过程理论通过清晰的阶段分析，可以更加明确地识别政策过程中的瓶颈或关键问题。在系统性评估中能清楚凸显不同政策过程和阶段存在的成果、短板与发展特点，有助于未来有针对性地进行理论改进。在中国的政策过程研究中，由于不同政策过程的研究进度存在差异，这样分阶段的理论评估就具有更为重要的意义。

第四，政策过程作为理论，仍然具有极强的生命力。特别是，大量的政策研究教材等著作的基本框架建构都是围绕"过程"展开。萨巴蒂尔（2004）在其经典著作《政策过程理论》中，开篇就将政策阶段理论作为最基础内容进行了分析。虽然他也归纳了这一理论的弊端，但不能否定其作为一种思维范式在政策过程理论中所拥有的基础性地位。迈克尔·豪利特和 M. 拉米什（Michael Howlett and M. Ramesh，2006）的《公共政策研究：政策循环与政策子系统》的第三部分亦是沿着公共政策过程的框架展开的。我国学者陈振明（2003）主编的《政策科学——公共政策分析导论》（第二版）作为政策科学优秀教材，其中篇亦从"过程"逻辑出发，紧密结合了我国政策实践与国外研究成果，阐述了政策分析的原理与方法。可见，政策过程理论在当前和未来的研究中，仍显示出强大的可持续发展潜力。

（二）有关政策过程的理论渊源

美国政治学家哈罗德·拉斯韦尔（Harold Lasswell）提出"政策科学"（Policy Science）这一概念后，又在 1951 年与丹尼尔·勒纳（Daniel Lerner）合著出版了《政策科学：范围与方法的近期进展》一书，自此政策科学作为一门专门的学科受到学界的广泛关注（曾令发，2007）。拉斯韦尔提出的政策阶段框架，即将复杂的政策过程划分为离散的阶段并在特定阶段展开研究，也一度成为主导政策研究的主要框架。后来的政策过程研究延续了阶段启发框架的传统，在 20 世纪 70 年代和 80 年代初成为一种受追捧的分析工具。20 世纪八九十年代，随着对政策过程复杂性的认识的加深，出现了多种新的政策过程理论，如多源流理论（Multiple Streams Framework）、倡议联盟框架（Advocacy Coalition Framework，ACF）、制度分析与发展框架（Institutional Analysis and Development Framework，IAD）等。进入 21 世纪，政策过程理论进一步发展，开始注重复杂性和动态性研究，强调政策过程中的反馈、学习和适应机制。

政策过程理论在当今依然充满活力，其丰富的理论框架为研究者提供了多种视角，可灵活应用于不同类型和领域的政策研究。其对跨学科研究的倡导融合了不同学科的方法和理论，使得政策研究更加全面和深入。从实践层面来看，其强调政策评估和反馈等机制，有助于促使政策不断完善，提升政策的有效性和可持续性。

总的来说，政策科学理论和政策过程理论的发展，反映了政策研究领域从单一视角向多元视角、从静态分析向动态分析的演进过程。在当今复杂多变的政策环境中，它们继续发挥重要作用，为政策制定和实施提供科学依据和理论支持。

（三）中国政策过程研究的基本状况

我国政策研究领域正不断涌现高质量的成果，各个政策议题的研究展现出独特的特色，并且科学研究的水平在持续提高。经过 30 年的成果积淀，中国政策过程研究得出了"政策变通"（庄垂生，2000）、"选择性执行"（O'Brien 等，1999）、"政策执行中梗阻"（钱再见、金太军，2002）与"双轨制试验"（杨宏山，2013）等诸多特色概念。也形成了一些具有中国特色的政策过程理论：王绍光（2006）提出了中国公共政策议程设置的六种模式；赵静（2022）通过建立"裁量—反馈"的政策分析框架，阐释了导致政策结果差异的深层次原因；杨宏山和李娉（2019）则构建了政策创新的政治锦标赛模式。这些概念与理论的提出为我们分析我国政策过程的特征提供了重要基础。同时，随着我国国家实力的日益增强、国家治理体系的不断完善和学界科研水平的显著提升，众多国外学者也开始关注中国政策过程的特色经验，并建构了"层级制实验"（Heilmann，2008a；2008b）等不同的框架以解释中国政策过程的独特机制与内涵。

可以看到，几十年来，越来越多的国内外学者投身于发掘中国经验、提炼中国概念、创新中国特色理论实践、构建中国特色的政策过程理论体系。这些研究为我国政策过程研究的良田沃野持续不断提供着"源头活水"，助力我国政策过程研究累积硕果。

然而，在当下中国政策过程研究中还存在诸如研究问题科学性有待提升、本土化实践经验有待提炼、理论体系建设有待完善等短板，政策研究领域对自身发展情况与进路的整体性评估成果也较为欠缺。由此，从宏观视角对当前我国政策过程研究现状进行多维度的客观评估就显得十分必要。

本书正是在这样的呼唤下应运而生。本书旨在从总体上对当前中国政策过程研究现状进行系统性评估，尝试全方位、多角度把握当前研究脉络，探寻政策过程研究的短板和增长点，由此推测未来研究可能的发展方向。本书意图推动政策过程研究进一步关注中国的本土实践经验，在此基础上提炼和建构中国特色政策过程理论体系，推动中国政策过程研究理论建构与实践应用的高质量发展。

三　本书的基本安排

本书在国家治理体系和治理能力现代化的语境下，以"中国政策过程"为核心研究对象，系统回顾和考察我国政策过程研究的发展脉络，系统阐释中国政策过程的知识图谱、研究现状、运作逻辑、实践成效、理论创新与研究成果，阐释逻辑紧密、相互交织的理论与现实问题。

本书的第一章是对中国政策过程研究的总体评估。通过对文献资料和编码数据的描述性分析与交叉分析，从整体上全方位展现了当前中国政策过程研究的基本样态和整体特点。此后的第二章到第七章，将沿着政策过程不同阶段分别展开多维度具体性的评估。

第一，作为政策过程的逻辑起点，政策的成败离不开正确的政策制定。政策制定过程本质上是政治过程，探究其不仅能了解政治系统的输入—输出过程，还为后续政策发展提供前瞻性的指导。因此本书的第二章首先着眼于政策制定阶段。一方面，研究中国政策制定的文献相对较少，另一方面，政策制定本身就是一个输入—输出的复杂政治过程，因此，本书将问题建构、议程设置和决策等关键议程阶段的相关讨论纳入政策制定这一阶段之中，系统梳理了当前中国政策制定议题研究成果，并从多个维度和阶段透视当前研究中存在的问题和未来的研究方向。

第二，政策设计的质量在国家治理效能的实现过程中起着至关重要的作用，尤其是在决策和执行的环节之间。一方面，从中央与地方的关系角度来看，中央政府做出的顶层设计和地方政府制定的地方细则之间的互动模式，对两者在政策设计方面提出了重大挑战。另一方面，地方政府作为中国"灵活调适"机制的核心要素，其政策设计的过程和质量直接影响着国家治理的整体效果。因此本书的第三章聚焦于中国政策设计研究的发展趋势、理论进展、核心议题以及方法取向，全面把握当下中国政策设计研究总体特征和知识进展，并以此为基础评估了现有研究的不足，并展望未来研究方向。

第三，政策执行是将政策目标转变为政策效益、将政策理想转化为政策现实的唯一路径。公共政策执行研究也是政策过程研究的重要内容之一。经过几十年的发展，西方政策执行研究形成了"自上而下""自下而上""整合范式"等多样化研究途径，积累了大量的研究成果，为我国的政策执行研究提供了丰富的理论基础和研究经验。中国共产党在长期治理国家过程中也非常强调执行力对于推进中国治理体系现代化发挥的重要作用，它是实现国家治理目标、提升国家治理能力的重要手段。本书的第四章致力于系统梳理中国政策执行研究 30 年来的知识图景，归纳当前研究中的成果与特色，从而把握未来研究的方向与进路。

第四，随着我国政府职能以及民主决策体制的不断完善，政策评估成为国家治理体系的重要组成部分，在推进国家治理体系和治理能力现代化过程中具有重要地位。本书的第五章系统总结了我国在政策评估的内涵、效果、主体、体系以及机制等方面所取得的成果。当然，在研究设计科学性和理论体系建设等方面仍存在缺陷。可见，对中国政策评估的理论与实践研究进行回顾和反思，形成具有中国特色的政策评估研究是十分必要的。

第五，政策过程是一个循环的过程，过时的、无效的政策不会自然地消亡，它需要政策主体有意识地废止。在政策科学中，这种政策行为被称为政策终结。在治理实践中及时终结没有价值的政策能有效解决公共政策的冲突和矛盾，提高政策工具使用的自觉性，提升治理的科学化。我国政策终结研究仍处于起步阶段。本书的第六章对我国现阶段中国政策终结研究的理论与实践研究进行回顾和反思，发现当下研究对我国政策终结的内涵、政策终结的发生、政策终结的障碍、政策终结的策略以及政策终结的理论均有初步探索，但研究仍处于初始阶段，理论累积以及对实践的指导效应都较为欠缺。

第六，随着经济社会的复杂性的急剧增加，公共部门面临的公共政策议题越来越复杂。无论是中央政府还是地方政府都有大量的政策困惑：政策目标可能并不明确、政策工具可能并不具备、政策对象以及目标人群可能是分散的。此时，由地方政府进行政策创新，然后逐渐向上和向外扩散，是国家实现政策学习和治理能力提升的关键路径。从西方国家来看，政策创新与扩散在政策能力提升和制度能力建构过程中扮演着重要角色。从中国来看，"试点/实验模式"也是中国在转型过程中构建的极具中国特色的制度建设经验。本书的第七章立足于中国情境下的政策创新与扩散现象，深入总结了中国政策创新与扩散的动因、机制、影响因素、具体的扩散路径以及效果等问题，把握了我国公共政策创新与扩散的基本规律，绘制了中国政策扩散研究的知识图谱。本章的分析为未来凝练和构建基于我国本土化的公共政策创新扩散理论，为理论界进一步推进政策扩散的研究提供了指引。

最后，公共政策是一个动态调整的过程，"随着政策问题的转变或政策目标的调整以及社会环境的变化，政策稳定的均衡状态会被打破，政策的变动与调整也就开始了"（宁骚，2011）。在国家治理实践中，任何政策都处在特定的环境中并不断被调适以有效应对复杂的治理形势。新中国成立以来，尤其是改革开放后，经济持续发展，社会快速转型。在此过程中，"中国的公共政策在所有的政策领域、在所有的问题领域以各种方式发生了深刻的变化"（唐贤兴，2020），成为大国治理的独特景象，引发了研究者的持续关注和广泛探讨，形成了中国政策变迁研究的丰富成果。本书第八章对中国政策变迁的既有研究进行全面回顾和系统分析，发现中国政策变迁研究既存在巨大潜力和广泛空间，也面临着多重任务。多维度评估和分析中国政策变迁研究成果与现状，是深入理解中国政策变迁逻辑和模式的基础，也是加快推进中国特色政策科学话语、理论和学科体系建设的必然要求，对进一步推动政策过程研究的知识生产和理论创新具有积极作用。

第一章　中国政策过程研究总体评估

引　言

政策过程研究是理解一个国家政治运行方式和国家治理模式的重要窗口。30 年来，我国政策过程研究快速发展，成果卓著，形成了一些具有中国特色的政策过程理论。但是，当下研究仍存在实践探索有待丰富、理论体系有待完善、研究方法有待拓展、本土化程度有待提高等短板。正因如此，对中国政策过程研究进行总体性、系统性的评估迫在眉睫。

本章旨在全面回顾 30 年来中国政策过程研究成果，依托系统性文献综述、文献编码和交叉分析等研究方法，展现当前研究在不同维度呈现出的多样特征，从多个角度综合评估中国政策过程研究的基本情况和核心议题分布情况；在系统描绘研究主题分布图景的基础上，对当前中国政策过程的研究现状和核心议题进行详细评估，指出当前中国政策过程研究中亟待关注的短板，以期对中国政策过程研究整体进展形成系统性认识，助力未来中国政策过程研究高质量发展；最后，对未来可能的研究热点领域分布及发展趋势进行展望。希望通过这一评估，为中国政策过程研究的自我观照提供全方位的视角，为中国政策过程研究与世界政策过程研究的对话提供多维支点，以进一步促进世界对中国政策过程的认识与理解。

基于此，本章主要围绕以下问题展开。

（1）近 30 年来中国政策过程研究关注哪些领域、哪些核心议题？取得了哪些研究成果？

（2）当前中国政策过程研究中，仍缺乏对哪些领域及核心议题的关切？研究缺口是什么？未来研究的增长点有哪些？

（3）当前研究成果中，经典理论在多大程度上可以解释中国实践中的具体问题？又有多少研究真正聚焦了中国特色的政策过程问题？在此过程中是否形成了具有中国特色的分析框架、理论建构或本土化的研究范式？

（4）中国政策过程研究的成果是否，以及在多大程度上对广泛的政策过程理论与实践做出贡献？

第一节　研究设计

一　研究方法

为了全面回顾中国政策过程的已有研究成果，本章采用系统文献综述法（Systematic Literature Review，SLR）。系统文献综述的价值在于提供一种透明、全面和结构化的方法来检索、选择和综合文献（Bearman et al.，2012）。与传统的文献综述方法相比，系统文献综述能使研究者以严谨和可复制的方式对特定问题的研究成果进行收集、综合和评价，并使用科学方法论界定相关文献、评价研究质量、总结研究结果。这一方法与本章的研究目标存在较高契合度。

传统文献综述（Traditional Literature Review）即描述性文献综述，由于尚无统一的规范，且实现形式灵活，研究者多是"按照一个自己认为合理的研究逻辑主线将该研究领域的研究成果串联在一起"（张昕竹、陈志俊，2003），因此具有极大主观性，难以避免地产生偏见。系统文献综述法在传统文献综述提炼研究问题的基础上，标准化地实施制订计划、检索文献、评估文献质量、抽取数据、整合数据和撰写综述等共六个关键步骤。只有标准化地实施了这六个关键步骤，才算得上是系统文献综述（黄甫全等，2017）。

系统文献综述是使用规范的文献筛选步骤，采用特定的统计分析方法（如描述性统计、内容分析、元分析等），从分散的研究成果中总结出针对研究主题结论的文献综述技术。1753 年，苏格兰海军外科医生詹姆斯·林德（James Lind）在第一次随机对照试验中，认识到了采用系统方法进行信息的识别、提取和评估对于有效避免研究偏差的价值，使该方法开始在医学、护理、公共卫生等领域得到众多学者认可。到了 20 世纪 70 年代，美国学者格拉斯正式提出"元分析"（meta-analysis）术语，系统综述开始在社会科学领域流行（Glass，1976）。随着 20 世纪 90 年代循证政策和循证实践的流行，其他学科如教育学等，也纷纷开始认识到系统性研究的重要性（Booth et al.，2012）。

系统文献综述试图梳理所有符合预先规定标准的实证研究证据，以回答特定的研究问题。其关键特征包括：①明确的目标，明确、可重复的方法；②系统搜索，力求获取所有符合资格标准的文献资源；③对纳入研究结果的有效性进行评估；④对纳入研究的特征和研究发现进行系统介绍与综合分析（Liberati et al.，2009）。

总的来说，系统文献综述是准确、可靠地总结研究证据的必要工具，具有透明可重复的特征。相较传统描述性文献综述，系统文献综述更具科学性。

二 研究具体步骤

（一）研究筛选

本综述按照韦伯斯特和沃森的提议（Webster J. and Watsonr，2002），遵照系统综述和元分析优先报告条目（Preferred Reporting Items for Systematic Reviews and Meta-Analyses，PRISMA），绘制 PRISMA 流程图（Moherd et al.，2009）。使用该方法旨在确保"述评原因、作者工作、结果发现"方面的透明度（Dool and Li，2023）。图 1-1 展现了识别、纳入和剔除期刊文章的步骤。

步骤一：期刊选择

首先以具有学术权威性的 CSSCI、SSCI 期刊目录为范围，筛选可能发表与中国政策过程研究相关主题的期刊。共选定 217 本中英文期刊作为本次研究的数据来源。其中中文文献来源为以 CSSCI 期刊目录为基础的 169 本期刊（期刊目录见附录 1），搜索区间为 2000~2022 年；英文文献来源为以 SSCI 期刊为基础筛选出的 48 本期刊（期刊目录见附录 1）。系统梳理 2000~2022 年研究中国政策过程的相关文献（部分重点期刊追溯到 1990 年[①]）。[②]

---

① 具体期刊目录参见附录 1。

② 本研究项目计划将来对重点期刊进行追踪研究，经两轮文献"清洗"后最终无文献保留的 19 本期刊（具体期刊见附录 1）今后不予追踪。

步骤二：初始检索

分别在中国知网、Web of Science 以及选定期刊的官方网站，以政策过程研究、针对中国、涉及政策过程理论的中国研究、对中国特定政策问题的研究等为筛选标准，搜索发表在学术期刊上的中英文文章。

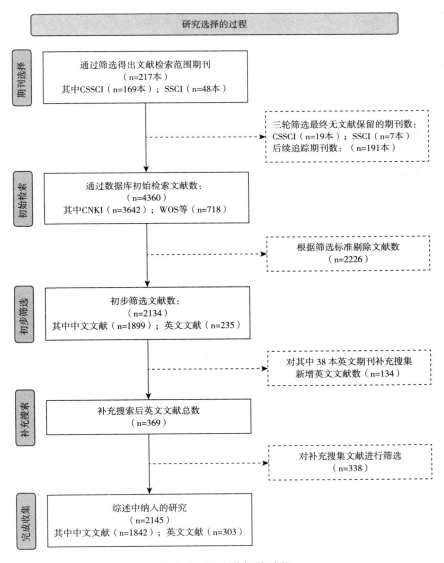

图 1-1 研究选择的过程

资料来源：作者自制。

需要特别解释的是，其他综述在进行初始检索时往往采用关键词进行搜索，而本研究却采用概念范围框定进行文献筛选。这是因为本研究希望了解和回顾完整的中国政策过程研究，因此政策过程内涉及的所有议程都要被涵盖，包括政策议程设置、政策制定与决策、政策设计（政策整合、政策工具）、政策执行、政策评估（政策效果、政策反馈、政策终结等）、政策创新与扩散（学习、试验、试点）、政策变迁等。而这些议程内部又存在众多较为具体的政策现象。不仅如此，对于政策过程理论的研究，以及用政策理论解释中国特定问题的研究也要包含其中。本研究具有搜索范围广泛、涉及主题丰富、具体概念复杂等特点，为保证检索范围的全面性，采用概念范围框定进行文献筛选。

最终，初始检索结果共得到 4360 篇中英文文献，其中中文文献 3642 篇，英文文献 718 篇。

步骤三：初步筛选

研究团队共同商讨，以如表 1-1 所示的条件为筛选标准。在此基础上，分别以筛入和筛出标准保留和剔除相关文献，最终得到中文文献 1899 篇，英文文献 235 篇，共计 2134 篇文献。

表 1-1　文献筛选标准

筛入标准	1. 政策过程相关研究 2. 对中国政策过程的研究 3. 检索文献起止时间为 2000 年和 2022 年，其中英文期刊的"中国和区域研究"期刊的起止时间为 1990 年和 2022 年 4. 关于政策过程价值性的议题，筛入如公共性、法治化、合法化、合理化、民主化、公平性、规范性、责任、理念、价值取向等有议题价值的文献 5. 主题为"政策变迁"的文献中，筛入使用政策变迁研究范式或政策变迁相关理论的文献 6. 主题为"政策评估"的文献中，筛入使用政策评估方法或理论的文献 7. 保留政策参与相关议题文献
筛出标准	1. 剔除非政策过程类研究 2. 剔除对非中国政策过程的研究 3. 剔除检索时间跨度之外的文献 4. 剔除会议信息、会议综述、专栏导语、书评类文献 5. 剔除无摘要文献中的短论类文献

续表

筛出标准	6. 主题为"政策变迁"的文献中，剔除概念挪用的、未使用政策变迁研究范式的及未使用政策变迁相关理论的文献 7. 主题为"政策评估"的文献中，剔除未使用政策评估方法或理论的文献 8. 剔除具体讨论福利政策、社会政策相关文献 9. 剔除中外比较视角类文献 10. 剔除讨论具体政策内容，而非研究政策过程本身的文献 11. 剔除单纯介绍方法论类文献 12. 剔除研究内容为制度变迁，而非政策本身变迁研究的文献 13. 剔除研究视角和范式非公共管理学科（其他学科如新闻传播学）的文献 14. 剔除政策排斥主题文献 15. 剔除历史性文献，如研究明清代政策、大包干等 16. 剔除建党百年背景下对党的政策本身的研究 17. 剔除单纯介绍西方理论型文献 18. 决策议题中，剔除不属于公共政策决策的文献 19. 剔除政策创新、政策变迁、政策评估等概念的误用和迁移的文献 20. 剔除研究对象为政府行为、公共服务、公共物品等，非政策过程本身的文献

资料来源：作者自制。

步骤四：补充搜索

初步搜索时部分英文期刊检索时间范围不能充分涵盖，因此另对其中38本英文期刊进行二次文献收集，新增英文文献134篇。与一轮搜索结果合并"清洗"后纳入369篇英文文献。以步骤三标准"清洗"后保留338篇英文文献。

步骤五：完成收集

重复步骤三以剔除其中不适于编码的文献，最终根据PRISMA方法得到2145篇文献，其中包括中文文献1842篇，英文文献303篇，并对这些文献进行编码。

（二）确定编码方案

本研究拟对中国政策过程研究成果的基本信息、主题分布、领域分布及不同政策议程在各级政府的研究情况等内容进行详细分析。因此，本综述首先根据拟考察的主要内容对编码框的维度进行了初步设计。其次，根据所需指标，结合已搜集到的具体文献情况划分维度项。再次，经过对部分文献采取随机抽样方法进行试编码，初步检验了编码框的可操作性。最后，通过商议总结试编码中发现的问题，并对编码框维度和题项设置进行了进一步细化和完善，最终确定编码框由 25 个维度 115 个题项组成（见附录 3）。

编码维度的划分是为了更好地考察数据资料中蕴含的深层信息。因此，本研究首先将拟考察问题划分为不同的核心模块，分别是研究成果的基本情况评估、科学性评估、理论性评估、研究设计评估、主题分布评估五个核心模块。编码框的 25 个维度和 115 个题项就是为考察这五个模块细分出来的。

其中，基本情况评估模块将通过对作者、作者机构、题名、发表时间、来源期刊、基金支持维度予以考察。科学性评估模块拟对研究问题的科学性、数据资料容量、数据时间跨度等几个维度进行分析。理论性评估模块拟考察理论框架运用情况、核心理论贡献等维度。研究设计评估模块则包含对研究问题属性、研究目的、研究范式、研究主体选择、研究方法、资料收集方法、资料分析方法等维度的考察。主题分布评估模块将对议题领域、关键词、摘要等维度予以考察。

三　资料分析方法

本研究力求清晰地展现中国政策过程领域研究的基本情况和趋势，全面地分析中国政策过程研究的多维特征。因此在对编码数据进行分析时，将辅助使用 CiteSpace 文献计量分析，以更全面、更多维度地展现研究状况。

CiteSpace 作为一款科学知识图谱软件，其优势在于能够更加全面细致地筛选数据、读取信息、划分聚类。通过对文献计量的数据分析，可以探测到学科历时性的变化与知识拐点。本研究主要借助 CiteSpace 软件对中国政策过程研究的关键词、作者等基础信息进行分析，由此对作者合作情况、机构分布情况、研究热点情况、主题分布情况和时间流变情况进行可视化呈现。

对编码维度进行中英文比较分析，有助于发现中国政策过程研究领域中英文成果之间选题偏好、关注主体、理论运用等方面的差异，从而梳理中西方学界对中国政策过程研究的关注点和增长点存在的差异。

多维度交叉分析则有利于综合多维差异以捕捉研究特征，例如以不同议题领域间理论贡献差异推论研究主题的科学性差异、以不同层级间数据资料情况考察政府"黑箱"的打开情况等。

由此，多种分析方法互为补充，能够更直观、全面地展现 30 年来中国政策过程研究领域发展状况，揭示不同维度发展困境，推测多元方向发展趋势。

四　研究设计局限

（一）检索范围有待完善

本研究选取具有学术权威性的 CSSCI、SSCI 期刊为范围，筛选出 217 本中英文期刊作为数据来源，其中中文文献 169 本，英文文献 48 本。在中国知网、Web of Science 以及选定期刊的官方网站上，以中国政策过程研究、中国政策过程理论相关研究，以及针对中国特定政策问题的研究为关键词，进行文献检索和筛选。然而，由于中国政策过程文献在期刊的发表具有一定零散性，因而可能存在部分发表了相关文献的期刊未被列入搜索范围的情况。后续本项目也将在对筛入期刊继续追踪搜索的基础上，尝试扩展搜索范围，以提升检索范围的全面性。

（二）人工筛选标准差异

初始检索阶段，本研究分别从中国知网、Web of Science 以及选定期刊的官方网站搜索发表在学术期刊上的中英文文章。鉴于搜索内容的广泛性、主题的多样性以及概念的复杂性，为了保证检索的全面覆盖，我们没有采用其他系统文献综述（SLR）研究中常用的关键词检索方法，而是通过界定概念范围来筛选文献。然而，这一筛选方式难免因个人筛选标准的细微差异产生筛选结果的偏差。即使本研究对筛选人员进行了筛入筛出标准的讲解和培训，并提出筛入标准合理扩大等要求，实际操作中的人工筛选标准差异也是无法避免的，难免对初始检索结果产生影响，使结果存在偏差。

（三）编码员间存在偏差

本研究在中英文编码过程中，采用分组合作人工编码方式。虽然提前对编码人员进行了编码标准说明及编码操作培训，并通过试编码对编码框的可操作性进行了进一步完善，但实际操作中，面对题项所属范围边界不清的文献，不同人员可能存在细微的判定标准差异，从而导致编码结果可能存在偏差。

第二节 研究结果分析

一 文献基本情况评估

（一）年发文量趋势

从总体上来看，30 多年来中国政策过程研究的发文数量总体上保持增长（见图 1-2）。2000~2008 年，中国政策过程研究的发文数量出现了第一次飞速增长，此后虽略有回落，但较之从前依旧缓步增长。到了 2019 年，研究成果又一次激增，表现出无限的潜力。相关领域的英文研究成果增速相对平缓，但同样在近五年内保持高速增长趋势，可见中英研究领域对于中国政策过程研究的热度均较高。

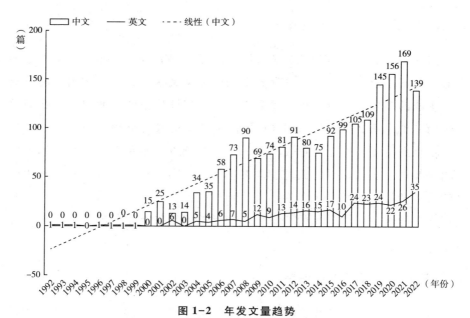

图 1-2 年发文量趋势

注：本研究选取文献的时间跨度为 1990~2022 年，此图统计的数据为三轮筛选得出的有效文献数，所以未包含 1990 年和 1991 年的数据。

资料来源：作者自制。

（二）作者合作网络

中文文献分析出的作者合作网络图谱共生成节点 546 个，可见目前我国进行中国政策过程研究的学者集体初具规模。但节点间连线较少，可见研究团体分散，尚未形成极具凝聚力的科研群体（图 1-3）。

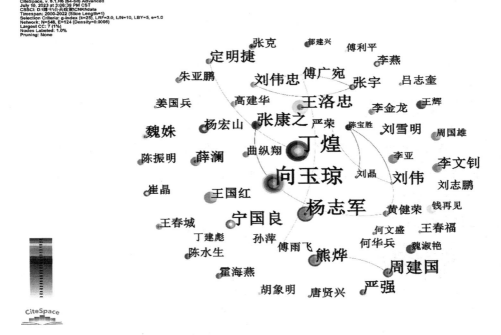

图 1-3 中文文献作者合作网络图谱

资料来源：作者自制。

从发表数量来看（见表 1-2），学者向玉琼发文最多，达 24 篇。发文数量排在前十位的作者均发表过 8 篇及以上相关成果，核心作者有丁煌（20篇）、杨志军（15 篇）、宁国良（10 篇）、王洛忠（10 篇）、周建国（9篇）、张康之（9 篇）、刘伟（8 篇）、熊烨（8 篇）、严强（8 篇）等。通过对中国政策过程研究作者合作网络图谱的数据分析，发现作者之间合作网络密度为 0.0008，远低于 0.1 的有效中介性。这一结果说明，研究者间并未形成明显合作网络，未来有较大的合作空间。

表 1-2　中文文献作者发文量（发文量≥5篇）

单位：篇

序号	论文数	作者	序号	论文数	作者
1	24	向玉琼	11	7	魏姝
2	20	丁煌	12	7	定明捷
3	15	杨志军	13	7	刘伟忠
4	10	宁国良	14	6	张宇
5	10	王洛忠	15	6	薛澜
6	9	周建国	16	6	傅广宛
7	9	张康之	17	6	李文钊
8	8	刘伟	18	5	刘雪明
9	8	熊烨	19	5	杨宏山
10	8	严强	20	5	王国红

资料来源：作者自制。

英文文献分析出的作者合作网络图谱（见图 1-4）共生成节点 304 个，连线 186 条，网络密度为 0.004。以普赖斯公式 $M = 0.749 \sqrt{N_{max}}$ 计算核心作者的最低发文量标准（丁学东，1993），N_{max} 表示在所选取年限内的核心作者的最高发文量。

图 1-4　英文文献作者合作网络图谱

资料来源：作者自制。

统计数据显示，目前作者中最大发文量 $N_{max}=15$，则 $M≈3$，因此将发文量至少为 3 篇的作者确定为核心作者（见表 1-3），他们分别为：Zhu Xufeng（15 篇）、Zhang Youlang（7 篇）、Lo，Carlos Wing-Hung（5 篇）、Li Wei（4 篇）、Hasmath Reza（4 篇）、Balla Steven J.（4 篇）、Cai Changkun（4 篇）、Zhan Xueyong（3 篇）、Ma Liang（3 篇）、Li Yanwei（3 篇）、Tang Shui-Yan（3 篇）、Heilmann Sebastian（3 篇）、Chan Kwan Nok（3 篇）、Lam Wai Fung（3 篇）、Schubert Gunter（3 篇）、He Alex Jingwei（3 篇）、Tsai Wen-Hsuan（3 篇）、Li Linda Chelan（3 篇）。

表 1-3　英文文献作者发文量（发文量 ≥3 篇）

单位：篇

序号	发文量	作者	序号	发文量	作者
1	15	Zhu Xufeng	10	3	Li Yanwei
2	7	Zhang Youlang	11	3	Tang Shui-Yan
3	5	Lo Carlos Wing-Hung	12	3	Heilmann Sebastian
4	4	Li Wei	13	3	Chan Kwan Nok
5	4	Hasmath Reza	14	3	Lam Wai Fung
6	4	Balla Steven J.	15	3	Schubert Gunter
7	4	Cai Changkun	16	3	He Alex Jingwei
8	3	Zhan Xueyong	17	3	Tsai Wen-Hsuan
9	3	Ma Liang	18	3	Li Linda Chelan

资料来源：作者自制。

从图谱连线数量来看，更倾向于协作发表成果的作者是 Lo Carlos Wing-Hung 和 Zhan Xueyong。而影响力较高的作者中，Zhu Xufeng 与 Zhang Youlang 合作程度较高。但总体而言，合作者网络中的节点分散程度高，连线密度低，作者间合作交流有待加强。

对比中英文成果的作者合作网络图谱，发现当前关注中国政策过程研究领域的学者群体初具规模，但作者间较为分散，合作程度并不高，亦尚未形成具有凝聚力的科研群体。对比中英文高发文量作者，可以看出二者重合度并不高，且英文成果贡献者大多为青年学者。可以说，中国政策过程研究在初代学者们的带领下正在不断深入挖掘中国特色，努力讲好中国故事。与此同时，更多的青年学者开始致力于让世界听到中国声音，试图将中国经验带给政策科学。

（三）作者机构来源

编码中的作者机构维度主要反映文献研究者来源情况。从表1-4不难看出，全样本中高等院校来源的作者占比达95.7%，占绝对优势，其他科研机构作者占比约为2.9%，可见我国高校和科研机构在公共政策过程研究领域发挥着重要的智库作用。而来自党校和行政学院作者约占3.5%，政府部门作者最少，仅占1.2%，这反映出在政策过程研究中，我国政府一线工作人员的科研助推作用有待进一步发挥。

表1-4 作者机构来源情况

单位：人，%

作者机构	作者数量	占比
高等院校	2052	95.7
党校和行政学院	76	3.5
其他科研机构	63	2.9
政府部门	25	1.2%

注：多个作者属于不同的机构，因此作者数量之和大于实际作者数量。
资料来源：作者自制。

（四）机构合作网络

对中英文文献的发文机构进行统计分析有助于探索研究机构之间的合作关系，并可借助这些数据分析这些机构对中国政策过程研究领域的贡献程度。

首先以CNKI来源文献为分析数据进行统计分析。根据普赖斯公式，计算出核心机构的最低发文量标准（丁学东，1993）为 $M=0.749\sqrt{Nmax}$，其中Nmax表示在所选取年限内的核心机构的最高发文量。整理发现，这些发文机构中最大发文量Nmax=64，则M≈6，因此将发文量至少为6篇的机构确定为核心机构（见表1-5）。该领域发文量排在前十位的核心机构分别是中国人民大学公共管理学院（68篇）、清华大学公共管理学院（64篇）、南京大学政府管理学院（49 篇）、中山大学政治与公共事务管理学院（34篇）、东北大学文法学院（34 篇）、武汉大学政治与公共管理学院（33 篇）、南京农业大学公共管理学院（31 篇）、复旦大学国际关系与公共事务学院（29 篇）、上海交通大学国际与公共事务学院（28 篇）、北京大学政府管理学院（28 篇）。

结合图 1-5 可以发现，研究机构图谱中共生成节点 489 个，连线 203条，网络密度为 0.0017。由此可见，虽然研究机构分布较为广泛，但不同机构的作者之间合作较少，研究较为分散，跨机构合作相对不足。根据表 1-5，中心度排在前几位的清华大学、中国人民大学、中南财经政法大学、北京大学、中山大学、武汉大学、上海交通大学、北京师范大学、重庆大学在中国政策过程研究领域初具影响力。且相比于影响力较弱的机构，以他们代表的节点为中心发出的连线更多，这意味着他们能更多地与其他机构形成合作。但从总体数据来看，目前尚未形成具有凝聚力的科研群体，整体呈现出多中心、弱核心、疏合作的态势。

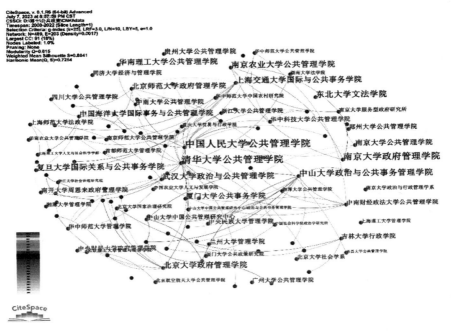

图 1-5　中国政策过程研究机构合作网络图谱

资料来源：作者自制。

表 1-5　中文文献核心机构发文量（发文量 ≥ 6 篇）

序号	数量（篇）	中心度	机构	序号	数量（篇）	中心度	机构
1	68	0.04	中国人民大学公共管理学院	15	20	0	南京大学公共管理学院
2	64	0.05	清华大学公共管理学院	16	16	0	贵州大学公共管理学院
3	49	0	南京大学政府管理学院	17	15	0	兰州大学管理学院
4	34	0.01	中山大学政治与公共事务管理学院	18	14	0	郑州大学公共管理学院
5	34	0	东北大学文法学院	19	14	0	中南大学公共管理学院
6	33	0.01	武汉大学政治与公共管理学院	20	14	0	吉林大学行政学院
7	31	0	南京农业大学公共管理学院	21	13	0	华中科技大学公共管理学院
8	29	0	复旦大学国际关系与公共事务学院	22	13	0	四川大学公共管理学院
9	28	0.01	上海交通大学国际与公共事务学院	23	13	0	南开大学周恩来政府管理学院
10	28	0.02	北京大学政府管理学院	24	12	0.03	中南财经政法大学公共管理学院
11	26	0	华南理工大学公共管理学院	25	12	0	中央财经大学政府管理学院
12	24	0	厦门大学公共事务学院	26	12	0	中央民族大学管理学院
13	22	0.01	北京师范大学政府管理学院	27	11	0	华中师范大学管理学院
14	21	0	中国海洋大学国际事务与公共管理学院	28	11	0	上海师范大学法政学院

续表

序号	数量（篇）	中心度	机构	序号	数量（篇）	中心度	机构
29	11	0	同济大学 经济与管理学院	40	7	0	华中师范大学 中国农村研究院
30	11	0	中山大学中国公共 管理研究中心	41	6	0	华中师范大学 公共管理学院
31	10	0	浙江大学 公共管理学院	42	6	0	湖南大学 法学院
32	10	0	广州大学 公共管理学院	43	6	0	华南农业大学 公共管理学院
33	9	0	北京大学 社会学系	44	6	0	北京理工大学 管理与经济学院
34	8	0	南京大学 服务型政府研究所	45	6	0.01	北京大学 国家治理研究院
35	8	0	首都师范大学 管理学院	46	6	0.01	重庆大学 贸易与行政学院
36	8	0	南京师范大学 公共管理学院	47	6	0	中国农业大学 人文与发展学院
37	8	0	湘潭大学 管理学院	48	6	0	湘潭大学 公共管理学院
38	7	0	南京大学 政治与行政管理学系	49	6	0	上海理工大学 管理学院
39	7	0	厦门大学 公共政策研究院	50	6	0	北京航空航天大学 公共管理学院

资料来源：作者自制。

　　随后，本研究对 WOS 来源英文文献进行数据分析。根据普赖斯公式，计算出核心机构的最低发文量标准（丁学东，1993）应为 $M = 0.749 \sqrt{N_{max}}$，其中 N_{max} 表示在所选取年限内的核心机构的最高发文量。整理发现，这些发文机构中最大发文量 $N_{max} = 36$，则 $M \approx 4$，因此将发文量至少为 4 篇的机构确定为核心机构（见表 1-6）。

表 1-6　WOS 来源核心机构发文量（发文量 ≥4 篇）

序号	数量（篇）	中心度	机构	序号	数量（篇）	中心度	机构
1	36	0.21	Tsinghua Univ	13	5	0	Middlebury Coll
2	18	0.08	Renmin Univ China	14	5	0.01	Fudan Univ
3	16	0.14	City Univ Hong Kong	15	4	0.02	Hong Kong Univ Sciand Technol
4	13	0.12	Chinese Univ Hong Kong	16	4	0	Nanjing Univ
5	13	0.08	Univ Hong Kong	17	4	0	Jilin Univ
6	12	0.09	Peking Univ	18	4	0	Nanyang Technol Univ
7	10	0.1	Sun Yat Sen Univ	19	4	0.01	Natl Univ Singapore
8	10	0.04	Shanghai Jiao Tong Univ	20	4	0.02	Minzu Univ China
9	7	0.02	Zhejiang Univ	21	4	0.01	Educ Univ Hong Kong
10	7	0.02	Nankai Univ	22	4	0	George Washington Univ
11	5	0	Texas AandM Univ	23	4	0	Huazhong Univ Sciand Technol
12	5	0.01	Hong Kong Polytech Univ	24	4	0	Shanghai Univ Financeand Econ

资料来源：作者自制。

该领域发文量排在前十位的核心机构分别是 Tsinghua Univ（清华大学）（36 篇）、Renmin Univ China（中国人民大学）（18 篇）、City Univ Hong Kong（香港城市大学）（16 篇）、Chinese Univ Hong Kong（香港中文大学）（13 篇）、Univ Hong Kong（香港大学）（13 篇）、Peking Univ（北京大学）（12 篇）、Sun Yat Sen Univ（中山大学）（10 篇）、Shanghai Jiao Tong Univ（上海交通大学）（10 篇）、Zhejiang Univ（浙江大学）（7 篇）、Nankai Univ（南开大学）（7 篇）。

结合图 1-6 可以发现，研究机构图谱中共生成节点 191 个，连线 185 条，网络密度为 0.0102。该领域影响力靠前的机构间合作程度普遍较低，发出最多连线的节点反而是机构影响力并非最强的牛津大学。整体也呈现

图 1-6　WOS 来源中国政策过程研究机构合作网络图谱
资料来源：作者自制。

出多中心、疏联结、乏合作的态势。

综合中英文成果中机构合作网络情况，可以发现中英文成果的作者机构分布图谱整体呈现出多中心、弱核心、散网络、疏合作的态势。也就是说越来越多的机构开始重视政策过程研究的重要性，部分机构已初具影响力。虽尚未形成极具凝聚力的科研机构网络，但也预示着中国政策过程研究具有很大发展潜力。

此外，英文成果发文量靠前的机构中，中国内地高校与 CNKI 来源高发文机构高度重合，且有多所中国香港高校位列其中。这可能与写作语言有关。

（五）基金支持

基金支持情况能够反映文献是否受到基金支持以及受到哪个层次的基金支持（分类标准参考附录 2）。从表 1-7 来看，无基金支持的文献约占总体的 32.9%，这意味着已发表的中国政策过程的高质量研究中超过半数都获得了不同层级的基金支持。而获得基金支持的成果中，国家级基金支持的占比最多，达到 41.0%；省部级和校级基金支持分别约为 24.6% 和 14.7%；而地市级基金支持的文章占比最小，仅为约 4.6%。

表 1-7　基金支持情况

单位：篇，%

基金支持情况	数量	占比
无基金	706	32.9
国家级	878	41.0
省部级	527	24.6
地市级	99	4.6
校级	315	14.7

资料来源：作者自制。

二　研究问题的科学性

（一）研究问题科学性的整体评估

研究问题维度主要是考察研究问题的科学性程度。文章能否提出具有科学性、明确性的研究问题，很大程度上决定了研究成果的理论价值。从表 1-8 可以看出，大部分入选文献都具有较为科学和明确的研究问题，占比为 67.9%。但仍有 32.1% 的成果未提出明确科学的研究问题，这可能是以下两种原因所致：一是早期政策过程研究范式并不强调研究问题的明确性；二是部分文献属于倡导性研究，更多强调研究的价值倡导，而非提出明确的可分析的研究问题。

表 1-8　研究问题情况

单位：篇，%

研究问题情况	数量	占比
有科学的研究问题	1455	67.9
没有科学的研究问题	689	32.1

资料来源：作者自制。

图 1-7 展示了中英文献研究问题科学性的差异。其中，中文文献中有科学的研究问题的文章约占总体的六成，而英文文献中同类文献则约占九成。这可能与研究范式的变化和期刊审核标准的差异有一定关系。

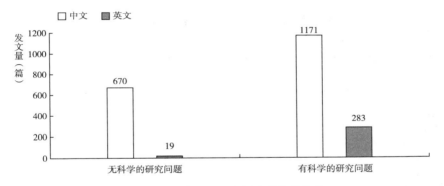

图 1-7　中英文献研究问题科学性差异

资料来源：作者自制。

（二）研究问题科学性时间分布

从研究问题科学性时间分布来看，如图 1-8 所示，有科学的研究问题的文献数量一度陡峭上升，而无科学的研究问题的文献数量缓慢上升后于 2006 年开始下行。两线条渐行渐远，距离逐步拉开。这说明，随着时代的发展和科学研究范式的影响力不断增强，中国政策过程研究中能够提出具有科学性研究问题的成果急剧增加。2006 年以后，也就是近 20 年间，无科学的研究问题的文献逐渐为主流学界所摒弃。但从数量和占比情况上来看，2016~2020 年的五年间仍有 21.48% 的成果未提出明确的、科学的研究问题（见表 1-9）。这说明，倡导性和价值性研究仍然是近年来中国政策过程研究的组成部分。

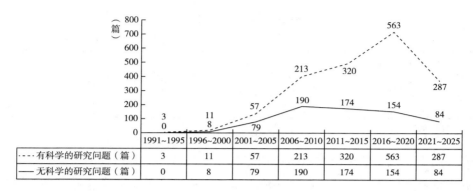

图 1-8　研究问题科学性时间分布①

资料来源：作者自制。

表 1-9　研究问题科学性时间分布占比情况

单位：%

研究问题	发表时间						
	1991～1995	1996～2000	2001～2005	2006～2010	2011～2015	2016～2020	2021～2025
有科学研究问题	100.00	57.89	41.91	52.85	64.78	78.52	77.36
无科学研究问题		42.11	58.09	47.15	35.22	21.48	22.64

资料来源：作者自制。

三　理论性评估

（一）理论框架运用

理论框架维度主要对文献是否使用了理论框架、使用了何种理论框架以及理论框架所扮演的角色进行考察。从表 1-10 来看，没有理论框架的研究占 41.23%；自己建构分析框架的成果占 20.48%；使用经典的政策过程理论作为框架的研究占 18.52%；而使用其他学科理论作为框架的研究仅占

---

① 本研究所选取的文献时间为 1990～2022 年，交叉分析作图需要以 5 年为一个时段划分后制图，导致 2021～2025 年这一时段的趋势表达因数据的缺失存在较大误差，所以暂时将这一时段趋势忽略不计。

7.37%；此外，以现有理论为基础修订/建构新的理论框架的研究能占到11.75%；而以修正经典政策过程理论为研究目的的研究仅占0.79%。可见，中国政策过程在理论研究及以理论为基础的研究方面还有较大的提升空间。

表1-10 理论框架运用情况

单位：篇，%

理论框架运用情况	数量	占比
没有理论框架	884	41.23
自己建构分析框架	436	20.48
使用经典的政策过程理论作为框架	397	18.52
使用其他学科理论作为框架	158	7.37
以现有理论为基础修订/建构新的理论框架	252	11.75
以修正经典政策过程理论为研究目的	17	0.79

资料来源：作者自制。

图1-9为中英文献理论运用差异情况。结合图1-9和表1-11，可见中文文献没有使用理论框架的文献占较大比例。而英文文献中没有使用理论框架的成果仅占约两成，自己建构分析框架和以现有理论为基础修订/建构新的理论框架的成果占较大比例。对比可知，中国政策过程研究的英文成果理论运用程度更高，总体上理论运用和理论创新程度有待进一步加强。

表1-11 中英文文献理论运用差异占比情况

单位：%

文献类型	理论运用					
	没有理论框架	自己建构分析框架	使用经典的政策过程理论作为框架	使用其他学科理论作为框架	以现有理论为基础修订/建构新的理论框架	以修正经典政策过程理论为研究目的
中文	44.11	19.17	18.85	7.12	9.83	0.92
英文	23.84	27.48	16.56	8.94	23.18	0.00

资料来源：作者自制。

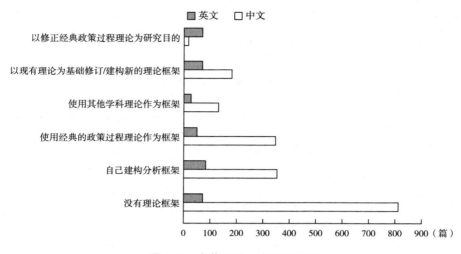

图 1-9　中英文献理论运用差异

资料来源：作者自制。

（二）核心理论贡献

核心理论贡献维度主要考察文献最终做出了何种形式的理论贡献。从表 1-12 来看，未能做出理论贡献的研究占比最大，约为 39.46%；通过借用和拓展理论框架所获得的研究成果占比相对较小，占据了总数的 29.66%；通过质性研究等路径最终建构概念模型的研究为 218 篇，约占总量的 10.17%；生成理论和研究视角/范式创新的文献分别占 7.51% 和 6.67%；最终能够提炼概念（如选择性执行等）的文献仅占约 4.90%；而方法论丰富与创新的文献则仅占 1.63%。可见，中国政策过程研究领域亟待深化理论性和方法性研究成果的提炼工作，以加大研究的深度和广度。

表 1-12　核心理论贡献情况

单位：篇，%

核心理论贡献	数量	占比
无	846	39.46
借用和拓展	636	29.66

续表

核心理论贡献	数量	占比
提炼概念（如选择性执行）	105	4.90
建构概念模型	218	10.17
生成理论	161	7.51
方法论丰富与创新	35	1.63
研究视角—范式创新	143	6.67

资料来源：作者自制。

　　图1-10为中英文文献核心理论贡献的差异情况。可以看出，中英文文献的概念提炼和方法论丰富与创新这两个维度是中国政策过程研究中较为薄弱的贡献点。结合中英文献核心理论贡献占比情况表（见表1-13）来看，除中文文献无理论贡献文献占比极大之外，其他维度中英文文献的情况基本一致，均以借用和拓展现有理论的成果为多数，而理论生成和范式创新等方面贡献较为薄弱。可见中国政策过程研究领域在概念提炼、理论生成、范式和方法论的创新方面还有极大发展空间。

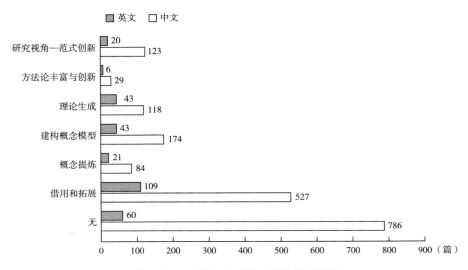

图1-10　中英文文献核心理论贡献差异
资料来源：作者自制。

表 1-13 中英文献核心理论贡献占比情况

单位：%

文献类型	理论运用						
	无	借用和拓展	概念提炼	建构概念模型	理论生成	方法论丰富与创新	研究视角—范式创新
中文	42.69	28.63	4.56	9.45	6.41	1.58	6.68
英文	19.87	36.09	6.95	14.24	14.24	1.99	6.62

资料来源：作者自制。

四 研究设计评估

（一）研究问题属性

研究问题属性维度中，"中国政策过程的研究"项指文献的研究问题是关于整个中国政策过程整体性/一般性发展历程、理论与实践经验、运行规律、机制特点等的；"中国具体政策议题"项是指文献的研究问题聚焦于某具体政策议题（如政策制定、政策执行、政策设计、政策创新等）的相关问题。由表 1-14 数据可知，对中国具体政策议题中的问题展开研究的文章有 1460 篇，占 68.1%；对中国政策过程的研究问题的研究有 684 篇，占 31.9%。

表 1-14 研究问题属性情况

单位：篇，%

研究问题属性	数量	占比
中国政策过程的研究	684	31.9
中国具体政策议题	1460	68.1

资料来源：作者自制。

中英文文献研究问题属性占比差异如图 1-11 所示，白色表示研究问题属性为中国具体政策议题，灰色表示研究属性为中国政策过程的研究；外环显示的是英文文献的两种属性占比，内环显示的是中文文献两种属性占比。英文文献中讨论中国具体政策议题的成果占比达 80%，而中文文献中相关成果占 66%。也就是说，英文文献在中国政策过程研究中更加关注具体议题的深入挖掘，中文文献中则存在相当比例（34%）的探讨中国政策过程的研究。

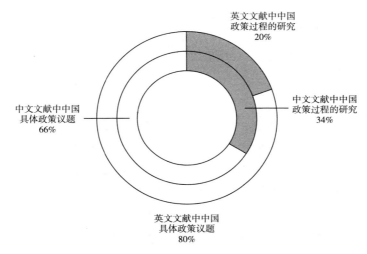

图 1-11　中英文献研究问题属性占比差异

资料来源：作者自制。

（二）研究目标

研究目标维度主要考察文献要达成何种目标。以讨论中国公共政策过程中的价值、责任、公共性、公平性、规范性、合理性、法治化及理念取向等为主题的文献可归为"公共价值"一项；指向政策实践的政策倡议类文献可归为"政策问题—倡导"项；以修正/完善某一经典理论为目的的文献、以建构某种理论模型和理论框架为目的的文献等可归为"理论目标"一项。对于不属于以上几类的文献归为"其他"。从表 1-15 来看，以政策问题—倡导为研究目的的文献达 1071 篇，数量最多，为总体的 50.0%。公共价值目标文献达 260 篇，占 12.1%。具有理论目标的文章数为 787 篇，占比仅为 36.7%。随着科学研究范式"照进"政策过程研究，学界越来越多地呼吁更多理论目标成果的涌现。

表 1-15　研究目标情况

单位：篇，%

研究目标	数量	占比
公共价值	260	12.1
政策问题—倡导	1071	50.0
理论目标	787	36.7
其他	26	1.2

资料来源：作者自制。

图 1-12 展示了中英文文献研究目标差异。观察图中趋势并结合比例情况表（见表 1-16），可以看出，中英文文献以政策问题—倡导和理论目标为研究目的的成果占比较大，但英文成果中理论目标方面的数量更多，中文成果中以解决实际政策问题为研究目的的成果占绝大多数。此外，中文成果中还含有相当比例的以探讨公共价值为研究目的的成果，这可能是早期研究范式以规范性研究居多所致。但不可否认，正是初期对于政策过程合理性、合法性、公共性等价值的深入探讨，奠定了当前中国政策过程研究的价值基础。

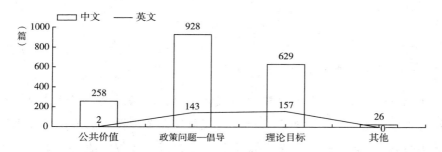

图 1-12　中英文文献研究目标差异

资料来源：作者自制。

表 1-16　中英文文献研究目标差异占比情况

单位：%

文献类型	研究目标			
	公共价值	政策问题—倡导	理论目标	其他
中文	14.01	50.41	34.17	1.41
英文	0.66	47.35	51.99	0.00

资料来源：作者自制。

（三）研究范式

社会学家乔治·瑞泽尔（George Ritzer）认为，范式是存在于某一科学领域内关于研究对象的基本意向。它可以用来界定什么应该被研究、什么问题应该被提出、如何对问题进行质疑，以及在解释答案时该遵循什么样的规则（乔治等，1988）。实证研究作为一种范式，产生于经验哲学与自然科学研究。伴随着生产力的发展，实证研究范式强调的准确性、客观性、系统性等要素也越来越多地被社会科学研究所需要（陈工孟，2014）。

具体来说，实证研究通过运用数据，采用客观中立的立场，回答"实际是什么"的问题。区别于实证研究方法，规范研究方法则探究"应该是什么"的问题，主要采用归纳法和演绎法，由一般的概念和原理推导出个别的结论，能够确保理论在构建过程中的逻辑相关性和紧密性，但是这种纯粹的抽象思维缺乏足够的说服力。而实证研究注重以事实为依据，其建立在实地观察和实验结果基础上的研究结论更加具有说服力。总的来说，实证研究更重视科学性，而规范研究更重视哲学性（陈工孟，2014）。

本研究将以客观数据、实地调研等事实为依据的量化和质性研究，划分为实证性研究范式；将采用归纳法或演绎法由理论推导得出结论的研究，归为规范性研究范式；将仅提出观点或倡议的文献，划分为倡导性研究。从表1-17的数据来看，入选文献中实证性研究821篇，占38.3%；规范性研究946篇，占44.1%；倡导性研究为377篇，占17.6%。可见，从当前中国政策过程研究成果数量来看，更具哲学性的规范性研究文献仍占据主导地位，而重视科学性的实证研究成果还有很大的提升空间。

表 1-17 研究范式情况

单位：篇，%

研究范式	数量	占比
实证性研究	821	38.3
规范性研究	946	44.1
倡导性研究	377	17.6

资料来源：作者自制。

图 1-13 直观地展现了中英文献研究范式的使用差异。结合表 1-18，可知中文文献中规范性研究占比最大，实证性研究占比为 33.84%，此外还存在一定数量的倡导性研究。相比之下，英文成果中占比最大的为实证性研究，倡导性研究屈指可数。可见，在研究范式的使用上，中国政策过程研究的英文成果更具科学性和实证性特征。

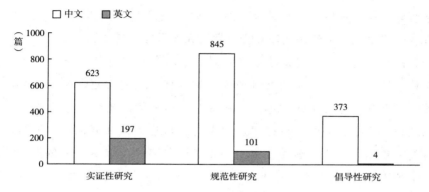

图 1-13　中英文献研究范式差异

资料来源：作者自制。

表 1-18　中英文献研究范式比例差异情况

单位：%

文献类型	研究范式		
	实证性研究	规范性研究	倡导性研究
中文	33.84	45.90	20.26
英文	65.23	33.44	1.32

资料来源：作者自制。

除此之外，本研究发现研究范式随时间推进也不断产生着变化。从图 1-14 可以直观地了解到研究范式随时间变化的情况。倡导性研究自 2011 年与实证性研究发文量"位次互换"后，便逐渐式微。而实证性研究和规范性研究均保持波折递增趋势。值得注意的是，二者在 2015 年实现了"地位翻转"，实证研究数量反超规范性研究。并且从 2014 年开始，实证研究文献数量急速增长，发展势头迅猛。自此，实证性研究逐渐成为中国政策过程研究中的主流研究范式。

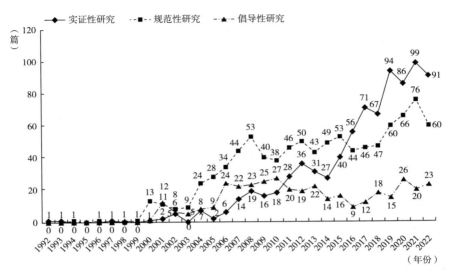

图 1-14　研究范式的时间变化

资料来源：作者自制。

（四）经验对象

研究主体维度主要强调的是整个研究聚焦的对象，而非方法和经验中涉及的实际活动主体。从表 1-19 数据来看，除了无明确指向的文献外，以地方政府为研究主体的文献共有 538 篇，以 25.1% 的占比位居第一。这一点与政策执行议题领域颇高的研究热度相互印证，因为政策执行更多关注地方政府的行动逻辑。中央政府为主体的成果有 231 篇，占 10.8%。这一情况与政策制定、决策、议程设置的研究成果相对应。另外，对于经济—社会主体、政—经/社以及央—地关系为研究主体的成果分别占 7.6%、7.4% 和 6.8%。随着政策参与的民主化、科学化，未来将有更多非政府主体参与到政策过程，而以这些经济社会主体为研究对象的科研成果有待进一步加强。

表 1-19　研究主体情况

单位：篇，%

研究主体	数量	占比
无明确指向	907	42.3
中央政府	231	10.8

续表

研究主体	数量	占比
地方政府	538	25.1
经济—社会主体	164	7.6
央—地	146	6.8
政—经/社	158	7.4

资料来源：作者自制。

中英文文献研究主体差异如图 1-15 所示，灰色柱体表示英文文献的不同研究主体发文量，白色则为中文文献发文量。结合比例差异表（见表 1-20）可以发现，除无明确指向的文献外，各级研究主体中唯有"地方政府"这一主体同时受到了中英文成果的最大关注，其中中文文献占 23.95%，英文文献占比高达 31.79%。不仅如此，英文文献中对中央政府和央—地关系也给予了较多关注。总体上来看，中英文研究中均存在着各主体间受关注度分布不均的现象，学界对经济、社会等主体及其与政府之间的政策互动的探讨还有待进一步加强。

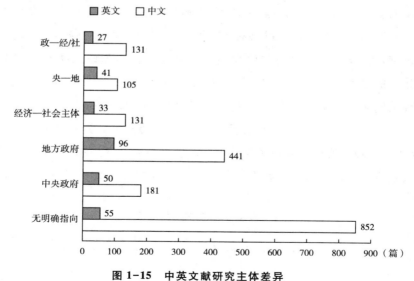

图 1-15 中英文文献研究主体差异

资料来源：作者自制。

表 1-20 中英文献研究主体比例差异

单位：%

文献类型	研究主体					
	无明确指向	中央政府	地方政府	经济—社会主体	央—地	政—经/社
中文	46.28	9.83	23.95	7.12	5.70	7.12
英文	18.21	16.56	31.79	10.93	13.58	8.94

资料来源：作者自制。

（五）研究方法

1. 研究方法基本情况

研究方法维度主要考察文献所使用的方法论。研究方法种类非常丰富，本研究将研究方法概略性地划分为三种类型：量化研究、质性研究和混合研究。根据编码结果，中国政策过程研究中的量化研究占 12.18%，质性研究占 36.62%，而混合研究仅占 2.8%。从表 1-21 的数据来看，全部文献中使用单案例研究方法的文献有 569 篇，占 26.59%，是中国政策过程研究中最热门的研究方法。使用计量和比较案例分析的文献占比分别为 10.73% 和 9.75%。中国政策过程研究领域也有一些研究使用了实验/准实验、民族志、定性比较分析及其他混合研究方法，但总计占比不足 5%。可见，中国政策过程研究领域的方法论的多样性有待进一步加强。值得一提的是，直接进行理论阐述和未使用研究方法的文献占比接近一半（48.41%）。这说明我国政策过程研究的方法科学化程度仍有较大的进步空间。

表 1-21 研究方法情况

单位：篇，%

研究方法	数量	占比
量化：实验/准实验	31	1.45
量化：计量	230	10.73
质性：单案例研究	570	26.59
质性：比较案例分析	209	9.75

续表

研究方法	数量	占比
质性：民族志	6	0.28
混合：定性比较分析	23	1.07
混合：其他	37	1.73
理论阐释（文献综述）	392	18.28
其他	646	30.13

资料来源：作者自制。

　　图 1-16 以折线和柱状图呈现了中国政策过程研究中中英文文献研究方法的使用差异情况。从共同趋势来看，中英文成果都偏好使用单案例研究，计量方法和比较案例研究紧随其后。结合比例情况表（见表 1-22），可以发现中文成果中理论阐释占据了很大比例，而英文成果则不然。此外，对于实验/准实验方法、民族志方法、定性比较分析及其他混合方法在中英文成果中都较少被使用。可见，中国政策过程研究方法有待进一步丰富，未来的研究应将更多样的研究方法纳入中国政策过程的研究。

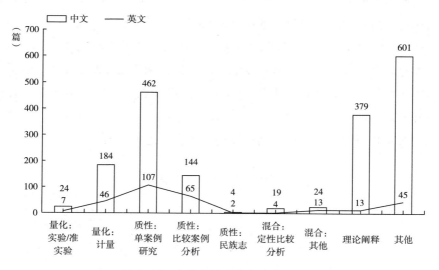

图 1-16　中英文献研究方法差异

资料来源：作者自制。

表 1-22　中英文献研究方法占比差异

单位：%

文献类型	研究方法								
	量化：实验/准实验	量化：计量	质性：单案例研究	质性：比较案例分析	质性：民族志	混合：定性比较分析	混合：其他	理论阐释	其他
中文	1.30	9.99	25.10	7.82	0.22	1.03	1.30	20.59	32.65
英文	2.32	15.23	35.43	21.52	0.66	1.32	4.30	4.30	14.90

资料来源：作者自制。

2. 资料收集方法

资料收集方式维度主要考察文献资料的获取来源。结合图 1-17 和资料收集方法情况表（见表 1-23）来看，1014 篇文献使用的资料是二手数据；另有 358 篇文献采用了访谈法获取数据。而采用观察法和问卷调查法的文献分别为 121 篇和 83 篇。仅有 18 篇文献使用了实验法进行数据收集。而使用其他方法或未使用数据的文献有 972 篇。从资料来源的科学化程度来看，资料获取方式的多样性和可信度的提升任重道远。

表 1-23　资料收集方法情况

单位：篇，%

资料收集方法	数量	占比
其他	972	45.3
实验	18	0.84
问卷调查	83	3.92
二手数据	1014	48.04
访谈	358	16.88
观察	121	5.74

注：有些数据属于不同的收集方法，故数量之和大于实际文献数。
资料来源：作者自制。

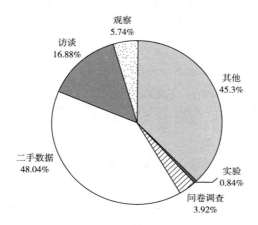

图1-17 资料收集方法占比情况

资料来源：作者自制。

中英文文献资料收集方法差异如图1-18所示。结合比例差异表（表1-24），可知中国政策过程研究的中英文成果中使用比例最高的资料收集方法均是二手数据。这一方面是由于二手数据的可得性和客观性，另一方面是因为政策过程的研究在很大程度上离不开政策文本。此外，访谈和观察法都是采纳较多的资料收集方法，但对于访谈方法，英文成果运用得明显更多。实验方法则较少被学者使用。

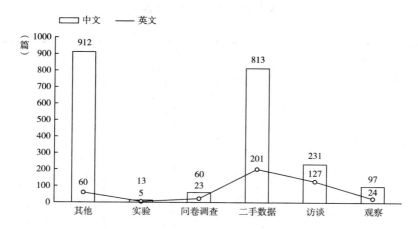

图1-18 中英文献资料收集方法差异

资料来源：作者自制。

表 1-24　中英文献资料收集方法比例差异

单位：%

文献类型	资料收集方法					
	其他	实验	问卷调查	二手数据	访谈	观察
中文	42.90	0.61	2.82	38.24	10.87	4.56
英文	13.64	1.14	5.23	45.68	28.86	5.45

资料来源：作者自制。

3. 资料分析方法

资料分析方法维度，采用统计描述、方差分析、二元相关、元分析、多元回归、多元变量分析、因子分析、主成分分析、聚类分析、非参数检验、方程模型等进行资料分析的归为"统计分析"，如表 1-25 所示，这类文献占 17.63%。采用分词、字频统计、词频统计、聚类、分类、情感分析（含简单和复杂）、共现分析、同被引分析、依存分析、语义网络、社会网络、共现矩阵等分析方法的归为"内容分析"，使用该方法的研究占 9.00%。此外，使用扎根理论、话语分析和主题分析的文献分别占 1.21%、0.84% 和 0.33%。而中国政策过程研究领域绝大多数（74.1%）的文献采用的是案例分析、主观分析方法，也有未使用数据分析方法的文献。显然，该领域的资料分析方法亟待进一步科学化和多元化。

表 1-25　资料分析方法情况

单位：篇，%

资料分析方法	数量	占比
其他	1588	74.1
统计分析	378	17.63
内容分析	193	9.00
扎根理论	26	1.21
主题分析	7	0.33
话语分析	18	0.84

资料来源：作者自制。

从表 1-26 中可以看出，中英文文献中资料分析方法的使用情况，存在较为明显的差异。图 1-19 直观展示了中英文文献中资料分析方法的差异。

结合表 1-26，从圆环的色块分布和比例差异表数据可以看出，英文成果中统计分析方法占 32.19%，而中文成果统计分析和内容分析数量之和不足三成（23.67%）。可见中国政策过程研究的资料分析方法有待进一步多样化、精准化、科学化。

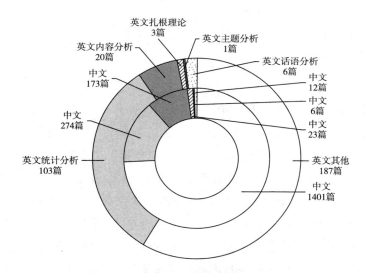

图 1-19　中英文献资料分析方法差异

资料来源：作者自制。

表 1-26　中英文文献资料分析方法占比差异

单位：篇

文献类型	资料分析方法					
	其他	统计分析	内容分析	扎根理论	主题分析	话语分析
中文	74.17	14.51	9.16	1.22	0.32	0.64
英文	58.44	32.19	6.25	0.94	0.31	1.88

资料来源：作者自制。

4. 数据资料容量

数据资料容量维度主要衡量数据的丰富程度，以评估研究方法的科学性和严谨性。如表 1-27 所示，本研究将资料容量情况划分为三个维度，其中，未使用数据资料进行分析的文献接近半数（46.8%），本研究将这样的资料使用情况定义为薄弱。使用了 0~100 份政策文本/10 万字以内访谈资料/10 位以下访谈对象/百份问卷样本/单案例的文献有 584 篇，即资料丰富程度适中的研究占 27.2%。而使用了 100 份以上政策文本/10 万字以上访谈资料/10 位以上访谈对象/千份问卷样本/多案例等资料的文献则定义为资料丰富，占总体的 25.9%。可以说，随着实证研究方法在政策研究领域越来越受到认可，数据资料的丰富性也越来越得到重视，使用更丰富多样的数据资料也将成为实现中国政策过程研究科学化的必要途径。

表 1-27　数据资料容量情况

单位：篇，%

数据资料容量	数量	占比
薄弱（无数据）	1004	46.8
适中	584	27.2
丰富	555	25.9

资料来源：作者自制。

从中英文文献数据资料容量差异图（见图 1-20）不难发现，中英文文献中数据资料容量情况呈相反趋势。占比差异表（见表 1-28）更加直观地反映出中英文文献资料容量存在的差异。这说明，中国政策过程的英文研究成果具有更加丰富的数据支撑。相比之下，中文文献的数据资料容量还有待进一步加大。

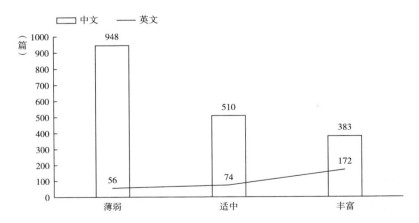

图 1-20　中英文文献数据资料容量差异

资料来源：作者自制。

表1-28 中英文献数据资料容量占比差异

单位：%

文献类型	资料容量		
	薄弱	适中	丰富
中文	51.49	27.70	20.80
英文	18.54	24.50	56.95

资料来源：作者自制。

5. 数据时间跨度情况

数据时间跨度维度主要考察研究所使用的数据在时间维度上的分布情况，这可以从另一个侧面反映数据资料的丰富程度。因此本研究按照所能体现的资料的丰富程度从低到高排列，依次为无数据、单一时间点、5年内、5~10年、10年及以上。

从表1-29不难看出，除了无数据类型的文献占近半数（46.64%）以外，数据跨度10年及以上的文献有393篇，占18.33%；5年内数据跨度、单一时间点和5~10年时间跨度的文献分别占14.37%、14.09%和6.58%。可见，中国政策过程研究在数据资料的时间维度上具有跨度较广的特点。但从比例和数量上来看，时间维度的丰富性、时效性和新颖性都是将来研究中需要进一步提升的。

表1-29 数据时间跨度情况

单位：篇，%

数据时间跨度	数量	占比
无数据	1000	46.64
单一时间点	302	14.09
5年内	308	14.37
5~10年	140	6.58
10年及以上	393	18.33

资料来源：作者自制。

在中英文献数据时间跨度差异图（见图1-21）中，灰色柱体代表英文文献不同时间跨度的文献数量，白色柱体代表中文文献不同时间跨度的文献数量。而中英文文献数据时间跨度比例差异表呈现了中英文文献中不同数据时间跨度的成果在总体中的占比情况（见表 1-30）。可以看出，英文文献中数据跨度 10 年及以上的文献占比最大，无数据的成果占比较低。中文文献中约半数成果是无数据支撑的。虽然 10 年及以上数据的文献占较大比例（16.68%），但仍反映出中国政策过程研究的中文成果数据支撑较为薄弱。

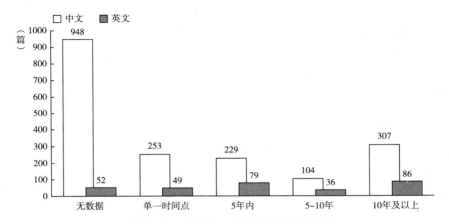

图 1-21　中英文文献数据时间跨度差异

资料来源：作者自制。

表 1-30　中英文文献数据时间跨度比例差异

单位：篇

文献类型	数据时间跨度				
	无数据	单一时间点	5 年内	5～10 年	10 年及以上
中文	51.49	13.74	12.44	5.65	16.68
英文	17.22	16.23	26.16	11.92	28.48

资料来源：作者自制。

（六）经验丰富性

1. 经验涉及政策领域

政策领域维度是指文献中用于分析的政策对象所属的经验领域。从表 1-31 的数据分析结果可以看出，所有样本文献中无经验性政策领域的有 851 篇，占总体文献的 39.7%。

本研究将国家社会发展政策、地方治理政策、民族政策、社会保障政策、人口与生育政策、就业政策、城市规划与住房政策、医疗卫生政策、劳动政策、慈善政策、养老政策等划分为社会政策。围绕社会政策展开研究的成果较为丰富，有407篇，占总量的19.0%。生态环境政策、污染防治政策、资源/能源（矿产、水、电、气）政策、垃圾分类政策等则划归为环境政策。环境政策领域在过去几年中持续受到学界的关注，研究成果达214篇，占总量的10.0%。本研究将扶贫政策、农村土地、农民工、农村建设、农业政策等与"三农"问题相关的政策划分为"三农"政策，这类文献共计192篇，占总数的9.0%。本研究将经济政策、财政政策、创新政策、科技政策、人才政策等归为经济和创新政策，共计159篇，占7.4%。党的政策、干部、廉政、数字政府、制度改革、食品安全、中国国防科技工业政策、校车安全、交通政策（禁摩、网约车）等归为其他政策，这类政策占总数的7.3%。另外，本研究将文化（产业）政策、文旅政策、教育政策等归为教育文化政策，这类政策领域的文献有72篇，占总数的3.4%。国防外交政策14篇，占0.7%。国防外交政策多见于英文文献。此外，现有研究中也不乏跨政策领域的比较分析，这类成果占总体的3.6%。

表 1-31　涉及政策领域情况

单位：篇，%

涉及政策领域情况	数量	占比
无经验性政策领域	851	39.7
教育文化政策	72	3.4
社会政策	407	19.0
环境政策	214	10.0
经济和创新政策	159	7.4
"三农"政策	192	9.0
国防外交政策	14	0.7
其他政策	157	7.3
跨政策领域的比较分析	77	3.6

资料来源：作者自制。

　　从研究涉及的政策领域差异来看，中英文文献对于政策类型的选取存在共性，又各具偏好。结合中英文文献政策领域差异图（见图1-22）和中英文文献政策领域占比差异表（见表1-32）可以发现，中英文文献对于社会政策、"三农"政策均给予了较大关注。这些类型的政策更具中国特色，对于描绘中国特色的政策过程也更具解释力。而英文成果中对于环境政策、经济与创新政策和国防外交政策更具偏好。另外，从总体来看，跨政策领域的比较分析比例仍然较小。验证政策过程理论在不同政策领域的适用性是深化和拓展理论贡献的重要步骤。跨政策领域的比较分析研究的短板也制约了中国政策过程理论的深化和完善。

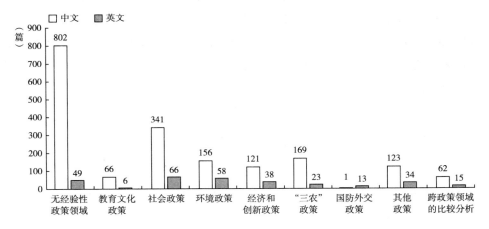

图1-22　中英文文献政策领域差异

资料来源：作者自制。

表1-32　中英文文献政策领域占比差异

单位：%

类型	领域								
	无经验性政策领域	教育文化政策	社会政策	环境政策	经济和创新政策	"三农"政策	国防外交政策	其他政策	跨政策领域的比较分析
中文	43.56	3.59	18.52	8.47	6.57	9.18	0.05	6.68	3.37
英文	16.23	1.99	21.85	19.21	12.58	7.62	4.30	11.26	4.97

资料来源：作者自制。

2. 经验涉及主体

经验涉及主体维度主要考察各级政府、府际关系、干部、专家、社会组织及公众等主体在中国政策过程研究成果中被纳入的情况（见表1-33）。选择这一维度进行评估，一方面可以考察政策过程研究中参与主体是否被充分纳入了研究之中，另一方面研究关注的主体情况可以折射中国政策过程中不同主体参与的实际情况。如表1-33所示，现有成果中涉及各级政府主体的文献有809篇，以37.73%的占比位列第一；有434篇文献涉及公众，以20.29%的占比居于第二位。关注府际关系和干部主体的文献占比分别为17.12%和15.72%。可见目前研究中，对于政府内部及公众参与的关注较多。随着政策参与主体的日渐多元化和各主体介入政策过程的程度的加深，越来越多的非政府主体开始受到政策过程研究者的关注。现有研究中涉及经济组织和社会组织—团体的文献分别占12.78%和11.47%，涉及专家（高校、智库）等主体的文献占比约为8.72%。

表1-33 涉及主体情况

单位：篇，%

涉及主体	数量	占比
无主体	982	45.8
各级政府（内部）	809	37.73
府际关系（互动）	366	17.12
干部（街头官僚）	337	15.72
专家（高校、智库）	187	8.72
经济组织	274	12.78
社会组织—团体	246	11.47
公众	434	20.29

资料来源：作者自制。

中英文文献涉及主体差异见图1-23。中英文成果中，普遍存在对各级政府（内部）主体的高度关注。中文成果中更多关注公众、府际关系和干部等主体，英文成果则更多关注干部和专家、智库等主体。总的来说，政府、干部等传统政策过程主体有待深入挖掘，公众、专家、经济组织和社会团体等多元政策过程主体的研究还有极大的探索空间。

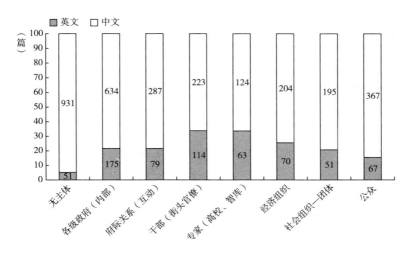

图 1-23 中英文文献涉及主体差异

资料来源：作者自制。

3. 主体互动

主体互动程度维度主要考察研究问题和资料证据是否涉及主体间互动及其互动程度。从总体数据看，未涉及主体的文献占到半数以上，约为1227篇。本研究将主体间进行的多主体、多向度、多频次的双向或网络互动归纳为高互动度，将诸如"命令—服从""无反馈"等单向度的互动定义为中互动度，而将仅对单一主体行为进行研究的文献定义为低互动度。在表 1-34 中，互动程度较高和较低的文献分别占 19.12% 和 15.30%，而互动程度为中等的文献占 8.35%。由此可见，当前的研究已经意识到多主体参与政策过程的重要性和必要性，但从整体比例和具体数量来看，这一领域仍有很大的发展潜力和提升空间。

表 1-34 主体间互动情况

单位：篇，%

主体间互动	数量	占比
无	1227	57.23
低：仅对单一主体行为进行研究	328	15.30

主体间互动	数量	占比
中：单向度互动（命令—服从，无反馈）	179	8.35
高：双向或网络互动	410	19.12

资料来源：作者自制。

图 1-24 中的两条折线表示中英文文献主体间互动的差异。可以看出，除无主体无互动的研究外，中英文成果不同互动度的研究分布较为平均，趋势总体相近。再结合占比差异表（见表 1-35），可以发现当前研究成果中，主体间不限于一种互动形式，高互动度研究占比较大。可以说，当下的中国政策过程研究在整体上都对研究主体间互动的探索较为细致。

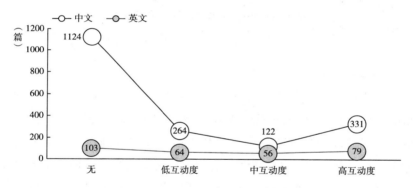

图 1-24 中英文文献主体间互动差异

资料来源：作者自制。

表 1-35 中英文献主体间互动占比差异

单位：%

文献类型	主体互动			
	无	低互动度	中互动度	高互动度
中文	61.05	14.34	6.63	17.98
英文	34.11	21.19	18.54	26.16

资料来源：作者自制。

4. 政府层级

政府层级维度主要考察政策过程发生的政府层级，通过分析该维度或可看出不同层级政府中政策过程"黑箱"的打开程度。研究中涉及的层级，具体可分为中央、省级（自治区、直辖市）、地市级、县区级（县级市、市辖区）、乡镇/街道、村/居几个层级。由于研究中可能涉及一个或多个不同层级，该维度编码设计为多选，因此各层级文献数占比总和并不是100%，而没有涉及具体层级的文献则被编码为"其他"。从表1-36呈现的数据可以看出，现有文献中关注中央层次的文献数量最多，占比为27.66%。涉及省级、地市级的文献分别占19.78%和19.87%。县区级、乡镇/街道和村/居等基层政府部门分别占11.05%、7.70%和7.62%。从不同层级研究成果数量和比例来看，层级越高受到学者关注也越多。但受关注度与层级"黑箱"的真正打开程度并不一定成正相关关系，关注度高可能是由于层级越高，政府信息公开程度越高，资料的易得性促成了研究的可及性。但政府内部的运作逻辑并不一定据此得以揭示，因此还需要结合其他维度进行分析。

表1-36 涉及政府层级情况

单位：篇，%

政府层级	数量	占比
其他	1035	48.3
中央	593	27.66
省级	423	19.78
地市级	425	19.87
县区级	237	11.05
乡镇/街道	165	7.70
村/居	161	7.62

资料来源：作者自制。

图1-25为中英文文献关注政府层级差异。结合占比差异表（表1-37），可以看到中英文成果关注的政府层级存在极大相似性，都给予中央、省级、地市级更多关注，而县区、乡镇/街道、村/居等基层政府有待学者进一步地关注和挖掘。

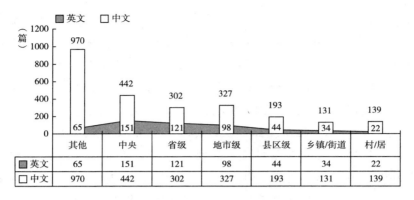

图 1-25　中英文文献关注政府层级差异

资料来源：作者自制。

表 1-37　中英文文献关注政府层级占比差异

单位：%

文献类型	政府层级						
	其他	中央	省级	地市级	县区级	乡镇/街道	村/居
中文	38.74	17.65	12.06	13.06	7.71	5.23	5.55
英文	12.15	28.22	22.62	18.32	8.22	6.36	4.11

资料来源：作者自制。

5. 层级间研究方法运用差异

图 1-26 展示了不同政府层级间研究方法运用情况的差异。如图 1-26 所示，横坐标表示政府层级，不同色块表示不同研究方法在同一层级中被使用的占比情况。排除最左侧柱形①后，整体上来看，剩余图形均为质性研究方法占主导地位，理论阐释方法和量化研究方法均占比较小，混合研究方法使用占比最小。

具体来看，质性研究方法中的单案例研究被广泛应用于各层级经验的解释和考察中，是当前中国政策过程研究成果中最主要的研究方法。且单案例研究方法在基层研究中使用尤多，其中乡镇/街道一级使用单案例研究的占比最大（58.79%），县区级（55.70%）和村/居级（55.28%）也使用

---

① 最左侧柱型为编码时选择"其他层级"和选择"其他研究方法"的交叉统计数据结果，从实际上来看该数据无意义，因此在此不做解释。

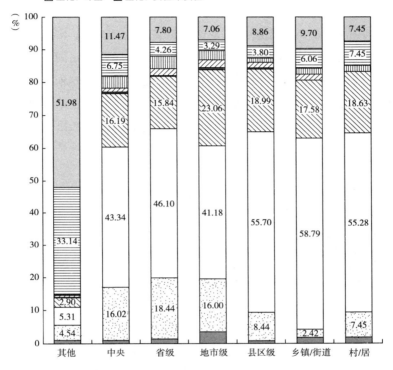

图1-26 层级间研究方法运用差异

资料来源：作者自制。

较多，这可能与基层更易观察和调研等可及性有关。使用比较案例分析的层级与此相类似，乡镇/街道（17.58%）、县区级（18.99%）和村/居级（18.63%）等基层使用率较为突出，不同的是地市级（23.06%）的研究中比较案例分析方法占比最高，可见中国政策过程研究者们更偏爱使用地市级经验作为比较分析的基本单元。从量化的计量方法使用情况来看，该类方法往往在分析较高的层级时被使用，其中省级（18.44%）使用占比最多，中央（16.02%）和地市级（16.00%）次之；而使用理论阐释类研究方法的层级则以村/居（7.45%）为最多，乡镇/街道一级的使用也达到6.06%。可见，相对来说在分析较高层级时学者更偏好量化方法，而解释中层和基层经验时更青睐质性研究方法和理论阐释类方法。这种研究方法使用偏好的层级差异，或许与政府公开信息的透明度、政策文件资料的可及性、数据获取难度以及场域的可进入性等因素有关。

6. 层级间理论贡献差异

图 1-27 展示了不同政府层级理论贡献类型的差异[①]。如图 1-27 所示，横坐标表示政府层级，不同色块表示不同理论贡献类型在同一层级分析中占比情况。整体来看，借用和拓展理论的研究占比最大，未产出理论贡献的成果占比次之，而能够提炼概念、生成理论和进行方法论丰富与创新的成果均占比较小。可见中国政策过程研究的理论性成果产出仍存在较大的提升空间。

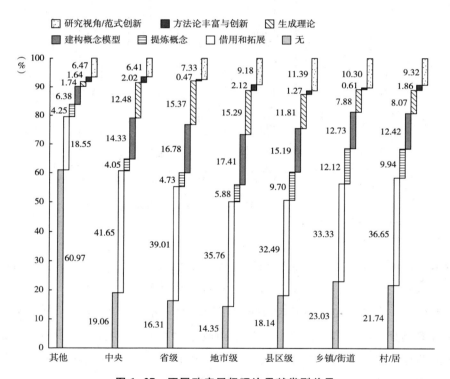

图 1-27 不同政府层级理论贡献类型差异

资料来源：作者自制。

---

① 此处讨论不同政府层级理论贡献类型的差异情况，最左侧"其他"维度代表未涉及具体层级的研究类型，因此该维度在这里不做解释。

具体来说，贡献为借用和拓展理论的研究成果以中央层级（41.65%）和省级（39.01%）占比最大。提炼概念占比最大的则为基层，其中乡镇/街道（12.12%）、村/居（9.94%）和县区级（9.70%）均有可观产出，而相对来说研究的政府层级越高，得出提炼概念成果的研究占比则越小。在建构概念模型方面，中层级政府经验贡献了较多成果，其中地市级（17.41%）、省级（16.78%）和县区级（15.19%）均在贡献前列。在生成理论方面，省级（15.37%）和地市级（15.29%）等中高层经验贡献更多。在方法论丰富与创新方面地市级（2.12%）的贡献突出，而研究视角/范式创新方面则县区级（11.39%）的贡献较多。

7. 层级间主体互动程度差异分析

主体互动程度维度主要考察研究中所涉及的主体间是否有互动，以及互动的方式。本研究中，我们将涉及多个主体、多个维度、多次双向或网络型互动的情况归类为高互动度；将类似"命令—服从"或"无反馈"这种单向互动的情形定义为中互动度；而那些只关注单一主体行为的文献则被划分为低互动度。政府层级维度主要关注政策过程在不同政府层级中的展开情况，通过对这一维度的深入分析，可以揭示不同层级政府在政策过程中的透明度，即"黑箱"的开放程度。具体可分为中央、省级（自治区、直辖市）、地市级、县区级、乡/镇、村/居几个层级。

从以下条形堆积图（图1-28）能够十分直观地看到，其他组中无互动这一维度的色块占比最大，说明未涉及主体互动的文献远多于涉及主体互动的文献。从表示互动程度的色块来看，高互动度在各组中均占比较大，各组均存在不同程度的两端占比大、中间占比少的情况。这说明，文献经验中所涉及主体互动程度较高的文献占比较大，而低互动度的文献次之，但中低互动度的文献数量相差不大。可见当前研究已然认识到多主体参与政策过程的重要性和必要性，但从总体比例和具体数量上依然有较大的挖掘空间。

8. 层级间数据资料容量差异分析

本研究将资料容量情况划分为三个维度。未使用数据资料进行分析的文献远多于使用数据的文献，我们将这样的资料使用定义为薄弱。以此类推，我们将使用了0~100份政策文本/10万字以内访谈资料/10位以下访谈

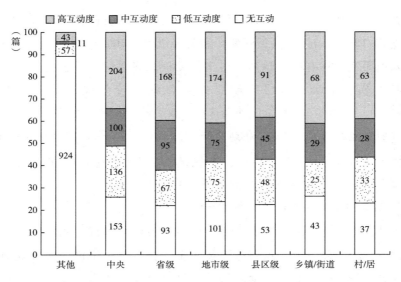

图 1-28　主体互动程度的层级间差异统计

资料来源：作者自制。

对象/百份问卷样本/单案例的文献，定义为资料丰富程度适中。将使用了
100 份以上政策文本/10 万字以上访谈资料/10 位以上访谈对象/千份问卷样
本/多案例等资料的文献定义为资料丰富。

　　通过交叉分析政策过程发生的政府层级及研究使用的数据资料容量，
可得出不同层级政府中政策过程"黑箱"的打开程度。如图 1-29 所示，纵
坐标显示的是不同政府层级，横坐标从左至右依次表示数据资料容量从薄
弱到丰富的占比情况。"其他"为未涉及政府层级或未使用经验的情况，在
此忽略不计。观察图中色块分布情况，可以发现各层级中占比最大的均为
薄弱，而适中均略大于丰富。这说明当前研究在涉及各政府层级时使用的
数据资料容量总体不足，且结构有待进一步优化。

　　将图 1-29 与表 1-38 的数据相对照，不难发现，中央、省级和地市级
政府占很大比例，说明已有研究在涉及这些政府层级时使用的数据容量更
为丰富，而县区级、乡镇/街道及村/居等基层政府层级，资料容量明显较
前者薄弱。

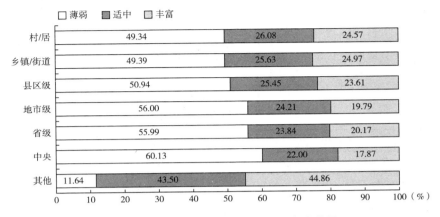

图1-29　政府层级间数据资料容量占比差异

资料来源：作者自制。

表1-38　政府层级间数据资料容量差异统计

单位：篇

资料容量	政府层级						
	其他	中央	省级	地市级	县区级	乡镇/街道	村/居
薄弱	875	72	41	42	33	27	26
适中	102	243	174	168	99	77	67
丰富	58	278	208	215	105	61	68

资料来源：作者自制。

可以说，随着实证研究方法在政策研究领域越来越受到认可，使用更丰富多样的数据资料越来越成为中国政策过程实现研究科学化的必要途径之一。在实际研究中，实证资料数据的使用情况仍需要更多关注。科学严谨的政策过程研究呼唤更加多样化、科学化的实证资料以及分析。

9. 经验的区域分布

经验区域分布维度可以用来考察当前研究中所选取的经验在不同区域空间的差异，对于地区分布热点和冷点的捕捉具有一定意义。本研究按照经济发展和行政区划差异采用了七区域的划分方法，七个区域为东北（黑龙江省、吉林省、辽宁省）、华东（上海市、江苏省、浙江省、安徽省、福建省、江西省、山东省、台湾省）、华北（北京市、天津市、山西省、河北省、内蒙古自治区）、华中（河南省、湖北省、湖南省）、华南（广东省、广西壮族自治区、海南省、香港特别行政区、澳门特别行政区）、西南（四川省、贵州省、云南省、重庆市、西藏自治区）、西北（陕西省、甘肃省、青海省、宁夏回族自治区、新疆维吾尔自治区），见表1-39。

表1-39　经验区域分布情况

单位：篇，%

经验区域	数量	占比
无	1192	55.60
东北（黑龙江省、吉林省、辽宁省）	7	0.33
华东（上海市、江苏省、浙江省、安徽省、福建省、江西省、山东省、台湾省）	114	5.32
华北（北京市、天津市、山西省、河北省、内蒙古自治区）	47	2.19
华中（河南省、湖北省、湖南省）	35	1.63
华南（广东省、广西壮族自治区、海南省、香港特别行政区、澳门特别行政区）	46	2.15
西南（四川省、贵州省、云南省、重庆市、西藏自治区）	39	1.82
西北（陕西省、甘肃省、青海省、宁夏回族自治区、新疆维吾尔自治区）	25	1.17
跨区域	502	23.41
匿名	137	6.39

资料来源：作者自制。

从表1-39数据来看，未涉及经验区域的研究占到半数以上（55.6%），而使用跨区域数据和匿名区域数据的研究分别占23.41%和6.39%。以华东地区为经验区域的研究最多，为114篇。这与该地区的经济发展程度较高、政策试验试点走在全国前列密切相关，更与这些地区本身分布着较多的研究机构有关。接下来经验所在地区依次为华北（2.19%）、华南（2.15%）、西南（1.82%）、华中（1.63%）和西北（1.17%）。以东北地区为经验的研究仅占0.33%。可见，当前中国政策过程研究成果中，经验所在区域选取不均衡，特别是对西北和东北地区的关注较少。

第三节　核心研究议题

一　议题基本分布状态

（一）议题领域分布

议题领域维度用以考察当前研究成果中核心议题的分布情况，其中，核心议题根据政策过程发生的不同阶段划分。从表1-40可见，政策执行议题的研究达到621篇，占全部研究的近1/3（29.0%）。政策制定/决策、政策创新与扩散（学习、试验、试点）这两个议题，分别占了18.5%和13.4%，与政策执行一起成为研究领域中最受欢迎的三大议题。除此之外，政策设计（整合、工具）议题成果占10.3%，政策变迁议题成果占10.0%，政策评估（政策效果、反馈、态度等以及终结）议题成果占8.0%，政策议程设置议题成果占7.1%，这四项议题都有着较大的挖掘空间，有待学界进一步探索和持续关注。另外，对于解释两个及以上政策议题相互影响、作用、关系、机制以及总体政策过程的文献，归入"整体的政策过程"，这类研究则占到总体的10.1%。

表1-40　议题领域分布情况

单位：篇，%

议题领域	数量	占比
其他	103	4.8
政策议程设置	152	7.1
政策制定/决策	397	18.5
政策设计	221	10.3
政策执行	621	29.0
政策评估	171	8.0
政策创新与扩散	288	13.4
政策变迁	215	10.0
整体的政策过程	217	10.1

资料来源：作者自制。

（二）研究议题时间分布

本研究所选取的文献时间为 1990～2022 年，交叉分析制图需要以 5 年为一个时段，导致 2021～2025 年这一时段的趋势表达因数据的缺失而存在较大误差，所以暂时将这一时段趋势忽略不计。

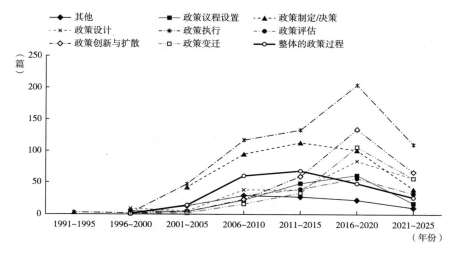

图 1-30　研究议题领域的时间分布统计
资料来源：作者自制。

从图 1-30 中总体趋势来看，各议题随着时间推移均呈上升态势，说明中国政策过程研究成果在近 30 年中不断地涌现，充满生机，潜力巨大。中国政策过程研究的第一个增长峰值出现在 2006～2010 年，各议题成果齐头并进，数量急剧增加。2011～2020 年的十年多个议题出现了第二次陡峭上升。经济的快速腾飞与国家和基层治理的创新发展都大力推动着中国政策过程各议题领域的研究。

本研究也发现，随着各议题领域研究的细分和深入，政策过程研究的针对性更强，专业化程度也日益加深。从数据来看，2011～2020 年整体的政策过程的研究成果增速明显下降、数量显著减少、比例相对下降。此外，关于政策制定/决策议题的研究，在 2011～2020 年时段成果数量出现了小幅下降。

（三） 议题领域差异分析

议题领域维度用以考察当前研究成果中核心议题的分布情况，根据政策过程发生的不同阶段划分。通过分析编码数据，发现中英文文献在议题领域维度存在一定差异（见图1-31）。

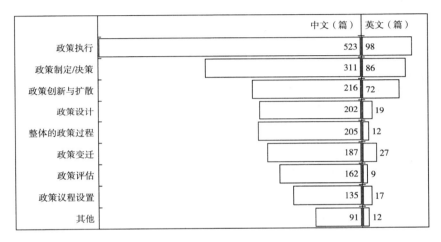

图1-31 中英文文献议题领域差异统计

资料来源：作者自制。

中文文献中各政策议题领域的成果数量，依次为政策执行、政策制定/决策、政策创新与扩散、整体的政策过程、政策设计、政策变迁、政策评估、政策议程设置及其他。其中，政策执行议题的研究达到523篇，相比其他议程成果最多，占全部研究的近1/3（25.7.0%）。政策制定/决策、政策创新与扩散两类议题分别以15.3%和10.6%与政策执行一道成为热门研究议题。除了前述议题外，政策设计领域的研究成果占9.9%，政策变迁领域的成果占9.2%，政策评估的成果占8.0%，政策议程设置的成果占6.6%。这些议题都显示出较大的发展潜力，值得学术界进一步深入研究和持续关注。此外，本研究将那些探讨两个或更多政策议题相互影响、相互作用之间的关系、作用机制，以及对整体政策过程进行分析的文献，统一归类为"整体的政策过程"。这类研究在所有研究中所占的比例为4.5%。

英文文献涉及政策议题领域的分布情况略有不同。从总体数量上来看，各议题文献数均远少于中文文献。位于前三位的议题领域与中文文献相同，依次为政策执行（27.8%）、政策制定/决策（24.4%）、政策创新与扩散（20.5%）。不同的是，英文文献中政策变迁议题的文献数量紧随其后（7.7%），政策评估类议题的文献最少（2.6%）。

二 议题领域质量

（一）议题科学性

如图 1-32 所示，图中柱状图代表有科学研究问题的文献数量，折线表示无科学研究问题的文献数量。可以看到，整体的政策过程和其他类别的文献中无科学研究问题的比例极高，说明这类文献科学性在整体上表现欠佳。

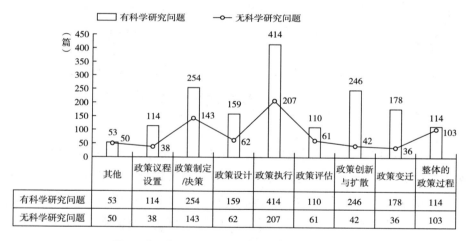

	其他	政策议程设置	政策制定/决策	政策设计	政策执行	政策评估	政策创新与扩散	政策变迁	整体的政策过程
有科学研究问题	53	114	254	159	414	110	246	178	114
无科学研究问题	50	38	143	62	207	61	42	36	103

图 1-32　各议题领域研究问题科学性差异统计

资料来源：作者自制。

发文量最高的政策执行议题领域中，能够提出科学研究问题的文章与其他领域相比是最多的，达到了 25.21%（见图 1-33）。紧随其后的议题领域为政策制定/决策（15.47%）和政策创新与扩散（14.98%）。以上三个议题有科学研究问题的文献数占到半数以上，而剩余议题有科学研究议题的文献占比较小。

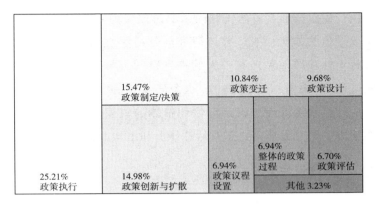

图 1-33　有科学研究问题的各议题领域占比

资料来源：作者自制。

但从各议题领域研究问题科学性比例来看（见表 1-41），各议题又呈现出差异。有科学研究问题的议题领域占比靠前的分别是政策创新与扩散（85.42%）、政策变迁（83.18%）和政策议程设置（75.00%）。可以说，就目前研究成果来看，这些议题的科学性程度较高。值得注意的是，政策创新与扩散领域兼具发文量名列前茅、有科学研究问题文献总数排名第二和议题内研究问题科学性占比最高这三项特点。政策变迁议题则有些不同，其科学性之所以程度较高可能与本研究的筛选标准有关。当前成果中对于政策变迁的研究存在概念借用和范式不严谨的现象，因此本研究在两次筛选中特意将"使用了规范的政策变迁理论或研究范式"列为筛选标准，这在极大程度上影响着议题内研究问题科学性占比情况。

表 1-41　各议题领域研究问题科学性占比差异

单位：%

问题	领域								
	其他	政策议程设置	政策制定/决策	政策设计	政策执行	政策评估	政策创新与扩散	政策变迁	整体的政策过程
有科学研究问题	51.46	75.00	63.98	71.95	66.67	64.33	85.42	83.18	52.53
无科学研究问题	48.54	25.00	36.02	28.05	33.33	35.67	14.58	16.82	47.47

资料来源：作者自制。

政策执行议题内部有科学研究问题的占比仅为 66.67%，可见政策执行议题研究成果虽然数量可观、整体研究问题科学性程度较高，但从内部结构来看其科学性和严谨性还有较大的提升空间。与之有类似情况的议题领域还有政策制定/决策（63.98%），也急需高质量研究成果。与此相对的是，政策变迁、政策设计、政策评估和整体的政策过程几个领域不仅需要进一步挖掘更多研究成果，更需要从总体上和结构上提升研究的科学性。

（二）议题理论性分析

1. 各议题领域理论框架运用分析

从图 1-34 可见，从各议题领域运用不同理论框架的文献数量来看，未使用理论框架的文献数量在各议题领域中均占较大比重，而在多数议题领域中使用自己建构的分析框架的文献数量也较为突出，可见整体上中国政策过程研究的理论性仍要进一步加强。另外，以经典政策过程理论为框架和以其他学科理论为框架的文献数在各议题中居中，而以修正经典政策过程理论为研究目的的文献数量较少。可以看出，当前中国政策过程研究中不仅有待产出规范使用理论框架和研究范式的研究成果，而且亟待推动产出更多对于经典理论进一步深化创新的优质成果。

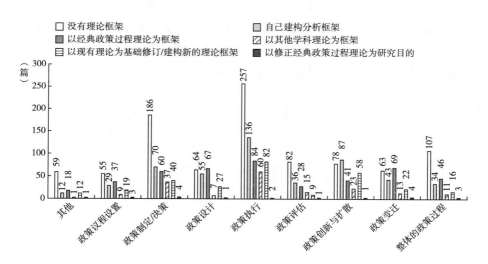

图 1-34　各议题理论框架运用情况

资料来源：作者自制。

接下来，本研究将视野放到各议题领域，图1-35反映了各议题领域使用不同理论框架的分布情况。从图1-35中数据可看出，除未使用理论框架的文献外，当前对整体的政策过程的研究中以经典政策过程理论为框架的文献占比较大，占该议程总文献数的21.20%；政策变迁议题中以经典政策过程理论为框架的文献占32.24%，还有部分自己建构的分析框架（20.09%）；在政策评估、政策执行、政策制定/决策议题中，使用自己建构的分析框架的文献较多，分别占21.05%、21.90%和17.63%；而政策设计议题中有30.32%的文献以经典政策过程理论为框架；政策议程设置议题也以以经典政策过程理论为框架（24.34%）和自己建构的分析框架（19.08%）的文献为主。总体来看，以修正经典政策过程理论为研究目的的文献在各议题中均占极小比例，而以现有理论为基础修订/建构新的理论框架的研究也亟待加强。

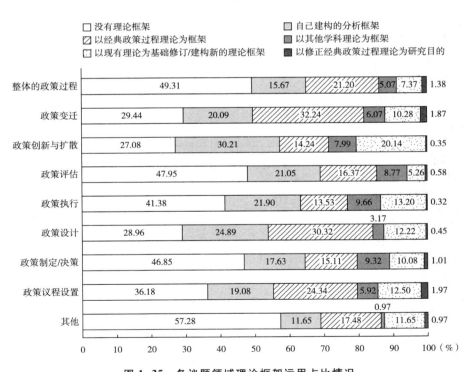

图1-35　各议题领域理论框架运用占比情况

资料来源：作者自制。

2. 各议题领域核心理论贡献分析

从各议题领域核心理论贡献程度（见表1-42）来看，政策执行议题领域由于其成果基数较大，产生的理论贡献总体上更为显著。而政策制定/决策、政策创新与扩散（学习、试验、试点）两类议题领域则与政策执行一道列于理论贡献榜前三。这三类议题领域研究成果较为丰富，理论贡献更加多样。

表1-42 不同议题领域核心理论贡献情况统计

单位：篇

核心理论贡献	议题领域								
	其他	政策议程设置	政策制定/决策	政策设计（整合/工具）	政策执行	政策评估（反馈/终结）	政策创新与扩散	政策变迁	整体的政策过程
无	60	53	170	69	247	74	70	55	102
借用和拓展	22	46	109	100	151	54	83	97	57
提炼概念	5	9	18	5	48	0	17	10	9
建构概念模型	4	21	46	17	69	14	49	13	16
生成理论	2	10	30	12	58	13	41	20	12
方法论丰富与创新	1	0	3	2	7	12	4	4	4
研究视角/范式创新	9	13	21	16	41	4	24	15	17
总计	103	152	397	221	621	171	288	214	217

资料来源：作者自制。

从不同议题领域同一理论贡献的占比情况（图 1-36）来看，借用和拓展理论最多的议题领域是政策执行（21.00%）和政策制定/决策（15.16%）；政策执行议题领域以占比 39.67%的绝对优势在提炼概念方面做出极大贡献；在建构概念模型方面，政策执行（27.71%）、政策创新与扩散（19.68%）和政策制定/决策（18.47%）议题领域都做出了显著贡献；生成理论方面依旧是政策执行（29.29%）和政策创新与扩散（20.71%）贡献了主要成果；方法论丰富与创新方面政策评估（32.43%）议题领域贡献较多；研究视角/范式创新方面依然是政策执行（25.63%）议题领域做出较大贡献。

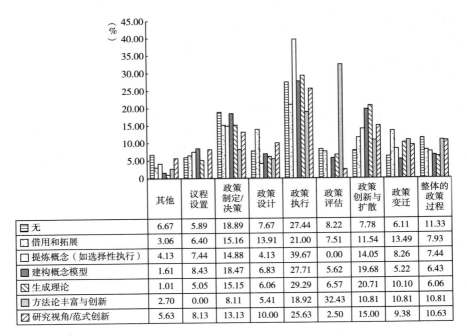

	其他	议程设置	政策制定/决策	政策设计	政策执行	政策评估	政策创新与扩散	政策变迁	整体的政策过程
无	6.67	5.89	18.89	7.67	27.44	8.22	7.78	6.11	11.33
借用和拓展	3.06	6.40	15.16	13.91	21.00	7.51	11.54	13.49	7.93
提炼概念（如选择性执行）	4.13	7.44	14.88	4.13	39.67	0.00	14.05	8.26	7.44
建构概念模型	1.61	8.43	18.47	6.83	27.71	5.62	19.68	5.22	6.43
生成理论	1.01	5.05	15.15	6.06	29.29	6.57	20.71	10.10	6.06
方法论丰富与创新	2.70	0.00	8.11	5.41	18.92	32.43	10.81	10.81	10.81
研究视角/范式创新	5.63	8.13	13.13	10.00	25.63	2.50	15.00	9.38	10.63

图 1-36　不同议题领域同一理论贡献占比情况

资料来源：作者自制。

图 1-38 直观对比了同一议题领域不同理论贡献的占比情况。从不同色条在议题领域总体中所占的比例来看，未能做出理论贡献的研究占比最多，在多个议题领域中占比最大。可以说当前研究总体上理论性还有待进一步提升。

在政策设计、政策变迁、政策创新与扩散这几个议题中，理论的借用和拓展在其议题领域做出较为突出的理论贡献。除了未能得出理论贡献的研究外，政策执行议题领域研究成果中最重要的理论贡献是借用和拓展（24.32%）、建构概念模型（11.11%）、生成理论（9.34%）；政策制定/决策议题领域中最重要的理论贡献是借用和拓展（27.46%）、建构概念模型（11.59%）以及生成理论（7.56%）；政策创新与扩散议题领域研究成果中重要的理论贡献是借用和拓展（28.82%）和建构概念模型（17.01%）；而政策设计议题领域、整体的政策过程议题领域、政策变迁议题领域、政策评估议题领域以及政策议程设置议题领域相关研究成果中，理论的借用和拓展产生了一定的贡献，但其他方面的理论贡献还有较大的提升空间。在建构概念模型方面，政策执行、政策创新与扩散、政策制定/决策、政策议程设置几个议题领域贡献了大量优秀成果。在方法论丰富与创新方面各议题领域均存在极大的上升空间（见图1-37）。中国政策过程研究有待进一步加强对理论性、方法性研究成果的深度提炼。

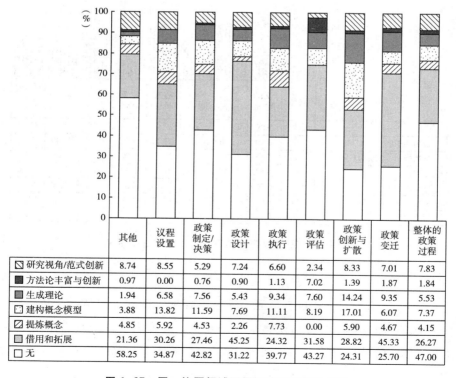

	其他	议程设置	政策制定/决策	政策设计	政策执行	政策评估	政策创新与扩散	政策变迁	整体的政策过程
◨ 研究视角/范式创新	8.74	8.55	5.29	7.24	6.60	2.34	8.33	7.01	7.83
■ 方法论丰富与创新	0.97	0.00	0.76	0.90	1.13	7.02	1.39	1.87	1.84
▨ 生成理论	1.94	6.58	7.56	5.43	9.34	7.60	14.24	9.35	5.53
□ 建构概念模型	3.88	13.82	11.59	7.69	11.11	8.19	17.01	6.07	7.37
▨ 提炼概念	4.85	5.92	4.53	2.26	7.73	0.00	5.90	4.67	4.15
▤ 借用和拓展	21.36	30.26	27.46	45.25	24.32	31.58	28.82	45.33	26.27
□ 无	58.25	34.87	42.82	31.22	39.77	43.27	24.31	25.70	47.00

图1-37 同一议题领域不同理论贡献占比情况

资料来源：作者自制。

（三）议题研究设计分析

1. 议题领域的研究范式差异

从各议题领域使用不同研究范式文献的占比情况（见图1-38）来看，政策变迁、政策创新与扩散、政策评估和政策设计几个议题领域中，实证研究范式成果占较大比例，可以说这些议题领域在研究设计的科学性方面初见成效。[①]

在整体的政策过程、政策执行、政策制定/决策以及政策议程设置几个议题领域中，规范性研究依然占据主导地位，且部分议题领域中仍存在一定数量的倡导性研究。所幸的是结合上文的分析，发现随着时间的推移，总体上来看倡导性研究的数量在下降，实证研究的比例在逐步提升。这说明中国政策过程研究的科学性在逐渐增加。

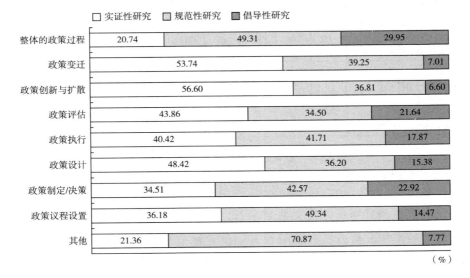

图1-38 各议题领域使用研究范式占比情况

资料来源：作者自制。

[①] 但其中的政策变迁和政策评估两个议题领域可能存在一定误差。正是由于当前成果中对于政策变迁和政策评估的研究存在大量概念借用和范式不严谨的现象，本研究在选取文献样本时，特意将"使用了规范的政策变迁/政策评估理论或研究范式"列为筛选标准，这可能极大程度上影响了其研究范式类型的占比情况。

2. 议题领域的研究方法差异

梳理分析编码数据，发现不同议题领域所采用的研究方法也存在差异性。图1-39用折线图表现两种常用量化方法在各议题领域中的使用情况，采用堆积图来展示三种常用质性研究方法在各议题领域的分布情况，使用柱状图体现混合方法及其他研究方法的使用情况。

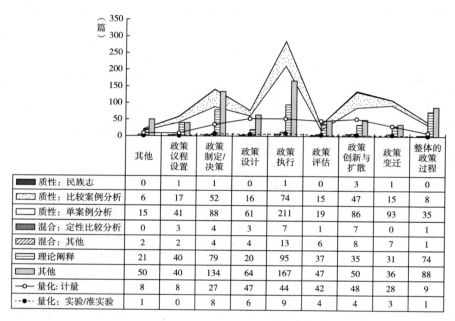

	其他	政策议程设置	政策制定/决策	政策设计	政策执行	政策评估	政策创新与扩散	政策变迁	整体的政策过程
■ 质性：民族志	0	1	1	0	1	0	3	1	0
▨ 质性：比较案例分析	6	17	52	16	74	15	47	15	8
□ 质性：单案例分析	15	41	88	61	211	19	86	93	35
▦ 混合：定性比较分析	0	3	4	3	7	1	7	0	1
▨ 混合：其他	2	2	4	4	13	6	8	7	1
▤ 理论阐释	21	40	79	20	95	37	35	31	74
▥ 其他	50	40	134	64	167	47	50	36	88
—○— 量化：计量	8	8	27	47	44	42	48	28	9
–●– 量化：实验/准实验	1	0	8	6	9	4	4	3	1

图1-39 各议题领域研究方法差异统计

资料来源：作者自制。

从各议题领域的具体发文数量来看，在总体上占据绝对优势的单案例分析和比较案例分析方法在政策设计、政策评估和整体的政策过程这三个领域中并未得到研究者的青睐，这一点由堆积图中三个低谷点即可显示。在政策执行、政策制定/决策和政策创新与扩散等领域的显著峰值则可以看出这些领域更加偏好使用单案例和比较案例分析方法。

从图1-40中可以发现，总体上来说质性研究方法中的单案例分析和比较案例分析在中国政策过程研究成果中占据着极大优势。使用理论阐释方法和使用量化计量方法的研究成果也占据较大份额。而使用质性研究中的民族志方法、量化研究中的实验/准实验方法以及混合研究方法的成果屈指可数。可见中国政策过程研究方法使用的科学性、准确性、多样性仍有较大提升空间。

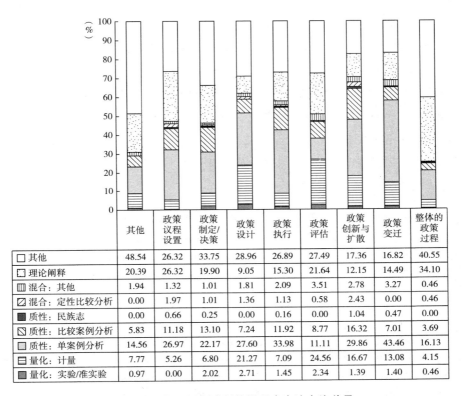

	其他	政策议程设置	政策制定/决策	政策设计	政策执行	政策评估	政策创新与扩散	政策变迁	整体的政策过程
□ 其他	48.54	26.32	33.75	28.96	26.89	27.49	17.36	16.82	40.55
□ 理论阐释	20.39	26.32	19.90	9.05	15.30	21.64	12.15	14.49	34.10
▥ 混合：其他	1.94	1.32	1.01	1.81	2.09	3.51	2.78	3.27	0.46
▨ 混合：定性比较分析	0.00	1.97	1.01	1.36	1.13	0.58	2.43	0.00	0.46
■ 质性：民族志	0.00	0.66	0.25	0.00	0.16	0.00	1.04	0.47	0.00
◩ 质性：比较案例分析	5.83	11.18	13.10	7.24	11.92	8.77	16.32	7.01	3.69
□ 质性：单案例分析	14.56	26.97	22.17	27.60	33.98	11.11	29.86	43.46	16.13
▤ 量化：计量	7.77	5.26	6.80	21.27	7.09	24.56	16.67	13.08	4.15
■ 量化：实验/准实验	0.97	0.00	2.02	2.71	1.45	2.34	1.39	1.40	0.46

图 1-40 各议题领域所使用研究方法占比差异

资料来源：作者自制。

三 议题内容分析

（一）关键词突现图谱分析

在 CiteSpace 分析中，关键词突现是指在短时间内发表文章中出现频次极高的关键词。从关键词突现开始至突现结束形成黑色横线标记，表明关键词在该研究领域的重要程度和被关注度。突现长度越大，说明该关键词热度持续时间越久、研究前沿性越强。运用 CiteSpace 可视化软件对政策过程研究 CNKI 来源中文文献进行关键词突现分析，共生成对策、执行、政府、公共利益、公共政策、执行力、政策制定、公共政策制定、地方政府、公共决策、政策执行力、政策问题建构、精准扶贫、政策变迁、基层治理、政策工具、河长制、政策试点、政策扩散、政策文本、焦点事件、政策范式、内容分析、执行偏差等共 24 个突现关键词（见图 1-41）。

通过图谱数据分析可以发现，从关键词突现强度来看，尽管"公共政策"的突现值（23.27）最高，但其实际为主题本身，因此可忽略。"精准扶贫"以 10.75 的突现强度在 2016~2019 年成为研究热点议题。2015 年 11 月 29 日，《中共中央 国务院关于打赢脱贫攻坚战的决定》发布，强调确保到 2020 年农村贫困人口实现脱贫。2017 年 10 月 18 日，习近平总书记在党的十九大报告中指出："坚决打赢脱贫攻坚战……要动员全党全国全社会力量，坚持精准扶贫、精准脱贫……做到脱真贫、真脱贫。"（习近平，2017）

关键词	年份	强度	开始	结束	2000~2022
对策	2001	5.97	2001	2006	
执行	2002	5.04	2002	2006	
政府	2002	3.24	2002	2007	
公共利益	2004	3.22	2004	2007	
公共政策	2000	23.27	2005	2009	
执行力	2008	3.63	2008	2009	
政策制定	2002	3.47	2008	2010	
公共政策制定	2000	6.67	2009	2013	
地方政府	2000	3.47	2012	2014	
公共决策	2002	3.87	2013	2015	
政策执行力	2007	3.19	2013	2014	
政策问题建构	2014	4.75	2014	2017	
精准扶贫	2016	10.75	2016	2019	
政策变迁	2010	6.67	2016	2022	
基层治理	2017	5.9	2017	2022	
政策工具	2008	3.78	2017	2019	
河长制	2017	3.3	2017	2020	
政策试点	2015	4.95	2018	2020	
政策扩散	2013	7.44	2019	2022	
政策文本	2015	7.26	2019	2022	
焦点事件	2019	3.54	2019	2022	
政策范式	2016	3.48	2019	2022	
内容分析	2019	3.1	2019	2022	
执行偏差	2007	4.51	2020	2022	

关键词	年份	强度	开始	结束	2005~2023
Policy process	2007	2.58	2007	2009	
Policy research institute	2007	1.28	2007	2009	
Climate change	2012	1.59	2012	2015	
China	2011	2.69	2014	2015	
Economy	2014	1.81	2014	2015	
Competition	2014	1.45	2014	2017	
Policy design	2014	1.45	2014	2017	
Budget	2015	1.57	2015	2017	
Performance	2011	2.23	2016	2018	
Local governance	2016	2.21	2016	2017	
Convergence	2014	1.55	2017	2019	
Politics	2006	1.33	2017	2018	
Experimentation	2018	2.44	2018	2019	
Guangzhou	2018	2.09	2018	2019	
Federalism	2010	1.74	2018	2019	
Authoritarian regime	2018	1.61	2018	2020	
Citizen participation	2018	1.6	2018	2021	
Diffusion	2019	2.71	2019	2023	
Policy innovation	2019	2.57	2019	2021	
Impact	2019	2.46	2019	2020	
Innovation	2013	2.15	2019	2020	
Policy experiment	2019	1.82	2019	2020	
Policy diffusion	2014	1.53	2019	2020	
Institution	2009	2.03	2020	2021	
Think tank	2007	1.71	2020	2021	

图 1-41　中国政策过程研究关键词突现图谱（CNKI 与 WOS 来源对照）
资料来源：作者自制。

众多学者主动响应国家号召，积极投入精准扶贫政策的相关研究中。从关键词突现时间来看，2000 年关注政府和公共政策制定，2002 年关注公共决策与政策执行，2008 年关注政策工具与执行力的研究，2010 年开始关注政策变迁，2013 年对政策扩散的研究开始升温，2014 年开始关注政策问题建构的议题，2015 年政策试点开始被研究者关注，2016 年对于精准扶贫的研究引起学者广泛参与，2017 年以来对于基层治理政策、河长制政策以及焦点事件的研究不断涌现。可以看出，2000 年以来，我国政策过程的中文研究从关注政策过程的时序性演变为关注实践问题。突现词年份间隔越来小，说明学界越来越快地响应政策过程领域的新问题、新趋势。最后，从关键词突现持续时间来看，"政策变迁"影响时间最长（6 年），并且其与"基层治理""政策扩散""焦点事件""执行偏差"等至今依然是学界研究的热点议题。

反观 WOS 来源的英文文献，共生成 policy process、policy research institute、climate change、China、economy、competition、policy design、budget、performance、local governance、convergence、politics、experimentation、Guangzhou、federalism、authoritarian regime、citizen participation、diffusion、policy innovation、impact、innovation、policy experiment、policy diffusion、institution、think tank 25 个突现关键词。对其进行人工整理合并后发现，2007 年"智库"一词以 1.71 的突现值进入研究视野。这是因为中国的智库同时在政策过程中扮演着咨询、学术和倡导的角色。中国日益增长的商业化正在催生"第三代"智库的发展，学者们试图通过研究经济智库、外交政策智库等的具体活动以及其性质来探究其在政策过程中所扮演的角色，并评估其作用。2012 年"气候变化"一词引起热议，中国于 2007 年 6 月 3 日印发《中国应对气候变化国家方案》，阐述了中国气候变化的现状和应对气候变化的努力、指导思想、原则与目标，以及中国应对气候变化的相关政策和措施等。这是中国应对气候变化的全面的政策性文件，也是发展中国家颁布的第一部应对气候变化的国家方案。然而，政策执行中存在的诸多挑战阻碍相关政策进程，学者们就阻碍政策目标实现的因素以及如何完善政策设计和政策执行进行了热烈讨论。2014 年中国经济、预算和政策设计的研究成为热点议题。改革开放以来中国的经济发展势头迅猛，在金融危机中应对冲击的表现也十分亮眼，一些学者认为理解过去几十年中国政治经济适应性的关键因素至关重要，这使得我国的经济政策及相关政策的设计过程受到广泛关注。2016 年前后地方治理及效能的议题成为热点。许多学者认为有效的政策实施是中国政治制度适应性和稳定性的核心组成部分，因此这一时期学界从研究宏观的国家、制度层面开始转向对央地关系及地方政府政策执行等问题的探索。2019 年的"政策扩散"为最受关注的关键词，2018 年以来研究者对于中国的政策试验、政策扩散、政策创新等议题颇为关注。广州市以 2.09 的突现值位列前茅，这是由于广州作为中国经济发展的前沿地区，在政策创新和机构改革等方面走在前列，引得众多学者纷纷选择广州作为其分析的案例，进行数据收集和调研。

对比中英文成果的关键词突现图谱，可以得出以下几点结论。第一，政策试点、政策扩散、地方政府、基层治理这几个关键词是中英文成果共同关注的热点议题，且出现时间较为相近，说明这些热点议题作为了解中国特色政策过程的窗口有极强的海内外影响力。第二，中文成果中多次出现政策执行、执行偏差、执行力等突现词，可以看出总体上中文成果对政策执行环节给予了极大重视。第三，英文成果较多关注经济、政治、预算、政策设计、智库等议题，可以看出英文成果更多着眼于宏观的政策环境要素对中国政策过程的影响，并且对政策设计及设计环节中不同主体的参与更感兴趣。

（二）关键词时间流变分析

1. 中文文献的关键词时间流变

时间线图（Timeline视图）是将关键词聚类与时间结合起来进行分析的一种方法，可以反映某一研究领域研究的演进路线、形态与规则。进一步分析中国政策过程领域研究态势，每一个聚类包含的关键词按时间分布在所在聚类水平上。关键词所处的位置对应着相关主题文献的发文时间。

从图1-42中可以看出，近30年来，CNKI来源的中文成果在对中国政策过程领域不断探索和深入研究的过程中，热点主题随着时间推进和国家发展进程不断演变。部分较早出现的研究主题逐渐走向成熟；有些研究主题随着新兴研究热点的出现而慢慢衰落；还有些研究主题处于可持续发展研究的核心地位，依然保持良好发展势头。

结合图1-42中的节点与表1-43中数据，可以发现中国政策过程研究的中文成果在初期以"政策执行"（频次233）问题为研究热点。公共政策过程是一个动态且复杂的过程，政策制定与政策执行作为政策过程的两端，是学界一直以来重点关注的议题。政策执行问题是政策过程的末端，也是最贴近政策目标群体和公众的环节。学者们就政策执行影响因素、执行逻辑、行动者互动等方面展开探究，也得出了诸如"选择性执行"（Kevin et al.，1999）"共谋"（周雪光，2008）"一刀切"（周雪光，2011）"共识式变通"（张翔，2019）等概念。而最易观察到政策执行问题的场域——"地

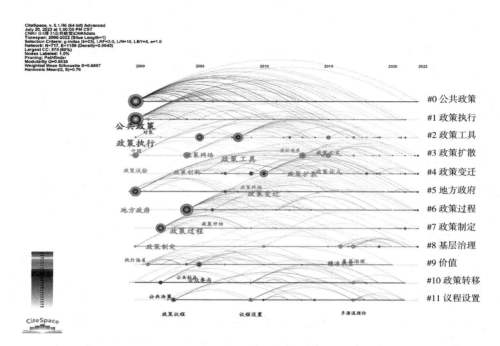

图 1-42　CNKI 来源中国政策过程研究关键词时间线图谱
资料来源：作者自制。

方政府"（频次 55）也随之成为热点。对于地方政府的研究主要围绕政策执行、政策创新与政策扩散等环节，重点讨论了地方政府作为行动主体如何理解、执行和制定创新政策，以及为更有效制定与执行政策而进行的机构改革和激励制度、治理策略等内容。2002 年，学界开始关注政策过程前端的政策制定、政策议程、公民参与以及宏观的整体政策过程。2008 年学界的研究热点集中于政策工具。到了 2010 年，政策变迁的研究逐渐成为热点。2013 年继承政策创新研究的政策扩散成为新的热点话题，随之发展的还有对政策试点和府际关系的探讨。2016 年起，精准扶贫与基层治理的研究日益增加，加上 2017 年对河长制（频次 11）的研究、2018 年对乡村振兴（频次 10）的研究以及 2019 年对焦点事件（频次 8）的研究，对中国政策过程的研究逐渐丰富。从 2021 年对政策协同（频次 8）及协同治理领域（频次 5）的关注可以看出治理以及协作治理框架开始进入我国的政策议程研究之中，我国开始关注政策过程中的协同治理问题。

表 1-43　CNKI 来源高频关键词共现（词频≥13）

序号	频次	中介中心性	年份	关键词	序号	频次	中介中心性	年份	关键词
1	294	0.65	2000	公共政策	15	25	0.05	2000	政策试验
2	233	0.32	2000	政策执行	16	23	0	2015	政策文本
3	131	0.14	2008	政策工具	17	22	0.04	2017	基层治理
4	102	0.21	2004	政策过程	18	20	0.02	2003	政策议程
5	75	0.09	2010	政策变迁	19	19	0.02	2009	议程设置
6	59	0.11	2002	政策制定	20	19	0.02	2002	公共决策
7	55	0.12	2000	地方政府	21	16	0.02	2009	政策终结
8	53	0.05	2013	政策扩散	22	15	0.01	2000	中国
9	47	0.09	2005	政策网络	23	15	0.02	2000	执行偏差
10	38	0.03	2005	公民参与	24	15	0.02	2006	政策评估
11	35	0.07	2004	政策创新	25	14	0.03	2017	多源流理论
12	34	0.02	2016	精准扶贫	26	13	0.01	2001	对策
13	31	0.02	2015	政策试点	27	13	0.02	2004	公共利益
14	27	0.03	2005	公众参与	28	13	0.03	2012	府际关系

资料来源：作者自制。

2. 英文文献的关键词时间流变

时间线图中的每个时间段均是该时间段的所有新出现的关键词。如果与前期关键词共同出现在同一篇文章，二者将会用线联系起来；前期关键词频次加 1，圆圈变大，从而生成此图。在 WOS 数据库中，关键词被分为 9 个类别/集群，每个关键词集群都有一条横线，以展示关键词随年份的变化（见图 1-43）。

从图 1-43 中可以看出，2006～2009 年改革、国家、政治、政府、制度、智库等关键词的词频较高，这一时期英文文献主要聚焦于宏观层面，探究政策过程对于国家、制度等的影响。节点最大连线跨度最大的关键词 governance 出现在 2007 年，可见治理这一主题在 20 年中具有持续而强劲的影响力。

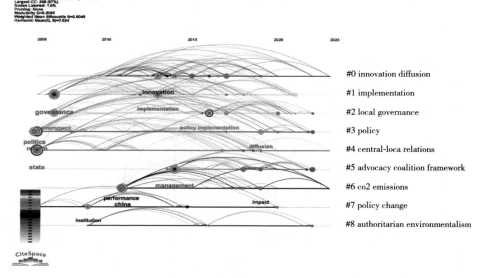

图 1-43　WOS 来源中国政策过程研究关键词时间线图谱

资料来源：作者自制。

2011 年前后 performance、innovation、implementation、decentralization 和 civil society 等关键词成为研究者关注的热点。许多学者认为，有效的政策实施是中国政治制度适应性和稳定性的核心组成部分，而政策创新和分权等方式有助于更好地减少执行偏差。对于相关民间组织等的研究也是在探索多元化的政策参与，使政策过程更加民主化科学化。可以看出，这一阶段无论是从国家创新和改革方向，还是学者的研究前沿来看，都更加注重政策过程的质量与效率。2013～2015 年，management、policy diffusion、city、system、accountability 等关键词高频出现，可见这一时期中国政策过程研究从对政策扩散的关注中延伸出对城市、对系统性的关注，并开始强调问责制。这意味着政策过程的关注面由宏观转向微观的具体议题，科学化程度在提升。2017 年之后，behavior、power、impact、citizen participation、experimentation 成为研究者关注的热门关键词。从关键词的变化可以看出，这一时期英文文献开始发掘政策过程中更具中国特色的领域，如公民参与、政策试验等，也更关注到微观行动者的行为、权利等（见表 1-44）。

表 1-44 WOS 来源高频关键词共现（词频≥7）

序号	频次	中介中心性	年份	关键词	序号	频次	中介中心性	年份	关键词
1	35	0.21	2007	Governance	14	13	0.05	2019	Impact
2	33	0.08	2006	Reform	15	12	0.04	2017	Behavior
3	33	0.15	2006	State	16	11	0.03	2014	Policy diffusion
4	24	0.09	2014	Management	17	10	0.04	2018	Power
5	24	0.27	2011	China	18	10	0.04	2017	Policy experiment
6	23	0.06	2013	Innovation	19	9	0.02	2014	City
7	23	0.15	2006	Politics	20	9	0.04	2015	System
8	22	0.13	2007	Government	21	8	0.01	2019	Policy innovation
9	20	0.06	2011	Performance	22	7	0.03	2010	Decentralization
10	16	0.07	2016	Policy implementation	23	7	0.02	2012	Civil society
11	16	0.04	2019	Diffusion	24	7	0.03	2015	Accountability
12	16	0.14	2013	Implementation	25	7	0.03	2008	Model
13	14	0.08	2009	Institution	26	7	0.03	2007	Think tank

资料来源：作者自制。

3. 中英文文献的关键词时间流变的比较

对比中英文成果热点议题的时间分布情况可以发现，中英文成果热点议题都存在从宏观到具体、从整合到分化、从一般到特殊的发展特点。中文成果初期广泛关注最为直观的政策执行问题，而政策执行作为政策过程发生的末端环节，至今依然活跃在研究议程之中。英文成果早期给予政策环境相关要素以更多关注，试图以政治、经济、制度等因素解释中国政策过程的发生机制。随着时间的推移，英文成果从关注制度、权利逐渐转向对行为、参与等的观察。中英文成果中研究主题也不断细化，诸如政策试点、精准扶贫等越来越多的中国特色议题进入政策过程研究，可以看出研究关注视角从宏观向具体的转化。

（三）关键词聚类图谱分析

1. CNKI 来源中文文献关键词聚类分析

为了更好地了解中国政策过程研究热点的知识结构，明确不同研究领域内的热点问题，本研究运用 Citespace 可视化软件绘制出中国政策过程研究的中文文献关键词聚类图谱（见图 1-44）。一般认为聚类模块值（Modularity）Q>0.3 意味着聚类结构显著。而聚类平均轮廓值（Silhouette）S>0.5 聚类就是合理的，S>0.7 意味着聚类是令人信服的（陈悦等，2015）。本研究绘制的聚类图谱 Q=0.6638，S=0.8887，具有较高的可信水平。

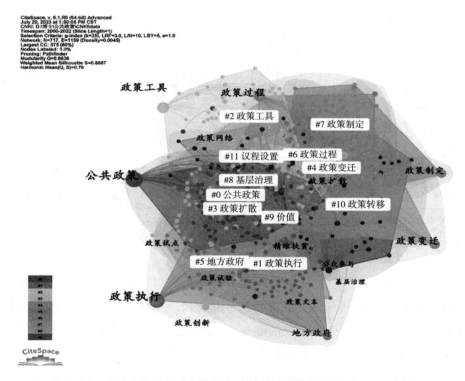

图 1-44　中国政策过程研究的中文文献关键词聚类图谱（CNKI 来源）
资料来源：作者自制。

表 1-45 列出了聚类规模排名前 12 位的详细信息，分别是#0 公共政策、#1 政策执行、#2 政策工具、#3 政策扩散、#4 政策变迁、#5 地方政府、#6

政策过程、#7 政策制定、#8 基层治理、#9 价值、#10 政策转移、#11 议程设置。通过对关键词聚类图谱的分析，可以将聚类进一步归纳为三个层面：宏观层面（包括#0 公共政策、#6 政策过程和#9 价值）、过程层面（包括#11 议程设置、#7 政策制定、#1 政策执行、#3 政策扩散、#10 政策转移、#4 政策变迁）和实践层面（包括#2 政策工具、#5 地方政府、#8 基层治理）。

表 1-45　中国政策过程研究关键词聚类分析（CNKI 来源）

聚类名称	数量（篇）	聚类平均轮廓值	热点词（LLR）
#0 公共政策	76	0.927	公共政策；协商民主；政策；合法性；政策工具
#1 政策执行	64	0.899	政策执行；公共政策执行；对策；执行；利益博弈
#2 政策工具	60	0.869	政策工具；政策网络；政策文本；中国；京津冀
#3 政策扩散	55	0.803	政策扩散；政策试点；政策创新；政策试验；公共政策
#4 政策变迁	50	0.895	政策变迁；社会政策；政策范式；乡村振兴；公共政策
#5 地方政府	43	0.868	地方政府；中央政府；政策执行力；影响因素；执行力
#6 政策过程	43	0.832	政策过程；五年规划；政策评估；专家参与
#7 政策制定	39	0.893	政策制定；公共政策制定；公民；交易成本；公共领域
#8 基层治理	35	0.888	基层治理；精准扶贫；执行偏差；产业扶贫；复杂性
#9 价值	31	0.928	价值；政策科学；公共性；公众参与；公共利益
#10 政策转移	30	0.904	政策转移；河长制；利益表达；公共决策；内部输入
#11 议程设置	21	0.947	议程设置；多源流理论；政策分析；政策议程；社区治理

资料来源：作者自制。

（1）宏观层面聚类

宏观层面的聚类包含以下三组，分别是#0 公共政策、#6 政策过程和#9价值。这三组聚类主要展现了当前中国政策过程研究在宏观层面和价值层面取得的成果。

现代公共治理中，制度、政策和工具三要素是影响公共政策的质量和公共治理的效果的关键要素（俞可平，2018）。杨团总结了改革开放 40 多年来中国公共政策领域在四个方面发生的重要变化：一是减少公共决策的随意性和碎片化，公共政策更加制度化和体系化；二是改革进入全面发力、多点突破、纵深推进的阶段，需要公共政策发挥导向与调节功能；三是公共政策制定更加科学化；四是公共决策不断民主化（杨团，2008）。正如杨团总结的，随着公共政策的制度化和体系化发展，无论是实践领域还是理论层面都呼唤对政策过程内在规律的深入探索。现有研究对政策过程的理论、模式及运行机制进行了大量讨论。例如吴克昌和周胜兰探讨了如何从制度设计层面打开公共政策过程中的"黑箱"。他们认为："通过统筹政策制定和政策落地两端、主观要素客观化、模糊标准明确化、重塑政府流程等，能够形成确定的决策环境，控制非理性因素，约束自由裁量权，并压缩权力寻租空间，从而可以从源头消除政策'黑箱'的形成土壤。"（吴克昌、周胜兰，2020）

除了对政策过程"黑箱"打开机制的研究，中国政策过程研究在研究视角和分析框架方面也取得了新的进展。薛澜和赵静创造性地提出政策过程的时间维度是理解中国公共政策过程和国内治理的一个理论切入点。他指出转型期中国公共政策过程呈现新的特征，"决策删减—执行协商"作为灵活的过程模式，是在当前中国大量政策议题涌现情形下塑造出的一种过渡性制度安排（薛澜、赵静，2017）。不仅如此，基于权力—利益视角和学习视角，学者们为解释我国政策过程建构了"等级制实验"（Heilmann，2008a；2008b）等不同的框架。蔡长昆、王玉（2019）建构了"政策建构政治"模型，进一步分析了"顶层设计—地方细则"的过程。这些具有中国特色的进展和创新，对于中国政策过程研究的本土化进程起到了极大的推动作用。

既有研究对公共政策价值取向也进行了较多的讨论。部分学者从概念和本源上认识公共政策的价值取向。例如王庆华认为，公共政策的实质是为把冲突保持在秩序范围以内而进行的利益分配。从表象上和短时间看，政策过程是利益博弈的过程；从根本上和中长期来说，任何政策选择都以某种价值理念作为其最深层依据，价值博弈伴随政策全过程（王庆华，2009）。

还有学者对公共政策价值取向的应然指向展开讨论和辨析。崔浩对功利主义价值取向的公共政策及其实践进行了反思。他认为公共政策必须走出功利性思维误区，改变过度倚重政策的经济价值而忽视政策伦理价值的错误认识（崔浩，2009）。而对于学界关于政府公共政策行为的三种不同的利益取向（公共利益、团体利益抑或个人利益）的争论，王洛忠明确表示公共政策的利益取向应是公共利益，并对公共利益的内涵进行了界定。他指出，公共利益是"在特定社会条件下，能够满足作为共同体的人类的生存、享受、发展等公共需要的各种资源和条件的总称……即具有社会共享性的全社会的整体共同利益就是公共利益"（王洛忠，2003）。胡象明进一步肯定了这种观点，并从马克思主义视角进行了阐述："从根本上说，在阶级社会，政府政策行为的价值取向必然是统治阶级的阶级利益……在社会主义条件下，人民的政府才有可能真正把人民利益作为政府政策行为的价值取向。"（胡象明，2000）

另外，学界就公共政策价值取向的不同影响因素也进行了讨论。如学者张凤合对政策空间和公共政策价值取向的互动进行了阐述，认为政策空间是由"政策企业家"参与其中，通过"溢出效应"等逐步渗入公共政策的价值取向之中的；公共政策的价值取向的定位是在一定的规则体系指导下，经过不同的政策价值层面由政策空间的渐进拓展来完成的（张凤合，2005）。

（2）过程层面

过程层面的聚类包含以下 6 组，分别是#11 议程设置、#7 政策制定、#1 政策执行、#3 政策扩散、#10 政策转移、#4 政策变迁。这 6 组聚类主要展现了当前研究在不同政策过程阶段的理论成果。

公共政策的议程设置是政策循环的起始阶段，是一项政策议题真正受到政策决策者关注并被提上议事日程的阶段。研究政策议程设置过程的原理与机制是学界深入挖掘的重点领域之一。既有研究围绕政策议程设置的逻辑、模式、参与者互动及过程机制等议题展开，揭示了诸多政策议程设置过程的内在逻辑和发生机制。例如韩志明从理论上归纳了"闹大"的发展过程，概括了"闹大"的逻辑，并在公民与政府关系的框架下，从利益表达、资源动员和议程设置三个方面对"闹大"的功能性作用进行了深入的分析（韩志明，2017）。而王绍光则依据议程提出者的身份与民众参与的程度区分出六种政策议程设置的模式，并讨论了这六种模式在中国的实现形式和发展趋势（王绍光，2006）。

在新媒体时代，媒体议程、公众议程与政策议程的互动关系发生改变，传统的媒体议程设置理论不再适用。这也引发众多学者对于新的政策议程参与主体及其作用机制和发生模式的探讨。邓喆和孟庆国认为，自媒体为公众开辟了一条主动地、自发地与政策制定者直接对话的路径，使公众议程能够更直接、更迅速地影响公共政策的形成（邓喆、孟庆国，2016）。陈姣娥和王国华基于媒体—公众—政策议程的经验和焦点事件理论，构建了网络时代中国政策议程设置的机制模型，提出政策议程设置的"自媒体触发模式"（陈姣娥、王国华，2013）。

也正是互联网和新媒体的发展，使焦点事件总是能以极快的速度产生影响，推动政策议程设置的变化。有些研究从理性和利益的逻辑出发，聚焦于焦点事件的事实特性对政策议程设置的影响（周颖、颜昌武，2015）。王国华等则以修正后的多源流框架为基础，借助"信念体系"概念构建了不同政策领域的议程触发模式，并以促成公众与决策者的"共识"为标准，识别了焦点事件活跃的政策领域（王国华、武晗，2019）。赵静和薛澜指出，回应式议程设置已逐渐成为中国政府公共议程设置过程的常态；在该模式下，社会问题进入议题合法化的过程被政府压缩或精减，社会焦点事件的发生方式和剧烈程度对进入政策议程的重要性超过了政策议题本身的重要性（赵静、薛澜，2017）。而作为触发政策议程的重要形式，焦点事件也一直受到广泛关注。

公共政策制定是公共政策过程的首要环节，既有研究主要围绕政策制定过程的参与主体、参与方式、发生机制等话题展开。

部分学者从宏观上对公共政策制定的原则和价值等问题进行了辨析。钱再见指出，在公共政策制定过程中，应该坚持理性化、规范化和民主化的基本原则（钱再见，2001a、b）。李瑞昌以政策网络治理模式为分析框架，探讨了政策制定和治理过程中的关系、结构与利益表达（李瑞昌，

2004）。王绍光等认为，中国政策研究群体具有"综合性"和"互补性"优势，适应了重大社会政策制定的要求，有利于决策质量和效率的提高（王绍光、樊鹏，2011）。学者苏利阳等提出"央地互动型"政策制定过程框架，认为中国政策制定具有"高层驱动、行政主导、央地互动"的特征（苏利阳、王毅，2016）。

还有学者对政策制定的影响因素和发生机制进行分析和讨论。例如吕芳发现政策制定的不同阶段涉及的政策主体不同；政策主体选择不同的互动机制会影响政策制定的效果（吕芳，2019）。张海柱则以"话语联盟"为框架，将政策制定解释为"话语结构化"与"话语制度化"的过程，体现了话语分析与行动者互动分析的结合（张海柱，2016）。董玄等提出，如果为一个新观念确定一个既定政策观念作为其对比观念就更有可能推动这个新观念转化为政策，因为这样会使新观念更容易融入政策领域的共同认知（董玄等，2019）。

此外，在政策过程理论的本土化过程中，国内学者立足于转型期中国的现实需要，围绕治理实践进行研究，从不同的视角对具有中国特色的政策与决策过程开展了研究。例如，周超和易洪涛（2007）讨论了政策论证中的共识构建。而陈玲等（2010）以转型期为背景，研究中国政策过程中各主体共识的达成，提出了转型期中国政策过程的共识框架和决策模型。

政策执行既是政策议程各阶段中产生最多成果的议程，亦是整个中国政策过程研究中最受关注的议题。既有政策执行研究成果围绕影响因素解析、实践经验总结、发生机制归纳、分析模型和理论构建等话题展开。

部分学者将政策执行行为本身作为研究重点。例如，钱再见、金太军（2002）在研究公共政策执行的过程中，发现公共政策执行过程中存在消极、被动、低效的执行行为，导致政策目标无法完全实现，甚至无法实现，他们将这种现象定义为"中梗阻"。丁煌（2002）则将"中梗阻"展开，揭示其具体表现，包括执行表面化（象征性执行、宣传性执行）、执行局部化（选择性执行）、执行扩大化（政策附加执行）、执行全异化（替代性执行）、执行停滞化（"梗死""硬抗""顶风上""虎头蛇尾""有始无终"）五种形式。

从研究视角来看，当前政策执行研究有自上而下视角、自下而上视角和第三代"融合"视角等。学者们沿袭基础理论视角不断创新和完善政策执行理论的分析框架。例如，杨宏山（2014）建立了一个政策执行的"路径—激励"分析框架，区分了政策执行的四种模式：行政性执行、变通性执行、试验性执行、象征性执行。他指出，在单一制结构下，政策执行既是将政策目标转化为实际结果的行动过程，也是政策路径和激励机制的改进过程。龚虹波（2008）在已有的行政制模型、政治动员模型和博弈模型的基础上，引入一个被已往研究遗漏的变量，即中国公共政策的执行结构，并从"结构—行为"互动的视角出发，将政策执行结构作为自变量、政策执行过程作为中间变量、政策执行结果作为因变量，来考察公共政策执行中三者之间的关系，建构起一个分析中国公共政策执行的理论框架。蔡长昆、杨悦箫（2021）构建了"结构—调适"分析框架，为理解复杂政策执行过程和机制提供了新视角。

聚类 3 政策扩散也是中国政策过程研究中的热点议题。中国政府在经济转型过程中经常运用"试点"工具，即允许地方政府根据当地实际情况摸索各种解决问题的方法；成功的地方经验会被吸收到中央政策，继而在全国范围推广。这种"由点到面"的工作方法是中国政策制定过程中的一个独特经验。通过中央和地方的互动，地方的创新被有机地融合到中央主导的政策制定过程中，从而提高了中国政府整体的创新能力和适应能力。中国这种独特的政策制定模式可称为"分级制政策试验"（experimentation under hierarchy）。构成这一模式的核心是"试点"和"由点到面"，这两种方法是中国共产党在革命战争时期特殊的历史条件下经过反复实践确定下来的，并在吸收当时非共产党人士所进行的社会实验的经验基础上逐步完善成熟（韩博天，2010）。

刘伟（2015）结合政策要素与政策过程理论，提出了基于试验的政策制定三阶段论，并分析了政策试验的发生机制与内在逻辑。杨宏山（2013）分析了中国独特的双轨制政策试验模式，阐释了其表现形式和独特功能及有效发挥作用的前提条件。也有学者从央地关系视角，根据中央政府的介入程度、地方政府的学习能力两个变量区分了政策创新的四种类型，并聚焦于其中的争先模式（杨宏山、李娉，2019）。朱旭峰和张友浪（2014）则指出当前中国地方的政策试验层出不穷。对于这些政策现象所处的环境、参与主体、政策本身特征以及政策过程等问题的研究有助于学者取得理论突破。在此基础上，学者可以向既有的经典理论框架提出挑战。只有掌握规范的研究方法，并与国际理论前沿积极对话，才能提升自身能力并提出令人信服的理论假设，从而实现本土化理论创新并掌握国际学术话语权。

政策转移是当前公共政策领域关注的重要议题之一，许多学者立足中国经验对政策转移的理论和分析框架进行了拓展。当前的政策转移研究大多将政策转移作为因变量，而熊烨、周建国（2017a、2017b）将政策转移视为影响政策结果的自变量，构建了"政策再生产程度—情境适配度"的政策转移有效性分析框架，把政策转移划分为象征型政策转移、启发型政策转移、冲突型政策转移、融合型政策转移四种类型。张世洲、姚荣（2014）根据"复合嵌入性"解释框架，以地方教育政策转移过程为例，认为教育公共政策转移能否成功，很大程度上依赖政策转移的"嵌入性"程度。而朱德米（2007）基于政策网络理论为创新扩散和政策转移建构了整合性框架，以推进其理论研究。还有部分学者从实践层面回应了政策转移过程中的障碍和参与主体等问题。冯锋、程溪（2009）以全球化为背景，针对影响我国政策转移的主要障碍及其症结，建构当前我国政策转移的框架体系及保障机制。朱旭峰、王海渊（2012）也指出，随着中国逐渐成为国际治理结构中的重要组成部分，国际组织反过来在中国政策变迁中也扮演着越来越重要的角色。

公共政策变迁是一种正式制度的变迁，是围绕集体行动而开展的自发的或人为安排的秩序演进过程。当前研究聚焦于对政策变迁规律和演进逻辑的剖析，在理论拓展方面产生了一些成果。陈潭（2006）发现，政策变迁除了呈现为政策时滞、政策博弈、政策演进三个结构性逻辑外，还表现为政策失效、政策创新、政策均衡三个阶段性逻辑。他认为，任何一项公共政策的变迁都可能无法回避均衡—失效—创新—均衡的循环；研究公共政策变迁的过程理论对于理解和掌握政策变迁的内在规律具有重要的理论意义和应用价值。王绍光（2008）依据学习的推动者（决策者或政策倡导者）和学习源（实践或实验）两个向度区分出四类学习模式，提出决策者和政策倡导者能够利用各种形式的实践和实验进行学习和获取必要的经验教训，进而调整政策目标和政策工具以适应不断变化的社会环境。他认为，揭示高适应体制的"中国模式"的活力来源于从不相信任何"放之四海而皆准"的标准。刘纪达、王健（2019）以中国退役军人安置保障政策为经验情境，发现不同阶段国家政策主题表现出明显的多元化趋势，形成了"恢复安置→合理安置→多元安置→服务保障"的变迁规律；安置保障政策重心遵循"稳定→发展→拓宽→深化"的变迁逻辑。文宏（2014）对我国整体公共政策的演进逻辑进行了阐述，初步实现了间断均衡理论与中国本土体制环境的结合，构筑了间断均衡理论在中国的整体性分析框架。该研究阐释和验证了中国公共政策的演进逻辑，对间断均衡理论模型的中国化改造具有一定的启示。孟溦、张群（2020）则在间断—均衡框架和政策范式有机结合基础上建构了公共政策变迁分析框架。该框架有助于全面展现公共政策长期变迁中间断与均衡共存的样态，系统分析了变迁过程的机制和推动变迁发生的动力。

（3）实践层面

第三个模块为实践层面的聚类，包含#2 政策工具、#5 地方政府、#8 基层治理 3 组。这三组聚类分别从实现政策目标的手段、实施政策的主体以及政策作用的目的层面，展现政策过程研究的不同研究热点。

政策工具是公共政策分析的一个重要路径。公共政策的工具视野并不仅限于某个单一学科实践领域，而是扎根于不同的学科领域，既有研究对具体政策作为政策工具所产生的作用，以及以政策工具为分析视角解释政策过程问题等议题都有所关注。例如王班班、齐绍洲（2016）等从实践层面出发，对不同政策工具的作用进行了分析。他们发现在经济增速换挡、企业成本转嫁能力减弱的背景下，市场型工具有助于实现"去产能"和工业生产方式绿色升级的双赢，而命令型工具对国有化程度高的行业依然有显著短期效应，应在行业间充分发挥政策组合的互补和协同作用。赵筱媛、苏竣（2007）则是以政策工具为视角，结合科技活动特点和科技政策作用领域等因素，构建了公共科技政策分析的三维立体框架，并阐述了该框架的构成机理及政策含义。

从理论贡献来看，历经 20 多年发展的中国政策工具研究在工具分类、工具选择、工具效果评估和工具创新等议题方面既有基础性概念界定的探索，也有理论建构的尝试。但是，中国政策工具研究并没有完全摆脱对西方的模仿以及对其话语体系的套用（陈振明、张敏，2017），没有突破西方理论框架。此外，政策工具理论实证研究和本土化理论建构也处于起步阶段（韦彩玲、杨臣，2012），形成了国内外研究知识差异（罗哲、单学鹏，

2022）。未来研究需要着重关注间接影响政策结果的程序性政策工具在我国国家治理模式的适用性（臧雷振、任婧楠，2023）。

地方政府作为政策执行的主体长久以来一直是政策过程研究关注的重点对象。中央政府作为政策制定主体，其与地方政府的互动关系也是政策过程研究中的重要内容。既有研究聚焦于探讨政策制定和执行过程中中央和地方政府的角色与关系，以及央地关系作为变量如何影响政策过程等。许多学者就地方政府在政策执行等环节产生阻滞的原因进行了大量讨论。如丁煌和定明捷（2004）指出，"上有政策、下有对策"本质上是相关政策主体，即作为政策执行者的地方政府基于利益得失的考虑而与作为政策制定者的中央政府进行的一种博弈过程。陈家建等（2013）提出，在目标、激励与约束都存在巨大差异的情况下，高度分化的科层结构产生了政策与科层组织之间的摩擦，降低了政策的执行力，从而导致政策被废止或在执行中走样。

还有部分学者从央地关系视角分析了地方政府在政策执行和制定阶段发挥作用的机制和扮演的角色。任丙强（2018）提出中央与地方关系是影响环境政策执行的重要因素。地方政府环境政策执行受到政治激励、晋升激励以及财政激励三种激励机制的影响。赵静等（2013）通过研究地方政府在国有产权分配中的政策制定和执行过程，分析了政府行为背后的利益取向和博弈行为，指出地方政府具有代理人和自利者的双重角色。

基层政策执行是中国治理实践的重要环节。已有研究或从行政控制的角度分析了政策目标异化或执行偏差的形成原因，或从政策动员的角度探究非正式制度对政策过程的影响。例如，吕德文（2012）指出，国家政策与基层治理模式相互制约，国家体制塑造了基层治理模式，而基层政权的运作方式又直接影响了国家政策的执行效果。韩万渠（2016）认为，乡村治理的复杂性造就了基层政府公共政策过程的独特场域。他通过 H 县火化政策执行过程演绎了府际关系、政府与社会关系、基层官员与乡村共同体关系等相互影响的复杂场景，得出政策细化中的乡村文化融入是基层政府政策执行的必要条件。几年后，韩万渠、董欣欣（2020）又根据协商参与理论将层级治理和政策过程整合起来，构建协商参与嵌入政策体系的运行机制，为基层政策执行困境破解提供新路径。

但这两种视角均偏好静态或片段式的分析，且将主要研究范围限制在科层内部，不同程度地忽视了政府对社会的动员。王诗宗、杨帆（2018）认为中国当代的基层政策执行已经与基层社会治理形成了彼此的嵌套，层级控制与社会动员也可能相辅相成，执行过程总体上呈现"调适性社会动员"的特征。

2. WOS 来源英文文献关键词聚类分析

同样运用 Citespace 可视化软件，绘制出中国政策过程研究 WOS 来源英文文献关键词聚类图谱（见图 1-45）。普遍观点认为，当聚类模块值 Q 超过 0.3 时，聚类结构具有显著性。当聚类平均轮廓值 S 大于 0.5 时，该聚类是合理的；若 S 值超过 0.7，则表明聚类具有较高的可信度。以 WOS 来源为分析数据绘制的聚类图谱显示，Q = 0.5095，S = 0.8048，同样具有较高的可信水平。

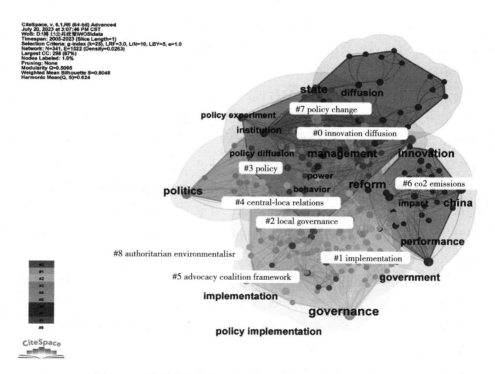

图 1-45　中国政策过程研究关键词聚类图谱（WOS 来源）
资料来源：作者自制。

表 1-46 列出了聚类规模排名前 9 位的详细信息，分别是#0 innovation diffusion、#1 implementation、#2 local governance、#3 policy、#4 central-local relations、#5 advocacy coalition framework、#6 CO_2 emissions、#7 policy change、#8 authoritarian environmentalism。通过对关键词聚类图谱的观察和对文献的分析，我们对其中部分关键词或聚类组别进行了人工组合，并以新的聚类分组进行分别阐释。

表 1-46　中国政策过程研究关键词聚类分析（WOS 来源）

聚类名称	数量 （Size） （篇）	聚类平均轮廓值 （Silhouette）	热点词 （LLR）
#0 innovation diffusion	44	0.821	innovation diffusion；microblogging；performance management；health policy；policy experimentation
#1 implementation	41	0.822	implementation；public participation；citizen participation；civil society；policy implementation
#2 local governance	39	0.744	local governance；central local relation；climate governance；climate policy；policy implementation
#3 policy	35	0.81	policy；long-term care；reform；policy process；policy enactment
#4 central-local relations	32	0.75	central-local relations；decentralization；federalism；policy innovation；social policy
#5 advocacy coalition framework	31	0.678	advocacy coalition framework；fragmented authoritarianism；authoritarian regime；targeted poverty alleviation；energy
#6 CO_2 emissions	30	0.868	CO_2 emissions；performance；pollution；networks of institutions；incentive mechanism
#7 policy change	25	0.871	policy change；economy；shocks；clientelism；institution
#8 authoritarian environmentalism	12	0.93	authoritarian environmentalism；selective corruption control；targets；single-party authoritarian regimes；environmental policy implementation

资料来源：作者自制。

（1）聚类 0 innovation diffusion（创新扩散）

"innovation diffusion" 是英文成果中最为热点的聚类，其中还包含热点词 policy experimentation（政策试验）。可以看出，中国的政策试验一直被认为是改善政策的重要工具，也是中国经济社会得以持续发展的关键。政策的创新扩散作为极具中国特色的政策过程引起学界的热烈探讨。政策创新和试验带来的政策学习和扩散现象也是我国政策过程中值得深入挖掘的特色领域。

对中国政策创新与扩散的研究主要围绕政策过程中的影响因素、动力机制以及行动者等议题展开。例如张运祥（Zhang Yunxiang）和王士琛（Wang Shichen）（2021）就探讨了中国政策扩散的多重结合因果关系及中央认同的影响，认为跨地区学习和竞争可以通过不同的组合刺激中国的政策扩散。张友浪（Zhang Youlang）和朱旭峰（Zhu Xufeng）（2019）发现不同类型的扩散压力的影响可以相互制约，即增加自上而下的政策支持可能会取代横向压力的影响。有学者发现创新扩散的动力在某种程度上植根于特定的政治制度，并受到政治背景的影响（Wu Jiannan, Zhang Pan, 2018）。前期关于政策创新与扩散的研究一般侧重于组织层面的机制，后来逐渐有学者关注行为主体层面的影响。例如卢宜宜讨论了省级党委书记之间的队列效应显著增加了中国政策创新扩散的可能性（Hensengerth et al., 2018）。

在政策创新与扩散理论的拓展方面也取得了一些成果。例如朱旭峰（Zhu Xufeng, 2014）聚焦公共服务领域，建立了政府纵向干预与创新扩散的机制，并进一步提出要修正地理邻近、竞争和垂直干预对创新扩散的影响等经典理论假设。后又提出了创新扩散、财政再集中化和福利制度之间的复杂三角架构，并验证了动态扩散的理论（Zhu and Zhao, 2018）。

另外，传统中国政策试验研究还重点关注了央地关系和领导轮换对地方政策议程设置的影响。有学者指出，中国地方政策实验的进程并非完全受控于中央政府或者地方主要领导，而在于是否有中层官员协助政策实验推进，并使其免受领导换届的影响而持续发展（WeilaGong, 2022）。有学者从个人职业激励、治理改进、象征性政治等不同动机出发，追溯了试验的演变过程（Jessica C. Teets 等，2020）。他们发现，尽管有诸多益处，但在新时期，地方政府的政策试验明显减少，抑制了地方层面的创新。然而，由于制度激励机制失效、同侪群体的影响以及决策者的个性差异等，仍有一些地方在进行政策试验。他们认为，地方官员参与政策创新的行为是个人偏好与制度激励（如评估系统和干部知识的网络结构）相互作用的演进过程。还有一些研究关注中国政策试验中的影响因素。梅赐琪等通过对中国城市住房政策变化的案例研究，探讨了渐进式政策变化的内在逻辑，特别是政策制定者在连续政策实验中的作用（Mei et al.，2014）。有学者揭示了一个研究相对不足的制度因素，即使命驱动的地方政府机构的作用（Shin and Kyoung，2017）。

（2）聚类 1 implementation（执行）

"implementation"是当前中国政策过程研究中最为热门的议题，其不仅包括对政策执行过程的讨论，还包括对政策执行中的主体的研究，如 public participation（政策参与）和 citizen participation（公民参与）等关键词；此外 targeted poverty alleviation（精准扶贫）这一极具中国特色的政策执行议题也广受关注。

有效的政策执行是中国政治制度适应性和稳定性的核心组成部分，中国的政策执行过程是学者普遍关注的重点领域之一。许多学者已经注意到中国有许多具有特色的政策执行模式和机制。例如有学者指出，中国的政策实施已经走向一种制度安排：中央制定蓝图或"顶层设计"，地方官员通过"摸着石头过河"的过程制定详细规定（Wen-Hsuan Tsai 等，2021）。在挖掘中国特色执行过程的同时，学界也在不断发展着政策执行的理论和分析框架。有学者发现在解决中国长期存在的环境政策执行不力的问题上，集中执法的方式可能是无效的（Xuehua Zhang，2017）。这项研究还对广泛适用于研究公共政府机构的经典的"委托—代理"理论有重要的启示作用：该研究不仅展示了传统理论主要关注的委托人不信任代理人这一状况，还发现了代理人不信任委托人的情况。

既有研究也关注到政策执行过程中的多元行动主体，包括央地互动、地方政府、第三方组织和公民参与等。有学者发现，地方政府领导人通过将能源政策与更紧迫的地方重要性政策"捆绑"或将其能源目标与具有重大政治影响力的群体的利益"捆绑"来遵守国家指令（Genia Kostka 等，2012）。有学者以上海市新出台的回收管理条例为例，探讨了市民参与的机制（Xuan Qin，2021）。他对中国街道监管型国家的运作逻辑进行了质疑，指出居民委员会在提高地方治理效率方面扮演着监管中介的角色。

当前关于政策执行的研究中还有一个研究议题——精准扶贫。以精准扶贫这一经验切口解释政策执行过程的英文成果取得了一定进展。有学者以精准扶贫（TPA）项目为例，阐述了当前中国农村行政体制变革和新精英阶层出现的背景下，国家农村政策实施的机制（刘志鹏、Lili Liu，2022）。他指出，国家作为一种适应性机制在国家政策的实施中仍然非常重要。有学者通过考察"精准扶贫"政策的适应性，发现中国的地方政府在制定政策方面有很大的灵活性，可以根据地方发展的需要调整中央政策（Wen-Hsuan Tsai 等，2022）。这一研究强调县级政策研究部门在政策适应中发挥着极其重要的作用。蔡长昆等（Cai Changkun et al.，2022）指出复杂政策的实施对于实现许多中央政府的政策预期目标具有至关重要的意义。他们采用基于治理—本土化视角构建的结构化学习框架，对中国三个县实施精准扶贫的模式进行了讨论。他们发现，地方政府通过建立政治化的项目组织重构其实施结构；通过多政策参与者的参与和编织，解决了纵向和横向冲突，构建了集体行动结构，并构建了政策学习的治理机制。实施结构、政策学习和政治指导之间的关系导致了多样化和意想不到的政策实施结果。蔡长昆等（Cai Changkun et al.，2023）还在另一篇成果中结合政策机制和动员理论，以"精准扶贫"如何在地方实现为切口，探讨了中国地方政府超越结构性利益约束、克服能力缺陷、成功实施精准扶贫的制度模式。他们指出运动式的实施机制是通过地方政府的制度整合和行为者之间的重组来实现的。运动式实施体制为研究政权建构的动力和运动内部的制度要素提供了新的分析视角。

（3）聚类 2 local governance（地方政府）

"local governance"也是英文成果中研究热度较高的议题，这可能与"地方政府"恰恰是同样热度排名靠前的"政策执行"的主要实施主体相关。地方政府是中国政策过程中重要的参与主体，它既可以是政策执行的主体，亦可以是政策创新和试验的主体，该聚类中同样包含 central local relation（央地关系）和 policy implementation（政策执行），也佐证了这一点。而聚类 4 central-local relations 的主题也恰好是央地关系，故将其合并解释。

对中国地方政府和央地关系的研究是了解中国特色政策过程的重要切口。许多学者将目光聚焦于中央和地方这一对重要行动者及其互动关系上，围绕其角色、行动逻辑、执行过程等议题展开研究。有学者回顾了中华人民共和国 60 多年历史中中央与地方关系的变化，认为这是国家建设与民族融合、发展效率、职业发展和外部影响四个方面共同演变过程的结果，并指出了 20 世纪 50 年代至今（2010 年）行政分权的持续主导地位（Linda Chelan Li，2010）。有学者从宏观的角度，将中国共产党的政治改革模式描述为"在地方条件下的等级实验"（Wen-Hsuan Tsai 等，2014）。中央和地方政治精英之间的层级互动可以解释改革的程度，而改革的类型则与不同的省级经济状况和省级书记对省级优先事项的解释有关。

许多学者在讨论中央与地方关系时使用了分权视角。例如有学者指出不断变化的中央与地方关系影响着中国社会政策的制定和实施，并提出了一个社会分权的视角，指出地方在制定新方案的同时，也在中央与地方关系的背景下进行了具有中国特色的创新（Wing-kit Chan，2022）。有学者发现在中央政府将福利提供责任下放给地方政府的"双重分权"过程中，中央和地方政府之间的激励和制度错位导致了政策协调不力（Qian Jiwei et al.，2016）。有学者对改革后中国的两种主要分权形式——财政分权与权力分权的一致性与冲突性效应进行了考察，认为这两种分权形式分别衍生出财政激励和地方自治，影响了地方政府对流转税政策的执行（S. Philip Hsu，2004）。

此外，还有学者致力于完善相关理论，如朱旭峰（Zhu Xufeng, Zhao Hui，2021）提出了具有中央与地方互动关系的实验主义治理框架或称为中国式的实验主义治理框架。该框架结合了三个特点。第一，政策目标和政策工具是由中央和地方政府分别互动形成的。第二，中央政府出于维护权威和合法性的考虑，自身也有政策绩效方面的顾虑。第三，政策试点的评价主要依赖于地方政府的反应。除了"分层实验"外，他还进一步概念化了中国实验主义治理的三种新模式，即"比较试验""选择性认可"和"适应性和解"。

（4）聚类 3 政策制定和过程

聚类 3 中涵盖了较多 policy enactment（政策制定）和 policy process（政策过程）相关主题的热点词。综合文献分析可以发现，大量对中国政策过程的研究集中于探讨中国是如何开展某项改革的、为何进行这样的改革以及改革成功或失败的经验和机制，并常常从经验总结中反思政策制定与执行。政策制定与政策执行也是当前中国政策过程研究中讨论最广泛的两个重点议题。

众多学者结合实践经验，对中国政策实施等过程中的影响因素和发生机制进行了探索。有学者发现代理人主要通过与决策主体的联系对决策产生影响，并使用三个变量（意识形态联系、联系程度和联系性质）来分析辩论中不同主体的相对政策影响（Taotao Zhao 等，2021）。有学者发现地方计划的设计和实施，特别是政策工具的选择，受到地方官员规范性偏好的强烈影响（Ting Guan 等，2017）。有学者采用"知识政治"的概念来解释政治环境和地方政府的考虑如何影响专家在中国地方气候治理中的行为（Liang-Yu Chen，2017）。有学者以北京的教育政策实施为例，强调了中国教育政策的潜在的议程等问题，考虑了当代中国政策制定的社区视角（Min Yu 等，2020）。

也有学者在政策过程相关理论的运用、拓展和创新方面做出努力。有学者开发了一个多重逻辑框架来分析中国县级城市的福利服务外包给社会组织的政策（Yuanyu Qu 等，2023）。他们的研究发现了地方官员在实施政策时遵循的三个逻辑以及由此产生的企业家精神、福利主义、创新、风险分担和合作等一系列政策行为；这些逻辑的相互作用决定了中国服务承包的地方政策过程。

（5）环境聚类

本研究还注意到，在不同的几组聚类中都出现了与环境有关的热点关键词，如聚类 2 中的 climate governance（环境治理）和 climate policy（气候政策），聚类 6 中的 CO_2 emissions（二氧化碳排放）、pollution（污染）、performance（效能）等，聚类 8 中也有相关热点关键词 authoritarian environmentalism（环保主义）和 environmental policy implementation（环境政策实施）等。这反映出英文成果中与环境这一特定领域有关的政策过程受到学者的大量关注，因此将这几组聚类中的相关热点词合并解释。

中国面临着气候变化带来的许多有害影响，2007 年我国发布《中国应对气候变化国家方案》，做出了承诺以遏制排放。由此，中国环境治理的相关政策及其政策过程受到国内外学者的广泛关注。

一些学者围绕环境政策的制定与实施过程中的行动者互动、影响因素和运行机制等问题展开讨论。有学者利用"对冲"概念，以 Y 县经济增长和空气污染控制相关政策的实施情况为例，探讨了中国地方政府的运作逻辑和县级干部的行为（Gang Tian 等，2022）。有学者通过将制度理论与中国行政机构的行为联系起来，并将重点放在全球环境基金在塑造中国气候政策协调方面的作用上，为该问题提供了一个基于利益的解释（Hongyuan Yu，2004）。有学者以中国各省大气污染物排放标准的实施情况为例，运用空间自回归模型，研究了强制性绩效目标对中国环境政策实施过程的影响（Pan Zhang 等，2019）。他们发现，自上而下的绩效管理塑造了政策采纳过程，纵向结果导向下中国各省的绩效目标压力具有路径依赖性。郁建兴等（2020）分析了杭州空气政策组合中的两项措施，发现比以往有更多的复杂性和细微差别。

另外，部分学者以中国环境政策为例，利用中国经验，开发了一些对中国环境问题更具解释力的框架。例如有学者改进了萨巴蒂尔的倡导联盟框架和哈斯"认知社区"框架来分析中国广州的气候倡导联盟，揭示了在非多元化制度的政策子系统中促进政策变化的气候政策倡导团体的几个关键特征（Maria Francesch-Huidobro 等，2012）。有学者探讨了在中国环境治理背景下，政策清晰度和强激励制度是如何共同影响组织绩效的，提出了基于委托代理理论的类型学来解释这一时期中国成功的环境治理是如何实现的（Jingran Sun 等，2023）。

（6）聚类 5：advocacy coalition framework（倡导联盟框架）

"advocacy coalition framework"是中国政策过程研究的英文成果中受到了较多借鉴和使用的解释框架。学者们在运用过程中还根据中国的实际情况，对这些框架进行了修正和完善，使其对中国的政策过程更具解释力。

倡导联盟框架由美国学者保罗·A. 萨巴蒂尔等于 20 世纪 80 年代提出，已在众多政策领域得到广泛的应用与检验。它着眼于现代社会中公共政策的复杂性，试图提出能将其进行有效简化的理论工具，进而实现对复杂政策过程全面、深入的理解。部分学者以中国案例验证这一理论框架的适应性。例如，有学者采用倡导联盟框架来分析中国缩减怒江大型水电项目的因素（Heejin Han 等，2014）。

虽然这些理论模型深化了对我国政策过程的理解，但这一解释框架只是西方学者的观点，许多中国学者都在探索中国政策过程的本土化理论中做出了贡献。例如王绍光等（2013）提出"中国式共识型决策"和"集思广益型决策"等，都是解释中国决策过程的探索和尝试。

（7）聚类 7 policy change（政策变迁）

"policy change"也是英文成果中讨论较多的一个议程。国内外学者从变迁的过程、机制等方面进行了一些讨论。但总体上来看，政策变迁概念的泛化使用较为普遍，规范的政策变迁研究范式应用较少，且在理论框架的使用和完善方面还未取得较为显著的成果。

许多学者对影响政策变迁的因素以及政策变迁过程的发生机制等问题进行了探究。有学者认为特定事件有时可以被描述为特定公共政策演变的转折点（Andrew，Lowry，2006），他们利用冲突范围扩大的逻辑来解释重大事件。有学者发现舆论的变化和中央政府在决策中的主导地位对新的政策范式产生了重大影响（Liu Changxi，2016）。他们以中国民用飞机行业的政策为例，指出中国政府和主要利益相关者通过自上而下和自下而上的政治动员，重新定义了自己的利益和合法性，同时主导了该行业的新治理结构，最终完成了政策转变的过程。

也有学者借助中国政策案例，从不同视角切入，验证和拓展了政策变迁的相关理论。例如有学者使用倡导联盟框架（ACF）解释了 1980～2015年中国计划生育政策的稳定与变化情况（Wei Li 等，2019）。有学者提出了冲突扩展模型，通过对四项国家政策的变迁过程进行追踪，他发现媒体聚焦于特定事件的报道所引发的社会压力是推动中国政策变迁的重要力量（Yipin Wu，2018）。有学者（William Lowry，2006）主张聚焦项目来解释，他认为这些计划中的活动延续了在某一问题上的传统优先次序，但在某种程度上这些活动被认为是过度的，从而破坏了看似稳定的政策系统。于是他提出了一个理论框架来解释这些项目的不同影响。该框架使用了两个维度：一个考虑了支持变革力量的动员，另一个评估了支持联盟成员现状的政策学习。以该框架为基础，该研究考察了美国、澳大利亚、加拿大和中国在不同的政治背景下，大坝建设政策的变化：在不同的背景下，重点项目之间有着有趣的相似之处，但它们导致政策变化的程度也有相当大的差异。

3. 中英文文献热点议题的比较分析

对比 CNKI 来源和 WOS 来源文献的聚类情况，可以发现中文成果聚类中，政策过程及其价值性研究、政策执行和政策创新与扩散等议题为学界关注的主要热点。当前成果也捕捉到一些中国特色的热点议题，例如协商民主、创新试验、乡村振兴、五年规划、精准扶贫、河长制等，这类议题的不断涌现说明中国政策过程研究正在向本土化方向发展。然而，不同议题间研究深入程度存在较大差异，理论化、系统化研究尚待进一步增强。

英文成果聚类中，各组的热点词相互交织，各聚类区域有不同程度的重叠。大量研究集中于中国的政策制定与执行问题，近年来政策试验及创新扩散问题也受到广泛关注。这说明，中国政策过程研究的英文成果具有研究热点集中、研究领域交叉、研究主题关联的特点。这也意味着当前中国政策过程研究的英文研究成果数量有待扩充，研究主题有待丰富，研究领域有待分化，研究主题有待进一步拓展和深化。

中英文成果中对于政策执行、政策创新与扩散、地方政府和政策制定相关主题的研究热度较为一致，这类成果在近 30 年的发展中也取得了较多成果。而中英文成果中关于政策变迁议程的研究，概念的泛化使用现象较为普遍，规范的政策变迁研究范式应用较少，且理论框架的使用和完善方面还未取得显著成果。另外，中文成果中存在大量基础性、价值性、倡议性成果，研究议题更加广泛，研究方法更为丰富。而英文成果的关注领域更加聚焦，例如对机构改革、精准扶贫、创新试验、央地关系，甚至微博等议题的关注。它们尝试从更精确具体的中国经验入手，以反映中国特色的政策过程。即便如此，由于成果数量和研究深度有限，仍有大量有特色的中国政策过程尚待挖掘。此外，中英文成果虽然都越来越多地关注到中国特色的本土经验和研究议题，但在概念提炼和理论建构方面成果并不显著，未来还有较大提升空间。

第四节　当下中国政策过程研究现状评估

当前，世界之变、时代之变、历史之变正以前所未有的方式展开。同许多正在蓬勃发展的研究领域一样，中国政策过程研究在近几十年中也发生着日新月异的变革。通过对中国政策过程研究的不同维度进行系统梳理和分析，可以看到，中国政策过程研究成果数量在近 10 年内高速增长，研究表现出强大的潜力。研究范式、研究方法和研究内容的科学性和理论性不断增强。研究观照的政策领域也不断拓宽、加深。对于政策执行、政策制定和政策创新与扩散等议题的研究成果卓著，广大学者们结合中国情境，提炼中国概念，创新构建符合中国实践的理论框架。

然而，通过系统的评估，本研究也发现中国政策过程研究中还存在一些短板。例如，尽管从事中国政策过程研究的学者已经很多，但各研究团体分散，尚未形成具有凝聚力的科研群体。研究机构广布，但跨机构合作相对不足，整体呈现出多中心、弱核心、疏合作的态势。研究范式和研究方法的科学化与适恰性有待增强。同时，中国政策过程研究在概念提炼、理论生成、范式和方法论的创新等理论贡献方面还有极大发展空间，未来需要进一步加强理论性、方法性研究成果的深度提炼，对于实践经验和理论阐释的本土化、特色化、系统化也亟待持续增强。

一 科研网络尚待凝聚

（一）作者网络分布松散

从作者来源看，当前中国政策过程研究中高等院校的作者占比达95.7%，占绝对优势，其他科研机构作者占比仅为约2.9%。可见我国高校在公共政策过程研究领域发挥着重要的作用。而来自党校和行政学院作者约占3.5%，政府部门作者最少，仅占1.2%。这反映出在政策过程研究中，我国一线政府工作人员的科研助推作用有待进一步发挥。

从作者合作网络来看，我国政策过程研究的学者较多，但节点间连线屈指可数，可见当前中国政策过程研究中已经涌现了有一定影响力的研究者，但学者们普遍合作动机不强，作者间并未形成明显的合作网络，交流协作程度有待加强。研究团体分散，尚未形成极具凝聚力的科研群体。

（二）研究机构合作较少

从机构合作网络来看，虽然我国政策过程研究机构分布广泛，但不同机构作者间合作较少，跨机构合作相对不足。中心度排在前几位的清华大学、中国人民大学、中南财经政法大学、北京大学、中山大学、武汉大学、上海交通大学、北京师范大学、重庆大学在中国政策过程研究领域初具影响力，它们也更多地与其他机构形成合作，但从总体数据来看，目前尚未形成具有凝聚力的科研群体。而英文文献的高发文机构大多地处我国东南沿海。可见这些机构更致力于向世界发出中国声音，解释和介绍我国特有的政策过程现象和原因。研究机构的合作整体呈现出"多中心，弱核心，疏合作"的态势。

二　科学程度与日俱增

（一）研究范式转向科学化

实证研究是通过观察获取经验、认识客观现象，向人们提供实在、有用、确定以及精确的知识的研究方法，它重点研究现象本身"是什么"的问题。它试图超越、排斥价值判断，旨在揭示客观现象的内在构成因素以及因素的普遍联系，归纳概括现象的本质及其运行规律。与之对应的另一种研究范式是规范研究。规范研究从某些假设出发，通过逻辑演绎得到理论。当前研究中，实证研究占比约为 38.3%，规范研究约占 44.1%，倡导研究约占总体的 17.6%。显然，中国政策过程研究领域在研究范式的科学化方面，仍有很大的进步和发展空间。

（二）科学性需要进一步加强

文章能否提出科学的、明确的研究问题，很大程度上决定了研究成果的理论价值。从对目前研究成果的数据分析中发现，大部分入选文献都具有较为科学明确的研究问题，占全部文献的近 67.9%。但仍有 32.1% 的成果未提出明确的、科学的研究问题，这可能是以下两种原因所致：一是早期政策过程研究范式并不强调研究问题的明确性，二是部分文献属于倡导性研究，更多地强调内容的价值倡导，而非明确提出与分析特定研究问题。随着学界对研究中问题意识和问题导向的进一步重视，中国政策过程研究将更加具有针对性、前瞻性和科学性。

三　理论体系亟待完善

（一）理论实践结合驱动亟待加强

当前中国政策过程研究中高等院校来源的作者占比达 95.7%，从研究者来看，我国一线政府工作人员的科研助推作用有待进一步发挥。随着干部选拔制度的完善，越来越多受教育水平更高、专业背景更强的人才流入干部队伍。相信未来一线工作者的研究者的比例会进一步提升，理论与实践结合的优势也将得到发挥。

此外，当前研究成果中，以政策问题—倡导为研究目的的文献达总数的 50.0%。公共价值目标的文章占比为 12.1%，而具有理论目标的文章数占比仅为 36.7%。未来，随着科学研究范式"照进"政策过程研究，更多具有理论目标的成果将涌现，也将推动理论与实践的互相促进。

（二）理论系统建设水平有待提高

从研究使用的理论框架来看，没有理论框架的研究最多，占 41.23%；使用自主建构的分析框架的成果占 20.48%；使用经典的政策过程理论作为框架的研究占 18.52%；而使用其他学科理论作为框架的研究仅占 7.37%。此外，以现有理论为基础修订或建构新的理论框架的研究占比为 11.75%；而以修正经典政策过程理论为研究目的的研究仅占 0.79%。显然，中国政策过程的研究在理论构建和理论应用方面仍具有较大的发展潜力和改进空间。

从目前的理论贡献看，未能做出理论贡献的研究占比最多，为 39.46%；而最终结果为借用和拓展理论框架的研究成果数量次之，约为总体的 29.66%；通过质性研究等路径最终建构概念模型的研究约占总量的 10.17%；在文献中，提出了新理论新研究视角和有范式创新的文献所占比例分别为 7.51% 和 6.67%；最终能够进行概念提炼（如选择性执行等）的文献仅占 4.90%；方法论丰富与创新的文献仅占 1.63%。由此可见，中国政策过程研究领域需要进一步深化理论性和方法性成果的提炼，以提升研究的质量，更好地推动学术发展和政策实践的创新。

（三）中国特色理论探索任重道远

我国在政策过程研究领域正不断涌现杰出成果，各政策议题的研究领域均呈现鲜明的个性特征。经过 30 年的积淀，中国政策过程研究提出了诸如"政策变通""选择性执行""基层共谋""政策梗阻"等诸多本土特色的概念，也形成了一些具有中国特色的政策过程理论，如"上下来去"模型、"集思广益型"决策和中国式"共识型决策"模型等，它们从共识特征、政策参与主体、共识形成路径等方面进行了讨论。这些概念和理论模型的提出为我们分析中国政策过程的特征、理解我国政策过程中的共识形成模式提供了途径。但无论从中国特色理论成果的数量还是从应用广度来看，中国政策过程研究的本土化探索仍然任重道远。

四　研究设计尚待完善

（一）研究方法选择有待精准化

当前研究方法中，案例研究方法中的单案例方法和多案例比较研究占绝大多数。资料搜集和分析方法中，采用二手数据、访谈法和统计分析等方法的研究占据主流地位。这种现象一方面说明案例研究方法与政策过程研究的契合程度极高，二手数据等的使用相对便捷，因此成为学者们的选择；另一方面来看，这种极高的契合度却造成一种选择惯性，从而使许多研究忽视自身的特殊性而囿于案例方法之中，阻碍了更多潜在创新方法的运用。为了增强中国政策过程研究方法的适应性、多样性和科学性，需要强化方法论意识，坚持以问题为导向，并倡导跨学科的创新。

（二）研究主体面向有待丰富

本研究所指的研究主体主要强调的是研究对象，而非方法和经验中涉及的实际活动主体。从以上数据来看，以地方政府为研究主体的文献占比最高（25.1%）。这与政策执行议题领域颇高的研究热度相互印证，因为政策执行中人们更多地关注到地方政府作为执行主体的行动逻辑。中央政府为主体的成果占10.8%左右，这一情况与政策制定、决策、议程设置的研究成果相对应。另外，在研究成果中，以经济—社会主体、政—经/社关系以及央地关系为研究重点的文献占比分别为7.6%、7.4%和6.8%。总体上政府主体受到更多关注，而对社会主体的研究则相对薄弱。随着政策制定过程趋向民主化和科学化，预计未来将有更多的社会组织和个体参与到政策制定中。因此，针对这些经济社会参与者的研究成果需要进一步强化，以适应政策过程中主体多元化的趋势。

（三）经验丰富性有待拓展

从涉及政策领域来看，政策领域的交叉分析有待加强。研究发现，围绕社会政策展开研究的成果较为丰富，占总量的 19.0%。其次是环境政策和"三农"政策，分别约占总体的一成。除此之外，还有一些研究涵盖了经济与创新政策、教育文化政策、外交政策以及其他政策领域的议题。值得欣喜的是，跨政策领域的比较分析正在逐年增多。但总的来说，当前研究涉及的政策领域还有待拓展，跨政策领域的比较分析研究成果亟待加强。拓宽经验政策领域的类型范围、加强跨政策领域比较分析，有利于提升中国政策过程研究经验的可验证性和适用性，增强中国政策过程相关理论的普适度和可信度，有利于进一步推动中国政策过程研究理论科学化发展。

从经验涉及主体来看，当下研究关注主体日益多元但仍需要进一步平衡。统计不同主体在中国政策过程研究成果中的介入情况，发现现有成果中，涉及各级政府主体的文献以 37.73% 的占比位列第一；涉及公众主体的文献以 20.29% 的占比居于第二位。以府际关系和干部主体为主题的文献所占比例分别为 17.12% 和 15.72%。可见，目前研究中，对于政府及公众参与的关注相对较多，这将持续推动我国政策过程研究的科学化和民主化进程。随着政策参与主体的日渐多元化和各主体参与程度的加深，越来越多的非政府主体开始受到政策过程研究者的关注。

从经验涉及区域来看，涉及地域有待丰富，分布有待均衡。当前研究中所选取的经验在不同区域空间存在差异，对于地区分布的热点的捕捉具有一定意义。数据分析结果显示，未涉及经验区域的研究占到半数以上，而使用跨区域数据和匿名区域数据的研究则分别占 23.41% 和 6.39%。具体的区域分布中以华东地区为经验区域的研究最多；其次为华北（2.19%）、华南（2.15%）、西南（1.82%）、华中（1.63%）和西北（1.17%）；以东北地区为经验区域的研究仅占约 0.33%。当前研究对西北和东北地区的关注较少。未来研究中，应加强经验选取区域的均衡性，加大跨区域研究广度，为中国政策过程经验和理论的适应性和科学性打下更为坚实的基础。

五　中国特色议程渐次兴起

（一）不同议题领域成果发展不均

根据政策过程发生的不同阶段，综合前文的各项数据分析，可以发现相比其他 6 项议程，政策执行议题的研究成果最多，占全部研究的将近

1/3。在政策研究领域，政策制定、政策创新与扩散（学习、试验、试点）这两个议题分别占 18.5% 和 13.4%，与政策执行一起，它们被列为研究热度最高的三个议题。除了上述议题之外，政策设计（涵盖政策整合和政策工具）领域的研究成果占比为 10.3%，政策变迁领域的成果占比为 10.0%，政策评估（包括政策反馈和政策终结）的成果占比为 8.0%，而政策议程设置的成果占比为 7.1%。这些议题均显示出较大的研究潜力，需要学术界进一步挖掘、探索和持续关注。另外，整体的政策过程类研究占总体的 10.1%。

不同议题研究成果数量的差异也导致了各议题在理论贡献等方面的差异。政策执行议题领域由于成果基数大，产生的理论贡献也更丰富。政策制定、政策创新与扩散（学习、试验、试点）两类议题与政策执行一道，列于理论贡献榜前三之位。这三类议题研究成果较为丰富，理论贡献更加多样。相比之下，其他议题领域理论发展有着极大的挖掘空间。研究问题的科学性却并不与理论贡献和成果数量成正比，而是在不同议题呈现出波动。也就是说，无论从成果数量、理论贡献还是研究问题的科学性等层面，中国政策过程研究中各议题领域之间的发展并非齐头并进，而是各具优势，且都有广阔的提升空间。

（二）在"黑箱"打开度方面层级结构失衡

对多维度进行分析后发现，文献经验中主体互动程度较高的文献占比较多，而低互动度的文献次之，中低互动度的文献数量相差不大。显然，研究界已经充分认识到多主体参与政策过程的重要性和必要性，然而，从研究的总体比例和具体数量来看，这一领域仍有广阔的发展空间。分析政府层级间研究方法的使用情况可以发现，质性案例研究方法在基层的应用更为广泛，而且从整体上看，采用实证研究方法的成果在基层也更为常见。在不同政府层级间理论贡献的差异方面，基层和中层级在提炼概念、构建概念模型、理论生成、方法论的丰富与创新以及研究视角和范式创新等方面贡献更为显著，而中央层级的主要理论贡献则体现在对理论的借鉴和扩展上。

相比之下，中央层级研究成果数量更多，但使用更具科学性的实证研究方法和范式的成果却更少，理论贡献度也较基层薄弱。仅从这几个维度的数据来看，中国政策过程研究中，中高层级政府"黑箱"的打开程度稍逊于基层，而各层级"黑箱"的打开程度都存在较大的探索深挖空间。

（三）本土化特色化研究方兴未艾

当前中国政策过程研究成果中，一些具有中国特色的研究主题聚焦于政策创新、政策试验、基层治理、精准扶贫、"三农"问题、河长制等方面，也形成了一些具有中国特色的政策过程理论，如"上下来去"模型、"集思广益型"决策和中国式"共识型决策"模型等。本土化特色化议题和理论的与日俱增，预示着学界开始内观中国自身经验的独特性，并重新审视其与西方主导下的政策过程理论的关系。未来应进一步加强本土化经验与政策过程理论的对话，以本土化经验的归纳总结，挖掘适合中国土壤的政策过程解释框架，在此基础上建构中国特色政策过程理论系统。

结　语

本章依托系统性文献综述，全面回顾 30 年来中国政策过程研究成果，展现当前研究在不同维度呈现出的多样特征。在系统描绘研究主题分布图景的基础上，对当前中国政策过程的研究现状进行详细评估。研究发现，当前我国政策过程优秀研究成果与日俱增，不同政策过程议题领域研究各具特色，研究科学化水平逐步提升。经过 30 年的成果积淀，中国政策过程研究得出了诸如"政策变通""选择性执行"等诸多特色概念，也形成了一些具有中国特色的政策过程理论。这些理论奠定了分析我国政策过程特点的基础。同时，随着我国国家实力的日益增强、国家治理体系的不断完善和学界科研水平的显著提升，越来越多的国内外学者投身于发掘中国经验、提炼中国概念、创新中国特色理论实践、构建中国特色的政策过程理论体系的事业当中。

然而，对编码数据进行分析发现，当下中国政策过程研究科研网络尚待凝聚，研究的问题导向有待加强，理论建设驱动力亟待加强，方法论适配精准度亦需要提升，政策过程各议题领域成果分布不均，各级政府政策过程"黑箱"打开程度亟待进一步增加。当前中国政策过程本土化、特色化研究有所突破。这类议题的与日俱增，预示着学界开始内观中国自身经验的独特性，并重新审视其与西方主导下的政策过程理论的关系。但总体来看，目前对于中国治理实践探索有待丰富，适用中国经验的政策过程理论体系尚待完善。

　　未来应进一步加强本土化经验与政策过程理论的对话，以本土化经验的归纳总结，挖掘适合中国土壤的政策过程解释框架，在此基础上建构中国特色政策过程理论体系，助力中国政策过程研究理论建构与实践应用的高质量发展。中国特色政策过程的高质量研究虽任重道远，但潜力巨大，未来可期。

第二章 中国的政策形成：问题建构、议程设定和决策

引 言

公共政策已经成为解决社会问题、实现社会治理的重要手段之一。作为公共政策过程的起点，政策形成是向政策系统输入某种社会现象或社会问题，输出政策结果的过程。政策形成的过程与结果深刻影响后续的政策执行和评估的效果，其形成逻辑与机制也是公共政策的民主性和科学性的深刻体现。事实上，自公共政策学开始出现，公共政策学界就对政策形成展现出浓厚的兴趣。从过程视角来看，大量学者从影响政策制定的因素、机制与模式出发，尝试打开公共政策过程的"黑箱"；从结果视角来看，大量研究着力探索更好地满足公民意愿、更有效地实现公共利益的政策形成路径。

公共政策作为政府治理社会问题的有效工具，其精准性和有效性深刻影响政策执行的效果。要提高公共政策的精准性，首先要回溯政策形成的过程。作为解决社会问题、提升治理效率的有效工具，公共政策理论发展的最终目的是更好地指导实践。其次，公共政策制定与公共需求和偏好之间存在因果链条（文宏、郑虹，2022），理解公共政策形成过程是纳入民主取向的有效途径。实现全过程贯彻科学决策、民主决策、依法决策的重大行政决策原则，不仅需要实践者付诸行动，还要求公共政策学者的理论推动。为此，中国公共政策过程的基础研究也应回归中国经验本身，梳理基于中国情境的政策形成的学术成果，分析现有研究的进展与不足，从而进一步推动理论进步。因此，为了从总体上把握中国政策形成研究的总体特征、政策形成子阶段的具体进展，我们需要对当下的研究进行

系统整理。

随着《重大行政决策程序暂行条例》的发布，科学决策、民主决策、依法决策成为决策必须遵循的基本原则。政策科学化、民主化不仅成为各级政府的理论目标和实践方向，科学民主的思想也渐入人心。同时，随着西方协商民主理论在中国广泛传播，学者们开始总结我国政策形成研究进展，探究各级政府政策实践经验，比较中外相关研究，以便归纳中国政策模式，助力中国决策现代化目标的实现。实际上，早在 20 世纪 90 年代，学者就开始对中国政策制定的结构展开了研究（孙远东，1998）。随后，学者们尝试总结中国各个时代政策形成的模式与特征，并将其划分为精英研究（Pye，1981）、行政组织研究（Lieberthal and Oksenberg，1990）与政治参与研究（翁士洪、叶笑云，2013；陈国营，2010）等。随着越来越多的研究注意力倾注在中国的政策过程研究之中，一个问题开始浮现：中国的政策形成的"黑箱"在多大程度上被打开？

总之，作为政策分析过程最为关键也是困难的一步，政策的形成一直是公共政策学者的研究重点。为了更好地梳理、分析中国政策过程的理论研究与实践，我们也应从政策过程的起点出发，探究政策形成的逻辑。综上所述，本章将重点关注以下问题。①当下中国政策形成过程研究的主要研究议题是什么？具体地，本章将对问题建构、议程设置、决策三个阶段进行探究。②中国的政策形成研究的基本历程是什么？与西方国家政策研究之间的关系是什么？具体地，中国政策形成理论是自发形成的还是建构于西方国家理论基础之上的？基于此，本章将在总结中国政策形成理论的基础上，系统归纳中国政策形成的路径、模式、类型等。③中国政策形成的研究在多大程度上可以助力中国建构自己的政策形成理论？

因此，本章将对近 23 年来政策制定及其决策的研究进展与特征进行梳理、总结并加以评述，从而为后续研究者提供该领域的基础性知识，便于对中国的政策形成经验形成综合性的评估，进而推动中国政策形成阶段理论与实践的发展，以便实现对中国政策过程话语体系的建构。

根据政策形成过程三阶段的具体特点，本章将从以下六个部分展开综述。引言阐述本章的主要研究问题。第一节阐释政策形成的概念及其重要性，简述政策形成的发展脉络，分析政策形成过程的意义与目的，介绍本章节的内容安排。第二节着重叙述中国政策形成过程的研究概况、核心研究问题及其基本内容。第三节具体介绍问题建构、议程设置、决策与政策制定三个阶段研究热点、核心结果。第四节评述中国政策形成研究现状，分析已有文献的缺陷并展望未来研究的方向和议程。第五节对本章核心内容进行归纳与总结。

第一节　政策形成理论基础

一　政策形成的概念与重要性

对于政策过程的关注可以追溯到 19 世纪末、20 世纪初威尔逊（1887）、古德诺（2012）对政治与行政、政策与行政关系的探讨中，而对决策及其过程的集中研究始于 20 世纪四五十年代。其中，西蒙（1982）的《管理决策新科学》、拉斯韦尔（1951）的《政策科学：范围和方法的新近发展》等根据政策过程（功能）划分了政策阶段。特别是拉斯韦尔（Lasswell，1970）的决策七阶段理论——情报、建议、规定、合法化、应用、终止和评估广为传播、影响深远。显然，拉斯韦尔将注意力放在"政策过程"，即某个给定政府政策（或项目）在其整个"政策生命"（policy life）中经历的功能性时期或阶段。基于此，后续的学者，如德洛尔（1996），把政策执行、政策评估等环节也归于政策制定阶段。虽然这一"流程"被广泛接受，但这种对政策形成的广义上的界定仍存在争议。首先，政策执行、政策评估等阶段作为政策形成后续阶段都存在较高的研究价值和深厚的理论积累，但将这些概念重叠与融合难以展开复杂的政策过程研究；其次，政策过程的每一阶段都有其存在的价值。有学者认为，只要各阶段之间能够共享信息与程序，观察者就很难将界定项目、评估问题的一系列行为与其他行为混为一谈（萨巴蒂尔，2004）。而对不同政策阶段的持续的、积累性的分析，一方面融合了多学科的政策科学方法，另一方面，这种明确的政策分析框架使得涵盖社会规范和个人价值成为可能，如决策的民主性、科学性与合法性。因此，政策形成过程的研究需要一个更为清晰、具有连续性的框架。

经过不断努力，研究者们开始从更狭义的视角重新界定政策形成。"政策过程"表示某种系统将政策理念或者理论转化为实际的政策，接下来这一政策得到实施并产生积极的效果。而政策形成亦称为政策制定、政策规划，是指从问题界定到方案抉择以及合法化的过程（陈振明，2004）。其中，伯克兰（Birkland，2019）认为问题凸显（issue emergence）、议程设定（agenda setting）、备选方案的选择（alternative selection）三个阶段已经成为政策形成的"教科书般"的共识。事实上，研究者在总结政策实践经验时发现政策形成过程很难以某一个阶段概括。一方面，关于决策的理论可能体现了议程设置的命题；另一方面，问题建构、议程设置以及决策过程相互联结、相互影响，前一阶段的结果直接影响到后续政策的发展。基于此，目前普遍认可的政策形成过程的构成如图 2-1 所示。其中，政策形成包含了问题建构、议程设置至决策的一系列阶段。

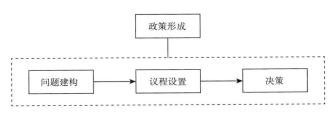

图 2-1　政策形成过程

资料来源：作者自制。

具体地说，公共问题以各种方式出现，或因为突发事件，或因为受到公民和利益集团的宣传，进而成为政策问题。当获得持续的关注并获得政府的注意时，该问题就被提上了政策议程。考虑到社会治理的复杂性，同一政策问题可能产生了众多的备选方案。决策就是筛选备选方案，采取特定行动——如制定法律、颁布法规或达成其他正式决定——来解决问题的过程。

（一）问题建构

20 世纪 80 年代后，政策科学开始了"前政策阶段"的研究，有关社会问题的建构过程受到学界的关注。对政策问题进入政策议程、政府进一步做出反应的研究将政策问题视为既定的、客观存在的社会事实，忽略了政策行动者的能动性和政策内容的可建构性。古德诺（2011）将政策问题建构定义为具有政治功能的立法机构从具体的、特殊利益表达中发现普遍的公共意志，并将政策问题转化为相应政策的过程。立足于行动者，陈振明（2004）认为政策问题建构是分析者试图孤立和定义一个特定的问题，以便问题得以解决的过程。作为进入政策议程的关键环节之一，政策问题建构意味着政策行动者需要对政策问题进行界定，也代表着政府需要对问题做出如何解决的决策（李强彬、刘敏婵，2008）。从问题性质的角度看，公共政策学界普遍认为存在一个"公共政策问题链"，即政策问题经过私人问题—社会问题—公共问题—公共政策问题的演化过程（胡宁生，2007）。实际上，政策问题建构就遵循这一流程。

作为政策过程的开端，政策问题建构决定了后续政策过程的走向。首先，以社会问题为逻辑起点，问题建构是一个包括了从感知、搜索、界定到描述问题的连续的动态过程。只有将问题建构的程序与步骤科学化、程序化，才能减少政策分析的失误（杨成虎，2010）。其次，政策问题建构决定了政策的成败。理论上，政策分析者特别关注问题本身的性质。成功的问题建构能够为模糊的、缺乏定义的问题提供创造性的解决办法；相反，政策的失败常常是因为解决错了问题而非错误地解决问题（邓恩，2011）。最后，对政策问题的建构能够影响未来的政治形势（孙峰，2021）。总之，问题建构不仅是研究政策过程的起点，影响后续政策进程，也是指导政策实践的"排头兵""急先锋"。

（二）议程设置

1. 何谓议程设置？

彼得·巴查赫（Peter Bachrach）和莫顿·巴热赫（Morton Baratz）（1962）在《权力的两方面》一书中认为权力具有两方面的作用：一方面，权力能够影响决策过程，另一方面，权力能影响日程的设置，且后者更为重要。受制于政府注意力以及资源的有限性，只有少数公共问题能够进入决策者视野，进而纳入政策议程。

对于政策议程及其设置的理解存在三个视角。首先，戴维·伊斯顿（2012）认为，政策议程就是对正在被人们关注的问题进行编目。他形象地将建立议程的主体比作"看门人"，他们在政治系统中输入内容、转换并输出议程，这种建立议程的行为被视为"看门"。尽管政治系统中包含了政治共同体的角色，但政策议程的产出者仍是掌握权力的当局。显然，这种对议程设置的界定是基于政府视角的。其次，有学者从公众角度考察，认为社会公众能够以外在压力的形式影响议程设置。例如，吴定（2011）将政策议程解释为"多数人关注的社会问题被政府纳入解决议程的过程"。刘伟（2011）将议程设置界定为"既定的体制环境下，围绕公共问题的议程创建展开的一系列复杂的互动"。最后，政策过程视角认为政策议程是一系列问题的集合，议程设置就是问题和替代方案获得或失去精英和公众关注的过程（Birkland，2019）。张金马（1992）认为政策议程就是将政策问题纳入政治或政策机构的行动计划的过程。议程设置即通过各种政治通道将产生的想法或议题提交给某一政治机构（如立法机构或法院）审议的过程。总之，议程设置在政府有限的注意力分配中起到了筛选社会问题的作用。

2. 议程设置的类型

作为"前决策过程"，议程设置在很大程度上仍然是一个未知的"黑箱"。基于不同的理论考量，不同的学者从多种路径对议程设置的类型进行了划分。

威廉·邓恩（2011）认为，政策议题的程序化程度深受政策议题复杂性的影响。因此，他将政策议程的类型按照相应的决策机构等级的高低，划分为首要议题、次要议题、实用议题和低级议题。根据社会问题和议程的受关注程度，议程可以分为媒体议程、大众议程、政策议程。许多学者认为媒体议程—公众议程—政策议程路径是区分政策议程设置模式的有效方式。除了要考虑社会问题本身能否进入政策议程，还应该考虑政策议程如何被人为扭曲了，这种议程设置形式就是"隐蔽议程"（格斯顿，2001）。

如果将政策议程视为目的和结果，那么议程设置就是解构政策议程产生的过程。表2-1表示的是常见的西方研究中议程设置的模式。这些分析多是在西方情境中进行的，而推动中国政策过程理论的发展不仅需要批判和借鉴西方的政策分析，还需要对中国议程设置的研究进行整理与归纳。

表 2-1　西方研究中议程设置模式

提出者	划分依据	议程设置的类型
Stewart, Hedgeand Lester（1996）	政策科学发展脉络	精英主义模式、多元主义模式、影子政府模式
Cobb, Rossand Ross（1976）	政策议程设置的动力来源	外在创始型、政治动员型、内在创始型
戴维·伊斯顿（2012）	政策问题流向和议程方向	自上而下的议程设置模式、自下而上的议程设置模式

资料来源：作者自制。

3. 问题建构与议程设置的关系

理论上，议程设置是政策制定链条中承接问题建构的环节。问题建构本质上是一种概念和理论活动，其不仅是对于问题的简单描述，更是创造性过程。议程设置通过选择性地关注或忽略某些具体情境而推动问题的进一步发展。概括地说，问题建构活动重点关注问题的性质而不是解决问题本身（张丽珍，2015）。正是问题的特性决定了后续议程的方向与选择，而议程设置为政策问题的解决提供了可能性。议程设置就是筛选问题并通过制定政策回应问题的过程，换言之，仅进行问题建构并不能保证决策者选择问题乃至付诸行动。在实践过程中，政策问题的建构是影响议程设置的关键因素之一。由于议程载量的限制，只有少数引起政策制定者关注的问题才能纳入政策议程，而问题的公共指向是必要条件（陈晓艳、汪建昌，2023）。当面对复杂问题时，可能需要多次议程设置（刘义强、范静惠，2023）。

由于未能理清两个概念的边界与逻辑，现有研究经常将问题建构与议程设置混淆。问题建构与议程设置的差别主要表现在以下几个方面。第一，两者的研究对象不同。问题建构的对象是社会现象和事实。相对地，议程设置建立在已经确定的问题的基础上，侧重于行动和对备选方案的选择（马小娟、冯钰婷，2022）。议程设置的结果是获得政策议题。第二，问题建构与议程设置的路径不同。普遍认同的问题建构过程包括发现、搜索、界定、解释四个阶段。议程设置主要由公共议程转到政府议程。第三，研究重点不同。问题建构侧重于社会问题是如何转化为政策问题的；议程设置连接问题建构与决策两个阶段，本质上关注决策者如何配置注意力资源，关注"如何使一个政策问题转变为政策议题"以及"为什么组织或决策者会将注意力聚焦在某些议题而不是其他议题上"。第四，政府的作用不同。社会问题转化为政策问题的过程中，社会问题已经获得了广泛的关注，政府主要判断的是该问题是否应该由政府负责以及政府是否有能力负责；议程设置是一个政策系统对外部要求的动态回应过程，政府在议程设置中要提出解决方案，且必然要对政策问题采取行动。

（三）决策

1. 决策的定义

如果说公共政策是政策形成过程的结果，那么决策过程就是决定这一结果的最终阶段。不同理论视角对于决策的界定也存在差异。从权力利益视角来看，政府决策是多元主体以自身经济或政治利益最大化为目标进行相互竞争、谈判、讨价还价并最终达到均衡的结果。这一视角强调权力结构和利益博弈，研究重点是利益诉求和影响决策的权力。其中，政治家、官僚、利益集团、公众等主体扮演重要角色。政策学习视角认为决策是以国家和社会的公共利益为基础，发现问题、寻求解答的过程。这一过程源于对社会问题的识别，研究重点在于政策本身的合理性，即是否经过充分的理论分析和经验检验。决策主体中的专家、思想库、科学家、公共媒体等发挥重要作用。理念视角存在两种观点，一种观点认为决策就是政策主体对于政策辩论前台的争夺；另一种观点强调作为背景存在的理念，认为决策是政策主体在这种基础性的、理所当然的假定下产生的（薛澜、林泽梁，2013）。从基于行动者网络理论的"实践建构论"来看，政策形成的过程就是网络建构的过程。行动者之间平等地进行观念的较量，政策的变化源自网络中行动者力量、修辞策略、数量等方面的变化（王佃利、付冷冷，2021）。从国家治理效能角度看，政策过程深嵌于中国语境。中国国家治理效能包括了顶层设计的决策机制，其主要体现为坚持党的集中统一领导，针对国家发展中的"大问题"以协商的方式做出战略性决策与政治方向的把握（庞明礼，2020）。总而言之，不论是强调政策主体的权力、话语论证还是政策本身的合理性，中国政策决策过程都是不同政策主体在党的领导下进行互动的过程。

2. 议程设置与决策

议程设置是政策制定环节，涉及筛选社会问题、提出解决方法、设置政策议程等阶段。这一过程中利益集团、社会组织、专家、公众等主体通过大众传媒、网络媒体等工具互动、博弈，吸引公众关注，利用舆论施压，并提出政策意见等以获取政府注意力，从而促进公众议程、媒体议程向政府议程转变。

决策与政策制定是政策形成过程的最终环节，其关注政策决策是如何做出的、政策是如何被制定的。其中，政策合法性是决策与政策制定过程的核心。政府在做出决策前需要对议程进行评估并做出选择。在政策实践中常出现一些议程被选择、确定，而一些议程被舍弃的情况。换言之，政策议程的设置并不意味着政策得以制定，决策是议程设置的下一阶段。

3. 政策形成的重要性

政策形成研究对公共政策和治理领域至关重要。从理论上看，政策形成过程分析有助于理解政策制定者如何识别问题、制定政策、协调利益相关者、做出决策以及实施决策。对政策形成进行研究有助于改进政策制定的效率与质量，最终为实现决策科学化、民主化、合法化的目标建立理论基础。同时，为了获得中国政策形成研究的基础结论和总体概况，我们不仅需要回顾西方经典政策形成理论，还应该对中国相关研究进行归纳、总结，并与西方研究进行比较和对话。

实践上，首先，政策形成过程有助于识别社会、经济和环境领域的问题，如环境污染、社会公平、医疗改革等。政策形成的研究能够为决策者提供洞悉问题本质的理论依据，从而促进问题的有效解决。其次，政策形成研究为政府和决策者提供决策支持。通过数据分享、政策效果评估、结果预测，研究者可以为政策制定者补充决策信息。最后，政策形成研究促进了利益相关者之间的协作。通过梳理相关研究，我们可以对利益相关者的需求、利益和观点形成基本的社会认知，从而更好地设计具体政策。

总之，政策形成研究是一个复杂、动态且不断发展的领域，对于设立更有效、更公平和更包容的政策至关重要。因此，本章将从回顾政策形成理论的发展开始，探究中国政策形成研究的现状与进展，总结中国研究的基本进展，进而为中国的政策形成研究建立知识基础。

二　政策形成的发展脉络

（一）实证主义：科学—理性

传统的政策制定研究认为，政策制定就是社会统治阶级应用统治和命令手段建构政策问题、设置政策议程以维持自身利益的过程。立法部门掌握政策问题建构权，通过收集民意形成议题进而制定政策。这种自上而下的政策制定实质上是向社会输入监控的过程，隔绝了民众有效表达需求的途径。因此，早期的政策形成研究将其视为一个政治过程。然而，随着实证研究和经验的发展，学界对政策问题的思考逐渐转向了科学与理性视角。

拉斯韦尔（2008）结合社会科学知识反思了政策制定实践，在《政策科学：范围与方法的最新发展》一书中提出了基于政策研究的学科构想。他强调公共政策学应以"政策过程"为研究对象，提高决策和政策的科学性。拉斯韦尔倡导的政策科学是以"问题导向"为基石，以解决、消除社会问题为目标的学科（Turnbull，2008）。"问题解决"逻辑的引入不仅对政策过程的研究做出了贡献，还为后续研究奠定了理论基础。

具体地说，科学—理性视角以遵循理性为原则，主张以实证主义为基础的政策分析，强调工具理性与价值中立，使用科学的研究方法和知识解决社会问题。实证主义的科学视角倡导取代政策制定过程中的非理性因素，使用社会科学方法，在科学规划的决策程序下建构政策问题。西蒙（2013）认为，理性是指在一些价值系统下，根据评估结果，对偏好的可替代性方案的选择。金（King，2021）提出了政策科学的四个标准，其中对于因果推理和机制的强调侧面反映了理性主义的倾向。在研究假设上，它将公共政策看作在理性决策基础上展开的；在分析逻辑上，它将复杂的政策世界简化为模型进行思考；在结论上，政策是在掌握数据和事实的基础上，用科学方法计算与比较政策方案从而做出最佳决策的过程（钱再见，2001）。总之，科学—理性成了组织政策分析的经典模型，为后来政策分析的范式与模型的建立树立了"标尺"。

但是，在经验现实中，完全理性的假设似乎并不恰当。特别地，公共政策形成所面临的社会环境是复杂的、不确定的，人们处理信息的能力和知识也是有限的。为了弥补完全理性的缺陷，西蒙（2017）提出了有限理性决策模型。就方法而言，对于科学与理性的思考促使政策分析不断衍生出新的技术手段。

（二）后实证主义：政策形成的话语分析

后工业社会，受到宏大叙事备受质疑、权威话语衰败的影响，以效率为准则的实证主义政策分析已然不能适应渐进性的政策变化（向玉琼，2012）；实证主义以客观事实为基础的特性也忽略了政策的建构属性。然而，政策制定及问题建构过程远非纯粹的理性判断和科学分析所能概括，其也牵涉价值判断的内容。实用主义和功利主义对于社会价值讨论的缺失，使其在复杂社会问题中的解释力欠佳。因此，政策科学需要更具诠释性、实践性、审议协商性的分析模式（李亚等，2015）。通过对传统的实证研究进行反思，马乔纳（Majone，1989）认为其忽略了公共政策中的语言现象：话语描述政策并将其合法化。

话语就是观念、概念、范畴的特定集合体，通过话语将"意义赋予到物理社会现实之上"（Hajer，1995）。换言之，话语就是对社会问题的诠释与建构，反映了政策行动者的主观意志和价值取向。公共政策离不开话语的阐释与辩证，无论是口头上还是书面中的话语。政策形成的话语分析以建构主义、现象学、诠释学为基础，对政策语言或非语言材料进行了研究。政策话语分析推动了政策科学领域从实证主义到后实证主义的范式转向（张海柱，2013）。如今，话语分析已经成为公共政策的重要分析路径之一（John，2013）。

政策话语分析主要存在阐释和批判两种取向。前者的研究对象主要是政策现象或政策问题，它通过分析修辞、故事等方法阐释现象背后的意义维度。批判取向致力于分析话语中的权力结构和意识形态的影响。警示政策分析者们重视话语与权力、知识的结合，重新审视公共政策思想框架中的民主精神。此外，批判话语分析也是一种文本分析方法，它通过对政策文件、口头表述等文字或非文字的话语进行分析，旨在反映政策语言与权力、意识形态的关系。

从问题建构这一议题上看，已有话语分析研究者开始将对政策问题的研究重点从论证观念对政策的影响，转向探究观念如何影响问题建构。政策制定过程就是围绕着特定问题的辩论活动（张海柱，2016）。排除政策问题的竞争性解释是形成政策的关键任务。话语建构政策的研究认为意义冲突、话语结构化、政策形象是影响观念转化的影响因素。董玄等（2019）在此基础上与已有政策观念进行对比，推动了新观念的转化。

随着公众关怀与现代意识的觉醒，政策议程设置的过程越来越重视对言语的把握。特别是对于公共价值的强调，而协商民主被认为与政策议程设置的价值理念和制度设计存在高度的契合性（魏淑艳等，2022）。话语作为行动的基本媒介，建构了人们对于世界的看法并赋予其不同程度的重要性。换言之，社会中的行动者基于一定的制度环境，运用各种话语策略对各自的理念进行包装与推销以形成主导性的话语优势，最终使这些理念获得决策者的注意从而被纳入政策议程（张勇杰，2019）。

政策制定的政治被理解为生成与控制共享社会意义体系的话语竞争（Teubner and Fischer-Lescano，2004）。而政策的制定需要多主体的观念与利益的博弈，从而达成暂时的均衡和共识，即关于价值和意义分配方案的公共政策可以被理解为话语生产、互动、话语政策化和话语落地的过程。因此，一些学者认为公共政策的制定过程就是话语共识化的过程，共识是政策决策的内在逻辑（丁煌、梁健，2022）。

（三）政策网络：国家与社会各领域、多层次相联系

20世纪60年代，人们发现多元主义并不能准确描述精英主宰政策过程的现实。彼得斯（B. Guy Peters）（2008）认为政策问题建构是在一个由国会委员会、行政体系以及利益集团所形成的小集团中完成的。由这三方政策参与者构成的相对稳固的结构被称为"铁三角"。现实中，不同的利益集团不可能平等地进入政策过程中；不仅如此，利益集团所代表的利益是特殊利益而并非公共利益。因此，基于多元主义的政策形成既不存在普遍的代表性也不能代表公众。为了在政策过程中交流意见，协调资源、权力等，相关主体试图结成政策网络以弥补分歧、达成一致。随着民主政治的发展，美国社会团体激增。通信技术为非政府组织参与政治提供了便利途径。当非政府组织进入政策问题建构中时，政策参与者数量增长促使中心—边缘的社会治理松动，一种"多中心"的网络结构开始出现（张康之、向玉琼，2015）。政策网络就产生于国家与市民社会之间，是通过资源依赖而形成的

一种彼此相连的政治联盟（Benson，1982），是社会主体或政治主体建立的回应政府新旧政策或统治结构的结果（Forrest and Joshua，2003）。70 年代以来，"政策网络"逐渐成为政策分析领域主流话语和研究范式。

在政策问题建构过程中，原来封闭僵化的政府结构日益松散。因此，政府权威逐渐碎片化，政策问题建构被分散到政府的不同机构中。竞争性利益集团的数量增长，利益集团进入问题建构过程中。作为常用五种政策网络之一的议题网络否定了中心—边缘结构体系，塑造了政策问题建构权高度分散的局面。在宏观层面上，政策网络分析了国家和市民社会的关系，私营部门发展而政府角色衰落，公共部门与私营部门相互依赖，共同参与公共治理（朱亚鹏，2008）。

政策网络理论认为，政策议题可能在政党、国会、行政部门等正式组织之外的更广阔的"政策网络"中进行讨论。社会力量可能从多个层面对国会、行政部门产生影响，非公共部门与公共部门共同制定政策以提高回应复杂社会问题的效率（毛寿龙、郑鑫，2018）。此外，不同政策共同体中政府部门与利益团体之间持续互动而形成政策（Knoke，1996）。政策网络理论不仅关注参与政策过程的行动者，更注重分析行动者间的权力关系。微观上的政策网络研究关注政治主体之间的相互影响，强调个人之间的互动而非政治机构之间的结构（Rhodes，1997）。总之，政策网络的要素可以概括为行动者、链条和边界。公共的或私人的行动者根据对功能及结构的认知，通过链条对各种信息、专业知识和其他政策资源进行交换。

（四）小结

政策形成处于政策过程的前端，其特征、属性深刻影响后续政策过程。作为关键变量之一的公共政策环境通过渗透、凝结于历史和社会的因素之中对政策系统产生作用（古德诺，2012），政策形成模式也随着时间发生演变。为了获得中国政策形成规律的基础性知识和时下研究概况，学者们不仅需要总结中国政策形成的基本历程，还应当梳理政策形成理论的演进脉络。

本研究发现，随着西方政策过程相关视角的演进，政策形成的核心议题与视角也协同发展，推动政策形成研究的深化。一方面，政策形成研究议题的焦点逐渐从工具转移到主体间的互动。另一方面，随着西方政策形成视角的转变，中国本土研究的起点与内容也随之变化。从研究起点来看，中国政策形成研究从强调政府主导转向逐渐开放，开始关注多主体的政策参与。从研究内容来看，政策形成研究开始由理论阐述、意义讨论渐次向基于经验的理论探讨发展。

此外，政策形成理论的核心结论也发生了变化。最终，政策实践的发展与争议以及满足公共价值的要求的特性共同推动了政策形成理论的演化。

三　中国的政策形成研究

从上文可见，作为政策过程的逻辑起点，政策的成败离不开科学的、系统的政策形成过程。从本质上来说，政策形成过程是政治过程，政策形成研究不仅能了解政治系统对社会情境的回应，还为后续政策发展提供了前瞻性的指引。为了获得政策形成过程研究现状的基础知识，我们需要对当下研究进行梳理以探究该领域的研究议题。从基础的议题来看，问题建构多关注"何为'好'的问题建构"；议程设置聚焦于"议程设置的模式与机制"等，探寻"议题被提上政府议程的原因"；决策关注"决策与政策制定的主体与模式""工具与机制""地方政府决策策略"。围绕这些问题，西方学者提出了非常多样化的理论视角以探寻政策形成的过程和机制。

但是，以上对于政策形成理论的回顾是建立在西方政策科学演进的基础上的。由于政策形成过程与中国政治运作过程的高相关性，早期对于中国的政策形成的研究散见于对于中国政治的研究，其与政策形成理论之间的关系具有一定的独立性，二者的关系较为模糊。随着政策理论的发展，来自中国的经验证据开始强调政策形成所嵌入的本土体制机制，并逐渐形成了具有中国特色的议程设置及决策的机制和模式，如"共识型决策""集思广益型决策"等。然而，我国的政策形成研究经历了什么样的历程，以及与西方国家政策研究存在什么样的关系等问题仍没有得到很好的清理。

为了对中国政策形成研究的发展现状形成基础性的、整体性的理解，我们需要对政策形成理论的演进和基本视角进行归纳与总结。所以，为了更系统地分析中国政策形成的研究现状，本章按照问题建构、议程设置、决策与政策制定三个阶段的分析逻辑，对中国的政策形成过程的知识进展进行评估。接下来，本章将首先总括中国政策形成研究现状，分别从研究发表特征、议题特点进行概述。其次，本章将围绕问题建构、议程设置、决策每一阶段的核心研究问题，展开中国政策形成过程具体内容的讨论。最后，在整理与归纳中国政策形成理论进展基础上，本章将对现有研究现状进行整体上的评估，并展望未来的研究。

第二节　数据与方法

一　文献检索与筛选方法

为了把握当前中国政策制定及决策过程研究的现状与发展特征，本章对 2000~2023 年该领域文献进行了系统性的整理和分析。参照本书的系统性文献综述（Systematic Literature Review，SLR）的方法（Bearman et al.，2012），结合系统性文献综述的特点与本章研究目的，本章提出以下具体的研究问题：①中国政策形成过程研究的特点与发展趋势；②中国政策形成过程研究的热点与核心议题；③中国政策形成过程研究的常用方法与经验特点。围绕研究问题，本章对现有文献进行了搜集与处理。

首先，初步搜索。为保证所研究文献的权威性，本章选用中国知网和 Web of Science 数据库，检索与中国公共政策过程相关的中英文文献。课题组选定了中文期刊 169 本，英文期刊 48 本，确定中文文献检索时间为 2000~2023 年，英文文献检索时间为 1990~2023 年。研究团队先后三次对文献进行筛选、清洗，最终得到中英文文献 4360 篇（其中中文文献 3642 篇，英文文献 718 篇）。

其次，文献筛选。在研究团队系统性搜集工作的基础上，以通读文献标题、关键词、摘要的方式全面检索"问题界定""议程设置""政策制定""决策""政策形成"等主题的文献。为了保证最终入选文献的广泛性和准确性，本研究重复筛选步骤并以上述关键词在中国知网、Web of Science 进行补充搜索，剔除了特定政策领域具体政策内容的研究、非中国经验背景的研究、研究对象为非公共政策领域的研究，如危机治理、公共服务等文献，最终确定了中英文文献 482 篇（其中中文文献 397 篇，英文文献 85 篇）（见图 2-2）。

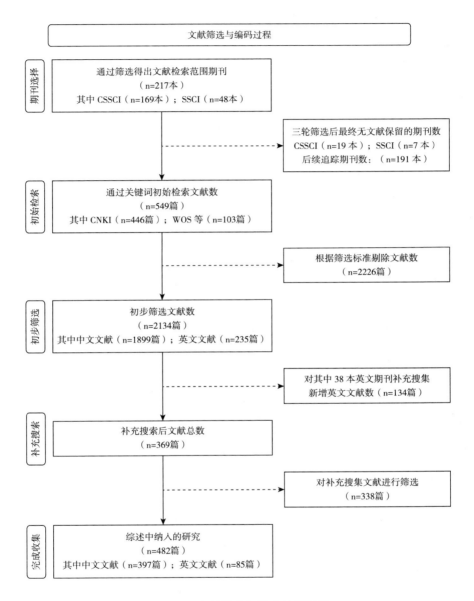

图 2-2　文献筛选与检索过程示意

资料来源：作者自制。

　　最后，文献编码。为了深入探究已有文献的发表特征与议题特点，需要将搜集的文献转化为定量数据。本研究根据研究问题从已有文献发表特征、议题特点两个方面进行了编码。具体地，从发表特征方面，本研究关注现有文献发表时间与热度分布情况、主要发表期刊以及核心作者等维度；就议题特点而言，本研究聚焦于政策领域、重点理论、研究热点以及研究方法等维度。

二 数据分析

（一）发表特征

1. 发表时间与热度分布

作为政策过程中的首要阶段，中国公共政策的形成逻辑是研究者重要关注的议题之一。从所收集的文献可以发现，中国政策形成相关研究起步于 20 世纪 90 年代后期（见图 2-3）。已发布的文献数据显示，政策形成过程的研究热度呈现先上升后下降的趋势。具体地，截至 2012 年，中国政策形成的研究数量总体呈现上升趋势。这表明了该议题在中国的兴起并获得了许多学者的关注。这与提高决策效率，满足科学化、民主化决策的要求有关。2006 年，《中国社会科学》刊载了王绍光的文章《中国公共政策议程设置的模式》（王绍光，2006），该文是较早探讨中国议程设置模式的学术研究之一。2010 年陈玲等人在《管理世界》上发表了《择优还是折衷？——转型期中国政策过程的一个解释框架和共识决策模型》，通过医疗改革方案的制定案例，指出我国政策制定是"政策共同体"内部不同主体协商、妥协，最终达成共识的过程。共识性决策为解释转型期的中国政策过程提供了一种模式。中国政策形成的研究数量于 2012 年达到热度峰值，随后在 2012~2016 年呈下降趋势，并于 2016 年陷入谷底。这一阶段的代表性文献为段伟红在《管理世界》上发表的《"又红又专"的政策议题是如何设置的？——以"股权分置改革"为个案的一项研究》，她探究了决策者运用不同的机制让多元行动者参与到政策制定中，进而做出政治决断的方式（段伟红，2012）。一方面，该文关注了政策参与的多元主体这一议题，这反映出政策参与/公民参与议题在政策形成领域的重要性。另一方面，通过观察发表时间与议题的关系，该文发现政策形成过程的研究存在对决策/政策制定的严重偏向，很少有学者关注问题建构、议程设置阶段。而这一情况自 2012 年起发生了转变：一些学者逐渐对问题建构、议程设置产生了研究兴趣，相关研究数量开始增加。随着国务院对公民参与行政决策和一些地方政府对重大决策预公开制度的重视，政策形成领域的研究也开始有了回应。2017~2022年政策形成相关议题的文献发表总体上波动性上升，且年发文量在23篇以上。该阶段赵静和薛澜发表了论文《回应式议程设置模式——基于中国公共政策转型一类案例的分析》，文中认为回应式议程设置是中国公共议程设置的常见模式之一（赵静、薛澜，2017）。然而，该领域发表数量在2023年急剧下降至4篇（这一结果可能与统计时间的限制有关）。

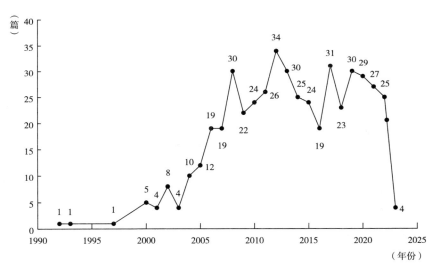

图2-3 发表时间与热度分布

资料来源：作者自制。

2. 发表期刊

在本课题组文献库中，政策形成过程的中文文献广泛发表于行政管理学、公共管理学期刊，政治学、社会学期刊（见表2-2）。其中来自《中国行政管理》的文章最多，达到49篇，占总数的12.4%；其次，来自《公共管理学报》《行政论坛》《理论探讨》《公共行政评论》《甘肃行政学院学报》《政治学研究》的文章超过了17篇（含17篇），且以上期刊影响因子均达到3以上，不仅说明政策形成过程文献发文量较大，还从侧面表明该领域受到学界的较高关注。所搜集的文献中有7篇来源于《管理世界》，再次说明该领域具有很高的学术关注度。

表 2-2　政策形成过程中文文献来源

单位：篇，%

序号	来源期刊	计数	占比	序号	来源期刊	计数	占比
1	《中国行政管理》	49	12.4	11	《理论与改革》	7	1.8
2	《公共管理学报》	24	6.1	12	《北京工业大学学报》（社会科学版）	6	1.5
3	《行政论坛》	21	5.3	13	《东南学术》	6	1.5
4	《理论探讨》	19	4.8	14	《学术论坛》	6	1.5
5	《公共行政评论》	18	4.6	15	《浙江社会科学》	6	1.5
6	《甘肃行政学院学报》	17	4.3	16	《理论探索》	5	1.3
7	《政治学研究》	17	4.3	17	《南京社会科学》	5	1.3
8	《江苏行政学院学报》	8	2.0	18	《求实》	5	1.3
9	《人民论坛》	8	2.0	19	《四川大学学报》（哲学社会科学版）	5	1.3
10	《管理世界》	7	1.8	20	《学术研究》	5	1.3

资料来源：作者自制。

在检索到的英文文献中，可以发现中国政策形成过程的研究既出自公共管理学、政策学、行政学期刊中，也存在于中国研究的期刊，且区域研究期刊的发表数量显著多于公共管理学和公共政策学期刊（见表 2-3）。这说明在国际学术界，中国政策形成过程研究更多被中国研究、区域研究的期刊收录。其中，前 10 本国际期刊中有 8 本期刊聚焦中国研究，1 本关注亚洲地区研究，1 本为公共管理期刊。

表 2-3　政策形成过程英文来源

单位：篇，%

序号	来源期刊	计数	占比	序号	来源期刊	计数	占比
1	*The China Quarterly*	22	22.9	3	*Journal of Chinese Political Science*	6	6.3
2	*Journal of Contemporary China*	10	10.4	4	*Governance-An International Journal of Policy Administration and Institutions*	5	5.2

续表

序号	来源期刊	计数	占比	序号	来源期刊	计数	占比
5	Journal of Chinese Governance	5	5.2	17	China information	1	1.0
6	Modern China	5	5.2	18	Comparative Political Studies	1	1.0
7	China Review	4	4.2	19	International Public Management Journal	1	1.0
8	China: An International Journal	4	4.2	20	Journal of Comparative Policy Analysis	1	1.0
9	Journal of Asian Public Policy	4	4.2	21	Journal of Public Policy	1	1.0
10	Public Administration	4	4.2	22	Journal of Social Policy	1	1.0
11	The China Journal	4	4.2	23	Policy Studies	1	1.0
12	Australian Journal of Public Administration	2	2.1	24	Public Administration and Development	1	1.0
13	Policy and Society	2	2.1	25	Regulation and Governance	1	1.0
14	Public Administration Review	2	2.1	26	Science and Public Policy	1	1.0
15	Public Management Review	2	2.1	27	Social Policy and Administration	1	1.0
16	Administrationand Society	1	1.0	28	The American Review of Public Administration	1	1.0

资料来源：作者自制。

3. 核心作者分布

表2-4显示了政策形成过程领域核心作者的分布。由于篇幅的限制，本表只显示发表量大于等于3篇的作者。按照总被引次数排序，王绍光发表的5篇文章共被引1517次，其中《中国公共政策议程设置的模式》是议程

设置领域的经典研究，被引用超过 1100 次。文献库统计结果显示，向玉琼主要的研究兴趣在政策形成过程等领域，且多为理论研究，其中 5 篇研究关注政策问题建构，2 篇研究关注议程设置。在合作学者网络中，向玉琼与张康之存在较为密切的合作关系。

表 2-4 核心作者分布

单位：次，篇

总被引次数	篇数	核心作者	代表文献
1517	5	王绍光	王绍光，2006；2008；王绍光等，2011；鄢一龙等，2013；王绍光等，2014
358	14	向玉琼	向玉琼，2005；2012a；2012b；张康之等，2014a；2014b；2014c；2014d；张康之等，2015a；2015b；2015c；张康之等，2016；孔繁斌等，2019；向玉琼，2021；2022
317	4	王国华	陈姣娥等，2013；王国华等，2019；武晗等，2020；武晗等，2021
237	8	张康之	张康之等，2014a；2014b；2014c；2014d；张康之等，2015a；2015b；2015c；张康之等，2016
232	3	胡鞍钢	胡鞍钢，2011；鄢一龙等，2013；王绍光等，2014
229	5	魏淑艳	田华文等，2014；魏淑艳等，2016；孙峰等，2017；魏淑艳等，2018；魏淑艳等，2019
225	5	孙峰	魏淑艳等，2016；孙峰等，2017；魏淑艳等，2018；孙峰，2019；2020
210	3	黄健荣	刘伟等，2008；黄健荣，2010；黄健荣等，2012
203	5	刘伟	刘伟，2008；2012；刘伟等，2008；周义程等，2009；陈宝胜等，2013
163	3	武晗	王国华等，2019；武晗等，2020；2021
153	3	邝艳华	邝艳华，2011；2015；邝艳华等，2015
149	6	傅广宛	傅广宛等，2006；傅广宛等，2007；傅广宛等，2008；傅广宛，2010；王春婷等，2011；傅广宛等，2020

续表

总被引次数	篇数	核心作者	代表文献
147	6	李强彬	李强彬，2008；2011；2012；李强彬等，2008a；2008b；2016
144	5	杨志军	杨志军等，2016；杨志军等，2017；杨志军，2018；2021；杨志军等，2020
137	4	罗依平	罗依平等，2010；罗依平，2011；2012；罗依平等，2019
121	3	徐增辉	徐增辉等，2009；徐增辉，2013；2016
110	3	叶林	邝艳华等，2015；叶林等，2016；叶林等，2020
91	4	赵德余	赵德余，2008；2009；2012；2019
86	4	傅雨飞	傅广宛等，2006；傅广宛等，2007；傅广宛等，2008；傅雨飞，2017
86	3	张海柱	张海柱，2013；2015；2016
80	5	王礼鑫	王礼鑫等，2010；王礼鑫，2014；2017；2018；2020
73	3	张宇	张宇等，2006；2007；刘伟忠等，2006
72	3	朱亚鹏	朱亚鹏等，2012；朱亚鹏等，2014；肖棣文等，2016
71	3	钟裕民	钟裕民等，2008；钟裕民等，2015；2018
60	2	黄振威	黄振威，2015；2017
41	3	王春福	梁亮等，2000；王春福，2004；2013
40	3	聂静虹	聂静虹，2002；梅琼林等，2009；聂静虹等，2013
34	3	汪家焰	汪家焰等，2018；汪家焰等，2019；汪家焰等，2021
34	3	赵晖	汪家焰等，2018；汪家焰等，2019；汪家焰等，2021

资料来源：作者自制。

（二）议题特点

1. 政策领域

图 2-4 显示了中国政策形成过程研究中主要的政策经验领域。其中，无经验性政策领域的文章占文献总数的 54%，社会政策领域的文章占 16%，

其他政策领域（除教育文化政策、社会政策、环境政策、经济和创新政策、"三农"政策领域、国防外交政策领域外的其他政策领域）的文章占7%，环境政策领域占6%，跨政策领域的比较分析研究占6%。以上数据表明，有超过统计量一半的研究没有经验情境，是理论研究或是倡导型研究，而非实证研究。在具有政策经验的研究中，多数研究以社会政策为背景，环境政策、经济和创新政策次之。仅有6%的研究是基于跨政策领域的比较分析，说明跨领域的比较政策分析较为罕见。

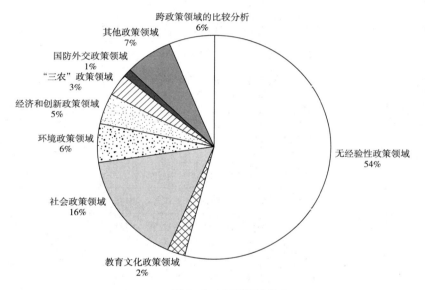

图2-4 政策领域分布

资料来源：作者自制。

2. 研究热点

图2-5显示了中国政策形成过程中的研究热点分布情况。在政策形成过程的研究中，决策与政策制定的研究占总数的73%，议程设置的研究占21%，问题建构的研究占6%，表明决策与政策制定是政策形成过程的研究热点。图2-6显示了研究热点随时间的变化情况。通过比较政策形成过程每阶段研究的构成，可以发现1990～2023年决策与政策制定研究一直占较大比例，这意味着公共政策学者对打开决策与政策制定的"黑箱"抱有持久的兴趣。

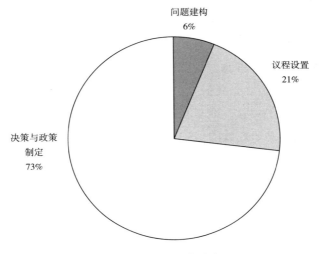

图 2-5　研究热点分布

资料来源：作者自制。

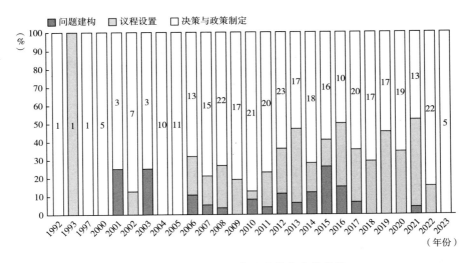

图 2-6　1990~2023 年研究热点变化趋势

资料来源：作者自制。

3. 研究方法

在研究方法方面，有 32% 的研究无研究方法，23% 的研究以包括文献综述在内的理论阐释为主（见图 2-7），这反映了我国政策形成过程的研究中，实证研究不到一半，多数为理论研究或倡导性研究。有 37% 的文章使用了质性分析方法，7% 的文章使用了量化分析方法，约 1% 的文章使用了混合研究方法，这说明该研究领域中以质性研究为主流。在质性研究中，单案例研究的频率最高，占总数的 25%，其次是比较案例研究，占 12%，民族志研究占比为 0%。在量化研究中，计量方法是主要分析工具（6%），还存在少数研究使用了实验—准实验的方法（约占 1%）。部分学者使用了混合研究方法（仅占总研究数的 1%）。

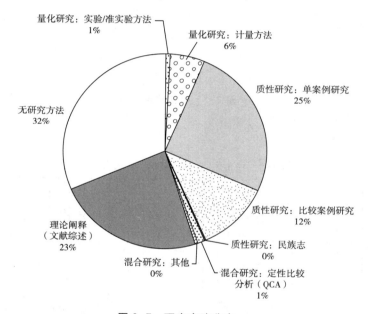

图 2-7 研究方法分布

资料来源：作者自制。

图 2-8 显示了中国政策形成研究所使用的研究方法随时间变化的情况。从研究方法变化的趋势可以发现，总体上看，不使用研究方法的文章所占比例呈下降趋势，这意味着中国政策形成过程的研究质量得到了提升，研究规范性逐步提高。从研究方法的构成上看，随着研究的发展，2006 年起中国政策形成过程中出现了使用量化研究方法的文献，2018 年起学者们开始在政策形成领域使用混合研究方法。这表明随着研究的不断深入，学者们开始为政策形成领域引入多元的分析工具。

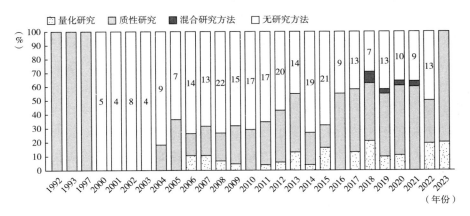

图 2-8　1992~2023 年政策形成研究方法占比情况

资料来源：作者自制。

第三节　中国政策形成过程的研究内容

在搜集中国政策形成过程文献的基础上，本节将围绕问题建构、议程设置、决策与政策制定三阶段的核心研究问题，详述现有研究的核心关切和研究热点，以便从整体上把握中国政策形成议题的进展。

一　问题建构

在政策形成过程的研究中，问题建构这一议题常被包含在政策制定之中，这些研究多关注某一政策的制定过程；少部分研究将问题建构作为研究的核心内容。总的来说，问题建构的核心研究议题是社会问题如何转变为政策问题，强调问题建构的过程中不同主体如何互动以实现公共价值。围绕核心议题，学者们从问题建构的理论、策略、模式、主体的作用等方面展开了分析和讨论。

（一）追寻"好"的问题建构

首先，一些学者致力于将西方问题建构理论引入我国政策分析，并强调政策问题建构的重要作用。这些研究主要通过回顾政策问题建构研究的理论起源和阐述问题建构研究的重要意义来"追随"西方的研究视角或结论，其中多数研究从西方政策理论入手。例如，以张康之、向玉琼为代表的学者深度挖掘了这一议题的理论起源，他们在理论演进、问题建构主体、核心要素、作用以及发展方向等一系列内容方面展开了论述。这些研究大多是在西方理论基础上展开的理论性研究，包括早期政策分析语境中的问题建构、多维视角中的政策问题建构（钱再见，2013）、问题建构权的归属问题（张康之、向玉琼，2014）、政策问题建构的重要工具——符号——的兴起与式微（张康之、向玉琼，2015）、近代问题建构专业化导致民主衰落（张康之、向玉琼，2014）等规范性议题。其中，张康之等（2015）介绍了美国的"议程网络"社会治理现象，他认为，该网络塑造了一个开放、自由的政策问题建构空间，促进了问题建构权扩散。这一发展奠定了合作建构模式的基础。此外，张润君（2012）认为政策科学中"问题范式"源于问题、归于问题，是理想追求与现实分析有机结合的研究范式。杨成虎（2010）从政策分析过程着手介绍了政策问题建构的逻辑与程序。胡平仁（2001）区分了政策问题与政策议程。刘倩（2011）认为政府作为重要政策主体，其在问题建构中的行为建立在公共政策问题的稀缺性、委托和代理之间信息不对称、政府的"经济—道德"人预设的基础上。

其次，学者们关注政策问题的建构模式，力求从分析政策过程理论和其他理论中获得某种符合政策形成实践的模式。

一方面，一些学者根据政策理论进路分析宏观层面的问题建构模式的演变。模式的演变主要发生在问题建构的结构和主体层面。另一方面，学者们也对问题建构的"理想模式"进行了讨论。其一，从话语分析的角度，问题建构本质上是一种自下而上的话语建构过程。因此，靳永翥、刘强强（2017）认为在后实证时代，话语是理解政策问题建构的新路径。他们从人们对事物的判断、描述、抽象诠释和意义赋予等，关注到问题识别的前一个阶段是人们对需要的话语。话语通过理解人们对事物原初的描述、判断、抽象诠释和意义赋予等，促进人们认识世界、建构世界、提出问题、创造问题。其二，一些学者从共识角度提出了问题建构的合作模式。具体地，与后工业社会相适应，政策问题建构已由线性建构模式转变为合作模式（向玉琼，2012）。为了顺应社会多元化的要求，政策问题建构已经完成从寻求共识到尊重差异的转变；在此基础上，政策行动者通过合作完成问题的建构（张康之、向玉琼，2015）。其三，从发生学的角度，社会问题经由差异性的个体需求、相似性的个体需求、复杂交织的社会问题、相似社会问题和共同性社会问题五个演进阶段建构为政策问题（靳永翥、刘强强，2016）。其四，有学者立足于中国发展现状展望中国政策问题建构的模式。他们认为随着市场经济的发展和人们需求的日益多样化，我国政策问题建构"内在创始模型"已不能满足政策问题公共性、民主性、回应性的要求，协商民主理论为我国政策问题建构提供了一种新的话语机制。该理论强调公共决策的公民平等参与，因此问题建构的目的在于赋予合法性（孙萍、鲍丽明，2010）。

再次，互联网显著改变了问题建构的模式。一方面，互联网工具的普及为公民参与提供了便捷途径。前互联网时代，政策问题的建构主要是由大众传媒和政策信息子系统完成。但是，随着互联网时代的到来，案例研究表明，网络民意在政策问题建构的四个阶段都发挥了促进作用（朱水成、李正明，2012）。张丽珍（2015）认为网络为公众参与问题建构提供了一种非传统的参与方式。另一方面，随着网络时代的发展，信息流动加速了社会的再度脱域化，克服了物理距离导致的政策问题建构权获取阻碍和个人意愿表达的困难。因此，网络政策问题建构呈现"去中心化"趋势（孙峰，2021）。

最后，问题建构策略的研究强调民主协商、公民参与的重要性，多数研究以达到科学性、民主性问题建构的目标而展开。政策的公共性、问题性特征要求在政策的制定和实施的过程中要关注问题的公众性，而审议式民主是一种公民有效参与的方法（詹中原，2006）。政策过程中成功解决社会问题需要构建正确的政策问题；协商不仅能准确界定问题以及强化问题界定的合法性、公开性、责任性，还促进了政策执行阶段的自愿性合作（李强彬，2012）。要最大限度地构建问题并寻找正确的解决方法，决策者应"耳听八方""兼听则明"，并在协商和对话的氛围中凝聚问题共识（李强彬、刘敏婵，2008）。

（二）问题建构的经验研究

从研究内容来看，围绕问题建构展开的研究多基于理论目标，仅有少数研究涉及经验研究。具体地，为数不多的经验研究主要聚焦于社会问题转变为政策问题的过程，通常以特定政策为例阐述中国政策的问题建构。例如，王婷（2017）以农村社会养老保险政策的问题的建构过程为例，发现社会问题是通过问题感知、问题搜索、问题界定、问题详述层层推进，最终逐步建构为政策问题的。这一过程并非完全理性的，而是主观建构的；政策问题的建构就是主观思想作用于客观问题情境的产物。因此，在"风险共生"的社会中合理建构政策问题应置于"去中心化"的机构系统中；换言之，问题建构需要关注政策主体的主观思想。

一些学者关注问题建构过程的关键环节并分析了其对后续政策过程的影响。为了探究城市社会问题界定的方式如何影响公共政策的后续制定与实践，谷孟宾研究了两个不同城市的社会问题清单。两种对清单问题回应的思路形成了不同的议程安排，并导致了受益公众和公众受益内容的不同。在政策实践中，谷孟宾（2006）发现针对同一主题的社会问题，两个城市根据不同的提问方式和假设获得了几乎完全不同的结论。基于有差异的结论，两个城市分别沿着社会结构调整、城市公共管理与服务改进的思路提出政策建议。由于建议将指导公共政策做出相应的议程安排，最终社会问题的界定方法导致了受益公众和受益内容的差异。

（三）小结

总之，政策形成中问题建构阶段的文献重点在讨论政策问题建构的"理想模式"。这些研究以西方现有问题建构理论为基础，关注了中国情境下的问题建构过程。然而，这些关注大多是描述和阐释性的，缺少了对于中国问题建构过程的实证研究和理论总结。

二 议程设置

对于现代公共组织而言，注意力是最为稀缺的资源，政策议程如何进入政府部门内部，是特定政策议题能够形成政策产出的基础环节。原有关于议程设置的研究中，存在部分研究以制定或执行某类政策为目标，分析该政策议程的设置逻辑。而王绍光（2006）认为，这种文献将研究重点设置于如何决策上，忽略了政府如何对政策议程进行取舍这一重要问题。由于此类文献数量庞大且具有较强的同质性，并且理论意义有限，本节将不再详述。因此，为了更深入地理解议程设置的内在机理，本节讨论将围绕"议程设置的触发机制与策略""议程设置模式"等议题，寻求对"为何某些项目被提上政府议程，而一些没有"等关键问题进行解释。

（一）议程设置的模式

在现有研究中，对议程设置模式的讨论被广泛地置于中国情境中，并且顺应了国家治理演进规律。回溯新中国成立以来的历史，我国政策议程的设置已然成为探究中国治理话语的一种工具（孔繁斌，2019）。不同学者根据不同的划分标准提出了多种议程设置的模式。不同的主体在政策议程设置中可能扮演的角色以及主体间的互动模式是理解这个问题的关键。本章将按照政策场域中的主体和权力结构，将议程设置模式划分为内部模式、外部模式和互动模式。

从内部模式来看，早期中国公共政策议题的建构多呈现出内部创立的特点，议题在政府或相关团体内部发起，且议题限制于政府机构或团体内。

从外部模式来看，外部因素会带来议程设置模式的变迁。回应式议程设置模式侧重于政府对外部焦点事件的反应，进而将相关政策议题纳入决策程序的议程设置过程。该模式能够在一定程度上反映公众议程的内容与排序，解决政策问题，同时构建政府的社会回应性形象。然而，由于回应型议程设置受到焦点事件的显著影响，在仓促设立议程的情况下，具体政策问题的公共性难以保证，问题也难以根本解决，且这种模式长期固化可能导致决策自主性和行政能力的下降。除此之外，时代背景亦是造成议程设置模式变迁的原因。网络社会的发展促成了网民触发模式，这一模式涉及从焦点事件引爆社会问题到引发网民共同情绪的过程，而意见领袖的引导、关注与舆论放大，传统媒体的跟进传播弥补了网络虚拟空间的固有缺陷，最终来自决策当局的认同决定了网络触发模式能否发挥实质性作用（费久浩，2015）。随着时代发展，互联网对公民参与议程设置和决策过程产生了重要影响。网络赋予了民众更为平等化的参与地位，这导致了网民留言数量的增加，这种网络参与的议程设置模式被称为"上书模式（留言板型网络问政）"（张华等，2013）。

从互动模式来看，学者们根据参与主体的互动方式、参与者的作用等归纳出参与式、协和型、多元互动式等议程设置模式。参与式议程设置中，信任关系发挥着基础性和实质性的作用。以网约车的案例为例，议程参与主体间的信任流失受到了社会不确定性等客观因素的影响，是议程参与者不信任、观念行为失当以及互联网助推的结果（孙峰，2020）。一些学者认为，协商民主式政策议程的成功设置是社会问题得以解决的前提。协商民主借助制度与程序规范提高了公民和团体平等参与议程设定的能力，同时也赋予了政策议程设置内容及过程的合法性（徐增辉，2016；闫飞飞，2011）。基层政府为吸引和扩大公民参与公共决策尝试了多种手段，其中包括了芜湖市"市民心声"项目。芜湖市这一举措为公民参与决策监督提供了渠道，还搭建了公共决策参与的平台（邹俊、叶常林，2012）。

协和型模式强调"体制内协商"，体制内主体通过吸纳公众利益诉求创建议程。理论上，体制内外主体相互"借力"这一模式可以实现集权与分权的结合。但是，由于多元主体的影响力不同，很难避免议程建构过程中的话语操纵与垄断（周义程、刘伟，2009）。

多元互动模式不同于传统的权威主导模式和精英控制模式，这一模式强调具有相对平等地位的多元主体经过博弈与协商达成政策共识，进而将特定社会问题推入决策程序，因此更具有开放性、多元性、形式多样性，且更适应政府变革（刘伟，2012）。我国卫生政策议程设置的经验显示，独立和通畅的谏言渠道，多元主体间的良性互动是卫生政策议题竞争成功的关键（房莉杰，2017）。这一模式改变了传统政府主导的议程形成模式，将多元利益主体纳入议程创建过程；同时，议程的体制内输入也转变为体制内外的双向输入（刘伟，2008）。协商民主不仅作为一种理论强调民主性在指导决策与政策制定中发挥重要作用，更体现在政策形成的每一环节中。针对公众和社会团体普遍关注的议题，公众可以向政府部门表达诉求、要求采取解决措施。这种公众议程区别于决策者关注、提出的政策议程。湖南省"三问"座谈会活动为促进公众议程与政策议程良性互动提供了启示（郭渐强、杨婕敏，2012）。广州引入公民参与的"公众咨询监督委员会"模式，这一模式在公民参与的组织独立性、议题卷入和成员特性方面对议题设置、公众决策和外部环境形成了反馈，从而对公民参与政策过程产生影响（叶林等，2016）。

在议程主体和民主参与程度的基础上，王绍光（2006）划分出关门型、动员型、内参型、借力型、上书型、外压型六种议程设置模式（见表2-5）。其中，关门型为最传统的模式，这种模式的议程提出者为决策者。动员型与关门型的区别在于决策者会争取公众对议程的支持。内参型中的议程是由政府智囊团提出的，但智囊更看重决策者的赏识而非民众的支持。借力型中智囊希望借助公众舆论的压力以扫除决策者接受自己建议的障碍。上书型指给决策者写信提出政策建议。外压型中议程的提出者注重诉诸舆论来争取民意支持，以对决策者形成足够的压力，迫使决策者修改旧议程、接受新议程。王绍光认为当今中国并存着六种议程设置模式，但关门型、动员型逐渐式微，内参型、外压型频繁出现。这代表了我国议程设置逐渐向民主化、科学化方向发展。这一经典的分类不仅成为后来学者研究中国政策形成过程的重要理论基础，更是对西方"权威主义"的分析框架的突破。

表 2-5　公共政策议程设置的模式

		议程提出者		
		决策者	智囊团	民间
民众参与程度	低	Ⅰ 关门型	Ⅲ 内参型	Ⅴ 上书型
	高	Ⅱ 动员型	Ⅳ 借力型	Ⅵ 外压型

与之类似的模式还有协同回应模式。该模式突出多元主体互动、整体协同和有效回应的统一。从温州金融综合改革议程的建立过程来看，客观情境"温州老板跑路"由传播媒介制造焦点，同时民间组织对此表达了诉求。在这一模式中，专业人员的重要性突出，主要表现在学者对问题做出了不同界定，地方政府同时对这一社会问题表达了关注，最终人大政协委员聚合意见，推动了中央政府政策议程的确立。显然，协同回应式议程设置涉及众多非官方主体，但决定性作用仍来自官方主体。虽然协同回应模式存在时间滞后性、回应碎片化、遮蔽效应的问题，但该模式象征了我国议程设置"关门型""动员型"等权威与精英主导模式的演进，是我国政治民主化的体现（王春福，2013）。在政策形成过程中，公民参与程度是衡量民主性的重要变量之一。根据官民互动程度和公民参与程度两个变量可以将政策实践中的议程设置模式划分为"精英式""回应式""动员式""协商式"四种，其中协商式议程设置模式具有高官民互动和高公众参与特征（汪家焰、赵晖，2021）。

根据参与议程设置的主体的不同，现有研究将议程设置的模式划分为公众议程、媒体议程和政策议程。公众议程、媒体议程和政策议程三者是渐进调适的。具体地，董石桃、蒋鸽（2020）等关于网约车政策形成过程的研究揭示了三种议程的互动特征。研究认为，网约车从事件发生到地方政策议程调整经历了公众议程和媒体议程的互动，在中央政策议程启动后地方政策议程也做出了相应调整。一些学者进一步从三种议程发展规律入手，尝试厘清我国政策议程建立的逻辑。王国华等人认为中国政策议程设置模式呈现出"自下而上"的特征，公共议程和媒体议程作用相互交织以推动政策议程（陈姣娥，2013）。

（二）议程设置的主体与机制

在不同的政策情境下，虽然不同的主体以不同的方式进入政策议程的设置，但是，这些主体是通过什么机制和策略将特定的政策议题纳入政府议程之中的？本章在回顾议程设置文献的基础上按照主体以及主体间的作用，将议程设置的机制划分为内在机制和外生机制。

1. 内在机制

从政策系统内部来看，政策议题提上日程不仅依靠政策主体处理复杂问题的能力、话语机制、主体间形成共识，还有赖于决策者的注意力分配。其一，政策触发机制的关键在于不同行动者的复杂问题收敛能力（王程韡，2009），或者说，如何将政策流有效地整合到政策议程设置的过程中，是实现议程设置的关键。领导批示、官员的视察调研、政府工作报告是上级政府向下级政府传达政策信号的工具与手段。此外，依赖于专家资源优势，决策者可以对政策议程施加影响。专家或通过科学辩论和宣传的方式证明政策问题的合法性，动员民众，或通过影响决策者对政策议程产生影响（鲁先锋，2013）。

其二，话语机制已经成为政策形成乃至政策过程中重要机制。传统议程设置的表达结构表现出"中心—边缘"的特点，处于政治边缘的力量很难进入权力中心地带。与传统结构不同，网络表达具有去中心化的特点（刘然，2017）。在互联网时代，公民网络话语表达对政策议程建构的影响不断增强，主要表现为：在政策议题初步形成阶段，网络话语表达模式建构了以互联网为主的"点对点"的互动平台；在扩散阶段，网络话语扩大政策议题的范围、强度、可见度，促使社会问题向体制议题过渡；在调整与最终确定阶段，关键人物助力公共政策建构（许阳，2014）。从注意力竞争的视角，政策议程设置本质上是主观诠释与意义赋予的互动过程。意义竞争的获胜者能够被社会公众广泛接受，进而吸引决策者的注意力，从而推动某些问题最终进入政策议程之中。来自贫困地区中小学生营养改善的案例说明了营养不良这一问题能够进入政策议程，根本原因在于问题被话语行动者——非政府组织和政府主体——赋予了其重要意义，使该行动获得了社会公众的广泛支持（张海柱，2013）。

2. 外在机制

政策议题被提上议事日程离不开政府外部力量的推动，这些机制包括焦点事件触发、非政府主体推动、网络条件助力等。首先，由金登提出的多源流理论成为分析中国议程设置之外部机制的重要理论基础。在多源流理论中，议程设置是问题流、政策流、政治流复杂耦合后偶然开启的政策之窗。多源流理论认为促使能见度较低的项目被提上政策议程往往需要焦点事件的发生。那么，焦点事件在什么条件下可以促进议程设置？王国华、武晗（2019）关注了决策者的价值偏好对焦点事件触发机制的影响。他们以修正后的多源流框架为基础，以达成共识为标准，构建了不同政策领域的议程触发模式。在借助定性比较分析方法对 54 个焦点事件进行了归纳分析后，他们发现具体化的利益诉求是焦点事件触发议程的必要条件，而焦点事件能否促成共识取决于聚焦能力、议题属性和决策者信念体系的共同作用。

其次，除了焦点事件触发，在促进政策议程的设置并实现政策制定方面，政策企业家在问题、信息、政策流汇聚过程发挥着催化作用。政策企业家既可能来自政府部门内部，也可能来自政府体制之外。不同的企业家拥有着不同的资源、政治权利以及话语能力，他们会采用不同的战略，以实现政策议程的设定。

从政府内部来看，中国议程的设置取决于国家宏观需求、行政组织议程竞争和微观的精英推动（章高荣，2020）。以《慈善法》立法为例，通过打开决策黑箱，有研究发现《慈善法》议程设置的成功在于其宏观上符合国家加强社会领域立法的诉求，法工委等人大立法机构则提供了组织准备，而立法和行政部门政策精英的推动则是议程设置的直接因素（王国华、武晗，2019）。以多源流理论中国政策议程的实践为例，"关键个人"具有重要作用。事实上，"关键个人"往往与"关键少数"等群体结合直接形成议程或干预决策，这打破了传统科层制复杂的议程设置过程，从社会问题直接完成政策输出（杨志军、支广东，2020）。

从政府外部来看，有学者对卫生环境政策中介的研究中将议题企业家区分为职业媒体人、环境和卫生非政府组织、村民和网民四类（Yang，2010）。然而，不同议题企业家所掌握的资源有差别，受到的制约也存在差异，使得一些议题——如政治上安全的、关注城市人口的——更有可能进入公共领域。从非政府组织来看，在环境政策议程设定中，我国环保NGO的参与方式既包括自上而下的消极参与方式，也存在自下而上的主动参与。环保NGO的社会功能也从参与政策执行向政策倡导参与逐步转变。为了改善环保NGO政策议程参与的途径，需要抓住诸源流的关键环节，促进三源流汇合，准确把握政策之窗开启时机（吴湘玲、王志华，2011）。政治结构变化为环境NGO的政策倡导创造了更多的机会，拥有更好财政资源的组织更有能力利用这些机会来增强其政策倡导能力（Zhan and Tang，2013）。

为了阐释社会力量是如何推动传媒议程进入政策议题的，朱亚鹏等（2012）对住房领域的媒体议程进行了分析。他们发现房地产商、政府官员、专家学者和人大代表都吸引了公众的注意力，直接或间接地成为政策议程的推动力，区别在于他们采用了不同的途径、产生了不同程度的影响力。这是由于不同类型的非政府组织拥有不同的"权力距"。官方的非政府组织内嵌于政治系统，权力距离较小，可以直接参与决策（鲁先锋，2013）。从经济组织来看，企业参与可以促进政策问题及其解决方法的精准界定，还能通过焦点事件创造时机来影响政策议程。同时，出于经营的要求，企业推动会使政策朝着有利于自身利益的方向转变。总之，基层政策议程设置的案例证明了私营企业可以强化并推动源流汇聚，但是，仍需要多主体协调议程各主体间的利益分歧以形成"共识"，这样才可打开"政策之窗"（唐斌，2017）。

再次，除了政策企业家，作为重要政策主体的公民，其参与政策形成过程具有重要的理论和实践意义。公民参与既是确保政策公共利益取向的要求和弥补政策缺陷的需要，也是增强政策合法性、回应性的有效途径之一（王洛忠，2005）。公共政策的出台往往会引发公众的情绪反馈，情绪反馈又会影响公众对政策的态度及政策的执行情况。通过对"延迟开学"政策的公众情绪的研究，发现大多数公众对该政策有消极情绪。因此，在突发公共卫生事件背景下，政府公共政策的制定不仅需要关注如何客观解决问题，还应关注公众主观需求的社会属性（文宏、郑虹，2022）。杨志军认为，随着公民维权意识、话语影响力增强，多元主体更多地参与到政策制定过程中，传统的议程设置模式已不适应决策民主性的要求。通过对 G 市环境治理的案例进行分析，该研究发现，公众议程模式通过媒体报道催化风险感知，进而解决公众议程问题；与此同时，来自群体抗争的压力与网络媒体的推动促成了上级推动治理结构的开放，从而建立了公众议程并持续接受公众监督（杨志军，2021）。

最后，互联网情境为政策议程的设置带来了冲击，促使其调整，具体表现为自媒体等传统主体重新焕发了生机与活力、网络舆论触发议程升级、新媒体等主体的作用逐渐凸显并促进了传统议程设置模式发生转变等。在网络时代，作为传播媒介的自媒体的重要性不断上升。为了适应决策现代性的要求，议程设置也应回应时代要求、反映时代特征。"魏则西事件"中新媒体率先触发舆情，构建稳定的发声平台和利益聚合平台，并输送民意，促进了问题源流、政策源流与政治源流的共同流动，开启了政策之窗（芦彦清、赵建国，2018）。网络逻辑下传统政策议程设置模式发生了转变，出租车改革的案例验证了网络成为议程设置现代化的关键。此时，新媒体扮演触发机制的角色。由于政策之窗开启是短暂的，网络问题被纳入决策议程的概率大为增加（魏淑艳、孙峰，2016）。借助于自媒体"无形之手"，微小的社会问题传播、发酵，迅速点燃社会舆论，发展为焦点事件；同时，焦点事件激活了政策，加剧了政策问题的暴露。于是，社会问题转化为公共议题，最终触发了政策议程（陈姣娥、王国华，2013）。此外，网络舆论不仅从政策系统外部影响政策议程的设置，还深深嵌入系统之中，驱动了政策议程的设置。"顺风车"的案例证实了网络舆论的议程升级作用。由于缺乏实质性的回应，加上危机升级、舆论压力增强，三个源流由轻度耦合转变为深度耦合，最终导致了"顺风车"政策由宽松到严苛的转变（陈贵梧、林晓虹，2021）。还有一些学者从理论和实践角度阐述了网络条件对议程设置的重要影响，呼吁政府积极应对来自网络的挑战。受到网络直播营销舆论的影响，问题源流中问题触发机制更为敏感；高度开放性和自由度的网络使用、表达、互动提供了更有效的政策备选方案；网络热搜话题、参政功能和网络政治文化等容易促使国民情绪爆发；同时，网络环境和社交媒体提高了政策企业家把握政策之窗时机的能力。因此，正确认识互联网情境的价值是提升政府治理能力的重要任务和客观要求（张玉容、陈泽鹏，2021）。

（三）地方政府的注意力如何分配

在议程设置的研究中，当下的研究除了对特定政策议程是如何建构的这一问题进行了深入的讨论之外，一些学者也对政府注意力本身是如何分配的这一问题进行了剖析。决策者的注意力分配是科层体制内一种有效的治理形式，其通过"领导高度重视"，包括避责式和邀功式重视两个维度，实现了权威、人力、财力资源的倾斜使用（庞明礼，2019）。政策形成过程中，政府的注意力深刻影响议程设置、决策阶段。有限理性理论认为，注意力资源是稀缺的，因此，"领导关注什么以及为什么""为什么政府选择这一议题而不是其他"这类问题事关地方政府的注意力分配逻辑。

政策变迁经典理论——间断均衡理论认为，人们的认知依靠启发式来节省临时问题相关的计算成本。若无重大外部干扰，决策者很少改变启发式模式从而调整现有的政策框架。在共享单车政策议程设置中，决策者是三源流汇合的重要推动力（方浩、杨建，2019）。文宏、杜菲菲（2018）经过对环境政策的考察，认为通过关注具体领域的注意力变化以及财政投入预算与决策情况，可以为揭开"政府决策黑箱"提供窗口。比如，政府注意力的偏移是导致环保支出处于剧烈波动状态，甚至经历大幅度消减的原因。当决策者注意力偏离环保事务且体制摩擦非常大时，环保支出很难维持高水平（邝艳华，2015）。

对议程设置的研究发现，政府注意力分配围绕议题属性、决策个体等要素展开。从议题属性来看，对中国省级政府批示的定量研究发现经济金融、社会安全和维稳相关议题得到了省级领导的广泛关注；此外，政治类议题一直是领导关注的焦点。省级政府议题的重要来源还包括响应上级和向下指示（陈那波、张程，2022）。实际上，地方政府响应中央政策信号时也存在差异化的政策偏好。"互联网+政务服务"平台建设的经验证明政策注意力的纵向传导呈现对经济属性的偏好。这体现在在同一政策上省级政府对经济属性、行政—社会属性表现出不同的积极程度，在经济欠发达的省份更为明显（易兰丽、范梓腾，2022）。多数互联网慈善众筹项目能够成功实现议程设置或产生政策影响，其原因在于项目与政策目标相关或者对政府所关注的事项起到补充作用，其最终可以通过吸引地方政府、政协、全国人大代表或有关部门的注意而被提上政策议程（Tsai，Wang，2019）。从决策者个体特征来看，出于晋升需求、绩效考量、问责压力等动机，官员会对不同的议题分配注意力。在对地方官员补贴辖区内企业的力度进行比较时，有学者发现受到谨慎动机的驱动，官员上任前期会先考察企业情况再制定补贴政策（吉黎，2020）。

（四）小结

虽然现有研究中各级政府仍是政策议程设置的主体，然而随着民主理念渐入人心、民众公民意识的觉醒，多社会主体开始持续地参与到公共政策的议程设置中。要确保公共政策符合民主性、科学性、合法性，就需要对政策议题的设置阶段进行追踪。综观现有关于中国议程设置的研究，可以发现，当下研究在中国政策议程设置的模式、机制以及注意力分配方面进行了一系列的探索。中国的议程设置的模式随着参与主体的变化、参与程度的深浅而呈现出内部模式、外部模式和互动模式；推动政策议题提上日程的内外部机制也是多样的。其中网络的发展为议程的设置带来了新的活力，提供了动态的发展空间。最后，也有一些研究关注了政府注意力分配的逻辑。

然而，当前中国的议程设置的研究也存在一些缺陷。现有议程设置研究中存在大量理论性和倡导性文献。一方面，这些研究或是关注西方理论的中国应用与适应性调适，包括多源流理论、间断均衡理论等，或是探讨议程设置的公共价值属性；另一方面，部分议程设置研究以某一类政策为研究对象，其对中国政策议题设置的理论贡献较为有限。虽然这些研究为议程设置领域和决策民主化、科学化、合法化的要求提供了理论上的支撑，拓展了政策议程的研究范围，丰富了该领域的研究内容，但并不能填补中国议程设置经验的空缺。

三 决策与政策制定

决策与政策制定是政策形成过程的最终环节。一项政策的出台不仅涉及政府的行为逻辑，更是众多政策主体的博弈、互动的结果。因此，为了打开主体间互动的"黑箱"，深入理解政策主体决策制定的逻辑，当下的研究围绕"地方政府制定政策的逻辑与策略""政策制定过程中的政策参与者是如何互动的"等问题进行了一系列的讨论。围绕这些问题，当下有关决策的研究主要围绕如下几个议题展开：决策与政策制定的主体与模式、决策与政策制定的工具与机制、地方政府决策策略。

（一）决策与政策制定的主体与模式

事实上，西方学者对我国决策与政策制定模式的研究要早于我国学者的研究。因此，本节将对中国决策与政策制定研究模式进行总结。

第一，新中国成立初期，我国政策制定模式主要表现为内部决策模式。中共中央设置政策议程，由国家领导人亲自领导，国务院设计方案，党中央集体决策。

第二，"集思广益决策模式"。"十二五"规划编制过程表明中国政策的制定遵循了"集思广益"的特点，从基本思路的撰写、党中央"十二五"规划建议的编制到正式编制纲要，三个阶段都执行了屈群策、集广益、广纳言、合议决、告四方五个环节。作为一种民主的决策模式，"集思广益模式"的决策主体仍是各级政府领导人，政治精英、社会精英仍是规划编制的重要角色，但社会力量已经广泛参与并影响着决策过程（王绍光等，2014）。同时，"集思广益模式"通过集体决策形成共识，能够在一定程度上克服信息不对称、个人决策上的片面性与主观性（鄢一龙等，2013）。因此，此模式也具有一定科学性。

多元主体在决策互动中相互影响，发挥不同程度的影响。以我国医疗卫生领域为例，其涉及了多利益主体的互动与博弈，这种集体互动的政策决策机制对医疗卫生领域改革政策的制定与执行过程都产生了积极影响。其中，意识形态对各主体的政策互动过程产生了深刻的影响，甚至强于利益集团的压力。这种广泛充分的社会集体协商机制正是现行政策决策的民主集中制规范的体现（赵德余，2008）。在突发性公共安全危机事件的处理中，政策共同体通过会议、通知与督导、媒体等方式快速就事件性质、可能的政策（工具）选择的空间达成了一致并快速传递了相关意见，从而灵活且有效地制定了相关政策（赵德余，2012）。

除此之外，专家日益成为政策过程中常见的非官方行动者。指导性文件的内容需要动态演进以适应复杂变化的疫情态势和专业性极强的医学知识。在梳理了国务院颁布的七版诊疗文件后，宋华琳等人发现专家咨询发挥了相当重要的作用。但我国尚没有专家咨询的组织架构和程序规范，为防止出现"组织化的无责任"，应以制度化的方式建构专家咨询的组织规则（宋华琳、牛佳蕊，2020）。同时，也有一些学者认为专家的决策影响力较为有限。A市政府决策专家参与的实践解释了低影响力的原因：动机意愿、信息占有、时间约束、话语体系、行动逻辑等五个方面存在难以调和的冲突（肖滨、费久浩，2020）。

第三，"共识模式"认为在政策系统外主体在决策与政策制定中拥有更大的权力，发挥更大的作用。王绍光在《中国式共识型决策："开门"与"磨合"》一书中提出了"共识型决策"的决策模式。他认为中国的政策决策模式已由过去的"个人决策""集体决策"转向"共识性"决策。共识型决策模式认为，由于人们很难对所有方案和意见进行公开竞争、择优，因此政策参与者之间能否达成共识就成为公共政策能否出台的唯一标准（王绍光，2013）。2009年中国医药卫生体制改革方案的制定反映了这一点：达成共识的过程包括多次论证和反馈、构建机构化的政策共同体以及充分的公开讨论。共识型决策既具有理性决策的内涵，又以折中、协商和渐进为基本特征。官员充当仲裁者的角色，其缺位或注意力转移容易造成政策的停滞与跳跃（陈玲等，2010）。虽然存在缺乏严格的制度约束与充分的意见表达渠道的缺陷，但共识型决策模式仍是我国决策机制向民主化、科学化方面迈进的表现。

"共识模式"强调决策者在充分考虑民意的基础上进行决策，本质上是政府与民众的协商过程。而"共同决策模式"强调将决策的权力赋予公众，本质上是公民与政府共同制定政策。推进行政决策公众参与的本质是充分"赋权"公众，推动"政府决策"走向"公众与政府共决"（刘小康，2017）。科学主导型政策的决策主体由政府官员和官方智库专家构成，公民中具有相关领域专业知识的个体可以获得参与决策的话语空间（何志武、吕永峰，2020）。

此外，伴随着政策环境的变化，决策模式也发生了相应改变。当下公共政策过程是行政体系层面的制度环境与社会网络层面的博弈格局共同作用的结果（钟裕民，2018）。例如，决策咨询制度在地方的设立就证明了这一点。朱亚鹏通过顺德决策咨询委员会作为重要制度创新，在地方不断发展和制度化的案例证明了我国协商民主的重要性。顺德决策咨询委员会改革最关键的一项是建立决策咨询制度，它涵盖了规划、经济发展与科技促进、教育等 16 个政府部门，将决策咨询形式向更多事务、议题延伸，创新多种形式，实现决策咨询制度的常规化、制度化（朱亚鹏，2014）。这标志着我国决策逐步实现了民主化、科学化。以我国重大水利工程决策过程为例，魏淑艳、蒙士芳（2019）发现我国公共决策模式顺应了历史的潮流，由单一主导决策向多群体网络协作模式转变。

（二）决策与政策制定的工具与机制

决策与政策制定的过程与机制往往受到多种因素的影响，包括但不限于政府内部与政府所处环境、组织行为与组织中个体行为等。目前有关决策与政策制定的工具与机制的讨论将决策与政策制定的过程影响因素归纳为两类：决策者个人、信息传播与沟通。

话语体系和政策论证是影响决策与政策制定的重要因素。首先，只有受到公众普遍关注的问题才能得到政策制定者的关注并上升为政策议程。围绕问题，政策共同体的专家学者提出各种对策建议，只有通过政策论证取得共识的政策方案才能形成共识进而影响政策制定。以决策民主化和科学化水平为指标，政策论证存在自主决策型、价值主导型、理性主导型和多元协商型四种。在"PM. 2.5 事件"中，首先是由媒体和公众主导的多元协商型政策论证触动了政策之窗，而专家和精英围绕议题展开的价值主导型和理性主导型政策论证对决策过程产生了重要影响（刘思宇，2018）。其次，除了政府外，其他主体，如利益相关者，也通过话语俘获公众或舆论的关注进而对决策产生影响。在"专车"政策争论中，存在"自由市场"与"政府管制"两个话语联盟。两个联盟根据各自利益赋予"专车"积极或消极的形象，且针对同一话语（如"共享经济"）的解释存在差异性。"政府管制"联盟由于具有权力与资源网络的优势地位，因此主导了"专车"话语与决策场域；而"自由市场"联盟的论证策略也取得了一定成效

（张海柱，2016）。此外，在网约车领域，复杂社会问题整体性回应的要求促使中央政府利用"顶层设计—地方细则"的模式解决政策困境。具体地，中央政府利用话语建构问题的目标人群调和利益和话语间的冲突；地方政府沿着所选择的话语框架以及地方政府的权力结构进行差异化政策设计。最终，顶层设计和地方细则构成了网约车领域的整体的政策设计（蔡长昆、王玉，2019）。

为了实现宣传思想、促进共识等目的，政策主体主要借助于大众媒体和听证会制度的力量。在新医改政策制定案例中，大众传媒发挥了社会协商渠道的功能。这是因为大众传媒表达了我国社会各方的共同期待（章平、刘婧婷，2013）。政策系统往往是复杂的，同一个政策议程可能存在多重政策部门，涉及多位政策行动者。此时，听证会制度能够发挥协调政策目标与政策诉求、传递信息的作用（赵德余，2019）。

（三）地方政府政策策略

中国地方政府深深嵌入在央地关系之中，其决策与政策制定不仅要立足于本地实际情境，还需要满足来自中央政府与上级的政策要求。基层政府如何用"一根针"穿起"千条线"持续考验着地方领导人的决策智慧。农村是重要的基层治理单位，农村问题一直是中央政府和各级领导关注的焦点。从我国农村政策的演变历程可以发现，农村政策决策存在 8 种模式，包括领导意见导向模式、中央政府智囊模式、政府"系统"试点模式、国际项目影响模式、地方政府试点模式、人大议案政府提案模式、多元化智囊模式、公众参与模式。显然，农村决策模式的变迁顺应了时代的发展（邱爱军、孟育建，2009）。然而，在实践中，对于同一政策目标，不同地方政府制定的政策存在明显差异。受制于中央政策基调，地方政府政策为何呈现出多样化的现象？现有研究中，公共决策中地方政府的行为逻辑仍存在"黑箱"，为了解开这一谜题，不少学者从多角度开展了论证。

首先，在党政干部考核的压力下，领导人因职位不同所做出的决策具有差异性。在 L 县的党的体系中，县委书记决策重视大局观；政府首长更注重针对领导集体和资源的短板进行科学谋划，职能部门领导和乡镇一级领导人的决策作用体现在实施阶段，且具有"干中学"的特点（包国宪、张弘，2021）。

其次，从央地关系进行分析，沈永东等（2018）以网约车政策为例，认为网约车政策的出台是互联网发展水平与央地政策时间差距以及经济发展水平、城市交通状况等要素共同作用的结果。地方政府遵循"促进城市经济发展"与"改善交通状况"的逻辑。政策制定深嵌于制度背景中，地方历史制度影响了后续政策的形成。在金融危机的背景下，环渤海、长三角、珠三角地区劳工政策存在明显政策差异。从历史制度主义的理论视角来看，三地不同的劳工政策反映了三地政经模式的差异。从环渤海到长三角，再到珠三角，渐次体现了从计划经济模式到市场经济模式转型的不同阶段（刘骥等，2011）。

最后，导致政策"短命"的原因反过来为我们的政策实践提供警示。其中，特定政策的利益损失感预期是诱发关键利益相关者影响政策过程的根本动机。不同利益相关者因其可动员资源类型的不同而选择差异化的行动策略，成为影响地方政府朝令夕改政策过程发生的关键因素（韩万渠、宋纪祥，2019）。

（四）小结

总的来说，我国政府决策与政策制定的模式呈现出科学化、民主化和制度化的趋势与特征。与此同时，有关中国决策与政策制定的研究也从聚焦于政府单一主体，分析"自上而下"的、行政体制内的决策与制定行为，向多主体发展。现有研究对这种复杂的决策与制定模式、各主体发挥的作用与行动逻辑展开了广泛而深入的讨论，有效解释了决策与政策制定的中国经验。然而，对于众多主体之间的相互作用机制是如何在决策与政策制定过程中发挥作用的，鲜有文献进行讨论。因此，以中国经验为基础，解读主体之间的对话逻辑，对于进一步阐释中国政府决策与政策制定的过程具有深刻意义。

第四节　研究现状与缺陷

一　研究现状

（一）理论追随特征明显

在对 30 年来中国政策形成研究进行了整理归纳后，我们发现中国政策形成研究总体上晚于西方相关研究，并呈现出理论追随的特征。从西方经典政策过程理论的中国研究来看，主要存在三种研究类型。第一，少数研究以介绍西方某一经典理论或政策形成过程理论演进为内容，分析政策过程理论的价值、基本要素、分析框架等。此类研究以文献综述、理论阐述为主要形式，目的在于对政策形成领域理论情况进行整体性的介绍。第二，利用经典理论分析具体政策情境，例如使用多源流理论分析环境政策的制定。这类研究有较强的倡导性和实践性特征，往往以促进制定某类政策为目标，理论价值有限。第三，部分学者对西方经典理论的中国适用性在经验中进行了反复的检验。由于存在体制差异，经典政策过程理论在主要变量、关键个人等方面存在解释力较弱的情况。这类研究在分析中国政策实践的基础上反思经典理论的缺陷，通过加入时间要素、动态特征等发展出经典理论的新解释。

从理论贡献来看，中国政策形成研究的贡献度十分有限。中国政策形成研究兴起不仅与我国社会治理的需求有关，还受到了西方决策理论的推动。尽管西方的经典理论为中国学者研究中国政策实践提供了坚实的理论基础，但这也导致了中国政策形成研究在发展过程中往往跟随西方理论框架，频繁出现对西方政策形成理论的学习和模仿现象。即便中国学者努力将研究经验本土化，并提出自己的理论假设，这些研究仍然没有完全摆脱西方政策形成理论的影响，仍然隐约可见西方理论的痕迹。

（二）基于中国经验的政策形成研究已有所进展

目前，公共政策作为社会治理的有力工具之一已经成为政府部门、专家学者重点关注的议题。中国广阔的政策情境为政策形成研究提供了丰富的经验。事实上，中国体制与西方情境存在显著差异，西方研究结论的适应性有限。虽然西方学者对中国政策过程进行了研究，但西方舶来的分析框架无法把握中国政治的深刻变化（Bearman et al.，2012）。中国学者认识到进行中国政策形成研究不仅具有实践意义，且包含深远的理论价值。经过长期探索，中国政策形成在机制与模式研究上获得了一些成就，得出了一些有影响力的结论。

从中国经验研究概况来看，基于经验的政策形成研究包括两种。第一，具体政策的制定过程。此类文献的研究目的并非实现理论发展，而是对政策实践进行指导；该类研究覆盖了多元化的政策领域，包括社会政策、环境政策、教育政策等。第二，为推动政策形成理论的发展，以政策实践为基础运用多种研究方法得出影响因素、机制或策略。例如，议程设置的内部模式、外部模式和互动模式，决策中的话语工具等。从中国政策形成研究结论来看，学者们在构建中国议程设置、决策的模式上付出了很多努力，获得了一些普遍认可的结论。这类文献主要使用归纳方法总结中国政策形成实践中具有普遍性的规律，得出来应用性强的模型，包括"共识型决策模式""协商民主式议程设置"等。这些研究不仅突破了西方学者的理论，还促进了中国本土政策形成理论的发展。

总之，虽然中国政策形成过程的研究深受西方经典理论的影响，但随着中国政策过程研究的不断推进，中国学者也从学习和借鉴西方国家的理论成果开始，逐渐发展出了中国本土的理论与模型。

（三）不对称的政策形成过程研究

总的来看，中国政策形成过程的发表数量呈现上升趋势，这表明中国政策形成逐渐获得了众多学者的关注。虽然这一研究领域总体上得到了较大发展，但政策形成过程的三个阶段——问题建构、议程设置、决策——的研究存在不对称性。具体表现在研究数量、研究内容和研究方法层面。

从发表数量来看，议程设置、决策分别占现有政策形成研究总数的21%和76%，而问题建构的研究占6%。从研究类型看，议程设置、决策的研究中除了理论研究、规范性研究外，还包含立足于中国经验的实证性研究；现有问题建构的研究类型以理论性、规范性研究居多，很少有实证性文章。从研究方法来看，现有政策形成过程研究中仍以无研究方法或理论阐释为主，在规范的研究中有约80%的文章使用了定性分析方法，约20%的研究使用了定量分析方法、混合分析方法等；其中，大部分问题建构的文献没有使用研究方法，部分文献以理论阐述为主，仅有两篇文献使用了单案例研究（李强彬、刘敏婵，2008；谷孟宾，2006），一篇文献运用了定量方法（王婷，2017）。换言之，总体上问题建构的研究质量不高。综上，我国政策形成过程领域表现出对议程设置与决策研究的偏好，而很大程度上忽略了问题建构的研究。

（四）研究范式和方法趋于规范

随着时间演进，政策形成研究日渐规范。一方面，现有中国政策形成过程的研究中，有 35.15% 的文章是实证性论文，其中发表在英文期刊上研究范式为实证性的文章占比为 66.3%，发表在中文期刊的文献占比为 28.03%。另一方面，随着时间推移，现有研究中使用研究方法的占比不断增加，且逐渐以更多元的研究方法开展研究。总之，随着政策过程理论和多样的研究方法在中国的扩散与发展，中国政策形成领域也逐步向更成熟、更规范的研究迈进。

二　缺陷

（一）中国政策形成过程研究碎片化严重，影响力低

中国政策形成过程研究碎片化体现在三个方面。一是研究对象的零碎化。政策形成过程的研究数量庞大，研究内容繁多。从政策形成的机制与策略到实现政策形成的公共价值，从多元主体的政策参与到主体间的互动模式，不同学者从多样的研究主体入手展开了大量讨论。二是论题细碎零散，缺乏紧密联系和系统性。由于中国政策形成过程议题本身宽泛且复杂，不少研究以某一政策或某一主体为内容展开论述，而研究也随着政策的制定或主体发挥作用而终结，因此在很大程度上缺乏连贯性和系统性。三是论题小而平面化，缺乏符合时代特征且广受认同的理论。在中国政策形成过程中一些理论受到了广泛认同，如王绍光对议程设置模式的分类等，但这些经典研究可能由于时代特性而脱离了当今政策实践。同时，也有学者对互联网时代下中国政策形成、大数据工具在决策中的使用等进行了研究，但并未形成广泛的影响。总之，碎片化的研究不仅耗费研究者有限的精力与能力，还可能导致研究领域的偏狭和系统性研究的欠缺，因而可能制约中国政策形成过程理论的进一步发展。

从中国政策形成研究成果的发表情况来看，近年来，以中国为经验背景的政策形成研究数量不断增长，但研究的影响力有限。具体地，统计分析发现，中国政策形成过程的研究更多发表在国内期刊上。这些研究以规范性、倡导性研究为主，也有部分实证性研究。英文文献多发表在"中国

研究"的期刊上。这意味着中国政策形成研究并未提供充足的理论价值，反而成为外国学者"窥视"中国政府运转的窗口之一。事实上，这说明中国政策形成过程研究在国际市场上竞争力较弱。

（二）研究存在不对称情况

根据第二节研究热点的统计结果和研究现状，我们可以发现中国政策形成过程研究存在较为严重的不对称现象。这种现象不仅体现在政策形成研究的偏好上，还反映在研究范式上。具体地，已发表的政策形成过程文献体现出学者对决策研究浓厚的兴趣，而关注问题建构的逻辑的研究者较少。通过整理中国政策形成的中外文献可以发现，学者们更多将问题建构研究发表在国外期刊上而非国内期刊上。现有政策形成研究更多是规范性的、理论性的，实证性研究较少。这一特点在中文文献中尤为突出：发表在国内期刊上的中国政策形成研究实证性研究比例低于发表在国外期刊上的文章。

（三）方法论规范性不足，方法论单一

我国政策形成过程的研究存在方法论规范性不足的问题，在国内早期的研究中尤为显著。第一，研究内容与方法方面。一方面，随着公民意识的兴起与协商民主思想的传播，部分学者以实现公共价值为目的展开了研究。虽然这些研究强调了多元主体参与议程设置、决策过程的重要性，但往往从理论阐述和政策倡导等方面组织内容，理论累积方面贡献有限。过分依赖理论堆砌而缺乏实际调查和经验支持，可能会导致研究结论缺乏针对性和科学性。另一方面，在 30 年的文献中，近 1/3 的研究没有使用研究方法，近 1/5 的研究以理论阐述为主。随着研究的深入，规范性问题得到了改善。但即便是使用较为规范的研究，其方法论也较为薄弱。第二，数据收集与样本选择方面。我们发现，质性分析中更多的学者选择了单案例研究，较少研究以多案例为经验背景。量化研究数据收集方法以二手数据为主，调查问卷次之。样本量过少或经验局限于特定地区或政策，可能会影响研究的整体可靠性且难以将研究结果推广至更广泛的领域。第三，数据分析与统计方法方面。一方面，当下研究采用了系统的资料搜集方法的屈指可数。另一方面，即便是采用了资料分析方法，质性研究大多使用了扎

根理论的资料分析方法，还有部分研究使用了内容分析法。量化研究主要使用了统计分析方法，部分研究在统计分析的基础上辅之内容分析方法。单一的数据收集方法和分析方法更易受到研究者主观认知的影响，导致结果出现偏差。

总之，不规范的研究方法会降低研究的可靠性和科学性。单一的研究方法可能无法覆盖所有相关的变量和情况，导致数据搜集出现偏差，从而影响结果的可靠性。不仅如此，单一的研究方法往往只能从某一特定的角度或层面分析问题，难以全面把握问题的复杂性和多样性。因此，培养规范使用研究方法的意识和能力，从而避免不规范研究和研究方法单一的弊端是提高政策形成领域研究质量的必要条件。

（四）政策形成的"黑箱"尚未打开，基于中国情景的理论研究仍任重道远

从研究内容来看，为适应时代要求，响应政府科学决策、民主决策的要求，很多学者对政策形成过程的公共价值属性展开了研究。这些研究包括从理论上探讨民主性、科学性的价值，如何实现政策形成的公共价值等。其中，公民参与是实现公共价值的有效途径之一，其不仅能够满足公民参与、监督公共政策的需求，从而维持社会稳定，还为政策制定提供了智力支持。因此，很多学者对政策形成的公共价值进行了研究。此外，以某一政策为经验背景展开的决策研究或政策制定研究，其产生的理论价值很大程度上被限制在特定的政策领域，难以从理论上对中国政策形成研究产生深远影响。

从研究方法上看，通过对文献进行描述性统计分析，发现存在一部分研究聚焦于理论分析或政策倡导，理论价值较低。特别是有关问题建构的文献中，很少有基于经验和理论的科学的研究，因此可以认为问题建构的研究完全无法满足打开社会建构过程黑箱的目标。量化研究更多地通过二手数据进行"边缘试探"，没有真正进入政策形成的内部过程之中。

从理论贡献上看，基于中国经验的政策形成分析仍是在西方经典理论的基础上开始的。无论是对中国政策实践中的问题进行解释，还是完全以发展中国化的经典政策过程理论研究为目的，这些研究本质上还是对西方理论的调适，鲜少有起源于中国本土的理论研究。政策形成过程三阶段的

部分研究内容存在同质性。根据对中国政策形成过程三个阶段具体研究内容的梳理，不论是在议程设置，还是在决策与政策制定的研究中，学者都以某一政策为例归纳出一种模式。虽然这些研究丰富了中国政策形成过程的研究内容，并且一定程度上补充了中国本土研究的理论空缺，但相似的研究并不能为中国政策形成研究积淀理论，例如，"共识性模式""协商性模式"等。基于中国情境的理论讨论更多发表在国内期刊上，发表在国际期刊上的文章较少。这从侧面说明，中国政策形成理论在由国内市场向国际市场融合的过程中，仍面临着诸多挑战。

总之，基于中国情境的理论研究已取得了一定成就，但还在研究内容、研究方法、理论贡献方面存在可改善之处，尚不能与西方经典理论开展对话。换言之，现有文献只是围绕着"公共政策是如何形成的"这一研究问题进行边缘性的探索，尚未触及问题的核心，且中国政策形成的"黑箱"尚未打开。

第五节　总结与展望

本章运用系统性文献综述的方法，对我国近 30 年的政策形成过程研究进行了整体性的回顾。通过梳理政策形成过程的理论脉络，我们对该领域有了基本上的了解。通过整理和分析，我们发现中国政策形成过程的研究已经就问题建构、议程设置、决策与政策制定的模式、机制、策略进行了研究。在以上工作的基础上，我们对已有文献状况进行了评述，以达到分析现有研究现状、发现研究的不足的目的，从而进一步推动相关议题的发展。

研究发现，政策形成过程的研究沿着理性主义、渐进主义、政治参与模型的理论脉络展开。从中国政策形成的具体内容来看，问题建构研究多是规范性研究，仅有少数实证研究；学者们从传播学、社会学等角度关注了议程设置的模式、机制与策略，包括议程设置本身也成为工具之一参与政策和社会治理过程；决策与政策制定的研究，不仅从理论概括出中国的决策模式，还指导了具体的政策实践。整个政策形成过程中，公民参与、注意力分配的机制深刻影响了政策形成的多个阶段，包括议程设置、决策等。

　　分析已有研究状况，发现当下中国政策形成研究已有所进展，研究范式和方法趋于规范，但在对相关文献进行回顾与总结时，我们发现：第一，我国政策形成研究具有理论追随、碎片化程度高、研究影响力低的特点；第二，政策形成三阶段的研究是不对称的，特别是问题建构的研究较少；第三，多数研究通过二手数据进行"边缘试探"，并未深入政策形成过程的内部，政策形成的"黑箱"尚未打开；第四，方法论单一，研究规范性不足；第五，基于中国情境的理论对话任重道远。

　　总之，对于中国政策形成过程的研究不仅需要适应国内外市场的复杂变化，还需要不断创新和完善理论框架，以确保其能够有效指导政策的制定与实施，从而在国际舞台上发挥更大的影响力和作用。简而言之，中国在这一领域的理论建设和实践探索还有相当长的路要走。

第三章　中国的政策设计：政策工具、
社会建构与政策整合

引　言

作为政策科学的重要研究领域，政策设计（policy design）被视为一门连接"可实现目标"和"可操作方法"的艺术（Weimer，1993）。对于中国来说，在决策与执行之间，政策设计的质量在国家治理效能的转换中扮演着非常重要的角色。一方面，从中国的央地关系来看，央地间的"顶层设计+地方细则"的模式，给中央政府和地方政府的政策设计带来了极大的挑战。另一方面，从中国的地方政府来看，作为中国"灵活调适"的核心组成部分，地方政府的政策设计过程和质量直接关乎国家整体的治理效能。作为衔接议程设置、决策与政策执行的中间环节，理解中国的政策设计过程对于提升政策的科学性、民主性，提升我国的政策质量和治理效能具有重要的意义。

诸多政策研究者从不同视角揭示了政策设计的含义。从经济学假设视角看，政策设计是通过政策规则改变行动者预期的政策行为；从博弈论视角看，政策设计是动态博弈中实现最佳理性预期的过程（Whiteman，1986）；从政策学习视角看，政策设计是政府解决集体困境的方式与手段（Bennettand Howlett，1992）；从工具理性视角看，政策设计是指在政策过程中选择适当的政策工具以实现政策目标的手段（Howlett and Mukherjee，2014）。总体来看，政策设计是政策制定的一种特殊形式。面临日益复杂的政策问题，政策制定者需要收集和运用政策工具知识，设计有效的政策工具（Howlett and Mukherjee，2015）。随着研究的深入，施耐德（Anne Schneider）和英格拉姆（Helen Ingram）区分了作为动词的政策设计（design as verb）

和作为名词的政策设计（design as noun）：前者是指政策制定理念的过程；后者是指政策意图实现其目标的逻辑（Schneider and Ingram，1988）。此后，很多学者在双重含义的基础上界定政策设计的内涵，例如，林德（Stephen H. Linder）和彼得斯（B. Guy Peters）（1988）等从概念上将政策设计内容本身与政策设计过程相分离。无论是名词还是动词，政策设计都强调任何政策规划都是设计过程所塑造的产物。政策设计不仅是对政策行动的技术规划，也是涉及观念、权力与技术的政治过程。概而论之，政策设计是将公共政策视为政府实现特定政策目标或者政策意图，进而考察政策内容特征与构成要素、政策内容以及观念形成过程的手段（Schneider and Ingram，1988）。

从理论上来看，作为一种政策调整手段，政策设计主体与模式、目标群体建构和政策工具来选择等要素都在很大程度上影响着公共政策的质量，对于政策问题的解决和实际政策效果具有指导性意义。有效的政策设计能够规避政策风险，通过顶层设计达成公共资源高效分配与善治政治的目标。宏观上，政策设计调节了政府治理过程中工具理性与价值理性的冲突，有利于化解效率与民主间矛盾，促进政策更加多元包容，增进社会福祉。微观上，政策设计规划了政策的发展走向，构建了政策资源分配的大致框架，做出了调节各利益主体矛盾的结构性安排，减少了摩擦冲突，促进了政策平稳运行。

政策设计贯穿了政策制定、政策执行、政策评估和政策反馈的整个政策过程，涉及各个阶段的行动者互动、政治观念和利益分配，是实现公共价值的重要载体。政策设计作为贯彻和体现设计者价值目标的一种价值行为，设计者的价值理念决定和引导着公共政策制定、执行和评估的过程和发展方向。贯彻民生幸福最大化是中国公共政策设计的价值目标和本质（罗建文等，2013）。

总体而言，从被认为是选择适当的政策工具来实现政策目标的手段，到被称作"无所不在、必要且困难"的政策活动（Bobrow，2015），政策设计在政策过程中的重要地位日渐凸显，持续受到公共政策研究学者的广泛关注。同样，围绕这些理论，一系列的研究对中国的政策设计过程进行了讨论。但是，当下对于政策设计过程的研究相对零散。在政策工具理论、目标群体与政策设计以及政策整合等多样化的理论冲击之下，围绕中国的政策设计研究虽然有所进展，但是我们仍然缺乏对整个政策设计过程的知识谱图的理解。在多样化的理论视角的冲击下，要持续推动中国的政策设计的理论发展，需要在清理当下研究的基础上，设置未来的中国政策设计的研究议程。

推动中国政策设计过程研究发展的第一步是对现有中国政策设计研究进行系统评估。在"重建政策设计"的感召之下，本章的核心目的是通过对中国政策设计过程的系统评估，理解中国的政策设计研究与政策设计学科之间的关系，了解中国政策设计研究的基础进展，在此基础上为中国的政策设计研究凝练研究方向。本章旨在深入探讨中国政策设计研究的最新动态、理论发展、关键议题和研究方法，以便全面理解中国政策设计研究的当前特点和知识发展。在此基础上，本章还将评估现有研究的局限性，并对未来的研究议程进行展望。

为了能够系统性梳理中国政策设计研究的文献，本章将所有内容呈现为六个部分：第一部分是引言，阐释政策设计研究价值、本章研究目的以及基本的内容安排；第二部分为理论基础，梳理西方政策设计的发展脉络以及三个核心理论视角；第三部分为研究方法与数据分析，介绍本章的研究方法、数据来源和数据分析结果；第四部分是主要研究内容，整理了中国政策设计研究在政策工具、目标群体与政策设计、政策组合耦合和中国政策设计模式这四个议题上的知识进展；第五部分为研究述评，评估了中国政策设计理论贡献及研究不足，设置中国政策设计的未来议程；第六部分为结语，总结了本章关键内容与核心结论。

第一节　政策设计理论基础

一　政策设计发展脉络

作为政策过程研究的核心议题之一，政策设计研究的兴起与发展经过了一段曲折的历程。早在 20 世纪 50 年代，政策设计随着政策科学诞生而出现，起初在政策领域没有受到足够重视。随着政策执行与政策评估研究的深入，越来越多的政策研究者意识到政策设计对政策执行和政策效果的影响。到 20 世纪七八十年代，政策设计开始蓬勃发展，形成了第一代以工具主义为导向的传统政策设计研究。到 20 世纪 90 年代中后期，由于受到治理理论与全球化的冲击，政策设计研究被分权治理取代，预示着以市场治理机制、政策网络等新工具为特征的第二代政策设计研究开始走向式微。进入 21 世纪后，在豪利特（Howlett）等众多学者关于"重建政策设计"的感召下，倡导设计适应现实情境的政策组合（policy mixes）、强调行动者特征和政策情境要素的第三代新兴政策设计研究逐渐成为政策设计研究领域的新路径（朱伟，2018）。

（一）第一代研究：工具导向的传统政策设计（20 世纪 50 年代~90 年代初）

政策设计研究的起源需要追溯到 20 世纪 50 年代诞生的政策科学。早期政策设计作为政策制定的特殊形式，尽管引发了学界对政策工具的关注，却没有受到重视。拉斯韦尔（Lasswell，1954）区分了政策制定和政策执行过程，强调了政策工具对政策结果的影响与作用，倡导为了解决公共问题引入不同学科知识来发展政策工具。至此，以设计为导向的政策研究激起了学者们对政策工具的研究兴趣。面对复杂的政策问题，政策制定者如何确定政策目标？如何设计有效实现目标的政策工具？作为特殊的政策制定形式，政策设计本质在于积累和运用政策工具知识。不同于纯粹的讨价还价、利益计算（经济学范式）或政治考量（政治学范式），政策制定的基本假设建立在逻辑判断和知识与经验运用的基础之上，即主张将政策工具的相关知识运用到政策制定过程中，尤其是政策备选方案的形成、调整和评估之中。

早期旧政策设计的"目的—工具理性"思维受到了来自政策科学和组织学的批判，强调政策环境的不可预测性和政策制定者行为的非理性会限制理性设计。他们认为，政策制定过程具有很强的偶然性，非理性会阻碍对政策设计所需知识的有效分析（Cohen et al.，1979）。20 世纪 70 年代，有学者质疑在政策环境不断变化的情况下是否能进行理性的政策设计（Dryzekand Ripley，1988）。对有限理性和渐进主义的反思（Baumgartner and Jones，1991）者认为，政策设计是"非设计"（non-design）的，强调公共政策通过无意识的选择机制，即以自愿或者自然的方式对结果进行生产（Howlett and Mukherjee，2014）。换言之，政策制定过程是决策者在变化决策情境中的机会主义行为，并非严密设计的结果。

很快，过度强调不可预测的政策环境和政策制定者的非理性行为的观点也受到了质疑。在 20 世纪 80 年代末和 90 年代初发表的系列文章中，彼特斯（B. Guy Peters）和林德（Stephen H. Linder）（1988）明确区分了作为制定过程的设计（design as formulation）和作为政策内容的设计（design as policy content）两个概念，并指出政策设计研究需要实现从设计过程向设计内容的转变。这一区分推动了政策设计研究发展，也标志着政策工具研究正式开始。

早期传统政策设计研究中，政策设计被视为一种"理想类型"，一组政策元素的理想配置组合，从而使人能合理预期特定政策环境下可能的结果。因此，建立能解决任何问题的公共能力和资源清单、打开"工具箱"的研究备受学者重视。旧政策设计将目光锁定在单一政策工具选择上，提出了两个核心问题：政府行动工具选择对于政府项目的有效性和运作有什么影响？哪些因素影响工具选择？大量讨论工具选择的研究从不同学科领域对"为什么政策制定者使用某种工具"这一问题进行了回应。经济学、法学学者分析了法律在政策工具设计和选择中的作用；管理学、行政学学者讨论了政治、行政与执行之间的关系，以深入理解政策工具选择与执行模式；政策工具研究也广泛应用在环境污染治理研究中。20 世纪 80 年代展开了对识别工具类型与特征，单一工具的选择逻辑、运用及执行效果等设计过程中的单一工具选择内容的讨论，工具路径已然成为政策科学研究的一个重要导向。

20 世纪 90 年代中后期，政策工具选择研究出现了一系列新问题。①为什么大量的政府部门会使用（特定的）政策工具组合？由于新的复杂问题不断出现，有学者意识到单一工具研究与设计已经无法适应现实情境，开始探索更加精密和有效的政策设计方式，尝试讨论混合工具（instrument mixes）或工具箱（toolbox）中不同工具的相互关系。②目标群体及其行为特征如何影响政策设计？政策设计研究拓展了建构主义与行为主义视角。施耐德（Anne Schneider）和英格拉姆（Helen Ingram）（1993；1988）将目标群体社会建构概念引入政策设计研究，构建目标群体社会与政策设计框架来分析政策设计，从理念和行为层面推进了政策设计过程研究。

（二）第二代研究：全球化与治理理论对政策设计研究的冲击（20世纪90年代末~21世纪初）

进入20世纪90年代末期，由于受到经济全球化及其导致的市场工具偏好、欧洲地方分权治理研究的兴起的双重冲击，政策设计研究开始走向式微，逐渐被分权治理和制度选择所取代。

政策设计研究地位不仅体现在政策工具的讨论上，还取决于与政策设计有关的行动者的地位与能力。在国家去中心化、市场和第三部门兴起的背景下，权力下放、民主化、市场化、网络化和全球化推动着治理理论的发展。治理理论从本质上协调着国家与社会行动者及组织间的相互作用。在日益革新的信息技术下，"全能国家"向行动者网络转变，过去由政府承担的职能逐渐被转移给了非政府行动者。治理模式的出现改变了国家与非国家行动者的权力配置，以及在执行政策过程中的工具选择。在国际协议和工业资本与技术快速流动的全球化浪潮影响下，研究学者提出国家空心化（the hollowing out of the state）观点（Rhodes，1994），导致人们对国家选择和行动的关注减弱。全球化研究也同样质疑国家概念和国家控制事件的能力（Moran，2002）：国家真的可以精准把控政策问题和预测政策结果吗？

在全球化和治理理论冲击下，政策科学不再推崇自上而下的设计，转而强调非政府因素在政策制定中的作用，尤其是非政府行动者在政策网络中的参与。命令控制型政策也让位于协商民主和公众参与。研究重心也从相对微观的政策选择转向了更宏观的制度选择：政府、市场还是社会？这一重心转移也延续了层级制和网络化的两极讨论。

全球化与治理理论的倡导者主张简化政策设计与组织管理方案，搁置了政策设计和政策工具理论的研究。随着市场机制局限性的暴露和全球化的制约，有学者从三个维度驳斥了简化政策设计论断：政策制定与工具选择模式仍然主要由国家决定，国家政策设计能力不会消失；复杂政策网络化特征更加凸显了政策设计机制和选择有效工具的重要性；治理与全球化的讨论涉及的仅是设计价值和理念的转化（Howlett，Lejano，2013）。治理研究过于强调市场、网络化和多元参与，不仅没有意识到制度安排和政策网络本身就是一种工具，也忽略了政策问题的情境特征。

（三）第三代研究：新兴政策设计范式的发展动向（21世纪至今）

进入21世纪之后，很多学者发出"重建政策设计"的呼吁（Considine，2014；Howlett，2014；Joerdanand Matt，2014；Mei and Liu，2014；Van der Heijden，2014；Wu and Ramesh，2014；Del Rio，2014；Araral，2014），政策设计的工具导向再度回到研究视野并日渐受到关注。这一路径被称为第三代新兴政策设计研究。它倡导设计适应现实情境的政策组合，强调行动者特征和政策情境要素，逐渐成为政策设计科学研究领域的新标识。传统政策设计与新兴政策设计知识比较见表3-1。

表3-1 传统政策设计与新兴政策设计知识比较

问题	传统政策设计	新兴政策设计
设计什么？	单一工具（理想类型、工具箱）	政策组合（协调效应减少冲突矛盾）
谁来设计？	政策规划者	政策咨询系统
为什么设计？	技术知识	政治观念
如何设计？	技术	情境
设计如何演变？	替代	分层、补丁、漂移、转换等

资料来源：Howlett, M. (2014). From the "Old" to the "New" Policy Design：Design Thinking Beyond Markets and Collaborative Governance. *Policy Sciences*, 47, 187-207。

1. 复杂的政策组合设计

就某种程度而言，政策制定就是依据政策目标进行工具选择；政策设计的核心在于理解和分析政策行动中的工具选择及其影响。传统政策设计研究与新兴政策设计研究的本质区别是政策工具设计的复杂程度的不同。传统政策设计考察的是单一工具的设计模式，新兴政策设计强调的是政策组合，包括不同类型政策工具组合以及政策目标、政策工具、目标群体、治理层级、政策过程等所有政策要素的系统性组合。

随着跨领域的系统性政策问题不断出现，新兴政策设计理论认为更好设计政策组合是应对高度不确定性和复杂性问题的有效手段与核心内容。政策组合引领政策科学研究发展，成为最新政策设计知识前沿。学者们对政策组合的内涵和特征、政策组合构成元素、不同类型工具的组合结构与模式进行了系统研究。随着第三代新兴政策设计研究发展，政策组合从"工具组合"进一步扩展为政策元素相互耦合的"系统组合"。然而政策组合不仅是政策工具的简单叠加，而且在某些情况下，它的使用可能存在内在矛盾，会与政策目标产生冲突（Del Río，2014）。学者们开始注重捕捉不同政策工具间的冲突、互补、协调等互动特征。围绕政策组合设计、政策组合效果评估及其优化策略形成了两条研究路径（Kern，Rogge，2019）：一是政策研究路径，关注政策组合元素之间的互动关系和特征，建构政策组合框架，为政策组合设计提供理论支持（Mavrot et al.，2019）；二是创新研究路径，讨论具体的特定政策领域中政策组合的动态变化、影响效应及其与社会—技术系统的互动关系等实践问题（Vītola，2015）。目前，最新的政策设计研究关注政策组合内在逻辑，从政策合作（policy cooperation）、政策协调（policy coordination）、政策整合（policy integration）等不同耦合机制探讨政策组合优化策略（张剑、李鑫，2022），进一步推动政策设计研究的发展。

2. 设计过程中政策咨询系统

新兴政策设计把政策设计者的范围进一步扩大，构造出了一个政策咨询系统（policy advisory system）。政策咨询系统不再限于中央和地方政府政策规划者，还包括了诸多非政府主体，包括专家学者等专业的政府智囊团；此外，多样的政策设计参与者如智库、社会组织、其他非正式组织和职业组织、公众等也进入政策设计主体范围。他们使政策设计知识来源更加丰富，成为影响政策设计决策的要素。

传统政策设计研究关注政治家或行政官员在设计和制定政策方案过程中的作用，但在"创造"政策时决策者通常会依靠专家智囊团等专业意见与知识来辅助决策。新兴政策设计理论强调在不同情境下，政策设计和制定过程中的政策咨询系统的建构和运作是存在差异的。围绕该问题，已有研究从政策能力和政策环境变量进行拆解，探讨了政策体制与政策子系统之间互动的内在机制（组织、制度环境）（Rogge and Schleich，2018）。当下研究从政策网络视角解析了政策设计过程中特定领域的政策咨询网络系统的运作特点、不同类型行动者的地位差异以及他们的行为特征（Brint，1990）。

3. 政策情境在设计中的重要性

从政策设计空间来看，与传统政策设计注重技术分析与工具功能评估不同，新兴政策设计强调政治信号和情境（context），关注设计者如何实现政策设计内容与现实具体情境相统一、精准判断情境约束、在现有设计空间中如何准确理解工具选择的限制因素。前者包括政治符号、利益群体偏好、公众情绪等；后者包括社会文化限制、政策惯用风格（policy styles）、已有相似政策、上下级政府关系和其他具体要素等，这也就意味着在设计过程中要充分考虑实质性工具和程序性工具（臧雷振、任婧楠，2023），产生多种备选方案，最终提高决策效率、政策有效性和接受程度。

从政策设计的时间维度来看，设计者行为还受到历史和制度等因素的影响。不同现实情境下政策过程中会出现漂移（drifting）、分层（layering）、补丁（patching）和转换（conversion）（Howlettand Rayner，2013）。新兴政策设计并非全新设计、创造政策，而是在特定的政策遗产（policy legacies）情境下重新设计或替换现存制度因素，进行渐进式政策修补。新兴政策设计导向的政策组合需要在渐进过程中增加变化或在制定过程中逐渐设立工具箱，在不断变化政策情境下调适政策工具，增强政策设计的灵活性与弹性（Howlett，2014）。

从政策设计思维来看，以问题为导向、韧性（resilience）设计思维对政策设计的影响体现在价值、行动者和政策工具上（朱伟，2020）。在更为动荡的环境中政策理念和行为者频繁变化，政策设计必须保留充分的弹性空间与充足资源储备（全钟燮，2008）；韧性设计思维要求决策者根据决策情境调整角色行为以保持政策的灵活性，保障利益相关者参与解决复杂问题并确保政策过程能够支持相关主体的参与（Ingraham，1987）。韧性设计思维融入政策过程理论，形成了丰富的政策工具箱（Duit，2016），发展出了政策设计的新方法。韧性设计思维的最新研究聚焦在政策试验（policy experiments）（Waardenburg et al.，2020）、政策试点（policy pilots）（Qian，2017）、政策能力（policy capability）（Daugbjerg，2022；Howlett and Jarvis，2020）、政策学习（policy learning）（Domorenok and Zito，2021）、多层级治理（multi-level governance）（Howlett et al.，2017；Carreras，2019）、政策整合（policy integration）（Maggetti and Trein，2021；Sarti，2023；Cejudo and Trein，2023）等方面，以及当下应对全球性公共危机政策设计方案的跨国比较（An et al.，2021；Goyal and Howett，2021）方面。

尽管新兴政策设计已成为当前政策研究的新导向，但也有学者认识到新兴政策设计受到社会建构理论、不均衡政策回应和政策行动等理论的挑战。新兴政策设计过于强调工具理性、忽视政治价值；过于重视成本收益和工具结果的适配性，忽视了现实决策情境中不均衡政策回应现象；关注政策设计中利益相关者的作用，忽视了个体行动者这个角色。

二　政策设计理论视角

回顾以往学者对政策设计的研究成果，可以发现政策设计分析视角主要分为工具主义、建构主义和制度主义。

（一）工具主义：从政策工具到政策组合

政策工具作为政策设计的核心内容一直备受重视。政策设计研究者致力于识别、开发更多更高效的政策工具，并深入阐释政策工具选择机制与逻辑，推进政策设计理论发展。旧政策设计模式强调单一政策工具设计，围绕工具选择和工具执行效果两个问题展开。随着政策环境不断变化，政策设计研究者开始意识到政策设计的好坏不仅取决于政策工具的正确性，也取决于其合法性和适配性。政策工具设计也出现了转变：从单一的特定政策工具到探寻有效的系统性政策组合。在新兴政策设计方向下，不同政策情境中如何最大限度实现政策组合要素的匹配与协调，同时减少新政策制定中的矛盾，成为政策工具研究的重要议题。

从单一工具到政策组合的政策工具理论研究形成了古典论、过程论、权变论和建构论四种理论流派（Peters，1998）。古典论强调政策工具的属性对于政策过程和政策效果的决定作用，侧重于工具属性的研究；过程论认为政策工具的好坏要视具体情况而定，其研究重心放在工具发展的重复性过程而非工具属性；权变论认为工具的作用不仅受工具的属性影响，还会受到工具的环境和背景的影响，因而注重在特定政策目标和情境下对特定政策工具的选择；建构论则认为政府工具在政策系统及其运行过程中并不起决定性作用，主张在整体的政策系统、政策网络、决策系统和执行过程中定位政策工具的应用。

工具选择理论主要在传统工具、背景分析、制度主义、公共选择和政策网络这五个研究视角下展开（丁煌、杨代福，2009）。传统工具视角关注政策工具本身，强调"目的—工具"关系；背景分析视角注重工具的背景环境，强调"背景—工具"关系；制度主义视角重视制度结构与风俗惯例，强调"制度—工具"关系；公共选择视角强化政治家与行政动机，强调"偏好—工具"关系；政策网络视角的焦点是网络结构特征，强调"网络—工具"关系。

（二）建构主义：目标群体社会建构与政策设计框架

基于建构主义，英格拉姆（Helen Ingram）和施耐德（Anne Schneider）将社会建构纳入政策制定过程，提出了目标群体社会建构与政策设计框架（见图3-1），考察不同目标群体社会形象建构与变迁的过程，揭示政策设计与民主政治的复杂互动。通过对政策设计目标群体及其行为研究，阐释了导致特定政策设计的因素，回答了如下问题：社会群体、知识和事件的社会建构是如何被用来操纵政策主张，以及它们又是如何被嵌入政策设计中的？（高进，2022）该框架的研究问题具体表现为：①解释政策设计是如何产生的？②讨论政策设计效果，即政策设计，对民主社会意味着什么？③探讨政策设计和目标群体的社会建构为什么会稳定或变迁？

在建构主义视角下，目标群体的社会建构是影响政策设计结果的关键。目标群体指政策类型化的特定群体，是政策行为调整的主要对象和政策利益分配的承担者，也是政治过程和政策设计的主要内容。目标群体的社会建构是指关于特定群体的原型，这些原型是由政治、文化、社会、历史、文学、宗教和媒体等创造（Schneider and Ingram，1993）。目标群体的社会建构是通过象征性的语言、隐喻或故事等赋予群体以特定形象的过程，其结果主要表现为主流社会形成目标群体身份形象的刻板印象与认知。目标群体对政策有效性至关重要，然而不同的目标群体在政策设计过程中发挥着不同的作用，目标群体选择差异会引发政策结果上的差异（张海柱，2017）。依据目标群体政治影响力强弱和社会形象优劣，该框架将目标群体分为优势者（advantaged）、竞争者（contenders）、依赖者（dependents）、偏离者（deviants）四种理想类型（Schneider and Ingram，1993）。优势者具有较强的政治影响力和正面的社会形象；竞争者具有较强的政治影响力和负面的社会形象；依赖者具有较弱的政治影响力和正面社会形象；偏离者则是指政治影响力较弱、社会形象较差的群体。

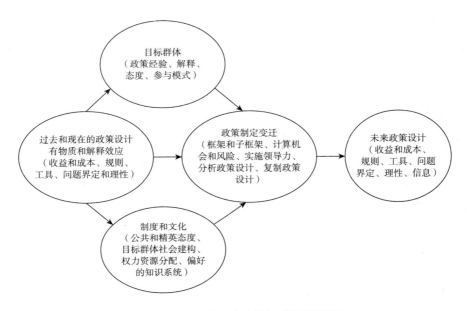

图 3-1　目标群体社会建构与政策设计框架

资料来源：A. L. Schneider，H. Ingram，P. Deleon，（2014）．Democratic Policy Design：Social Construction of Target Populations. in Theories of the Policy Process，edited by Paul A. Sabatier and Christopher M. Weible. Boulder，CO：Westview Press，108。

目标群体社会建构与政策设计框架包括五个基本理论命题：配置命题、反馈命题、起源命题、社会建构变迁命题和政策变迁命题（Schneider et al.，2014）。从配置命题来看，该框架在认同政治权力影响的基础上提出目标群体社会建构具有配置效应，会对政策过程产生影响。该框架认为不同类型的目标群体在政策设计的利益分配上存在差异。同时具有政治权力和正面社会建构形象的优势者享有更多政策利益分配；相比之下，政治权力弱且社会形象差的偏离者容易受到惩罚性分配。凭借强大政治影响力的竞争者往往能分配到隐形的实质性利益、承受明显的少量政策负担；尽管有正面形象，依赖者由于自身能力不足和机会匮乏，最终收获象征性利益与隐形负担。反馈命题将政策设计作为自变量，讨论政策设计对目标群体的政治影响，延展出了政策反馈理论来讨论政策对政治的影响。政策设计对政治的影响机制主要通过物质利益与符号利益实现，物质利益是指目标群体获得的直接收益，符号利益意味着目标群体能够收获良好名誉。政策设计对目标群体同时产生物质性和象征性作用，从而影响其政治态度与参与模式，也被称为政策前馈（feed-forward）效应。起源命题回答了影响目标群体身份类型的社会建构是如何产生的。该框架认为目标群体的身份类型首先源于人的主观情感认知，同时与特定选择的现实"证据"，即一定的符号、原型、价值语言相关联，从而得到强化。社会建构变迁命题强化了政策设计与目标群体社会建构的双向因果关系：政策设计自身会关注、强化或者促成社会建构改变。由于政策设计惯性以及社会建构中情感和惯习，目标群体会抵制社会建构变迁。从政策变迁命题来看，该框架认为政策变迁的类型取决于目标群体的社会建构与政治权力；针对不同群体的政策在制定与执行过程中会发生不同类型变迁。

目标群体社会建构与政策设计框架较好地回应了政策过程中"谁、在什么时间、以何种方式、得到什么"的重要议题。该框架已经被学者们广泛应用于健康政策、福利政策、教育政策、移民政策等诸多政策领域，在30多年发展中与其他政策过程理论的互动与结合中不断修正与完善，已然成为政策过程主流理论之一。

（三）制度主义

制度主义也是政策设计研究的重要视角，在某些情况下，政策设计是组织或机构互动、共同设计政策的产物。制度是政策的核心要素之一，彼特斯（B. Guy Peters，2022）评估了制度理论对政策设计的贡献。从理性选择制度主义来看，最典型的是由埃莉诺·奥斯特罗姆（Elinor Ostrom，2009）提出的制度分析和发展框架（IAD）。这一框架明确了制度与政策设计之间联系（Schlager and Cox，2018）。政策过程的结果，尤其是影响社会经济环境的个人行动是由制度决定的，具体表现为元制度、宪法和集体选择三个层面的运作规则。该模型假设个人确实对政策设计做出了最终决定，但这些决定在很大程度上受到其制度环境的影响（Peters and Fontaine，2022）。除此之外，尽管理性选择制度主义主要关注制度如何构建决策，很少涉及决策内容，但理性选择制度主义的否决者和否决点理论解释了为什么设计的有些决策比其他决策更难执行（Tsebelis，2002）。同样值得关注的是社会学制度主义的贡献，它解释了制度如何通过设计或通过神话、符号、常规和思想来塑造组织内的政策，解释了行为的实质（Peters and Fontaine，

2022）。从历史制度主义来看，历史因素和制度环境对政策设计过程和设计内容产生重大影响（Clemens and Cook，1999；Torgerson，1985；1990）。历史制度主义强调路径依赖，有利于理解为什么设计一旦被采纳就很难改变。机构结构变化导致政策设计变迁，即政策条件改变导致政策行动者在决策过程中采用不同的政策工具。反过来，政策行动者也会受到政策问题性质及问题解决方式的主流观念或范式的影响。

政策设计与制度一样都是建立在观念的基础上。参与政策过程的行动者利益也对政策形成起着一定的作用，但这些利益往往需要通过观念来证明，而不是以原始自身利益来表达。个人行动者在政策设计的形成过程中也发挥着作用，但他们也会以观念为政策设计提供论据。除此之外，制度在政策设计的执行过程中也扮演了重要角色；绝大多数政策执行都是由行政机构，或由政策网络合作实施的。

三　小结

为深入理解中国的政策设计研究与政策设计学科之间的关系，本节对政策设计理论基础进行了简要回顾。首先，本节梳理了政策设计"兴起—冲击—重建"的发展脉络，整理了每代研究的核心研究议题及重要研究问题；其次，本节介绍了工具主义、建构主义和制度主义三大理论视角，对政策设计的理论进展和研究路径进行了清理。沿着工具主义、建构主义和制度主义路径，第一代"传统政策设计"阶段的理论研究主要关注单一政策工具设计、目标群体与政策设计两个议题；第二代"简化政策设计"阶段的理论研究分析了市场工具设计和政策网络；第三代"新兴政策设计"阶段的理论研究深入探讨了复杂政策组合设计、政策设计影响因素（情境、能力等）和政策咨询系统等议题。

为了系统评估中国政策设计过程，本章以上述政策设计理论脉络为基础来设置下文的研究思路和内容，对中国的政策设计研究展开详细分析。通过研究发展趋势与总体特征、理论进展、核心议题以及方法取向四个维度，进一步理解中国政策设计研究与政策设计学科理论之间的关系，并在此基础之上为中国的政策设计相关研究进一步凝练研究方向。

第二节　研究方法与数据分析

一　研究方法与数据来源

本章的核心目的是了解中国政策设计研究总体特征与发展趋势、理论进展、核心议题以及方法取向。为了系统梳理中国政策设计研究、全面把握现有研究知识进展，本章采用系统性文献综述（Systematic Literature Review，SLR）对中国政策设计研究所有文献进行收集、锚定、整理与回顾。相较于传统叙述性文献综述（Traditional Narrative Review，TNR），系统性文献综述通过标准化程序识别、筛选和评估文献，有效避免主观标准选择样本的偏差，具有可复制性和结构化特征。针对文献丰富但相对分散的中国政策设计研究议题，系统性文献综述范式明确、步骤清晰（见图 3-2），具有合理性和有效性。

其一，检索策略。以 2022 年 SSCI 收录的公共管理学、公共政策学、政治学和亚洲区域研究英文期刊（48 本），CSSCI 收录的政治学、管理学中文期刊（169 本）为初始框分别在 WOS 和 CNKI 进行文献检索。关键词为"中国政策过程"，检索时间为：中文期刊从 2000 年至 2022 年，英文期刊从 1990 年至 2022 年；检索文献类型仅为正式发表研究论文（article），不包括评论（commentary）、观点集（viewpoint symposium）、短论（viewpoint article）、观点（perspective）、书评（book review）、会议综述（conference review）、博士论文摘要等。在此基础上，人工浏览 48 本英文期刊官网，对 1990~2022 年刊发的所有论文进行第二轮补充检索。研究团队根据第一章筛选标准，对所得文献进行三轮人工反复清洗，建成中国政策过程文献总库，含 2145 篇文章（中文 1842 篇、英文 303 篇）。

其二，筛选标准。将中国政策过程文献总库作为初始数据库进行初步筛选，提取出"政策设计"议题文献 222 篇（中文 203 篇、英文 19 篇）。为了进一步验证数据准确性和全面性，首先人工浏览 41 本英文期刊官网，对 2023 年刊发的所有论文进行第二轮英文文献补充搜集；其次在 CNKI 以"政策设计""政策工具""工具组合""政策组合""政策目标""目标群体社会建构""政策设计过程""政策设计模式"为主题词，检索时间更新

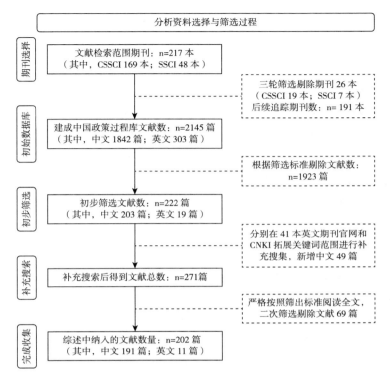

图 3-2 基于 PRISMA 的系统性文献综述技术路线

资料来源：作者自制。

到 2023 年，对这一时期的中文文献补充搜集，与现有初步筛选文献进行交叉比对，剔除重复文献后获得新增中文文献 49 篇，文献总数为 271 篇。严格按照筛出标准对文献进行全文阅读①，剔除 69 篇无效文献，根据 PRISMA 方法得到最终纳入分析的文献数量为 202 篇，其中包括中文 191 篇、英文 11 篇。

其三，编码规则。为深入理解中国政策设计研究与政策设计学科之间的关系、系统性评估中国政策设计过程，本研究对 202 篇中国政策设计研究文献进行统一编码。参照政策设计理论"工具主义""建构主义""制度主

———————————

① 筛出标准具体为：以中国政策设计研究为筛选标准，剔除正式发表研究论文以外类型文献、剔除非中国政策设计研究、剔除特定政策领域的具体政策内容研究、剔除纯粹介绍西方理论内容研究、剔除简要介绍西方政策工具具体内容研究以及剔除研究对象为公共服务、公共物品等非政策过程或政策设计过程研究。

义"理论视角和"单一政策工具设计""目标群体与政策设计""政策组合
设计"等研究议题，结合本章理论目标，增设"中国政策设计模式"议题，
形成了包括文献基本信息（篇名、作者、年份、期刊）；政策领域（环境政
策、教育文化政策、经济创新政策、社会政策、"三农"政策、跨政策领
域、其他政策）；理论视角（工具主义、建构主义、制度主义、其他）；研
究方法（定性、定量、混合、无）；研究议题（政策工具、目标群体、政策
组合耦合、中国政策设计模式、其他）等内容的编码表。围绕这些内容，
本研究将对中国政策设计研究基础进展形成支撑性系列证据链，在此基础
上进行文献的系统回顾与述评。

二 数据分析

（一）中国政策设计研究基础进展

1. 热度趋势

从发文数量来看（见图 3-3），中国政策设计研究发文总量不大（202
篇），于 2017 年和 2021 年迎来两个发文高峰。由此可见，该主题日渐受到
中国学界关注，但对比中国政策过程其他议题来说，中国政策设计研究整
体还没有受到足够的重视。

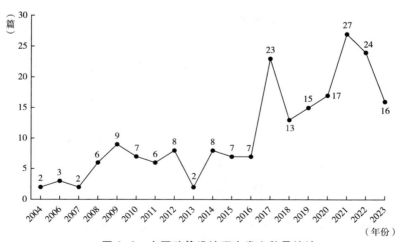

图 3-3 中国政策设计研究发文数量统计

资料来源：作者自制，2023 年数据截至 2023 年 9 月 15 日。

从发文时间来看，中国政策设计研究起步较晚，比西方政策设计研究晚了近半个世纪。受到西方政策设计理论影响，最早的中国政策设计研究出现于 21 世纪初期。2004 年，陈振明率先引介西方政策设计理论，并阐明了开拓我国政策工具研究的重要理论与实践意义（陈振明，2004）。需要注意的是，早期中国政策设计研究的核心议题是引介西方政策设计理论（以政策工具理论为主）。随后，政策学者的努力推动了中国政策设计研究的兴起与发展，但也奠定了中国政策设计研究沿用西方政策设计理论和话语体系的基调。

依据现有研究的内容结构，2010 年是中国政策设计研究的重要时间分界线。2010 年前，有关中国政策设计的研究内容结构单一，仅涉及政策工具议题；2010 年之后，中国政策设计研究内容得以迅速拓展，内容结构呈现出政策工具、目标群体与政策设计、政策组合耦合与中国政策设计模式四个议题多样并举的特征（见图 3-4）。除此之外，政策领域、理论路径和研究方法等方面也呈现出日渐丰富与多元发展的特征。

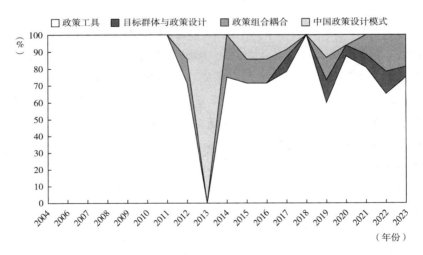

图 3-4　中国政策设计研究内容结构

资料来源：作者自制。

2. 政策领域

从政策领域分布来看（见图 3-5），中国政策设计研究涉及环境政策、教育文化政策、经济创新政策、社会政策、"三农"政策、无政策领域、跨政策领域和其他政策。其中，社会政策成为中国政策设计研究的主要政策场域与情境。

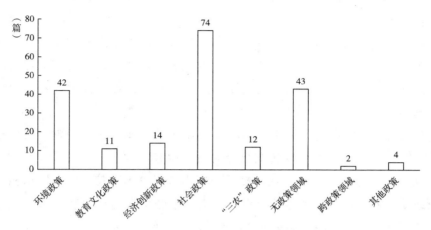

图 3-5　中国政策设计研究政策领域分布
资料来源：作者自制。

首先，中国政策设计研究偏重对社会政策领域的分析，政策议题具有多样性，包括慈善捐赠、人口生育、住房、就业、土地、社会保障、健康等。其次，中国政策设计研究关注环境政策领域，涉及气候、水污染治理、海洋、垃圾分类及多种能源政策工具与设计问题。其余的研究在教育文化政策、经济创新政策、"三农"政策等领域较为均衡地分布，其他政策领域则包含了交通政策、某种特定政策工具内容的讨论，还有 2 篇文献进行了跨政策领域比较与分析。此外，有 43 篇中国政策设计研究没有经验、不涉及具体政策领域。此类研究包括西方政策设计理论引介建构、中国研究知识进展述评、政策设计思维理念与价值等内容。

3. 核心作者

中国政策设计研究领域核心作者及其发文量和被引频次在一定程度上体现了该研究领域的贡献和学术影响力。从所有发文作者中，选取发文量在 2 篇及以上的 28 位作者并对其代表文献的总被引频次进行统计与分析（见表 3-2），陈振明、顾建光、唐贤兴、王红梅、王辉、赵新峰、袁宗威、杨代福、吕志奎、丁煌等是该领域的前 10 位高引作者，具有较强学术影响力。陈振明（2004）发表的第一篇中国政策设计文章的单篇引用高达 498

次，推动了中国政策设计研究的兴起，并在该领域发展中产生了持久影响力。

从合作关系来看，中国政策设计研究学者在同一机构中紧密合作，但没有形成合作性的学术共同体。依据联合发文情况来看，丁煌和杨代福、赵新峰和袁宗威、蔡长昆和王玉、朱亚鹏和李斯旸、周建青和张世政、操小娟和杜丹宁、张友浪和王培杰合作密切。

表 3-2　中国政策设计研究核心作者发文量及代表文献总被引频次统计

单位：次，篇

总被引频次	核心作者	发文量	代表文献
893	陈振明	3	（陈振明，2004）（陈振明等，2006）（陈振明等，2017）
596	顾建光	2	（顾建光，2006）（顾建光等，2007）
442	唐贤兴	2	（唐贤兴，2009）（唐贤兴，2009）
401	王红梅	2	（王红梅，2016）（王红梅等，2016）
335	王辉	4	（王辉，2014）（王辉，2015）（王辉等，2023）
326	赵新峰	4	（赵新峰等，2014）（赵新峰等，2016）（赵新峰等，2019）（赵新峰等，2020）
289	袁宗威	3	（赵新峰等，2014）（赵新峰等，2016）（赵新峰等，2019）
281	杨代福	4	（丁煌等，2009）（杨代福，2009）（杨代福，2009）（杨代福等，2011）
254	吕志奎	2	（吕志奎，2006）（吕志奎等，2021）
248	丁煌	2	（丁煌等，2009）（杨代福等，2011）
236	郑石明	3	（郑石明，2009）（郑石明等，2017）（郑石明等，2019）
86	孔繁斌	2	（孟薇等，2014）（王庆歌等，2022）
54	湛中林	2	（湛中林，2015）（湛中林等，2015）
42	邓集文	3	（邓集文，2012）（邓集文，2012）

总被引频次	核心作者	发文量	代表文献
41	邢华	2	（邢华等，2018）（邢华等，2019）
33	蔡长昆	2	（蔡长昆等，2019）（蔡长昆等，2019）
33	王玉	2	（蔡长昆等，2019）（蔡长昆等，2019）
26	朱伟	2	（朱伟，2018）（朱伟，2020）
25	张海柱	2	（王庆华等，2012）（张海柱，2017）
22	朱亚鹏	3	（朱亚鹏等，2017）（李斯旸等，2021）（朱亚鹏等，2022）
22	李斯旸	2	（朱亚鹏等，2017）（李斯旸等，2021）
20	张新文	2	（张新文，2009）（张新文等，2014）
19	周建青	2	（周建青等，2021）（周建青等，2023）
19	张世政	2	（周建青等，2021）（周建青等，2023）
19	操小娟	2	（操小娟等，2020）（操小娟等，2021）
19	杜丹宁	2	（操小娟等，2020）（操小娟等，2021）
3	张友浪	2	（王培杰等，2022）（张友浪等，2023）
3	王培杰	2	（王培杰等，2022）（张友浪等，2023）

资料来源：作者自制。

（二）中国政策设计研究知识进展

1. 议题分布

总体来看，中国的政策设计议题主要是理论追随者的角色，仅仅是一个政策设计理论应用的经验领域。中国政策设计研究议题完全沿袭着西方政策设计的三代研究脉络，每个议题的研究问题都遵循着西方政策设计"元意识"的引领。从议题分布来看，中国政策设计研究聚焦政策工具、目标群体与政策设计、政策组合耦合和中国政策设计模式四个议题（见图3-6），前三个议题及其研究问题深受政策设计理论的影响。随着政策学者开始认识到中国政策设计过程的特性，中国政策设计模式议题日渐提上研究议程，该议题也是本章需要重点讨论的内容。

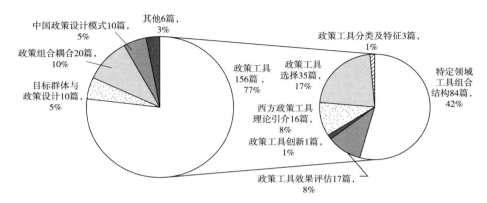

图 3-6 中国政策设计研究议题分布

资料来源：作者自制。

由于受到政策设计理论发展的影响，中国政策设计研究议题在时间维度上呈现从政策工具向中国政策设计模式和政策组合耦合、目标群体与政策设计的依次转变（见图 3-7），政策工具与政策组合耦合两个议题在当下依旧受到持续关注。其中，中国政策设计研究的最核心议题是政策工具，共计 156 篇，占比为 77%。该议题研究出现的时间最早且至今热度不减，其中，政策工具选择是最重要的研究问题。此外政策组合耦合议题也渐渐被重视，尤其是政策整合。

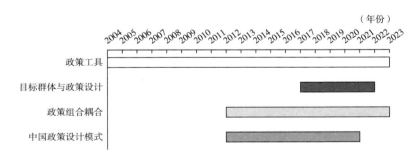

图 3-7 中国政策设计研究议题的时间演进分析

资料来源：作者自制。

根据关注领域和研究目的差异，政策工具研究议题可以分为两种类型：特定政策领域工具研究（policy-domain-specific analysis）和一般性政策工具研究（government-wide policy instrument）（HOOD，2007）。一般性政策工具研究注重政策工具的理论性分析，包括西方政策工具理论引介（8%）、政策工具分类及特征（1%）、政策工具选择（17%）和政策工具创新（1%）四个问题。特定政策领域工具研究强调实践性和目的性，关注特定政策领域的工具设计。该类议题集中讨论了特定领域工具组合结构（42%）和政策工具效果评估（8%）两个问题。引介西方政策工具理论的研究是推动中国政策设计研究兴起的动因。随着研究深入，中国政策工具研究主要借鉴了四种西方主流的政策工具分类标准，也有国内政策学者尝试引入新视角或根据现有标准重新划分中国政策工具类型，尝试进行本土化理论建构。以此为基础，政策学者致力于考察与评估中国特定政策领域的工具构成及选择偏好，试图打开中国政策工具箱。从工具选择问题来看，中国研究围绕政策属性、政策环境和意识形态三个影响因素从不同视角展开，中国仅仅贡献了工具选择经验。受西方政策工具理论发展的影响，中国政策工具有效性的评估对象从特定工具转变为工具组合，评估方法更加科学与合理，但政策工具创新议题未受到重视。总体来看，历经20多年发展，中国政策工具研究在工具分类、工具选择、工具创新等议题有理论建构尝试，但本质上并没有突破西方理论框架，实证及中国特色理论建构工作刚刚起步（韦彩玲、杨臣，2012；黄红华，2010）。

目标群体与政策设计议题（5%）研究围绕西方目标群体社会建构与政策设计理论框架的中国价值、配置命题、社会建构变迁命题和反馈命题展开。作为极具影响力的政策过程理论，该理论框架对理解中国政策过程具有重要借鉴价值。在借鉴与追随的过程中，国内学者基于中国经验扩展了对理论命题的讨论，推动了该理论框架的发展。

政策组合耦合议题（10%）的中国研究包含政策协调和政策整合两个机制，也体现了追随西方政策设计第三代研究的特征。在西方第三代政策设计理论的影响下，国内外政策学者致力于从组织视角阐释中国政策协调的结构性机制为何成功，对于程序性协调机制的关注较少。尽管中国政策整合的研究尚未起步，但已有学者识别出中国政策要素整合趋势，并尝试开始系统引介西方政策整合理论。

中国政策设计模式议题（5%）亟待打开，中国政策设计过程还处在"黑箱"中。现有中国政策设计模式的研究倾向从央地关系视角深入阐释中

国"顶层设计+地方细则"设计模式和地方政策设计模式及其差异，概括了
"在执行中规划""地方政策试验"两种地方政策设计核心策略，识别了政
社关系结构（政策环境）、交易成本和政策能力三大影响因素。此外，现有
研究中也涉及了中国环境和教育等特定领域政策设计模式。

　　2. 理论进展

　　中国政策设计研究理论路径包括工具主义、建构主义、制度主义、其
他视角和无理论视角（见图3-8），呈现出高度沿袭西方政策设计理论体系
的特征。从理论进展来看，中国政策设计研究理论路径并未突破西方政策
设计理论框架，中国的政策设计研究仅仅是一个经验领域。

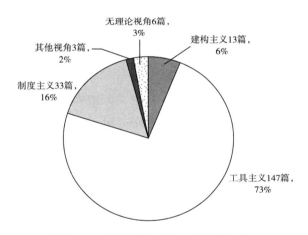

图3-8　中国政策设计研究理论视角分布

资料来源：作者自制。

　　中国政策设计研究理论视角在时间维度上体现为从工具主义向制度主
义、建构主义依次转变的特征，但随着第三代政策设计研究的发展，目前
研究视角又重回工具主义（见图3-9）。随着2004年最早的政策工具议题出
现，工具主义视角占据上风，并随着2013年后政策组合研究议题的兴起而
持续受到关注；制度主义在2005年被引入中国政策设计研究；直到2011年
才有学者引介建构主义，在2017年目标群体社会建构与政策设计框架成为
中国政策设计研究热点。因为政策工具和政策组合耦合两个议题持续受到
关注，工具主义依然是中国政策设计研究核心理论视角。

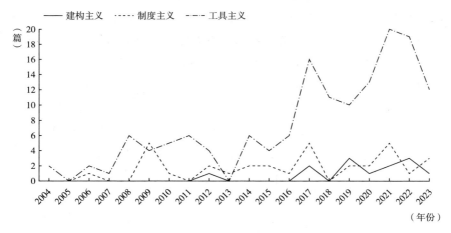

图 3-9 中国政策设计研究理论视角的时间演进
资料来源：作者自制。

中国政策设计研究核心视角是工具主义，主要涉及政策工具和政策组合两个议题。政策工具议题中，中国研究运用工具主义讨论了"特定领域工具组合结构""政策工具效果评估"两个问题。这些研究拓展了经验领域，强调实践性与目的性。同时，国内研究沿用工具主义路径对"政策工具选择"进行了讨论。沿着西方政策工具理论脉络，现有研究主要围绕政策属性、政策环境和意识形态三个影响因素展开，本质上并未突破西方理论框架。

自 2017 年以来，目标群体社会建构与政策设计框架在中国政策设计研究中占据主流地位，在引入该框架（张海柱，2017）的同时，其也被应用到中国不同政策场域中（王庆华、张海柱，2012；王庆歌、孔繁斌，2022；郭磊、胡晓蒙，2020；何小舟、刘水云，2021）。蔡长昆等（2019a）在该框架基础上纳入制度变量，建构出新分析框架；朱亚鹏等（2021）陆续拓展社会建构变迁理论命题；张友浪等（2023）深入阐释了反馈命题；蔡长昆等（2019b）基于目标群体社会建构和政策设计理论视角提出中国"顶层设计—地方细则"政策设计模式。这些研究都充分彰显了目标群体社会建构与政策设计框架在中国情境的生命力。同时，众多学者致力于理论的本土化改造与创新，推动着该框架进一步发展。

在制度主义路径下的中国政策设计研究中，历史制度主义视角的研究数量最多（30篇）。该视角强调情境和权力因素的重要性，具体内容大致分为两类：第一类沿着过程论范式讨论政策执行过程中的工具选择（王家峰，2009；吕志奎，2006；郑石明，2009；唐贤兴，2009a；2009b）；第二类以央地关系视角，分别解析目标设置逻辑（赵德余、顾海英，2008；李迎生等，2017；章文光、刘志鹏，2020；徐湘林，2004；庞明礼、薛金刚，2017）、政策试点（谢小芹、姜敏，2021；李强彬等，2023）和政策试验（Met and liu，2014）等新政策设计方式，以及中央政府及地方政府政策设计过程与模式（蔡长昆、王玉，2019a；2019b；Wen，2017）。理性选择制度主义有7篇文献，从交易成本视角探讨政策工具分类（湛中林、严强，2015）、政策工具选择（杨代福，2009；湛中林，2015；孟薇、孔繁斌，2014；周建青、张世政，2023）和政策工具效果评估（武祯妮等，2021）。社会学制度主义文献仅有2篇，同样基于组织视角，方琦等（2016）讨论了社会组织扶持政策设计问题，颜德如等（2021）分析了组织化过程中政策工具与组织协作的协调关系。目前中国政策设计研究没有运用制度分析和发展框架（IAD）的。

基于其他视角的研究中，崔先维（2010）探讨了政策工具选择的渐进主义路径，朱伟（2020）在政策不确定性视角下分析了韧性思维对政策设计的影响，邓集文等（2012）从公共行政隐喻视角提出理性、渐进和社会三种环境政策工具设计模式。无理论视角研究还包括政策设计理论综述和政策设计观念等倡导性研究。

3. 方法取向

如表3-3所示，从研究方法来看，绝大多数质性研究采用内容分析法分析中国特定领域政策工具组合结构，此外还包括单案例、多案例、扎根理论和社会网络分析。定量研究策略主要采用线性回归分析、准实验方法、贝叶斯模型平均法和空间计量模型等不同方法对政策工具有效性进行评估。混合研究策略文献运用了定性比较分析（QCA）和层次分析法（AHP）。70篇没有使用研究方法的规范研究，涉及政策设计和政策工具理论综述、设计思维和价值理念阐释以及其他倡导研究。

表 3-3　中国政策设计研究策略与方法统计

单位：篇

研究策略	研究方法	文献数量
质性研究	内容分析	72
	扎根理论	4
	单案例	27
	多案例	7
	社会网络分析	2
定量研究	线性回归分析	7
	准实验方法	3
	贝叶斯模型平均法（BMA）	2
	空间计量模型	2
混合研究	定性比较分析（QCA）	4
	层次分析法（AHP）	2
规范研究	无研究方法	70

资料来源：作者自制。

中国政策设计研究方法在时间维度上体现出从单一定性研究转向定量研究和混合研究并重的特征（见图 3-10）。从时间上来看，从 2004 年起，质性研究成为中国政策设计研究的主流方法，且研究方法整体结构较为单一。2016 年，随着工具效果评估议题的兴起，政策学者开始引入不同计量方法，推动中国政策设计研究向定量研究策略转变。此外，近 3 年来定性比较分析（QCA）和层次分析法（AHP）的混合研究策略也开始出现。

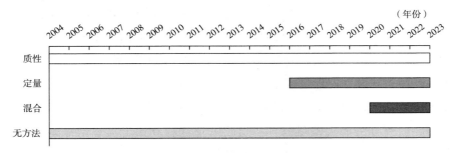

图 3-10　中国政策设计研究方法的时间演进分析

资料来源：作者自制。

三　分析结果：中国政策设计研究概况

依据上述数据分析结果，以 2010 年为时间节点大致可以将中国政策设计研究议程划分为兴起与发展两个阶段（见图 3-11）。兴起阶段（2010 年及以前）的主要研究内容包括西方政策设计理论引介（2004～2008 年）和单一政策工具设计（2008～2010 年）。中国政策设计研究发展阶段（2010 年至今）的主要研究内容包括特定领域工具组合结构、政策组合耦合、目标群体与政策设计和中国政策设计模式。

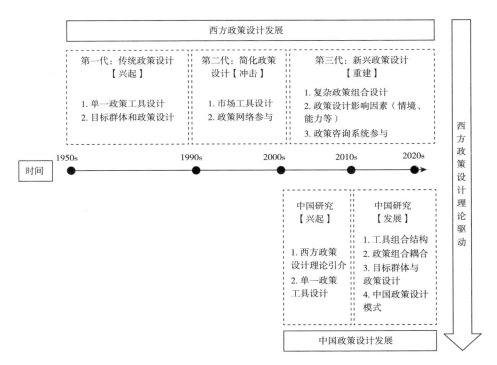

图 3-11　中西政策设计研究发展特征对比
资料来源：作者自制。

从上文的分析可见，总体来看，中国政策设计研究具有以下特点。第一，中国政策设计研究在时间上滞后于西方政策设计研究近半个世纪，中国研究的兴起与发展深受西方政策设计研究的影响。第二，中国政策设计研究议题与西方政策设计三代研究议题高度重叠，每个议题下的研究问题的提出都受西方政策设计"元意识"的引领，中国在政策设计研究中仅仅是一个经验领域。第三，中国政策设计研究理论路径完全沿袭西方政策设计理论框架，尽管国内学者基于中国经验提出和扩展了理论命题，但这些命题是在借鉴与追随西方的过程中，与西方互动所产生的结果。第四，中国政策设计研究采用质性研究单一策略为主，日渐呈现定量研究方法的新取向。第五，社会政策成为中国政策设计研究的主要政策场域与情境。

第三节　中国政策设计研究内容

通过对现有中国政策设计研究进行历时性追踪与多维度评估，中国政策设计研究呈现发展"滞后"且高度"追随"西方政策设计研究问题和框架的特征。本节的主要内容也沿着"追随"脉络展开，主要对政策工具、目标群体与政策设计、政策组合耦合与中国政策设计模式议题进行深入讨论。

一　政策工具

作为政策设计的核心内容和关键要素，政策工具（Policy Tools/Policy Instruments）是指政府用于实施政策、实现政策目标的技术与手段。在政策设计过程中，政府会选择一种或者多种工具或组合以达到预期的政策目标。

引介西方政策工具理论是推动中国政策设计研究兴起的动因。随着研究的深入，虽然中国政策工具研究在工具分类、选择、评价和创新等议题有基础性概念界定和理论建构的探索和尝试，但并没有完全摆脱对西方的模仿以及对其话语体系的套用（陈振明、张敏，2017）。其一，中国政策工具研究借鉴了四种西方主流的政策工具的定义和分类方法，包括豪利特和拉米什（2006）的政府干预程度标准、罗斯威尔和沃尔特（1985）的工具影响程度标准、胡德（1986）的政策资源标准和英格拉姆和施耐德（1990）的政策目标标准，也有国内学者尝试引入新视角或根据现有标准重新划分中国政策工具的类型。其二，在政策工具分类及其特征的基础上，特定领域的工具组合结构致力于考察与评估中国不同政策领域的工具构成及选择偏好，试图打开中国政策工具箱。其三，在不同的视角下，中国政策工具选择问题主要围绕政策属性、政策环境和意识形态三个影响因素展开，本质上还是遵循了西方政策工具理论脉络。从理论贡献看，国内研究在政策工具选择问题中仅仅扮演了经验领域角色。其四，由于受西方政策工具理论影响，中国政策工具有效性评估从评估不同领域中的特定工具效果转向了工具组合效果，定量评估方法的科学性和合理性显著提升。最后，政策工具创新议题在中国政策设计研究中并没有受到重视。

（一）西方理论引介与中国知识评估

最早出现的中国政策工具研究是西方理论引介。政策工具成为 20 世纪 80 年代以来西方政策科学和公共管理学的研究焦点，但我国政策工具研究起步较晚，直到 21 世纪初政策工具研究才受到中国学者重视。2004年，陈振明最早引介西方政策工具理论，并阐释了开拓我国政策工具研究的重要理论与实践意义（陈振明，2004）。随后众学者陆续引介了西方政策工具知识谱系和理论进展（孙志建，2011），共同推动了中国研究的起步，但与此同时也奠定了中国研究沿用西方政策工具理论和话语体系的基调。西方政策工具理论引介内容包括：政策工具研究路径（张新文、杜春林，2017）与理论视角（郭随磊、魏淑艳，2017；顾建光、吴明华，2007；刘媛，2010）、政策工具分类与特征、政策工具选择应用与组合、工具效果评估、工具创新等（姜国兵，2008；李玲玲，2008；陈振明，2006；顾建光，2006）。

随着中国政策工具研究的发展，学者视线从西方理论引介转向对中国现有研究知识进展评估，认为在知识基础构成、演化变迁路径和研究内容侧重上形成了国内外知识差异（罗哲、单学鹏，2022），并提出需要关注我国国家治理模式下程序性政策工具的适用性（臧雷振、任婧楠，2023）。

（二）特定领域工具组合结构

特定政策领域工具组合结构是中国政策设计研究中的重要知识组成部分。该问题的研究数量庞大，侧重关注政策工具的实践应用。在政策工具类型及其特征的基础上，这一议题的研究致力于考察与评估中国不同政策领域的工具构成及选择偏好，试图打开中国政策工具箱。

1. 政策工具分类及特征

关于中国特定政策领域工具组合结构的讨论建立在对政策工具分类及其特征的基础上。中国政策工具分类与特征的研究思路主要沿着西方理论脉络（陈振明、张敏，2017），借鉴和学习了四种主流的政策工具类型划分方式：一是豪利特和拉米什（2006）以政府干预程度作为标准划分的自愿性工具、强制性工具和混合型工具；二是罗斯威尔和沃尔特（1985）以工具影响为标准划分的供给型工具、环境型工具和需求型工具；三是胡德（1986）按照政策资源划分的管制型工具、动员型工具、信息型工具、市场型工具；四是英格拉姆和施耐德（1990）以政策目标为标准划分的学习工具、命令性工具、激励性工具、象征及劝诫工具、能力建设工具。

此外，也有学者尝试引入新视角或依据现有标准重新划分中国政策工具类型及特征。湛中林等（2015）引入交易成本视角，依据政策活动交易属性把政策工具类型划分为离散交易型、公共交易型和混合交易型。朱春奎等（2011）系统梳理了政策工具分类研究，在豪利特的政府干预程度分类基础上细分了次级政策工具，增加了命令型和权威型工具、契约和诱因型工具。同样依据政府干预程度标准，卓越等（2020）将政府工具划分为规范型工具、执法型工具、综合型工具三类。值得留意的是，邢华等（2018）结合中央政府介入程度和区域合作问题复杂性两个维度，将中国大气污染治理工具划分为四类：政治嵌入、行政嵌入、机构嵌入和规则嵌入，在工具类型划分上做出了本土化理论贡献。

2. 政策工具组合结构

绝大部分的中国政策工具研究学者将关注点放在中国特定领域工具组合结构问题上。在政策工具类型及其特征基础上，中国特定政策领域的工具组合结构研究主要采取如下的典型路径：基于政策工具视角、采取内容分析和文本计量等研究方法，构建政策目标、政策情境与政策工具等多维分析框架，考察中国不同政策领域的工具内在构成及选择偏好，识别出特定政策领域中工具及工具组合结构，并将其视为不均衡的，且这样的不均衡会产生负面效应。该类研究的议题包括环境政策（黄萃等，2011；赵新峰、袁宗威，2016）、教育文化政策（陈世香、张静静，2021；樊晓杰、林荣日，2020）、经济创新政策（张韵君，2012；宁甜甜、张再生，2014）、社会政策（满小欧、杨扬，2023；耿旭、喻君瑶，2018；范梓腾、谭海波，2017；王辉，2015）、"三农"政策（侯军岐、杨艳丹，2021；唐斌等，2021）、交通政策（李金龙、乔建伟，2023）等不同政策领域。这些研究共同识别和揭示了中国特定政策领域工具组合结构不均衡的现象，具体表现为不同类型工具之间冲突、失衡、缺失与变迁。除此之外，也有一些研究尝试拓展这一路径。例如，在对现有工具类型组合、政策目标与工具匹配程度的分析上，杨婷等（2022）尝试改进评估标准，并从政策文种类型、目标群体、政策工具、政策层级、政策地理五个维度拆解环境政策工具组合结构。

该研究路径存在明显缺陷：将中国特定领域中某类政策工具的缺乏与不足等同为工具组合结构的不均衡，这在一定程度上忽视了政策效果导向的政策工具的合理配置问题。针对这一问题，学界也在尝试进行研究突破。例如，针对特定领域政策工具组合结构不均衡带来的负面效应，王春城（2018）倡导政策设计要实现政策精准性，即精准规定政策主体、精准界定政策客体、精准设定政策目标、精准选定政策工具，所有政策要素系统科学组合是实现政策精准性的基本要求。在此基础上，翟磊（2021）进一步明确了政策精准性实质是政策有效执行，并构建出"制定机构—政策工具—目标群体"三维互适框架，明确了政策工具选择精准、政策工具结构精准和目标群体精准的系统性组合。但是，这些尝试仍然处于起步阶段。如何对政策工具组合结构进行精准识别和有效评估，是中国政策工具研究前进的重要方向。

3. 小结

从理论贡献来看，中国政策工具研究主要借鉴了四种西方主流的政策工具特征及其分类标准，也有国内政策学者尝试进行本土化理论建构，试图引入新视角或根据现有标准重新划分中国政策工具类型。但是，总体来看，当下的政策工具研究具有极强的描述性特征。政策工具理论被不加反思地利用在对各种政策领域的讨论之中。这种在工具特征基础上进行的中国特定领域政策工具组合结构评估存在严重的缺陷：将中国特定政策领域中某种工具要素不足视为了工具组合结构不均衡。这样的路径极大地阻碍了对中国政策工具使用、选择以及政策后果的深入研究。

（三）工具选择

政府如何选择政策工具以及选择何种政策工具或组合来实现政策目标，是一个多属性的复杂决策过程，这是政策工具研究最核心的问题。西方政策设计研究理论认为政策工具选择受到众多因素的影响，除了政策属性（政策目标和工具特征等）、政策环境、政策历史（过去的选择限制）和意识形态（决策者主观偏好）等核心因素之外，还有待解决问题的性质、受影响的社会群体的可能反应等。以此为基础，彼特斯（B. Guy Peters）和冯尼斯潘（F. K. M. van Nispen）（1998）归纳了政策工具研究的 4 种理论流派：古典论、过程论、权变论和建构论。沿着西方政策工具理论脉络，政策学者对中国政策工具选择影响因素也进行了深入探讨，企图阐明中国政策工具选择的内在机制。

中国政策工具选择问题的讨论围绕政策属性、政策环境和意识形态三个核心因素展开（见表3-4），对于政策历史因素的影响关注较少。从研究内容来看，当下的政策工具选择的研究主要包括三个方面。第一，从交易成本（湛中林，2015）、理性主义（周建青、张世政，2023）和政策学习（崔先维，2010）三个视角讨论了政策属性对工具选择的影响，焦点在于政策目标和政策工具特征的匹配程度。第二，从央地关系视角分析制度结构（谢小芹、姜敏，2021；王英伟，2020；赵德余，2012），从治理视角分析政策网络（田华文，2020；李超显、黄健柏，2017；王辉，2015；杨代福，2009；丁煌、杨代福，2009）与执行过程（刘培伟，2014；郑石明，2009；王家峰，2009；唐贤兴，2009a；2009b；吕志奎，2006），拆解政策环境对工具选择的影响。第三，从利益视角探讨决策者偏好如何影响政策工具选择（Guan and Delman，2017）。从政策领域来看，中国政策工具选择研究集中在社会政策（孟薇、孔繁斌，2014；张秉福，2010；周建青、张世政，2021；赵全军等，2022；曾军荣，2008；王清、王磊，2010）和环境政策领域（邓集文，2012；邢华、胡漾月，2019；邓集文，2012）。从研究方法来看，中国政策工具选择研究以个案分析为主，在构建分析框架（湛中林，2015；丁煌、杨代福，2009；王辉，2014；李强彬等，2023）和理论模型（周英男、刘环环，2010）基础上进行了实证检验。

表 3-4　中国政策工具选择研究路径

影响因素		理论视角	国内代表学者及文献
政策属性		交易成本	（湛中林，2015）
		理性主义	（杨代福，2009）（周建青，2023）
		政策学习	（崔先维，2010）
政策环境	制度结构	央地关系	（赵德余，2017）（谢小芹等，2021）（王英伟，2020）
	政策网络	治理	（丁煌等，2009）（杨代福，2009）（李超显等，2019）（王婷，2018）（田华文，2020）（王辉，2015）
	执行情境	治理	（吕志奎，2006）（唐贤兴，2009）（唐贤兴，2009）（王家峰，2009）（郑石明，2009）（刘培伟，2014）
意识形态	决策者偏好	利益	（Ting Guan et al.，2017）

资料来源：作者自制。

1. 政策属性与工具选择

现有研究讨论了政策属性对工具选择的影响，焦点在于政策目标和政策工具的匹配程度，并从交易成本、理性主义和政策学习视角划分了政策属性。交易成本视角下的工具选择强调的是不同成本属性的政策工具与不同政策目标的匹配；理性主义视角下的工具选择是在识别工具特征的基础上寻求工具绩效与政策目标之间的匹配；政策学习视角下的工具选择主要依据政治因素、政策目标动态性和政策学习效应来匹配政策工具。

其一，交易成本视角下的工具选择问题围绕政策工具本身的交易属性展开。政策工具的交易成本决定了政策工具选择。交易成本视角下的政策活动本质是一种交易，政府与公众之间的关系可以视为一种委托—代理关系；政府通过政策解决公共问题与当事人达成交易，政策成为解决公共问题的合同。政策工具就是政策合同的治理结构，政策工具选择和创新的核心是节省交易成本。基于交易成本视角，湛中林（2015）提出政策工具的选择取决于政策目标产品的公共性和以私人方式实现政策目标的产品的交易成本的大小，他构建了基于交易成本的政策工具选择模型，从目标产品公共性和私人交易成本两个维度设计出四种不同的组合：离散交易型工具

（市场）、混合交易型工具（偏政府）、混合交易型工具（偏市场）和公共交易型工具（政府）。

其二，理性主义视角也为工具选择问题提供了理论指引。在理性主义视角下，工具的选择建立在识别工具特性的基础之上，旨在实现工具效能与政策目标之间的有效对接。依据"理性主义"模型，杨代福（2009）探讨了对政策工具进行理性主义分析的理论基础，认为工具选择是在价值理性的引导下考量达成政策目标可资运用的手段，其以工具理性为依据，强调手段的合理性和有效性。杨代福从工具特征、适用条件和工具绩效三方面实证分析了 2003～2008 年我国房地产宏观调控政策工具的选择，证实了理论基础的合理性，但没有将政策目标要素纳入分析中。在此基础上，周建青等（2023）也将工具理性作为基本假设，通过个案研究法分析了中国地方政府应对突发公共卫生事件时工具选择的基本逻辑及效果偏差，揭示了我国应急管理工具选择的"政策工具—工具绩效—政策目标"的基本逻辑，具体为：在工具组合中倾向于高强制性、高直接性、低自主性和高可见性特征的行政与管制工具，并结合市场主体优势，发挥信息与社会型工具作用，实现有效性、高效性和公平性的政策目标。

其三，政策学习视角下的工具选择是一个不断试错与渐进调适的过程，主要通过学习效应实现。由于政策工具选择建立在政治博弈基础上，政策目标的变动促使工具选择不断调适。基于渐进主义，崔先维（2010）倡导通过提升政策学习能力来促成政策工具选择：当目标群体的"学习效应"减少政策工具发挥作用的空间时，政策制定者需要通过不断学习实现政策工具的修补、调适与更新。

2. 政策环境与政策工具选择

除了政策属性之外，政策工具选择还受到政策环境的影响，包括制度结构、政策网络和执行情境。中国政策工具选择研究对政策环境的分析大致可以分成三类：第一类研究从央地关系视角讨论了在中国制度结构下中央政府和地方政府的工具选择逻辑问题，中央—地方分层响应机制（赵德余，2012）下的地方政府工具选择具有差异特征（谢小芹、姜敏，2021）（王英伟，2020）；第二类研究在借鉴西方划分标准的基础上，从治理视角讨论了不同政策网络特征对工具选择的影响；第三类研究从治理视角围绕执行过程和执行结果对执行情境中的工具选择问题进行了分析。除此之外，有研究构建理论模型，深化了政策环境对工具选择影响的理解（周英男、刘环环，2010），也有研究进一步检验了政策环境和政策属性对工具选择的共同决定作用（王辉，2014；彭勃、杨铭奕，2023；李强彬，2023）。

第一类研究围绕"制度结构如何影响中国政策工具选择"问题展开，国内学者在央地关系视角下讨论了在中国政策体制下中央政府和地方政府是如何进行政策工具选择的。

赵德余（2012）阐释了中国校园安全危机情境下中央政府和地方政府选择政策工具的逻辑。面对中国校园安全危机，中央与地方灵活有效地进行分层响应决策，中央层面做出快速和系统反应，界定政策问题性质，划定具体政策工具选择空间，各个地方在实施过程中自主选择临时性干预工具，一旦事态平息，校园暴力这类政策问题就悄然退出政策议程。从政策工具选择过程来看，中央政府在政策响应和决策过程中强化了一系列政府行为和强制性政策工具的实施，却没有规定财政配套资源和资金的提供方式，给地方自主进行工具选择留有余地，各个地方必然依据自身财政预算约束程度选择最为有利、成本最低的政策工具并加以实施。这也解释了为什么绝大多数地方政府规避专职校警模式，转为选择临时性巡逻措施。中央—地方分层响应机制具有象征性政策决策特征，流于形式的临时性干预工具不能解决校园安全危机背后隐含的复杂社会矛盾，无法满足社会再分配的利益需求。

谢小芹等（2021）从央地关系视角剖析了地方政府选择政策试点工具的方式，依据"政策动力—政策之窗—政策工具—政策目标"思路得出结论：压力型体制下的纵向层级压力、锦标赛体制下的横向竞争压力和治理困境下的现实需求构成了市域社会治理试点的三重动力；中央发出试点号召形成机会之窗，进而地方政府间达成联盟制造共识之窗，机会之窗和共识之窗耦合势必形成市域社会治理现代化政策之窗。同样关注地方政策如何选择不同特征政策工具问题，王英伟（2020）认为地方政府在邻避治理中政策工具的选择主要取决于其在相应邻避事件中内部控制力的高低和外部压力的强弱。上级政府态度和各部门间的联动能力是决定地方政府在政策工具选择中是否具有主动性的关键，而外部压力则作为重要的辅助变量存在，并未跃居主导地位。通过显性的上级权威应援机制、水平资源整合机制与隐性的外部压力中和机制这三重政策工具选择理路，地方政府在与内外部各政策行动者的互动中拓展自己的选择空间并强化治理能力，促使其选用的邻避治理工具以一种对内契合上层权威、最大化自身决策主动性、对外中和矛盾冲突的形式呈现出来。

第二类研究讨论了"政策网络如何影响中国政策工具选择"问题，该类研究从治理视角解释了在多元行动主体及其联结互动关系结构下如何选择政策工具。在借鉴布雷塞尔斯（Bressers Hans Th A.，1998）的模型基础上划分政策网络不同特征，建构分析模型，回答了"政策网络如何影响中国政策工具选择"问题。

当代公共决策过程发生重大变化，政策过程是多元关系主体、互相依赖行动者通过复杂关系联结来参与决策活动的过程，这些复杂关系联结形成了政策网络。丁煌和杨代福（2009）将政策网络视为核心环境，建构了基于政策网络的政策工具选择模型（见图3-12），认为政策网络和理性两个属性共同决定政策工具选择，在政策工具选择时既要考虑政策工具自身效果，也要考虑政策工具运作网络环境，并强调了不同的政策网络特征对政策工具选择形成了不同要求。

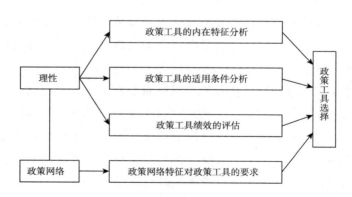

图 3-12　基于政策网络的工具选择模型

资料来源：丁煌，杨代福. 政策工具选择的视角、研究途径与模型建构 [J]. 行政论坛，2009。

为了进一步理解"政策网络如何影响中国政策工具选择"问题，国内学者借鉴布雷塞尔斯的模型，以不同标准划分政策网络特征，包括规模、界限、成员关系、权力关系、行动者策略、政策问题属性、地方政府能力和政策营销。杨代福（2009）根据政策网络规模、界线、成员关系、权力关系和行动者策略不同特征构建了政策网络与政策工具关系模型，并实证检验我国房地产宏观调控政策工具选择逻辑，深入分析后发现，政策网络规模、界限、相互关联性和凝聚性、权力关系和行动者策略决定了政府会在管制性工具、经济性工具、信息性工具和组织性工具之间进行选择，进一步证实了模型合理性，但该研究并没有将政策问题及其属性纳入政策网络分析中。为了弥补该空白，李超显等（2018）探索性地将政策问题及其属性作为重要变量纳入政策网络，并作为政策网络建构和特征分析的逻辑起点，建构出"六元一轴"政策网络与政策工具选择分析框架：由于政策权力资源在中央和地方政府之间分配和流动，央地关系形成了政策网络"一轴"；执政党、政府、企业（市场）、社会以及其他行动主体和问题属性共同构成政策网络"六元"。他们辅以湘江流域的实证分析，进一步验证了该框架的有效性。王婷（2018）沿用相互关联性和连贯性两个变量将政策网络特征划分为四种类型，结合我国农村养老保险政策的个案考察，发现央地政府强相互关联性与弱连贯性特征要求优化合作协议型工具；弱相互关联性和弱连贯性的农村集体经济组织，要求加强混合性工具和强制性工具的共同使用；强相互关联性和中等连贯性特征的农民强调支持性工具。该结论证明了政策行为网络特征决定政策工具类型与介入方式。田华文（2020）则引入地方政府（地方政府能力、政策营销）变量，从地方政府和政策网络（网络规模、网络开放度、权力关系、凝聚性、连接性）两组变量解释了生活垃圾分类强制工具的适用性，结论是地方政府能力是强制先决条件；地方政府能力强且政策网络适宜时适用强制性工具；地方政府能力强但政策网络不适宜时，通过良好政策营销减少政策网络阻力进而强制进行分类。除了上述研究之外，王辉（2015）从政策工具视角阐释多元福利是如何运转并形成有效供给网络的。他通过个案发现，多元福利供给运转的动因来源于政策工具之间的压力与引力，信息引导类工具的运用成为运转中介，强制类工具的出现促进了自愿类工具的增加，运转结果编织了密集的政策网络。该研究进一步探究不同政策工具组合连带性动员多元福利供给的内在机理。

　　第三类研究关注"执行情境中的中国政策工具选择"问题，该类研究从治理视角围绕执行过程和执行结果展开。

从执行情境对政策工具选择的影响来看，执行情境下的政策工具选择过程受到关注。吕志奎（2006）主张政策执行核心在于选择和设计有效政策工具，政策工具选择过程也是理解政策执行过程的新视角。除了政策执行环境会影响工具选择，还有学者认为政策执行效果不仅受到政策工具本身属性的影响，还受政策资源、利益相关者等政策环境和政府特定执行风格的极大影响。从利益相关者来看，政策工具设计是否符合相关者利益决定了政策执行效果的差异。刘培伟（2014）分析了政策设计与农村社会保障政策执行效果的影响，政策设计与相关利益者的兼容性越强，内容越明晰，民众监督意愿与能力越强，村干部越倾向于服务民众利益而非私利，使政策得以有效执行。从执行风格（implementation style）来看，王家峰（2009）认为：政策执行本身就是政策设计的重要内容，是政策执行者依据政策理解和对执行具体情境的把控，对政策方案进行自主建构的再设计过程。不同的政策设计路径使政策执行具有不同风格，决定了执行工具的选择并导致不同的政策执行结果。

另外，唐贤兴（2009a；2009b）讨论了应对和解决社会问题时中国为什么偏好选择有"运动式治理"特征的政策工具。中国运动式治理政策工具特征表现为：工具临时性和间断性，政策目标单一，从重、从严、从快的工具选择逻辑。在社会转型时期，公共问题的高度复杂性、政府缺乏制度性资源、规则模糊化和结构性社会矛盾，这些因素叠加在一起，政府社会动员能力不足导致了政府偏好选择运动式治理工具。此外，政策执行过程中政策工具会受到政策共同体及其广阔社会脉络的影响和形塑，从而使执行过程呈现出不同的特征，最终导致政策执行效果存在差异（郑石明，2009）。

除了上述三类研究之外，中国政策工具选择研究尝试构建理论模型，这加大了政策环境对工具选择的影响，也有研究进一步检验了政策环境和政策属性对工具选择的共同决定作用。

周英男等（2010）采用层次分析法（analytical hierarchy process，AHP）从政策目标、政策工具选择维度、政策工具三个层次构建出基于 AHP 的政策工具选择模型（见图 3-13）。该模型基本结构包含了目标层、指标层、方案层三部分，并设定了强制性（限制政策利益团体行为程度）、直接性（政府部门之间、政府与社会部门之间的协调能力）、自治性（政策利益群体自我调节程度）、可见性（可量化程度）四个政策工具选择维度，将政策工具划分为命令控制型、经济激励型和自愿型三种。该理论模型深化了对政策环境对中国政策工具选择的影响的理解。

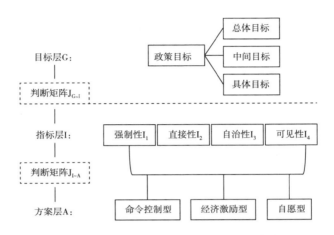

图 3-13 基于 AHP 的政策工具选择模型

资料来源：周英男，刘环环. 基于 AHP 的政策工具选择模型研究［J］. 大连理工大学学报（社会科学版），2010。

政策属性和政策环境共同决定工具的选择已成为学界共识。为了进一步验证这一理论论断，王辉（2014）构建了基于公共产品和政策环境的政策工具选择框架（见图 3-14），认为合理界定政策项目性质和准确判断政策环境是选择政策工具的前提。以农村公共产品的供给模式为例，该研究分析了政策工具选择逻辑：面对纯公共产品项目，政府会选择管制性工具；针对俱乐部物品，在财政约束或公众接受度高、外溢性小的情况下，政府会坚持在管制性工具主导下动员自愿性工具；对于公共池资源性质产品，政府充分利用自愿组织、家庭和社区等自愿性工具予以供给。

基于政策情境和政策结构的双重影响，彭勃等（2023）从合法性与有效性来解释基层公共服务工具的选择逻辑。他们认为在合法性（获得政策主体及群体的认同与支持）和有效性（汲取、配置资源实现政策目标能力）冲突的条件下，基层政府会采用服务吸纳、目标置换和治理响应三种不同策略进行工具选择。李强彬等（2023）聚焦中央政府差异化政策工具选择机理问题，通过构建政策工具选择的政策属性—政策环境分析框架

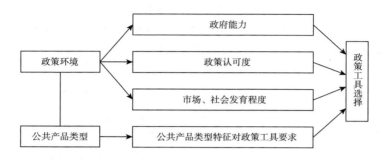

图 3-14 基于公共产品和政策环境的政策工具选择框架

资料来源：王辉. 政策工具选择与运用的逻辑研究——以四川 Z 乡农村公共产品供给为例 [J]. 公共管理学报，2014。

（见图 3-15），对中央 20 个政策试点案例进行定性比较分析（Qualitative Comparative Analysis，QCA）。他们的研究发现，中央选择何种类型的政策工具受试点内容清晰度、议题紧迫性、执行难度、政策支持和权威压力的相互影响，主要呈现出内外复合驱动、外部权威驱动和外部政策驱动三种不同路径。内容清晰度是政策工具选择的前置条件，议题紧迫性调节中央干预程度，权威压力凸显中央对政策工具的总体控制。

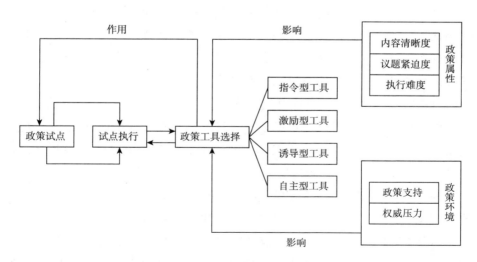

图 3-15 政策工具选择的政策属性-政策环境分析框架

资料来源：李强彬，支广东，李延伟. 中央推进政策试点的差异化政策工具选择逻辑——基于 20 个案例的定性比较分析 [J]. 公共行政评论，2023。

3. 意识形态与政策工具选择

中国政策工具选择研究对意识形态影响因素关注不足，当前研究仅涉及决策者主观偏好对工具选择的影响，从利益视角考察了地方政府层级政策工具的选择。例如，有学者从利益视角关注地方设计者规范性偏好是如何决定政策工具选择的（Ting Guan 等，2017）。中国地方气候政策有命令与控制、市场工具与合作治理三种类型政策工具，地方决策者如何决定地方气候政策工具选择？以杭州为个案进行分析，他们发现地方设计者偏好决定政策工具选择；地方气候政策设计呈现从命令与控制工具转为偏好市场工具的特征，地方合作治理目前处于起步阶段。

4. 小结

整体而言，由于受到西方政策设计"元意识"的影响，中国政策工具选择问题的提出沿袭着西方政策工具理论脉络，时间上滞后于西方研究近半个世纪。从研究内容来看，中国政策工具选择问题主要围绕政策属性、政策环境和意识形态三个核心影响因素展开，对于政策历史因素的影响关注较少，中国政策工具选择的内在机制尚未阐明。从理论贡献来看，尽管有学者尝试构建理论框架及模型，但本质上中国政策工具选择问题尚未脱离西方理论脉络。也就是说，中国在政策工具选择问题研究中仅仅扮演了经验领域的角色。

（四）政策工具效果评估

政策工具效果评估贯穿政策工具选择和应用全过程。当下，政策效果是评估政策工具有效性的重要标准。受到西方政策工具理论的影响，中国政策工具有效性研究的重点从评估不同领域中的特定工具效果转向了工具组合效果。

无论是评估特定工具的效果还是工具组合的效果，评估的关键是评估方法的科学性和合理性。中国政策工具效果评估研究以定量研究为主，采用了线性回归分析、准实验方法、贝叶斯模型平均法和空间计量模型；此外极少数研究也运用了内容分析法等质性研究策略，以及模糊集定性比较分析法（fsQCA）和层次分析法（AHP）等混合研究策略（见表 3-5）。

表 3-5 中国政策工具效果评估研究方法

研究策略	研究方法		参考文献
定量研究	线性回归分析	加权最小二乘法（WLS）	（郑石明等，2017）
		可行广义最小二乘法（FGLS）	（王立剑等，2022）
		固定效应模型（FE）、系统 GMM 估计方法	（黄新华等，2018）
		其他回归模型	（姚海琳等，2018；尹明，2017）
	准实验方法	双重差分	（曹建云等，2020）
		三重差分	（李强等，2022）
	贝叶斯模型平均法（BMA）		（王红梅，2016；郭沁等，2023）
	空间计量模型	空间误差模型（SEM）和空间滞后模型（SLM）	（张军涛等，2018）
		空间杜宾模型（SDM）	（武祯妮等，2021）
混合研究	定性比较分析	模糊集定性比较分析法（fsQCA）	（宫晓辰等，2021）
		层次分析法	（王红梅等，2016）
质性研究	内容分析法		（江亚洲等，2020）

资料来源：作者自制。

1. 特定工具效果评估

诸多学者采用定量研究方法考察了不同领域中特定工具效果，识别出政策工具特征和政策环境两种影响因素，认为政策工具的特征和政策环境共同影响工具效果。同时，不同类型的工具的效果存在明显差异，且同一种政策工具在不同政策环境（不同地区、不同政策领域）也会产生不同效果。从研究方法来看，现有研究以定量研究为主、混合研究策略为辅。

在环境政策领域，环境政策工具应用情境和实施成本存在较大差异，环境规制的复杂性决定了政策工具的选择。在对环境政策工具特征的评估研究中，公众参与型工具和自愿行动型工具效用形成了相反的结论：有学者用线性回归分析发现二者的正向效果（黄新华、于潇，2018），另一部分学者利用贝叶斯模型平均法（王红梅，2016）、层次分析法（王红梅、王振杰，2016）和线性回归分析（郑石明、罗凯方，2017）验证了二者有效性的不足。在对特定工具的应用环境评估研究中，强制型工具在东部地区发挥主导作用，这一点已形成共识（武祯妮等，2021；宫晓辰、孙涛，2021），但对其是否在中部地区产生效应的问题未形成统一的结论。首先，从环境政策工具特征来看，黄新华等（2018）从企业技术创新水平和产业结构优化度两个变量，用固定效应模型（FE）和系统 GMM 估计方法回归检验了不同类型环境规制政策工具对经济发展的影响。他们的研究发现，命令型工具、市场型工具尚不能有效促进企业技术创新和产业结构优化，公众参与型工具、自愿行动型工具对经济发展的正向影响较为显著。郭沁等（2023）利用贝叶斯模型平均法（BMA）发现不同类型政策工具在控制水污染排放效果上存在明显差异。采用同样的方法，王红梅（2016）发现命令—控制型工具和市场激励型工具仍然是当前中国治理环境污染最有效的政策工具，公众参与型工具和自愿行动型工具的有效性相对较差；而后，王红梅等（2016）又运用层次分析法发现经济激励型环境政策工具效果最佳。上述研究结论也在郑石明等运用加权最小二乘法（WLS）对大气污染治理政策工具效率的检验中得到了验证（郑石明、罗凯方，2017）。其次，从特定工具的应用环境来看，在新结构经济学视角下，武祯妮等用空间杜宾模型评估了不同类型环境规制工具在东、中、西部污染产业转移中的效果，东、中、西部区域的环境规制工具的差异导致了污染产业转移。强制型工具有效抑制了东、西部地区污染外部性，但加速了污染产业从东部向西部地区转移；市场型工具对西部地区影响最强，治理效果明显；无论是强制型还是市场型工具在中部地区的影响都是最弱的，说明需要采用灵活的工具组合的工具（武祯妮，2021）。宫晓辰等（2021）也评估了规制型、经济型、社会型工具在不同地区的效果差异。运用模糊集定性比较分析法（fsQCA），他们发现规制型工具在东、中、西部发挥主导作用，东部尤为明显；多元工具组合成为中西部地区的策略选择；社会型工具仅为辅助条件。

在经济政策领域，姚海琳等（2018）通过回归模型分析评估了规制型、经济型、社会型三类城市矿产政策工具的效果差异。他们的研究发现，政策效力与实施效果之间存在偏差，效力高的规制型工具效果并不理想，而效力值次之的经济型和社会型工具的实施效果明显。尹明（2017）也用回归模型讨论了不同类型招商引资政策工具对区域创新能力影响效应的差异。该项研究发现，经济型、组织型和信息型三种政策工具的组合使用具有显著正向影响。张军涛等（2018）采用空间误差模型（SEM）和空间滞后模型（SLM）测算了我国新型城镇化进程中财政政策工具的影响，发现不同类型财政政策工具具有跨区域空间溢出效应，对新型城镇化水平的影响在区域内和区间均存在差异性，有效的财政政策工具需要打好"组合拳"。

对于特定工具的效果评价也在其他的政策领域得以开展。例如，陈宝胜（2022）建构了4e型（成本、效率、效果和环境正义）邻避冲突治理政策工具有效性评价框架，认为我国传统政府强制型邻避冲突治理政策工具有效性偏低。

2. 工具组合效果评估

治理目标具有多重性，单一政策工具无法满足复杂的现实治理需求，根据具体政策环境对政策工具的灵活选择和组合是实现政策工具效果的关键（胡剑锋、朱剑秋，2008），优化工具组合设计能够实现不同政策工具最大效能。在西方政策工具理论的驱动下，中国政策工具效果评估研究也逐渐转向了工具组合效果的评估。

这一议题大致讨论了三类问题：一是评估工具组合效果，比较单一政策与政策组合之间的效果差异；二是实证检验政策组合如何影响资源分配与供给；三是哪些因素影响了工具组合效应。值得注意的是，检验中国工具组合效应研究的方法也逐渐从定性描述转向定量测量。

第一类问题是评估工具组合效果，比较单一政策与政策组合之间的效果差异。例如，李强等（2022）分别用双重差分法和三重差分模型实证评估和比较了单一政策和政策组合对长江经济带环境污染的差异化影响。他们的研究发现，相较于单一环境治理政策，环保立法、生态补偿和环保约谈相结合的环境治理政策组合的减排效果更好，但环境治理政策组合对长江经济带上、中、下游地区的影响效应存在异质性。同样，基于不同政策工具间相互补充和强化效应的理论预设，江亚洲和郁建兴（2020）考察了中国重大公共卫生危机治理政策工具组合运用效果。通过内容分析，他们发现中央采用封闭类、混合类、经济响应类和卫生促进类政策工具组合产生了较好的政策效果，但工具组合中也存在冲突。政策工具组合中的政策冲突主要发生在封闭类和经济响应类政策工具之间，但它们二者相互联系，而且都需要与其他政策工具配合使用才能有效发挥作用；混合类政策工具在政策工具组合中具有重要协调作用，能减少政策工具的负面效应和多个政策工具间的冲突；卫生促进类政策工具是重大公共卫生危机治理中的核心力量，新的卫生促进类政策工具的使用可能会影响整个政策工具组合。

第二类问题关注政策组合如何影响资源分配与供给。王立剑等（2022）从综合性、一致性、均衡性三个维度构建模型，运用可行广义最小二乘法（FGLS）检验政策组合对养老服务资源供给的影响，发现两者之间存在一定的协同性：养老服务资源供给受政策组合影响较大，政策组合的综合性和一致性对养老服务资源供给的影响均为正，均衡性对养老服务资源供给的影响大多为负或不显著。这说明，科学合理的政策组合有利于改善养老服务资源供给效果。

第三类问题讨论了工具组合有效性的影响因素。从当前的研究来看，目前仅检验了政策目标偏差对工具组合的影响。为了检验目标偏差下政策执行效果及不同政策工具组合的政策效果，评估政策组合的综合性和均衡性特征对政策效果的影响，曹建云等（2020）利用双差分方法，发现目标偏差会导致政策效果偏离。在目标设定偏差时，简单政策叠加无法实现政策目标，只有综合程度、均衡程度较高的政策组合才能实现政策目标。优化政策工具组合，即政策目标设置和政策工具选择，可以明显提升政策效果。

3. 工具创新

政策工具创新也是理解中国政策工具设计的重要议题之一，但对该议题的分析在中国政策设计研究中并没有受到重视，仅有杨代福和丁煌（2011）指出我国政策工具创新存在创新程度低、创新主体以地方政府为主的特征。杨代福和丁煌利用西方的政策工具概念来衡量与评估中国政策工具创新，得出了"我国政策工具发明极少、多为借鉴运用西方新工具；中央政府和地方政府都进行了政策工具创新，但地方政府创新力度更大"的结论。正因为借用了西方政策工具概念这一"标尺"，很多极具中国特色的政策工具没有进入主流研究视野之中，如政策规划、政策督查等。这也就说明，未来研究需要对政策工具进行更为宽泛的界定，以更好地对中国政策工具进行深入剖析。

基于我国10种政策工具创新（政府ISO9000、购房入户、燃油税、排污交易制度、治安承包责任制、BOT、教育券制度、行政服务中心、听证会与人大常委会市民旁听制度）的实践经验，杨代福和丁煌建构了我国政策工具创新理论模型（见图3-16），从静态影响因素和动态创新过程两个维度依次回答了"中国政府为什么进行政策工具创新""中国政府如何进行政策工具创新"两个问题。我国政策工具创新的内在根源在于创新机制（决策、执行、监控、激励、风险控制、评估与确立）、创新者、政策问题、创新理念和创新条件（人力资源、财力资源、权力资源、权威资源、文化资源、信息资源与制度资源）五个要素。创新过程动态地阐释了我国政府是如何整合影响因素进行政策工具创新的：创新者在界定政策问题后，积极倡导创新理念并充分运用创新条件进行工具创新设计；问题被纳入议程后，决策者在政策企业家的影响下依据创新理念进行政策设计与选择并创新政策工具，并对创新方案加以实施、调整并控制风险，最终确立了创新工具合法性（杨代福、丁煌，2011）。

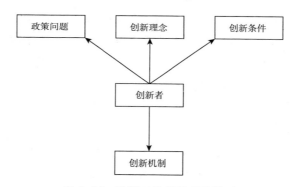

图3-16 政策工具创新理论模型

资料来源：杨代福，丁煌. 中国政策工具创新的实践、理论与促进对策——基于十个案例的分析 [J]. 社会主义研究，2011。

二 目标群体与政策设计

目标群体是指决策者有意选择的作为政策作用对象的特定群体，是政策行为调整的主要对象和政策利益分配的承担者，也是政治过程和政策设计的主要内容。目标群体的社会建构机制及其对政策设计的影响是政策设计过程研究的重要问题。

现有中国政策设计研究围绕"目标群体社会建构与政策设计框架的中国价值""配置命题""社会建构变迁命题""反馈命题"依次展开，整体呈现出了"引介—应用—发展"的特征。从理论贡献来看，在引入目标群体社会建构与政策设计框架（张海柱，2017）并应用到中国不同政策场域（王庆华、张海柱，2012；王庆歌、孔繁斌，2022；郭磊、胡晓蒙，2020；何小舟、刘水云，2021）的基础上，政策学者基于中国经验提出和扩展了目标群体社会建构与政策设计框架的理论命题（李斯旸、朱亚鹏，2021；张友浪、王培杰，2023；王培杰等，2022；ZHU and DING，2022），并添加了新的建构条件（制度变量）、构建了新的理论模型和框架（蔡长昆、王玉，2019a；2019b）。无论是拓展理论命题还是添加新变量并建构新分析框架与模型，中国目标群体与政策设计研究都是在借鉴与追随西方的过程中，与西方学界互动所产生的结果。

（一）目标群体社会建构与政策设计框架的中国价值

目标群体社会建构与政策设计框架是西方最具影响力的政策过程理论之一。朱亚鹏（2017）、李文钊（2019）、张海柱（2017）等学者先后述评了该理论的发展与研究前沿，明确了该框架在中国政策过程研究中的重要启示与借鉴价值。中国政策过程中存在诸多社会建构现象，目标群体社会建构与政策设计框架为理解中国政策过程提供了独特视角。这一框架可以帮助学界检验中国政策过程中的合法性、更好理解行动者在中国政策过程中的作用；同时，中国政策过程实践可以完善与扩展该框架。目标群体社会建构与政策设计框架为打开中国政策设计过程"黑箱"提供了重要理论基础。

（二）目标群体政策利益与负担分配

配置命题，即政策设计过程中的政策成本与利益分配，是目标人群社会建构与政策设计的核心问题。中国在政策设计过程中是如何对目标群体进行利益与负担配置的？追随配置命题，不同目标群体的社会建构与权力资源组合可以解释政策利益与负担的分配。不仅如此，现有对配置命题的研究已经实现了从运用目标群体社会建构与政策设计框架分析中国问题向理论创新的拓展。

在中国公共政策实践中，户籍制度和政策以户籍身份为核心形成了支配性的分配格局，教育、医疗、住房和社会保障等公共服务和社会资源均黏附于户籍制度之上。政策身份本质上承载着政策利益分配的成员资格，具有分配、控制和排斥功能。户籍政策目标群体社会建构过程成为政策利益分配的绝佳案例。户籍政策改革过程中如何建构目标群体？王庆歌和孔繁斌（2022）建构了多元"应得"政策身份建构理论框架来分析目标群体身份建构的逻辑。政府依据户籍来分配城市资源和福利，这样的分配结构建构了户籍身份；由于户籍身份忽略了需要、贡献和公民身份等其他应得基础与多元标准，在渐进改革的过程中，户籍政策逐渐得以修正。由此可见，政策身份建构是在公共资源、行政系统特征和成本收益等因素影响下判断应得、追求共同善的复杂过程。此外，郭磊等（2020）运用目标群体社会建构与政策设计框架预测住房公积金政策设计的效果，并识别三种利益分配模式的政策设计策略，扩展了该框架的应用范围。他们以 2015~2017 年 A 股上市公司为样本，运用双重差分倾向得分匹配法（PSM-DID）检验企业住房公积金实际缴存比例变化的政策效果，发现各利益相关者存在差别化反馈。此外，他们还识别出了三种确保利益分配模式的政策设计策略：政策模糊以避免优势者被负面建构；可预见的政策执行偏差（执行不足和过度执行）使竞争者隐蔽性获益；隐蔽性成本减少依赖者净收益。

超越对中国政策实践问题的讨论，国内学者尝试回答中国政策设计通过什么机制和逻辑来应对特定政策场域中复杂的不确定性和权力利益分配压力问题。蔡长昆和王玉（2019）将政策设计过程嵌入制度环境，在目标群体社会建构与政策设计框架基础上构建了"制度、话语与政策设计"理论框架（见图3-17）。该研究以中国网约车政策为例，分析了网约车的社会建构过程及其对网约车政策设计的影响，致力于从观念视角深入理解中国政策过程。中央政府进行社会建构的逻辑和机制是什么？该研究认为，首先，制度建构了网约车社会建构的话语框架，并且决定了网约车决策权的分配，使得网约车被"框定"在出租车政策领域。其次，中央政府选择性调用多话语框架创造和建构了网约车这一目标群体，通过仔细甄别和多重策略实现了网约车与私家车、巡游出租车的差异化建构。差异化的目标群体社会建构和权力资源组合可以解释政策设计分配效应：竞争者的出租车维持实质性收益，偏离者的私家车分配了更多政策负担，而作为依赖者的网约车最终收获了象征性收益。但是，该研究并没有涉及公众、大众媒体、出租车群体、地方政府等其他主体的建构行为以及这些行为与中央政策建构的互动。

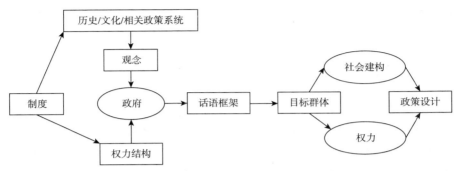

图 3-17　制度、话语框架与政策设计理论框架
资料来源：蔡长昆，王玉. 制度、话语框架与政策设计：以网约车政策为例 [J]. 公共行政评论，2019。

（三）社会建构变迁

李斯旸和朱亚鹏（2021）讨论了社会建构变迁对政策设计变迁和政策反馈的影响。他们运用过程追踪及定性比较案例研究法，对中国艾滋病和乙肝防治政策过程中的社会建构进行了比较分析。该项研究发现，不同目标群体社会建构的转型模式，包括"国家主导""社会主导"，对政策设计和政策反馈也会产生不同的影响。在国家主导模式下，政策设计变迁速度快、力度大，目标群体福利获得程度高，政策变迁表现为自上而下的政府学习特征。在社会主导模式下，政策设计变迁速度慢、力度弱，目标群体的福利获得具有一定象征性，政策变迁呈现出了自下而上的社会学习特征。相比之下，社会主导的目标群体社会建构转型模式更有利于目标群体形成积极正面的政策反馈。该文章的理论价值在于，一方面，该研究验证目标群体社会建构与政策设计框架在中国制度情境的适用性，提出了中国制度背景下的目标群体社会建构转型的"国家主导"和"社会主导"两种理想模式，加深了对中国政治与政策过程的理解。"国家主导"模式的特征为差序政治地位与政治影响力表达、权威化的社会形象塑造和自上而下政府学习政策变迁等，主要采用政策宣传工具；"社会主导"模式的特征为多元竞争的政治影响力表达、自由化的社会形象塑造和自下而上政策变迁，更多依靠政策倡导工具。另一方面，该研究丰富了目标群体社会建构转型机制的研究，厘清了目标群体社会建构、政策设计与政策反馈效应的内在联系，推动了理论发展。未来可以采用定量研究方法测量不同目标群体的政策反馈效应，比较同一目标群体在不同媒介或政策领域的形象建构。

（四）政策设计的反馈效应

目标群体社会建构研究还讨论了反馈命题，讨论作为自变量的政策设计对目标群体的政治影响。政策反馈理论解释了政策塑造政治的四种机制，以及其对行动者产生的影响：一是解释效应，即政策的措辞用语、政策内容的设计、政策执行中的互动会塑造相关群体的认知和态度；二是资源效应，即政策设计会对行动者的资源分配与利益激励产生影响，刺激行动者的行为；三是演化效应，即政策在历史演进中路径依赖的自我强化或自我削弱机制会影响行动者的观念；四是学习效应，即在与已有政策中借鉴经验的过程中影响决策者政策设计（翟文康、邱一鸣，2022）。

聚焦政策设计如何塑造公众反馈效应，王培杰等（2022）采用 CGSS 数据实证检验了独生子女政策设计对公众政策认同与生育偏好的影响。该研究发现：政策设计严格度越高，目标群体的政策认同度越高，其偏好与政策要求越一致。并且，政策设计通过塑造公众的政策态度（认同）进而影响其偏好水平。此外，政策设计的反馈效应会因个体身份差异（例如城乡差异、民族差异）发生变化。该研究在中国单一制度情境下剖析了生育政策设计特征导致的差异化反馈效应，进一步增进了对"政策设计如何影响反馈效应"问题的理解。

此外，最新研究发现政策设计反馈效应会导致机构与政策变迁。张友浪等（2023）认为政策反馈的解释效应、资源效应和学习效应是影响政策变迁与机构变迁的核心机制。在中国生育政策制定与调整过程中，政策设计和政策资源分配通过解释效应与资源效应影响政府机构合法性和能力；合法性或能力增强（削弱）的政府机构又会反作用于政策本身。决策者与民众在政策执行中经学习形成的态度反馈促使政策合法性变化，进而引起政策变迁与机构变迁。在这一过程中，决策者的政策学习效应尤为关键。

三 政策组合耦合

随着政策情境日益变化，跨领域、复杂的"棘手"问题（wicked problems）

不断涌现，全面渗透与加速扩散的突发性风险对公共政策灵活性和适应性提出更高的要求，过去政策过程中单一政策工具或多种政策工具的简单叠加难以有效应对棘手政策问题。为了优化政策设计，政策组合作为包含多种目标与手段在内的复杂安排之一，成为重要议题。

在传统单一工具政策设计模式下，有学者将政策组合界定为"特定目标或问题导向下政策工具组合"（Gunningham，Sinclair，1999）。随着第三代新兴政策设计研究的兴起，政策组合的概念已经从单纯的"工具组合"演进为更加复杂的政策元素相互联结的"系统性组合"。在解决复杂政策问题的导向下，政策组合被视为政策目标、政策工具、政策过程、治理层级、目标群体等政策元素的系统组合；不同组合方式和现有组合中政策元素的变化都会带来差异化的政策效果；政策效果的核心是政策目标与政策工具匹配（张剑、李鑫，2022）。本节所提及的政策组合仅仅指"系统组合"，关注的是政策组合的内在逻辑，强调不同政策要素的协调耦合与动态演变。

政策协调（policy coordination）与政策整合（policy integration）（2007）是应对跨领域复杂目标导致的政策碎片化问题的重要政策组合机制，但二者协调层次不同（见图 3-18）。政策协调强调多元主体、不同工具搭配效果的协调性，相对而言，政策整合不仅包含多元主体参与协商的治理状态，还包括相关政策要素相互匹配和相互调适的动态过程。对于政策组合机制而言，政策整合强调以新的政策组合框架取代现有政策的特定要素，是最优的政策组合耦合模式（Howlett and Rayner，2007）。

（一）政策协调

作为政策组合机制，政策协调强调目标导向和结果导向下的不同政策元素的搭配与交互，关注多元主体、不同工具搭配效果的协调性。当下政策协调研究已然关注到了政策协调的多样化政策结果及其因果条件，将政策划分为积极协调和消极协调（Bouckaert et al.，2010），消极协调仅涉及行为者达成互不损害的协议、减少政策冲突，而积极协调则在减少政策冲突基础上加强政策一致性，即行动者之间采取一致目标与行动。由于受到西方政策协调理论发展的影响，中国政策协调研究沿袭了消极协调和积极协调两个方向，对中国跨部门协调机制问题进行了一些讨论。

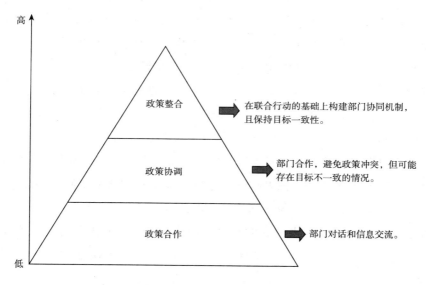

图 3-18　政策协调层次结构

资料来源：PETERS B G.（1998）. Managing Horizontal Government：The Politics of Coordination. Public Administration，1998，76（2），295-311。

1. 消极协调：特定领域政策冲突困境

中国政策消极协调的研究倾向于在特定政策领域中评估协调程度和识别协调困境。在环境政策中，中国大气污染治理政策具有碎片化特征（赵新峰、袁宗威，2014）。赵新峰等（2019）提出采用整体型网络结构，运用网络信息技术沟通的整体性政策协调模式来消除孤岛效应。此外，姜玲等（2017）发现我国京津冀地区大气污染治理政策中存在"自上而下"纵向协同和"跨行政区"横向协同双重困境，纵向协同困境表现为中央顶层规划下地方响应速度存在显著差异，横向协同的难点在于地方政府采用不同的治理指标和执行工具。同样，水污染治理政策也存在政策主体多重且模糊、政策目标复杂、政策体系内部执行分隔和外部反馈阻隔的协调困境（陈冠宇、王佃利，2023）。有学者以太湖水污染交易为例，分析发现政策工具与环境监管体制间的根源性冲突是政策不协调的深层原因（Yongli Zhang 等，2012）。我国生活垃圾分类试点政策尽管呈现稳定的协调结构，但政策目标模糊、执行过程与主体协调不足导致协调程度呈现阶段式波动（丁建彪、张倩倩，2022）。在土地政策中，操小娟、杜丹宁（2021）发现主体功能区政策协同程度低，表现为政策主体配合性差、政策目标差异性大、政策工具不均衡。在区域政策中，李雪伟等（2019）发现京津冀区域政策协同程度低。

2. 积极协调：中国政策协调机制

在识别、评估特定政策领域政策协调程度与冲突困境经验的基础上，中国政策协调研究开始讨论如何建立一致性目标与行动来减少政策冲突，实现积极协调。现有研究大多从组织视角分析中国政策协调的结构性机制（structural mechanisms），即为了实现跨部门协调而设计的结构性安排，关注中国政府部门间协调机制的组织运作（张楠迪扬等，2022；王铮，2023）和政治权威行使（陈永杰、胡沛验，2022；曹海军、陈宇奇，2022）。议事协调机构（胡业飞，2018）、部际及省部际联席会议（朱德米，2009）和部门协议等中国跨部门横向协调机制（朱春奎、毛万磊，2015）也日渐受到关注。

然而，对中国政策协调程序性机制（procedural mechanisms），即关于实现政策协调的程序性安排和技术手段的相关讨论并不多。就政策协调所产生的结果的判断形成了成功论和失败论两派。一部分学者认为中国政策协调形成了良好的政策效应和有效的资源分配。中国政策过程在政策制定上是不连贯和渐进的，然而部分学者认为中国某些特定政策领域是高度协调的。那么，中国政治体制下如何实现政策协调？什么因素影响中国政策协调？围绕该问题，学者从不同政策领域展开了讨论，权力—利益成为核心视角。在环境政策中，有学者发现气候变化政策高度协调并尝试从利益视角解释中国为何响应国际环境体制并参与环境问题的政策协调（Hongyuan Yu，2004）。在经济与创新政策中，有学者以科技政策为例讨论如何实现中国政策协调问题，分析发现中国政策协调在机构干预下稳定发展，国务院各部委在政策协调中发挥出主导作用，形成了专门协调机构、部际联席会议、专项任务导向的非正式协调模式（Ying Huang等，2023）。在社会政策中，有学者也从利益视角分析了地方政府如何在中央指导下协调农民工就业安置和住房政策来促进地方经济发展（Yang Shenand Bingqin Li，2022）。在遵循中央指导方针基础上，地方政府根据利益需求调整吸引人才的关键指标，在中央任务与地方利益之间实现平衡。

此外，中国跨部门政策协调是如何影响政府资源分配的？郑新业等（2019）建构计量模型进行的实证分析发现，地方同级政府内部不同部门之间存在政策目标和职能交叉；部门间会通过非正式协调机制实现政策工具互动，并对资源配置产生重大影响。在社会政策中，有学者提出中央政府通过跨机构政策协调机制实现注意力转向优先考虑政策领域，进而影响不同政策领域间的分配（Jing Vivian Zhan 等，2023）。

而另一部分学者则认为中国政策协调是失败的。在社会政策领域存在"反协同"这一独特的中国现象。我国户籍政策设计之初和发展过程中，诸如粮油、就业、住房、教育和社会保障等重要社会政策高度"黏附"在户籍上（陆益龙，2000）并与之形成了紧密的"挂钩"关系，"大户籍"政策改革牵一发而动全身。朱光喜（2014）提出工具替代与利益阻滞在剥离"挂钩"和"黏附"政策的过程中发挥决定性作用。在此基础上，朱光喜（2015）将我国户籍改革中高度"黏附"的外围政策（其他社会政策）与中心政策（户籍政策）分离过程称为政策"反协同"。原有"大户籍"政策协同结构存在资源分配失衡、社会控制过度及户籍政策扭曲的负面效应，不符合我国社会发展和政府治理双重转型时期的新政策环境与目标。那么，中国政策协调机制为什么会失败？吴文强探讨了中国政策协调机制失效及其因果过程。通过追踪 F 省新版医疗服务价格目录"难产"的过程，该研究发现政府部门间的政策协调深受"碎片"的制度化过程影响。政府部门针对特定政策问题不仅会产生截然不同的价值立场和激励结构，而且会充分利用专业知识、官僚经验和关系资源实现权威"再生产"。部门权威的"再生产"制约了等级化政治权威的协调成效，也加剧了政府内部技术权威的割裂与冲突（吴文强，2021）。

（二）政策整合

作为最优的政策组合耦合模式，为了解决跨多个政策领域的复杂交叉问题，政策整合倡导不同领域、不同部门、不同层级的行动者在政策制定和执行过程中协调合作。政策整合关注深层次治理结构，强调以新的政策组合框架取代现有政策的特定要素（王辉、刘惠敏，2023）。作为公共管理的"圣杯"，历经40多年发展，政策整合备受政策学者的青睐与推崇。政策整合倡导从整体、综合和系统的视角建构新的政策体制和政策工具以应对跨领域复杂问题，是政策设计研究的最前沿。

相对于西方政策整合理论的快速发展，中国政策整合研究刚刚起步。受到西方政策整合理论发展的影响，已有国内学者开始认识到政策整合的重要性并尝试引介西方理论成果，为中国研究奠定基础。中国政策整合研究目前有两个进展：一是识别了中国特定政策领域中政策主体、对象和目标等要素的整合趋势（Chen et al.，2022；刘鑫、汪典典，2021），并针对政策碎片化现状提炼政策整合的实现路径（韩冬梅，2016；王辉、刘惠敏，2023）；二是引介了西方政策整合理论与知识进展（王辉、刘惠敏，2023），但目前尚未开展中国政策整合理论研究。这也意味着中国政策整合研究尚且处于起步阶段，是中国政策设计研究的重要方向。

四　中国政策设计模式

张帆和薛澜（2015）指出中国政策设计具有碎片化特征，表现为政策目标不一致、政策工具不连贯。中国政治体制是理解中国政策设计过程的基础，央地关系成为打开中国政策设计过程"黑箱"的核心视角。作为中国政治体制中纵向上权力与资源配置的基本关系，中央与地方关系有助于理解以下问题：中国政策设计按照什么逻辑展开？中央政府和地方政府在政策设计中分别扮演了什么角色？中央政府如何设计政策？中央是否以及如何影响地方政策设计？地方政府如何对政策进行"再设计"？地方政策设计是否以及为何存在差异？从中央与地方关系的角度来看，目前对中国政策设计模式的讨论已经总结出了"顶层设计—地方细则"模式和地方政策设计模式，并指出了它们之间的差异。这些讨论深入分析了"在执行中规划"和"地方政策试验"这两种核心的地方政策设计策略，并识别出了影响政策设计的三大关键因素：政社关系结构（即政策环境）、交易成本和政策能力。从总体来看，中国政策设计模式议题研究亟待展开。

（一）中国"顶层设计—地方细则"设计模式

延续"观念在我国政策过程中的作用"这一理论视野，蔡长昆和王玉（2019）以目标群体社会建构与政策设计理论框架为基础，构建了"政策建构政治"理论框架来解析中国制度背景下的"顶层设计—地方细则"政策设计模式（见图3-19），即中央政府政策设计（"顶层设计"）、中央政的"前馈效应"（feed-forward effects）以及地方政策再设计（"地方细则"），并回答了以下问题：中央政府和地方政府在政策设计中分别扮演什么角色？中央政府政策设计的逻辑是什么？中央政府政策设计（顶层设计）会对地方政府的政策细则产生什么影响？地方政府政策再设计的逻辑是什么？"顶层设计—地方细则"模式体现了什么样的政策设计逻辑？

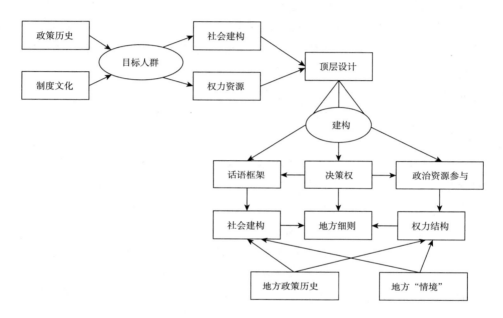

图 3-19　"政策建构政治"："顶层设计—地方细则"过程

资料来源：蔡长昆，王玉．"政策建构政治"：理解我国"顶层设计—地方细则"——以网约车政策过程为例［J］．甘肃行政学院学报，2019。

以网约车政策过程为例，在"顶层设计"阶段，面对复杂利益分配和不确定性压力，中央政府通过调整目标群体的话语框架、采用锚定出租车政策领域和区隔其他目标群体的多重策略建构了网约车目标群体，调和了利益与话语的多重冲突，在"顶层设计"过程中实现整体性回应。在第二阶段，"顶层设计"产生了非常复杂的"前馈效应"，包括话语效应和权力—资源效应，重构了政策子系统的运作逻辑，建构了多样化的次级政策子系统。在第三阶段，"地方细则"的设计内嵌于次级子系统，其围绕地方政府建构，既受到"顶层设计"的约束，也嵌入地方政策历史及地方治理情境中。地方政府可以沿着地方的话语框架和权力结构进行差异化政策设计。最终顶层设计和地方细则构成了网约车政策的整体。该研究的理论价值在于：将地方政府政策细则纳入政策设计过程中，强调了中国制度背景下中央政府和地方政府在政策设计中的作用，提出的中国政策设计"顶层设计—地方细则"模式，拓展了对中国政策设计中的央地关系的理解。尽管做出了吸纳地方政府的尝试，但该研究没有涉及其他政策设计主体的建构行为，尤其是没有考虑大众媒体是如何影响中央政府社会建构的。

梅赐琪等（2014）分析了政策试验中的中央与地方政策设计逻辑。以中国城市住房政策改革的政策试验过程为例，他们的研究发现：中央政府决定了政策改革的整体方向，其会有意识地选择试验地、确定试验项目内容以及选择可供效仿的示范项目。在中央整体设计和鼓励之下，多个地方开展小规模试验，累积并转变为渐进式政策变迁。在整个试验过程中，中央政府牢牢把控着试验过程，地方试验的作用是有限的。地方试验的成功与其最终是否会在国家层面被推广可能并不相关。如果地方自发性试验符合中央政府议程，中央政府就会选择该实验作为示范并进行推广；如果不符合议程，中央政府可能会制定自己的示范计划，并在"示范"之后进行推广。这种分层试验模式回应且调和了"政策变迁是有意政策设计结果还是取决于行动者共同参与的政治过程"这一经典争论。

（二）地方政策设计模式及其差异

作为政策设计的规划者之一，地方政府是如何进行政策"再"设计的？不同地方政府的政策设计逻辑是否存在差异？为何存在差异？现有研究深入阐释了"在执行中规划"和"地方政策试验"两种核心的地方政策"再"设计策略，识别出政社关系结构（政策环境）、交易成本和政策能力等影响地方政策设计差异的因素。

1. 地方政策"再"设计逻辑

地方政府沿着什么逻辑进行政策"再"设计？现有研究认为，"在执行中规划"和"地方政策试验"是地方政府政策再设计的核心逻辑，政社关系结构会影响地方政策设计过程。

在软性社会政策设计过程中，地方政府具有"在执行中规划"的设计模式特征。我国地方政府需要推行诸多软性社会政策以加强社会建设。由于社会政策目标、执行和结果难以测量，地方政府在政策设计过程中面临严峻的信息不对称问题。叶托、薛琬烨（2019）提出在短期化激励制度和虚置化约束制度的共同作用下，地方政府倾向于采取"在执行中规划"的政策设计模式，即政策方法并非事前规划完备，而是在政策执行过程中逐渐完善。以 Z 市社会工作委员会设计全民公益园政策方案为例，"在执行中规划"模式中，政策规划者与政策执行者之间的互动是一个政策信息生产、迁移和结构化的过程。我国地方政府"在执行中规划"设计模式沿袭了"规划与执行不断交替"的非线性路径，对"先规划后执行"的经典政策周期模型形成了挑战。

地方政策试验如何以及在多大程度上有助于政策能力建设、改进政策设计？政策能力（policy capacity）是政策设计的先决条件，强大政策能力是社会政策制定的必要条件。以此为基础，有学者在重庆城乡一体化试点过程中讨论了该问题（Jiwei Qian，2017）。首先，该研究认为政策能力与政策设计之间的关系是动态的，可以通过地方试验政策设计提高地方政策能力以实现政策目标。在重庆试点中，通过促进劳动力、信贷和土地等要素流动提高了地方财政能力，进而保障了试点目标的实现。其次，该研究验证了地方政策试验可以通过提高政策能力间接地影响政策设计。在重庆试点中，通过地方领导小组协调机制、量化政策目标与地方官员绩效挂钩的激励机制提高了地方行政能力和治理能力。随着政策能力的提高，地方能够更加有效地执行城乡一体化试点政策举措。最后，该研究表明现有制度安排（政策遗产）可能会对政策设计和地方试验产生影响。庄贵阳（2020）以中国低碳城市试点为观察对象，回应了该问题。通过建构中国低碳城市政策试点—扩散机制与政府行为框架，该研究发现在政策内容和政策工具尚不明确的前提下，中国低碳城市政策试点具有弱激励弱约束的政策环境。由于学习能力和领导力的差异，地方政府在政策创新中表现出争先、自主、效仿和守成四种差异化的行为特征。中国政策创新与扩散在地方实现了差异化的"再"设计。

政社关系结构会影响地方政策设计吗？方琦等聚焦地方社会组织扶持政策设计过程中利益团体互动关系及运作逻辑，分析发现条块逻辑下的

"政政"关系、利益逻辑下的"社社"关系以及共赢逻辑下的"政社"关系构成了地区社会组织扶持政策制定中多元关系及运作逻辑。条块逻辑下"政政"关系表现为横向部门冲突与纵向关系妥协；利益逻辑下"社社"关系表现为社会团体主导；共赢逻辑下"政社"关系表现为政府鼓励社会组织参与制定全过程、平衡社会组织间利益博弈、完善政策保障制度公平。三种关系类型在社会组织扶持政策制定过程中处于交织融合状态，同时三种策略形式直接或间接影响着政策制定与政策设计（方琦、范斌，2016）。

2. 地方政策设计差异及其影响因素

地方政府间政策设计逻辑是否存在差异？存在什么样的差异？为何存在差异？现有研究捕捉到了地方政策设计间的差异化，以此为基础提出了一些解释性框架。例如，有研究发现，交易成本和"政策意图—政策能力"是解释地方政策设计差异的关键因素。

传统上，政府直接供给是我国福利体制的核心工具。随着政府服务转型和社会工作事业不断发展，我国转为采用另一种组织工具——外包，即政府购买服务。尽管中央顶层设计确立了促进社会发展、构建社会主义和谐社会的共同目标，却没有明确政策工具组合，不同政策环境下地方政策设计出现差异。在没有中央协调的情况下，地方政府拥有一定的政策设计自主权，出现了项目制、岗位制、混合制等不同的政策设计（管兵、夏瑛，2016）。香港混合制模式针对不同人群政府与社会组织共同提供服务，兼顾了岗位制和项目制的特点。深圳岗位制模式是在公共部门里购买社工岗位，关注社会工作事业和社会工作人才队伍发展；广州项目制模式则在社区中购买服务项目，强调公共服务生产本身。广东的这两种模式都极大提高了社会组织活力，提升了社会工作专业度和社会服务效率，但两种模式工具组合和政策情境不同。广州政策设计是在市场治理模式下，通过专项资金（财政工具）促进社会组织（组织工具）发展，社会组织自行招募社工并在社区自主运营服务中心。深圳政策设计比较复杂，社会组织自身作用极其有限，新兴社会工作必须嵌入传统公共部门层级制中，专项资金（财政工具）和社会组织（组织工具）在市场与层级制的混合治理中发挥作用。那么，共同政策目标和相同政策工具情况下，为什么地方政策设计存在差异？延续"政治创造政策"的逻辑，既有研究从交易成本视角阐释了地方设计差异。由于委托—代理关系，项目制模式机构与政府职能分离可能会产生较高监管成本，而具有较高协调成本的单位制模式则更多实现了地方官员对社会组织和社会工作的控制。尽管交易成本部分解释了地方政策设计的差异，但并没有完全回答地方政府为什么设计同一工具的不同组合来实现共同政策目标的问题。

有学者从中央政策意图和地方政策能力来解释地方社会政策设计差异（Zhuoyi Wen，2017）。利用意图—能力分析框架，该研究发现从中央政策意图来看，中央政府明确以财政工具推动社会组织、社会工作和社会服务发展，并赋予了地方自主政策设计的空间，通过政策学习和政策试验将地方自主决策控制在"安全"范围。从地方政策能力来看，政策学习中的亲市场理念和不完善的分析能力直接导致设计思维倾向市场机制和购买服务。在不具备广州的社会组织和社会工作的条件下，快速组建社会工作队伍、增加社会组织可信度是深圳岗位制的设计基础。在大量财政支持下，两种模式都推动了社会发展，但市场和层级制的工具组合，尤其对于岗位制模式而言，阻碍了社会组织和社会工作事业的进一步发展。在中央明确政策意图且不进行协调干预情况下，地方试验过程中的政策能力差异，如学习阶段理念偏好、对社会组织条件分析能力不足等形成不同的政策环境，进而决定了地方政府政策设计采用不同工具组合。该研究深入讨论了中国政策制定和地方发展模式的设计思维。

第四节　中国政策设计研究述评

一　中国政策设计理论贡献

为了深入理解中国政策设计过程，本章系统性梳理了中国政策设计研究，全面把握当下中国政策设计研究整体特征，包括发展趋势、理论进展、核心议题以及方法取向在内的研究知识进展。在此基础之上，本研究发现，中国政策设计研究为政策设计理论所做出的理论贡献不足，缺乏中国特色。

第一，中国政策设计研究理论贡献不足，呈现出高度"追随"西方的特征。中国政策设计研究兴起与发展深受西方政策设计研究的影响，导致中国政策设计研究理论路径完全沿袭着西方政策设计理论框架，且没有摆脱对西方政策设计理论的借鉴、模仿与学习。经过 20 余年的发展，尽管中国政策设计研究学者基于中国经验提出和扩展了理论命题，但这些命题是在借鉴与追随西方的过程中，与西方互动所产生的结果。

第二，中国仅仅为政策设计理论贡献了经验领域。在西方政策设计"元意识"的引领下，中国政策设计研究议题的提出深受西方政策设计"三代"研究范式的影响，每个研究问题的出现与推进也都遵循着西方政策设计"三代"研究发展范式。在"追随"西方的研究进程中，中国政策设计研究学者尝试引入中国情境，却还是沿着西方研究路径开展中国经验分析，也进一步证明中国政策设计研究中仅仅是一个经验领域。

二　中国政策设计研究的不足

历经 20 余年的发展，中国政策设计研究已然取得了一定进展，但同时也暴露出了薄弱环节，具体体现在核心议题、理论视角和研究方法三个维度。

（一）政策组合与中国政策设计模式两个议题亟待推进

在政策组合议题中，中国程序性政策协调机制和政策整合因素、过程、机制与模式亟待国内学者深入研究。现有政策组合研究仅涉及工具组合结构及效果评估，政策工具协同、多元情境因素嵌入、政策组合动态演变都没有被纳入研究议程，尤其政策组合耦合机制的讨论更少。从政策协调来看，已有学者意识到协调的重要性并从组织视角探讨了政府内部横向及纵向的协调问题；也有学者识别了特定领域政策协调困境，评估了协调程度，也回答了中国政策协调为什么会失败。但是，"中国政策协调是以什么机制和逻辑展开"这一问题并没有被拆解。从政策整合来看，作为当下政策设计研究最前沿的议题，中国政策整合研究却尚未起步。"中国政策整合过程是什么样的？""哪些因素影响中国政策整合？""中国政策整合是成功还是失败？""中国政策整合是以什么机制和模式实现的？"这些问题都亟待回答。

中国政策设计模式议题中，"中国政策设计过程与模式是独特的吗？为何独特？"这些问题还没有被充分回答。"政策能力如何影响中国政策设计？""其他主体如何参与并影响中国政策设计？"等问题没有受到重视。从政策设计影响因素来看，现有研究注重讨论政策情境的影响，忽视了政策能力因素在政策设计中的作用。但国内学者已经认识到政策能力的重要性（岳经纶、刘璐，2016；田恒、唐贤兴，2016；唐贤兴、田恒，2014；顾建光，2010），并从组织视角对其进行了常识性的分析（肖方仁、唐贤兴，2019；余亚梅、唐贤兴，2020a；2020b）。从政策设计主体来看，地方政府在政策设计中的角色日益凸显，其他非政府主体作用也需要被纳入。已有研究讨论了中央顶层设计和地方试验及细则模式，需要进一步关注政策咨询系统如何参与设计。政策设计过程是一个多主体互动的过程，其他主体如社会组织、公众、大众媒体等在中国政策设计过程中扮演了什么角色？尤其是大众媒体在政策设计中发挥了什么作用？这些问题都需要进一步探讨。

（二）现有成果未突破西方理论，中国特色理论建构不足

现有中国政策设计研究理论路径沿袭西方理论体系，即工具主义、建构主义和制度主义。现有工具主义研究尽管偏重对特定政策领域的工具结构实践的分析，也在工具分类、工具选择模型和工具创新模式上进行本土化理论建构尝试，但仍然缺乏中国特色。建构主义的目标群体社会建构与政策设计框架占据中国政策设计研究的主流地位，已有学者致力于理论本土化创新并推动该框架的发展。制度主义视角研究集中于历史制度主义，其次是理性选择制度主义，社会学制度主义最少，另外目前中国政策设计研究还没有运用制度分析和发展框架（IAD）。对于整体性理论进展而言，中国政策设计未突破西方理论支配、中国特色理论建构不足。

（三）整体研究策略偏重质性研究，内容分析策略为主的方法结构单一

中国政策设计研究绝大多数选择了质性研究策略，主要采用内容分析法或文本计量研究方法构建多维分析框架，分析特定政策领域政策工具结构，以打开中国政策工具箱。除此之外，理论综述和倡导性研究缺乏研究方法，还有少部分研究对政策工具效果进行定量测量与评估。从研究方法

的整体取向来看，中国政策设计研究策略偏重质性研究。尽管质性研究在深入阐释与分析工具选择过程、政策设计过程和模式等问题上具有独特优势，但以内容分析为主的研究方法结构还是较为单一。

三　中国政策设计未来议程

基于上述中国政策设计研究理论贡献及研究不足的分析，围绕核心议题、理论视角和研究方法，本研究进一步提出了三点中国政策设计研究展望与未来议程。

第一，需要重视对政策组合及政策设计模式两个议题的讨论。中国政策协调是以什么机制和逻辑展开？中国政策整合过程是什么样的？哪些因素影响中国政策整合？中国政策整合成功还是失败？中国政策整合是以什么机制和什么模式实现的？中国独特的政策设计模式是什么？政策能力如何影响中国政策设计？其他主体如何参与和影响中国政策设计？这些问题都需要进一步研究。

第二，中国政策设计未来研究需要加强本土化理论建构。依据中国特色政策情境与经验，拓展对中国特色政策试点与政策试验设计方式的讨论，引入新的变量，建构新的分析框架，以实现理论本土化建构，真正摆脱对西方理论话语体系的"套用"。

第三，未来研究需要完善与丰富研究方法。在现有质性研究策略取向基础上，结合理论创新深入分析与阐释中国政策设计过程与模式。此外，还需要更多地采取定量研究以及混合研究策略，引入更多更新的研究方法来加强数据挖掘和处理，例如制度语法、Q方法、机器学习以及因果机制过程追踪等，以辅助政策设计分析。

结　语

为了深入理解中国政策过程，本章在"重建政策设计"的议题之下对现有的中国政策设计研究进行系统性文献综述，为中国的政策设计研究做出了基础性工作。本章的主要目标是通过系统性地评估中国政策设计过程，深入探讨中国政策设计研究与政策设计学科之间的联系，掌握中国在政策设计研究领域的基础进展。基于这些了解，进一步明确和细化中国政策设计研究的未来研究方向。

首先，在详细梳理西方政策设计三代发展脉络与核心议题以及工具主义、建构主义和制度主义三大核心政策设计理论视角的基础上，本章总结了中国政策设计研究特征。以 2010 年为时间节点，中国政策设计研究大致划分为兴起与发展两个阶段。整体来看，中国政策设计研究特征表现为以下几点。第一，中国政策设计研究在时间上滞后于西方政策设计研究近半个世纪，中国研究的兴起与发展都深受到西方政策设计研究的影响。第二，中国政策设计研究议题与西方政策设计三代研究议题高度重叠，每个议题都受西方政策设计"元意识"的引领，中国在政策设计研究中仅仅是一个经验领域。第三，社会政策成为中国政策设计研究的主要政策场域与分析情境。第四，中国政策设计研究理论路径沿袭西方政策设计理论框架；尽管国内学者基于中国经验提出和扩展了理论命题，但这些命题是在借鉴与追随西方的过程中，与西方互动所产生的结果。第五，中国政策设计研究主要以质性研究方法为主，但近期开始逐渐展现出采用定量研究方法的趋势。

其次，本章整理了中国政策设计研究的政策工具、目标群体与政策设计、政策组合耦合和中国政策设计模式四个核心议题知识进展，评估了中国政策设计理论贡献及不足，并设置了中国政策设计的未来议程。从核心议题知识进展来看，政策工具是中国政策设计研究的重要知识基础；目标群体与政策设计议题上有理论突破；政策组合与中国政策设计模式两个议题亟待打开。从理论贡献来看，中国政策设计研究理论贡献不足，呈现出高度"追随"西方的特征，中国仅仅为政策设计理论贡献了经验领域。除此之外，中国政策设计的研究整体上倾向于采用质性研究策略，这导致了以内容分析为主的研究方法结构较为单一，存在方法多样性不足的问题。未来研究需要重视与回应"中国政策协调是以什么机制和逻辑展开？""中国政策整合过程是什么样的？""哪些因素影响中国政策整合？""中国政策整合成功了还是失败了？""中国政策整合是以什么机制和什么模式实现的？""中国独特的政策设计模式是什么？""政策能力如何影响中国政策设计？""其他主体如何参与和影响中国政策设计？"等问题，尤其需要重视中国政策整合议题研究。

　　综上所述，本章认为中国政策设计过程仍处于"黑箱"之中。从兴起到历经 20 多年发展，中国政策设计研究已然成为中国公共管理学和公共政策学中一个极具前景和生命力的研究主题，但相较于中国政策过程其他议题，中国政策设计研究仍未受到足够重视。打开中国政策设计过程及模式"黑箱"，对于理解中国政策过程具有重要意义。

第四章 中国政策执行研究：从概念"内卷"到理论突破

导 论

公共政策执行是政策过程的重要环节之一。政策执行是实现政策目标、将政策理念转化为实际成效的唯一途径。政策执行的成败关乎整个政策的成败。因此，公共政策执行研究是政策过程研究的重要内容之一。在西方政策科学发展过程中，公共政策执行研究在很长一段时间内被政策学者们所忽视，但自20世纪70年代起，西方掀起了政策执行研究的热潮，众多政策学者投身于政策执行研究，形成了声势浩大的"政策执行运动"，使政策执行研究成为政策科学中迅速发展的领域。为了解决政策执行失败的问题，学者们从不同视角提出了大量的理论模型、影响政策执行的变量以及改进政策执行效果的建议。历经数十年的演进，西方在政策执行领域的研究已经发展出包括"自上而下"、"自下而上"以及"整合范式"等多种研究路径，积累了丰硕的研究成果。这些成果为我国政策执行研究的发展提供了坚实的理论支撑和宝贵的实践经验。

中国共产党在长期治理国家过程中，非常强调政策在国家治理中的作用，同时高度重视政策执行问题。公共政策执行是对一项基本政策决定的实施，通常蕴含在一个法规、行政命令或法院判决中。政策执行一般是指从基本法令通过开始，到执行机构实施，到目标群体的政策服从，再到产生（未）预期的结果，并使机构和法令政策重新调整的一个过程（Mazmanian et al.，1983）。由此可见，政策执行对于推进中国治理体系现代化发挥着重要的作用，是实现国家治理目标、提升国家治理能力的重要手段。自20世纪90年代中后期始，越来越多的中外学者开始重视中国的政策执行问题。从初始的介绍西方政策执行理论到基于中国的政策执行经验，中国的政策执行研究运用科学的方法，在与西方理论进行对话的同时，也提出了许多中国特色的政策执行理论，积累了丰富的研究成果。然而，对于影响政策执行的关键变量、政策有效执行的前置条件、如何判定政策执行成功与否等关键问题，学术界并未达成共识。虽然有关中国政策执行研究的文献已经非常多，然而知识累积的缺乏仍是政策执行研究面临的主要困境之一（丁煌、定明捷，2010）。

本章致力于回答以下几个问题：中国政策执行研究经过近30年的发展，目前研究的整体现状如何？研究成果的质量如何？主要探讨了哪些研究问题？是否形成了政策执行研究的"中国特色"？是否促进了政策执行研究的知识积累？还存在哪些不足？未来的政策执行研究还需要在哪些方面进行拓展？

为了更全面地梳理和了解中国政策执行研究的进展和发展动态，本章首先对西方政策执行理论研究脉络进行了概述。这是由于中国政策执行研究沿袭了西方政策执行研究的发展脉络，同时也衍生出中国特色的政策执行理论，因此，有必要对西方的政策执行研究理论进行简单的梳理和概括。其次，本章对中国政策执行研究的整体情况进行了统计分析。本章为了更深入和客观地了解中国政策执行的发展进展，减少主观偏差，运用系统性综述的方法，通过收集文献、筛选问题、精读文献、编码、文献分析等流程，对中国政策执行研究的整体发展情况、研究议题、研究方法、涉及的政策领域等方面进行了统计分析。再次，本章对政策执行研究的三个理论视角进行了概述。为了更好地对研究议题展开分析，本研究将在介绍政策执行研究的理论视角的基础上，对中国政策执行研究所取得的理论突破进行深入评估。在此基础上，对中国政策执行的主要研究议题所取得的研究进展进行了详尽的论述，以构建中国政策执行研究的知识图谱。围绕政策执行研究的核心问题，中国政策执行研究主要形成了政策执行模式、政策执行策略、政策执行偏差、政策执行差异等子议题，学者们分别从不同的理论视角，对以上研究议题展开了丰富的讨论。最后，本章对中国政策执行研究进展，包括研究贡献、研究不足以及未来的研究方向等进行了述评。

第一节　西方公共政策执行理论研究概述

公共政策执行是政策过程中的重要环节。政策执行是实现政策目标的唯一途径。长期以来，西方的政策学者更重视政策制定的研究，相对忽视了政策执行。自 20 世纪 70 年代开始，西方学者逐渐转变观念，意识到政策理想与政策实践之间是存在差距的，反思了政策执行失败的原因，从而开启了政策执行研究的热潮。随着学者们对政策执行问题的深入研究，西方学界产出了大量的研究成果，形成了不同的研究路径。

一　西方政策执行研究的理论路径

（一）第一代政策执行研究："自上而下"路径

第一代政策执行研究始于 20 世纪 70 年代初，深受古典行政学模式的影响，坚持政治与行政分离和价值中立的原则。德茨克、普瑞斯曼和维尔达夫斯基以及史密斯等是其中的代表性学者。这一时期的研究焦点在于如何将政策理想转变为现实、如何实现预期的政策目标。有学者从自上而下的路径分析政策结果与政策目标产生差距的原因，将政策制定与政策执行分割，假定只要制定出完美的政策，执行者就会按照计划执行，实现既定的政策目标（陈振明，2004）。在这一路径下，政策执行失败的原因在于政策制定的不完善和政策执行机构的不服从。自上而下的研究路径侧重于政策执行实务和个案研究，也有学者致力于归纳政策执行的一般性规律，提出相关理论模型，其中，史密斯过程模型（Smith，1973）是典型案例。

自上而下的研究路径使得政策执行研究成为政策过程研究中的重要组成部分，同时也提出了影响政策效果的重要因素，但仍然受到了学界的批评。由于自上而下的研究路径过多地强调上级决策部门的重要性，忽视了下级行政机构的能动性（Hjern，1982）。这一路径将政策执行视为下级政府机械地执行上级指令，忽视了政策对执行主体以及目标群体的影响。

（二）第二代政策执行研究："自下而上"路径

20 世纪 70 年代末至 80 年代，随着对政策执行研究的深入，许多学者开始重视行动者在政策执行过程中的作用，形成了"自下而上"的研究路径，构成了第二代政策执行研究，代表性学者有伯曼、利普斯基、米特和霍恩等。自下而上的研究范式坚持价值理性的原则，认为政策制定与政策执行是相互影响的，并不能完全分割。因此，此范式强调下级政策执行主体的能动性（Lipsky，1980），认为政策执行结果并不必然是实现既定的政策目标，而是行动主体互动调适的结果。米特和霍恩（1975）为了更好地体现政策制定、政策执行主体以及政策执行效果之间的关系，建构了米特—霍恩模型，明确了影响政策执行效果的不同变量以及它们之间的相互关系，强调了政策执行主体的能动作用。在研究方法方面，第二代执行研究比第一代更加多元。除了运用个案分析法之外，第二代执行研究还运用网络分析以描绘多元行动者之间的互动关系（陈庆云，2006）。

自下而上研究路径的贡献在于将政策执行主体纳入政策执行研究中，强调基层执行机构和行动者的自由裁量权，重视政策执行过程中不同执行机构之间的沟通、协作和博弈过程。与此同时，自下而上的研究路径由于过分强调基层执行机构的作用，忽视了制度环境、政策制定对于政策执行的约束，偏离了实现政策目标的初衷。也有学者认为，此路径对于多元行动者互动产生的原因没有做出更加明确的解释（Schofield，2001）。

（三）第三代政策执行研究：整合路径

20世纪90年代开始，政策执行研究者逐渐意识到自上而下与自下而上的研究路径均存在弊端，不能全面地解释政策执行问题。因此，许多学者从整合性的视角分析政策执行问题，从而形成了政策执行研究的整合困境，构成了第三代政策执行研究（Charlesand Fox，1990）。整合路径坚持理性多元化的价值取向，结合自上而下与自下而上的理论路径，构建了整合性概念框架，同时使用多种分析技术和方法，试图解释由于时间变迁、政策类型以及执行机构的不同而产生的政策执行差异。整合范式认为政策执行的效果不仅受制于政策制定者的科学合理的政策方案，还取决于政策执行机构之间的互动关系。麦尔科姆·L.高金（1990）提出的府际政策执行沟通模式以及保罗·A.萨巴蒂尔（1993）提出的倡导者联盟框架等是第三代政策执行研究的典型代表。

整合范式的政策执行研究弥补了自上而下与自下而上研究路径的缺陷，

更加全面地揭示了政策执行过程以及影响政策执行效果的多种变量及相互关系，概念化及可操作化也更强。虽然如此，有学者认为整合范式涉及的因素过多，构建的模型过于庞大；由于政策实践的复杂性，运用整合范式研究政策执行实践非常困难，从而限制了政策执行的理论研究（陈喜乐、杨洋，2013）。

（四）第四代政策执行研究：新趋势

随着研究的深入，政策执行研究已形成新的发展特征，然而学者们对何谓第四代政策执行研究并未形成共识。有学者认为行动者网络是第四代政策执行研究的主要特征（刘伟忠、张宇，2022），但也有学者指出政策执行研究陷入停滞，在很长一段时间内未能取得实质性的发展，指出现有的政策执行研究更多地借助其他学科的理论解释政策执行问题，对于政策科学的理论贡献不足（Hupe and Sætren，2015）。因此，应从政策过程理论视角重新审视政策执行的研究主题和对象，对现有政策过程的经典理论模型进行修正，应结合多源流模型、倡导者联盟框架及政策周期模型，增加政策执行阶段的过程流、程序流，构建完整的政策过程模型，使政策过程理论更具解释力（Howlett et al.，2017）。

政策执行研究进入第四代发展阶段，已经取得了丰富的研究成果。具体而言，政策执行的研究问题愈加细化，理论模型也越来越复杂多元，研究领域甚至研究方法方面都具有了较大的发展。然而突破现有的研究，提出更具影响力的政策过程理论仍是政策执行研究面临的最大挑战。

二 启示与发展

西方政策执行研究为中国政策执行研究提供了丰富的理论视角和研究经验。中国政策执行研究也是探讨西方政策执行研究聚焦的核心问题，即如何将政策理想转变为政策现实、政策执行是否实现政策目标，以及政策如何在基层政府得以实践。基于不同的理论视角，当下的中国政策执行研究围绕这些议题展开了研究。中国政策执行研究与西方政策执行研究路径相似，亦经历了自上而下、自下而上以及整合的研究路径，同时也呈现出新的发展趋势。

在此基础上，中国政策执行研究经过近 30 年的发展，取得了丰富的研究成果，不仅能够与西方理论进行对话，同时也提出了许多中国特色的政策执行理论。中国政策执行经验为中国政策执行研究提供了丰富的研究土壤，但也意味着更"特异"的理论建构。相比于西方政策执行研究，中国政策执行研究具有自己的特点。首先，中国政策执行研究更加注重权威体制对于政策执行的影响。其中政策的政治势能、复杂多元的央地关系，以及政府与社会之间错综复杂的互动网络都与西方政策执行实践具有显著的差异，它们对于中国政策执行过程与结果的影响也具有较大差异，进而构建了具有中国特色的执行模式。其次，中国政策执行研究对于具有中国特色的政策动员、政策调适等执行策略进行了丰富的阐释。最后，中国政策执行研究对于政策实践中普遍存在的政策执行偏差及政策执行差异的问题提供了众多解释。

三　待解决的问题

中国政策执行研究延续了西方政策执行的研究路径，并在此基础上，根据中国本土的政策执行经验，在进一步验证和修正西方理论的同时，发展出具有中国特色的执行理论。因此，理解中国政策执行研究发展进展，首先要对西方的研究脉络具有一定的了解，才能够更清晰地确认当前中国政策执行理论发展是否突破了西方的政策执行研究，是否对于政策执行研究甚至政策过程理论做出理论贡献。所以，厘清中国政策执行研究的整体发展和研究脉络、评估现有研究的理论贡献和不足、明确未来的研究方向，既可以对后续的研究提供有益的借鉴和参考，又是推动中国本土化、整体性的政策执行理论形成的基础。

基于此，本章运用系统性文献综述的研究方法按照以下研究思路展开了后面的研究。首先，对现有中国政策执行研究的文献进行收集并根据年度分布、核心作者、政府层级、议题分布、研究方法、理论视角等维度对收集的样本进行编码，对研究的整体发展情况进行了描述性统计分析。其次，对政策执行研究形成的三个理论视角进行了概述。分别对制度视角、组织—治理过程视角、政策视角对于政策过程的核心假设，研究的核心问题、核心的运作机制等方面进行了介绍。再次，对中国政策执行的主要研究议题进行了详尽的论述。中国政策执行研究形成了政策执行模式、政策执行策略与政策执行结果等三个主要研究议题。最后，对中国政策执行研究进展进行了述评，分别从研究贡献、研究不足和研究展望等三个方面进行了论述。

第二节　研究方法与统计分析

一　研究方法

为了全面回顾中国政策执行研究进展，本节选择系统性文献综述法对中国政策执行的中英文文献进行收集、筛选、编码和分析（见图4-1）。与传统的文献综述方法相比，系统性文献综述能够使研究者以更加科学严谨的方式界定相关文献、评价研究质量、总结研究成果。

第一步：研究问题的提出。本章的主要研究目的为对中国政策执行研究进展进行整体性回顾，具体而言，可分解为以下几个方面的问题。第一，中国政策执行研究的整体进展如何，核心作者有哪些？涉及哪些政府层级？第二，中国政策执行研究主要围绕哪些研究议题展开？研究议题的发展趋势如何？第三，中国政策执行研究主要涉及哪些政策领域？第四，中国政策执行研究采用什么样的方法论？

第二步：文献的初步搜集。本研究团队以国内《管理世界》《公共管理学报》《中国行政管理》《公共管理与政策评论》等169本CSSCI来源期刊和国外 *The China Quarterly*、*Public Policy And Administration*、*Policy Studies Journal*、*Public Administration* 等48本外文期刊作为数据来源，中文文献以2000~2022年、英文文献以1990~2022年作为检索起止时间，对以上期刊中有关中国政策过程的文献进行地毯式搜索。通过对搜索到的文献进行二次清理，筛选了其中的政策执行的文献。通过进一步对整体样本进行编码，最终筛选出523篇中文文献和98篇英文文献，共计621篇有关"中国政策执行"的文献样本。[①]

第三步：文献的筛选。为了对不符合本节研究目的的文献进行排除，本节建立了一套筛选标准。第一，排除研究主题不是政策执行研究的文献，例如更侧重于政策决策过程、政策设计、政策评估等议题的文献。第二，

---

① 细节部分，参考第一章的方法论。

排除发表年限不在规定年份的文献。第三，排除不是研究中国政策经验的文献。第四，排除仅讨论政策执行实践层面的文献。根据以上标准，笔者通过对标题、摘要、全文的依次筛选，通过补充高被引文献和文献综述中有所引用但并没有被包含在初始文献集的文献，最终确定547篇文献作为分析样本。

第四步：编码框的制作以及编码。本研究对收集的文献进行了编码。首先，对文献的一般特征，如作者、作者机构、发表年份、刊发期刊、研究方法、政策领域、政府层级等特征进行了数据提取和概括。其次，通过精读文献，对文献的研究议题、理论视角等方面进行了更加细致的分类和整合。

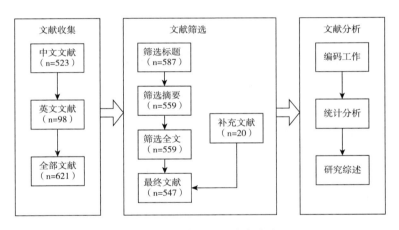

图4-1　系统性综述技术路线

资料来源：作者自制。

二　研究发现

（一）基本情况

1. 年度分布

进入21世纪以来，学者们对政策执行的研究总体上呈热情逐年上涨趋势（见图4-2），尤其是2007~2008年，增幅明显。这可能是因为2006年国家首次将"提高政府执行力与公信力"作为深化行政管理体制改革的主要内容写入《政府工作报告》，学界对此给予积极回应。随着我国服务型政府建设及国家治理现代化的推进，政策执行研究成为学界关注的热点问题。

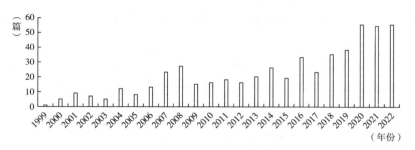

图 4-2　中国政策执行研究文献年度分布
资料来源：作者自制。

2. 核心作者

某研究领域的研究学者的发文数量以及被引频次一定程度上体现了其在相应的研究领域中的研究贡献和学科影响力。根据文献计量学中的高产作者定律，本节对中国政策执行研究领域中 616 位研究学者的发文数量和被引用频次进行了统计（搜索被引频次的时间为 2023 年 9 月 21 日），选取发文数 3 篇及以上的学者作为该领域具有一定学术影响力的学者。根据表 4-1，周雪光、贺东航、孔繁斌、丁煌、左停的被引频次平均值居于前五位，其中丁煌的发文量及总被引频次位居第一。钱再见、定明捷、薛澜、周国雄、宁国良、龚虹波等学者是最早开启政策执行研究的学者，亦是长期专注该领域的学者，为中国政策执行研究奠定了扎实的基础。除了具有较高影响力的学者之外，还有许多优秀的学术新秀加入中国政策执行研究的队伍中，为中国政策执行研究提供了新鲜的血液。

表 4-1　中国政策执行研究核心作者统计

单位：篇，次

序号	作者	作者机构	发文量	被引平均值	被引总数
1	周雪光	美国斯坦福大学社会学系	3	981	2943
2	贺东航	复旦大学社会科学高等研究院	3	647	1941
3	孔繁斌	南京大学政府管理学院	3	647	1941

续表

序号	作者	作者机构	发文量	被引平均值	被引总数
4	丁煌	武汉大学政治与公共管理学院	18	169	3042
5	左停	中国农业大学人文与发展学院	4	139	556
6	钱再见	南京师范大学公共管理学院	5	133	665
7	定明捷	华中师范大学公共管理学院	7	129	903
8	薛澜	清华大学苏世民书院	4	128	512
9	周国雄	华东理工大学社会与公共管理学院	3	112	336
10	宁国良	湘潭大学管理学院	8	107	856
11	龚虹波	宁波大学公共管理系	4	93	372
12	赵静	清华大学公共管理学院	5	92	460
13	高建华	桂林电子工业学院管理系	4	87	348
14	陈丽君	浙江大学公共管理学院	3	87	261
15	杨帆	华东政法大学政府管理学院	3	86	258
16	杨宏山	中国人民大学公共管理学院	5	80	400
17	薛立强	天津商业大学公共管理学院	3	77	231
18	杨书文	天津财经大学经济学院	3	77	231
19	王诗宗	浙江大学公共管理学院	4	69	276
20	刘志鹏	北京师范大学政府管理学院	4	69	276
21	魏姝	南京大学政府管理学院	3	65	195
22	李金龙	湖南大学公共管理学院	3	53	159
23	王洛忠	北京师范大学政府管理学院	3	49	147
24	崔晶	中央财经大学政府管理学院	5	47	235
25	王国红	中共广西壮族自治区委党校政治学部	3	46	138
26	刘晶	中国人民大学公共管理学院	3	43	129
27	宋雄伟	国家行政学院政治学教研部	4	35	140
28	谭英俊	湘潭大学公共管理学院	3	33	99
29	袁方成	华中师范大学中国农村综合改革协同创新研究中心	4	23	92
30	李文彬	华南理工大学公共管理学院	3	23	69
31	蔡长昆	华中科技大学公共管理学院	3	16	48
32	郭小聪	中山大学政治与公共事务管理学院	4	12	48

资料来源：作者自制。

3. 政府层级

中国政府组织层级结构的特征决定了政策执行链条相对较长，这也一定程度上体现了中国政策执行经验具有复杂多样的特征。根据对现有政策执行研究文献中研究对象的政府层级的编码，现有政策执行研究涉及对中央政府、省级政府、地市级政府、县区级政府、乡镇街道以及村民委员会和社区居民委员会等层级政策执行的研究（见图4-3）。根据编码结果，现有研究更多地关注地市级政府层级的政策执行，其次是省级政府，第三是中央政府和县区级政府，其他层级的研究数量没有明显的差距。以上结果表明，学者对于各层级政府的政策执行研究较为均衡，同时这也是政策执行并不能割裂其他层级政府的影响所致。需要说明的是，图4-3中其他属性的比例主要是无政策经验的文献，不涉及政府层级的讨论。

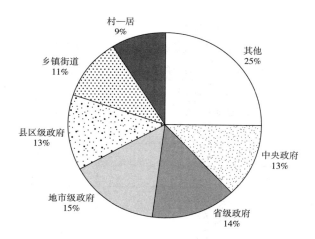

图4-3 中国政策执行研究政府层级分布

资料来源：作者自制。

（二）议题分布

中国政策执行研究同样沿着政策执行的核心问题——政策执行如何实现政策目标——展开，并且衍生出其他子问题，包括政策执行在实践中形成何种特定的模式？政策执行行动者采取何种策略应对上级的政策任务？政策执行结果为何与政策目标产生了偏差？政策执行在不同情况下为何产生差异化的结果？基于此，本研究将中国政策执行研究的议题归纳为政策执行模式、政策执行策略、政策执行偏差、政策执行差异等，其中政策执行偏差获得了最多的关注。

从图4-4和图4-5可以看出中国政策执行研究议题的发展脉络。首先，在研究起始阶段，研究者更多地关注政策执行偏差的问题，且这一问题贯穿于整个研究阶段，一直是学者们关注的最核心议题。其次，随着我国政策执行经验的积累，研究者逐渐对中国政策执行形成的特定执行模式开展了研究。再次，随着政策执行研究的不断深入，研究者不再停留在中国政策执行整体特征的研究，而是从更加微观的层面分析政策执行行动者采取的不同策略。最后，随着政策实践呈现出多样化特征，政策执行结果的差异引起了研究者的密切关注，是目前政策执行研究中的热点议题。

除此之外，还有其他政策执行的相关研究。其中，陈振明（2001）、龚虹波（2008）、丁煌和定明捷（2010）、宋雄伟（2014）等学者对西方政策执行的理论进行了介绍，为我国政策执行研究提供理论借鉴；也有金太军（2001）、叶大凤（2006）等学者对加强政策执行研究进行了呼吁。定明捷（2014）、吴宾和齐昕（2019）、胡业飞等（2020）等也对我国政策执行研究进展进行了归纳总结，为理解中国政策执行研究整体图景做出了贡献。

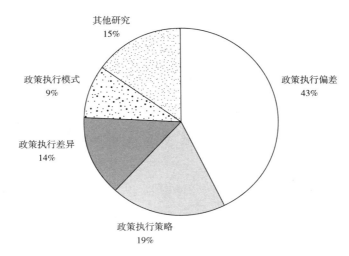

图4-4　中国政策执行研究议题分布
资料来源：作者自制。

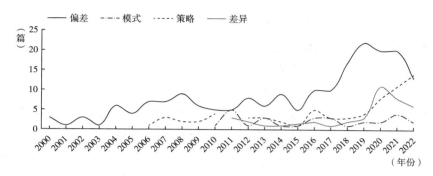

图4-5 中国政策执行研究议题的时间分布

资料来源：作者自制。

（三）研究方法

由于学科发展起步较晚，在研究的前期规范性研究居多（见图4-6）。随着政策执行研究的深入，我国政策执行研究以个案研究为主要方法，其次是多案例比较研究。近年来，也有学者开始运用定量研究方法和混合研究方法研究政策执行，说明我国政策执行研究的研究方法逐渐科学化和多样化。

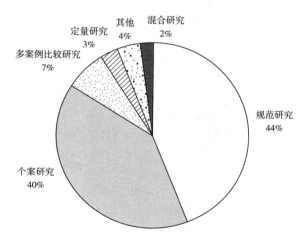

图4-6 中国政策执行研究方法分布

资料来源：作者自制。

（四）政策领域

中国丰富的政策执行经验为政策执行研究提供了广阔的土壤，现有研究已涉及众多政策实践领域，其中研究最多的是社会政策和环境政策，这也在一定程度上体现了我国当前国家治理中最关心的政策实践问题。另外，研究较多的还有国家管理体制中的行政政策，这类政策具有其独特的运行逻辑，是最具有中国特色的政策研究领域。除此之外，经济创新政策、"三农"政策、教育政策也是研究的热点领域，不同政策领域的研究具有不同的特点。随着时间的演进，政策执行研究的政策领域逐渐多样化（见图4-7）。

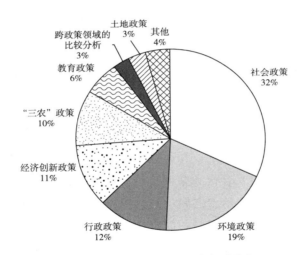

图4-7 中国政策执行研究领域分布

资料来源：作者自制。

第三节 理论视角

中国政策执行的研究具有极强的"中国特征"，但总体上仍然深受西方政策执行理论视角的影响，这一点在陈丽君和傅衍（2016）的研究中得到了体现。他们指出，尽管中国学者在研究中尝试将经验领域本土化，并提出理论命题，但这些研究并没有完全脱离西方政策形成理论的框架，仍然隐约可见西方理论的影响。丁煌（2010）将政策执行研究的理论视角划分为组织理论、网络分析、制度分析和阐释性视角四种类型。杨书文和薛立强（2022）认为国内外政策执行研究主要从组织理论、制度分析和网络分析三大理论视角展开。除此之外，也有学者指出更具体的变量视角。陈那波和李伟（2020）指出现有政策执行研究多数从激励机制与政府结构两个角度讨论基层政府行为。胡业飞等（2020）将影响政策执行结果的变量归纳为政策设计与政策特质、政策执行者个人的特质及行动选择、科层内部结构与制度、央地关系、组织系统外部环境等五种类型。基于此，通过精读文献，整合以上研究成果，本研究认为政策执行研究主要形成了以下三种重要理论视角：制度视角、组织—治理过程视角和政策视角。三个理论视角对于政策执行过程的核心假设、研究的核心问题、核心的运作机制、理论基础来源以及对于政策执行是否以及如何得以达成目标等基本问题有不同的判断。本研究将分别对三个理论视角进行概述，然后将其应用到具体的政策执行研究的议题讨论之中。

一 制度视角

政策执行研究的制度视角更多地关注行政体制、府际关系、激励与控制等约束性因素对政策执行主体行为选择的制约和影响。政策的有效实施依赖于多个行动者的相互合作和共同推动。约束行动者的行为、激励行动者采取合适的策略、使行动者之间达成共识以共同推动政策的执行，这些目标的实现需要相应的制度保障。制度作为约束、规范和激励个体行为的社会规则，通过控制行动者行为的成本—收益关系，影响行动者的行为，减少行动者机会主义行为，使行动者做出更符合预期的行为选择。政策执行必然是在一定的制度环境下实施的，政策执行的效果深受规章制度的影响。

为了分析制度和规则如何影响行动者的互动模式的选择及其行动结果，埃莉诺·奥斯特罗姆（Elinor Ostrom，1999）提出了制度分析与发展（Institutional Analysis and Development，IAD）框架。在制度分析与发展框架中，行动者的行为受制于所处的行动情境，还受到行动舞台之外的制度规则、共同体属性以及自然物质条件的约束，它们共同影响行动者之间的互动模式及其行动结果。除此之外，有学者构建了政策执行的激励关系模型（Mitnick，Backoff，1984），认为激励制度对政策执行主体的行为选择和政策执行的成败具有重要影响。我国学者亦基于制度视角分析制度，对规则如何影响政策执行过程和结果，执行主体如何实现政策目标、在政策实践中形成何种执行模式和特征等问题进行了探索。例如，薛立强和杨书文（2011）基于压力型体制的制度特征，概括了我国政策执行模式的核心特质；周雪光（2008）揭示了政策执行过程中上下级政府之间形成的制度性"共谋"关系；欧博文（Kevin J. O'Brien）和李连江（1999）从上级政府的行政控制与基层自主权的角度阐释了基层政府"选择性执行"行为产生的动因。

在中国情境下，制度视角的核心表现是压力型体制下的控制和激励机制。在政策实践中，中国构建了多种形式的控制机制以确保政策的有效执行，包括制度化的行政控制机制（冯定星，2014）与非制度化的控制机制（李振，2014；阎波、吴建南，2018）、政府体制内部与外部社会的纠偏机制（魏淑艳、陈雅，2021）等。政策执行中制度化的控制机制对于推动政策的有效执行具有重要的保障作用，而非制度的控制也发挥着补充甚至加强的作用。激励机制则包括正式激励和非正式激励机制。正式激励包括政治激励和经济激励机制。政治激励对于推动政策执行具有显著的激励效应，而经济激励的效应根据其政策属性有所不同。非正式激励机制亦对政策的有效执行发挥着重要的补充作用。

制度视角的政策执行研究更重视制度安排如何影响政策执行行动者行为选择和行为结果，基于制度视角的政策执行研究呈现出典型的自上而下研究路径的特征。

二　组织—治理过程视角

政策设计需要依托一定的组织载体才能得以实施，如果组织不能有效运转，那政策便不能按照政策方案执行，不能实现原有的政策目标。有学者指出任何一项观念转变为行为，都需要依托组织的实施才能得以实现（Elmore，1978），因此，只有了解组织的运作才能认识到政策设计如何在执行过程中被修正和赋予新的意义。

为了有效分析组织要素对政策执行过程和结果的影响，研究者运用组织理论和组织行为理论的相关概念，力图揭示组织的内部结构和行为选择对政策执行的影响。有学者提出了一个政策执行分析框架（Van Meter，Van Horn，

1975），其中包含"执行组织特征"与"执行组织成员的意愿"两个影响政策执行效果的组织变量。有学者从行政机构的内部结构和活动特征研究政策执行失败的问题，认为政策执行过程是组织的投入产出过程（Dunsire，1990）。在这一过程中，行政机构的内部运作规则以及传递信息的机制会使原本的政策失真，偏离其应有的执行轨道。我国学者艾云（2011）亦指出政策执行低效是组织内部结构和组织设计不合理导致的频繁的非正式行为导致的。

以上研究主要是从单一组织或者组织内部的视角分析政策执行问题，突出了组织结构、组织运作过程和组织文化以及组织成员的行为逻辑对政策执行的影响。当政策执行任务由单一的执行组织承担时，组织内部的结构特征、价值观念以及利益分配等成为影响政策执行成败的重要因素。除此之外，组织资源的多寡、信息的传递等因素都会影响政策执行效果。政策执行组织通常运用监督控制机制、晋升激励机制等组织管理机制实现对组织成员行为的控制和调配，从而采取相应的行动策略，推动政策执行，促进组织目标的实现。

然而，随着政策执行越来越依赖多个组织的共同参与，从单一组织内部特征研究政策执行问题就难以涉及复杂的组织间关系和组织外部环境对政策执行的影响了。因此，研究者借助公共治理理论将政府之外的各类公共治理主体纳入研究范畴，逐渐从治理的视角探讨多组织参与的政策执行问题。

全球治理委员会（1995）指出治理是政府部门与非政府部门管理公共事务各种方式的总和。治理理论的权威学者罗兹（Rhodes，1996）指出，治理代表着组织主体之间的网络关系，这种网络关系下的治理拥有四个特征：第一，各类社会主体之间存在相互依存、相互影响的关系；第二，各类社会主体在资源的交换或交易以及推动共同目标实现的过程中不断互动交流；第三，当不同社会主体因利益诉求或其他因素出现矛盾冲突时，需要以彼此之间的信任和一定的规则为基础进行谈判、协调；第四，网络关系下的治理活动保持着相当程度的自主性。

基于此，本研究认为治理是多元社会主体之间持续互动的过程，在这一过程中，不同社会主体之间的利益冲突得以消解，从而实现共同行动。治理视角的政策执行研究正是从多元主体互动过程的角度，探讨政策执行多元主体如何通过协调、谈判、合作等方式形成合作联盟，提高政策执行绩效，实现公共目标。治理视角的核心运作机制不再是"命令—控制"，而是多元主体之间的互动合作。

在国内研究中，也有学者将治理理论融入政策执行研究，揭示中国政策执行的特殊属性，提出了基于中国情境的理论观点。周雪光和练宏（2011）认为政策执行是上级政府与下级政府之间相互博弈和互动之后的结果，并根据上下级政府部门之间的互动关系的不同，将政策执行模式区分为常规模式和动员模式。除此之外，也有学者讨论了治理主体之间形成何种合作生产才能更好地推动政策执行这一问题。丁煌等（2022）提出"共识型"政策执行模式，指出在政策执行过程中只有在多元行动者之间达成共识的情况下才能形成相互合作的局面，才能避免相互不配合的问题，从而推进政策的目标的实现。

组织—治理过程视角的政策执行研究强调组织和治理过程对政策执行的影响，更多地从组织运作过程和治理过程探讨单一组织或多个组织通过何种形式实施政策、如何提高政策执行绩效。组织—治理视角侧重于过程研究，呈现典型的自下而上研究路径的特征。

三　政策视角

制定政策的决策者通过政策设计赋予政策特定的特质，体现决策者不同的意志；不同属性的政策设计会对政策执行产生差异化影响。政策设计的属性以及其政策设计的政策目标、政策工具、目标群体等要素的差异化也会影响政策执行效果。

西方学者提出，政策属性和类型影响政策执行结果。有学者基于政策特征决定政策的政治过程的假设提出了政策类型理论（Lowi，1972）。他根据政策的"政府强制的可能性"和"政府强制发生作用的途径"两个维度将公共政策划分为分配政策、规制政策、再分配政策、构成性政策四种类型，并认为不同的政策类型构成了不同的权力场域，对政策执行过程和结果产生不同的影响。此外，马特兰（Matland，1995）根据政策目标冲突性和执行主体之间的冲突性提出"模糊—冲突"模型，指出不同的政策属性对于政策执行过程和结果产生不同的影响，进而将政策执行划分为行政性执行、政治性执行、试验性执行和象征性执行模式。由于西方理论模型在解释我国政策执行情境的局限性，许多学者对其进行了修正和完善，并结合我国政策执行经验，更好地解释了我国政策执行问题。魏姝（2012）基于洛伊的政策分类框架，探讨了我国不同政策类型在政策执行过程中形成的不同特点以及产生的差异化政策执行效果。胡业飞和崔杨杨（2015）对"模糊—冲突"模型进行修正，指出政策执行者执行模糊政策时首先会对政策属性进行判断，进而对模糊政策进行"转化"，使难以开展的"试验性执行"转化为易于完成的"行政性执行"，从而完成政策执行。

政策视角的政策执行研究侧重于探讨特定政策属性如何影响政策执行行为和执行结果，以及形成何种政策执行模式和特征的问题。政策属性主要包括政策模糊—冲突性、政策类型以及政策的再分配属性等特征。政策视角的研究，除了讨论政策属性对政策执行的影响，还延伸出政策学习、政策认同等因素对政策执行的影响。政策视角的执行研究关注的核心运作机制是政策本身的激励机制，同时也包括组织的运作机制以及行动主体的协作机制、府际之间的学习机制等。不仅如此，政策视角的研究基于政策属性，也将政策所处的制度情境、组织结构以及行动主体的互动过程纳入了研究的范畴，体现出明显的整合性研究路径的特征。

第四节　研究议题

政策执行研究的核心议题是国家政策最终如何在基层政府实践，以及政策目标是否实现。根据政策过程，政策在制定后进入政策执行；政策执行往往经过启动、实施以及产出等一系列过程。从政策执行过程来看，在执行启动阶段，政策执行主体首先对政策执行模式进行判定，综合考量各项因素之后，选择一定的政策执行策略。在政策执行的实施阶段，政策执行主体通过运用各种策略实施政策，致力于实现组织目标。在政策执行产出阶段，政策经过启动和实施，产生一定的政策执行结果。政策执行的过程与结果受到多重因素的影响。

第一，政策执行受到制度结构与环境的影响，制度环境为政策执行提供了稳定的政治和社会结构。第二，政策执行受到上级政府政策决策和设计的影响。第三，政策执行受到执行主体的组织—治理情境的影响，组织的治理能力是决定政策执行成败的关键因素。第四，政策执行受到社会主体结构的影响，政策执行能不能实现其政策目标，与社会主体对政策执行的参与、认同以及遵从息息相关。以上因素并非单独产生影响，而是共同作用于政策执行过程，影响多元行动者的行为选择，从而产生差异化的执行结果。

根据以上政策执行过程，政策执行研究形成了三个主要的议题。第一，政策执行模式。政策实施过程中，政策执行受到哪些因素影响？建构出什么样的结构性属性？形成了何种政策执行模式，又如何影响行动主体的策略选择？第二，政策执行策略。政策执行主体会采取何种策略应对上级政府安排的政策任务？这些策略受到哪些因素的影响，最终如何影响政策执行的过程和结果？第三，政策执行偏差。政策执行的偏差以及结果受到哪些因素的影响？这些议题共同构成了本研究分析政策执行知识图谱的研究框架（见图4-8）。以这一框架为指引，接下来，本研究将分别对以上议题的研究进展进行详细论述。

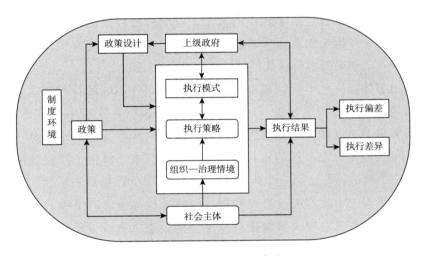

图 4-8　政策执行研究框架

资料来源：作者自制。

一　政策执行模式

自 20 世纪末以来，中国学者开始逐渐重视公共政策执行的研究。立足中国国情，当下研究从制度视角、组织—治理过程视角和政策视角探讨了中国政策执行逻辑，归纳了中国政策执行模式与特征。

（一）制度视角

研究者更多地基于我国压力型体制，从中央或上下级互动关系的制度视角探讨我国政策执行模式。胡象明（1996）较早地对我国政策执行问题展开研究。他将我国地方政策执行模式概括为中央监控下的"点—面"模式。他从我国体制出发，指出中央政府通过对地方政府进行严格的监督，确保地方政府沿着正确的方向执行政策。尽管如此，地方政府在政策执行过程中仍有相当大的自主性和灵活性，体现了我国政策执行方式的多样性。与此同时，由于我国地区经济发展不平衡，政策执行通常经历两个阶段。首先必须通过"试点"积累经验之后再"全面推广"或进入普遍实施阶段。"摸着石头过河"成为我国新中国成立以来落实党中央各项政策的显著特征。

随着我国进入高速发展阶段，经济和社会领域发生了巨大的变化，我国的政府组织内部也经历了数次的改革，以应对经济社会高速发展带来的一系列问题。正因为如此，学者们也生产出了大量关于政策执行研究的成果，其中不乏对政策执行模式的提炼和归纳。

压力型体制决定了我国政策执行形成了与西方不同的执行模式。研究者从我国制度结构特征出发，讨论了我国政策执行在实践中的核心特征。薛立强和杨书文（2011）基于我国压力型体制的制度特征，通过对"十一五"期间关停小火电政策的执行过程和实践的观察，概括了我国政策执行模式的三个核心特征。第一个典型特征为"层级加压+重点主抓型"体制架构。这是因为中央政府通过组织控制、绩效考核等手段对下级政府进行施压，促使地方政府对中央政策进行层层分解，主抓重点，确保政策的有效落实。第二个典型特征为"自上而下的政策执行过程"，即我国的政策执行整体上是由上部署、由下实施的执行过程，这很大程度上是由我国政府职责配置的特点决定的。第三个典型特征为"恰当的政策+高层的决心"，这是政策执行有效落实的充分条件。科学合理的政策制定是政策有效执行的前提条件，只有充分考虑多方利益主体，合理分配资源，才能保证政策的有效落实。不仅如此，有效的政策执行还需要高层领导的重视。地方政府感受到中央政府的决心是政策有效执行的充分条件。他们的研究更多地强调上级政府对政策执行过程的推动作用，同时也更重视政策制定的合理性对政策执行的影响，相对忽视了下级政府在政策执行过程中的能动作用以及上下级政府之间的互动过程。

党的领导渗透于政策执行中的各个环节，使我国的政策执行呈现了"高位推动"的特征。贺东航和孔繁斌（2011）探讨了我国政策执行的独特特征。他们以集体林权制度改革这一重大公共政策为案例，分析了我国政策执行过程中中央与地方之间、部门与部门之间的多重复杂关系，总结了我国政策的层级性与多属性的特征。首先，政策层级性使地方政府在政策执行过程中呈现真实性执行与失真性执行两种形态，失真性政策执行在实践中表现为替换、抵制、敷衍、架空、截留、损缺和附加等形式。失真性政策执行不仅会损害政策执行效果，还可能导致政策执行失败，甚至损害各方利益。失真性政策是由政策的层级性即"条条"分割造成的，因此需采取层级性治理予以纠正。其次，政策的多属性使得政策执行多元行动主体之间的利益交错，不能有效整合资源与交流合作，使得政策执行产生"孤岛现象"与合作困境。政策的多属性体现的是"块块"分割的问题，因此应采取多属性治理来解决合作困境问题。基于以上分析，他们认为"高位推动—层级性治理—多属性治理"构成了公共政策执行的中国经验。该研究从我国制度结构的角度阐释了导致政策执行困境的原因，归纳了政策有效执行所需要具备的条件。该研究仍然更加强调"高位推动"和"党的领导"对于政策有效执行的关键作用，同时也强调政府部门之间的纵向与横向的协调合作，更加全面地呈现了我国政策执行的总体特征。然而，该研究虽然没有否认地方政府的自主性，但是对于地方政府在政策执行过程中产生差异化行为策略的原因未做过多论述。

政策执行在上级政府高位推动的制度约束下，基层政府的政策实践仍然呈现出多样化的结果。基于此，王亚华（2013）将研究范围延伸到下级政府如何应对上级政府的组织要求方面，提出了"层级推动—策略响应"的政策执行模式。他以我国用水户协会改革过程为观察对象，研究发现国家通过压力型体制层层传递政策任务，运用行政或经济手段，推动政策的落实。然而，基层政府在执行政策过程中会产生千差万别的效果，这是由于基层政府会根据自身的资源条件以及实际需求采取了不同的策略。其中更深层次的原因在于地区发展的不平衡，它导致有些地区的政策执行发挥了积极的作用，而有的地区则"流于形式"，政策执行低效。政策的有效执行须因地制宜、循序渐进，才能发挥政策应有的作用。该研究高度概括了我国政策执行模式，发现我国基层政策执行一方面受制于上级政府层层传递的行政压力，另一方面也受基层政府自身条件的约束。然而，该研究忽视了政策执行过程中上下级政府之间的博弈互动过程以及对决策和执行的动态调整的过程。

针对在政策实践中中央政府决策与地方政府执行之间的动态调适现象，薛澜和赵静（2017）从政策过程的视角，通过对煤炭产业政策进行实证分析，提出转型期我国公共政策过程呈现出"决策删减—协商执行"的特征。为了推动政策实施，上下级政府之间形成稳定的博弈关系：在决策阶段，决策方会进行权力下放和利益让渡，确保地方政府有一定的政策空间协调各方利益；在执行阶段，上级政府通过行政推进和监督控制的手段确保政策的落实，地方政府对政策方案进行逐步细化，通过重新协商进行资源整合和分配，确保政策能够在整体上向前推进。在"决策删减—协商执行"模式下，政策执行结果存在较大的差异。过于迅速的决策导致政策执行困难，相关矛盾被延伸到了执行阶段。该研究呈现了我国政策过程中的复杂图景，为政策过程理论增添了中国经验。

以上研究从制度视角探讨了在我国压力型体制环境下，下级政府如何执行上级政策的问题，并提炼了我国政策执行的"中国属性"，强调制度要素在政策执行过程中的主要影响。整体而言，从制度视角来看，我国政策执行模式呈现出明显的中央政府"高位推动"的特征，地方政府也具有较强的自主性，同时也体现出中央与地方政府之间的博弈特征，使得政策执行能够兼顾上级政府的意志，也能够保障下级政府的能动性，从而在一定程度上实现政策目标。

（二）组织—治理过程视角

还有学者从组织—治理过程视角，从科层组织的结构、过程和行为以及治理主体如何相互互动的角度探讨我国的政策执行模式。

在组织—治理过程视角下，政策执行首先是上级政府与下级政府之间相互博弈和互动的结果。周雪光和练宏（2011）从上下级政府部门之间的委托代理关系出发，借鉴博弈论相关概念，在充分观察环保政策的实施过程的基础上，深入讨论了科层组织的结构、过程和行为。他们以上级部门作为委托方是否用科层组织内部已经建立的规章制度来推行政策为标准，将政策执行模式区分为常规模式与动员模式。常规模式是指下级部门在职责范围之内按照上级部门的要求落实政策，上级政府赋予的压力是常态的；动员模式是指上级部门在部署政策时处于高压状态，通过投入大量的人力物力，构建严格的监督问责机制来确保政策的有序落实。下级政府作为代理方会根据不同的政策执行模式，采取"正式谈判""非正式谈判""准退出"等谈判策略。该研究不仅划分了政策执行模式，也探讨了下级政府在不同模式下如何采取策略的问题。王礼鑫（2015）指出政策执行在常规模式下失灵时，动员模式可以调动官员的积极性，促使政策的有效执行，并指出政策执行的动员模式具有"兴奋剂"效应。

在政策执行研究领域，还有一种较为广泛应用且与动员模式不可分割的概念，即运动式治理。运动式治理亦称运动型治理、运动化治理、运动式执法（杨林霞，2014）等，是治理主体运用自身资源，打破常规程序，对社会重大问题或难题进行的运动式专项整治的方式（孙培军、丁远朋，2015）。虽然学者们对运动式治理概念的界定具有一定的差别，然而，归根结底，其本质是治理主体打破常规的行政体制边界，调动和整合各项资源，共同解决某项重大社会问题或推动某项政策的执行的治理方式。根据周雪光对于政策执行的动员模式的定义，运动式治理与动员模式在政策执行研究领域中具有相同的含义。

针对运动式治理模式，学者们展开了丰富的讨论。部分学者认为运动式治理突破了常规模式的制度约束，与常规模式形成了互补，可以有效推动政策的执行。有学者对我国"十一五"计划中的节能减排政策实施情况进行实证调查，研究表明，运动式执行通过提供政策激励和明确政治权威等级，在解决效率—合法性冲突的同时，可以有效地提高法规的被遵从性（Liu 等，2014）。崔晶（2020）从政府—社会互动的视角，对环境治理过程中基层政府如何应对上级环保督察的问题进行了研究。该研究指出，当基层政府面对上级政府的环保督察时，会与辖区企业与民众形成行动共同体，采取"运动式应对"策略，从而有效完成上级任务，维护基层社会稳定。该研究指出，"运动式应对"是行政体制逻辑和社会情境逻辑共同塑造的结果，一定程度上缓解了体制和有效治理之间的矛盾。阎波等（2020）通过对大气污染治理实践的研究，证明了运动式治理在政策执行过程中的积极作用，它与常规治理是互补的。同时，他们也指出，应完善地方治理的合法性授权与绩效问责制度，合理运用运动式治理的执行策略。孙岩和张备（2021）通过对环境政策执行案例的组态分析，肯定了运动式治理对于政策执行的重要意义，同时识别了政策有效执行的"内部驱动型""协作驱动型""监督驱动型"等三条路径。

根据以上研究，运动式治理主要依靠上级政府的政治权威解决在政策执行过程中遇到的合法性冲突，并更注重与其他社会主体之间形成行动共同体，从而推动政策的有效实施。

然而，也有学者指出运动式治理在政策执行过程中并不能实现有效治理目标，应提升常规模式的制度韧性。有学者基于我国经济适用房政策的研究，指出由于运动式治理加强了地方官员的政治激励，地方政府通过建造更多的经济适用房来应对上级的要求（Xin Sun，2020），然而其治理效果并不理想，因此，该研究提倡应以更加制度化的机制落实国家政策。有学者通过对扶贫政策的后续跟踪检查运动的研究，指出运动式风格的检查行为并不能有效克服治理效率低下的问题（Jiang 等，2022）。学者们虽然对政策执行中的运动式治理绩效持不同观点，然而运动式治理在政策实践中已然成为一种不可忽略的治理工具，亦成为我国政策执行的鲜明特征。

此外，学者们还深入探讨了治理主体之间应如何建立合作关系以更有效地促进政策的执行的问题。基于此，丁煌等（2022）提出了"共识型"政策执行模式。该研究基于数字经济发展政策的实践指出：在政策执行过程中，只有在多元行动者之间达成共识的情况下才能形成相互合作的局面，避免相互不配合的问题，从而推进政策目标的实现。在观念的牵引下，压力型权力结构—目标责任制度—意义建构行动的三维运作，观念政策化、政策任务化、任务政治化，使得共识观念贯穿于整个政策执行过程中，并不断得到强化，以此确保政策执行绩效。该研究不仅关注行动者主体之间的合作关系，而且更加深入地分析合作行为背后的观念因素：共识观念的形成是保证政策执行绩效的关键要素。因此，该研究深化了对行动主体之间互动行为的理解。

组织—治理过程视角的研究更加注重组织治理过程对政策执行结果的影响。组织治理过程中行动者之间的互动成为政策执行成败的关键因素。从组织—治理过程视角而言，我国政策执行具有鲜明的运动式治理的特征，政策执行过程中治理主体之间的博弈、互动、合作行为等对政策执行产生了重要的影响，使政策执行形成不同特征。只有行动主体之间达成"共识"才能更好地促进政策的有效执行。

（三）政策视角

政策执行过程不仅受到制度环境的制约，还受到政策本身的影响。学者们从政策的模糊—冲突属性、政策类型、政策特征等角度分析我国政策执行过程并总结了我国政策执行的特征和模式。

西方的公共政策理论对于解释我国政策执行问题具有一定的局限性，因此有些学者对西方的理论模型进行修正，并结合我国政策执行经验，探讨了我国不同于西方的政策执行逻辑，并对后续的研究产生了深远的影响。竺乾威（2012）通过对"拉闸限电"案例的研究，在马特兰提出的"模糊—冲突"模型的基础上，探究了地方政府的政策执行行为逻辑。研究指出，当执行政策属性为高冲突—低模糊政策时，地方政府会采取政治性的执行。在政治性执行过程中，地方政府虽然首先会考虑自身利益，但是上下级之间的权力关系是推动政策政治性执行的主要因素。胡业飞和崔杨杨（2015）对"模糊—冲突"模型进行了理论修正，以我国社会养老政策为案例，重点讨论了模糊政策的执行逻辑。研究发现，当政策执行者执行模糊政策时，会首先对政策属性进行判断，进而根据该政策所对应的资源、权力、转化工具、强力联盟等支配性要素采取相应的执行策略。政策执行者对模糊政策的"转化"，使难以开展的"试验性执行"转化为易完成的"行政性执行"，从而完成政策的执行。虽然政策执行者运用"转化工具"实现政策执行类型的转变，但无法规避政策目标被置换的风险。吴少微和杨忠（2017）通过识别"压力型体制"和"集体主义文化"这两种中国情境，基于共建园林政策的实践证据，对"模糊—冲突"理论模型进行了修正，同时提供了上级压力、建立共生关系、降低政策模糊性等三种解决中国政策执行问题的方案。该研究将政策执行置于特定的政策情境，并指出政策执行问题的症结。以上研究重点分析了模糊—冲突属性的执行逻辑，但是并未深入讨论政策的其他属性。

杨宏山（2014）整合了政策特性理论与激励机制理论，根据政策路径和激励机制两个变量，构建了"路径—激励"分析框架，区分了四种政策执行模式：行政性执行、实验性执行、变通性执行、象征性执行。研究表明，地方政府根据中央政策路径与激励机制的不同采取不同的政策执行模式。当政策路径明晰度高、激励性强时，地方政府会采取行政性执行模式；当政策路径明晰度低、激励性较强时，地方政府会采取实验性执行模式；当政策路径明晰度高、激励性较弱时，地方政府会采取变通性执行模式；当政策路径明晰度低、激励性较低时，地方政府会采取象征性执行模式。除此之外，他还指出地方政府的政策执行模式并不是一成不变的，地方政府会随着政策路径与激励机制的变化对执行模式进行相应调整和转变。杨宏山（2016）进一步考虑了部际协同变量，并整合政策路径变量，构建了新的分析框架，提出了四种政策执行模式：部门主导、高位驱动、政策试验和观望等待。唐啸和陈维维（2017）在激励要素的基础上，增加动力与信息要素，构建了动力—激励—信息的分析框架。根据三个要素的不同组合情况，他们归纳出无行动、象征性执行、行政性执行、自发性试验、默许性执行、自发性执行、合力性执行等七种执行类型。该研究进一步细化了地方政府的执行模式。

另外，王佃利和唐菁阳（2019）从政策特征的视角出发，讨论了不同的政策属性会产生何种政策执行模式的问题。该研究根据"约束性程度"和"损失嵌入性"两个维度将社区政策区分为实质性规制政策、程序性政策、再分配政策、分配性发展政策等四种类型。当社区政策为实质性规制政策，即其约束性程度与损失嵌入性均较强时，社区将采取"合作生产"的执行模式；当社区政策为程序性政策，即其约束性程度强、损失嵌入性弱时，社区会采取行政性执行模式；当社区政策为再分配政策，即其约束性较多、损失嵌入性较强时，社区会采取变通执行模式；当社区政策为分配性发展政策时，即约束性程度与损失嵌入性均较弱时，社区会采取探索性执行模式。

政策视角的研究则侧重于政策属性对政策执行的影响，根据政策属性的变化及其他要素的共同作用，政策执行会形成不同的执行模式。

二 政策执行策略

政策执行策略研究主要探讨地方政府或基层政府或其他具体的政策执行主体采取何种策略应对上级政府部署的政策任务，以及如何实现政策目标的问题。不仅如此，这些研究也探究政策执行策略如何影响执行效果以及行动主体采取特定策略背后的行动逻辑。本书基于现有研究，归纳出政策变通、政策调适、政策动员、联合互动等四种主要的行动策略。

（一）政策变通

在政策实践中，政策执行主体可能采取变通执行、变通式落实等策略执行政策。学者们从行政体制、政策特征以及行动主体等方面解释了政策变通产生的原因。

庄垂生（2000）较早地对政策变通的概念进行了界定。他指出，政策变通是指在政策执行过程中政策执行者未经原政策制定者同意与准许自行变更原政策内容并加以推行的一种政策行为。政策变通不是对原政策不折不扣地执行，而是对原政策原则与目标部分地遵从或在形式上遵从。他还将政策变通归纳为自定义性政策变通、调整性政策变通、选择性政策变通、歪曲性政策变通等四种类型。刘鹏和刘志鹏（2014）则以政策变通是否完全更改政策内容以及变通执行方式是否公开为标准，将政策变通区分为政策敷衍、政策附加、政策替换和政策抵制四种类型。在研究的过程中，学界不断地拓大政策变通概念的边界，认为政策变通既包括消极变通与积极变通，还包括迂回变通（刘骥、熊彩，2015）。但是，为了更好地分辨消极变通与积极变通策略的差异化生成机理，本研究将政策变通的概念局限为狭义的消极变通，从而更好地阐释其产生的原因以及在政策实践中的表现形式。

政策执行主体根据上级政府施加的行政压力与地方实际，通常对政策内容进行一定程度上的解构、调整与转译，从而实现政策的变通执行。在政策实践中，政策执行主体通过运用地方性知识构建与"上下"之间的双重话语体系，回应和解读一系列行动策略，并对其背后交织的"权力—利益"网络进行持续的解读与包装，从而使政策变通行为获得合法性认同（钟兴菊，2017）。此外，政策执行主体为了达到某种政策效果，对政策内容进行了简单化处理，从而采取"一刀切"的变通执行方式（张璋，2017）。基层政府也会根据不同的风险约束情境采取折中的治理手段，从而使多方博弈处于平衡状态，实现风险最小化的目标（耿言虎、王少康，2022）。政策变通策略在基层政策执行实践中广泛存在。这种策略不仅违背了政策目标，也会损害政策对象的利益，造成不良的社会影响。

　　针对政策执行主体为何采取政策变通策略的问题，研究者从行政体制及行动主体等层面进行了阐释。梁晨（2013）基于农村低保政策实践的观察，发现政策在传递过程中产生变通执行的原因在于内部利益的冲突和外部强大的行政力量的控制。变通执行不仅扭曲了政策初衷，还造成其他不良的社会后果。葛云霞等（2014）通过分析农村社区建设的政策实践，发现地方政府在执行中央政策的过程中会结合自身利益对政策进行"理解—消化—吸收—转化"，从而制定符合地方实际的政策。在具体操作过程中，不同行动主体根据不同的利益偏好逐级分解任务：上级政府通过科层体制将政策任务分解到下级政府，下级政府依托政府权威将政策执行成本转嫁到乡村社会，政策最终会偏离原有的目标。刘骥和熊彩（2015）对计生政策的研究表明，上级机构的过严指标是导致下级机构政策变通的主要原因。周孟珂（2016）通过对"村改居"政策实践的观察，同样发现"变通式落实"的政策执行逻辑。该研究以国家—社会互构的理论框架解释产生"变通式落实"的原因，指出，一方面，国家权威及其强制性、地方政府对于制度变迁成本的考量以及基层组织的"悬浮式治理"是导致变通式落实的主要原因，另一方面，在社会约束机制层面，政策目标群体的集体不作为导致了政策的变通式落实。变通式落实未能顺利实现制度转变，还对目标群体造成了不良影响。向俊杰（2021）指出地方政府之所以采取"一刀切"的政策执行策略，一是因为央地政府间的博弈，地方政府在中央政府的强力监督下，受制于自身的执行资源紧张，会采取"一刀切"的政策执行策略，二是因为地方政府之间的博弈，地方政府之间存在的竞争强化了地方政府采取"一刀切"执行策略的动机，进而导致这种策略在地方政府之间的扩散。

　　综上所述，上级政府高强度的行政压力以及执行主体间的利益冲突及资源条件的限制，以及政策目标群体的消极的行为偏好会促使政策执行主体做出政策变通行为，从而在一定程度上缓解上级政策压力的同时，也能兼顾自身利益，实现自身风险最小化的目标。

（二）政策调适

　　在政策执行中存在大量对原有的政策进行一定调适并最终实现了有效

治理的案例。基于此，学者们指出，政策实践中产生的变通行为并不全是消极的，其并不一定违背了政策原有目标，也可能是为了更加适应地方实际而做出的调适。政策调适是政策执行主体为了更好地实现有效治理而采取的积极主动的策略。此时，政策执行者不再将实现政策目标作为政策有效执行的唯一标准。我国地域辽阔，各地的经济社会发展水平千差万别，地方并不完全能够以单一的标准实施中央政策。同时，中央在制定政策时也会保留一定的政策调整空间，地方政府可以做出符合当地实际的政策方案，使中央政策能够在各地更好地发挥作用。因此，在政策执行过程中，政策执行主体会采取多样化的行动策略，加强政策的适应性，以最大限度地实现政策目标。

当政策执行主体应对某项具体政策任务时，会根据当地的实际对中央政策进行分解、细化、调整，从而因地制宜地推进政策的执行。石绍成和吴春梅（2020）将制度—政府—社会关系等要素结合起来，构建了“适应性治理”的理论框架，解释政策因地制宜执行的生成机理。因地制宜是特定制度安排产生的结果，而不是政策执行者自发的行为结果。该研究的核心观点是中央政府虽然严格控制政策任务总量，但是仍保留了政策调整空间；地方政府在兼顾中央政府的要求的同时，会制定与当地实际情况相匹配的政策方案。虽然这种策略与中央政策有所偏差，但却可以实现有效治理。有学者通过对我国县级扶贫政策实践的研究，指出县级政府在执行中央政策时具有较大的灵活性（Tsai and Tian，2022）。县级政策研究办公室通过对上级政府发布的政策文件进行研究，选择有利于地方发展的政策方案，从而提高政策的地方适应性。

除此之外，基层政府为了更好地实现有效治理的目标，执行者在政策执行过程中充分发挥自身的能动性，在原有的政策设计的基础上，进行一定的创新，从而推动政策的有效执行。王诗宗和李鹏（2019）通过对垃圾源头分类政策的研究，指出基层为了实现政策目标，会采取政社合作为主要内容的创新策略。创新策略的实质是基层自主性的发挥。通过一系列的内容设计，执行者整合各方力量，并通过身份建构的方式，使各行动主体的行为和认知合理化，提升政策执行的有效性。魏来（2021）从基层内部主体的视角，基于城乡社区协商实践的研究，指出基层政策实践遵循组合式执行和累加性创新的治理逻辑。基层在政策执行过程具有较高的能动性，组合式执行和累加性创新具有较好的治理效能。

基层政策执行中还有一种调适策略表现为"主动加码"或"层层加码"。此类现象在政策实践中饱受争议，然而有学者对其合理性做出了解释。凌争（2020）通过对基层主动"加码"现象的研究，指出基层官员在执行存在"张力"的政策时，会采取主动"加码"的策略，从而规避政策执行过程中的潜在风险。李辉（2022）从整体科层组织体系的视角出发，指出基层在政策执行过程中的"层层加码"现象是一种反制超大规模科层组织执行衰减的一种策略。他同时也指出，应将"层层加码"控制在适度的范围，警惕和消除超限度的"层层加码"。

基层政府处理单一政策任务时，往往会通过在原有政策内容的基础上进行创新或者增加政策内容或规则等方式进行调适，从而提升政策的治理效能。然而当基层政府面临多重的政策压力和复杂的政策情境时，会根据不同的情境，积极采取多样化的调适策略，从而最大程度上实现政策目标。袁方成和王丹（2021）通过对农村宅基地改革案例的经验观察发现，基层政府面临多重政策目标的政策任务时，会根据其不同的政策偏好，采取相应的政策行动。该经验表明政策目标的实现具有显著的情景适应的特征，并且政策执行者可以通过相应的补偿行动实现政策效能的最大化。崔晶（2021）从政府和社会互动的视角出发，在"压力—情境—认知"框架下，探讨了基层政府在面对政策压力、社会情境、主观认知等不同张力时，采取主动调适策略，最终实现政策的有效执行。崔晶（2022）基于生态环境执法案例的研究，指出基层政府根据不同的执法困境，采取不同的积极主动的适应性执行策略，消解政策执行过程中的冲突和矛盾，实现基层的有效治理。蔡长昆和李悦箫（2021）通过构建"结构—调适"分析框架，基于对县域精准扶贫政策执行经验的观察，发现县政府在面临高模糊—高冲突的复杂政策执行任务时，通过权力重塑、政策调适的双重政策执行机制，采取多样化的执行策略，最大限度地实现政策目标。该研究指出县政府采取多样化的策略与其嵌入的复杂的政策情境高度相关。

当基层政府面对多重的政策压力时，也会采取政策捆绑的调适策略施行难以执行的政策。有学者通过对我国地方政府如何实现国家能源效率目标的实践进行了研究，指出地方政府通过将能源效率政策与地方重要性政策进行捆绑，或者将能源效率目标与具有重大政治影响力的团体的利益

"捆绑"在一起的方法，推动了中央政策的有效执行（Kostka and Hobbs，2012）。邓燕华和张莉（2020）通过对土地征收和失地社保两项政策实践的研究，指出在两项政策执行过程中，基层政府通过捆绑的方式，即利用一项政策的吸引力推动另一个难以执行的政策的执行，实现相关主体的利益整合，从而推动两项政策的落实。政策捆绑有效性还依赖于两项政策之间的关联性。政策捆绑是当基层政府面临多重政策任务时，通过利益捆绑的方式，推动政策执行的一种调适策略。

当基层政府处理多重政策任务时，会采取多样化的调适策略，从而消解政策执行过程的矛盾和冲突，整合各方主体的资源和利益，最终实现基层的有效治理。基层政府采取调适策略，一方面是为了应对上级政府的政策压力，另一方面是满足基层自身的治理需求。基层政府的积极主动的调适策略体现了我国基层治理的灵活性和韧性，同时有助于增强国家治理中的制度韧性。

（三）政策动员

"政策动员"一词频繁出现在"基层治理"和"基层政策执行"研究的文献中。现有研究大多将政策动员作为一个模糊的分析对象或指标，内嵌在运动式治理的语境中。或许是因为建构各自话语体系的需要，"政策动员"与"运动式治理"两类研究若即若离，对经验的观察又偏重静态，学界难以形成统一的解释（王诗宗、杨帆，2018）。然而，"运动式治理"是一个描述性的名词，由含义不清的形容词（"运动式"）加上名词（"治理"）构成。它没有"政策动员"可以直接对应特定的政策行为和政策执行理论的潜力，难以界定具体的概念范畴和边界，导致可以出现多种可操作化的可能（杨帆，2023）。基于此，本书亦认为有必要将"政策动员"与"运动式治理"二者分开来讨论。

多数研究将"政策动员"作为一个理所当然的词组，模糊地指代一种政府调配资源、制定与执行政策时的权力介入方式，并未将其视为一个主要的分析对象或理论主体。然而也有学者对"政策动员"的概念进行了明确界定。陈潭（2006）曾指出，政策动员是政党或政府就某个政策议程或某项政策通过动用一定的公共资源发动社会各界、各阶层广泛参与从而获得社会其他成员支持的过程。政策动员的功能主要是整合社会力量、促进公众参与、调适社会心理以及维持政治稳定。杨帆（2023）指出政策动员是指在一种国家、省、市、县（区）级党政机构设计的层级系统中，党政机构中的领导人制定并实施现有组织制度规定之外的行动方案，要求最基层政府机构（乡、镇、街道）和社区（村庄）在特定的时间和资源（人、财、空间等）约束下完成强制性或倡导性的政策任务的行为。在动员主导的政策过程中，通常缺少明确的问题界定、议程设置、政策终止和监督反馈等环节，只保留了政策制定、政策执行和政策绩效评估等环节。同时，基层政府需要暂时搁置已有的科层制度，通过临时性的指令建立起组织内部和上下级组织之间的"命令—服从"关系，或建立政府与社会的临时性的"权利—义务"关系，将多元主体纳入政策执行的过程，以维护社会稳定和实现政策目标。根据以上定义，政策动员是政府推动政策执行的一种手段，具有观念导向性、社会广泛性等特点（杨正联，2008）。

现有研究围绕政策执行主体通过何种机制实现政策动员形成了三种研究导向：权威结构、利益导向和关系网络。

1. 权威结构

在特定政策领域，政策执行主体依托一定的权威结构实现政策动员，从而推动政策的有效执行。权威导向的研究强调政策动员的行政性和政治性。许多学者通过对我国政策实践经验的研究，证明政策动员往往是依靠政治权威实现其有效性。陈潭（2006）通过对我国人事档案制度的推行过程的研究，发现自上而下的政策动员与自下而上的政策认同共同推动了民众的经验信任转向集体的制度信任。政策动员的方式具有明显的强制性特征。彭正德（2011）通过对党的农村政策实践研究，同样发现政策执行具有"阶级动员—认同聚合"的政策动员特征，该动员方式对于落实农村政策发挥了重要作用。有学者研究指出，我国独生子女政策及环境治理政策在执行过程中，干部动员仍是政策有效实施的行政工具之一（Kennedy and Chen，2018）。陈天祥和王群（2021）基于新时期村居法律顾问政策的研究，指出我国社会动员整体上受到党政体制的深刻影响。政治动员机制与行政动员机制在相对独立的前提下实现有效整合，呈现"有统有分，统分结合"的特征。

除此之外，也有学者指出，在执行主体资源条件有限的特定情境下，政策动员仅仅依靠行政控制和政治权威无法实现有效动员的目标。导致政策动员的失灵或低效的主要原因在于政策执行主体之间存在治理冲突。苟丽丽和包智明（2007）基于生态移民政策实践的考察，发现政策执行过程实际上是政府、市场、目标群体等多元行动主体共同构建的社会互动过程。该研究还发现，在政策执行过程中，基层政策执行者的动员能力是实现政策目标的关键。在该案例中，基层政策执行者受制于资源的有限性，仅能通过意识形态的控制来实施动员。然而，这种动员方式对于推动政策落实的效果非常有限。王福涛等（2021）通过对欠发达地区的人民调解政策实践的研究，同样发现，在资源欠缺的情况下，利用政治权威采取政治动员的方式，并不能使政治权威替代政策资源投入、实现政策效度。田雄和郑家昊（2016）通过对"秸秆禁烧"事件的研究，指出基层行政组织的内部动员逻辑与农民的行动逻辑存在冲突，乡村社会的自主性与国家治理体系自身改革的迟滞性，导致了治理的低效能。

2. 利益导向

基层政府通过满足目标群体的利益诉求以实现政策动员，利益的合理分配是实现有效动员的关键因素。谭翀和严强（2014）从政策动员的"强制—诱导"方式和公众"低回应性—高回应性"两个维度，将政策动员模式区分为"强制灌输""政策促销""回应发布""政策营销"四种类型。基于此，他们指出，我国政策动员模式从"强制灌输"逐渐发展为"政策促销"和"回应发布"模式，最后"政策营销"模式成为我国政策动员的新趋势。政策营销的动员模式在政策设计中，通过更多地运用激励手段，满足公众的需求，提升公众参与水平，从而更好地实现政策目标。利益分配的不公会导致政策动员的低效，导致公众"消极响应"。王长征和彭小兵（2020）基于殡葬政策的动员过程的研究，发现在起始阶段，地方政府运用政策动员、控制动员、理性动员等方式动员公众参与治理，然而公众并不"买单"。针对此种"消极响应"现象，地方政府进一步通过曲线式动员和构建价值共同体等动员策略推进政策，但是动员成效仍然不理想。最终，地方政府采取变通动员的方式与公众达成临时妥协。该研究指出，"消极响应"产生的本质在于地方政府与社会公众之间的利益不协调、价值不公正和政治不信任，利益激励还需要实现多元行动主体利益聚合才能真正发挥作用。杨露等（2022）通过对易地扶贫搬迁政策过程的研究，发现了纵向的科层动员与横向的利益聚合的基层治理逻辑。科层组织通过行政权威传导行政资源，并通过非常规运作的组织动员，促进横向主体之间的互动和利益的联结和聚合，最终实现基层的有效治理。

3. 关系网络

依托人际关系的关系动员方式在乡村治理中发挥着重要作用。狄金华（2019）讨论了在资源匮乏的情况下基层政府如何实现有效动员的问题。该研究基于农地确权工作的观察，发现基层政府一方面通过权力支配和利益置换相结合形成"权力—利益之网"，使村干部在政策执行时与其保持一致；另一方面运用政治伦理和社会伦理相结合所勾连起的"公—私伦理之网"来确保村干部的行为与其预期一致。由于与体制相契合，权力支配和"讲政治"的机制更多在"前台"使用，利益置换和"讲情理"机制更多在"后台"使用。吕萍和胡元瑞（2020）讨论了在宗族力量较强的农村地区，缺乏行政渗透力的政府如何实施动员策略，推动政策目标的实现。该研究以农村宅基地制度试点改革实践为案例，研究发现，当政策执行遇到宗族阻力时，政府会通过请托性交易谈判的"人情式政策动员"策略推动政策的实施。"人情式政策动员"是当行政权威不能发挥作用时而采取的实施模式，呈现出"关系—利益"的基层动员特征。王诗宗和罗凤鹏（2020）指出适当的政策动员是推动社区居民参与社区治理的核心要素。话语应用、意义宣示、赋权等多种动员策略可以影响居民情感与理性计算，推动居民的广泛参与，从而提升政策执行效能。张建明和黄政（2021）基于散煤回收工作的考察发现，在政策动员过程中，除了正式制度中的行政支配与利益激励动员之外，还存在非正式制度的关系动员形式。陈鲁雁和吴童（2022）根据政策执行压力和政策执行阻力两个维度区分了四种政策执行情境，他们基于独龙江乡苹果产业政策实践过程的研究，发现基层政府当面临不同情境时，会采取不同的动员策略。当政策执行者面临较小的政策压力和较大的政策执行阻力时，动员主体会采取柔性政策动员，这为实现有效的乡村治理提供了一种可能。

综上所述，在政策动员研究的起始阶段，学者们通过对不同政策实践的研究发现，政策动员往往依靠权威体制的强制手段来进行，而基层政策执行者或民众受到行政控制或者利益激励，会采取主动或被动的行动策略，推动政策的执行。然而，随着政策执行链条越来越长、受众群体范围越来越广，政策动员机制也出现了新的变化。吕志奎和侯晓菁（2021）通过对流域治理案例的研究指出，依赖行政权威的政策动员不能与竞争型制度逻辑相适应。地方政府应从"权威性指导者"转变为"柔性化引导者"，建立常态化的跨部门协同机制、企业吸纳机制与民众引导机制，消解不同行动主体之间的策略性互动的矛盾，构建超越政策动员的合作治理模式，从而更好地推动政策的执行。

（四）联合互动

政策执行涉及多元行动主体，其中既包括纵向的上级政府也包括横向的政府部门，还涉及基层组织以及政策对象等。因此，多元行动主体之间采取不同形式的互动联结策略是影响政策执行过程和结果的关键要素。对此，学者们从正式制度与非正式制度等视角对于联合互动的不同形态、形成机理等方面展开了多维度讨论。

1."条条"互动

政策执行并不仅仅依靠基层政策执行主体，更与上级政府的政策制定、行政控制、联合互动息息相关。中央政府与地方政府之间、地方政府与基层政府之间的纵向联合互动策略对于政策执行具有重要影响。周雪光（2008）针对政策执行过程中上下级政府之间形成的"共谋"现象进行了深入分析。该研究指出，共谋行为是一种制度化的非正式行为，是我国政府组织结构与制度环境的产物，是决策过程与执行过程相分离的结果，具有广泛的合法性基础。该研究开创性地指出"共谋现象"并非行动者个人的行为，而是具有深层的制度原因。该研究对政策执行研究具有深远的影响。张翔（2019）基于市场监管系统上下级之间的互动过程的观察，亦发现基层政府政策执行行为并不是孤立的行为，而是与上下级达成的"共识式变通"。该研究指出"共识式变通"是内嵌于行政共同体的组织形态之中的。

2."块块"互动

政策执行中横向的不同行动主体之间采取的联合互动的形式直接影响政策执行效果。政策执行主体间的联合行动既受到上级部门的行政压力，同时也受制于联合行动所需要的交易成本以及可能产生的合作风险。郭渐强和杨露（2019）指出，不同合作机制产生的交易成本与合作风险的不同会对行动者之间的合作行为产生不同的影响。具体而言，正式合作机制虽然合作风险较小，但是交易成本较高；非正式合作机制的交易成本虽低，但是合作风险较高。较高水平的合作风险和交易成本，使行动者陷入合作困境，进而影响了政策执行的整体效度。曹郭煌和郭小聪（2022）基于商事登记制度改革案例的观察，指出基层部门在联合执行过程中，受到"集体理性水平"与"联合执行压力"的不同影响，会采取不同的联合策略，从而产生不同的政策执行结果。案例表明，当集体理性水平与联合执行压力均处于最大水平时，基层政府会采取"共识式合作"执行策略，政策目标才能得以实现。当处于其他情境时，基层政府会采取其他消极合作形式，政策目标的实现程度将会大打折扣。行动者之间的有效联合取决于是否能够形成稳固的利益联盟。林亦府等（2022）从协同治理的视角对农村环保政策执行主体之间的互动过程进行了研究。该研究发现，政策执行主体之间的利益博弈直接影响政策执行的效果。在该案例中，基层政府与企业和社会主体之间受到不同的利益诉求与社会关系的影响，短期内并未形成稳固的利益联盟。为了实现政策目标，行动者主体之间的互动需要产生利益牵引才能确保长期的合作共识的形成。

3."条""块"互动

政策的有效执行不仅需要纵向的"条条"互动和横向的"块块"互动，更离不开多元行动主体之间的"条""块"互动。丁煌和定明捷（2010）从非对称权力结构的视角提出政策执行过程中需要引入谈判机制，以消解多方利益主体之间的矛盾，协调相关利益主体的行为。谈判机制为政策执行多元行动主体提供协商和交流信息的平台，是推动政策有效执行的互动策略。崔晶（2022）基于S河流域治理政策的案例研究，提出政策执行多元行动主体在互动过程中呈现出"松散关联式"协作特征。案例表明，基层政府面对不断变化的政策过程，与上级政府、同级部门以及政策涉及的企业、民众等群体之间形成"松散关联式"协作关系，从而共同推动了政策的有效执行。政策的有效执行不仅有赖于正式制度的决策过程与非正式制度的协商配合，还得益于地方政府之间、部门之间以及政府与民众之间达成的价值共识。该研究从政策执行主体互动网络的整体视角诠释了多元行动主体之间的协作特征以及其形成机理，为理解中国情境下的政策执行过程提供了新的论据。夏志强和田代洪（2022）通过对"耗车绿色转型"政策执行过程的追踪分析，指出政策认同是环境政策高品质"变现"的前提条件。政策认同可以通过"恰适性联结"机制推动政策目标的有效实现。

"恰适性联结"机制是由"同意制造、复合遵从、合作参与和制度化"四个有机互动的部件构成。"条""块"互动是政策执行主体为了协调各方利益、消解多方矛盾、促成多方共识、推动政策有效执行而采取的一种策略。

根据以上研究，在政策执行过程中，无论是消极的"共谋"行为还是积极的"协作"行为都具有深层的制度原因。促成互动联结关系的最主要原因在于行动者之间的利益与价值的分配，只有多元行动者之间达成共识型合作关系才能更好地推动政策的有效执行。联合互动对于政策执行主体之间交流信息、消解矛盾、分配任务、达成共识、形成合作网络具有重要的影响。

三 政策执行偏差

政策执行研究的最核心问题是如何将政策理想转变为现实，即如何更好地实现政策目标。然而，在我国政策实践中，政策执行并不总能按照政策制定的既定安排进行实践，政策执行偏差普遍存在。针对政策执行偏差，学者们进行了大量的研究。

国内较早关注政策执行偏差的学者更多地从规范性视角概括政策执行偏差产生的原因以及对策。宁国良（2000）对政策执行偏差的表现形式进行了概括，并分析了产生政策执行偏差的主观和客观原因，还提出了相应的矫正对策。钱再见（2001）指出，政策执行者的态度、综合素质、利益需求和行为倾向等因素对于政策的有效执行具有关键作用。丁煌（2002）将政策执行过程中产生的变形、受阻和停滞等现象概括为政策执行阻滞现象，并指出制度缺陷是导致阻滞的主要原因。钱再见和金太军（2002）也将政策执行者消极、被动、低效地执行政策的行为概括为政策执行"中梗阻"现象。超越规范层面的研究，随着政策执行偏差研究的深入，学者们更加注重运用科学研究方法，通过对政策实践的观察，从制度视角、政策视角、组织—治理视角、整合视角阐释了执行偏差产生的原因，并积累了丰富的研究成果。

（一）制度视角

在制度视角下，研究者认为条块分割的科层结构、严苛的行政控制手段、上下级政府之间的利益冲突以及复杂多维的制度情境是产生政策执行偏差的主要原因。

1. 科层结构

政策目标、内容和政策结果之间的差异是由任何单一行动者都无法操纵的结构性因素决定的（Ding，2010）。魏姝（2012）基于农业补贴政策的实证研究，指出府际关系的"职责同构"基础上的"逐级发包制"是产生政策执行偏差的主要原因。有学者通过对我国行政审批中介机构改革的案例研究，指出产生政策执行偏差的原因在于执行结构的多层级的行政设计（Zhang，Rosenbloom，2018）。何文盛等（2018）通过对"一事一议"财政政策绩效偏差的研究，指出行政体制、制度安排、"两委"特征、村内派系是造成执行偏差的核心因素。陈宇等（2019）指出横向地方政府之间负面"共谋"行为与纵向央地政府之间的行政发包制的政策执行机制是产生政策执行偏差的主要原因。

2. 行政控制

上级政府为了规制下级政府的自主行为，制定了相应的规制措施，从而保证政策的有序实施。然而，在实践中，上级政府对下级政府过分严苛的绩效考核和问责压力会产生适得其反的结果，使政策执行偏离原有的政策目标。丁煌和定明捷（2004）指出"上有政策、下有对策"的执行偏差现象的根源在于干部管理、绩效考核、行政监督、财政管理、责任追究、信息反馈等相关的博弈规则和制度。有学者通过对我国水资源治理案例的研究，指出中央控制机制——包括规范地方干部绩效的安排和向上级政府申请项目资金的程序——阻碍了基础设施投资的有效利用（Habich-Sobiegalla，2018）。张紧跟和周勇振（2019）通过对信访维稳"属地管理"政策的研究，亦表明严密的考核与功利主义的激励并不能推动政策的有效执行，反而诱导和强化了基层政策执行中的梗阻现象。孙昕聪等（2020）基于地市级空气治理案例的比较分析，指出环保约谈机制对政策执行效果的影响并非体现在确保政策的有效实施上，而是体现在避免政策执行上。

3. 利益冲突

政策执行本质上是政策主体之间基于利益得失的考量而进行的博弈过程。中央政府与地方政府在委托代理关系中的不同利益诉求是产生政策执行偏差的主要原因。定明捷（2008）基于委托代理理论阐释了"政策执行鸿沟"产生的原因。该研究指出信息不对称与利益冲突是影响政策执行效果的主要因素。这是由于政府层级结构本身构成一种委托代理关系，会使层级之间产生信息不对称和利益冲突问题，使政策制定者与政策执行者之间产生鸿沟，使政策制定者不能有效约束与激励政策执行者的行为。丁煌和李晓飞（2010）进一步指出，在信息不对称与激励不相容的情况下，政策执行者在博弈过程中产生逆向选择，不可避免地影响政策的有效执行，从而导致政策执行阻滞的现象。李博和左停（2016）通过对产业扶贫政策的研究，发现中央与地方的委托代理关系中，双方利益诉求的差异导致了地方政府的政策目标产生了偏离。李元珍（2013）基于土地增减挂钩试点政策实践的研究，指出中央政策的指标考核体系及地方政府自身利益诉求与中央要求的匹配程度直接影响政策执行效果。有学者通过对养老金改革案例的研究，指出社会政策的结果往往引起不同政策观念的争论和行动者之间的利益冲突（Shi，2011）。该案例表明，固有的冲突，加上地方政策发展的多样性，妨碍了中央政策的一致性，导致了执行偏差的结果。张继平等（2018）通过对涉海工程审批案例的分析同样发现，地方政府在自身利益最大化的驱使下，会选择象征性执行的策略，从而导致政策执行偏差。

4. 制度环境

政策并不是在真空环境下独立实施的，而是在复杂多维的制度情境下进行的。制度环境对于政策执行效果具有多方面的影响。陈世香和邹胜男（2019）从制度环境的视角探讨了政策执行阻滞的生成逻辑。研究指出，政策是在规制、规范、认知多维度共同构成的复杂制度环境情境下实施的。不同制度维度下的政策执行呈现出不同的生成逻辑。不同的维度的制度环境对政策执行阻滞产生的影响并不是孤立的，而是共同发挥作用，为政策执行提供稳定的、可再生的制度环境，从而进一步固化了政策执行阻滞的现象。颜克高和唐婷（2021）基于城市社区"三社联动"的多案例分析，亦指出复杂多元的政策执行环境是导致执行偏差的原因。

（二）组织视角

政策是通过一定的组织结构来实施的；没有相应的组织结构作为支点，政策难以真正被实践。政策的有效执行不仅受到制度环境和政策属性的影响，还受到组织结构、上下级政府间关系、横向部门之间的竞争以及组织环境等方面的影响。

1. 组织结构

公共政策执行一般都依赖于组织机构，而既有的结构性因素往往会导致公共政策执行的阻碍甚至失败。自上而下考核检查行为的失败是因为非正式组织行为普遍存在并重复出现。非正式行为的普遍存在主要是组织结构和组织设计的不合理导致的。

2. 组织间关系

组织间关系也对政策执行产生重要的影响。从纵向关系来看，上下级政府之间关系的变化会导致政策执行偏差。张永宏（2009）通过对农民工保护个案的分析，指出多重社会过程弱化了组织间协作关系的合法性基础。组织间关系的变化使政策在实践中产生了目标替代，导致了政策执行偏差结果的产生。从横向关系来看，地方政府间的竞争、横向部门之间的权力冲突与信息阻隔以及部门差异也会导致政策执行偏差。郑寰（2012）以我国流域水资源保护政策实践为案例，探讨了跨层级和跨部门的政策在实践中产生困境的原因。研究表明，纵向层级之间的行政管辖权的分化与横向部门之间的权力冲突与信息阻隔导致了政策执行梗阻现象的产生。陈丽君和傅衍（2017）通过对人才政策的实施过程进行研究，亦指出政策执行分别受到纵向层级之间的传递阻力、横向部门之间的合作阻力、政策对话中的信息沟通阻力的牵制，最终导致执行偏差的产生。张绍阳等（2018）从地方政府横向竞争的视角，探讨了土地约束性指标管控政策执行偏差产生的原因。研究表明，地方政府之间的财政竞争和引资竞争是导致政策执行偏差的主要原因。

3. 组织情境

组织情境对政策执行的影响亦不可忽略。孙宗锋和孙悦（2019）从组织内部、组织间关系、组织外部环境三个维度，对精准扶贫中的"表海"现象进行了研究。研究指出，基层精准扶贫政策执行中的技术、避责、场域的三重逻辑共同作用，导致政策执行陷入"表海"。黄博函和岳经纶（2022）同样以多层级、跨部门的社保卡发行政策为案例，分析了部门差异对政策执行偏差的影响。该研究从组织身份、组织间关系、组织外部技术环境三个维度分析了组织政策执行的行为和过程，揭示了产生政策执行偏差的多重逻辑，识别了附加式与阻滞式的两大类型的四种政策执行偏差。该研究进一步拓宽了影响政策执行偏差的组织因素。

（三）行动者视角

政策执行主体的行为选择对于政策的有效执行具有重要影响。基于此，许多学者从行动者本身以及行动者构成的行动者网络及目标群体的视角，探讨政策执行偏差产生的原因。

1. 街头官僚

街头官僚是政策执行中最重要的行动主体，其利益诉求、掌握的自由裁量权及其行为选择甚至认知局限等都会对政策的有效执行产生重要影响。政策执行人员因其特定的信息优势与身份特征，以追求自身利益最大化为行为准则，其行为策略可能违背原有政策目标，导致政策执行偏差的产生。翁士洪（2012）基于农村土地流转政策的研究，亦表明街头官僚因其特殊的身份在政策执行中具有较大的自由裁量权，从而导致公共利益分配过程中的偏差行为。薛立强和杨书文（2016）通过对节能家电补贴推广政策的研究，指出政策执行多元主体的行为选择造成了政策执行过程中的"断裂带"结构。"断裂带"位于政府组织与普通公众之间，而"街头官僚"往往是连接二者的纽带。街头官僚的违规行为导致了政策执行的失效。刘升（2018）通过对城管执法过程的观察，指出街头官僚通过运用信息权力影响信息传递结构，导致政策执行过程中信息不对称问题，从而使政策执行偏离原有轨道。李伟权和黄扬（2019）通过对社区卫生服务中心的家庭医生政策实践的观察，探讨了街头官僚运用刻板印象对政策执行效果产生的影响。研究表明，街头官僚根据对政策对象形成的刻板印象，采取相应的行为策略。该案例中，街头官僚的刻板印象不仅造成了政策执行偏差，还产生了其他负面结果。

2. 执行网络

政策的有效执行需要多元行动者的共同努力。多元行动者构成的政策执行网络会对政策执行效果产生复杂的影响（侯云，2012）。多元行动者之间达成共识、形成有效的互动网络是实现政策目标的关键。冯贵霞（2016）基于环保政策执行网络的研究，指出政策执行网络中行动主体未达成共识是造成政策执行不力的主要原因，应构建"共识互动式"政策执行网络，促使环保内外监督权力的有效整合，实现政策的有效执行。罗峰和崔岩珠（2020）亦从行动者网络的视角，基于托育政策实践的观察，探讨了政策执行陷入"困局"的原因。研究发现，政策执行者根据政策文本的要求构建行动者网络，并对政策内容进行转译，从而实现政策目标。然而，在实践中，行动者受到多重因素的影响，未能形成有效的执行网络结构，产生了行动者转译偏差，最终导致政策陷入了"困局"。卢锋华等（2020）从行动者网络视角对大数据产业政策的案例进行研究，指出政策目标与政策实施之间存在明显的鸿沟，具体表现为政府内部的认知鸿沟、政企协作的知行鸿沟和企业之间的协作鸿沟。该研究还指出，地方政府通过转译过程弥补鸿沟问题，从而实现政府内部的共识，打破行动者之间的合作困境，推动政策的实施。

3. 目标群体

政策的目标群体亦对政策执行产生重要的影响。目标群体及边缘群体的利益分配、目标群体参与状态、目标群体的行为选择对于特定的政策执行成败具有决定性作用。朱光喜（2011）通过对农村公共产品政策实施过程的研究，指出目标群体成员对一项政策是否遵从对于政策的成败具有重要影响。不同目标群体在同一政策中的遵从收益和成本不同，从而影响政策执行结果。何得桂和徐榕（2020）通过对两项农村政策实施过程中的规则设计、组织安排、议题设置、激励动员四个环节的分析，指出政策执行过程中农民参与的特征对于政策的有效执行以及政策供给质量具有重要影响。案例中的农民参与呈现"有参与无合作"的特征，限制了政策的高品质"变现"。吴群芳和刘清华（2021）通过对生活垃圾分类政策实践的研究，指出作为目标群体的居民在政策执行过程中采取的政策抗拒、政策投机、政策冷漠、政策敷衍等消极的政策规避行为导致了政策悬浮的结果。

（四）政策视角

学者们还从政策的模糊—冲突属性、政策的合法性、政策的其他属性等视角，探讨了产生政策执行偏差的原因。

1. 政策的模糊—冲突属性

政策的模糊—冲突属性是政策执行研究中的重要议题，许多学者通过对"模糊—冲突"理论框架进行修正来分析我国政策实践中产生执行偏差的原因。王蒙（2018）通过对扶贫开发与农村低保制度的衔接过程的观察，探析了两项制度在衔接过程中产生政策执行偏差行为的原因。该研究通过修正"模糊—冲突"理论框架，依据政策的复杂性特征，将复杂政策的模糊性分为单政策的层级模糊性与子政策之间的协同模糊性两个指标；将冲突性分为单政策的层级冲突性与子政策之间的协同冲突性。研究表明，在脱贫攻坚初期，由于两项制度的高层级模糊性与冲突性、高协同模糊性与冲突性，政策执行呈现象征性执行、虚假衔接等偏差行为。在脱贫攻坚后期，中央政府的"顶层设计"与地方政府的权威弱化了政策的模糊性与冲突性，从而推动了两项制度的实质衔接。王洛忠和都梦蝶（2020）同样通过对政策执行"模糊—冲突"理论框架进行了修正，基于"限塑令"政策的考察，论证了政策模糊性与冲突性的变化会使政策执行遭遇"阻滞"。李慧龙和尉馨元（2021）基于政策"激励—冲突"分析框架，根据政策激励与价值冲突的强弱组合，将"雷声大雨点小"的政策分为敷衍型、倡议型、权益型、新进型四种类型。研究表明，四种类型的政策遵循不同的执行逻辑。该研究还指出，政策目标与行动之间产生差距的原因不仅仅是"负向"偏差，也有中性、正向的差异。

2. 政策其他属性

政策内容的合理性对于政策有效执行具有决定性作用。政策脱离实际、缺乏合法性基础，更有可能导致执行偏差的结果。学者们从政策的重叠与冲突、政策的合法性、政策的多变及其政策属性与执行机制的匹配程度、政策设计与资源的匹配程度、政策理念等方面阐释了政策执行偏差的原因。

有学者通过对我国太湖流域水污染交易项目的研究，指出政策重叠和冲突是阻碍政策有效执行的主要原因（Zhang 等，2012）。具体而言，该项目实施的要求与环境影响评价制度、五年规划目标等其他环境监管制度存在根本冲突，导致其运行效果并不理想。张文博（2018）通过对易地扶贫搬迁政策实践的考察发现，地方政府在政策实践中，对中央易地搬迁政策的精准取向与价值基础进行了一定程度的"改写"与替代。这种"改写"在一定程度上造成了决策层面的合法性损失，产生了政策执行偏差行为，造成了政策执行"亏损"和基础治理困境。翟军亮等（2021）从政策合法性的视角，构建了输入合法性—过程合法性—输出合法性的分析框架，基于设施农业政策执行过程的研究，指出政策执行过程中，全过程合法性建构的虚化是导致政策执行偏差的主要原因。

柳立清（2019）通过对易地扶贫搬迁政策实践的分析，指出政策的多

变与行动主体之间的互动关系是造成政策执行困境的主要原因。赵静等
（2020）根据政策属性将政策机制区分为行政化政策机制与市场化政策机
制，指出政策执行的效果取决于政策特征与政策机制相匹配的程度。王仁
和和任柳青（2021）以煤改气政策为案例，探究了环境政策实践中出现超
额执行现象的原因。该研究指出，除了政策目标与绩效考核之外，财政资
源和政策效益是地方政府积极甚至超额执行政策的原因；同时指出，造成
地方政府政策执行结果产生偏差的制度性根源在于中央政府的整体性政策
设计与资源配套环节的缺位。常成（2021）通过对长期照护政策实践的研
究指出，社会政策产生执行偏差的根本原因在于政策选择层面的理念偏差
和界定失准。

（五）整合视角

许多学者发现单一的理论视角无法全面地阐释造成政策执行偏差的原
因，因而开始将不同视角结合起来，从整合的视角讨论政策执行偏差的
问题。

有学者通过对西方的政策过程理论进行修正来解释我国政策执行偏差
现象，指出政策执行偏差是由多重因素共同导致的。李瑞昌（2012）基于
"地沟油"整治与餐厨废弃物管理政策实践的观察，指出地方政府"政策空
传"现象是由于政策实施过程中的政策流直排、过程流滞阻、资源流短缺
引起的。具体而言，地方政府在分解政策目标时未对其具体化，使得政策
文本内容流于形式；行动者之间的利益冲突、政策执行的激励机制与协调
机制不足，导致政策执行行动者之间不能形成合力；科学技术与管理技术
以及资金的短缺，造成了政策执行的形式主义严重。以上三种原因，共同
导致了"政策空传"现象的产生。陈水生（2014）运用范米特—范霍恩的
政策执行模型，从政策标准与政策目标、多重资源与政绩激励、中央主导
与上下协同、宏观战略与微观需求、执行处置与执行细化五个维度，对文
化惠民工程项目的政策过程进行了研究，指出政绩至上的逻辑与需求导向
的逻辑之间存在矛盾与困境，限制了公共文化惠民工程项目制的执行效果。

政策执行受到行动主体自身条件与外部环境的影响。宋雄伟（2016）
分别从执行环境、执行结构、执行行动者以及政策阶段四个方面论述了低
保与基层医改两项政策在执行过程中遇到的阻力。袁方成和康红军（2018）

从资源分布、地方自主权、政策执行情境及社会舆论压力四个层面阐释了地方落户政策失效的原因。郭小聪等（2019）基于产业扶贫政策的实施过程的研究，指出政策执行过程中多重行为差异导致了政策"脱节"现象。该研究从政策本身、政策行动者以及制度体系等方面指出基层产生多重行为差异的原因。郎玫和郑松（2020）从政策弹性、执行能力与互动效率三者间的理论关系，阐释了地方政府政策执行绩效损失的生成机理。李利文（2021）基于违法建设综合整治案例的研究，构建了"执法堕距"的分析概念，指出政策物质环境与适应环境的变迁速率的不一致，使得政策执行的实际条件与应具备的条件存在一定的差距，导致"执法堕距"的产生，主要表现为政策标准层面的制度失调和政策资源角度的资源供需失衡。"执法堕距"的程度决定政策执行的效度。"执法堕距"越大，基层政策执行偏差产生的概率也越大。

政策执行偏差是多元行动主体共同作用的结果。王洛忠和李建呈（2020）从政府与社会互动的视角阐释了产生政策执行偏差的原因。基于大气污染防治攻坚战的案例，该研究指出，决策机构的考核压力、执行机构有限的执行能力、执行机构与受众群体之间的利益调适、外部环境等因素的共同作用，导致了政策执行偏差的产生。文宏和李风山（2021）从组态的视角，构建"组织—主体—过程"分析框架，探讨了大气环境政策执行偏差的生成机理。通过对组织资源禀赋、目标清晰度、政治压力、执行响应、公众诉求、执行难度和控制机制等条件变量的不同组合对政策执行偏差的影响进行分析，结果表明，任何单一因素都不能构成政策偏差的必要条件，其中组织资源禀赋不强、政治压力小、执行难度高等是诱发执行偏差的重要因素。

综上所述，政策执行产生偏差的结果是由多重因素导致的。现有研究基于不同的政策实践分别从制度、政策、组织、行动者、整合等不同的视角阐释了产生政策执行偏差的原因，而某项具体政策的偏差是由特定情境下不同要素之间的共同作用导致的。

四　政策执行差异研究

政策在实践过程中，政策执行存在差异。具体而言，同样的中央政策，不同的地方政府、职能部门、执行机构的执行过程及结果并不相同；同样的执行机构实施不同的政策，其执行结果也存在差异；同样的政策、同样的执行机构在不同的执行阶段的执行结果也存在差异。针对以上政策执行差异的不同情形，学者们从不同的视角展开了研究。

（一）同一政策、不同策略

同一政策为何产生不同的政策执行效果？学者们对此基于不同政策经验，主要从组织—治理过程视角进行了分析，分别从地方政府的角色、基层治理结构、资源条件与治理任务、治理能力、意义建构、组织情境、注意力分配、政策学习等方面进行了阐释。

地方政府的不同角色定位对政策执行产生不同的影响。赵静等（2013）通过对地方政府执行国有产权分配政策的研究，指出地方政府在政策实践过程中具有代理人和自利者的双重角色。根据两种角色在实践中的不同倾向，地方政府形成了计划型、竞争型、监管型、保护型四种类型的政府角色。地方政府根据其角色定位和利益选择采取不同的政策执行路径和方式，从而产生差异化的政策执行结果。

政策执行主体的治理结构与行动者互动关系、资源条件与治理任务、治理能力都会造成差异化的政策执行结果。

基层治理结构对政策执行效果具有重要的影响。葛天任（2018）从政府、社会互动的关系的视角将基层治理结构区分为统合式、吸纳式、共治式三种治理结构，并基于城市社区建设资金使用案例，指出不同的基层治理结构对政策执行路径产生不同的影响，进而产生不同的政策效果。

政策执行行动主体之间建构的互动关系是产生差异化的政策结果的主要原因。有学者将街头官僚的自由裁量权与制度层面的因素相结合，通过对扶贫项目实践过程中的街头官僚与目标群体之间的互动进行考察，归纳了支持性政策执行、被动性政策执行、不可持续的政策执行和象征性政策执行四种模式（Yutong Si，2020）。刘志鹏和刘丽莉（2020）通过对三个村庄的精准扶贫政策实践的比较分析，指出下派干部与村干部之间形成的不同互动关系是影响政策执行绩效差异的直接原因。下派干部与村干部之间的关系又受到下派干部所携带的资源、与村庄精英之间的关系以及派出机构级别的影响。刘志鹏和刘丽莉（Liu and Liu，2022）通过对精准扶贫政策实施的研究，指出当前农村治理结构的变化影响政策的执行。在精准扶贫政策执行过程中，基层政策执行者形成两种类别，一种为派遣干部与农村干部各自分工治理，另一种为派遣干部吸纳农村精英。当派遣干部利用自身经济政治资源与当地农村的经济精英和技术人才形成联盟时，其政策执行效果优于派遣干部与农村干部各自分工的治理结构。王丛虎和侯宝柱（2022）基于公共资源交易领域政策执行的考察，发现政策执行多元主体之间构成了管理主导型、业务主导型、监督主导型三种政策网络。三种政策网络分别通过管理机制效应、合作机制效应和监督机制效应推动政策的有效执行。执行组织自身的资源条件与政策任务压力之间的匹配程度对政策执行效果具有决定性影响。庄玉乙和胡蓉（2020）以环保政策实践为案例，探讨了环保督察背景下地方政府为何会选择不同的行动策略的问题。研究表明，地方政府在上级督察压力下，会根据自身的资源条件与环境治理任务难度的匹配程度，选择"一刀切"或者"集中整治"的执行方式。陈那波和李伟（2020）通过对网格化政策推行案例的比较分析，指出行政资源的平均化配置与管理任务和自致资源获取能力的巨大差异是导致不同街道面对同一政策采取不同策略并产生不同的政策执行效果的主要原因。冯猛（2021）基于基本管理单元案例的研究，指出政策执行者的治理经验与政策创新程度之间的差值影响政策执行的效果。地方之间的不同"差值"是导致地方治理实践呈现差异化的主要原因。徐建牛和施高键（2021）通过对"三块地"试点改革政策实践进行研究，发现下级政府根据政策的利益契合度与执行压力的不同，采取不同的相机执行策略，从而导致差异化的政策结果。

地方政府对国家政策的不同的意义建构会导致不同的政策执行结果。袁方成和李会会（2020）通过对宅基地退出政策执行案例的研究，指出政策认同建构是有效执行的关键。陈宣霖（2021）通过对随迁子女教育政策的考察，指出地方政府对国家政策的不同的意义建构导致了不同的执行结果。

基层政府所处的组织情境也会造成政策执行结果的差异。朱天义和张立荣（2021）通过对贫困地区基层政府培育农业经营主体的政策实践进行研究，指出基层政府在不同的组织内外情境下会采取不同的行动策略，从而导致"名实分离"与"名实相符"的不同政策执行结果。

有些学者亦指出政策执行产生差异化的执行结果是由多种因素共同作用导致的。李智超和卢婉春（2020）从地方政府的注意力分配视角探讨了政策执行差异问题。基于生活垃圾分类政策的考察，他们的研究发现，地方官员的专业背景、地区的产业结构、地方政策的政策响应程度及监督力度等会影响政策执行效果。同时，他们的研究指出，单一因素无法解释政策效果产生差异性的原因，多重要素的组合才能解释政策执行产生显著差异的原因。高登晖和孙峰（2022）同样通过对垃圾分类政策实践的研究，指出地方政府的快速响应是组织、行动和资源供给耦合的结果。

地方政府之间的政策学习能力的差异也会导致差异化的结果。杨宏山（2015）将中央政策明晰度与地方政府的学习能力结合起来，构建了分析框架，探讨了地方政府在同样的激励机制下产生的执行差异问题。研究指出，当政策内容不够明晰时，政策执行的效果依赖于地方政府的学习能力。政策执行既是采取行动的过程，也是提升认知的过程，学习机制在其中发挥着根本性作用。地方政府的学习能力取决于财政能力、领导人的意愿、政策问题的显著性以及可利用的智库资源。杨宏山和苪雪瑞（2020）进一步通过教育政策改革案例的研究，检验了府际之间的学习机制。他们认为，在政策执行过程中，府际之间通过政策细化、执行评估、政策纠偏、政策采纳四个环节优化了政策执行规范。

根据以上研究，同样的政策之所以在不同的执行主体之间产生差异化的政策结果，主要是因为其执行主体的差异化组织—治理过程。组织自身内部的资源条件、意义建构、政策学习能力、注意力分配、治理结构、治理过程以及与组织外部的关系建构都是产生不同政策结果的重要原因。

（二）同一主体、不同策略

在中国，上级政府与下级政府之间构建了非常复杂的多任务、多目标的委托—代理结构。根据不同的自上而下的政策和任务委托，地方及基层政府会采取不同的执行策略。针对这一政策现象，学者们从制度视角、政策视角以及组织—治理过程视角进行了分析。

1. 制度视角

上级政府对下级政府的问责压力的不同是导致地方政府采取不同的策略，进而产生差异化的政策执行结果的最主要原因。问责压力的不同一般是由不同的政策属性决定的。

冯定星（2014）通过对创建国家卫生城市工作的实践进行观察，探讨了政策为何没有发生"变通"的问题。研究发现，确保政策有效执行的关键在于"包保责任制"。"包保责任制"为基层的政策执行提供了系统的责任分配和控制机制，压缩政策变通空间，确保政策按照方案进行落实。周玉婷等（2015）通过对民政局两种社会政策的实施过程进行分析，发现基层政府在执行不同政策时具有不同的执行偏好和行为逻辑，并指出问责机制的局限性是产生政策执行偏好的根本原因。李棉管（2019）对农村低保政策实践进行了研究。他的研究发现，基层政府面对强大的执行压力，采取了目标一致但策略不同的自我保护方案，构建出自保式低保执行的行动逻辑。

2. 政策视角

不同的政策属性一直是影响政策执行策略的重要分析视角。殷华方等（2007）以中央与地方政府关系和政策特性两个维度为基础提出了地方政府的政策执行框架，并以外资产业政策的实践进行了论证。该研究指出，地方政府执行政策经历两个阶段：第一阶段为中央—地方政府关系的选择，第二阶段是政策执行策略的选择。央地关系的选择取决于政策的重要程度、信息对称性及正负激励强度；在此基础上，地方政府会根据政策特性的冲突性和明晰性采取不同的执行策略。同时，该研究也指出中央的政策制定与地方政府的政策执行策略之间的互动是动态均衡的过程。

汤火箭和刘为民（2012）以国家财政政策为研究对象，根据政策的模糊—冲突属性，将财政政策区分为四种类型，并通过对不同属性的政策实践进行分析，指出中央政府与地方政府针对不同的政策会采取不同的执行策略及应对机制。魏姝（2012）依托洛伊的政策分类框架，分析了不同政策类型在执行过程中所展现的特点，并探讨了导致政策效果差异化的原因。洛伊以"政府强制的可能性"和"政府强制发生作用的途径"两个维度，将公共政策区分为分配政策、构成性政策、规制政策、再分配政策。该研究运用多案例比较研究方法，分别对四种类型的政策执行中面临的不同挑战、影响政策有效执行的不同因素进行了分析和论证。刘培伟（2014）通过对低保政策与新农保政策执行的比较分析，指出不同的政策设计对于政策执行行为的影响是不同的。政策的裁量—反馈属性影响政策执行过程和结果。赵静（2022）通过构建政策裁量与反馈模型，解释了政策执行协商出现的多种政策效果。该研究基于我国转型期经济领域中四个重要改革案例的比较分析，揭示了政策的裁量—反馈属性塑造执行协商进而影响政策效果的作用机理。该研究表明，根据政策属性的不同组合，政策结果会呈现四种不同的情况。具体而言，当政策反馈性高、政策裁量性强时，政策效果表现为渐进调适的结果；当政策反馈性低、政策裁量性强时，政策效果表现为政策结果偏离原有的政策目标；当政策反馈性高、政策裁量性弱时，政策效果表现为政策结果见效；当政策反馈性低、政策裁量性弱时，最终的政策效果表现为政策结果失败。

3. 组织—治理过程视角

行动主体的行为选择亦会造成差异化的政策执行效果。李辉（2021）从基层政策执行者的主体性角度，探讨了在运动模式下，基层政策执行效果为什么存在差异的问题。该研究通过对六项专项运动案例的深入研究，归纳出理性选择和认知差异是影响政策执行效果的关键因素。

组织情境及受众群体的不同亦会使执行主体采取不同的行动策略。钟海（2018）基于精准扶贫政策实践的观察，认为村组织采取权宜性的行动策略来完成政策执行，主要是组织缺乏有效的激励和监督机制、组织缺乏运行资源、组织自身的角色定位、自利性的驱使导致的。陈继（2021）通过对水库搬迁政策实践过程的观察，发现基层政府在政策执行过程中，根据不同的受众群体采取区别化的行动策略，以确保政策的有效执行。

地方政府根据其"压力—治理能力"匹配程度，选择不同的治理策略。蔡长昆和沈琪瑶（2021）建构"议程超载—分散响应"的分析框架，以建筑垃圾治理过程为例，揭示了在"压力—治理能力"失衡的情境下，地方政府的分散响应的行为逻辑和治理结果。该研究指出，地方政府会根据"压力—治理能力"之间的匹配程度，采取不同的行动模式，从而导致不同的治理结果。在此基础上，该研究进一步说明，在"议程超载"的情形下，地方政府会通过注意力的强弱分配将任务传导至不同的部门，各部门依据自身的利益结构和效用偏好采取分散响应的行动策略，治理效果取决于是否存在制度冲突效应。

地方政府的注意力分配差异也是造成政策执行差异的主要因素。刘琼和梁凤波（2019）从注意力竞争的视角，以医疗保险支付改革为例，探究了地方政府产生"政策响应差异"的原因。研究发现，决策环境形成了特定的注意力分布结构，从而对某项特定的政策领域的政府行动产生影响。不仅如此，政府行为还受到其他变量之间的不同组合的影响，最终导致地方政府"政策响应差异"。

根据以上研究，笔者认为同一个执行主体采取不同的执行策略，本质上是由政策属性决定的。制度特征在政策场域中构建的属性对行动主体的行为决策具有显著的影响。当然，任何一种策略及结果，都是多重要素共同作用的结果；理解这些要素之间的相互关系，仍然是未来政策执行研究的重要方向。

（三）政策执行波动

同一项政策在其执行周期也会呈现不同的变化，即政策执行波动。针对这类现象，学者们更多地从制度视角和组织—过程视角进行了阐释。

政治势能是解释政策执行波动的重要变量。贺东航和孔繁斌（2019）通过对农村林改政策的分析，揭示了公共政策执行力在不同时段产生变化的原因及机理。该研究指出，地方政府或者执行机构会根据政策识别出的"政治势能"的高低调整自身的执行策略，从而导致政策执行在不同时段呈现出不同的势态。

政策执行效力会随着其面临的政策压力及压力传导机制的变化而变化。陈家建和张琼文（2015）针对政策执行过程中消极执行与运动式执行两种执行模式交替出现的波动式执行的现象进行分析，指出政策适用性低与执行压力的变化是导致政策执行波动的根本原因。黄冬娅（2020）通过对产业政策实践的研究，揭示了同一项政策在其结构性约束条件不变的情况下，仍出现政策执行效力不断波动的原因。该研究指出政策执行压力传递的不同微观机制是影响政策执行和波动的重要因素。李珽（2020）从信号传递理论的视角，通过对中央环境信号及地方政府监管行为进行回归分析，指出文件信号的可信性、强烈性和清晰性对地方政府环境监管行为具有显著影响。中央环境信号的不断变化使地方政府的执行行为在时间序列上出现了时高时低的波动。白桂花和朱旭峰（2020）通过对四个县（市）新农合政策的试点执行情况进行比较分析，研究发现，政策试点执行初期，政策内容的模糊性较高，这时仅仅依靠政府内部的监督则容易导致政策的扭曲执行，只有内部监督（上级政府的监督）和外部监督（人大和政协的监督）才能保证政策的有效执行或政策创新。

政策执行结构性因素与行动者联结的程度也会造成政策执行波动。郭劲光和王杰（2021）通过构建"调适性联结"的理论框架，解释了基层政府政策执行力发生演变的原因。该研究基于西部农发项目案例的研究，指出基层政府会根据政策目标的调适需要，与政策执行的其他参与主体达成不同程度的联结。这种"调适性联结"机制在基层政策执行中有意设计或被迫变更的应用是导致政策执行力发生演变的主要原因。该研究还指出，政策执行力的演变并不仅仅来自结构性因素，还与政策执行中的行动者与结构性因素的相互作用息息相关。郭小聪和曹郭煌（2022）通过"商事登记制度改革"的案例研究，指出科层分工的结构特征的变化会导致政策执行波动的产生。

政府注意力的不均衡分配也是导致政策执行波动的主要缘由之一。王惠娜和马晓鹏（2022）基于企业整合重组政策的案例研究，指出政府注意力分配的不均衡是导致政策执行波动的主要原因。上下级政府和不同职能部门之间通过不同的机制进行注意力分配；不同机制会引起注意力聚焦和注意力并行等不同的分配结果，进而使政策执行出现时而快速实施时而缓慢推进的波动现象。吕德文（2022）通过对城管执法的动态经验的观察，指出政策执行波动是模糊性治理机制和注意力分配机制共同作用的结果，具有执行力度的动态均衡性和时间序列上的周期性的特征。

根据以上研究，同一项政策在其执行周期产生不同的变化，主要是由上级行政控制压力以及组织—治理结构产生变化导致的。

第五节　研究述评

一　研究贡献

中国政策执行研究经过近30年的发展，已经积累了丰富的研究成果，是中国政策过程研究中研究频率最高、研究内容最多的议题之一。现有的政策执行研究成果对于总结中国公共政策经验，推动中国政策过程理论发展具有重要贡献。

（一）模式、策略和结果：中国政策执行的独有特征

当下中国政策执行研究形成了三个主要研究议题，并在此基础上总结

和概括出中国政策执行独有的特征。

第一，政策执行模式。研究者立足中国情境，从不同理论视角总结了中国政策执行模式及其特征。从制度视角来看，我国压力型体制与复杂的"条""块"结构决定了我国政策执行具有高位推动、层级传递（贺东航、孔繁斌，2011）和策略响应（王亚华，2013）的特征。除此之外，中央与地方政府之间的博弈使政策执行呈现出决策删减—协商执行的特征（薛澜、赵静，2017）。从组织—治理过程视角来看，政策执行不同的组织运作模式使我国政策执行形成了常规模式与动员模式两种主要类型（周雪光、练宏，2011），而政策执行过程中行动者之间的互动关系的特征使我国政策执行形成了"共识式"模式（丁煌等，2022）。从政策视角看，政策的不同属性以及不同类型的政策会形成行政性执行、实验性执行、变通性执行、象征性执行等不同的执行模式（杨宏山，2014）。

第二，政策执行策略。政策执行主体根据不同的情境采取多样化的执行策略。在中国情境下，政策执行主体主要采取政策变通、政策调适、政策动员及联合互动等行动策略，在应对上级政府的政策压力的同时，力图实现治理目标。首先，现有研究认为政策执行主体采取政策变通的行动策略主要是因为上级政府的高强度的行政压力与执行主体自身利益和治理资源之间存在冲突。其次，政策执行主体采取积极的政策调适策略是因为中国地域辽阔，各地区的经济社会发展水平存在较大差异，各地区的治理需求也千差万别。因此，为了实现自身的治理目标，各地区探索多样化的调适策略，使中央政策更好地符合当地的实际需求，从而在完成上级的政策任务的同时，也能够满足自身的治理需求。再次，当某项特定的政策任务无法通过常规的科层运作体制实现时，政策执行主体往往采取政策动员的行动策略，从而打破科层壁垒，整合资源，促进多方参与，共同推进政策任务的落实。关于如何动员的问题，现有研究主要从权威结构、利益激励与关系网络等三个方面进行了阐释。最后，当政策执行涉及多元主体时，主要负责的执行主体会采取联合互动行动策略。根据上级政府施加的行政压力与行动主体的联合行动所需要的交易成本等情境的不同，主体之间的互动关系呈现出不同的特征，从而对政策执行结果产生影响。

第三，政策执行结果。政策执行结果的研究根据其研究侧重点的不同可以区分为政策执行偏差与政策执行差异两个方面。首先，当某项政策在执行过程中没有按照政策既定的安排进行实践、偏离了原有的政策目标时，就会产生政策执行偏差的结果。当前研究对此现象进行了充分的讨论，主要从制度视角、组织—治理过程视角、行动者视角、政策视角、整合视角等阐述了产生政策执行偏差的原因及实践逻辑。其次，不同政策、不同主体、不同时间周期也导致差异化的政策执行结果。对于政策执行差异现象，现有研究认为，同样的政策之所以在不同的执行主体之间产生差异化的政策结果，主要是由于其执行主体的差异化的组织—治理过程。组织内部的资源状况、意义构建、学习政策的能力、注意力的分配、治理架构、治理流程，以及组织与外部环境的关系建立，都是影响政策结果差异的关键因素。同一个执行主体会采取不同的执行策略，本质上由政策属性决定的；围绕特征的政策场域所建构的制度属性对于行动主体的行为选择产生重要的影响。同一政策在执行过程中出现的不同变化，主要是由上级行政的控制压力和组织治理结构的变化引起的。以上研究结果对于理解中国政策实践的逻辑，提供了多样化的理论视角。

（二）修正与拓展：西方政策执行理论与"中国"

中国政策执行研究修正和延伸了西方的政策执行理论模型，拓宽了其应用范畴。西方的政策执行理论并不能完全解释中国情境下复杂的政策问题，因此，中国的政策执行研究进一步修正和完善了西方的政策执行的理论模型，为政策执行研究增添了中国情境和中国"变量"。例如，研究者在马特兰提出的"模糊—冲突"模型的基础上，增加了中国情境的分析维度，从而更好地阐释中国政策执行的实践逻辑（吴少微、杨忠，2017）。也有学者对该模型的模糊属性和冲突属性的指标进行细化，从而更好地解释政府政策执行偏差行为（王蒙，2018）。除此之外，研究者广泛应用史密斯过程模型、范米特-范霍恩的政策执行模型、洛维（Lowi）的政策分类框架等经典的理论模型，解释中国情境下的政策执行偏差及政策执行差异问题。西方的政策理论对于解释中国政策执行现象提供了理论启示，即中国与西方国家虽然在国家治理模式上存在差异，但是事物发展的基本规律是一致的，在政策执行研究领域亦是如此。因此，中国政策执行研究在西方研究的基础上探索出中国特有的"变量"和维度。

（三）在政策执行研究中找回"中国"

中国政策执行研究既延续了西方政策执行研究的理论路径，又详细探索了中国政策执行的本土经验。

一方面，中国政策执行的研究沿用了西方政策执行研究的"自上而下""自下而上"和"整合"的理论研究路径。具体而言，当下基于制度视角的研究更多地强调制度安排对于政策执行的影响，与西方的"自上而下"研究路径相吻合；基于组织—治理过程视角的研究则强调执行主体的组织—治理过程对于政策执行的影响，与西方的"自下而上"研究路径相匹配；基于政策视角的研究则强调政策特有的属性对政策执行的影响，同时将政策的制度情境、执行主体的组织—治理结构等属性纳入研究范畴，呈现出"整合"研究路径的特征。因此，中国政策执行研究的发展脉络与西方政策执行的研究路径在理论上具有一致性。

另一方面，中国政策执行研究进一步详细探索了中国特有的政策执行现象背后的理论逻辑。首先，从制度视角看，中国的压力型体制以及复杂的政府层级结构使得政策的有效执行高度依赖上级政府的高位推动，政策执行过程中政治主导行政，政治与行政的边界并不清晰。这一特点与西方第一代政策执行研究，即"自上而下"研究路径中强调政治与行政相分离，更强调上级决策的重要性，具有一定的差异性。

其次，从组织—治理过程视角来看，由于中国地域辽阔，区域发展不均衡，地方政府在党中央集中统一领导下，具有一定的自主发展空间，各地的组织—治理过程存在一定的差异。正是由于这种特征，中国政策实践中存在诸多选择性执行（O'Brien and Li，1999）、政策变通（庄垂生，2000）、政策调适（蔡长昆、李悦箫，2021）等现象。更为关键的是，为了避免地方自主行为偏离中央的政策目标，中央通过打破常规的治理结构，以运动式治理等非常规的治理方式，促使政策的有效执行。除此之外，中国纵向的央地互动关系、横向的组织间协助关系使特定的政策不仅仅依靠单一的行动者，因此，政策实践中行动者频繁使用"共识式合作"（曹郭煌、郭小聪，2002）、"恰适性联结"（夏志强、田代洪，2022）等联合互动的执行策略，且行动者之间的共识在执行中发挥重要的作用。以上研究弥补了西方"自下而上"研究路径中忽视的"上"的作用，即下级执行主体的自主性是有限自主，是在中央控制下的符合中央意志的自主。同时，也丰富了"下"的内涵，即下级政府也各有需求，只有将不同主体的治理需求与政策目标相结合，达成"共识"，才能更好地实现政策目标。

最后，从政策视角看，中国作为发展中国家、人口大国，国家治理中面临的经济社会问题与西方国家相比更为复杂多元，国家政策涵盖社会生活的方方面面，因此，中国政策显然具有与西方政策不同的属性和特征。中国政策的复杂属性与独特特征，决定了中国政策执行具有与西方不同的实践逻辑。因此，基于政策视角的研究为西方"整合"研究路径增添了新的研究维度，进一步丰富了研究内容。

（四） 中国特色的政策执行理论

研究者提出了具有中国特色的代表性理论、概念以及理论模型。贺东航和孔繁斌（2019）提出"政治势能"理论，指出政策执行主体通过判断政策的"政治势能"调整自身的行为策略，使政策执行的不同阶段呈现出不同的态势。该研究识别出政策执行过程中重要的中国变量，强调了政治在政策执行中的主导作用，成为中国政策执行研究的代表性理论之一。

在概念方面，欧博文和李连江（1999）较早地提出"选择性执行"的概念，指出基层干部会根据政策的不同属性采取选择性执行的策略，而干部的行为则受到上级的问责压力和来自社会的压力的双重约束。后续许多关于政策执行差异的研究大多是在"选择性执行"概念的基础上展开并提出新的概念。还有学者对中国政策执行实践中普遍存在的政策执行偏差现象进行研究，提出"政策执行阻滞"（丁煌，2002）、"政策执行中梗阻"（钱再见、金太军，2002）等概念，促使研究者对政策执行偏差现象展开大量的讨论。另外，还有学者针对政策执行主体采取的不同行为策略，提出"政策变通"（庄垂生，2000）、"政策调适"（蔡长昆、李悦箫，2021）、"政策动员"（陈潭，2006）等概念，为探究多样化的政策实践逻辑提供了理论指引。后续许多学者以这些概念作为研究基础，解释多样化的政策实践现象背后的理论逻辑，进一步提出"悬浮式治理"、"适应性治理"（石绍成、吴春梅，2020）、"政策捆绑"（Kostka and Hobbs，2012）、"人情式政策动员"（吕萍、胡元瑞，2020）、"柔性政策动员"（陈鲁雁、吴童，2022）等概念，丰富了政策执行的研究内容。

在理论模型方面，除了借鉴西方的已有的经典理论模型之外，还有许多学者为了更好地解释中国政策执行现象，整合不同的理论视角，建构出更为契合中国情境的理论模型。例如，杨宏山（2014）整合了政策特性理论与激励机制理论，构建了"路径—激励"分析框架，指出地方政府根据政策路径和激励机制的不同采取不同的政策执行模式。文宏和李凤山（2021）从组态的视角，构建"组织—主体—过程"的分析框架，阐释了产生政策执行偏差的多重原因。赵静（2022）通过构建政策的"裁量—反馈"模型，揭示了产生不同的政策结果的内在诱因。蔡长昆和沈琪瑶（2021）建构"议程超载—分散响应"的分析框架，揭示了在"压力—治理能力"失衡的情境下，地方政府的分散响应的行为逻辑和治理结果。这些理论模型的提出，为进一步打开中国政策执行黑箱提供了重要的理论分析工具。

二　研究的不足

虽然中国政策执行研究积累了丰富的研究成果，但仍有进一步发展的空间，还存在以下不足。

（一）理论鸿沟和经验重复

当下中国政策执行研究主要从制度视角、组织—治理过程视角和政策视角等多样化的理论视角研究政策执行问题，不同理论视角所关注的侧重点有所不同，且每个理论视角形成了一定的理论体系，在一定的理论框架内讨论同样的政策执行问题。这种研究倾向不可避免地导致不同理论视角之间形成"理论鸿沟"，无法与其他的理论视角进行有效的对话，使理论视角之间形成壁垒，不能全面和完整地揭示中国政策执行的整体性规律。

具体而言，从制度视角的研究，更多地强调行政体制、政府层级结构、制度环境等要素对于政策执行过程和结果的影响，相对忽视组织和治理过程以及政策属性的影响；从组织—治理过程视角的研究则更重视执行主体组织运作逻辑和治理过程对政策执行的影响，相对地忽视制度及政策属性的影响；从政策视角的研究则更加重视政策的模糊—冲突属性、政策类型及其他特征对政策执行的影响，相对地忽视制度及组织和治理过程的影响。虽然也有学者整合不同的理论视角来解释政策执行问题，但是仍存在研究不够深入的问题。

除此之外，不同理论视角的研究还存在经验高度重复的问题，即基于某个视角的研究针对同一问题的研究得出的结论具有高度重复性，理论突破较为有限。具体表现为用同一理论框架分析不同的政策经验，抑或用不同理论视角解释同一政策经验，而得出的研究结论的理论贡献并不突出。同时，根据本章对政策领域的编码，亦能发现多数研究集中在社会政策、环境政策等政策领域，而这种高度集中的研究，易导致大量的重复性研究，难以突破现有的理论。

（二）理论上的追随和被"切割"的经验

中国政策执行研究在很大程度上借鉴和沿用西方的研究范式，解释中国的政策执行现象。这种理论上的追随不可避免地导致中国经验被"切割"，没有呈现出整体化的中国经验。当下研究更多地以单一政策的实践过程为观察对象，归纳和凝练政策执行模式，探讨多样化的政策执行策略，解释差异化的政策执行结果。然而，这种研究导向导致中国政策执行研究陷入一些误区。

一方面，由于中国独特的行政体制与政府层级结构，政策执行链条相对较长，研究者难以观察政策在不同层级、不同部门以及不同地域的执行全过程，从而使得研究结论具有一定的局限性，只能揭示政策执行的"片段"特征。除此之外，复杂的国情决定了政策类型的多样化和政策属性的复杂化。现有多数研究以单案例作为分析对象，只能解释特定政策在特定场域的实践逻辑，不能呈现出不同政策在实践中的整体性特征，研究的普适性还需进一步加强。虽然也有学者通过多个案例研究进行比较，但研究的适用范围仍然非常有限。

另一方面，由于西方理论的底层逻辑与中国悠久的治国经验有所不同，难免出现西方理论无法解释中国政策执行现象的问题。当下研究只能解释中国政策执行与西方相同的"一部分"，而西方理论无法解释的中国特有的"一部分"还有待学者们进一步探索和挖掘，从而进一步提出中国政策执行研究的整体性理论。

（三）理论累积的缺失和高度的概念内卷

根据本章对中国政策执行研究现状的梳理，发现在政策执行模式、政策执行策略以及政策执行结果的研究议题方面，研究者都提出了大量的新的概念，虽然在一定程度上丰富了中国政策执行研究的内容，但是高度的概念"内卷"使得中国政策执行研究没有持续的理论累积。例如，在政策执行模式的议题中，有学者提出了运动式治理的概念，而与之相仿的概念还有运动式执法、动员式治理、运动型治理、运动式应对等，然而针对这些概念（杨林霞，2014），不同的学者界定的内涵和外延不甚相同。

概念上的不统一不仅容易造成研究上的分歧，还会阻碍该理论的进一步延伸。在政策执行策略的议题中，有学者提出政策变通（庄垂生，2000）、变通执行（钟兴菊，2017）、变通式落实（周孟珂，2016）等相似的概念，也有学者将政策变通区分为政府敷衍、政策附加、政策替换、政策抵制等类型（刘鹏、刘志鹏，2014），还有学者认为政策变通既包括消极变通、积极变通以及迂回变通（刘骥、熊彩，2015）。还有学者提出政策调适（蔡长昆、李悦箫，2021）、适应性治理（石绍成、吴春梅，2020）、政策动员（陈潭，2006）、政治动员（王福涛，2021）、政策营销（谭翀、严强，2014）、"松散关联式"协作（崔晶，2022）、"恰适性联结"机制（夏志强、田代洪，2022）等概念。这些概念的提出无疑是对政策实践特征的高度归纳，具有一定的理论价值，然而这些概念的内涵高度重合，使研究者无法分辨其中的边界，从而难以推动理论的发展。在政策执行结果的议题中，有学者在选择性执行概念（O'Brien and Li，1999）的基础上提出了自保式执行（李棉管，2019）、相机式执行（徐建牛、施高键，2021）、权宜性执行（钟海，2018）等概念，然而这些概念本质上与选择性执行的概念并无明显差异。研究者似乎对相似的政策执行现象给出不同的定义，造成了概念的高度"内卷"，实质的持续性的知识积累并没有出现。

（四）方法论的单一化

根据本章对研究样本的研究方法的编码结果，发现现有中国政策执行研究将近一半数量的研究为规范性研究，其中有一部分研究是对西方政策执行理论的介绍，为中国政策执行研究提供理论借鉴，还有一部分研究是从宏观层面概括政策执行中存在的问题，并提出建设性的对策建议。这类研究为提高学界对政策执行的研究热情以及为政策实践部门解决实际问题起到了积极的作用，但是并未严格按照科学的研究方法展开研究，使得这类研究的理论贡献非常有限。

此外，还有大于一半数量的样本是基于特定的政策实践，运用个案研究、多案例比较、定量研究以及混合研究方法等展开研究，其中绝大多数研究是以个案研究为主要研究方法，而其他方法只占较小的比例。因此，当前中国政策执行研究的方法论较为单一。不仅如此，在这类研究中，仍有一部分研究仅以某个政策实践作为观察对象，粗略地得出一定的研究结论，其案例的选择、案例的研究设计、案例的资料收集、案例的资料分析等操作流程并没有严格遵循规范的研究路径，研究的效度仍存在一定的疑问。方法论的单一限制了当前政策执行研究的解释力，使我们难以提出更具整体性的理论。研究方法的科学性和研究设计的规范性不足，会影响中国政策执行研究的质量，使政策执行研究偏离政策实践的客观事实，违背科学研究的初衷。

（五）弱的可累积性

当前中国政策执行研究未形成整体性的理论，其中一个重要原因在于现有研究对于研究对象的界定、研究概念的选择以及研究问题的聚焦没有在可累积的框架下进行。

在研究对象的界定方面，当前研究对于应该研究政策执行特征、政策执行过程、政策执行结果还是研究政策执行相关的制度、组织结构、行动者网络，并没有明确的答案，研究对象的界定较为模糊，使得后续的研究不能有效地衔接已有的研究，从而影响了研究的一致性和连贯性。

在研究概念的选择方面，研究者对某一概念的理解存在差异，导致研究者更倾向于提出新的概念或重新定义某一概念，而非沿用已有的概念。这种现象使得研究中的概念体系变得分散和混乱，不利于形成整体性的理论。因此，在研究过程中，有必要加强对现有概念的统一和辨析，以提高研究的理论建构质量。

在研究问题的聚焦方面，多样化的理论视角和研究议题促使研究者关注的侧重点有所不同，在一定程度上也导致了研究重点的分散，使得研究者没有在累积的框架下进行深入研究，从而难以形成具有突破性的理论。

在研究对象的界定、研究概念的选择以及研究问题的聚焦方面，研究者需要更加关注演进的框架，以提高研究的质量。应明确研究对象，合理运用现有概念，聚焦关键问题，以期在政策执行领域形成更具一致性、连贯性和突破性的理论成果，从而丰富中国政策执行研究的理论体系，也为政策执行实践提供更好的理论指导。

三　研究展望

中国政策执行研究整体上与西方政策执行研究路径相似，亦经历了自上而下、自下而上以及整合研究路径的变迁。整体上来看，中国的政策执行研究具有如下的演变特征：从宏观层面的研究逐步转向中观和微观层面的研究；从单一视角的研究逐渐转变为整合视角的研究；从分析单一变量逐渐转变为组态因果分析；从单案例研究逐渐转变为多案例比较研究；从强调正式制度的作用逐渐转变为对正式制度与非正式制度同等的研究。总之，中国政策执行研究是不断发展的政策研究领域。

中国的政策执行研究，仍有进一步发展的空间。首先，应整合现有研究成果，发展出具有中国特色的政策执行理论。现有虽然产出了大量关于政策执行的成果，但其理论贡献仍停留在介绍一些代表性理论上。大部分学者的研究都较为分散，理论贡献碎片化，知识累积程度低，甚至许多观点相互排斥，未能形成整体性、具有突破性的政策执行理论。因此，未来的研究应基于我国丰富的政策实践土壤，整合研究力量，发展出中国特色的政策执行理论。

其次，提炼政策执行核心变量，提高政策执行理论的解释力。现有的政策执行研究已提出上百种影响政策执行的变量，但是对于其核心变量，学界并未达成共识。同时，目前我国政策执行研究以单案例研究为主，学者们提出的观点仅基于某个具体的政策实践，其理论的普适性还需进一步考证。因此，未来的研究还需要继续拓宽经验案例，开发新的研究方法，进一步提炼政策执行的核心变量，形成更具解释力的政策执行理论。

最后，加强与政策过程理论的衔接。政策执行是政策过程中最为重要的环节之一，政策执行与政策过程中的任一阶段都有着千丝万缕的关联。虽然部分学者从政策过程理论视角研究政策执行问题，但大部分学者是将其割裂开来进行讨论。然而，在政策链条之中，议程的设定、政策决策、政策设计、政策工具的选择等环节与政策执行具有密切的联系。因此，今后的政策执行应将政策执行置入政策周期中进行讨论，使其融入主流政策过程研究中，更好地与主流政策过程理论进行理论对话。

当下中国政策执行研究为政策实践提供了一定的理论指导，然而理论与实践之间仍存在一定的距离，没有充分发挥应有的作用。因此，在加强当前中国政策执行研究对政策实践的指导作用的同时，还应将更多的理论视角、更多的政策过程应用于政策实践，从而进一步"反哺"政策执行理论的研究，进一步实现中国政策过程理论的学科化和国际化。

结　语

本章运用系统性文献综述的研究方法，对中国近 30 年的政策执行研究进行了整体性回顾，全面梳理和评估当前研究文献，以期厘清中国政策执行研究的整体发展状况和研究脉络，把握最新的研究进展，从而探索未来的研究方向，为推进中国政策执行研究的理论突破提供有益的参考和启示。

研究发现，当前中国政策执行研究主要基于制度视角、组织—治理过程视角、政策视角等理论视角广泛探讨了政策执行模式、政策执行策略、政策执行结果等研究议题，并积累了丰富的研究成果。整体而言，中国政策执行研究延续了西方政策执行研究的研究范式，并在此基础上提出了具有中国特色的代表性理论、概念以及理论模型，形成了多元化的理论研究体系，对于总结和归纳中国执行经验、凝练中国特色"变量"做出了显著的理论贡献。

然而，当前中国政策执行研究仍未形成整体性的理论，未能实现知识的持续性累积。主要是由于当前研究在理论视角、研究议题之间存在理论壁垒，使得研究较为分散，没有在可累积的理论框架内展开研究。除此之外，概念的高度"内卷"和方法论的单一亦限制了理论的发展。

因此，在今后的研究中，应进一步规范研究过程，探索更具分析性的理论工具，加强与政策过程理论的衔接，扎根中国本土经验，延续已有的理论框架，提出更具整体性和突破性的理论，提升理论的普适性和解释力，为政策执行实践提供更为坚实的理论支撑。

本章的研究仍存在一些不足，首先，由于政策执行研究的文献数量众多，因此在收集文献过程中，难免有所遗漏的样本。其次，在理论视角的归纳方面，有少量文献是基于信号传递理论（李肆，2020）、社会心理学视角（李伟权、黄扬，2019）等其他学科的理论视角进行研究，由于这类研究的占比较小，本章未将这类视角进行分类，而是在研究议题中进行了讨论。再次，在研究议题方面，难免忽略了一些研究量较少的议题。最后，在评价整体的研究进展过程中存在一定的主观性，由于文章篇幅的限制，重点论述了较为典型和代表性的研究。

第五章 政策评估：从方法到理论

引 言

政策评估是公共治理的重要工具。随着我国政府职能的持续优化和民主决策机制的逐步成熟，政策评估已成为国家治理体系的关键环节，对于推动国家治理体系和治理能力的现代化发挥着至关重要的作用。目前我国在政策评估的内涵、效果、主体，政策评估体系以及机制等方面做了大量研究，取得一定成果。但是，政策评估作为政策过程的一个关键环节，无论在理论研究还是在实践上都存在缺陷。正因如此，对中国政策评估的理论与实践研究进行回顾和反思，以理清思路，形成具有中国特色的政策评估研究就变得十分重要了。本章致力于回顾 23 年来中国政策评估理论和实践研究的现状，展望未来，以促进中国政策评估研究，推进国家治理体系和治理能力现代化。

一 政策评估与政策过程

在公共政策学的发展历程中，大部分政策学家都将政策评估作为政策过程的一个重要组成部分。政策科学的奠基人、"公共政策之父"拉斯韦尔（1956）在《决策过程》这一论著中，将政策过程划分为七个阶段，即情报、建议、规定、行使、运用、评价和终止。这是政策过程阶段划分的起源。根据政策周期理论，公共政策过程包括问题确认、政策制定、政策执行、政策评估、政策终结等环节（Howlettand Ramesh，2009；Nowlin，2011）。我国学者杨宏山（2020）把政策过程的完整生命周期进一步分为 10 个阶段：问题设定、议程设置、目标确定、方案提出、方案评估、方案选择、政策执行、政策评估、政策调整、政策终结。可见，政策评估是政策过程中必要且相对独立的阶段。

关于政策评估的含义，当下的研究主要将其视为一个技术和信息过程。例如，有学者认为，评估是一种描述各种解决政策问题的方案和陈述各种方案的优劣点的过程（Lichfield 和 Kettle，1975）；有学者认为，政策评估是对政策和公共项目是否实现预期目标的客观性、系统性、经验性检验，并且作用于目标的影响和效果（Nachmias，1979）；斯图亚特·S. 内格尔（1994）认为政策评估可以定义为一个过程，即依照政策与政策目标之间的关系，在各种备选的公共政策或政府方案中，确定一个能最大限度地达到一系列既定政策目标方案的过程。朱志宏（1995）认为，就一项公共政策而言，发现误差、修正误差就是政策评估；换言之，政策评估的工作就是发现并修正政策的误差。托马斯·R. 戴伊（2002）认为，政策评估就是了解公共政策所产生的效果的过程，就是试图判断这些效果是否为所预期的效果的过程。有学者则将政策评估作为一种分析工具，其首要任务是为评价政策绩效提供政策过程和结果的信息（Wollmann，2007）。同时，政策评估又是政策循环中一个重要的阶段，它需要将这样的信息反馈给政策制定过程。政策评估就是要分析政策的成果和失败，以及政策如何影响着现实世界。政策评估本质上就是通过揭示因果机制来反映其有效性。

不同于政策评估的技术导向的定义，詹姆森·E. 安德森（James E. Anderson，1976）认为，政策评估不仅是一项技术或分析的过程，它也是一个政治过程。如果把政策过程看作某种有序的活动的话，那么，它的最后一个阶段便是政策评价。总的来说，政策评价与政策（包括它的内容、实施及后果）的估计、评价和鉴定相关。作为某种功能活动，政策评价能够而且确实发生在整个政策过程中，而不能简单地将其作为最后的阶段。

总体来看，学者们的基本共识是：政策评估是指评估主体依据一定的评价标准，通过相关的评估程序考察公共政策过程的各个阶段、各个环节，对政策产出和政策影响进行检测和评价，以判断政策结果实现政策目标的程度的活动（陈振明，2002；李志军，2022）。由此可见，政策评估是政策过程的重要环节和组成部分。政策评估对正确制定、执行和完善政策具有重要意义，不仅能反映政府制定和执行公共政策的能力和效果，也决定和影响着政府的绩效。通过政策评估，决策者可以决定是否需要对政策进行调整、完善或终止，能够更好地配置政策资源，提高政策的科学性和准确性，实现政策运行和决策的科学化，提升政府正确履行职责的能力和水平（李静芳，2001；彭忠益、石玉，2019）。

二 政策评估的研究背景与意义

作为一个专业领域和一项政策实践，政策评估于 20 世纪初随着现代科学方法的发展及其在社会研究和政策研究中的广泛运用而发展起来。早在第一次世界大战之前就有少数研究人员运用社会学、统计学等学科的知识和方法对教育、卫生、就业等领域的政策和政府项目进行评估（李志军，2022）。无论在学术研究方面，还是实践方面，政策评估都得到了大力发展，在提高政策制定和执行的准确性、促进政府决策科学化和民主化、提升政策资源配置效率、检验政策效果、提高决策质量等方面发挥着重要作用。

对政策评估研究的进展，不同学者用不同方法进行了划分，比较典型的有两种路径。路径一是将政策评估的发展划分为实证主义与后实证主义两个阶段。20 世纪 70 年代以前，在实证主义哲学范式的指导下，政策评估被视为一种 "'经验—科学' 的方法，遵循 '批判—理性' 的研究逻辑"（施托克曼、梅耶，2012）。后实证主义政策评估学者认为：（1）政策评估中的事实与价值需要结合，政策评估应该建立在沟通理性的基础上；（2）政策评估研究应该尊重对政策的多元解释与批判；（3）政策评估者需要实现角色转换。同时，实证主义与后实证主义两个阶段并非替代关系，而是相互补充（李亚、宋宇，2017）。路径二将政策评估研究历程分为四个阶段：技术阶段（technical）、描述阶段（descriptive）、做出判断（judgement）阶段、价值多元阶段（value pluralism）（见表 5-1）（古贝、林肯，2008）。我国学者李志军（2022）将政策评估理论的演变划分为 "四代"，即测量（Measurement）、描述（Description）、判断（Judgement）、回应的建构性评估（The Responsive Constructive Evaluation）。虽然表述不同，但大致上是一致的。同时，李志军（2022）认为公共政策评估的研究演变仍在继续发展中。2000 年以后，最新的评估视角是由豪斯（House）和豪（Howe）两人推动的 "协商式评估"。该方法在民主框架内发挥作用，并要求评估者在得出的结论的过程中需要坚持民主原则。他们预期把项目评估作为一种原则性的、有影响力的社会机制，通过发布可靠而有效的公告来促进民主化进程。但是，无论是理论维度还是实践维度，协商式评估还有待进一步发展与检验（李志军，2022）。

表 5-1　政策评估的四个阶段

阶段	主要任务	方法导向	基本特征
技术阶段	客观分析政策是否达到预设的技术目标	实证研究方法	价值中立 客观严谨
描述阶段	根据预设政策目标来描述公共政策的成绩和问题		
做出判断阶段	对政策目标是否达成进行总体判断	比照政策目标和前两阶段的分析	
价值多元阶段	考虑多元群体的利益诉求，分析政治因素	价值多元主义	价值导向 不寻求绝对中立

资料来源：埃贡·G. 古贝，伊冯娜·G. 林肯，第四代评估［M］. 秦霖，等，译. 北京：中国人民大学出版社，2008。

在政策评估发展历程中，我国学界对政策评估的研究始于 1998 年，起步较晚。随着政策科学理论与实践的发展，科学的政策对经济发展和行政效能具有巨大的推动作用。党和政府日益重视政策评估对决策科学化、民主化的重要作用，并在实践过程中鼓励开展政策评估（陈世香、王笑含，2009）。由此，政策评估的研究受到我国学者的重视，成为政策学的重要热点研究领域。

然而，有学者对 1998～2018 年的评估研究领域的成果进行了总结，发现我国政策评估理论研究与实践发展仍处于割裂的状态，有必要从整体上进行系统的梳理及总结，并开展中国政策评估实践发展与理论研究的整合式分析（彭忠益、石玉，2019）。随着时间的推移，中国政策评估仍在不断发展，新成果不断涌现。在过去 20 多年中，政策评估研究的理论与实践有什么新的发展？哪些政策评估问题得到了解决？政策评估研究的理论和方法路径是否有所突破？中国政策评估研究的整体质量如何？

本章的主要目的是回答这些问题，系统地梳理与总结过去 20 多年中国政策评估研究的整体进展。本章以 2000～2022 年发表于核心期刊的中国政策评估研究论文为研究对象，试图通过对中国政策评估研究领域 23 年的核心论文的收集整理，分析其研究特征、研究议题，进而探索未来研究方向。文献研究有利于明确把握中国政策评估研究的最新特征，及时追踪中国政策评估研究的最新研究议题，提出中国政策评估研究的新问题和新思路。本章的知识梳理可以为中国政策评估的理论发展与实践应用打下坚实基础，也为公共政策过程的理论发展提供指引。

三　本章的核心思路和逻辑

中国政策评估研究经历了 25 年（1998~2022 年）的发展，其研究的特征是什么？主要研究议题有哪些？取得了哪些研究成果？未来有怎样新的发展方向？这些问题都是梳理中国政策评估的发展的关键问题。通过对 23 年主要研究文献的收集与整理，本章试图找到上述问题的答案。

本章将中国政策评估研究成果进行系统分析。首先，本研究将通过 10 个指标对政策评估研究的基本特征、研究的科学性以及研究的知识进展进行说明。其次，本章将中国政策评估研究的 5 个主要议题进行分析和讨论，包括政策评估的内涵、政策评估的效果、政策评估的主体、政策评估的体系以及政策评估的机制。最后，在研究特征与研究议题分析基础上，本章将从概念的发展、研究主题、研究内容、研究方法和研究理论等方面对当下的政策评估研究进行述评，发现研究存在的问题，展望未来的研究议程，为中国政策评估研究指引方向。

本章分为六个部分，具体安排如下。第一部分为引言，阐述政策评估与政策过程、研究的背景与意义以及文章的核心思路和逻辑。第二部分为数据来源与研究设计，旨在说明研究的数据来源、数据编码和研究方法等。第三部分为研究特征分析，从 10 个指标分析中国政策评估已有文献的基本特征、研究的科学性以及研究的进程。第四部分为具体研究议题分析，归纳总结目前我国政策评估的主要研究议题，把握研究现状。第五部分为研究述评与研究展望，理清我国政策评估研究取得的知识进展与存在的问题；针对存在的问题，明确未来研究方向。第六部分为结论，总结概括本研究的主要结论以及存在的缺陷。

第一节　研究设计

本章以中国知网（CNKI）的"中国期刊全文数据库"收录的 2000~2022 年的学术论文为样本来源（限于篇幅，本章没有专著、译著和学位论文)。针对 217 本核心期刊(中文 169 本,外文 48 本),课题组以"政策过程"为主题检索发表时间范围为 2000~2022 年的论文。通过人工筛选,最终获得 2239 篇论文。其中,"政策评估"领域的研究论文有 81 篇(中文 73 篇,外文 8 篇),来自 46 本核心期刊(中文 38 本,外文 8 本)。在后续分析的过程中,部分论文不满足研究意图或不符合编码要求,被剔除,最终获得样本论文 73 篇,这构成了本章的数据来源。通过自制编码框对这 73 篇文献进行编码,本章对政策评估的文献进行了分析。由于英文论文只有 8 篇,故不做编码,只做描述说明。

关于学术论文质量的评估指标并没有一致认可的标准。美国学者斯塔林(Robert Stallings)和费里斯(James Ferris)(1988)在对 40 年来发表在美国行政学权威杂志 *Public Administration Review* 上的论文进行评估时,采用的指标包括:研究方法、主题聚焦、作者所在机构以及研究资助方式。在此之后,豪斯顿(David Houston)和德利万(Sybil Delevan)(1990)在评估美国行政学主流期刊上发表的论文质量时,在上述指标的基础上增加了作者的学术地位、研究类型和统计方法层次等若干指标。我国学者何艳玲(2007)在评估中国行政学研究状况时构建了指标体系;丁煌和李晓飞(2013)在评估中国政策执行力研究状况时也构建了相应的指标体系。本文借鉴上述几位学者的评估指标体系,自建编码框。本研究构建 10 个指标:论文发表的年份、论文的出处、研究资助、作者和作者来源、科学共同体、研究规范、研究主题、研究内容、研究方法与数据来源、研究理论。

完成编码之后,本章运用统计法对已有文献研究的基本状况进行整体描述,具体维度为:基本特征分析,包括发文量趋势分析、期刊来源分析、基金支持情况、作者及其机构与科学共同体;科学性评估,主要是对研究问题和设计的规范性进行评估;知识进展分析,包括研究主题、研究内容、研究方法与数据来源和研究理论。

本章在数据分析的基础上系统总结我国政策评估的主要研究议题,包括政策评估的内涵、政策评估的主体、政策评估的效果、政策评估的体系与政策评估的机制,从而揭示中国政策评估的研究现状,为国内的相关研究提供借鉴,指明未来研究方向。

第二节 研究特征

一 研究的基本特征

（一）论文发表年份

为了了解政策评估领域研究的基本情况，本章首先对 23 年来政策评估研究论文的时间分布进行了描述统计，结果如图 5-1 所示。从图 5-1 中可以发现，2000~2022 年，我国政策评估研究的论文数量总体上是增长趋势；2018 年以后，论文的数量增长较快，2022 年达到顶峰。总体看来，政策评估研究是增长趋势，这在一定程度上说明我国政策评估作为一个研究领域已初具雏形。

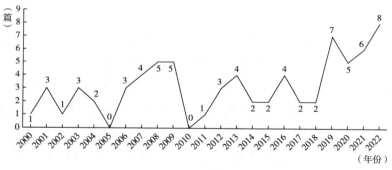

图 5-1 23 年来中国政策评估论文分布趋势

资料来源：作者自制。

（二）论文的来源期刊

在梳理了 23 年来研究论文发表情况的趋势之后，本研究进一步分析了论文发表的期刊来源。对 73 篇论文的出处进行了分类统计，结果如表 5-2 所示。总体来看，发表政策评估论文的期刊总量不多，共有 38 本。这些期刊中发表中国政策评估论文最多的是《中国行政管理》（10 篇），《公共行政评论》、《行政论坛》、《甘肃行政学院学报》、《中国软科学》以及《管理世界》发表的论文从 3 篇到 5 篇不等，其他期刊发表 1~2 篇。这充分表明，中国期刊对中国政策评估研究的重视程度不够，可供发表的核心期刊有限，影响了中国政策评估高质量研究成果的产出。

表5-2　中国政策评估研究论文的来源期刊（数量≥3）

单位：篇

序号	中国政策评估中文期刊刊名	数量
1	《中国行政管理》	10
2	《公共行政评论》	5
3	《行政论坛》	5
4	《甘肃行政学院学报》	4
5	《中国软科学》	4
6	《管理世界》	3

资料来源：作者自制。

（三）研究资助

基金支持和资助对于学术研究的发展至关重要。对这一指标的考察可以了解政府机构和社会组织等实践部门对于政策评估研究的关注和支持的程度，以及这些支持对研究成果的影响。本研究对近23年来研究论文获得的资助进行了统计，结果如表5-3所示。从表5-3可以看出，对政策评估研究，基金支持的力度较大，而且主要是来自国家级（41%）和省部级（21%）的基金支持；有10篇文章来自2个及以上基金支持，无基金支持的占比较小。这在一定程度上表明国家较为关注和支持学界对政策评估的研究，这也给学界释放了积极的信号。

表5-3　中国政策评估研究论文的基金支持来源

单位：篇，%

无基金	国家级	省部级	地市级	校级
28（38）	30（41）	15（21）	5（7）	7（10）

资料来源：作者自制。

（四）作者及其来源

23年来，哪些研究者在从事政策评估的研究呢？本研究对样本论文作者的人数、高产作者、合作作者网络进行了分类统计，结果见表5-4。

表 5-4 政策评估研究论文高产作者与合作作者网络

人数	高产作者	合作作者网络
115	周建国（4篇），陈丽君、李文钊、刘进才、朱正威（2篇）	陈丽群、陈庆云、刘进才、朱正威、陈卫东、孙耀

注：高产作者是发表论文2篇及以上的作者。合作作者网络是作者合作密切关系最高的作者。

资料来源：作者自制。

从政策评估研究者的分析来看，研究政策评估的学者总人数不多，有115人；从发表的论文总篇数来看，总共73篇论文。政策评估的高产作者人数为5人，占总人数的4%，其中周建国发表论文最多，有4篇；合作作者论文共有38篇。通过合作作者中心度测量（见表5-5），可以发现作者合作最为密切的有6位：陈丽君、陈庆云、刘进才、朱正威、陈卫东、孙耀，他们要么是3人要么是4人一起完成论文。

表 5-5 政策评估研究的合作作者中心度分析（Degree≥3）

作者	Degree	NrmDegree	Share
陈丽君	3.000	3.614	0.025
陈庆云	3.000	3.614	0.025
刘进才	3.000	3.614	0.025
朱正威	3.000	3.614	0.025
陈卫东	3.000	3.614	0.025
孙耀	3.000	3.614	0.025

注："Degree""NrmDegree""Share"这三个值表明每个作者与其他合作作者之间的关系，三个值越高表明作者之间的合作越密切。

资料来源：作者自制。

从政策评估研究者的单位来源来看（见图5-2），由高等院校的研究者完成的论文数量最多，共68人，占总人数的84%，这说明来自高校的研究者是政策评估研究的主要阵营。位列高校之后的是来自党校和行政学院的作者，共7人；次之是来自其他科研机构的作者（4人）；参与最少的是政府部门，仅有2人参与。这说明政府部门和其他科研机构对政策评估的研究关注度不够，特别是政府部门参与人数少，不利于政策评估研究的发展。

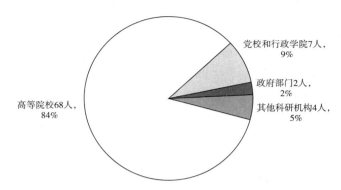

图 5-2　政策评估研究论文的作者单位分布

总体上来看，政策评估研究的作者已形成较为稳定的群体，也有着一定的合作。但仍需要更多的学者投身到中国政策评估的研究中，需要更多元的单位机构来参与研究，这样才能更有利于政策评估的理论发展与实践应用。

（五）　科学共同体

在一个学科或研究领域中，一个共同致力于该学科发展或该领域研究的团体，对于该学科或领域的发展极为重要。通过对以上各项指标的分析可以发现，政策评估作为一个研究领域，得到了来自不同单位、不同学术身份和不同学科的研究者的共同关注。那么，这些研究者是否构成了一个科学共同体呢？判断某个领域中是否存在科学共同体的途径有很多，其中，是否有一批研究者持续发表该领域的学术论文并相互紧密协作是重要的指标。我们对样本论文的作者发表的论文数量进行了统计，结果见图 5-3。

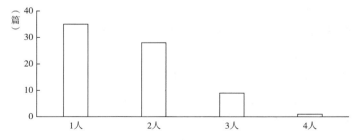

图 5-3　政策评估研究者发表的论文数量

作者为 2 人及以上的共有 38 篇，占总篇数的 52%。这一数据表明，政策评估的合作作者比例非常高，合作网络成员较多，有较好的团队协作，学者们非常愿意共同研究，形成了一定的科学共同体。但是，从表 5-4 高产作者的数据可以看到发表政策评估研究的论文 2 篇及以上的只有 5 位，其中最多的是周建国，发表了 4 篇。这一数据说明，政策评估的大多数学者都是该领域中的"匆匆过客"。科学共同体可能有，但并不稳定，可持续性较低。

二 研究的科学性

研究是否遵循了研究的基本规范是检验研究科学性的重要标准。研究的基本规范如何，可以从研究是否有科学的研究问题（见图 5-4）、研究的目的（见图 5-5）与研究的范式（见图 5-6）这三个方面来进行判断。

由图 5-4 可见，是否有科学的研究问题这一指标中，"无"研究问题的文章略微多一些。这表明，不到一半的研究是科学性的；超过一半的研究论文是非科学性的，即是问题解决型、倡导型以及规范—价值型的问题。

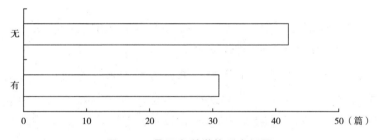

图 5-4 是否有科学的研究问题

资料来源：作者自制。

从图 5-5 可以看出，政策评估的研究目的指标中"政策问题"占比最大，"理论目标"次之，"公共价值"最小。这一数据表明当下的政策评估研究更加专注于解决问题或理论构建。

从图 5-6 可以看出，政策评估的研究范式中"实证研究"占比最大，"规范性研究"次之，"倡导性研究"最小。三者之间的占比差距不大。这表明政策评估研究三者兼具，既注重从实证出发解决实际的问题，也强调用理论来验证因果关系，兼顾政策评估中的规范性和价值性议题。

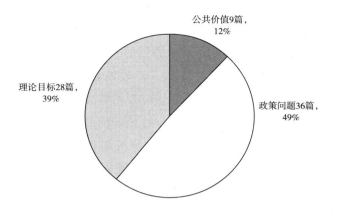

图 5-5　研究目的的分布情况

资料来源：作者自制。

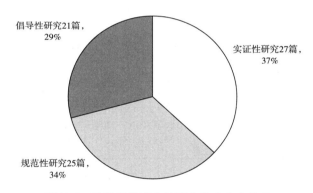

图 5-6　政策评估研究的研究范式分布情况

资料来源：作者自制。

从整体的研究规范性来看，政策评估研究的无科学问题的文章比例大于有科学问题的文章，表明学者问题意识略低；研究目的以解决实际问题为主；研究范式以实证性研究为主，具有一定的规范性，但研究的科学性有待进一步加强。

三　研究的知识进展

（一）研究议题

政策评估的研究议题范围比较丰富，维度多元，对于政策评估需要研究的问题主要包括如下方面：①为什么要政策评估，即评估的必要性与合法性；②什么是政策评估，即评估的性质与内涵；③谁来评估，即政策评估的主体；④为谁评估，即政策评估的目的、价值与意义；⑤何时评估，即政策评估的时机选择；⑥怎样评估，即政策评估的方法论；⑦评估什么，即政策评估的内容和边界；⑧评估是否能解决所有政策问题，即政策评估的有效性和局限性；⑨评估的综合性比较问题，即进行政策评估的历史比较、国别比较和地区比较，以及深入研究制度化与非制度化评估的差异及其形成原因等（李长文，2009）。这些问题当中，除了②、⑤、⑨以外，当下的政策评估研究都涉及了（见表5-6）。其中，研究主题最多的是政策效果/执行效果评估（17篇）、政策评估模式/框架（13篇）；研究主题最少的是政策公共性测试、政策评估权力以及政策问题评估。这一数据表明，中国政策评估的研究主题集中在实际效果与理论探索上。

表5-6 政策评估研究主题分布情况一览

单位：篇

排序	议题领域	篇数	时间
1	政策效果/执行效果评估	17	2004（2）；2006；2012；2013（2）；2014；2016；2018；2019（2）；2020；2021（3）；2022（2）
2	政策评估模式/框架	13	2003；2004；2008；2012（2）；2016；2017（2）；2019；2020；2021；2022（2）
3	政策价值评价/绩效测试/政府绩效评估	8	2008（2）；2009；2011；2016；2019（2）；2020
4	政策评估整体评述（包括现状、困境、对策）	7	2001（2）；2006；2009（3）；2019（1）
5	政策评估体系/政策评价系统	6	2008；2014；2016；2019；2021；2022
6	政策评估方法	5	2001；2008；2019（2）；2021
7	政策创新评价/政策评估创新	4	2018；2020；2022（2）

续表

排序	议题领域	篇数	时间
8	政策评估标准/规范	4	2000；2002；2013；2015
9	独立第三方评估/政策评价独立性	3	2006；2009；2022
10	政策评估主体	3	2007；2015；2021
11	政策评估机制	3	2007；2016；2020
12	政策协同测度	2	2021（2）
13	政策（环境）影响评估/评估内容	2	2003；2007
14	政策公共性测试	1	2013
15	政策评估权力	1	2007
16	政策问题评估	1	2003

注：有的文章可能涉及 2 个及以上的议题领域。

资料来源：作者自制。

从表 5-6 可以看出政策评估研究主题关注度排名前三的是"政策效果/执行效果评估""政策评估模式/框架""政策价值评价/绩效测试/政府绩效评估"。研究主题关注度最低的是"政策公共性测试""政策评估权力""政策问题评估"。学者们热衷于研究评估是否能解决政策问题，即政策评估的有效性和局限性问题，以及怎样评估，即政策评估的方法论问题。这说明政策评估议题领域的发展还有很广阔的空间。有些议题需要加强，有些议题还处于空白，如"关于为什么要评估""何时评估""评估的综合性比较问题"。

从表 5-6 中的时间统计可以看出，23 年来一直持续有研究成果的研究主题也是关注度排名前三的研究主题。这一数据说明，研究主题关注度越高，持续研究的时间越长，产出的成果也越多。近 5 年，研究关注的主题是政策效果/执行效果评估、政策评估模式/框架、政策价值评价/绩效测试/政府绩效评估、政策评估整体评述（包括现状、困境、对策）、政策评估体系/政策评价系统、政策评估方法、政策创新评价/政策评估创新、政策评估标准/规范、独立第三方评估/政策评价独立性、政策评估主体、政策评估机制、政策协同测度。这些研究主题本身排名也是靠前的。相反，政策问题评估、政策评估权力、政策公共性测试、政策（环境）影响评估/评估内容等研究主题排名靠后，研究成果少，发表时间也相对较早，有的甚至近 20 年无人问津——比如政策问题评估只在 2003 年发表过 1 篇（宁国良、孔祥利，2003），至今没有人再研究。但是，一些重要且基础的议题被削弱或放弃非常不利于政策评估研究的发展。

（二）研究内容

从表 5-7 可以看出，我国政策评估研究中的 32 篇文章有明确的研究主体，且以"地方政府""经济—社会主体""中央政府"为主，其中"经济—社会主体"包括智库、社会组织、大众传媒等。这说明我国政策评估主体具有多元性。但从整体上来看，56% 的论文无明确主体，这就使得研究不具备针对性。

表 5-7　政策评估的研究主体

单位：篇，%

研究主体	文献数量（篇）	占总文献比例
无明确指向	41	56
中央政府	8	11
地方政府	10	14
经济—社会主体	9	12
央—地	5	7
政—经/社	0	0

资料来源：作者自制。

从表 5-8 中可以看出，我国政策评估研究中的 34 篇文章有经验性政策领域。其中，发文量最大的领域是"其他政策领域"，有 11 篇，说明涉及的研究领域范围比较广泛。同时，"三农"、经济和创新、环境政策、社会政策以及教育文化都有文章分布，还包括 3 篇跨政策领域的比较分析。可见，我国政策评估所涉及的政策领域几乎涵盖了所有政策领域（国防外交政策除外），说明政策评估研究在诸多政策领域得到广泛应用。

表 5-8　政策评估的研究政策领域

单位：篇，%

政策领域	文献数量	占比
无经验性政策领域	39	53
教育文化	2	3
社会政策	3	4
环境政策	5	7
经济和创新	5	7
"三农"	5	7
国防外交	0	0
其他政策领域	11	15
跨政策领域的比较分析	3	4

资料来源：作者自制。

　　总体来看，我国政策评估的研究内容呈现多元化，所涉及的政策领域也十分广泛。但需要注意的是，现有样本论文的研究主体中"无明确指向"的论文有 41 篇，政策领域中"无经验性政策领域"的论文有 39 篇，说明半数以上的论文要么研究主体没有明确指向，要么不涉及任何政策领域。这说明政策评估研究内容的指向性，以及研究主体和政策领域的明确还有待进一步加强。

（三）研究理论

　　政策评估研究所使用的"研究理论框架"与取得的"核心理论贡献"是衡量政策评估发展水平的重要指标。目前政策评估研究所使用的理论框架与核心理论贡献情况可见表 5-9 和表 5-10。

表 5-9　政策评估的研究理论框架

单位：篇，%

研究理论	文献数量	占比
没有理论框架	24	33
自己建构分析框架	5	7
使用经典的政策过程/政策评估理论作为框架	13	18
使用其他学科理论作为框架	10	14
以现有理论为基础修订/建构新的理论框架	21	29
以修正经典政策评估理论为研究目的	0	0

资料来源：作者自制。

表 5-10 政策评估的核心理论贡献

单位：篇，%

核心理论贡献	文献数量	占比
无	24	33
借用和拓展	21	29
提炼概念（如选择性执行）	0	0
建构概念模型、框架	19	26
生成理论	0	0
方法论丰富与创新	2	3
研究视角/范式创新	7	10

资料来源：作者自制。

从表 5-9 可以发现，中国政策评估的研究有 68% 的论文是有理论框架的。这说明，当下的文献能够以科学、规范的路径来开展政策评估的研究。这些论文研究中要么"自己建构分析框架"，要么使用现有，或者"以现有理论为基础修订/建构新的理论框架"。其中，"自己建构分析框架"的典型代表是李志军（2022）开展的关于中国特色公共政策评估体系框架的初步设想。"使用经典的政策过程/政策评估理论作为框架"中运用最多的理论框架是"政策过程理论"，如批判性政策分析理论、利益相关者理论、理性选择理论等。"使用其他学科理论作为框架"主要是借用了其他学科的理论来分析和研究中国政策评估，主要包括哲学、认知心理学、模糊数学方法、因果推理的基础理论、生态学、经济学、教育治理现代化、理性主义等。"以现有理论为基础修订/建构新的理论框架"的方式最多，说明中国政策评估的研究正在积极从完全学习西方或借用其他学科理论框架，渐渐演变为结合中国实际经验修订或建构新的理论框架，以满足中国政策评估研究发展的需要。但是这种"修订或建构"主要体现在具体案例中，还没有完全摆脱西方理论或现有理论基础的制约，因此，"以修正经典政策评估理论为研究目的"的论文为零。这也说明，中国政策评估在理论框架的运用中还缺乏质的飞跃，使得中国政策评估的研究的核心理论贡献主要仍然是"借用和拓展"。这一点从表 5-10 也能印证，"借用和拓展"是第一主要贡献，"建构概念模型、框架"的贡献排名第二，也有一些"研究视角/范式创新"和"方法论丰富与创新"的文章。"生成理论"的论文数量为零,缺少这一方面的核心理论贡献。

这充分说明中国政策评估的理论研究仍然以"借用和拓展"为主,但在"修订或建构"上已经有初步探索,正在积极推进。未来的研究需要加强以修正经典政策评估理论为研究目的的研究,争取早日取得"生成理论"的"飞跃",促使中国政策评估的研究发展"更上一层楼"。

(四) 研究方法与数据来源

研究方法的选择是否恰当,数据来源是否真实、可靠,研究设计是否合理,是研究质量的基础。政策评估的研究方法主要包括定量分析方法和定性分析方法。在我国政策评估研究中,二者均有体现,结果见表 5-11。本研究从资料搜集、资料分析、政府层级、涉及主体、数据资料容量、数据时间跨度以及经验区域等维度对研究方法维度进行了整体评估,结果见表 5-12。

表 5-11 政策评估研究的研究方法

单位:篇

研究方法	其他	量化研究	政策文本	单案例研究	多案例研究/比较案例研究	混合研究	理论阐释/文献综述	采用 2 个及以上的方法
文献数量	0	19	9	15	11	1	47	25

资料来源:作者自制。

我国政策评估所采用的定量方法有准实验、PMC 指数模型、评价指标、政策文本量化、倾向得分匹配法、模糊数学、双重差分法 DID/PSM-DID/、三重差分法、PAM 聚类分析、因子分析和主成分分析法。定性方法有调查分析法,如访谈、定性比较(QCA);还有混合研究方法。值得注意的是,从现有文献来看,47 篇论文采用"理论阐释/文献综述"的研究方法,要么依据理论框架来进行论证说明,要么是传统的三段论式"问题—原因—对策",抑或是搜集文献、做出整体评述,包括现状、困境、对策等。这说明我国政策评估的研究方法仍然有待加强。

表 5-12　政策评估研究的数据来源

单位：篇，%

	数据来源	文献数量	占比
资料搜集	其他	40	57
	实验	4	5
	问卷调查	10	14
	二手数据	30	41
	访谈	8	11
	观察	1	1
资料分析	其他	48	66
	统计分析	22	30
	内容分析	11	15
	扎根理论	0	0
	主题分析	0	0
	话语分析	0	0
政府层级	其他	35	48
	中央	17	23
	省级	16	22
	地市级	23	32
	县区级	15	21
	乡镇/街道	12	16
	村—居	4	5
涉及主体	无主体	37	51
	各级政府（内部）	22	30
	府际关系（互动）	3	4
	干部（街头官僚）	7	10
	专家（高校、智库）	6	8
	经济组织	9	12
	社会组织—团体	7	10
	公众	15	21
数据资料容量	薄弱（无数据）	42	58
	适中（0~100 份政策文本/10 万字以内访谈资料/10 位以下访谈对象/百份问卷样本/单案例）	9	12
	丰富（100 份以上政策文本/10 万字以上访谈资料/10 位以上访谈对象/千份问卷样本/多案例）	22	30

续表

数据来源		文献数量	占比
数据时间跨度	无数据	43	59
	单一时间点	10	14
	5 年及以下	3	4
	6~10 年	7	10
	10 年以上	10	14
经验区域	无	49	67
	东北（黑龙江省、吉林省、辽宁省）；	0	0
	华东（上海市、江苏省、浙江省、安徽省、福建省、江西省、山东省、台湾省）；	4	5
	华北（北京市、天津市、山西省、河北省、内蒙古自治区）；	1	1
	华中（河南省、湖北省、湖南省）；	1	1
	华南（广东省、广西壮族自治区、海南省、香港特别行政区、澳门特别行政区）；	1	1
经验区域	西南（四川省、贵州省、云南省、重庆市、西藏自治区）；	0	0
	西北（陕西省、甘肃省、青海省、宁夏回族自治区、新疆维吾尔自治区）	0	0
	跨区域	15	21
	匿名	2	3

资料来源：作者自制。

　　研究方法是否适用与有效，还取决于数据来源是否广泛。从表 5-12 可见，半数以上的论文都没有全面的数据来源。有数据来源的研究体现在：资料搜集大量来源于"二手数据"，资料分析的方式主要是"统计分析"，政府层级主要是"地市级"，涉及主体主要是"各级政府（内部）"，数据资料容量主要是"丰富"，数据时间跨度主要是"单一时间点"和"10 年以上"，经验区域主要是"跨区域"。这说明中国政策评估的论文在数据来源方面，要么数据存在显著的缺陷，要么数据来源比较详细和丰富，呈现两极分化。总体来看，数据来源是研究方法的有力保障，一定要保证数据来源的真实、可靠，特别需要加强"一手数据"的获取，以更好地推进政策评估研究。

第三节　研究议题

本章收集整理 23 年来关于中国政策评估的文献，设定 10 项指标编码，分析了中国政策评估的研究特征，在此基础上，总结归纳出我国政策评估的研究议题，对中国政策评估研究的现状进行了整体把握。就目前的文献来看，我国政策评估的研究议题主要体现在五个方面：政策评估的内涵、政策评估的效果、政策评估的主体、政策评估的体系以及政策评估的机制。

一　政策评估的内涵

对政策评估的内涵，我国最早的界定源于陈振明（1998；2003）。他认为，政策评估是依据一定的标准和程序，对政策的效益、效率及价值进行判断的一种政治行为，目的在于取得有关这些方面的信息，作为决定政策变化、政策改进和制定新政策的依据。随后，学者们根据自己的研究与中国政策评估实际，给出自己的定义。例如，陈潭等（2008）认为，公共政策评估是政策评估专门人员运用科学的技术和方法，对公共政策的规划与执行以及由此带来的各种影响进行的客观的、系统的、专业的评价和估计。姜国兵和蓝光喜（2008）认为，政策评估有广义和狭义之分：广义的政策评估包括政策方案执行前、执行中和执行后的评，即事前、事中和事后的评估；狭义的政策评估专指执行后的评估，即事后评估。封铁英和熊建铭（2012）认为，政策评估是指在特定的制度背景下，根据政策制定的初始目标，按照一定的评估标准和方法体系，对政策执行过程及其实施效果进行的全面客观的定性与定量评价。基于政策评估结论，进一步挖掘政策制定、执行各环节中存在问题及产生原因，为政策修订与完善提供科学依据与实践参考。最新的表述是 2022 年李志军（2022）在《加快构建中国特色公共政策评估体系》中的阐释。他认为，公共政策评估是指特定的评估主体根据一定的标准和程序，通过考察公共政策过程的各个阶段和各个环节，对公共政策的效果、效能及价值进行的检测、评价和判断。

当下的研究中对于政策评估概念的界定非常多样，宽泛来看可以归纳为 5 种：（1）政策评估是针对政策方案或政策计划进行的评估，即预评估（朱水成，2001；岑乾明，2007；李志军，2022）；（2）政策评估是针对政策环节的评估，即阶段性评估（岑乾明，2007）；（3）政策评估是针对政策实际效果的评估（朱水成，2001；岑乾明，2007；李志军，2022）；（4）政策评估是发现误差、修正误差（朱水成，2001）；（5）政策评估既包括对政策方案的评估，还强调对政策执行以及政策效果的评估，即政策全过程的评估（朱水成，2001；岑乾明，2007；李志军，2022）。

由此可见，对于政策评估的概念，现有文献中没有完全复制西方学者的界定。国内学者主要引用陈振明的观点。这说明对于政策评估的概念，我国已经形成了较为成熟的主张，也达成了一定的共识，都强调政策评估是政策过程的全过程评估，评估主体是多元的，具有特定的评估标准和方法体系，主要是对政策效果、效能与价值的评价。

二　政策评估的效果

政策评估的效果研究是政策评估研究最为原始的议题，也是中国政策评估研究成果最多的议题。我国学者对不同政策领域开展政策效果的评估，采用不同的理论框架及模型，构建不同的维度或标准来评价政策的效果，还通过不同的研究方法进行政策效果的评估。

首先，政策效果评估所涉及的政策领域丰富多元。政策领域包括："三农"政策（刘进才，2001；蓝庆新，2004）、就业促进政策（陈丽君等，2009）、养老政策（戴卫东，2018；封铁英、熊建铭，2012）、城市矿产政策（姚海琳、张翠虹，2018）、可再生能源政策（兰梓睿，2021）；国企改革政策（刘进才等，2004）、企业创新政策（郭丕斌、刘宇民，2019）、不同国家政府研发补贴政策（马海涛、韦烨剑，2021）、进口鼓励政策（徐雨婧等，2022）以及分级诊疗改革政策（张兴祥、陈申荣，2019）等。对这些不同政策领域的政策效果开展评估工作，为政策评估的效果研究提供了大量实践经验，促进了实证研究的发展。

其次，从政策评估效果研究所采用的研究框架与模型来看，当下研究构建了不同的维度或标准来评价政策的效果。第一，引用或借用西方理论。蓝庆新（2004）运用美国经济学家蒙克和皮尔逊（Monke, E. A. and Pearson,

S. R.）（1989）提出的政策分析模型（PAM），选取 NPCO、NPCI、EPC 和
DRC 指数对我国农业政策效果进行实证分析。陈丽君等（2009）运用心理
学家艾尔莫·里维斯（Elmo Lewis，1898）AIDA 决策模型，分析政策知晓
度影响就业促进政策的绩效，对政策绩效进行评价。吴旭红（2012）借用
美国学者弗兰克·费希尔的政策评估模型对我国广东省税务机关"试点政
策"的执行情况进行整体评估。戴卫东（2018）借用美国学者尼尔·吉尔
伯特（Neil Gilbert）（2003）提出的社会福利政策的研究分析框架（Who-
What-How Operation，WWHO），从社会分配的基础、社会福利的类型、输
送策略和筹资方式四个维度来考察我国地方政府养老政策的创新效果。
第二，根据研究问题构建新的分析框架，更加注重理论框架的适配性。针
对环境政策效果评估，姚海琳和张翠虹（2018）、兰梓睿（2021）构建政策
力度、政策目标和政策措施 3 个维度评估模型对城市矿产政策、可再生能源
政策的实施效果进行量化评估。李强和王亚仓（2022）则从环保立法、生
态补偿和环保约谈政策三个影响因素，构建单一政策评估模型和组合政策
评估模型，评估比较单一政策和组合政策对长江经济带环境污染的影响，
寻找最优政策组合。赵新峰等（2019）结合京津冀区域大气污染治理实践，
在"科层式政策协调模式""市场式政策协调模式""网络式政策协调模
式"治理绩效的基础上，提出整体性政策协调模式对政策绩效评估。第三，
构建更适合中国政策评估需要的政策效果评估分析框架或理论模型。王法
硕（2016）认为政府创新扩散受到创新启动、运行、调整各阶段中政府、
企业、公民等利益相关主体围绕各自目标展开行动时的复杂非线性过程影
响，由创新制度设计水平、创新运行中多元主体的治理能力及创新遇到困
境后的自我更新三个维度共同决定。他在对 13 个城市公共自行车创新过程
实证分析的基础上，建构了由制度设计、治理能力和自我更新三个维度相
结合的地方政府创新扩散效果模型。胡春艳和张莲明（2021）结合政策效
果、政策质量和政策执行力三者间因果联系的理论分析框架对容错纠错政
策进行效果评估。杨小科（2022）依次检验住房补贴标准、家庭经济特征、
家庭社会资本三类因素对于农村困难家庭瞄准效率的影响，构建了政策瞄
准效果分析框架来对农村住房补贴政策的瞄准效果评估。

再次，从政策效果评估所采用的研究方法来看，定性研究与定量研究
兼有。定量研究渐渐成为主流，形式多样。封铁英和熊建铭（2012）采用

问卷调查的方法、综合描述性分析方法评估土地流转制度背景下新型农村社会养老保险政策执行状况和实施效果。胡永远和周志凤（2014）采用倾向得分匹配法对政策参与效应评估。张兴祥和陈申荣（2019）采用双重差分法（DID）对厦门市分级诊疗改革政策实施的效果进行量化评估。郭丕斌和刘宇民（2019）运用因子分析和主成分分析方法，利用国家统计局近44万家企业的创新调查数据，从11个行业和31个区域对9项创新政策进行了效果评价。陈丽君和金铭（2020）采用问卷调查实证研究方法和Bootstrap中介效应检验方法，检验基于政策知晓度中介作用的政府政策营销和个体政策获取意愿对政策有效性评价的影响。陈水生（2020）运用成本—收益与成本—效用分析方法对政策绩效评估。李强和王亚仓（2022）采用倾向得分匹配—双重差分法（PSM-DID）进行稳健性检验，发现环境治理政策组合减排效果更好。案例研究方法也比较常见，实证研究和规范性研究中都运用了大量的案例，包括单案例研究和比较案例分析，也有多案例研究方法。吴旭红（2012）以广东地税部门绩效管理政策为案例，构建政策评估模型，对这一试点政策的开展情况进行全方位的评估。戴卫东（2018）根据2014年和2015年民政部"中国十大创新社会福利政策"60个案例，从中收集整理了地方政府提交的33个养老服务创新政策，对这些养老服务政策创新案例进行评估。马海涛和韦烨剑（2021）采用模糊集定性比较分析方法，评估了不同国家政府研发补贴政策组合对本国企业研发投入的影响，并对5种实现高企业研发强度的政策"配方"进行了横向案例比较分析。

最后，学者们也开始采用实验法进行政策评估效果研究。陈超凡等（2022）采用实验法对创新型城市试点政策做一项准自然实验，以试点城市为处理组，以其他非试点城市为控制组，利用双重差分模型检验试点政策对城市绿色创新的影响。

这些研究成果都说明中国政策评估方法的运用得到了一定的发展。但是，混合研究，以及定性与定量相结合的研究仍处于缺失状态，这是研究方法可以突破的新路径。

三　政策评估的主体

政府评估主体是政策评估的推动者。传统的评估主体主要有内部评估者和外部评估者两类。内部评估者包括政策制定者和政策执行者，外部评估者主要是指独立第三方（周建国、陈如勇，2015）。公共政策评估主体在评估活动中处于举足轻重的地位，它决定着评估标准的制定、评估范围的大小以及评估方法的选择，直接影响评估工作的成败（高洁，2007）。我国学者们对政策评估主体的研究主要倾向于独立的第三方（程样国、李志，2006；周建国，2009）与公众参与（周建国、陈如勇，2015；刘复兴、邢海燕，2021）。

虽然我国关于政策评估主体的研究偏少，但也取得一定成果。高洁（2007）她提出了政策评价主体性原则，即利益相关原则、多元化原则、独立性原则、专业化原则、公开公平原则、代表性原则。只有遵照这些原则，才能选定客观、独立、合理、有效的政策评估主体，才能实现科学有效的政策评估。周建国和陈如勇（2015）、刘复兴和邢海燕（2021）总结归纳了公共参与政策评估的困境，主要体现在公共参与的合理性备受质疑、参与形式缺乏完整规范和科学标准以及制度尚不成熟等，并提出了改进和完善路径。程样国和李志（2006）、周建国（2009）对独立第三方参与政策评估的动因或逻辑起点、困境与出路开展研究，发现社会日益多元化、政策评估专业化以及我国政策评估的严重滞后，急需独立的第三方参与政策评估，而政府的自闭性或官僚制的封闭性是独立第三方的发展所面临的最大困境。他们提出要从思想上、制度上、理论实践上以及政府管理上完善政策评估中第三方的行业规制，建立有效的评估结果反馈机制。周志忍和徐艳晴（2022）基于独立性视角探讨政策评估的主体建构和选择策略。主体建构主要由行政隶属关系、资源依赖度、评估资助方、项目委托方式、政策过程前期介入等五要素构成，以此形成不同情境属性下评估主体的选择策略，人们会根据主体独立性内在要求、主体选择优先次序和其他考虑要求来确定评估主体。总体来看，我国政策评估主体的研究不够深入，还需要继续加强。

四　政策评估的体系

我国政策评估体系的探索和构建围绕政策评估体系是什么（WHAT）、为什么做政策评估（WHY）、如何做政策评估（HOW）这三个核心问题展开（李蕾，2022）。现有文献中关于政策评估体系的研究非常少。潘毅和高岭（2008）对中美两国的公共政策评估系统从评估者、评估对象、评估目的、评估标准和评估方法等五个方面进行了系统比较,总结了我国公共政策评估系统存在的问题。后续的研究主要就某一方面的具体的评估体系展开研究,如政策责任评价体系。政策责任评价是指评价主体在特定制度环境下,依据责任评价标准,采取一定的评价方法,对政策评价客体做出评价或判断,进而评价相关政策主体履行责任的状况(裴旭东,2014)。在政策责任评价中,标准最为关键,标准就是依据。政策责任评估体系的构建以六合分析法为框架,从评价内容(What)、原因(Why)、主体(Who)、时机(When)、领域(Where)和方法(How)六个方面来具体解析政策责任评价体系的标准和方法(裴旭东,2014)。最新研究开始尝试构建中国特色公共政策评估体系,这一体系应该有法律保障,形成完整的政策评估的法律制度体系;有比较成熟的适合中国国情的公共政策评估理论方法,保证评估主体的独立、专业和多元化;政策评估工作应走上制度化、规范化、程序化道路,使得公共政策评估的作用得到有效发挥。李志军(2022)建构了关于中国特色公共政策评估体系框架的初步设想(见图5-7),其要义是:①全国人大通过立法,确立公共政策评估的法律地位;②在国务院层面研究制定公共政策评估的指导性文件;③以此指导国务院各部门和地方

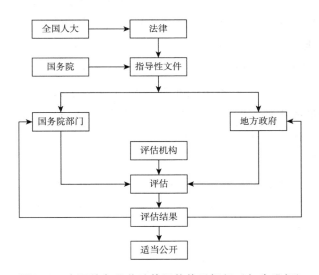

图 5-7 中国特色公共政策评估体系框架(初步设想)
资料来源:李志军.加快构建中国特色公共政策评估体系〔J〕.管理世界,2022。

政府开展政策评估工作；④有关评估机构根据有关规定、标准和要求开展公共政策评估工作；⑤评估结果向国务院部门和地方政府反馈，并在适当范围内公开，接受监督。

我国政策评估体系的最新研究能够结合中国实际，根据中国政策评估发展的需要，提出中国特色公共政策评估体系的初步设想，是我国政策评估体系研究的一个重要拓展。这些研究突破了西方理论，形成了自身特色。但是，这些尝试仍是一个初步设想，能否真正得以实践，还需要大量的实证研究的支撑。

五 政策评估的机制

政策评估的机制是指政策评估本身的运作过程。我国关于政策评估机制的研究主要针对政策执行评估机制（王国红，2007）、政策责任评价与责任政府的对接机制（裴旭东，2014）、重大公共政策社会稳定风险评估中风险沟通机制的构建（朱正威、刘莹莹，2016）与公共政策终结评估机制构建（于明刚，2020）。对于政策执行评估机制的研究仅仅说明了其存在的主要缺陷与完善路径，并没有真正进入其运作过程的内部。对于政策责任评价与责任政府的对接机制，当下研究认为需要从强化制度创新机制、完善法律保障机制、健全信息公开机制与加强监督长效机制四个维度构建。对于重大公共政策社会稳定风险评估中风险沟通机制，在借鉴IRGC风险治理框架的基础上，朱正威和刘莹莹建立了一个关于重大公共政策稳评中风险沟通机制的分析框架，以北京市水价调整政策为典型案例，对稳评过程中风险沟通机制的现实运作进行了深入剖析和经验总结，对推进和完善重大公共政策稳评机制具有重要意义。对公共政策终结评估机制构建，形成了一些基本框架，包括公共政策终结评估的主体、公共政策终结评估的客体和公共政策终结评估的程序。这些研究成果只涉及了政策执行评估机制与政策终结评估机制，而忽视了政策过程其他环节的评估研究，也缺乏整体性政策评估全过程机制的研究。同时，这些研究主要是概念性和框架性的，科学的经验支撑仍然薄弱。

总体来看，从以上对5个研究议题的分析，可以看出中国政策评估研究现状不太理想，研究成果少且研究不够深入、系统，特别是有关政策评估主体、政策评估体系与政策评估机制的研究。政策评估的内涵与政策评估的效果研究有一些进展，对政策评估的概念形成了比较一致的观点，政策评估的效果研究方面能较好地运用理论框架和模型，采用恰当而多元的方法，充分利用案例开展实证研究，推动了政策评估的发展。综上，我国政策评估研究仍然没有形成自身特点，缺乏创新与突破。

第四节　述评与展望

一　研究评述

2000 年，詹姆斯·P. 莱斯特（James P. Lester）和约瑟夫·斯图尔特（Joseph Stewart）（2000）在对政策过程的研究进程的整理中，将政策评估的三个方面——"概念发展""模型建立""模型检验"列为"已完成"状态，目前的工作是"整合与修正"。经历了 23 年，与之相比，中国的政策评估研究进展如何？基于研究文献的特征分析与研究议题的现状分析，本章从我国政策评估的概念发展、研究主题、研究内容、研究方法和研究理论五个方面开展研究述评。

第一，我国政策评估的概念发展研究取得一定成果并达成了基本共识。我国学者已经提出自己对"政策评估"的概念界定，形成了较为成熟的观点，对政策评估的概念进行了内涵和外延上的探索。学者们也达成了一定的共识，都强调政策评估是政策过程的全过程的评估，评估主体多元，具有特定的评估标准和方法体系，主要是对政策效果、效能与价值的评价。

第二，我国政策评估研究主题仍有挖掘空间，需要跟进。学者们积极探讨政策评估能否全面解决政策问题，这涉及政策评估的有效性和限制，同时他们也关注如何进行政策评估，即政策评估的方法论问题。对于政策评估议题领域的发展，还有很广阔的空间。有些需要加强，如政策评估的主体研究、政策评估的体系研究与政策评估的机制研究；有些需要填补空白，如"为什么要评估""何时评估""评估的综合性比较问题"等。另外，我国政策评估研究主题有些在早期就放弃了，有些关注度在减弱，近 5 年都没有成果。一些过时的研究主题必然要淘汰，但是一些重要议题被削弱或放弃非常不利于政策评估研究的发展，之后应该继续加强政策评估的价值取向、政策反馈与政策学习、政策评估中的利益相关者参与、循证公共政策以及第三方评估等政策评估议题的研究（李国正，2019）。另外，评估伦理、评估文化和智库在我国公共政策评估中的地位与作用（李志军，2022），也是值得深入研究的议题。

第三，我国政策评估研究内容方面已经有了大量研究，研究主体与研究政策领域各个维度都有所涉及，较为全面。我国政策评估的研究体现了其研究主体的多元化，所涉及的政策领域也较为宽泛，政策评估研究已经初步具备了明确的研究范畴。

第四，我国政策评估研究方法中定性和定量方法都有涉及，以定量方法为主，但仍需要尝试新的研究方法，如混合研究，也需要加强数据来源与分析的真实性和可靠性，多收集"一手数据"，运用新的资料分析方法开展研究。

第五，我国政策评估的理论研究还没有形成具有中国特色的理论框架，没有做出核心理论贡献，目前在这一方面还没有相关研究，需要大力推进。相比较而言，中国政策评估的理论研究仍然以"借用和拓展"为主，"修订或建构"上已有初步探索，但其成效并不理想。中国政策评估理论的研究滞后，不能满足政策评估实际工作的需要。需要加强以修正经典政策评估理论为研究目的的研究，生成理论，未来还要加强中国政策评估自身理论框架建设，结合中国实际，构建具有中国特色的政策评估理论。

总体来看，当前中国公共政策过程中的政策评估的研究进程整体落后，仍以引进、消化西方国家理论方法为主，修正或结合中国实际为辅。无论在理论研究上还是在实践上都并不成熟，无论在数量上还是质量上都显得薄弱。从已有文献来看，我国政策评估存在的问题主要包括：①思想方面，缺乏对政策评估的科学认识和认真态度（王建容，2006），缺乏正确的政策评估动机（朱水成，2001）；②组织方面，缺乏正式的政策评估组织（李静芳，2001；王建容，2006），缺乏法律和制度保障（李长文，2009；陈世香、王笑含，2009）；③理论方面，缺乏系统的理论指导（王建容，2006）；④实践方面，评估主体、评估标准、评估内容、评估方法和评估机制上都尚不成熟（李静芳，2001；朱水成，2001；陈世香、王笑含，2009；李长文，2009）。综上，政策评估这一议题吸引了一批研究者，但研究的层次不高，且需要持续关注；产生了一定数量的研究成果，但重复性研究众多且质量不高。中国政策评估研究任重道远，还需要继续努力才能取得进展。

二　研究展望

中国政策评估研究的未来应做哪些方面的努力？根据本章的分析结果，本研究认为，未来的政策评估研究需要在以下方面做进一步的拓展和深化。

(一)　拓展研究主题

首先，在研究主题上，做好议题的筛选与扩充。在现有议题的基础上，首先要做好筛选工作，要能真正把握住政策评估发展的动态趋势，明确哪些议题是需要淘汰的，哪些议题是需要加强的。政策评估的内涵、政策评估的效果等议题从开始研究至今已有丰富的研究成果。随着政府的日益重视、专业的加快发展、民众的呼声日盛，政策评估将迎来最新发展。总体来看，我国政策评估在如下这四个方面的研究还不够充分，需要加强。

一是循证政策评估。人们对于证据不足的观点充满怀疑。循环评估是指利用系统性的方法进行评估，收集、整理和分析已有的证据，从而评估干预措施或政策的效果和有效性。通过循环评估，可以为政策制定和实践提供科学的依据，同时也可以发掘政策或干预措施的不足之处，从而指导政策的改进。因此循证政策评估越来越受到推崇，并可能在未来得到更大程度发展。二是第三方评估与专业主义。专业智库的发展、咨询公司的崛起为第三方评估提供了发展的基础。同时，政策评估越来越同"拍脑袋"式的决策方式告别，而更加趋向于专业化和职业化。三是公众参与的政策评估。没有公众参与的政策评估很难有持久的生命力。公众参与意识的觉醒、参与渠道的畅通、参与方式的多元化，使公众参与是必然趋势。四是政策反馈与政策学习。政策评估的作用不仅体现在问责和监督上。有效地使用政策反馈对于政策评估的治理功能将起提升作用。

其次要做好理论议题和实证分析议题的同步推进。政策评估的研究不能重理论研究轻实践研究，反之亦然；未来的政策评估研究需要做好分类，共同促进理论研究和实践研究的发展。理论议题研究要解决什么是科学政策评估的问题，要构建符合中国国情的政策评估理论体系，包括建设我国政策评估的整体框架、理论模型；健全我国政策评估体制与机制；完善我国政策评估法律制度体系等。实践议题研究要解决如何进行科学政策评估的问题，针对我国政策评估具体问题进行具体分析，包括促进评估主体多元化发展、提高评估方法的针对性与有效性、推动评估标准的可持续发展以及引导公众积极合理参与政策评估等。

最后要做好议题推进的整体协调统一，进一步加强科学共同体，有组织有计划有序地扩充研究议题。政策评估需要研究的议题丰富而多元，不可能一蹴而就，需要循序渐进。一方面，打牢基础，做好政策评估的价值取向、政策反馈与政策学习、政策评估中的利益相关者参与、循证公共政策以及第三方评估等议题的研究。另一方面，提高评估伦理、评估文化和智库在我国公共政策评估中的地位。同时，在理论议题研究的基础上指导实践议题的研究，在实践议题的研究基础上推动理论议题研究的发展，两者相互促进、相辅相成。最重要的是还需要专门的研究人员组建政策评估研究科学共同体，合理规划，统筹推进政策评估议题研究。

（二）提高研究设计质量

首先，需要加强政策评估方法论研究，应当打破定量研究和定性研究的垄断地位，多应用以假设检验、经验数据、实验等不同研究方法来尝试政策评估研究的可能性，丰富政策评估"工具箱"。

其次，在当今多元研究方法交叉融合的热潮中，在实际的政策评估过程中，定性方法和定量方法的使用不是孤立的，而需要多种评估方法的混合使用。在未来的研究中有必要大力发展和增强基于经验事实的混合研究。当然，定量研究和定性研究对于研究同样重要，很难说孰优孰劣，理想的状态当然是实现两者的有机衔接。将定量研究和定性研究方法相结合开展混合研究、搜集一手资料、分析变量之间的因果机制，对于解释中国语境下的政策评估实践非常重要。

最后，没有一种评估方法可以恰当适用于所有类型的评估，或适用于评估所有类型的公共政策。在具体公共政策评估的设计中，根据评估的类型和评估的问题，在综合考察政策背景、评估主体、评估人员、评估数据等因素后，可以根据每个方法的优点和缺点，选取几种合适的评估方法并将之有效地组合起来。

（三）发展具有中国特色的政策评估理论

在理论构建上，发展具有中国特色的政策评估理论。所谓的理论构建，并非要构建某种关于政策评估研究的庞大理论体系,而是希望能够为解释政策评估的实践图景提供一个分析工具,为解决中国政策评估实际问题与理论提升提供新方法。

第一,构建中国特色的政策评估理论,要从"模型建立"到"模型检验"再到"整合与修正"逐步发展,稳步推进研究理论发展,科学有序地形成中国特色的政策评估理论。

第二,要加强问题意识和理论对话,理论要从问题意识中来,问题意识要能推动理论建构,两者之间相互促进、相互作用、相互渗透,对中国特色政策评估理论的形成发挥重要作用。

第三,结合我国国情,加强政策评估理论和方法体系建设,探索先进、实用的评估方法与制度设计,比如内部评估与外部评估相结合、定量分析与定性分析相结合、专家评估与民众参与相结合、事前评估与事中事后评估相结合、中央部门和地方政府相区别等,提高政策评估的针对性、有效性。建议国家社会科学基金和国家自然科学基金设立公共政策评估研究课题,鼓励科研人员从事相关的基础研究,形成科学共同体,为构建中国特色政策评估理论提供有力保障。

第四,提升政策评估在政策过程中的理论地位。公共政策是国家治理不可或缺的重要工具,公共政策评估是公共政策形成的关键环节。对政策与决策落实执行及其他有关情况进行评估,能保证政策被正确贯彻实施,提高行政效率,实现决策科学化、民主化,推动国家治理体系和治理能力现代化。

无论是在公共政策执行前,还是在公共政策执行期间,抑或是在公共政策终结后,都需要对公共政策的成本、收益、效率、结果和其他影响进行评估。如果即将执行的公共政策无法达到预期目的,或者需要付出沉重的代价以致弊大于利,那么就需要依据政策前评估予以终止。如果正在执行的公共政策存在缺陷、遇到阻力或面临挑战,那么就需要对其可执行性和预期走向予以评估,并在必要时予以调整乃至终止执行。对于执行完毕并终结的公共政策,出于财政监督、行政问责与政府负责等方面的考量,需要对其成本和效益进行评估,以达到反馈、学习和持续改进的目的。

由此可见,政策评估并不仅限于公共政策结束后的评估,而是贯穿于公共政策的整个生命周期。政策评估为公共政策的利益相关者提供了关键的反馈信号，使他们能够了解公共政策的成效、前景，进而为政策学习、政策改进、政策扩散和政策循环提供线索与依据（Mossberger and Wolman，2003）。因此，政策评估并非可有可无的环节，而是嵌入政策生态系统的关键部分，提升政策评估在政策过程中的理论地位十分必要。然而就我国目前政策评估的研究现状来看，其理论地位在政策过程中还没有受到足够的重视，日后仍须不断提高政策评估的研究数量，提升政策评估的质量。

此外，还需要引导政府部门的学者参与研究，加大研究领域的基金支持力度，形成稳定的科学共同体，增强研究者的学术自律，倡导严谨的学术规范，这些也是改进和提升研究质量的重要途径。

第五节　结论与不足

本章收集、整理了 2000~2022 年我国政策评估的核心论文，通过文献分析，明确了 23 年来政策评估领域的研究成果和研究特征，梳理了中国政策评估的研究议题，理清了研究现状，揭示了该领域未来的研究议程。

第一，明确了中国政策评估研究的特征。本章对 23 年来在 38 本中文核心期刊发表的关于中国政策评估的 73 篇研究论文进行了编码和分析。研究设计了 10 个指标，包括论文发表的年份、论文的出处、研究资助、作者和作者来源、科学共同体、研究规范、研究主题、研究内容、研究方法与数据来源和研究理论，分析了中国政策评估研究成果的基本特征、科学性与知识进展，全面地对中国政策评估研究的特点进行了分析和总结，为中国未来政策评估研究提供了坚实的基础。

第二，梳理了中国政策评估研究议题，对研究现状进行了梳理。本章收集整理 23 年来中国政策评估的文献，总结归纳了中国政策评估研究的主要议题，发现学界对政策评估的内涵已达成一定共识；政策评估的效果研究突破了旧的研究理论与方法，取得了进展；政策评估的主体研究更加多元，侧重第三方或公众参与评估研究，但研究成果较少；对中国特色评估体系进行了初步设想，有了新的突破；对政策评估的机制还需要在政策过程各环节与整体政策评估机制方面加强研究。

第三，揭示了中国政策评估研究发展的新思路。在中国政策评估的特征分析与议题分析的基础上，本研究对当下研究所取得的进展以及潜在的缺陷进行了系统梳理。针对研究的问题,如研究主题、研究方法与研究理论等,可以明晰中国政策评估研究的未来方向,提供新的研究思路,助力中国政策评估理论研究与实践研究取得突破性进展。

　　本章还有许多不足之处。一是文献整理难免存在遗漏。本研究主要以政策评估作为关键词,在核心期刊中进行检索,样本的来源有一定的局限性。二是本章的研究议题分析过于笼统,未能对每一个议题进行详细讨论。总之,中国的政策评估研究是一个亟待加强的领域,需要每一个研究者的共同参与。期待本章内容能够推动对该领域更多的研究和讨论,助力该领域取得更多的突破性研究进展。

第六章　中国的政策终结过程探讨

引　言

政策过程是一个循环过程，公共政策有开始的一天，就有终结的一天。但过时的、无效的政策不会自然消亡，它需要政策主体有意识地废止。在政策科学中，这种政策行为称为政策终结。在治理实践中，及时终止那些缺乏价值的政策，可以有效地解决公共政策中的冲突和矛盾，增强政策工具使用的主动性，从而提高治理的科学化水平。我国政策终结研究仍处于起步阶段。在理论层面，当下研究对我国政策终结的内涵、政策终结的发生、政策终结的障碍、政策终结的策略以及政策终结的理论展开了研究。但研究仍处于初始阶段，理论累积以及对实践的指导效应都较为欠缺。在实践层面，中国政策终结的过程具有随意性，缺乏合法程序，现实中完全的政策终结少之又少。由此，对中国政策终结的研究越来越少。这种恶性循环制约着整个政策科学和政策实践的发展，需要对政策终结加大研究。因此，对中国现阶段政策终结的理论与实践研究进行回顾和反思，以理清思路，形成具有中国特色的政策终结研究，具有重要意义。本章致力于回顾23年来中国政策终结理论和实践研究的现状，开展述评，明确未来研究方向，以此来打破不良循环，不断完善政策终结理论，进一步优化我国政策终结过程，促进社会治理科学化。

一　政策终结与政策过程

政策终结是一个专门的公共政策术语。查尔斯·O. 琼斯（Charles O. Jones，1997）、加里·D. 布鲁尔和皮特·德利翁（Garry D. Brewer and Peter Deleon，1983）以及哈罗德·D. 拉斯韦尔（Harold D. Lasswell，1956）都将

政策终结作为政策过程中的一个不可或缺的环节和步骤。从政策过程来看，政策终结发生在政策评估之后，是决策者采取的一种政治行为，是提高政策绩效的一种政策行为。政策终结不仅意味着旧政策的结束，还标志着新政策的开始（范绍庆，2014；来丽锋，2020）。但是政策实际运行中，政策过程并不是线性地按照制定、执行、评估、监控，到最后的终结，而是可能会"跳过"一个或一些环节，直接进入终结。置言之，政策过程是非线性的、动态的过程（范绍庆，2014）。在政策过程中，及时、有效地终结一项或一系列错误的或没有价值的公共政策，有利于促进公共政策的更新与发展，推进公共政策的周期性循环，缓解和解决公共政策的矛盾和冲突，从而实现公共政策系统的目标的优化和调整（范绍庆，2014）。从政策终结的结果来看，政策终结还可以节省资源，提高绩效，避免政策僵化，发挥政策优化的作用（来丽锋，2020）。

拉斯韦尔（Harold D. Lasswell，1971）最先将政策终结看作公共政策过程的一个环节，并定义了政策终结。他认为，政策终结是"关于取消公共政策方案，以及研究有关相信某种公共政策必须继续而采取的某种行动或因公共政策终结而丧失价值的人们之主张的活动"。此后，越来越多的学者开始对政策终结进行研究。

但是，关于政策终结的界定，不同的学者给出了不同的定义。尤金·巴尔达茨（Eugene Bardach，1976）认为，政策终结也可以被看作政策接受，即接受政策 A，实质上也就意味着政策 B 的终结或缩减。小约瑟夫·斯图尔特（2011）认为，政策终结是政策变迁的重要形式，是政策决策者通过对政策进行慎重评估，采取必要措施，终止那些过时的、多余的、不必要的或无效的政策的一种政治行为。巴尔达茨和斯图尔特的定义隐含着政策变迁，并认为终结是为了"新生"，需要另一项政策来取代被终结政策的功能。但是，在某些情境下，伴随政策终结而终结的政策功能可能并未转移到其他政策或组织，而是实质性地消失。加里·布鲁尔（Garry D. Brewer，1978）认为政策终结是政府对那些已经存在功能障碍，并且是多余、过时以及不必要的政策和项目进行的调整。一套期望、规则和惯例终止或结束，由另一套取代；政策终结不仅是旧政策的结束，更是新政策的开始。布鲁尔的界定相对较为全面，强调公共政策终结是一个发展的概念。彼特·德利翁（Peter Deleon，1978）认为，政策终结是"政府当局对某一特殊的功能、计划、政策或组织经过审慎评估之后而加以结束或终结"。10 年之后，德利翁修正了这一概念，并将其界定为"机构的结束、政策的转向、项目的消减，以及部分功能的终结以及财政的紧缩"（Deleon，1987）。德利翁的定义强调政策终结可能是"部分终结"。部分终结意味着项目、政策或组织的某些方面已经改变或消失，无法用"终结"或"非终结"来区分。总体来看，西方学者主要以布鲁尔和德利翁的观点为基础定义政策终结这一概念（王锋，2006；王琳、张杰，2011）。

我国学者也对政策终结进行了界定。莫旭麟和韦剑锋（1989）在《论政策终止》一文中首先提出政策终结的概念，指出所谓政策终止，就是已公布实施或正在执行的政策被取消、废除、宣布停止实行，或者在现实生活中自发地停止执行，因而失去其具有的法定性强制意义上调节社会关系、规范社会行为的功能和作用的过程。陈振明（2003）、张金马（2004）和陈庆云（2006）等人在德利翁的概念架构下提出，政策终结是决策者在审慎评估之后，通过必要的措施，对错误、过时、不必要的政策予以终止的行为。张康之、范绍庆（2009）认为政策终结含义的侧重点在新政策的出台，一切政策终结的过程都是新旧政策的交替过程，如若没有新政策的接替，终结旧政策仅是为了消除旧政策的负面影响。

综上所述，政策终结是政府对过时的、无效的政策、项目、组织的活动甚至政府部门的职能的取消与废止。应当看到，除了取消与废止外，对旧政策、项目等的修改或调整表面上看是原有政策的延续，而实际上是新政策的出台，是新旧政策的更替过程。因此，政策终结使得政策过程形成了良性循环，其实质是对政策自身的扬弃（曲纵翔，2013）。

二 研究背景与意义

政策终结一直被认为是"政策过程中的被忽视"的环节和"未受应有正视的议题"（范绍庆，2011），查尔斯·琼斯（Charles O. Jones，1997）更是指出：我们了解政府如何继续运作，远远超过我们对如何让政府停下来的理解。首先，早期的公共政策研究主要关注政策制定、政策执行、政策评估等环节；与之相比，政策终结似乎是公共政策过程"之外"的问题（张康之、范绍庆，2009）。其次，在现实政治世界中，政策终结要么被认为是一种理所当然的选择，不需要研究；要么被认为是政策失误的一种印证，研究起来不受欢迎（张丽珍，2019）。最后，公共政策研究者不是站在社会治理者的角度来看问题，他们更注重政策的开发；即使关注到政策的改进和调整问题，也不认为需要从政策终结的角度去理解，反而会将其看作一个政策不断完善的过程（张康之、范绍庆，2009）。随着社会的不断发展，旧的政策的存在已经成为社会变革的阻碍因素，如果不果断地终结旧政策，就不能有效地为新的政策开辟空间。所以，开展政策终结问题的研究既是公共政策过程完整性的体现，也是社会治理科学化的内在要求。

政策终结研究最早源自爱德华·L. 卡特森巴赫（Edward L. Katzenbach）在 1958 年对美国裁撤陆军骑兵的个案研究（Markand Daniels，1997）。到 20 世纪 70 年代中期之前，探讨终结的文献主要是安东尼·唐斯（Anthony Downs，1967）对组织死亡问题的理论建构，以及艾伯拉姆·N. 舒尔斯基（Abram N. Shulsky，1976）对哥伦比亚特区解散摩托车巡逻队研究。真正的系统研究，始自巴尔达茨在 1976 年《政策科学》期刊所编辑的政策终结专题。以此为开端，美国学术界出版了三本论文集：第一本论文集发表在 1976 年的《政策科学》（*Journal of Policy Sciences*）杂志上；第二本论文集和第三本论文集则分别刊载于 1997 年和 2001 年的《国际公共行政》（*International Journal of Public Administration*）期刊上。

总体来说，政策终结的研究掀起了两次高潮。第一次高潮是 20 世纪 70 年代中后期至 90 年代初的基础性研究阶段。这一时期的主要议题是政策终结的概念发展、影响因素和策略技巧等。这一时期的研究从宏观视角对政策终结的历史发展和演进逻辑展开了分析，结合相关案例，企图探寻政策终结的条件和变量，提炼政策终结的策略和机制，归纳政策终结的逻辑和规律，为政策终结的研究奠定理论基础。第二次高潮是 20 世纪 90 年代中后期至 21 世纪初实证性研究阶段。这一时期的研究在原有研究的基础上，从微观视角对影响政策终结的因素和执行政策终结的策略进行具体分析。这一时期的研究将政策终结作为一个动态过程，采用单案例和比较案例分析等方法，进一步验证了政策终结的现有理论框型，并试图从新的研究视角或途径系统化地建构新的理论模型和分析框架（范绍庆，2011；王翀、严强，2012；曲纵翔，2013）。

对于中国政策过程而言，直到 20 世纪 90 年代后，我国学术界才真正开启政策终结的理论研究。最开始的研究主要是理论引介。随着研究的不断深入，也形成了一些符合我国国情的理论框架（岳婷婷，2019）。从中国的政策实践来看，公共政策的终结往往具有"运动式"的特征，即每过一段时间对政策进行一次清理。改革开放以来，虽然相关法律法规规定了要定期清理公共政策，但政策终结却呈现出较为明显的集中式和运动式特征。这种"运动"大致分为三个阶段：阶段一，公共政策的第一次集中清理（1980~1987 年），此次清理源自中央集中计划的关系结构；阶段二，公共政策的第二次集中清理（1996~1997 年），此次清理既源于经济体制转型，又服务于经济体制转型，是社会进步的内在要求；阶段三，公共政策的第三次集中清理（2000 年至今），此次清理既源自政策环境变迁，也受价值观、对话、信任及民主治理等理念的影响。"运动"往往是在政策冲突已经造成极严重的消极后果之后才不得不启动的"清理运动"（张丽珍、何植民，2016）。因此，将公共政策终结作为一个常规性和制度性的政策环节是非常迫切的，这也是一个颇具诱惑性的研究领域，吸引了一些学者来开展相关研究。

虽然已有学者对我国政策终结研究领域的成果进行了常识性的总结，但相关研究主要是 2013 年之前的。这一分析发现，中国政策终结研究处于起步和"萌芽"阶段，基本上依赖于西方已有理论（曲纵翔，2013）。但随着时间的推移，中国政策终结又经历了 10 年的发展，新的成果不断涌现，政策终结的理论与实践是否得到了新的发展？研究路径是否有所突破？这些问题需要进一步梳理与总结。本章节选取 2000~2022 年发表在核心期刊上的中国政策终结相关论文作为研究对象，旨在对过去 23 年中国政策终结研究的成果进行系统梳理，剖析其研究特点和议题，并探讨未来可能的研究方向。对文献的系统研究有利于把握中国政策终结研究的最新特征，及时追踪中国政策终结研究的最新议题，准确找到中国政策终结研究的新问题、新视角和新思路，进而为中国政策终结的理论发展与实践应用打下坚实基础，也为公共政策过程的理论发展发挥指引作用。

三　核心思路

詹姆斯·莱斯特（James P. Lester）和约瑟夫·斯图尔特（Joseph Stewart, Jr.）（2000）将政策过程的研究进程从概念发展、模型建立、模型检验、整合与修正四个方面进行整理，认为政策终结的研究在"概念发展"方面处于"已完成"状态，"模型建立"是"目前的工作"，"模型检验"和"整合与修正"方面处于"未来的工作"状态。整体上来看，政策终结的研究还处于初步阶段，理论研究并未完成。23 年之后，现今中国政策终结研究的特征是什么？主要研究议题有哪些？未来有怎样的研究方向？这些都是中国政策终结研究必须回答的问题。本章通过对 23 年核心文献的收集与整理，试图找到这些问题的答案。

本章通过对 23 年中国政策终结的文献分析，将中国政策终结研究成果从 10 个指标进行分析，包括：研究的基本特征、研究的科学性以及研究的知识进展；研究议题分析，包括政策终结的内涵、政策终结的发生、政策终结的障碍、政策终结的策略以及政策终结的理论等。在研究特征与研究议题的分析基础上，本章将进一步从概念的发展、研究主题、研究内容、研究方法和研究理论维度开展研究述评，发现研究存在的问题，为中国政策终结研究寻找未来方向。

本章的结构安排如下。第一部分为引言，阐述政策终结与政策过程、研究的背景与意义以及文章的核心思路和逻辑。第二部分为研究方法，说明研究内容的数据来源、数据编码和研究方法等。第三部分研究特征分析，从 10 个指标分析中国政策终结已有研究的基本特征、研究的科学性以及研究的知识进展。第四部分为研究议题分析，归纳总结目前我国政策终结的主要研究议题，把握研究现状。第五部分将对研究进行述评，旨在梳理我国政策终结研究所取得的知识和进展，同时识别存在的问题；针对研究的问题，明确未来研究的方向。第六部分为结语，对本章进行总结和概括。

第一节　研究方法

一　数据来源

本章以中国知网（CNKI）的"中国期刊全文数据库"收录的 2000～2022 年的学术论文作为样本来源（限于篇幅，本章没有专著、译著和学位论文），对 217 本核心期刊（中文 169 本，外文 48 本）以"政策过程"为主题进行中国政策过程理论研究的检索，通过人工筛选，获得 2239 篇论文。[①] 通过提取"政策终结"的专门研究，获得论文 63 篇（中文 61 篇，外文 2 篇），来自 41 本核心期刊（中文 39 本，外文 2 本）。在后续的分析过程中，部分论文不满足研究意图或不符合编码要求，经人工剔除，最终获得样本论文 60 篇。通过对 60 篇论文自制编码框并对其进行编码，本章对政策终结的相关研究进行了整体分析。由于英文论文仅有 2 篇，故不编码，仅用于描述和说明。

二　研究设计

本章主要通过文献分析在中国政策终结研究中的如下方面开展探索。第一，23 年来，该领域中产生了哪些研究成果，其特征是什么。第二，分析中国政策终结的研究议题，把握研究现状，并就这些研究成果对该领域知识增长的贡献进行评估。第三，基于中国政策终结的研究特征与议题的分析，评估研究进展，并设置该领域未来的研究议程。本研究的设计和过程如下。

从编码来看，如第五章所示，本章借鉴国内外学者的研究评估指标，对政策终结的研究建立了编码框，构建了 10 大指标，即论文发表的年份、论文的出处、研究资助、作者和作者来源、科学共同体、研究规范、研究主题、研究内容、研究方法与数据来源和研究理论。

从分析的方法来看，本章运用统计法对已有研究的基本状况进行整体描述，包括发文量趋势分析、期刊来源分析、基金支持情况、作者及其机构与科学共同体；对研究的科学性和规范性进行描述和评估；对研究主题、研究内容、研究方法与数据来源和研究理论进行知识进展评价。在数据分析的基础上，本章进一步对我国政策终结的研究议题，包括政策终结的内涵、发生、障碍、策略以及理论研究等，进行系统阐释，揭示中国政策终结研究的现状，指引未来研究方向。

---

① 参见第一章的方法论部分以及附录。

第二节　研究特征分析

一　研究的基本特征

（一）论文发表年份

为了了解政策终结领域的研究趋势，本研究对 23 年来政策终结研究的论文的时间分布进行了描述统计。如图 6-1 所示，政策终结研究呈倒 U 形态势：在 2004 年以前，我国政策终结研究是空白；从 2005 年开始才有研究，在 2012 年达到顶峰（10 篇论文）。但是，在此之后的 10 年又总体上呈现下滑态势，特别是 2022 年相关成果为 0。这表明，我国政策终结作为一个研究领域已初具雏形，有较稳定和持续的研究，但近 5 年总体上也有下滑趋势。

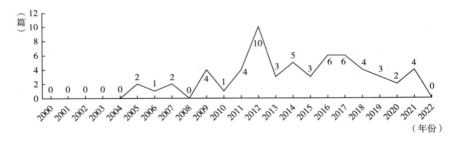

图 6-1　中国政策终结论文分布趋势

资料来源：作者自制。

（二）文献来源

在梳理了 23 年来研究论文发表情况之后，本研究进一步对文献的来源情况进行了分析。从表 6-1 可见，学者们对中国政策终结的研究偏少，在核心期刊的论文成果数量有限，可发表的期刊也比较有限（共 39 本）。这些期刊中发表中国政策终结论文最多的是《行政论坛》（8 篇）；《广东行政学院学报》、《理论导刊》、《内蒙古社会科学》（汉文版）、《中共福建省委党校学报》以及《中国行政管理》各发表 3 篇；《东北大学学报》（社会科学版）《晋阳学刊》《理论探讨》《云南行政学院学报》各发表 2 篇。这充分表明，中国期刊对中国政策终结研究的重视程度不高，可供发表的核心期刊有限，从而影响了中国政策终结研究成果的高质量产出。

表 6-1　中国政策终结研究论文的出处（数量≥3）

单位：篇

序号	期刊	数量
1	《行政论坛》	8
2	《广东行政学院学报》	3
3	《理论导刊》	3
4	《内蒙古社会科学》（汉文版）	3
5	《中共福建省委党校学报》	3
6	《中国行政管理》	3

资料来源：作者自制。

（三）研究资助

实践部门的基金支持和资助对于学术研究的发展至关重要，这在一定程度上能反映实践界对于某一学术研究领域的关注。本研究对 23 年来研究论文获得的资助进行了统计，分为五个层次，即：国家级基金、省部级基金、地市级基金、校级基金、无基金支持。从图 6-2 可见，政策终结研究的基金支持力度整体较大，而且主要来自国家级（33%）和省部级（24%）的基金支持。有 10 篇文章来自 2 个及以上基金支持。无基金支持的占比较小，有基金支持总占比达到 84%。这在一定程度上表明国家较为关注学界对政策终结的研究，对该领域研究的支持力度较大，这也给学界释放出积极的信号。

（四）作者和作者来源

23 年来，哪些研究者在从事政策终结的研究呢？本研究对作者的数量、高产作者、合作作者网络成员（见表 6-2）。从研究者的情况来看，政策终结的研究者总人数不多，总共 60 篇论文，研究者只有 57 人。政策终结的高产作者人数为 9 人，占总人数的 16%，其中曲纵翔发表论文最多，为 12 篇；随后是范绍庆（8 篇）、张丽珍（7 篇）、王锋（3 篇）。这一数据说明政策终结的研究者比较集中，他们的成果产出量最多 。通过合作作者中心度测量（见表6-3），得出合作作者最为密切的有3位：曲纵翔、张丽珍、吴湘玲。

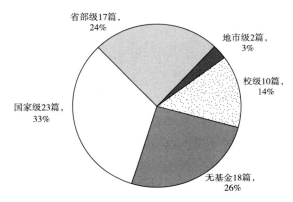

图 6-2 中国政策终结研究论文的基金支持来源

资料来源：作者自制。

表 6-2 政策终结研究论文高产作者与合作作者网络

单位：人，篇，%

人数	高产作者	占比	合作作者网络
57	曲纵翔（12）；范绍庆（8）；张丽珍（7）；王锋（3）；靳芳、陶学荣、王翀、吴湘玲、严强（2）	16	曲纵翔、张丽珍、吴湘玲

注：高产作者是发表论文在2篇及以上的作者。合作作者网络是作者合作密切关系最高的作者。

资料来源：作者自制。

表 6-3 政策终结研究的合作作者中心度分析（Degree≥2）

作者	1	2	3
	Degree	NrmDegree	Share
曲纵翔	5.000	6.098	0.083
张丽珍	3.000	3.659	0.050
吴湘玲	3.000	3.659	0.050
陶学荣	2.000	2.439	0.033
高新宇	2.000	2.439	0.033

续表

作者	1 Degree	2 NrmDegree	3 Share
严强	2.000	2.439	0.033
张桂敏	2.000	2.439	0.033
靳芳	2.000	2.439	0.033
王锋	2.000	2.439	0.033
武永超	2.000	2.439	0.033
王翀	2.000	2.439	0.033
王菁娴	2.000	2.439	0.033
王轲	2.000	2.439	0.033

注：合作作者中心度分析，"Degree""NrmDegree""Share"这三个值表明每个作者与其他合作作者之间的关系；值越高表明作者之间的合作越密切。

资料来源：作者自制。

从政策终结的研究作者的单位来源来看（见图6-3），由高等院校的研究者完成的论文数量最多，共56人，占总人数的90%，这说明来自高校的研究者是政策终结研究的主要阵营。位列高校之后的是来自党校和行政学院的作者，只有5人，之后是来自其他科研机构的1人，政府部门参与人数为0。这说明政府部门和其他科研机构对政策终结的研究关注度不够，特别是政府部门参与度不足，这非常不利于政策终结研究的发展。

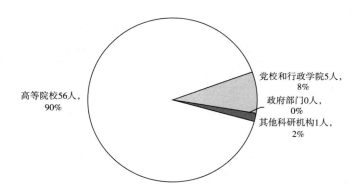

图6-3 政策终结研究论文的作者单位分布

资料来源：作者自制。

总体上来看，政策终结研究的作者比较集中，单人发表研究成果的较多，作者之间的交互合作较少。发文总量上严重不足，未来的政策终结研究需要更多的学者投身其中，更需要更多元的单位机构——特别是政府部门——人员的参加。

（五）科学共同体

在任何一个学科或研究领域内，一个致力于推动该领域发展的共同体对该学科或领域的进步具有至关重要的作用。通过对以上各项指标的分析可以发现，政策终结作为一个研究领域得到了来自不同单位、不同身份和不同学科的研究者的关注。那么，这些研究者是否构成了一个科学共同体呢？

判断某个领域中是否存在科学共同体的途径有很多，其中，是否有一批研究者持续跟踪该领域并相互紧密协作是一个重要的指标。本研究对作者发表的论文数量进行了统计，结果发现（见图6-4），政策终结发表作者2人及以上的共有26篇，占总篇数的43%。这一数据表明，政策终结的合作作者比例不高；虽然有一定的团队协作，但学者们更倾向于独著，合作网络成员较少，还没有形成较有规模的科学共同体。另外，从表6-2高产作者的数据可以看出，发表政策终结研究论文2篇及以上的有9人，其中发文最多的是曲纵翔，发表了12篇。这说明政策终结的研究者们能够持续关注此领域，但科学共同体并未形成。

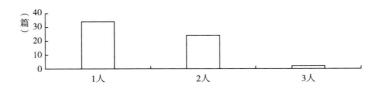

图6-4　政策评估研究者发表的论文数量

资料来源：作者自制。

二　研究的科学性

研究是否遵循了研究的基本规范，是检验研究科学性的重要指标。研究是否遵循基本规范，可以通过检查研究是否包含科学的问题设定（见图6-5）、明确的目标（见图6-6）以及研究范式（见图6-7）这三个维度来评估。从图6-5可见，政策终结研究中"有"和"无"科学研究问题的差不多各占一半，"无"研究问题的略微多一些。这表明，接近一半的论文是科学性的，具有实证性的研究目标；另一半研究是问题解决型、倡导型以及规范—价值型问题。图6-6的数据显示，在政策终结研究的目的取向中，"政策问题"所占比例最大，"理论目标"其次，而"公共价值"的比例最小。从图6-7可见，政策终结的研究范式中"倡导性研究"占比最大，"规范性研究"次之，"实证性研究"最小。这说明政策终结研究更多以"政策问题"本身为导向，采取的研究范式多以"倡导性研究"为主，"实证性研究"和"规范性研究"相对较少。

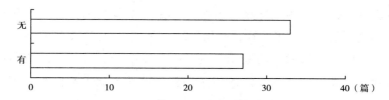

图6-5 是否有科学的研究问题

资料来源：作者自制。

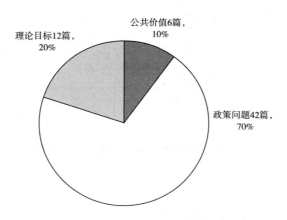

图6-6 政策评估研究的研究目标分布情况

资料来源：作者自制。

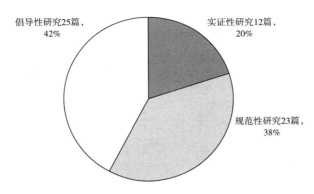

图 6-7 政策评估研究的研究范式分布情况
资料来源：作者自制。

从总体的研究规范性来看，政策终结研究中无科学问题的比例略高于有科学问题的，问题意识略低，研究目的以解决实际问题为主，但其研究范式以"倡导性研究"为主，表明其研究规范性不高，其研究的科学性有待进一步加强。

三 研究的知识进展

（一）研究主题

通过对文章的初步阅读，在现有的 60 篇论文中，本研究对每一篇文献的研究主题作了分类。政策终结涉及的研究主题非常丰富，议题领域比较宽泛。最终，本研究总结了 11 个研究议题，并对文献进行了分析统计。如表 6-4 所示，政策终结研究主题关注度排名前三的是"政策终结影响因素（障碍因素/可行性因素）风险识别/原因分析/影响变量""政策终结策略""政策终结模式/框架/视角"。研究主题关注度最低的是"政策终结的类型"与"'短命'政策终结"。结合 60 篇论文的议题领域可以发现，中国政策终结的研究已经关注了所有重点议题，政策终结的发生、障碍与策略都涉及了。特别是政策终结的障碍和策略是中国政策终结研究的主要方向。

表6-4 政策终结研究主题分布情况

单位：篇

序号	议题领域	篇数	时间
1	政策终结影响因素（障碍因素/可行性因素）风险识别/原因分析/影响变量	19	2005（2）；2006；2007（2）；2009；2011；2012（3）；2013；2014（2）；2015；2016（2）；2017；2021（2）
2	政策终结策略	12	2005；2007；2010；2011；2012（2）；2014（2）；2016（2）；2018；2020
3	政策终结模式/框架/视角	11	2011；2012（2）；2014；2016（2）；2017（2）；2018（2）；2021
4	政策终结整体评述（包括现状、困境、对策）	9	2009（2）；2011；2012（3）；2013；2015；2016
5	政策终结的主体/主体互动	6	2012；2014；2016；2018；2019（2）
6	政策终结机制/路径	6	2011；2015；2017（2）；2018；2021
7	政策终结理论/理论运用	5	2009；2017；2019（2）；2020
8	政策终结的过程	3	2009；2012；2017
9	政策终结评估标准/评估机制	3	2011；2013；2020
10	政策终结的类型	1	2019
11	"短命"政策终结	1	2017

注：有的文章可能涉及2个及以上的议题领域。

资料来源：作者自制。

从表6-4的时间统计可以看出，23年来能够一直持续有研究成果的主题与关注度排名前三的主题是重合的。这表明研究主题受到的关注程度越高，持续研究的时间越长，产出的研究成果也就越丰富。近5年研究关注的主题是政策终结的障碍、政策终结策略、政策终结模式/框架/视角、政策终结的主体/主体互动、政策终结机制/路径、政策终结理论/理论运用、政策终结评估标准/评估机制、政策终结的类型。除了政策终结的发生、障碍与策略的研究在持续以外，最新的研究议题倾向于"政策终结的理论研究""模式/框架/视角""政策终结评估"。然而，有些研究主题，如政策终结整体评述、政策终结的过程、"短命"政策终结，这些都只在2017年前有所研究，现在已经淡出学者们的视野。

（二）研究内容

政策终结研究主要以谁为主体开展研究？在哪些政策领域进行研究？本研究对两个问题都进行了编码和分析。从表 6-5 中可以看出，从总量上来看，"无明确指向"主体占到了 80%，说明当下政策终结研究的主体非常不明确，导致研究内容的针对性低。在有研究对象的研究中涉及的主体多元，中央政府、地方政府、经济—社会主体、央—地、政—经/社都有所涉及，其中以"经济—社会主体"——智库、社会组织、大众传媒等为对象的文章数量最多。

表 6-5　政策终结研究的主体

单位：篇，%

研究主体	文献数量	占总文献比例
无明确指向	48	80
中央政府	1	2
地方政府	2	3
经济—社会主体	5	8
央—地	1	2
政—经/社	3	5

资料来源：作者自制。

从表 6-6 可以看出，政策终结研究所涉及的政策领域有教育文化、社会政策、经济和创新、其他政策领域、跨政策领域的比较分析等。总体来看，政策终结研究所涉及的政策领域并不宽泛，"三农"政策和国防外交政策都没有涉及。

表 6-6　政策终结研究的政策领域

单位：篇，%

政策领域	文献数量	占总文献比例
无经验性政策领域	37	62
教育文化	3	5
社会政策	6	10

政策领域	文献数量	占总文献比例
环境政策	1	2
经济和创新	3	5
"三农"政策	0	0
国防外交政策	0	0
其他政策领域	4	7
跨政策领域的比较分析	3	5

资料来源：作者自制。

总体来看，我国政策终结的研究内容在现有样本论文中体现了研究主体的多元化，但所涉及的政策领域不够宽泛。值得特别注意的是，现有样本论文的研究主体中"无明确指向"的论文有 48 篇，政策领域中"无经验性政策领域"的论文有 37 篇，各占论文数的 80% 和 62%。这说明政策终结研究内容主体不明确、无经验性政策领域的研究过多，大多数研究内容不是建立在实践经验基础之上的。同时，未来的研究还需要继续拓展政策领域，以实现理论研究与经验对象的衔接。

（三）研究理论

理论研究的发展水平直接关系到研究水平的高低，中国政策终结发展水平如何要通过对论文的理论框架和核心理论贡献情况来进行判断。统计结果见表 6-7。

表 6-7　政策终结的研究理论框架

单位：篇，%

研究理论	文献数量	占比
没有理论框架	22	37
自己建构分析框架	4	7
使用经典的政策过程/政策终结结理论作为框架	19	32
使用其他学科理论作为框架	9	15
以现有理论为基础修订/建构新的理论框架	4	7
以修正经典政策终结理论为研究目的	2	3

资料来源：作者自制。

从表 6-7 可以发现，中国政策终结的研究有 64% 的论文是有理论框架的，能以一定的研究理论作为研究的支撑，以科学、规范的形式来开展政策终结的研究，其中以"使用经典的政策过程/政策终结理论作为框架"的论文最多。"自己建构分析框架"中构建了"短命"政策产生—终结逻辑图、基于利益冲突的公共政策的一般性选择图，从政治、法律与管理三种维度对政策终结进行评估，还有公共政策终结评估机制的基本框架。"使用经典的政策过程/政策终结理论作为框架"中运用的最多的理论框架是"多源流理论"，"政策终结理论""倡议联盟框架""规制政策均衡的分析框架""政策变迁分析框架"也都有所涉及。"使用其他学科理论作为框架"中借用了比较丰富的其他学科的理论来试图分析和研究中国政策终结，主要有基于耗散结构论的解释、从服务行政的角度看我国公共政策终结、组织创新的视角、在社会建构语境中审视政策终结的主体间性、政策均衡论的角度、利益协调是和谐社会背景下政策终结的新取向以及执政成本角度等。"以现有理论为基础修订/建构新的理论框架"有社交媒体推动政策终结的多源流模型、政策终结话语空间模型、触发政策终结的理论分析框架、"结构—过程"政策终结框架。最为重要的是"以修正经典政策终结理论为研究目的"的论文，有所突破，实现了对美国公共政策学者金登提出的多源流分析框架的修正，是对政策终结议程设置理论的基础的修订。这说明中国政策终结的研究已经从完全学习西方或借用其他学科理论框架的基础上构建了具有中国特色的理论框架，能结合中国实际案例，修订或建构新的理论框架，以满足中国政策终结研究发展的需要。

从表 6-8 可以看到中国政策终结研究的核心理论贡献，虽然仍以"借用和拓展"为主，但是建构概念模型/框架、研究视角—范式创新和生成理论的核心贡献占比达到了 33%，超过了"借用和拓展"的论文数量。这说明中国政策终结的理论研究已经开始了自主研究，构建中国自己的理论框架，取得一定"生成理论"的核心理论贡献，实现了零的突破。还需要加强"提炼概念"和"方法论丰富与创新"的核心理论贡献，使中国政策终结研究的核心理论贡献更为丰富。

表 6-8　政策终结研究的核心理论贡献一览

单位：篇，%

核心理论贡献	文献数量	占比
无	22	37
借用和拓展	18	30
提炼概念（如选择性执行）	0	0
建构概念模型/框架	8	13
生成理论	4	7
方法论丰富与创新	0	0
研究视角/范式创新	8	13

资料来源：作者自制。

（四）研究方法与数据来源

研究方法的选择是否恰当，数据来源是否真实、可靠，对论文研究设计是否合理有着重要的意义。我国政策终结研究所采用的研究方法以定性研究方法为主，见表 6-9。数据来源包括：资料搜集、资料分析、政府层级、涉及主体、数据资料容量、数据时间跨度以及经验区域，见表 6-10。

表 6-9　政策终结研究的研究方法

单位：篇，%

研究方法	其他	量化研究	政策文本	单案例研究	多案例研究/比较案例研究	混合研究	理论阐释/文献综述	采用 2 个及以上方法
文献数量	0	0	2	14	6	0	56	17
占总文献的比例	0	0	3	22	12	0	93	28

资料来源：作者自制。

从表 6-9 可以看出，我国政策终结所采用的研究方法主要以定性为主，有单案例研究、多案例研究/比较案例研究，其中单案例研究较多。采用量化研究和混合研究的论文为 0。只有 2 篇论文采用了"政策文本"，因此中国政策终结研究没有采用定量研究方法。这说明我国政策终结的研究方法比较单一，缺乏多样性。另外，从现有样本论文来看，93%的都是用"理论阐释/文献综述"的研究方法，论文的研究要么以理论框架来借用和拓展研究，要么用传统的三段论式"问题—原因—对策"，要么通过搜集相关文献，做出整体评述，包括现状、困境、对策等。同时，运用 2 个及以上方法的有 17 篇，占比为 28%。这一数据说明政策终结的研究方法以定性研究为主，完全缺乏定量研究、混合研究。政策终结研究方法单一，不利于其发展，这是政策终结未来需要重点突破的方向。

表 6-10　政策终结评估研究的数据来源

单位：篇，%

数据来源		文献数量	占比
资料搜集	其他	38	63
	实验	0	0
	问卷调查	0	0
	二手数据	21	35
	访谈	1	2
	观察	0	0
资料分析	其他	49	83
	统计分析	3	5
	内容分析	9	15
	扎根理论	1	2
	主题分析	0	0
	话语分析	1	2
政府层级	其他	44	73
	中央	9	15
	省级	10	17
	地市级	9	15
	县区级	3	5
	乡镇/街道	2	3
	村—居	2	3
涉及主体	无主体	36	60
	各级政府（内部）	19	32
	府际关系（互动）	5	8
	干部（街头官僚）	10	17
	专家（高校、智库）	14	23
	经济组织	11	18
	社会组织/团体	16	27
	公众	20	33

续表

数据来源		文献数量	占比
数据资料容量	薄弱（无数据）	39	65
	适中（0~100份政策文本/10万字以内访谈资料/10位以下访谈对象/百份问卷样本/单案例）	12	20
	丰富（100份以上政策文本/10万字以上访谈资料/10位以上访谈对象/千份问卷样本/多案例）	9	15
数据时间跨度	无数据	45	75
	单一时间点	2	3
	5年及以下	1	2
	6~10年	6	10
	10年以上	6	10
经验区域	无	47	78
	东北（黑龙江省、吉林省、辽宁省）；	0	0
	华东（上海市、江苏省、浙江省、安徽省、福建省、江西省、山东省、台湾省）；	0	0
	华北（北京市、天津市、山西省、河北省、内蒙古自治区）；	0	0
	华中（河南省、湖北省、湖南省）；	1	2
	华南（广东省、广西壮族自治区、海南省、香港特别行政区、澳门特别行政区）；	2	3
	西南（四川省、贵州省、云南省、重庆市、西藏自治区）；	0	0
	西北（陕西省、甘肃省、青海省、宁夏回族自治区、新疆维吾尔自治区）	1	2
	跨区域	9	15
	匿名	0	0

资料来源：作者自制。

　　从表6-10可以看到我国政策终结的数据来源中，资料收集方式比较单一，都是"二手数据"，缺乏"一手资料"，实证研究应该多运用问卷、访谈、观察等方式获取最新数据来开展研究。资料分析方式以传统的方式为主，涉及扎根理论、话语分析的较少，这些资料分析方式的缺乏，也是因为资料的来源主要是"二手数据"，没有一手资料，无法用新的方法开展研究。政府层级，多为自上而下的研究，比较缺乏"乡镇""农村"的研究。

涉及主体比较多元，"公众"作为涉及主体的研究成为新宠。研究数据资料的容量、时间跨度以及经验区域，可以看出实证研究的广度有限，涉及的容量适中，时间跨度较长，但是经验区域太少，华南、华中、西北仅有少量研究，而东北、华东、华北、西南这些经验区域鲜有人研究，这些地方是可以开拓的区域。总体来看，数据来源对于论文的研究具有一定的支撑作用，能较好保障研究的真实性与可靠性，但是，仍需要加强"一手数据"的获取，这是中国政策终结研究数据来源的最大的短板。

第三节　中国研究议题分析

本章收集整理 23 年来学术界关于中国政策终结的文献，设定 10 项指标编码，分析了中国政策终结的研究特征，在此基础上，总结归纳了我国政策终结的研究议题，明确了中国政策终结研究的现状。就目前的文献来看，我国政策终结的研究议题主要体现在五个方面：政策终结的内涵、政策终结的发生、政策终结的障碍、政策终结的策略以及政策终结的理论建构。另外，政策终结的评估也有少量研究。接下来，本章将对这五个议题分别进行讨论，以构建中国政策终结研究的知识图谱。

一　政策终结的内涵

在研究的初期，我国学者在政策终结内涵的方面，主要是直接引用西方学者的观点，如拉斯韦尔（Lasswell，1956）、布鲁尔（Brewer，1978）、巴尔达茨（Bardach，1976）和德利翁（Deleon，1978）。2000 年以后，我国学者开始在西方学者的基础上提出了自己的定义。张金马、陈振明、张康之、范绍庆等在德利翁的概念架构下给出了定义。张金马（2000）认为："政策终结指的是在政策领域里发生的终结现象。"政策终结并不会自发产生，而是一种人为的政治行为。陈振明（2004）提供了较为全面的定义："政策终结是政策决策者在对政策或项目进行慎重的评估后，采取必要的措施，以中止那些过时的、多余的、不必要的或无效的政策或项目的一种政治（或政策）行为。"这一定义得到我国大多数学者的认可（赵泽洪、吴义慈，2009；邹万平、颜玲，2011；王琳、张杰，2011；范绍庆，2011；张丽珍、靳芳，2012；刘燕凤，2012；范绍庆，2014；刘雪明、曹迎宾，2014；

韩月，2016；曲纵翔、马红，2016；李燕、朱春奎，2017；钱再见，2017；张紧跟，2018；郭渐强、梁琳，2018；丁淑娟，2019；于明刚，2020）。我国学者陶学荣和王锋（2005a；2005b）、王锋（2006）综合布鲁尔和德利翁的观点，认为政策终结是指政府组织的或社会自发的政策终结之后，政策的决策者或制定者采取一定的措施，将过时的、无效的或多余的政策、计划、功能或组织予以终止或结束的行为。

上述定义均揭示了政策终结是积极的政策行为选择，是必不可少的淘汰机制。政策终结的直接目标是用更优的政策代替质量更低的政策，间接目标是促进政策效力，提升政府治理能力，最终目标是实现政府与社会的和谐一致、良性共进（陈俊乾、张丽珍，2012）。

随后，在不同的政策研究之中，学界对政策终结给出了多样化的定义。阮蓁蓁（2009）认为，公共政策终结是指一项公共政策在运行过程中，对已经实现了其目标而不再需要的政策或无效政策予以终止的行为。曲纵翔（2017）认为，公共政策终结需要基于"过程"角度进行阐释。政策终结具有过程性，是政策在不断演变发展过程中对自身的一种扬弃，决定了政策系统的循环与更新。张丽珍（2019）认为，政策终结就是对过时、失效、无效的政策进行废止，制定出台新政策的过程，目标是避免"恶法之治"以引导社会的健康发展，也可被理解为政府治理系统的一种防错或纠错途径。这一定义是从政府整理的角度界定政策终结的。于明刚（2020）认为，公共政策终结是公共政策过程中的一个关键环节，是指经过审慎评估后，终止那些过时的和不必要的公共政策的一种政策行为。从本质上而言，公共政策终结是一个再决策的过程，是政策资源及利益的重新分配机制，必然会涉及执行问题。公共政策终结执行的好坏直接影响着公共政策终结的成败。所以，有必要建立相应的评估机制，对公共政策终结进行规范化和系统化的评估，对于公共政策终结给予客观公正的评价。

综上所述，我国学者的观点主要基于西方学者的定义，具有一定的共识性。部分学者根据自身的研究也在不断地总结经验，在政策终结的主体、客体、依据、条件或原因、内容、过程等方面做出了尝试和探索。总体来看，对于什么是政策终结，我国学者仍需要继续探索，进一步弥补缺失，回归客观、理性，提供事实和依据，以全面理解政策终结，给出更全面和更科学的定义。

二　政策终结的发生

政策终结的发生，主要是围绕"政策终结的推动主体""政策终结的方式与类型""政策终结作为一个过程是如何实现的"这三类问题展开的。

（一）政策终结的倡导者或参与者

在政策终结过程中，不论是直接废止旧政策，还是对其进行修改或调整，都必将涉及多方的利益，使得该过程并不顺利。尤其在既得利益受到触动时，政策终结更是困难重重。因此，政策终结的过程中，梳理政策终结参与者的多重利益关系，深刻理解其互动行为是政策终结理论研究的重要议题（曲纵翔，2014）。政策终结是由谁来发动的？他们之间的关系又如何？巴尔达茨（1976）认为，政策终结的主体一般可以分为三类：反对者、经济者和改革者。当政策终结发生时，主要的倡导者的利益各有不同，而且他们在政策终结中的地位也不同。改革者经常是政策终结联盟的重要辅助成员，但几乎不是联盟的领导者。反对者无论何时加入，总是经济者、改革者或两者的领导，原因在于他们的理念所散发出的热情显而易见，能有效影响中立者来支持终结，是成功的领导者，因此其他倡导者也乐于让他们来领导终结活动。林水波和张世贤（1991）在巴尔达茨的观点基础上认为，评估者也是政策终结的倡导者。由此，政策终结的倡导者可分为四类。

我国学者认为，政策终结的参与者包括政党、立法机关、行政机关等政治性机构，也包括利益集团、媒体、思想库、公民等。根据身份色彩，他们可以被进一步划分为官方参与者（国家公共法权参与者）和非官方参与者（社会政治法权参与者、社会非法权参与者）（曲纵翔，2014；曲纵翔、赵旭，2018）。根据参与者的行动出发点，可以分为政策终结联盟与反政策终结联盟。政策终结联盟包括：政策反对者、政策经济者、政策改革者、政策监控与评估者，这与台湾学者林水波和张世贤的观点一致。反政策终结联盟包括：政策受益者、政策推行者、政策守旧者与政策完善主义者（曲纵翔，2014）。政策终结过程在国家公共法权、社会政治法权以及社会非法权三大类主体的共同参与之下，形成了推动与阻碍政策终结过程的两方联盟，联盟之间为保障实现自身的政策预期而不断进行政治互动。这种互动是建立在联盟所拥有的权力的基础上。政策终结可以被视为通过全面的信息交流而逐步实现利益互动的政治过程（曲纵翔，2014）。从政策终结参与者的构成复杂性来看，每个类型的参与者又可划分出支持、反对以及中立三种倾向。他们不断地互动、博弈、协调，各方互动所产生的利益冲突将贯穿于终结活动始终，使政策终结是一个复杂而又充满困难与风险的过程（曲纵翔，2017）。对于政策终结的主体，张丽珍（2019）从中国的政治实践中提炼出非政府组织、大众传媒、行业专家与普通公众等四类社会行动者；他们在行为方式、影响范围、组织体系、社会地位等方面差异较大，但都是影响政策终结议程设置，并且不断成长的、需要保护与推动的本土力量，也是进行理论拓展不可绕过的现实前提。

综上所述，政策终结的发生是一个十分复杂的问题，倡导者或参与者众多，会形成不同的类型或联盟，产生不同的结果。当下对中国政策终结的研究能结合中国实际界定出政策终结的参与者，理清他们之间的关系；虽观点不太一致，但也取得一定成果。如何在政策终结中使众多参与者增强互动、减少博弈、协调各方利益冲突、推动政策终结顺利实现，仍需要继续探究。

（二）政策终结的方式与类型

巴尔达茨（Eugene Bardach）（1976）认为，政策终结过程可被视为另一个政策的接受过程，即接受政策 A 来替代被消除或缩减的政策 B。他还指出，终结的发生，要么是急剧式的，要么是渐进式的；对终结的抵制是如此之激烈，以至于最后终结时往往伴随着爆发性的力量，所以急剧式是最普遍的终结形式。根据政策终结所需要的时间，他将其划分为爆发型、渐减型和混合型三种类型。德利翁（Peter Deleon）（1983）根据政策终结的不同目标，将其划分为功能终结、机构终结、政策本身终结以及项目终结。此后，他在与布鲁尔（Garry D. Brewer）的合著中又根据政策终结的程度，将政策终结划分为完全终结和部分终结（Brewerand deLeon，1983）。

关于政策终结的方式，我国部分学者也开展了相关研究。陈振明（2003）将政策终结的方式归结为 4 种：政策替代、政策合并、政策分解和政策缩减。张丽珍和靳芳（2012）也赞同这 4 种方式的界定。吴光芸和李培（2014）认为政策终结的方式有激进式、渐进式、非正式方式和逆动式。

总体来看，结合中国政策终结现实情况，我国学者对政策终结方式的分类更加多样。

关于政策终结的类型，曲纵翔和祁继婷（2016）从政策终结的过程角度将政策终结粗略地分为两种：完全终结和部分终结。前者一次性地将旧政策废止，而后者则倾向于对其进行修正、调整。丁淑娟（2019）从理论上探讨政策子系统特点、触发机制与公共政策终结的结果之间的机理。基于政策终结的程度和时间持续，她构建一个政策终结的类型学：废止-爆发型、调整-渐进型、暂停-爆发型、延后-爆发型（见表6-11）。这一分类凸显了中国实际情况，细致地区分了政策终结的不同类型，有利于简化对我国公共政策终结的理解。总体来看，当下中国的政策终结类型的研究主要是阐释了西方学者的分类，在此基础上根据中国现实案例提出了新的类型。

表6-11 我国公共政策终结四种类型划分与比较案例研究设计

		触发机制	
		有	无
政策子系统的特征（对新思想、新观念的"宽容度"和对新行动者的"开放度"）	强	废止-爆发型	调整-渐进型
	弱	暂停-爆发型 延后-爆发型	—

资料来源：丁淑娟. 政策终结类型研究——基于一种政治过程视角［J］. 行政科学论坛，2019。

（三）政策终结的机制

要回答政策终结发生是如何实现的这一问题，就需要理解政策终结的机制。范绍庆（2012）从组织运行的角度建构了一套政策终结的机制来保证终结的顺利进行。这一政策终结的机制由人员设计、组织设计、机制设计以及监控设计构成，人员设计任命终结领导者，组织设计组建终结组织，机制设计建立终结机制，监控设计管理终结过程，这就形成一套完善的机制来引导政策发展趋向，促使政策终结顺利完成。

曲纵翔（2015；2017）则用"效用递减规律"和"政策积累法则"两项机制分析政策终结的过程。"效益递减规律"即当政策效益发挥至最大值时，将进入一个逐渐递减的阶段。这时的政策如果得不到及时的终结或调整，就会造成政策资源的浪费，还将对整个公共政策系统的绩效产生负效应。政策终结的必要性即在于此。"政策积累法则"即政策终结往往表现为新政策延续旧政策，是不完全终结。除了低效、无效以及正在降低效用的政策之外，治理体系中存在大量负效用的政策，不论是制定之初即产生的还是在溢出的情形下产生的，其在治理体系中的滞留无疑将加重"政策拥挤"，提高沉淀成本，形成资源浪费。不能及时终结会进一步增大终结的难度。

政策终结是一个复杂而艰难的政策行为，也是一项有意识的主动的活动。可以通过建立终结机制以推动政策终结过程的顺利完成。但目前中国政策终结的研究仅停留在理论或构想设计层面，对于现实政策是否适用，还有待进一步检验。

三 政策终结的障碍

关于政策终结的障碍，许多学者在案例分析的基础上进行了归纳和总结。最早对政策终结障碍进行研究的是尤金·巴尔达茨（Eugene Bardach）（1976），他认为政策不能终结的原因主要包括五种：政策的初始设计、政策终结冲突的残酷、政治家不愿承认过去的错误、不希望破坏现存机构和缺乏有效政治动机。在政策终结障碍方面最具代表性的是彼特·德利翁（Peter Deleon）和埃尔南德斯-克萨达（Hernandez-Quezada）（2001），在他们合作的论文中，形成了比较稳定的政策终结障碍理论框架：心理上的不愿意、机构的持续性、动态的保守主义、反终结联盟、法律上的障碍、终结启动的高成本。弗朗兹（Janet E. Frantz, 1992）同样根据德利翁的终结模型，认为终结是难以规划和执行的，障碍包括心理不愿意、法律障碍、制度的持续性、动态保守主义、反终结联盟和高启动成本等。在德利翁和弗朗兹的研究基础上，柯克帕特里克（Kirkpatriick, 1999）在建构新政策终结分析理论框架中将限制政策终结的因素总结为五个，即反终结联盟的存在、动态保守主义、启动成本、立法障碍和恐惧或不确定性。而迈克尔·哈里斯（Michael Harris, 2001）把政策终结的限制归因于意识形态因素。此外，霍格伍德（Hogwood）和冈恩（Gunn）（1984）又加上缺乏政治动力、不利后果以及拖延和拒绝等作为阻碍终结的因素。影响政策终结的因素很多，甄别出具有代表性和解释力的变量是研究者的重要任务。国外研究发现，影响政策终结的外部和内部因素有政治流动、政治更替、政策评估与学习、终结联盟和反终结联盟的力量、触发机制、公共舆论，以及政策属性、组织特征、预算限制、终结成本（丁淑娟，2019）。概言之，国外学者关于公共政策终结的影响变量的分析，可大致归为三类：客观因素、驱动因素以及限制因素（张桂敏等，2021）。

我国有不少学者关注政策终结的阻碍及影响因素。大家一致认为政策终结的阻碍不是由一个影响因素造成的，必然是由多原因或多因素导致的。具体来看，国内研究多将政策终结的影响因素聚焦在心理上的抵触、组织的持久性、反对集团联盟、法律障碍、成本障碍（张桂敏等，2021）。陶学荣和王锋（2005）认为政策评估的缺失也是原因之一。刘东杰（2006）将政策终结的主要障碍扩展为七点，即来自政策制定者心理的障碍、政策执行者的障碍、组织方面的障碍、社会方面的压力、法律程序方面的障碍、公共舆论的障碍和政策终结的代价。季建林（2007）与刘东杰（2006）观点一致，但减少了心理障碍这一要点。其他学者如邹万平和颜玲（2011），张丽珍（2012），范绍庆（2012；2013），王翀和严强（2012），刘雪明、曹迎宾（2014），吴光芸和李培（2014），刘雪明和曹迎宾（2014），何树虎和吴湘玲（2016），高新宇等（2021），都没有突破原有的研究。这些研究主要是通过理论分析或实际案例来验证其中的障碍之一，或障碍组合。

除此以外，我国一些学者也尝试用不同的框架分析政策终结的障碍。向小丹（2017）根据公共政策的不同终结模式对中央政府强逻辑的决定作用进行了分析；在此基础上，他认为地方政府维护自身利益的折中策略是政策渐进终结的根本原因。王振波（2017）将政策终结的根源归纳为：不合规、不合法、不合情理、缺乏必要维护。他主要聚焦于政策本身的缺陷来分析政策终结。张紧跟（2018）认为缺乏政策终结机制，或囿于涉及利益面广、政策沉没成本高昂等种种因素，使得很多政策存在有始无终、难以终结的现象。张桂敏等（2021）认为政策地位在政策终结中具有重大的影响。根据政策地位的高低，可通过自上而下、承上启下、自下而上三大途径对政策终结施加影响。

综观既有研究，政策终结所涉及的领域非常广泛，政策终结的障碍因素也非常多。在不同的历史时期、不同的地区、不同的文化以及不同的政府层级中的政策终结，各障碍所起作用也不一样。目前我国的研究已取得一定的进展，但还没有形成完全独立于西方学者的观点，主要都在西方学者所提出的理论基础上进行理论探索与经验验证。

四　政策终结的策略

面对政策终结过程的复杂性、终结障碍与影响因素的多样性，当下研究从不同角度对政策终结的策略进行了研究。德利翁和巴尔达茨（2001）从理念、制度和公共政策目标的角度去思考公共政策终结的策略；罗伯特·本恩（Robert D. Behn, 1978）则针对具体公共政策案例，总结出了12项公共政策终结策略，认为政策终结者应根据政策性质的不同采取适当的终结策略。

（一）政策终结的障碍与终结策略

陶学荣和王锋（2005a；2005b）提出政策终结者需要善于把握并利用好政策终结的触发机制来引发政策终结；应健全和完善政策评估机制，适时公开政策评估结果；应关注并利用利益的分化和聚合，以促使政策终结；应充分发挥政治领导者的领导力，审时度势地引领政策走向终结；应营造良好的、有利于政策终结的舆论环境，做好社会公众的舆论导向工作。季建林（2007）提出应重视思想工作，减少抵触心理；应公开评估结果，争取支持力量；应终旧布新并举，缓解终结压力；应预测反应，选择适当时机；应采用"闪电策略"，阻隔阻力形成；应统筹终结过程，促进发展稳定。在应对利益冲突的公共政策终结策略方面，邹万平和颜玲（2011）提出应适当进行利益补偿，公开政策评估结果，积极争取支持力量。曲纵翔和祁继婷（2016）提出应强化正方政策终结联盟，弱化反方政策终结联盟，争取中间力量。郭渐强和梁琳（2018）认为明确利益诉求、弱化利益冲突、坚持利益底线、争取中间力量是促进政策顺利终结的一般性终结策略。

（二）多样化理论视角下终结策略

赵泽洪和吴义慈（2009）在服务行政视角下分析了政策终结的策略，提出树立服务行政的理念来推进公共政策终结；应竭力维护公共服务主体的利益，加大政策终结利益补偿力度；应引导公共服务对象参与公共政策终结；要贯彻服务行政的法治理念，完善政策终结的程序建设；应加大政策终结的执行力度以提高服务型政府公共服务效率；要正确认知政策终结以推进服务政府的建设。张丽珍（2012）从组织视角认为可以构建政策终结管理工作组来推进政策顺利终结。陈俊乾和张丽珍（2012）从发挥公共管理主体能动性的角度提出策略：注入公共行政精神，矫正理念偏差；盘活公共政策资源，优化政策集群；完善政策终结机制，克服技术障碍。范绍庆（2012）从选择政策终结的方式、把握政策终结的时机、形塑政策终结的合法性、提供政策终结的诱因这几个方面提出了政策终结的执行建议。范绍庆（2014）从反向视角探索政策终结的免疫策略，即如何运用策略使自己免于被终结。钱再见（2017）基于治理视角分析了政策终结的策略。张国庆（2004）提出力场分析的方法，认为在改变力量的过程中，政府有 3种可供选择的策略：增加推动力、削弱阻力、增强推动力和减少阻力。他认为，第三种策略最为有效，第二种次之，第一种效果最差。

（三）根据具体实际案例提出政策终结的策略

针对"食品质量免检政策"，吴光芸和李培（2014）基于多源流理论提出政策终结策略：锁定问题源流，明确政策终结的对象；梳理政策源流，选择适当的终结方式；借助政治源流，营造有利于政策终结的氛围；把握政策机会之窗，促进问题源流、政策流和政治源流的正耦合。白佩宇（2020）也运用多源流理论分析了广西速生桉清理政策终结的对策。韩月（2016）分析了教育政策的终结，以高考全国性体育加分政策终结为例，提出完善教育政策执行的监督机制；要构建政策终结的社会设计模式，推进教育终结的法制化进程。何树虎和吴湘玲（2016）针对"蜗行"的政策终结，以"驾照直考"政策改革为例，认为：执政理念的变化是政策终结的关键因素；被终结的政策在政策系统中的地位影响着其终结的速度；现有政策终结的分析范式值得检讨；政策终结应统筹整个政策子系统的系统化终结或调整，尤其是要考虑元政策的终止或调整。张紧跟（2018）提出有效治理"僵尸政策"的策略，应秉持"减增量、去存量"的总体思路。"减增量"即在源头确保政策制定的科学性与民主性，从源头上杜绝"僵尸政策"的产生。"去存量"即对现存"僵尸政策"予以全面清理和整顿，通过建立健全政策评估与终结机制，加强对政策的科学管理。通过引入公众监督、建立政策回溯机制等手段，防止"僵尸政策""死灰复燃"。

从现有研究来看，我国关于政策终结的策略的研究成果较多，能够对应不同的政策终结障碍提出相应的解决办法；也能从不同理论视角去分析政策终结的策略；还能根据具体案例提出不同的解决问题的思路。但是，这些研究都具有极强的倡导性和理念性；即便是针对一些具体的政策领域提出的政策终结策略也具有很强的问题解决的特征。整体来看，政策终结策略的多样性、不同策略的终结效果以及不同策略被选择的原因等理论问题仍然值得探讨。

五　政策终结的理论建构

目前，西方较为成熟的政策终结理论有马克·丹尼尔斯（Mark R. Daniels，1997）对政策终结所下的六项结论：终结很少出于经济理由；终结具有高度政治性且难成功；终结须以诱因吸纳反对者；终结通常涉及意识形态的转变；终结意味着再生；终结是美国政治上的悖论，即有多少人支持它，就有多少人反对它。柯克帕特里克（Kirkpatriick）等在德利翁、弗朗兹的基础上，基于对大量研究成果的广泛讨论，提出了政策终结过程模型（见图6-8），为政策终结理论建构做出了重要贡献。他们将政策终结理论建构推向概念化，与传统的理论仅就终结障碍或策略单独建立研究架构相比，他们的模型将终结原因、终结的时间、终结的障碍和策略进行有机整合，构建出了一个解释政策终结的整体描述性模型（范绍庆，2014）。

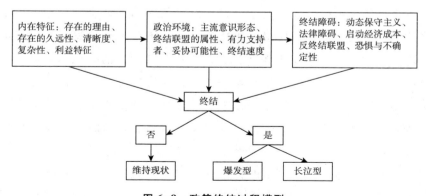

图 6-8　政策终结过程模型

资料来源：Kirkpatriick，Lester and Peterson.（1999）. Policy Termination Process: A Conceptual Framework and Application to Revenue Sharing. *Policy Studies Review*，16。

通过研究的累积，我国政策终结领域的学者也尝试归纳和建构理解中国政策终结的模型和分析框架等，推动政策终结理论发展，并在理论上有所进展。

（一）借用和拓展现有理论框架

金登（2004）所提出的多源流理论是我国学者分析政策终结运用最多的分析框架。运用这一框架，王家合和杨倩文（2019）探讨了社交媒体对武汉市路桥隧收费政策终结的影响；白佩宇（2020）分析广西速生桉种植政策由"扶"到"禁"，最终走向政策终结的过程；阮蓁蓁（2009）以及吴光芸和李培（2014）分析了食品免检政策的终结；张丽珍和靳芳（2012）分析了高速公路收费政策的终结。也有学者基于多源流理论，并整合政策终结理论、倡议联盟框架等多个理论，"全景式"地回顾与分析劳教制度终结议程的设置过程（李燕、朱春奎，2017）。

陈富良构建了规制政策均衡的分析框架。在这一框架下，影响政府规制的供求因素主要有三个方面，分别是成本、利益集团和既有规则，而规制均衡是政府的规制安排在成本效益约束、利益集团博弈和规则冲突下的一种在一定时点上的稳定状态，政府的规制政策是寻求在这三者之间的均衡。许鹿和樊晓娇（2009）进一步运用这一分析框架对食品免检政策终结发生的根源进行了分析。随着竞争的加剧和市场环境的改变，食品安全问题开始暴露，重大食品安全事故的不断发生打破了食品领域的监管均衡。在成本约束、利益集团博弈和规则冲突的重新"较量"之后，食品免检政策的终结使得三者重新达到了平衡。

萨巴蒂尔（Paul A. Sabatier，1988）提出的倡导联盟框架也是政策终结研究的重要理论来源。倡导联盟框架着重分析政策终结过程中的共同参与者，以及他们形成的推动与阻碍政策终结过程的两方联盟及其互动。根据这一框架，政策的变化可视为三组因素影响的结果：①在政策子系统内相互竞争的政策倡导联盟之间的互动；②子系统之外的变化，包括社会经济变化、公众舆论的转变、执政联盟整个系统的改变等；③稳定的系统参数的作用。这三组因素中，影响最大的是"政策子系统"，即与某个政策领域相关的不同参与者之间的互动（曲纵翔，2014）。

（二）对现有分析框架的验证和修订

向小丹（2017）以"新疆回沪知青"系列政策为例，验证了德利翁的"政治的考虑是大多数决策终止的根源"这一经典假设（Peter Deleon，1978），也验证了布鲁尔和德利翁的政策终结分析框架，即把政策终结分为功能、组织、政策、项目等不同政策层次上的终结（Brewer and Deleon，1983）。该研究认为，"新疆回沪知青"系列政策的终结首先是政策功能的终结；其次是执行公共政策的组织的终结，且组织的工作也由控制管理转变为保障与服务；最后没有终结的是狭义上的政策和项目，即政策的法律效力还在，大部分上海知青的户口和档案还在新疆。这一研究还验证了巴尔达茨的公共政策终结两种不同模式，即"渐进式"终结和"大爆炸式"的终结（Bardach，1976）。其中，"云南知青的返城政策"是典型的"大爆炸式"的政策终结，"上海知青的返城难题"可以归纳为"渐进式"的政策终结。

王翀和严强（2012）认为多源流分析框架的初衷在于解释议程如何经由备选方案演变为公共政策。但在政策终结议题中，这种借鉴运用应有所限制和修正。首先，这一框架应该应用在政策场域处于新旧政策交替之际，而不适用政策终结的全部情形，如政策的直接废止。其次，政策过程常有反复，政策终结也非一蹴而就，其往往具有渐进式的特点，每一次推进前后所对应的间断和平衡状态，在多源流分析框架中并没有得到体现，而在既有的限制条件下如何使得金登所谓"政治流""事件流""政策流"顺利耦合？该分析框架对此也有所疏漏。最后，原生于美国的三源流框架不一定具有普适性。在运用于中国的政策实践时还须吸纳某些本土因素（王翀、严强，2012）。因此，从我国的政策实践来看，多源流理论框架的应用需要特别修正，特别是在中国的政策终结议题中。

张丽珍（2019）提出了社会行动者框架对政策终结议程设置理论提供了修正。为了适应知识生成的社会弥散，增进公共对话，打破政策终结议程设置中的话语霸权体系，增进公共政策的公共性，政府系统及公共行政人员应该形成开放的合作理念，认识更灵活，把问题的识别者与解决者联系在一起，乐意接受新观念，将源自外部的非政府组织、大众传媒、专家群体与普通公众看作公共政策效果的评价者、瑕疵公共政策的发现者、政策终结议程设置的开启者。因此，政府及其公共行政人员应秉持开放合作的视野，将社会行动者看作政策终结议程设置的助推因素，以此来发现公共利益并推进社会治理能力的提升。

（三）尝试构建新的理论框架

也有一些研究尝试以中国的政策终结经验为基础，建构理解中国政策终结的新理论框架。我国学者王翀和严强（2012）尝试建构"结构—过程"分析框架，明确政策终结的关键变量，兼顾渐进主义逻辑和非理性因素的影响，从静态和动态两个方面对政策终结进行考察。郭渐强和梁琳（2018）认为公共政策的终结涉及多方利益，蕴含着利益的分化、博弈与调和的过程。政府作为政策终结的主要推动者，其应对利益冲突采取的终结策略将最终决定政策终结的结果。在此基础上，他们构建了政策终结过程中利益冲突的一般模型，通过个案研究发现，明确利益诉求、弱化利益冲突、坚持利益底线、争取中间力量等是促进政策顺利终结的一般性终结策略。于明刚（2020）尝试建立公共政策终结评估机制的基本架构，其中涵盖了评估主体、评估对象以及评估流程等核心要素。

曲纵翔试图结合不同学科、不同领域、不同技术，为构建新的理论框架做出更加多元的探索。曲纵翔（2016）基于比利时化学家普利高津（I. Prigogine）的耗散结构论（dissipative structure theory）（湛垦华等，1982），考察政策终结过程。在这一理论基础上，他梳理了政策终结系统的动力机制，分析其动力实现过程并将该过程模型化。他根据该模型发现，如下要素能够为政策终结系统的动力输出提供持续性的保障：促进"隐性冲突"向"显性冲突"的转化，缩小正反终结联盟的利益冲突范围并弱化其强度，强化联盟成员以终结为导向的学习以及合理发挥社会舆论与政策评价的作用。曲纵翔和马红（2016）尝试构建合作型政策终结模式，以合作型输入替代系统内输入。在合作过程中，哪些政策允许进入终结议程、对其实施多大程度的终结等问题均不再由权力精英等政治性主体所垄断，而是在同社会性主体的合作中达成。2018 年，曲纵翔进一步从信任、合作与政策变迁中阐释这一逻辑，即社会主体间的信任推动以合作为基础的治理；合作化的治理推动政策的变迁；在变迁的过程中实现政策终结。曲纵翔和董柯欣（2021）认为以算法为代表的现代科学技术的发展为政策终结议程实践的循证原则提供了更多可能。算法，即一系列解决问题的清晰指令，代表用系统方法描述并解决问题的策略机制（汝绪华，2018）。算法技术依托大数据与计算的原理，可能应用于政策终结议程、形成公共意见中，显示超越个体的力量，成为政策终结的可用技术工具。通过研究，他们发现，在实践层面。政策终结的科学性需要广泛的知识提供，在政策终结议程中体现为话语空间的"知识—权力"结构特征。知识权力、政治权力和社会权力构建了政策终结话语空间模型，共同对行为层面的政策终结施加影响。然而，通过知识拟合社会现实，却因知识在话语空间中的分散而难以按循证原则为政策终结收集全面资料，也难以判定决策是否符合理性与公共性追求。那么将算法引入，从技术原理角度看，可为减少政策终结议题论证中的停滞和反复、提升决策效率和准确性等提供辅助，更能为实现政策终结的科学决策增添可能性，于是他们构建了引入算法的政策终结议程分析框架（见图6-9）。

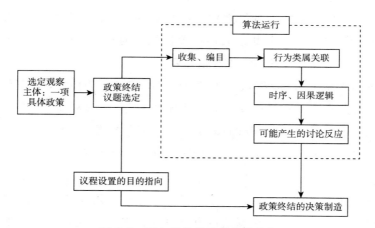

图6-9　引入算法的政策终结议程

资料来源：曲纵翔，董柯欣．以算法拯救循证："知识—权力"结构下政策终结的话语空间［J］．行政论坛，2021。

从以上已有研究可以看出，我国学者致力于不断结合中国政策实践，从理论和实际案例中探究适合中国政策终结研究所需要的理论。这些探索虽然已取得一定成果，但这些理论框架大多是理念型的，最多是一些概念模型。这些框架的科学性、分析性和可检验性的程度较低。在中国的政策终结实践以及对西方政策过程理论的扬弃和整合的基础上构建分析性的理论框架，并在不同政策终结的情境中不断检验或验证它，仍是未来研究者需要努力的方向。

六　政策终结的评估

还有一个值得讨论的议题是政策终结的评估。政策评估的意义在于衡量政策制定或执行与政策目标之间的差距，并将其作为政策继续、修正或终结的依据。事实上，不只是原有政策需要评估，终结后的政策同样需要评估，而且政策终结结果的评估更为复杂和困难（范绍庆，2011）。我国也有部分学者对其开展研究。王星霞（2011）以普通高中"三限"政策为例，通过对执行"三限"政策的效果评估，他发现"三限"政策在效益标准、效率标准、公平标准和政策回应度等方面均不能达到良好的政策目的。在当今注重公平、倡导和谐的社会大背景下，"三限"政策理应退出历史舞台，被新的更为合理和公平的政策所取代。张丽珍（2013）认为，政策终结评估需从具体情境转移到社会系统整体，应从政治、法律与管理三种维度对政策进行评估。政治方面的要求是公共政策必须观照合法性与回应性；法律方面的要求是公共政策必须实现平等保护和公民权利；管理方面的要求是公共政策必须促进经济、效率和效果，以此来促进政策终结评估标准的透视性。于明刚（2020）构建了公共政策终结评估的体系，明确公共政策终结评估的程序：首先，需要明确公共政策终结的评估对象；其次，公共政策终结的评估需要确定责任主体；再次，公共政策终结的评估需要制定评估方案；最后，需要按照计划执行评估。总体来看，目前的研究主要针对政策终结的评估标准和评估体系开展，对于什么是政策终结评估、为什么需要政策终结评估以及怎样开展政策终结评估等问题，还有待进一步探讨。

第四节　研究述评和展望

一　研究评述

从文献的特征与研究议题的现状，可以发现我国政策终结研究的内涵、发生、障碍、策略以及理论研究等方面取得了一定的理论进展。但是，无论是研究的科学性、理论框架的建构还是经验的丰富性等都存在显著的缺陷。接下来，本章主要从我国政策终结的概念发展、研究主题、研究内容、研究方法和研究理论五个方面对政策终结的研究进展进行述评。

第一，我国政策终结研究的概念发展有一定成果，但还需进一步探索。目前我国学者给出的概念界定主要基于西方学者的观点，具有一定的共识性。部分学者根据自身的研究也在不断地总结经验，试图针对政策终结的主体、客体、依据、条件或原因、内容、过程等方面给出新的定义。但是从我国政策终结的实践来看，实践中真正的终结发生机会太少，以至于人们无法厘清"终结"与"非终结"的界限，导致政策终结的定义非常宽泛。由于太过宽泛，在无法区分何为终结时，研究者往往产生困惑，不能明确地理解到底何谓政策终结。因此，对于什么是政策终结，我国学者仍须继续探索，提供事实和依据，全面理解政策终结，给出更全面和更科学的定义，来说明中国政策终结的本质和内涵。

第二，我国政策终结研究主题取得丰富成果，但发展后劲不足。中国政策终结相关的研究议题较为丰富，已经关注了所有重点议题。其中，政策终结的发生、障碍与策略都有涉及，特别是政策终结的障碍和策略已经成为中国政策终结研究的主要方向。但是随着时间的推移，中国政策终结研究渐渐淡出学者们的视野，2021年后再也没有开展相关研究。在已有的成就的基础上，学者们应该继续深耕，加大政策终结这一研究主题的深度和广度。

第三，我国政策终结研究的缺点在于缺乏实证经验的支持。从研究的科学性和规范性来看，当下中国政策终结的研究内容主体不明确、无经验性政策领域的研究较多，这是一个十分突出的问题。政策终结的过程是十分复杂的过程，要想得出一般性的理论分析框架，做好基础性研究，必须要充分界定中国政策终结的核心主体，将多样化的主体及其互动纳入政策终结的研究中。同时，需要将研究建立在更广泛的政策领域的基础上，真正深入不同的政策终结的实践过程之中，才能使研究更有针对性，才能在具体的实践政策领域中完成政策终结的研究。

第四，我国政策终结研究方法比较单一，缺乏多样性。当下政策终结的研究方法主要以案例研究为主，其他研究方法如定量研究、混合研究都没有被采用。针对研究方法的单一性问题，未来需要不断尝试新的研究方法，拓宽研究思路。另外，还需加强数据来源与分析的真实性和可靠性，多收集一手数据，运用新的资料分析方法开展研究。

第五，我国政策终结研究理论缺乏一般性分析框架，自身建构的分析框架仍未在学界中形成共识。我国政策终结研究在"以修正政策终结理论为研究目的"方面有所突破，例如，当下的研究在一定程度上实现了对多源流分析框架的修正。这说明中国政策终结的研究已经在完全学习西方或借用其他学科理论框架的基础上开始建构具有中国特色的理论框架，能结合中国政策运作实际修订或建构新的理论框架，以满足中国政策终结研究发展的需要。同时，中国政策终结的理论研究已经开始了自主研究，做出了一些"生成理论"的理论贡献。但是，要构建中国特色政策终结理论还有漫长的征程，需要大量的理论与实践研究才能实现。

总体来看，当前中国公共政策过程中的政策终结的研究进程整体落后，仍以引进、消化西方政策理论和方法为主，修正或结合中国实际为辅。在理论研究和实践应用两个方面都尚显稚嫩，同时在成果的数量和质量上也显示出明显的不足。该议题虽然吸引了一批研究者，但研究的层次不高，关注的持续性很低，虽然当下研究产生了一定数量的成果，但重复性研究较多且质量不高。

二　研究展望

针对中国政策终结研究领域的特征分析和研究议题的现状，本章发现，我国政策终结研究在概念发展、研究内容、研究方法和研究理论方面存在较突出的问题。对于中国政策终结研究的未来应做哪些方面的努力，本研究认为可以尝试从以下四个方面进行拓展和深化。

（一）在核心概念界定上，明确本质和内涵

对政策终结这一核心概念做出明确的界定并不是一件容易的事，政策终结是一个系统工程，也是一个持续的多步骤联动环节，其本质是政治活动的产物。从根本上讲，政策终结是政策周期中的一环，政策通常是在评估之后就面临调整或终结。政策终结实际上并不仅仅指某项具体政策的终结，它具有丰富的内涵，包括政策本身的终结，也包括功能、组织和项目的终结。因此，全面科学地理解政策终结，首先要把政策终结放置于整个政策过程中，考察其与政策过程中其他环节和要素的衔接与互动关系；其

次要从中国的实践中总结出中国政策终结的特色；最后要把握政策终结的几点基本内涵：政策终结是一种政策决策者回应环境要求而主动采取的行动，是政策资源的重新配置的活动过程，是旧政策的结束也是新政策的开始，是政策决策者为实现一定的目标而采取的有意识的行为。在此基础上，我国学者才能给出政策终结的定义。

（二）在研究内容上，拓展研究政策领域

鉴于目前的研究现状，中国政策终结研究的经验性政策领域非常小。要真正打开政策终结过程的黑箱，需要真正进入政策终结的过程之中。无论是理解政策终结的过程、机制还是策略，抑或理解在不同的情境和政策领域下，政策终结的过程、机制和策略的差异，都需要深入地拓展多样化的政策终结的研究领域。特定政策领域之中的政策实践是所有的政策终结理论得以发展的基础。但是，当下的中国的政策终结研究主要是思辨性、理论性和介绍性的；在经验领域的深化和政策领域的拓展方面存在显著的缺陷。这极大地影响了政策终结这一领域的理论累积和知识进展。因此需要更多的学者加入并持续开展政策终结的研究，需要精耕细作，拓展研究政策领域、丰富研究内容。

（三）在研究方法上，增加研究中的混合研究

公共政策系统处于一个高度复杂性和不确定性的社会中，面对的政策问题也是千变万化，难以对未来发展做准确的长期性的预测，加之在执行终结的过程中还存在多种阻碍因素，这一切都赋予了公共政策系统以高度的复杂性。基于这种复杂性，如采用单一的方法，将大大限制对政策终结问题研究的广度与深度，从而难以对其进行科学、透彻的研究。在未来的研究中，定量分析、计算机模拟等手段也可运用于研究，多方法地分析政策终结问题显得十分必要。定量研究和定性研究对于研究同样重要。同样，将定量研究和定性研究方法相结合开展混合研究、搜集一手资料、分析变量之间的因果机制，对于解释中国语境下的政策终结实践非常重要。

（四）在理论构建上，发展中国特色政策终结理论

所谓的理论构建，并非要构建某种关于政策终结研究的庞大理论体系，

而是能够为解释政策终结的实践图景提供一个分析工具，从而为解决中国政策终结实际问题与理论提升做出贡献。公共政策终结研究不仅是政策过程范式完整性的体现，也是解决政策过程中政策终结问题的需要。尽管政策终结研究已经取得创新性的理论成果，但是，把政策终结作为一个动态的互动过程，建构具有预测性的理论框架，并将其在不同政策终结的情境中不断检验或验证，仍是未来研究者需要努力的方向。构建中国特色的政策终结理论，要从"模型建立"到"模型检验"再到"整合与修正"逐步发展，稳步推进研究理论发展。此外，需要强化问题意识和理论交流，确保理论来源于对问题的深刻认识，同时问题意识也能推动理论的发展。这两者应该相互激励、相互影响，并深入融合，这对于构建具有中国特色的政策终结理论至关重要。

此外，增加政府部门的学者参与、加大研究领域的基金支持力度、形成研究的科学共同体、稳定持续开展研究、增强研究者的学术自律以及倡导严谨的学术规范等，也是改进和提升研究质量的重要途径。

结　语

本书收集、整理了 2000～2022 年我国政策终结的核心论文，从 10 个维度构建了编码指标，分析了论文的研究特征，并根据研究议题把握整体研究进程，做了以下工作。

第一，总结中国政策终结研究成果的特征。本章对近 23 年来在 39 本核心期刊中发表的关于政策终结的 60 篇中国主题研究论文进行了自主编码和综合分析。研究设计了 10 指标：论文发表的年份、论文的出处、研究资助、作者和作者来源、科学共同体、研究规范、研究主题、研究内容、研究方法与数据来源、研究理论。分析了中国政策终结研究成果的基本特征、科学性与知识进展，全面及时地把握中国政策终结的研究特色，为中国已有研究精准把脉，也为中国未来研究提供坚实基础。

第二，归纳总结了中国政策终结的研究议题，包括政策终结的内涵、发生、障碍、策略以及理论研究，为中国政策终结研究构建了知识图谱。政策终结的内涵主要是基于西方观点提出来的，还有待结合中国实际，进一步明确政策终结的本质与内涵。政策终结发生的参与者众多，要做好联盟，形成合作共赢。政策终结发生的方式与类型多种多样，需要精准把握政策终结的发生过程，需构建完善的政策终结机制。政策终结过程十分复杂，其阻碍或影响因素也是多元的，需要进一步进行理论和实践验证。政策终结的策略研究较多，但尚未完全达成共识，需要继续努力。政策终结的理论正尝试运用不同学科、不同领域、不同技术去构建分析框架，但仍欠缺一般性理论，建构具有观测性的理论框架，还需要在不同政策终结的情境中不断检验或验证。

第三，揭示了中国政策终结研究发展的新思路。要在中国政策终结的特征分析与议题分析的基础上，准确把握研究所取得的成绩与存在的不足。要在研究的问题，如概念发展、研究内容、研究方法与研究理论等方面，找到中国政策终结研究的未来方向，提供研究的新思路。以助力中国政策终结理论研究与实践应用研究取得突破性成就。

本研究还有许多不足之处，一是文献整理可能存在遗漏，主要是以"政策终结"为关键词，在核心期刊中进行检索，样本论文的来源有一定的局限性，或许存在文献不全的问题。二是研究议题对政策终结理论研究与实践研究的展示并不完全，对其一般逻辑的分析和透视还不够深入。三是提出的政策终结研究的问题与未来方向，还有待进一步的验证。

总之，中国政策终结的研究已取得了一定的成果，学者们也在借鉴、引入西方相关理论与实践的基础上，不断地结合中国实际推陈出新，促进政策终结研究的发展与中国政策终结实际问题的解决。同时，当前的研究仍是一个亟待加强的领域，期待本次整理能够促进对该领域研究更多的讨论，使有更多的研究者参与其中，使中国政策终结研究能够登上一个新的高峰。

第七章 中国的政策创新与扩散：追随者还是创新者？

引 言

随着经济社会的发展，公共部门所面临的公共政策问题变得越来越复杂。无论是中央还是地方政府，在制定政策时都可能遇到诸多难题：政策目标可能不够清晰、政策工具可能不足、政策对象和目标群体可能难以界定。在这种情况下，对政策进行创新并将之逐步推广至更广泛的层面，成为国家政策学习和提升治理能力的重要途径。在西方国家，政策创新与扩散在提升政策能力及构建制度能力方面发挥着关键作用。在中国，"试点/实验模式"是中国在转型期间形成的具有鲜明中国特色的制度建设经验。

在这一背景下，无论是西方国家还是中国都对政策创新与扩散问题进行了大量的讨论，产生了非常丰富的理论成果。但是，在西方国家的政策创新和扩散理论的"裹挟"下，中国的政策创新与扩散的研究虽然成果丰富，但其研究议题、研究视角以及核心结论等都极其分散，迫切需要对中国政策创新与扩散这一议题的知识累积状况进行系统总结。这构成了本章的核心理论目标。

本章立足于中国情境下的政策创新与扩散现象，以2000～2022年学术界发表的研究论文为基础，深入研究中国政策创新与扩散的动因、机制、影响因素、具体的扩散路径以及效果等问题，分析其基本特点，把握我国公共政策创新与扩散的基本规律，绘制中国政策扩散研究的知识图谱。在这一基础上，本研究试图凝练和构建基于我国本土的公共政策创新与扩散理论，推动政策创新与扩散理论"本土化"，为理论界进一步推进政策扩散的研究提供研究指引。

本章的结构如下。首先，在本章的第二部分，对政策创新与扩散的理论演进进行了简单的介绍，以了解这一领域的理论发展的基本脉络。其次，本章的第三部分对文献的收集、研究的过程与数据结果进行分析。再次，在本章的第四部分对 2000～2022 年国内学术界关于政策创新与扩散理论研究的相关文献进行系统整理，构建中国政策创新与扩散研究的知识图谱。最后，本章的第五部分分析我国政策创新与扩散理论研究的贡献与局限，并尝试为未来的政策创新与扩散研究指引研究方向。

第一节　政策创新与扩散的理论演进

一　西方政策创新与扩散理论的演进

自沃克（Walker，1969）的开创性研究以来，政策创新与扩散已经历了几十年的研究和发展，目前已成为政策科学中较为引人注目的领域之一。就西方政策扩散理论演化来看，学者将西方政策创新与扩散的发展大致分为三个阶段（王浦劬、赖先进，2013；陈芳，2014；杨代福，2016）：初始阶段、发展阶段和深入研究阶段。

（一）初始阶段

20 世纪 60 年代末到 70 年代末，早期的政策创新与扩散的研究主要是以结果为导向的经验研究。早期的研究者关注的是对新政策的采纳和执行，并对一些政策扩散的案例进行经验研究，以构建政策创新与扩散的模型，探究创新与扩散的机制。这一时期初步形成了政策创新与扩散的概念、理论解释，采纳了一些初始的研究方法，使得政策创新与扩散逐渐成为一个新的研究领域。例如，罗杰斯（1983）认为，公共政策与扩散是公共政策创新活动通过一定的渠道，在一定的社会系统内，政策成员多次交流的过程。这些探索为推动创新与扩散理论的进一步发展提供了基础。

（二）发展阶段

20 世纪 80 年代到 2000 年是政策创新与扩散研究高速发展的阶段。研究对象从原来的政策内容转向政策工具和政策要素转变；研究的区域也由原先局限于美国州政府的创新与扩散研究扩大到了更大的国家与地区间的扩散研究；同时，这一阶段在政策创新与扩散的机制方面取得大量的研究成果。这一时期的研究者开始关注政策创新与扩散的过程，关注政策创新是如何被纳入公共政策议程的以及通过怎样的政策过程得以实现。在这一阶段确立了创新政策的研究范式，至此，创新与扩散的理论框架和模型基本确立。其中，美国佛罗里达州立大学贝瑞教授夫妇（Berry and Berry，1990）发表的《作为政策创新的州彩票政策的采纳：一个事件史分析》一文，首次在政策创新与扩散研究中运用了事件史分析方法，实现了在理论和方法上的重要突破。自此之后，政策创新与扩散研究进入了大发展时期。

（三）深入研究阶段

2000 年至今，这一阶段的研究不仅关注政策工具的扩散，也开始关注政策创新与扩散的结果，政策创新与扩散研究进入了深入研究期。2006 年，美国学者沃尔登（Volden，2006）发表《作为政策实验室的美国各州：模仿儿童健康保险项目的成功》，学术界开始深入探索政策创新与扩散的微观机制。沃尔登以美国各州采纳儿童健康保险项目扩散为案例，引进来自国际关系研究中的配对（dyadic approach）方法，回答了何种政策更有可能被视为一项成功的政策进而扩散、政策创新中的先驱政府和后进政府是如何互动的等微观机制问题。该时期的研究开始整合前两个时期的研究成果，包括对概念的整合和对政策创新与扩散机制整合，同时尝试将两者纳入同一个系统内进行研究，以期建构解释政策创新与扩散的综合型模型，完善公共政策创新与扩散理论。该阶段对创新与扩散的研究方法和内容进行了创新，对分析框架进行了整合。

二　西方政策创新与扩散理论的主要内容

总体而言，国外学者对政策创新与扩散的研究大体集中分布在政策创新与扩散的特征、扩散模式和机制、影响政策扩散的因素以及研究方法四个方面。

（一）政策创新与扩散的特征

1. 时间特征

西方学者通过大量研究证明，创新与扩散的时间特征符合罗杰斯所提出的"S"形曲线。罗杰斯（2019）提出"S"形曲线，指出政策创新具体表现为"初期缓慢增长—中期快速提升—后期趋缓饱和"。基于西方国家的联邦分权体制，政策创新与扩散实际上是州政府之间渐进学习的过程，因而时间维度上所呈现的"S"形扩散曲线是渐进调适主义的映射（杨志、魏姝，2020）。有学者在对教育、福利和公民权利三类政策的扩散过程进行研究后发现，在创新与扩散过程中，政策采纳时间都是由大量的社会环境因素的相互作用决定的，对于各种各样的创新政策，其在扩散过程中随时间的累积呈"S"形（Gary，1973）。另有学者同样认为政策创新采纳的累积频率随着时间的推移呈现"S"形曲线（Weyland，2005）。但是，随着实践层面政策扩散案例的多样化，基于渐进主义解释逻辑的传统政策扩散分析框架难以有效解释政治实践中急剧的政策扩散现象（杨志、魏姝，2020）。有学者通过研究美国各州的死刑政策传播过程，得出了政策扩散的"R"形政策传播曲线（Mooney，2001）。有学者在政策科学与流行病学相结合的研究基础上，将这种急剧的政策扩散过程概括为"政策爆发"，并提出除了渐进式"S"形扩散曲线（Boushey，2010）。还有一些政策扩散过程呈现非渐进扩散样态，呈指数式"R"形曲线或者"阶梯"形扩散。

2. 空间特征

与时间特征相比，政策创新与扩散的空间特征更加多样化。政策创新与扩散在空间上存在两种样态：水平空间的区域效应与和垂直空间的层级效应。在水平空间上，政策创新与扩散存在邻近效应，是政策创新与扩散最为常见的空间特征，空间位置的临近性便于政策创新主体之间进行交流与学习，从而引发了政策创新与扩散。有学者在政策创新与扩散的研究中均发现了"邻近效应"的存在（Walker，1969；Andrew，2007）。贝瑞夫妇（1990）在文中曾研究了一个州采取抽彩给奖法的可能性，相邻州和采纳该政策的州的数目呈现了正相关关系；在不相邻的地方扩散中，经济高度发达地区作为先驱者容易受到同行的高度关注，被同行视为领导者从而被模仿学习。

有学者通过对众多政策创新与扩散案例的分析研究发现，政策创新与扩散在中央政府层面呈现空间上的"近邻效应"与"短视效应"，具体表现为两种：一种是上级政府通过政策指令强制下级政府执行某种公共政策，即"自上而下"地扩散；另一种则是"自下而上"地传播，即下级地方政府的政策创新被高层级政府吸纳并得以传播，但传播的速度要慢得多（Brown，Cox，1971）。有学者（Shipan，Volden，2006）通过对禁烟政策由下级城市向上级州政府的扩散提出，自下而上的政策扩散可以分为两种效应，分别是"滚雪球效应"和"压力阀效应"，前者指随着采纳政策创新的地方政府数量的增加，上级州政府采纳政策的可能性会随之增大，后者则相反，随着采纳政策创新的地方政府数量增多，上级州政府实施政策的可能性反而降低。

（二）政策创新与扩散的影响因素

有关政策创新与扩散影响因素的研究是为了探求政策创新与扩散的变量，回答"政策创新与扩散何以发生""以何发生"的基本问题。国外关于政策创新与扩散影响因素的探讨已较为充分，并基本形成了内部决定因素、外部扩散因素与政策属性因素的三元划分标准。沃克（Walker，1969）认为："我们所描述的政策扩散过程极具复杂性，很多因素塑造着创新采纳的决策制定，亦没有完全一样的创新与扩散路径。"由此可见政策创新与扩散的过程极为复杂。在文献梳理过程中我们亦能观察到，无论是基于何种因素，相同的影响因素在不同的政策案例中的影响作用极具张力，影响机制也极为复杂。在特定案例中得到证实的关键变量并不一定适合其他案例研究。基于国外的三元划分标准，从中国政策创新与扩散研究出发，本文从四个层次对政策创新与扩散的影响因素进行分类，分别是：个人层次、组织层次、环境层次和政策属性。

1. 个人层次

个人层次主要探讨政府内部人员的心理认知、个人特质等对政策创新采纳的影响。在对澳大利亚地方政府所做的研究中，有学者（Considine，2007）发现政治家与官僚对其职务的看法是影响政策创新数量的主要因素。有学者（Halvorsen，2005）发现，政策与政治目标以及政治人物的支持度也会影响其创新能力。还有学者（Damanpour，2009）指出，管理者能够激发员工变革的意愿，并创造出积极的工作环境，因此管理者的年龄、性别、受教育程度、政治倾向、任期长短等特性会对政策创新产生影响。有学者（Bason，2010；Glor，2002）认为公务员的思维逻辑会对政府的政策创新与采纳产生影响。洛维（Lowi，1963）认为新政策往往出现在新政府成立之初，那些经常面临政党更替的官员往往更具有创新精神。总之，政府组织内部人员的态度、能力、年龄、思维模式与知识程度等都会影响政策的创新与扩散程度。

2. 组织层次

组织层次的研究主要从政府的结构、资源等角度探讨政策创新与扩散的影响因素。沃克（Walker，1969）以美国各州创新扩散的时间和传播速度不一致的现象为经验基础，分析认为影响政策扩散的因素包括人口结构和与成本相关的因素（财政预算、资源可获得性）两个方面。有学者（Gray，1973）认为政府实际的财政投入在一定程度上影响政府在某些具体领域的政策创新。乌德曼（Woodman）等（1993）和伯姆克（Boehmke）等（2009）均认为组织结构和规模的大小会影响政策创新的能力。组织规模越大，创新的可能性也越大。有学者（Mintrom，Vergari，1997）基于择校制度，在实证分析的基础上，认为政策网络以及结构性因素对政策的扩散具有影响。另有学者（Damanpour，1991）在对大量实证文献进行归纳后，总结出了13个与组织有关的因素，包括特殊化程度、功能分化程度、专业主义程度、权力集中程度、技术知识资源多寡、资源宽松度、内外部沟通等，认为这些因素均会影响组织创新。政治体制也被看作影响政策创新与扩散的重要因素，有学者（Strumpf，2002）研究认为分权体制下的政策创新可能少于集权体制下的政策创新。

3. 环境层次

环境层次主要从组织所处的外部环境产生的压力来探讨政策创新与扩散的影响因素。伯姆克（Boehmke）等（2011）将影响政府创新的因素分为内在因素和外在因素。其中外在因素包括相邻地区政府的政策创新行为，内部因素包括本地资源拥有量、本地区的政治、经济、社会特质。贝瑞夫妇（1990）也曾提出类似的观点，他们通过分析美国彩票制度创新扩散过程，提出影响彩票制度创新与扩散的因素主要包括政治、经济发展水平以及社会发展等内部因素以及上级压力、邻近效应以及社会稳定等外部因素。

有学者（Maggetti，Gilardi，2016）提出地理位置相互毗邻且意识形态相似的州政府具有相似的创新倾向，更有可能采取相同的政策；而在人口文化等差异比较严重的地区，采用新政策的比例、可能性也会比较高。哈尔沃森（Halvorsen）等（2005）发现，社会人口的增长、移民、经济发展等都可能会对政府的政策创新造成影响。罗斯（Rose，1993）认为，某一创新政策是否被其他地区采纳主要受两个因素的影响：一是政治因素，包括环境、民意的接受程度；二是创新政策的实用性，即是否能够为当地带来实际的政策效果。在政策网络的基础上，一些学者认识到他们研究的许多重要议题都会受到相互联系的政治行为者的观点、信息和资源流动的影响（Desmarais and Harden，2015）。

4. 政策属性

一直以来，学者们多从政策领导者与跟随者角度探讨创新与扩散的影响因素，有关政策本身的差异所产生的影响一直未受到学界的重视（Makse and Volden，2011）。罗杰斯（Rogers，1983）提出政策创新具有五个基本属性：相对优势性、兼容性、复杂性、可视性及可试验性。在此基础上，有学者（Clark，1985）认为相对优势性、兼容性、政策的可观察性和可试验性与创新采纳的速度成正比，复杂性与创新采纳速度和创新成本成反比。有学者（Makse，Volden，2011）将罗杰斯的属性类型应用于政策扩散研究中，发现相对优势性、兼容性和可观察性会通过学习、竞争等机制来强化政策扩散过程。而政策的显著性和复杂性是影响政策学习与政策传播的关键因素（Nicholson-Crotty，2009）。有学者（Savage，1985）评估了政策本身的可观察性和竞争性是否会对相关的扩散过程产生影响，认为如果政策可观察性较高，就有可能推广；如果政策可观察性与竞争性均偏低，那么扩散也有可能发生；然而，如果政策可观察性偏低，竞争性偏高，那么扩散发生的可能性也会随之降低。有学者（Heilmann，2008）认为与社会政策相比，经济政策更容易产生收益，因此更容易被采纳扩散。有学者（Clark，1985）认为经济类政策、分配政策、规制型政策相对优势性较高，容易被扩散，而再分配政策相对优势较低，不易扩散。有学者（Wejnert，2002）认为政策的直接或者间接成本会对政策采纳行为产生影响，尤其是在政策成本超越预期收益的时候。此外，政策的公共性越强，越容易收获公众的支持认可，因此也会增加政策被采纳的可能性。有学者（Boushey，2010）发现政策目标群体的社会建构这一政策属性对扩散过程会产生重要影响。

（三）政策创新与扩散的机制和模型

1. 政策创新扩散的机制

机制（因果机制）是关于两个变量之间关系的一系列"合理解释"。政策创新与扩散机制是指一个先驱政府采纳了某项政策，后发政府基于某种原因同样做出了采纳政策的决策，那么这一过程就是政策扩散的机制（张克，2017）。在政策创新与扩散中，为什么 A 地的政策会影响 B 地的政策采纳？针对这一问题，学者们提出了很多扩散机制，例如有学者（Dolowitz，Marsh，1996）认为，政策扩散的机制主要有外部压力、政府义务以及政策优势。学者们关于政策创新与扩散机制类型的划分主要是根据各自研究的案例。这些研究结论虽不具有普遍适性，但其基本内涵是相似的。总的来说，这些机制可凝练出四种类型：学习、竞争、模仿、强制。

一是政策学习机制（Hall，1993；Gilardi，2010）。当一个地方政府面对复杂或者新的政策问题时，抑或是为了降低学习成本和创新风险，就可能向其他地方政府学习。当在学习中发现这些政策对本地区行之有效的时候，扩散随之发生。贝瑞夫妇（1990）研究证实，地理位置相近、经济社会发展水平相似或者政治交往较为频繁的地方政府之间最有可能进行相互学习；有学者（Gilardi，2010）运用二分法和多层次分析方法，认为学习机制是政策主体有选择地向其他政策主体学习政策经验，获取和接收信息，进而改造自身政策理念的过程。

二是竞争机制（Simmons et al.，2006）。与学习机制类似，竞争机制也是一种以理性为基础的扩散方式。竞争机制通常与学习机制共同被提及，不同的是，竞争机制更强调通过实施相似或类似的政策，保持本地区的竞争优势，至少保证本地区不会因为某一政策的缺失而在区域竞争中落败。一项公共政策之所以能够得以扩散，是因为政策决策者认为如果不采纳它将会使自己的情况变得不利，这一外部压力促使其与其他政府保持一致，这种外部驱动力可能并非来自强有力的政策主导者，而是来自竞争者（Simmons et al.，2006）。托松（Tosun）等（2016）认为竞争机制是政府间的政治、经济等方面的竞争关系导致的政策调整。各地政府为了争夺资源而展开的竞争行为都会体现在政策上，意识形态（Fox，2017）、政党（Manwaring，2016）

等因素均会对政策主体产生压迫，迫使其展开政策竞争。麦肯（Mccann）等学者（2015）认为竞争机制会影响政策采纳和政策扩散，而学习机制主要影响政策主体的采纳行为。

三是政策模仿机制。与前两种机制不同，政策模仿是一种社会性机制。模仿机制的理论基础是社会建构主义，遵循合法性逻辑。在模仿机制驱动的政策扩散中，政策采纳者关注的并非新政策所带来的实际收益，而是采纳该政策是否能够提升合法性（Maggettiand Gilardi，2016）。决策者往往基于对合法性或认同度的考量而模仿那些在政策创新中具有较高声誉或表现突出的地方政府（Walker，1969）。模仿与学习具有相似性，但其差异在于学习是有目的的，并且会根据观察到的经验和对政策结果的更好理解来选择解决方案，而模仿通常是由解决问题以外的动机驱动的（Meseguer，2005）。

四是强制机制（Andrew，2007）。某些个人或组织会企图将自己的政策理念和方案强加给某个地方政府，使其迫于压力不得不采纳该项创新政策。有学者（Volden，2017）认为，强制机制是一个政府通过高压命令强迫另一个政府的政策过程，这种行为大多是中央政府对地方政府的压力，主要手段包括规章制度、政府间拨款和优惠政策等。一个政府所承受的压力可以分为内部和外部两个方向。内部压力主要来自辖区内的公众、政策企业家等；外部压力主要来自垂直方向上的上级领导给予的命令，或者水平方向上的地区间压力及国家间压力。强制既可以表现为垂直式也可以表现为水平式。在垂直式扩散中，行政级别高的政府向低级别政府施压，从而将其政策偏好强加给潜在采纳者。在国内和国际上，中央政府和超国家组织分别是政策强制扩散的主要行动者。他们既可以通过行政指令也可以利用经济激励手段迫使地方政府采纳其政策（Allen et al.，2004；Karch，2006）。此外，强制也会在水平区域上发挥作用，非对称性权力是政策扩散过程中强制的重要方面。例如，外部行动者（强势国家和国际组织）可能利用制裁、经济激励等方式试图影响弱小国家采纳其人权政策（Wotipka and Ramirez，2008）。

2. 政策创新与扩散的模型

西方学者们从内部决定因素、外部扩散因素等角度分析了政策创新与扩散发生的影响因素，并由此发展出政策创新与扩散的内部决定模型和外部扩散模型（Berryand Berry，1990）。其中，外部扩散模型又可以被具体细分为区域扩散模型、全国扩散模型、垂直影响模型及领导—跟进模型四类。

一是内部决定模型。这一模型主要强调影响政策采纳的政府自身内部的激励与促进因素以解释政策创新与扩散发生的原因与动力，认为某一政府的社会、经济、政治以及历史传统等各方面的情况，会在一定程度上决定该政府创新的偏好、强度以及创新的可能。沃克（Walker，1969）在对美国48个州政府的88个政策项目的采纳进行分析的基础上，发现资源越丰富、经济越发达、城市化和工业化水平越高的州政府越倾向于政策创新，并认为时间、地理相近和资源相似性是理解政策扩散的主要动力。从经济特征来说，越是经济发达地区的政府越要提供更优质的公共服务，因此压力也越大，这也解释了为什么经济越发达、工业化和城市化程度越高的地区更倾向于创新（Walker，1969；Gray，1973）。若是地方政府遇到财政危机时也有可能促使其采纳创新项目或某项政策（Berryand Berry，1990）。最主要的政治环境是换届选举，即在选举年份地方政治领导人更有可能采纳创新项目（Berry and Berry，1990）。从社会环境来看，政治领导人的更替、内部政策网络、政策企业家以及地方政府所处的社会环境的变化也会在一定程度上促进政策创新。有学者（Mintrom，1997）认为内部政策网络不仅会促进议程设定，而且会促进政策创新的产生。

二是全国扩散模型（Berry and Berry，1990），也有学者称之为组织扩散模型。该模型认为在全国范围内存在一个沟通网络，该沟通网络成为各州政策创新信息扩散的载体，政策制定者可以通过这个网络进行互动交流。该模型假设一个州采纳新政策的概率与他的官员和已采纳该政策的州官员的交流次数有关。有学者（Gary，1973）在研究美国各州政策创新时，通过时间序列回归证实一个州采纳新政策的概率与该州政府官员与已采纳该政策的州政府官员交流次数成正比例关系。

三是区域扩散模型。该模型认为地域对扩散有重要的影响，该模型假设各州采纳新政策主要受附近区域其他州的影响（Mintrom，1997）。该模型又可分为两种主要的形式，其一是邻近州模型，其二是固定区域模型。前者认为如果一个州附近的几个州都采取了某一新政策，那么该州在竞争和模仿的基础上也会采纳这一新政策；后者认为一固定地区的各州倾向于政策竞争，从而出现政策扩散现象。贝瑞夫妇（1992）在研究美国税收政策时发现政策创新的区域扩散存在竞争和学习两种可能。

四是领导—跟进模型。该模型认为一些州在政策采纳方面是领导者，其他州争相效仿这些领导者（Walker，1969），加以跟进。同时，这种跟进也是区域性的。其中，政策"跟进"更多的是基于学习机制，而不是迫于压力的政策竞争机制。这一模型的问题是没有办法确定谁是领导者，尤其是采纳政策的州的数量达到一定程度的时候，导致实证检验显得十分困难。

五是垂直影响模型。该模型认为各州处于政策创新与扩散的同一水平，各州不是受其他州政策的影响而是受全国性政策的影响。这种"效法"可能源于学习，也可能是由于全国政府的命令。这一模型强化了全国政府的政策权力，同时削弱了各州政府政策创新与扩散的自由度。有学者（Welch，1980）认为，在垂直影响模式中，由上而下的影响可以激励州政府提升政策扩散的速度，与之相比，如果没有自上而下的压力，州政府间的政策扩散要慢得多。垂直影响模型中有一个第三方权威政府，可以通过其合法权力向创新者和学习者施加压力，以此促进政策或项目的创新与扩散（Allen et al.，2004；Karch，2006）。艾伦（Allen）等（2004）提出国家政府不仅可以通过惩罚和财政激励手段影响州政府政策制定，还可以通过传递国家政府的政策偏好信号影响州政府的政策制定。有学者（Karch，2006）以三个为公民服务类政策为案例，认为国家通过为州政府提供资源将会促使政策创新，反之将会抑制政策创新。

（四）政策创新与扩散的研究方法

政策创新与扩散的研究方法包括定量与定性两种。其中，定量方法占主导地位，主要包括横截面分析（跨部门分析方法）、因素分析法、事件历史分析法以及二元分析方法等。

早期研究政策扩散的学者使用跨地区回归分析方法（或横截面分析方法）来检验政策扩散的内部决定假设（Regens，1980）。因变量是地方政府采纳一项政策创新的时间，自变量是该地方的政策、经济和社会特征。这种方法有很大的局限，因为它没有考虑到政策扩散的时间跨度的长期性。也有学者使用因素分析法将一组差不多同时采纳创新政策的州分离出来（Walker，1969），然后考察这些州是否处于同一区域，也有学者认为这个方法所做的是一种描述而不是对创新过程的解释（Gray，1973）。

贝瑞夫妇（1992）在此基础上进行方法论的推进，引入事件历史分析法。事件历史分析法的一个重要的概念是风险集，也就是样本中在特定时间可能发生事件的个体的集合。因变量是风险率，即一个地方政府在某一个年份里采纳一项政策创新的可能性。但是，风险率作为一种概率，不能够直接观察，因此，该方法引入一个虚拟变量，当个体采纳时取值为1，当个体没采纳时取值为0。一旦一个地方采纳了该项创新，就不再将它考虑进风险集里。当一项创新只被一个地方政府采纳时，所有其他地方都在风险集里。因此，风险集随着采纳者数目的增加而不断缩小。相对于早期的研究方法，事件历史分析法适于检验结合内部决定因素与地区影响的综合的政策扩散理论，它将地区特征的年度纵向变化考虑进去，是近年来政策扩散定量研究所使用的主流方法。

有学者（Volden，2006）提出了"二元分析方法"，利用这一方法分析儿童医疗保险计划在美国的扩散，证实了一个地区成功的政策更容易为其他地区所采纳。"二元分析法"不同于事件历史分析法的一元分析方式，它将两个地区（二元）作为分析单位，每个地区都是潜在的政策"发送者"和"接受者"，自变量能够同时测量两个地区的特征以及它们之间的关系。如此一来，因变量被定义为"二元情境下的地区之间增长的相似性"。

三　西方政策创新与扩散研究的特征

总的来看，国外政策创新与扩散研究历史悠久，实证研究众多，成果丰硕。西方学者在研究政策创新与扩散时进行了大量的实证研究，揭示了政策创新与扩散的过程和特征。一方面，西方政策创新与扩散的研究将公共政策过程中的政策创新与扩散现象纳入政策科学研究，并对政策创新与扩散的过程与特征进行了研究。这些研究指出，在时间序列上，大多数政策创新与扩散符合一般创新扩散的"S"形曲线特征；在空间上，政策创新与扩散存在区域效应和"领导者—跟随者"效应。另一方面，随着研究的不断完善，政策创新与扩散的影响因素逐渐被理清。早期的西方研究者们不断从州政府内部和外部探寻可能影响政策创新的因素。尽管传统的研究存在讨论的单一性，但也正是这些讨论为后来的综合模型提供了基础。

但是，随着研究问题和研究方法的趋同，国外政策创新与扩散的研究也面临着一系列的局限。首先，西方的政策创新与扩散研究对象具有局限性。西方政策创新研究的对象主要以美国和英国等西方国家为主。不同的国家，其政治社会体制存在显著的差异，政策创新的过程、机制以及影响因素也存在差异。以中国为代表的一大批发展中国家也有独特的政策创新与扩散现象，西方国家的理论未必适合解释我国的政策实践。

其次，西方政策创新与扩散理论缺乏一个清晰且有共识的理论框架（王浦劬、赖先进，2013），影响了相关研究者之间的交流和对话。政策创新与扩散虽然是一个理论，但是这些理论主要依赖零散的因素和机制，是对特定的政策对象的研究和从多样化的学科借鉴而来的理论视角"拼凑"起来的。理论的拼凑导致统一的理论框架不能对模式、机制和影响因素进行整合。后续的研究容易陷入无理论累积的困境，面临整体分析框架突破的困难。

再次，对政策创新与扩散的影响因素和机制的研究还不够系统。不管是对内部影响因素、外部传播因素还是对州政府创新综合模型，分析都不够系统和规范。西方研究者更多关注单个因素与政策创新与扩散之间的关联，并未考虑政策创新因素之间的相互影响。虽然政策创新与扩散机制的研究成果丰硕，但是，其并未在学界建构统一的机制体系，不同的学者对不同的机制以及其后的理论机理存在差异化的界定和认知。

最后，研究方法有待改进。定性研究和定量研究都是政策创新与扩散研究的重要方法，其中定量研究占据主导地位。事件历史分析法已成为政策创新扩散的重要研究技术，这极大地限制了政策创新与扩散的研究。政策创新扩散研究被"吸入"事件史分析方法，导致对政策创新与扩散的内在过程和机制的讨论无法挣脱方法论的束缚。同时，对机制的测量存在困难，使得相似的经验、数据测量背后的理论机制存在基础性的差异，这极大地限制了政策创新与扩散研究的进一步发展。

四　中国公共政策创新与扩散理论的演进

西方学者关于政策扩散的理论研究主要关注政策创新的动力、原因和机制，也探讨了政策扩散的模式、路径等问题。这些成果为理解和分析中国政策扩散提供了重要的概念和理论工具。事实上，国内已有大量学者关注政策创新与扩散现象，并且运用一些概念工具对中国情境下的政策创新与扩散进行了研究。

就中国的政策实践来看，中国存在大量的政策创新与扩散案例。安徽省凤阳县首创的"分田到户"的政策创新在得到中央政府的推广之后，最终演化为规范农村生产行为的"联产承包责任制"（俞可平，2013）。2008年开始施行的大部门制度改革，完成了一次由上而下的政策创新与扩散实践，其扩散的路径表现为由中央政府先行试验，地方政府紧跟其后，最终完成大部制改革（贾义猛、张郁，2022）。"行政服务中心"制度则是一项自下而上的政策创新与扩散。杨静文（2006）通过我国政务中心制度创新扩散实证分析发现，作为决策者的地市级政府是否采纳"政务中心"制度创新，取决于他们对该项创新的预期净收益及其增量的预期评估：预期净收益越高，采纳创新的可能性越大、认知调整时间越短。其他政策，如购房入户、暂住证制度、排污交易、城市社区网格化管理、人大常委会旁听制度、燃油税改革、政府信息公开规定、一站式服务、治安承包责任制等在中国地方政府间的传播都是政策创新项目的扩散。

随着改革开放和经济体制改革的推进，地方政府不断提出创新理念，中央不断向地方政府放权，增强了地方政府治理的自主性和创新性。政府间的信息交流网络不断完善，相互间的学习、竞争和模仿成为普遍现象，如获得"中国地方政府创新奖"的诸多地方性创新项目均在全国范围内实现了扩散。对中国的"政策创新与扩散"的扩散路径特征、扩散影响因素的描述、分析与评价，对于构建"中国公共政策扩散理论"的本土化具有重要意义。

西方政策扩散理论可以为我们研究中国地方政府创新经验推广提供理论思路，但中国研究者更需要立足于中国情境下的政策创新与扩散经验现象，比较并总结与西方经典政策扩散理论的不同，以此形成政策创新与扩散理论的中国知识、中国理论和中国智慧。

第二节　研究方法与数据分析

一　研究方法与数据来源

为了全面回顾和把握中国政策创新与扩散的现有研究进展，本章采用系统性文献综述法对中国政策创新与扩散文献进行收集、筛选、编码与分析。相比于传统叙述性文献综述，系统性文献综述通过标准化程序识别、筛选和评估文献，能够有效避免主观标准选择样本偏差，具有可复制性和结构化特征。

第一步，检索策略。以 2022 年 SSCI 收录的公共管理学、公共政策学、政治学和亚洲区域研究英文期刊（48 本），CSSCI 收录的政治学、管理学中文期刊（169 本）为数据来源，中文文献以 2000~2022 年、英文文献以 1990~2022 年为检索时间，对以上期刊中有关中国政策过程的文献进行了地毯式搜索。[①] 检索文献类型仅为正式发表的研究论文，不包括评论、观点集、短论、观点、书评、会议综述、博士论文、摘要等。在此基础上，人工浏览 48 本英文期刊官网，对 1990~2022 年刊发的所有论文进行第二轮补充检索，最终建成中国政策过程文献总库 2145 篇（中文 1842 篇，英文 303 篇）。

第二步，筛选标准。以中国政策过程文献总库为初始数据库进行初步筛选，提取 1999~2022 年发表的有关"中国政策创新与扩散"的文献 622 篇（544 篇中文，78 篇英文）。随后，检索时间更新到 2023 年的中文文献，依照标准对新更新的文献进行筛选后，整理出新增中文文献 16 篇。为了进一步验证数据的准确性和全面性，本章建立了一套筛选标准。第一，剔除与中国政策创新与扩散主题不太相关的文献；第二，排除不是研究中国政策经验的文献；第三，去除发表年限不在规定年份的文献。根据以上标准，笔者最终确定 326 篇中文文献和 48 篇英文文献，作为文献分析的对象。

第三步，编码框的制作以及编码。本研究对收集的文献进行了编码。首先，参照政策创新、政策扩散、政策扩散中的再创新、政策转移等研究议题，结合本章研究目标，对文献的基本特征，如核心作者、发表年份、政策领域、研究方法等特征进行了数据提取与概括；其次，通过精读文献，本研究对相关研究进行更加细致的分类与整合，最终形成中国政策创新与扩散研究文献的系统回顾与述评。

系统性研究综述技术路线见图 7-1。

二　数据分析

（一）中国政策创新与扩散研究基础进展

1. 热度趋势

由图 7-2 可知，2000~2022 年政策创新和扩散的论文发表量总体呈波浪式上升趋势，主要可以分为三个阶段。

---

① 具体过程参见第一章。

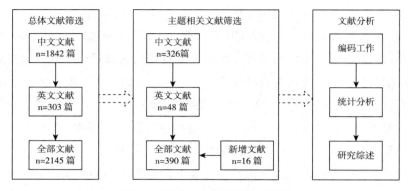

图 7-1　系统性研究综述技术路线

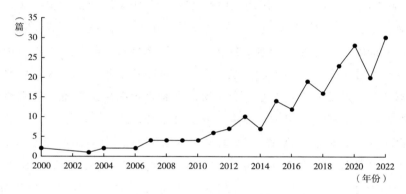

图 7-2　2000~2022 年政策创新与扩散论文发表趋势

资料来源：作者自制。

　　第一阶段（2000~2009 年）为萌芽阶段。这一阶段只有极少数学者在个别年份发表相关主题文献，且主要集中在意义探讨、概念辨析等较为宏观的话题上。具有代表性的有德国学者韩博天（Sebastian Heilmann，2008）。他的研究较为系统地从央地互动论角度和政策过程论的角度对中国政策试验的运作机理及其特征进行了学理性研究，提出了政策试验的两个主导性研究视角和切入点。

　　第二阶段（2010~2012 年）为兴起阶段。这一阶段有越来越多的学者加入政策创新与扩散的研究中，并展开了"本土化研究"。这一阶段的研究主要集中在影响因素、理论模型建构等方面。

　　第三阶段（2013~2022 年）为成长阶段，这一阶段的发文量快速增长。

在这一时期,研究方法开始多样化,比如定性案例研究、制度分析、文献计量法、实验法等,研究议题也延伸至政策学习、政策采纳、政策扩散评估、试点体制等,整体研究呈纵深化、多元化的研究态势。

2. 政策领域

图 7-3 呈现了政策创新、政策扩散和政策再创新三个议题在政策不同领域的研究数量分布。现有研究涉及众多政策领域,其中研究最多的是社会政策和经济与创新政策领域,这也在一定程度上体现了国家比较关注的政策实践问题。另外,研究较多的还有环境政策。除此之外,跨政策领域的比较分析也是目前较为热门的研究点。总的来说,政策创新与扩散研究的政策领域分布呈现出多元化的特点。

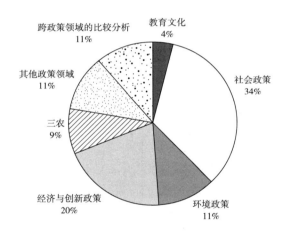

图 7-3 研究政策领域分布

资料来源:作者自制。

3. 核心作者

某领域核心作者及其发文量和被引频次在一定程度上体现了该研究领域的贡献和影响力。从所有发文作者中,选取发文量在 2 篇及以上的 27 位作者并对其代表文献的发文数量和被引用频次进行了统计与分析(见表 7-1)。根据表 7-1,朱旭峰、韩博天、马亮、朱亚鹏、张克等是该领域的前五位高引作者,具有较强的学术影响力,其中朱旭峰的发文量及总被引频次位居第一。除了具有较高影响力的学者之外,还有许多优秀的学术新秀加入中国政策创新与扩散研究的队伍中,为该领域的研究注入了新鲜的血液。

表 7-1　中国政策创新与扩散研究核心作者统计

单位：篇，次

序号	作者	作者机构	发文量	平均被引	总被引
1	朱旭峰	清华大学	16	93	1485
2	熊烨	南京师范大学	6	43	259
3	马亮	中国人民大学	5	85	423
4	韩博天	特里尔大学	4	181	724
5	朱亚鹏	中山大学	4	93	371
6	杨宏山	中国人民大学	4	52	208
7	梅赐琪	清华大学	4	66	265
8	张友浪	中国人民大学	3	37	112
9	和经纬	香港科技大学	3	20	61
10	李娉	华北电力大学	3	13	40
11	吴宾	中国海洋大学	3	71	213
12	胡宁生	北京大学	3	20	60
13	杨正喜	华南农业大学	3	41	124
14	杨志	贵州财经大学	3	72	215
15	张克	中共中央党校	2	134	267
16	岳经纶	中山大学	2	47	93
17	吕芳	中国政法大学	2	43	85
18	刘伟	北京理工大学	2	99	197
19	吴昊	吉林大学	2	46	91
20	王洛忠	北京师范大学	2	81	162
21	赵慧	南开大学	2	15	30
22	陈思丞	清华大学	2	34	68
23	郭磊	同济大学	2	29	57
24	魏淑艳	东北大学	2	13	25
25	苗丰涛	厦门大学	2	10	19
26	唐斌	华南农业大学	2	10	20
27	王厚芹	上海财经大学	2	33	65

资料来源：作者自制。

（二）中国政策创新与扩散研究知识进展

1. 议题分布

图 7-4 显示了三个研究议题的年度分布，可以看出，随着时间的推移，三个研究议题的文献数量总体上呈波浪式上升趋势。整体上来看，2010 年是该领域的研究的分界点。2000~2010 年，政策创新领域的研究较多，且学者们更多地关注对西方理论的引介。在 2010 年后，针对政策扩散的研究逐渐增多，政策扩散研究的广度与深度逐渐增加。另外，关于政策再创新的文献量一直较少，这可能与学界对于"再创新"的定义、机制等未形成共识有关。

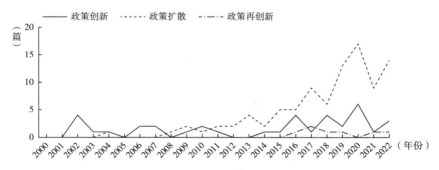

图 7-4　中国政策创新与扩散研究议题的时间分布
资料来源：作者自制。

从图 7-5 和图 7-6 可以看出政策创新子议题与政策扩散子议题的研究分布。在政策创新研究领域，对政策创新影响因素的研究是目前政策创新领域研究中的热点议题。政策创新的机制也引起了研究者的密切关注。在政策扩散领域，学者们的关注点同样集中在政策扩散的影响因素研究上。但是，笔者在整理文献时发现，随着政策扩散实践的多样化，学界对政策扩散的机制、路径与特征方面的研究也不断深入。

总的来讲，国内学者主要关注以下几个方面。第一，对西方政策创新与扩散理论的介绍和引进。如陈芳（2014）分析介绍了西方政策创新与扩散理论演化的三个时期：单因素理论解释时期、碎片化理论解释时期和整合理论解释时期。朱亚鹏（2010）对西方政策创新和政策创新与扩散理论

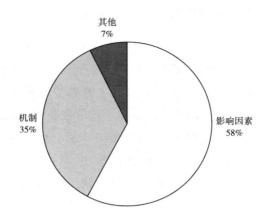

图 7-5　政策创新子议题研究分布

资料来源：作者自制。

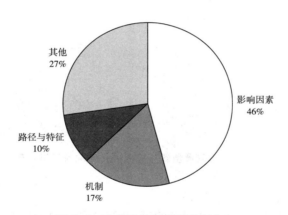

图 7-6　政策扩散子议题研究分布

资料来源：作者自制。

研究进行了系统述评。

第二，探寻我国政策创新与扩散的路径与特征。杨静文（2006）对我国政务中心制度的实证研究表明，我国政务中心制度的扩散曲线呈"S"形。严荣（2008）的研究表明，我国政府信息公开和招商引资两项政策的创新与扩散呈"S形曲线"。张玮（2011）的研究表明，我国户籍制度改革政策中的暂住证制度、人才居住证、蓝印户口政策和小城镇户口改革创新扩散的过程符合创新扩散的"S形曲线"。杨代福（2013）从地级市层面研究我国城市社区网格化管理，研究结果表明，我国城市网格化管理创新扩散的曲线呈"S"形。

第三，探讨我国政策创新与扩散的影响因素。现有研究主要从三方面进行影响因素的研究。首先，内部决定因素。学者们认为经济水平（朱旭峰、张友浪，2015；Li et al.，2022）、领导特质（吴建南等，2014；张克，2017；Zhang and Zhu，2020）、人口规模（赵强，2015；郭磊、秦酉，2017）、政治流动（朱旭峰、张友浪，2015；Liu and Yi，2021）、干部交流（张克，2015；杨志、魏姝，2020；钟光耀、刘鹏 2022）、风险约束（韩啸、魏程瑞，2021）、治理能力（陈华珊，2021）等因素在中国地方政府创新与扩散中扮演重要角色。其次，外部决定因素。中国学者特别关注中国的政治体制的要素，例如央地关系在政策创新与扩散中的作用，上级政府尤其是中央政府的纵向推动是中国大规模政策扩散现象的关键因素（赵强，2015；Huang，et al.，2017；谢俊，2018；李梦瑶、李永军，2019；李健、张文婷，2019；Zou，et al.，2022）。还有一些学者认为同级竞争（马亮，2015；庞锐，2023；曾莉、吴瑞，2023）、政策企业家（韩万渠，2019；胡占光，2022）、地理邻近（张克，2017）、区域特征（韩万渠，2019）、新闻媒体（谢俊，2018；庞锐，2023）、社会组织（李健、张文婷，2019）是影响政策创新与扩散的外部决定因素。最后，政策属性因素。一些学者开始从政策本身的属性出发探讨什么样的政策容易被扩散等问题（朱亚鹏、丁淑娟，2016）。学者们认为政策的类型（吕芳，2021）以及政策所携带的属性，例如兼容性（岳经纶等，2019）、政策相对优势（杨正喜、曲霞，2020；丁淑娟、朱亚鹏，2021；胡占光，2022）、政策复杂性（杨正喜、周海霞，2022）等能显著地推动政策创新与扩散的进程。

第四，探讨我国政策创新与扩散的机制。学者们普遍认为学习、竞争、模仿、行政指令和社会建构机制在中国政策创新与扩散中普遍存在，并通过多种路径组合发挥作用（王浦劬、赖先进，2013；定明捷，2014；徐增阳等，2021；张继亮、张敏，2023；Zhang and Zhu，2019）。一些研究指出，中国的政策扩散机制具有动态性，在扩散的不同阶段分别会受到不同机制的影响（李燕、苏一丹，2022；朱旭峰、张友浪，2015；赵强，2015；李智超，2019）。针对政策创新与扩散的特征，学者们从时间维度（杨静文，2006；杨志、魏姝，2020）、空间维度（王家庭，2007）、行为主体维度

（贾义猛、张郁，2022；万健琳、杜其君，2022）等维度提出了自己的见解。

2. 研究方法

中国政策创新与扩散研究方法的发展以 2010 年为分水岭（见图 7-7）。2000～2010 年，我国政策创新与扩散研究刚刚起步，该阶段的研究多集中于对西方理论的引进与介绍，研究方法以规范研究为主，定量研究与案例研究数量偏低。2010 年以后，学界对政策创新与扩散的研究逐步深入。学者们对政策创新与扩散的概念内涵、理论演进、扩散模式和机制等进行了系统的梳理，指出了政策扩散理论对我国政策理论与实践的重要价值（朱亚鹏，2010；王浦劬、赖先进，2013；陈芳，2014；朱旭峰、张友浪，2014；马亮，2015）。随着研究的不断发展，政策创新与扩散引起了更多学者的关注，理论体系得以补充与完善，涉及的领域也日益丰富。从研究方法上看，实证研究居多，主要采用事件史分析和案例分析的方法，其中单案例研究最多。中国政策创新与扩散研究在众学者的共同努力下呈现出良好的发展势头，既有研究成果也进一步丰富了全球政策扩散研究的区域样本。

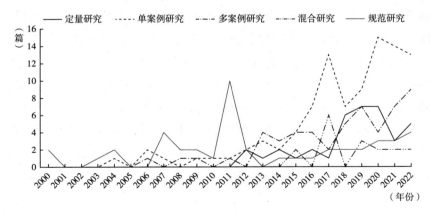

图 7-7　中国政策创新与扩散研究方法分布

资料来源：作者自制。

第三节 中国政策创新与扩散的主要研究内容

一 中国的政策创新与扩散:基本分析框架

根据政策创新的定义,政策发明和政策采纳均属于政策创新的范畴。与西方国家常见的政策创新与扩散理论所预设的经验不同,在中国的政治体制下,中国的政策创新与扩散的基本经验具有独特性。特别是,中国的政策创新与扩散过程是嵌入在中国的央地关系结构之下的;中央政府在政策创新过程中扮演的独特角色极大地影响了中国的政策创新政策实践。

从西方国家的经验来看,政策创新与扩散的过程主要是将不同的地方政府视为一个政策沟通的社会系统,其中,一个地方的政策创新向另一个地方政府的横向扩散过程是创新扩散研究的核心对象。但是,在中国的情境下,横向的政策扩散仅仅是政策扩散经验的一个部分。更为重要的是,政策的纵向升级是理解中国政策创新与扩散的关键经验。政策创新与扩散经验的多样性以及体制的嵌入性,意味着中国的政策创新与扩散过程研究需要整合上级政府或中央政府的角色,构建新的分析框架(见图7-8)。

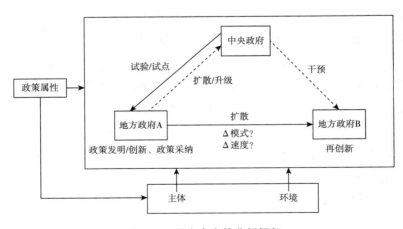

图 7-8 研究内容的分析框架

资料来源:作者自制。

在新的分析框架下，从政策创新与扩散的过程来看，创新扩散有两条路径：一是自上而下的高位推动；二是自下而上的地方自主创新。自上而下的政策创新即通常所说的政策试验或政策试点，是中国治理实践中非常有特色的一种政策创新机制。如图 7-8 所示，在自上而下的政策试点过程中，上级或中央政府选取地方政府 A（可以是某个或某几个地方政府）作为"点"进行政策试验，同时对试验过程进行监督和激励，以使政策试验能够按计划进行（徐晓波，2015）。自下而上的地方自主型政策创新主要源于地方政府对地方问题解决方案的自主探索。在地方实验的过程中，中央政府可能会释放改革信号，地方政府"转译"信号的同时，对当地创新能力和资源等进行评估，然后自主进行政策创新（张克，2015）。

从创新扩散的机制来看，无论是哪种创新方式，其创新过程与创新结果都在上级政府的"视域"内。当上级认为该创新政策具有推广的可行性和必要性时，就会采取措施推动政策扩散的发生。所以，上级政府在创新扩散的过程中扮演着关键的角色（张继亮、张敏，2023）。同时，与常规的政策创新与扩散研究相对应，横向的政策扩散机制，如竞争、模仿、学习等效应，会与纵向影响一道，最终影响政策创新的采纳、扩散的过程和结果（苗丰涛，2022；靳亮、陈世香，2017；Zhang and Zhu，2020；Zhu，2017）。

最后，在政策扩散的过程中，扩散的模式、速度、参与主体等都会对扩散的过程产生影响，进而对扩散的结果也产生影响（吴宾、齐昕，2020；雷叙川、王娜，2019）。地方政府 B 采纳创新政策后，无论是源于自上而下的压力还是来自横向的政策扩散，它都可能在这一过程中对政策内容进行再生产、再建构和再创新（张海柱、林华旋，2022；席虎、汪燕霞，2021）。其中，政策"变异"可能也是上级政府干预的结果。

从"点"到"面"，从"面"到政策结果，围绕这一独特的政策创新过程，国内外学者对各个阶段、各个主体以及相应的影响因素进行了深入分析。接下来，本章以这一概念性框架为基础，对中国政策创新与扩散过程的研究进行系统总结。

二　政策创新

公共政策创新是对社会发展需求的一种回应。自政府内部和外部的需求结合在一起，形成了公共政策创新与扩散过程的动力系统。政策创新是政策创新与扩散过程的起点，政策创新的研究主要关注于为什么某个政府会倾向于创新或不创新。

（一）概念辨析：政策发明、政策采纳与政策创新

在进行政策创新影响因素研究之前，首先需要对政策创新进行界定。创新的概念衍生于经济学、管理学（私营部门）以及传播学等学科。从以往关于创新的研究来看，大部分的创新研究都会面临两个问题。第一，什么是创新？第二，什么可以算作创新？学者们多认为创新是指某一主体对新事物的发明（Barnett，1953）或对新事物的采纳（Rogers，2003；Walker，2006）。

总的来说，创新可以理解为：采纳者发明出或者决定采用一种其未使用过的新方法、新产品、新政策等，就可以被视为创新。鉴于此，政策创新既包含构建原创性理念、项目、方案的政策发明（萨巴蒂尔，2000），也包含某地政府对其他时间和地点产生的创新性政策理念、项目和方案的采纳（Walker，1969；Boehmke and Witmer，2004）或复制（Stone，1999）。从原创性和自主性两个维度来看，政策创新既非纯粹的原创发明、全新发明，也非简单机械的模仿复制；既不是完全意义上自上而下的强制驱动，也不是完全意义上自下而上的自发行为，多表现为在原创性和自主性两个维度上的折中。

综上所述，政策创新是指一个政府采纳一个对它而言是"新"的项目，而不论该项目以前是否在其他时间其他地点被采用过（Walker，2006）。从广义上来看，政策创新实际上就是政策采纳；狭义上来看，政策创新是指政策发明，即构建一些原创性的新的政策理念、政策项目、政策方案，强调政策的原创性（朱亚鹏，2010）。因此，本文认为政策创新包含了政策采纳与政策发明，它是一个特定的政治系统在某项政策上"从无到有"的过程，也是某项政策"从有到优"的过程。地方政府的许多创新行为并非都是首创的，而是考察和学习其他地区的经验和做法的结果，或是移植应用到其他领域产生的效果，但这并不影响这些行为的创新性。创新的实质在于有效的实践，而非新奇和独特、新颖的想法（吴建南等，2007）。在政策过程中，公共政策创新与扩散是一个动力系统，是一个由政策主体发起的对旧有的政策进行变革、创新，以适应新的政策环境以及满足政策客体需要的一个将政策"有中生新"的过程（秦勃，2011），政策的创新/采纳/发

明是触发政策更新的一个节点，政策创新研究是政策变革/更新的影响因素的研究，而政策扩散的研究是政策变革/更新的过程研究。

公共政策创新是政府应对信息化、全球化和社会转型而做出的有价值的政府行为。政策创新不仅是政策方案和构成要素组合的变化，也是政策指导理念的转变（吴建南等，2011）。政策创新的核心要义是使用新的政策理念拟定新的政策方案，通过有效的方式组织实践，以达成预期实现的政策目标，并以此推动新政策体制机制的形成（李强，2010）。面对国内外环境的不确定性，中国通过政策创新实践获取必要的经验，调整政策目标和政策工具，不断地提升体制的学习和适应能力，从而回应不断变化的环境，逐渐形成了高适应体制的"中国模式"（王绍光，2008）。

（二）政策创新的路径及影响因素

我国地方政府的政策创新中存在两条路径：一是自上而下的高位推动；二是自下而上的地方自主型创新。其中，政策试点与政策试验作为独具中国特色的政策创新模式，将在第三小节具体论述。本小节主要讨论地方自主型创新的影响因素。

长期以来，政策创新的研究多关注中央政府主导的创新实践，但是，中国的地方政府也是政策创新的重要发起者，甚至在创新数量上已经超过了中央政府（梅赐琪等，2015）。地方自主型政策创新多是由中央政府释放改革信号，为地方政府改革创新提供激励和空间；地方政府要根据当地治理需求，针对具体地方问题，进行解决问题的改革创新；在政策创新实践取得一定效果、形成一定影响力后，地方政府会进行经验总结与提升，形成兼具地方特色和一般规律的政策实践，呈送中央，中央经过调研审核确定该项创新具有可扩散性后，会通过文件、会议等方式将该项创新政策推广到全国。

即使在中央政府尚未介入前，学习能力强和具有冒险精神的地方政府出于政绩竞争等目的，也会主动行动，自行设置新的议程、制定新的规划，以此来探寻解决治理问题的新方案。而地方成功的政策创新被中央认可且制度化后就会推广到全国，如发源于江苏无锡的河长制政策（易承志，2009；毛寿龙等，2023）。有学者认为地方自主创新是纵向越级互动的"制度化捷径"、横向的各层级"领导小组"、正式科层制度支撑三个组织性机制结合作用的结果（郑文换，2013）。那么，在这一过程中，为什么有些地方政府比其他地方政府更倾向于政策创新？经过总结，本研究发现，影响地方政府采纳创新的因素大致可归纳为以下几点：纵向激励、横向驱动以及政策企业家的作用。

1. 自上而下的行政压力与经济激励

府际关系是地方政府政策创新的重要影响因素（朱旭峰、赵慧，2016；岳经纶、王春晓，2017；徐增阳等，2021）。在压力型体制下，政府创新的原因有一部分来自上级政府的政策要求（徐湘林，2006）。下级政府必须严格遵循上级政府的指令和指示，贯彻上级政府的政策意图。上级党政系统通过对下的合法性权力优势、财政激励、政策优惠等，确定改革方案，推动下级开展政策创新，譬如政策试验（肖滨、郭明，2013；苗丰涛，2022）。在此过程中，上级政府为了激励和监督下级政府，会采取晋升激励的方式，将改革创新的行为纳入对地方政府的政绩考核评价系统，对地方政府的创新进行合理的约束，保证创新实践在轨道内进行（李庆钧，2007；郁建兴、黄亮，2017）。有学者认为府际政策绩效竞争的程度与政策创新采纳的数量是 U 形关系，且自上而下的行政压力和经济激励越大，地方政府政策采纳创新的概率就越大。政策创新的阶段目标会随着时间和实际情况进行调整，因此，上级政府也会不断通过下达重要文件、开展现场或视频会议、实地调研等方式，对创新改革目标和要求进行及时传达，确保政策创新整体目标的实现（丁开杰，2007）。

2. 内在动力与同级竞争的横向驱动

政府在政策创新过程中，常常会对创新的方案进行"成本—收益"分析及风险判断，这会直接影响到政府创新项目的落地与持续（郁建兴、黄亮，2017）。当预期收益高于成本时，政策创新项目才会启动，这样能够帮助政府预判和规避潜在的问题，降低政府自主创新的不确定性和风险。地方政府为了能在地方利益、部门利益、官员个人晋升等竞争中占据更多的优势，会采取政策创新的方式来提升治理绩效、提高工作显示度，无论这种创新是出于自愿还是被迫（陈家喜、汪永成，2013）。

我国公共政策过程中广泛存在竞争机制，这种机制既包括政府在同级别地区或部门之间的绩效竞争和博弈，也包括树标杆、学典型的示范竞争（王浦劬、赖先进，2013；岳经纶、王春晓，2017；刘兴成，2022）。通常，地方政府在某一领域的政策首创行为最容易吸引上级政府的注意力，并获得相应的政治资源，进而树立政策先行者的形象。面对资源的短缺及同级政府的竞争压力，作为公共政策创新主体的地方政府或部门，需要在激烈的竞争中克服压力，力争比同级竞争者"创得更新"，以获得上级的认可，在创新竞争中脱颖而出（Zhang and Zhu，2020）。而绩效良好的地方创新能够形成示范效应，会让其他地方政府的学习和借鉴，从而促进其他地区的创新行为。在创新行为本身受到鼓励的情况下，别的地方政府也会加快展开创新行为（Zhu，2014）。对标杆的学习，能够帮助政府预测政策创新过程中遇到的梗阻和潜在的风险，有助于减少政策创新的成本和不确定性。

3. 政策企业家的积极推动

政策企业家具有"政策首次创新的推动者"和"政策持续创新的主导者"的复合身份（李长根、张凤合，2008），是政策创新过程中的关键行动者（Mintrom and Norman，2009），他们兼具政治权威和关键决策权，更容易触发政策创新议程（朱亚鹏、肖棣文，2014）。政策企业家具有基本的职业道德操守、强烈的社会责任感、开阔的视野、开拓进取的精神、果敢坚毅的品格、敢于突破的胆识与善于谋划的能力，他们出于对治理绩效、自身的职业规划、个人的声誉以及对公共利益和个人利益等的追求，积极追求政策创新（李景鹏，2007；吴建南等，2007；杨代福、丁煌，2011；陈家喜、汪永成，2013）。在上级政令和自身政绩的推动下，政府官员们会依靠自身的努力，凭借专业知识和对政治运行规则的熟悉，以及向上能够与决策者进行沟通、向下能够联结基层民众的综合优势，他们会在创新过程中根据具体情况采取差异性的策略行动，同时积极构建政策议题、提出创新理念、设计政策方案，形成联盟网络，进而搭建起连接公众与决策者的桥梁，推动政策创新的形成与落地（李娉、杨宏山，2020；朱亚鹏、肖棣文，2014；黄杨、陈天祥，2020；潘翻番等，2021；顾昕、赵琦，2021）。此外，政策企业家们还会通过寻求专家的帮助，通过建立理性、实事求是的讨论和实践平台，使地方官员与专家能从理论和实践方面实现双赢，共同推进地方政府的政策创新实践（Zhu and Zhang，2016）。

政策企业家的一些个人特质也会对其创新行为产生影响，其中包括管理者的性别、年龄、任期长短、政治取向、受教育程度等（朱旭峰、张友浪，2015；钟光耀、刘鹏，2022）。地方官员的公共服务精神、创新意识和创新领导力（Chen，2017）是推动公共服务者继续寻求创新、提高工作效率的个体动力来源（Lavee and Cohen，2019）。

除上述因素外，学界对于政策创新采纳的外部压力环境（陈家喜、汪永成，2013）、利益集团的支持（章荣君，2006）、地区的资源禀赋（朱多刚、郭俊华，2016）等外部环境因素也有所研究，但整体数量较少，在此不赘述。

（三）政策试点与政策试验

1. 概念辨析：政策试验、政策试点与政策实验

在展开这一部分内容前，本研究需要首先讨论一下"政策试验""政策试点""政策实验"这三个概念。"policy experimentation"一词因场景不同，既可以翻译成"政策试验"，也可以翻译成"政策实验"。"政策试验"与"政策实验"这两个概念是不同的。"政策试点"这一概念，可以让人看到"政策试验"与"政策实验"之间的关联。通过概念溯源与理论剖析，可以发现这组概念背后承载着不同的研究对象与逻辑侧重（刘然，2019）。

"政策实验"强调科学实验设计在政策实践中的应用。政策试点之所以与"实验"一词联系在一起，或许是因为近年来实验法凭借探寻因果机制的严谨性而在政治学研究中兴起，基于经典实验设计制定政策被视为公共政策领域的黄金法则。作为一种在中央指导下对相同样本组在不同时段进行的测试方式或对不同样本组进行的政策测试方式，政策试点被认为高度契合于强调变量控制以进行效应观察与科学推理的实验法。毕竟政策试点具备了近似于实验研究的预设目标、组间对照、结果测度与比较等要素。虽然部分学者指出，虚拟的实验情境无法真实地反映政治活动的复杂性，认为政策试点往往缺少对于实验研究而言最为关键的随机分配，但政策实验观点的支持者们依然固执地坚信二者在逻辑上的高度契合性可以将政策试点近似地视作一种准实验研究（李壮，2018）。此外，传统实验设计的变体，即现场实验研究，将现实世界中的政治活动而非传统实验室作为实验环境的方法，使其研究结论具备较高的外部效度（王金水、胡华杰，2017），这也为将政策试点看作实验研究的观点增添了可信性。在这种理解下，部分学者将"抓试点"的本质理解为小范围进行的、控制关键政策或制度参数的干预性实验，并在案例描述时也采用了"某某地实验"的说法

（王绍光，2008）。"政策试点"特指中国独创的"试行—推广"的政策运行方式，即"由点到面"。然而，"政策试点"的主动性与灵活性源于其跳过了政策分析与政策立法的前端步骤，因而在形式和逻辑上区别于以系统分析、科学控制与全面规划为核心的政策实验。

学界对政策试验与政策试点两个概念并没有统一明确的定义进行区分，很多学者将两者进行混用。韩博天、石磊（2008）将试点视为政策试验的一部分。在他看来，政策试验是指由地方发起的改革和试验，在成功之后上升为国家政策，被推广到全国的政策过程。而试点则是高层在地方试验取得积极结果后，起草正式试点文件，开展试点项目的过程。在宁骚（2014）看来，试点就是局部范围（如单位、部门、地区）的先试先行。周望（2012）进一步区分狭义和广义的政策试点概念，认为试点仅是政策试验的一种类型。他提出"政策试验是中国政策过程中所特有的一种政策测试与创新机制"，是实现"要素整合"的基础性方法论工具。该研究根据试验的时空性特征将其划归为三种基本类型：侧重时间纬度的立法试验、侧重空间纬度的试验区、"时间+空间"双向维度的试点。在周望看来，韩博天所说"由点到面的工作方法"只是中国最常见的在"时间+空间双纬度"展开的政策试验类型。黄飚（2018）将政策试点概括为，部分区域或部门先行实施新的政策或项目，包括提出试点项目或政策、起草方案、确定范围、组织实施，以及可能的反馈、修订、扩面等一系列过程，但不包括"由点到面"的复制推广过程。杨宏山（2020）认为，政策试点是与政策试验、政策实验相近的概念，是指新政策在全面实施之前先选择局部地区（地方、单位、部门）进行试验，然后检验其结果及绩效状况，待其取得成功后再在更大范围内实施的做法。他认为，通过组织试验，在风险可控的小范围内率先执行创新政策，可大大降低决策失误造成的重大损失。刘强强（2019）认为政策试点是中国政策运作过程中的一个重要的环节。政策试点提供了一种试验性质的试错机制，为政策创新预留了试错和容错的空间。只有在点上获得成功的创新政策，才能在面上大范围推开，其本质上是一种边际调适和增量调整。

虽然政策实验和政策试点在概念上有区别，但是，在具体的政策实践以及概念的使用中，二者很难区分。所以，本研究不对政策试验和政策试点作明确的区分。我们通常所说的政策试点或政策试验，是指在一定时间段和一定范围内所进行的一种局部性政策探索、测试和示范活动。中央政府在深入研究后,会制定较为详细的政策文本和执行计划,在规划的时间段内,选择局部地区开展试点活动;随后,中央政府会按照阶段对试验效果进行评估和验收,通过高频度的政府间互动,形成对这一试验政策的有效性和适应性反馈。中央政府在总结经验和教训后,若认为政策有效性高,则会持续提炼概念性知识,整合形成系统性认知,运用新的认知改进政策安排,进而将这一创新政策在全国范围内全面铺开;若认为政策有效性一般,中央政府会进行政策修正,然后再次将其置入试验流程;若政策完全无效,则对其叫停(郑永君、张大维,2016;杨宏山、周昕宇,2021)。就本质而言,政策试验也是一种创新,但是与政策创新相比,政策试点具有更为强烈的目的导向,即这一项创新需要从局部扩散至更大的范围(刘伟,2020)。

2. 政策试点的选择及影响因素

政策试点是在不确定情景下完善政策内容、检验政策有效性和提升治理效能的一项制度安排。试验理念始终贯穿在我国的政治生态系统中,政策试验也一直受到党和国家领导人的高度重视,在实现国家治理现代化方面发挥着重要的作用。在认知不充分的情况下,通过试点测试新政策效果,能够积累经验、缓冲压力,有效推动改革进程。中国特色政策试点是在实践中演化形成的一种制度安排(杨宏山、周昕宇,2021),试点的选择总体上表现为"关系优先、兼顾公平"的特征(黄彪,2018)。科学选择试点单位应遵循四点基本原则:服从决策意志、具有充分代表性、总体规模较为经济、注重整体部署和把握区域均衡并重(章文光、肖彦博,2020;张权、谢获帆,2023)。政策试点的选择主要有三种路径:自上而下、自下而上和上下互动。

首先,多数的试点都是由上而下的。政策试验是顶层设计的考量(徐晓波,2015)。在中国的政策试验中,中央政府往往具有主导权和干预权,试验呈现出横向试点推广和纵向吸纳辐射等特征(穆军全,2015)。高层级政府会精心选择一些政策条件良好的地区进行政策试点、布点和组织试验,初见成效后部署梯度推进,大见成效后再做全面推广(宁骚,2014;刘伟,2015;梅赐琪等,2015)。总的来说,在我国,政策试点并不意味着放任自流或随心所欲,而是始终处在分级制的环境中,以服务于中央主导的权力秩序为出发点和归宿（刘培伟，2010）。这种上级组织的试点与下级自发开展的试验是相对的。其次，一些试点的选择是地方政府自下而上主动争取而来的。部分地区的"试点"资格，是由上级政府设置标的，地方政府主动向高级政府游说获得的。其中，高层级政府的作用主要在于筛选可供推广和普及的试验典型，以及从地方试验中总结经验教训（韩博天、石磊，2008；李安娜、舒耕德，2012）。同时，当下政策试点的选择越来越重视试验点的自愿性，因此，试点选择的过程多为地方政府或部门主动申请、高层政府审核批准（周望，2012）。此外，还有一部分研究认为政策试点的选择是在上下互动中确定的。试点项目的启动常在中央政府的"推动力"和地方政府的"竞争力"两因素的相互作用下展开，而自上而下的目标设定和自下而上的资源整合是政策试点生成的关键机制（周望，2012；林仁镇、文宏，2022）。这种路径更加强调府际合作的组织间学习。政策问题的复杂性、外溢性和不确定性共同构成了组织合作的外部诱因，也成为组织形成合作意愿的客观前提因素（谢新水，2010；赵远跃、靳永翥，2023）。"高位推动"的中央政府和"精打细算"的地方政府，两者相互配合，保障政策试点工作的正常开展。

通过以上分析可以看出，中央政府的导向是试点选择的一个重要因素。在我国"党委领导、政府负责"的行政组织体制下，自上而下的层级命令和权力配置构成了地方政府的任务环境（周雪光、艾云，2010）。央地互动是试点进程的核心推动力（刘鑫、穆荣平，2020），中央政府在试点进程中起着主导性的作用，它能够对地方政策试验进行控制和约束，为地方积极参与试点申报、推动地方可持续发展提供了行为激励。这种基于权力分配的主导性调控能够为地方的试点行动注入合法性和权威性，保障试点工作有效推进，同时也提高了试点工作的可控性，能够有效地推动政策创新扩散的进程（Tsai and Dean，2014）。同时，官员层级流动所形成的央地网络也是影响政策试点选择的重要因素（朱旭峰、张超，2020）。此外，地方的改革实践能力、良好的经济状况、良好的城市管理基础等也是试点选择的影响因素（周望，2012；梅赐琪等，2015）。

3. 政策试点的过程和机制

在"统一—总—分"的政策结构下，可将政策试点的过程分为两个阶段：试点展开阶段和试点成果推广阶段，两个阶段中又包括选点、组织、设计、督导、宣传、评估、部署、扩点、交流、总结共十个具体环节（周望，2012；杨志军，2022）。一般来讲，政策试点的运行遵循：政策议题的设置—决策部门与专家学者共商共议—政策拟定—与试点地区沟通意见—正式选取试点并介入追踪这一路径；同时，来自政府内外部的监督能够保证试点运行在正确的轨道中（丁章春、陈岳，2018；白桂花、朱旭峰，2020）。

政策试验在不确定性情境下创设了一种试验学习机制，允许针对不确定性进行有组织的测试学习，目的在于增进对不确定性状况的认知，为政策制定提供充分的证据支持（杨宏山、高涵，2022）。而中国特色的政策试验在本质上是通过政策学习进行知识生产与再生产的过程（赵远跃、靳永翥，2023），通过政策学习，政策试验提供了一个有益的框架，通过它可以使公共部门在高复杂性的多层次治理结构中寻求适合的政策解决方案（He et al.，2022）。政策试验中的政策学习遵循两种逻辑：演绎学习和进化学习；在两种学习逻辑下，可将政策学习分为愿景学习、试点学习、整合学习和规范学习四种类型。在持续的议题学习中，政策试验过程逐渐形成了四种知识生产模式（技术测试、方案组合、回应学习、综合调适）以及四种知识生产机制（检验型、进化型、纠偏型、靶向型）。在科学检验和多元协商的逻辑下，知识的整合者、转译者、践行者会运用加压式、委托式、分享式、迎合式四种方式持续互动，推进了知识分享、知识生产与政策生成（杨宏山、高涵，2022；李娉、杨宏山，2022；李娉、邹伟，2022；赵远跃、靳永翥，2023）。

三　政策创新的扩散

在政策创新实践中，当一项政策创新做法和经验得到上级领导和权威部门的肯定和认可后，上级政府就会采取一系列措施推动政策扩散的发生。在上级政府的监督下，政策扩散既可能通过"以点带面"的方式在更大范围内推广施行，也可能通过模仿、学习等机制被同级政府吸纳推广。当一项创新政策进入扩散场域时，政策的创新与扩散过程就正式运转起来了。

如前所述，政策创新是一个地方政府首次采纳某项政策或项目的行为，无论这个政策或项目是否是首次出现，或者其他政府是否已经采纳它。在对创新扩散的早期研究中，学者们多采用罗杰斯对政策创新扩散的定义，即"一项创新传播的过程就是扩散，它包括一种新思想随着时间在社会系统中的交流"（Rogers，2002）。政府的创新扩散关注的是一个政府的选择如何影响到其他政府的选择这一相互作用的过程（Braun and Gilardi，2006）。在某些情况下，可将地方政府的政策创新与政策扩散看作一个政府站在不同角度对同一个政策过程的观察。对于政策的早期发明者或者使用者，本地的政策在别的地区得到了应用，就可将这个过程看作政策创新得到了扩散；而对于政策后期的使用者来说，将别的地区已存在的政策首次引用并应用于本地区的过程，就是政策创新（Zhu，2013；刘兴成，2022）。

改革开放以来，我国地方政府进行了大量"摸着石头过河"的探索，地方政府的政策创新及其"由点到面"的扩散，被国内外学界认为是"中国奇迹"和适应改革开放内外复杂环境的重要因素（韩博天、石磊，2008；王绍光，2008）。"地方创新—上级采纳—推广实行"这一路径解释了由地方创新到国家推广的过程（王浦劬、赖先进，2013）。在上级政府的默认或激励下，地方自主进行创新试验，当这一试验得到高层认可后，这种创新会进一步修改完善，再被吸收到国家政策中，并由中央出面加以推广。这些政策创新的扩散路径有两种形式：一是自下而上的吸纳辐射扩散，即地方自主政策创新—上级采纳—自上而下推广实行；二是自上而下的政策扩散，即中央选定某地作为政策试点—试点成功—全面推行。无论是哪条扩散路径，都存在以下几个问题。第一，政策扩散具有怎样的特征？第二，政策是如何扩散的，政策扩散的模式和机制是什么？第三，为什么会发生政策的扩散，政策扩散的影响因素是什么？

（一）政策创新扩散的特征

从时间特征来看，诸研究表明，中国政策的扩散呈现"S形"特征，少数呈现"R形"，随着扩散时间的推移会经历缓慢期、快速扩散期、扩散平稳期3个基本阶段。王洛忠和庞锐（2018）通过对河长制扩散案例研究后发现，扩散的时间特征呈现"S形"；李文彬和王佳利（2018）应用历史分析法分析了广东省地方政府绩效评价政策的扩散机制，指出这一扩散过程有呈现出"S形"的趋势；李建（2017）通过公益创投政策的文本分析探讨了该政策扩散的制度逻辑和行动策略，提出公益创投政策扩散效应显著，整体处于"S形"曲线的第一阶段，且在扩散路径上由市级政府层面主导，呈现"中间崛起"趋势，与普遍的"自上而下"趋势有较大差异。还有杨静文（2006）、严荣（2008）、王家庭和季凯文（2008）、杨代福（2013）和程聪慧（2021）等先后对我国政务中心制度、开发区制度、政府信息公开和招商引资、城市社区网格化管理政策、中小微企业支持政策的创新扩散进行研究，发现扩散的曲线呈现"S"形。此外，杨志和魏姝（2018）从特色小镇政策的省际扩散模式中发现了"爆发性政策扩散"现象。该研究发现，在外部压力机制作用下的爆发式政策与渐进式政策扩散模式的 S 形扩散曲线不同，爆发式政策扩散曲线呈指数式"R 形"。

从空间特征上看，王家庭（2007）在对国家综合配套改革试验区的内在机理研究时发现，中国政策扩散主要呈现四种扩散效应：邻近效应、等级效应、聚集效应、轴向效应。其中邻近效应是政策创新扩散中最常见的一种空间特征。郭俊华等（2022）研究发现，邻近关系使得科技创新政策在空间维度呈现出横向扩散的特征。然而，并非所有的政策创新扩散都符合"邻近效应"，如李燕和苏一丹（2022）发现我国地方政府大数据政策扩散并没有表现出明显的"邻近效应"。此外，吴光芸和周芷馨（2022）基于公共危机治理下封闭式管理政策的创新扩散研究，展示了封闭式管理政策扩散过程中存在的"毗邻效应""涟漪效应""等级效应"等空间特征。贾义猛和张郁（2022）基于行政审批局的扩散研究，认为我国公共政策创新扩散实践过程中存在"近攻效应"，即地理位置相近的地方政府间由于存在"锦标赛竞争"，创新政策反而难以扩散。

（二）政策创新扩散的模式

许多学者对公共政策扩散的模式进行了研究。整体上看，我国的公共政策扩散呈现出两条路径：纵向垂直扩散和横向水平扩散（马亮，2011）。学者们通过对不同政策扩散现状的研究，分别提出了不同的扩散模式，但总的来说可将这些模式分为：自上而下的层级扩散模式、自下而上的吸纳—推广模式和同级政府间的平行扩散模式。

1. 自上而下的层级扩散模式

首先，自上而下的层级扩散模式发生在政府系统内部。上级政府选择和敲定某项政策后，会以政府工作报告、通知等行政指令的方式下达给下级政府，要求下级政府采纳、实行该政策（潘桂媚，2014）。这一模式具有强制性的特征，上级政府拥有主导权，下级政府多为被动地执行某项政策，是我国目前比较常见的一种扩散模式。这一模式的扩散路径常表现为两种：一是由中央政府牵头，层层推广政策，直至政策全面铺开。例如大部制改革就是从中央到地方层级推动的。二是中央指定试点—全面推行，这也是最常见的纵向扩散路径。在这一路径中，中央政府始终扮演着"引导者"的角色。中央政府遵循"显著性、可信性和合法性"的行为逻辑和决策原则，通过区分试点地区和一般地区，批准试点地区开展政策试验并给予政策优惠。中央政府制订好一揽子的政策方案和执行计划，通过层级化的政府机构下达行政命令、选择试点地区进行政策试验。在政策试验过程中，中央会持续进行效果评估和阶段成果验收，并选择那些试验效果好的政策给予合理的财政支持和资源保障，以此自上而下地推广成功经验，推动政策扩散（郑永君、张大维，2016）。

需要注意的是，即便在这一路径中，中央政府的权力也发挥着微妙且至关重要的作用。上级政府会通过各种正式或非正式策略，推动政策沿着政治体系进行层级扩散。一方面，中央会给予地方创新一定的制度空间，使其创新行为被限定在国家意识形态范围内，防范风险的出现；另一方面，中央也会与地方相互配合，通过合理合法地支持创新政策的推广与传播，推动政策扩散的进程与范围。比如，在扩散的不同阶段，中央会灵活运用强、弱行政指令来推动试点政策的扩散（冯锋、周霞，2018），以此有效激发地方政府的改革热情，降低政策试验可能遇到的阻力，加速典型经验的扩散速度。在不同的政策领域内，例如公益性创投政策（李建，2017）、棚户区改造政策（谢俊，2018）等，条块结构都在塑造着政策扩散的内在逻辑。中央通过政策文本、重要讲话等方式，对某项政策释放政治信号，进而转变地方政府的决策方向。

受有限理性决策和渐进决策等决策模型的影响，学界一直认为"政策扩散过程与渐进主义具有逻辑一致性"（Berry and Berry，1999）。中央遵循典型试验、合法性认可与组织化扩散的逻辑（张勇杰，2017；王厚芹，2021），通过叠加驱动科层动员与社会动员的广泛运用、横向示范与纵向吸纳的政策扩散模式、过程督查与节点评估的同向发力，使创新政策上升为全局性政策，以稳妥的方式推行渐进式改革，这也是中国能够在波澜起伏的国际环境中保持韧性和适应性的重要基础（余孝东，2021）。

　　但是，随着政策扩散实践的增加，逐渐有学者发现，政策扩散不一定遵循渐进推广模式。例如，黄冠和乔东平（2021）采用案例研究方法对我国儿童福利领域4个主要试点项目进行分析，发现了一种组合漏斗式创新模式，这种模式是在不确定的情境下开展的一种多阶段、多维度试验探索。它从设置原始目标开始，通过多阶段、多维度的探索，类似漏斗一样完成了对上游不切实际的目标的过滤，并通过水平分流和垂直整流的方式完成政策目标由面到点的聚焦，最后整合不同阶段的可行政策工具进行扩面，生成中央政策，完成制度建构，实现由点到面的扩散。此外，还存在一种跳跃式的跨层级扩散模式，这种模式中政策扩散并不完全遵守科层等级，中央政府直接对地级市政府进行直接的政策互动与交流，施加强制性政治压力、行政指令和时间压力，中间的省级政府被跨过，在形式上表现为跨层级间的政策扩散过程（赵强，2015；韩啸、吴金鹏，2019）。该模式存在自上而下和自下而上两种扩散路径：中央推广—市级采纳式扩散和市级创新—中央采纳推广式扩散（文宏，2020）。

　　2. 自下而上的吸纳—推广模式

　　自下而上的吸纳—推广模式指的是下级政府自主实施一项政策并取得了一定的成效后，上级政府采纳该项政策，对其进行审核把关，并在适当调整后在全国推广实行。在这一扩散模式下，地方政府拥有更大的政策创新空间，可以自主探索和实施某项政策。在政策创新被中央政府关注并吸纳后，上级政府扮演"把关者"和"仲裁者"的角色，对下级政府的政策创新实施效果进行评估，只有得到上级政府认可的政策，才会被最终采纳、总结提炼和大范围推广。在后期的推广阶段，上级政府把调适过的政策向合适的地区推行，从而完成一项公共政策的扩散。与第一种模式相比，该模式中下级政府发挥着主动性、首创性的作用，而非被动地进行政策创新。这种推广不仅是地方政府创新成果可持续性的直接体现，还是中央对地方政府创新的一种激励形式，具有重要的示范效应（马静、徐晓林，2023）。

　　但要注意的是，在地方政府自主创新的过程中，上级政府并非一无所知，而是采取观望、默认的态度。一些学者认为地方经验之所以能上升为国家政策，是源于制度化捷径、各层级领导小组以及正式科层制度支撑的有机结合（郑文换，2013）。也有学者认为，在中国独特的政治集权和经济分权的制度环境中，中央与地方政府之间除了存在命令与服从、领导与被领导的关系外，还存在一定程度上的相互博弈关系（王浦劬、赖先进，2013），且政府间的条块关系会直接影响创新政策的垂直和水平扩散效应（马亮，2011）。例如，三明医改经验在全国范围内的推广就是典型的自下而上的吸纳—推广模式。这项改革创新的扩散表明，在中国的单一制政体和分割的权威体系下，特有的府际、部门间博弈可以为政策扩散创造条件（岳经纶、王春晓，2017）。还有学者从政策属性出发，认为创新政策所蕴含的"价值可接受性"与"技术可行性"（毛寿龙等，2023）、相对优势性（朱亚鹏、丁淑娟，2016）等特性，使创新政策能最大限度适配新时期国家治理需求，是某一创新政策能够从地方上升为国家行动的核心要素。此外，王路昊等（2023）提出，话语建构与沟通媒介虽然方便创新经验的上传下达，促进政策扩散的效率，但同样也有一定的造成实际经验的流失的概率，减弱创新经验的扩散效应。

3. 同级政府间的平行扩散模式

同级政府间的平行扩散模式包括部门间的公共政策扩散、邻近地区政府的政策扩散，也包括跨地区政府间的政策扩散。如果一个政策的扩散实践需要多个部门共同参与，如果参与的各部门均认同该政策，并合力将该政策付诸实施，那这就实现了部门间的公共政策扩散（周亚越、黄陈萍，2020；杨静文，2006；王法硕、张桓朋，2021）。邻近地区的政府通常会面临类似的经济、政治、社会环境，需要解决的问题也类似，因此政府之间存在频繁的信息交流。因此，在空间上临近的同级地区的政策扩散表现为先行试点地区带动周边地区的"多同心圆"扩散（郑石明等，2019）。而跨区域的政府之间存在一定的"区域差"，一般来说，公共政策会从政策先进地区扩散到落后地区，或者从政策领先地区扩散到政策跟进地区，最后使得政策扩散的范围不断增大（朱亚鹏，2010）。但值得注意的是，地方政府所展开的所有政策创新与扩散过程，上级政府都会且必须参与其中，因而不存在纯粹的同级政府间的平行扩散。

除此之外，学者们还总结出以下几种模式。一是波浪式层级吸纳扩散模式。政策创新政策首先通过政策学习扩散到省内周边地区，然后又扩散到其他省市，最后中央政府吸纳这一政策经验并在全国推广，呈现出波浪式的层级扩散模式（杨正喜，2019）。二是斜向扩散模式。斜向扩散表现为在不同行政区域、无统辖关系间的地方政府呈现出的政策扩散，体现出不同区域之间的政策学习（吴光芸、万洋，2019）。三是多中心多圈层的混合型扩散模式。该模式并不完全遵守纵向与横向的扩散，而是在两者结合的基础上呈现出以危机中心为核心的不规则圈层扩散模式，这主要是在危机情景下形成的一种特殊扩散模式等（文宏，2020）。

（三）政策扩散的机制

政策扩散机制是连接扩散起源与结果的中介步骤。当下对于中国政策扩散机制的研究主要源于政策扩散理论的界定。基于此，学术界认为我国公共政策扩散存在四种常见的机制：学习、竞争、模仿和强制。

1. 学习机制

学习机制是政策主体有选择地向其他政策主体学习政策经验，本质上是为了获取信息，进而改造本地的政策理念的过程（Gilardi，2010）。向别地学习已有的成熟政策或创新经验，对于政策采纳者来说能够节省政策扩散的成本，规避潜在的政策风险，同时获取优秀的政策经验，能够帮助本地有效地解决已有的问题。政策扩散的过程体现丰富的政策学习内涵，两者存在逻辑意义上的关联性，实质上是府际间相互学习进而对政策进行"渐进式调整"的过程（唐曼、王刚，2021）。

从纵向学习的角度来看，对中央政府来说，政策学习的目的在于总结地方创新的成功经验或对地方创新失败的教训进行"纠错式创新"，中央常常会选择性地推广地方政府的成功经验，并对失败的创新实践进行修正或制止（朱旭峰、赵慧，2015）；省级政府对中央行政命令的传导和纵向学习过程起到中介调节作用（Zhuand Zhao，2018）；而对于地方政府而言，自上而下的政策学习是一个提高认知的过程，政策学习所带来的知识转移必然会伴随着学习者认知的改变（杨志、魏姝，2020）。在政策学习中，地方政府并非被动地接受指令，而是在技术导向学习与社会导向学习中进行了选择，产生"政策再生产"式的学习效应（林雪霏，2015）。试点的扩散是一种地方实践与中央干预相结合的议题学习模式。在这种模式下，央地之间并非小心翼翼的博弈关系和趋利避害的利益保护主义，而是一种和谐的互动交流合作关系（赵远跃、靳永翥，2023）。地方负责提供大量的反馈信息、证据与数据，例如创新经验、心得体会等，中央在吸纳推广的同时也会为试点地区提供可持续的资源保障，保障试点政策的良好运行，共同推动政策扩散的实践不断深入。在长期的政策试验中，我国逐渐形成了"边干边学"的政策试验模式，这种模式被视为地方政府在应对不确定时的一种具体选择策略（常征，2018）。地方政府通过加大宣传力度等方法树立典范，实现经验扩散和政策的再创新。

从横向学习来看，地方政府的学习行为遵循"解读上级信息—参考已有经验—学习其他地区"三个环节，依次进行（朱亚鹏、孙小梅，2020）。横向政策学习作为一种交流渠道，实现了政策知识在原创新者与潜在采纳者之间的传递与转移（杨志、魏姝，2020）。领导人的考察交流与学习是地方政府横向学习的重要形式，考察学习是一种"自我学习和经验复制"，它通过知识转化交流、距离调节中介作用来影响政策学习与扩散的效果（张克，2015）。不同地区官员的相互交流与学习能够显著推动地方政府创新及创新的扩散，地方官员异地流动所产生的政治效应对政策学习与扩散的效果具有决定性作用（朱旭峰、张友浪，2015；Zhu and Meng，2020）。学者发现，发达地区的官员更倾向于异地流动，他们在经验、治理策略等方面的政策学习推动了地区间发展差距的缩小与社会支出同构性的发生（Zhu and Meng，2020）。在制度化的组织学习机制下，上级决策者会将其认可的政策创新选择为"典型经验"并组织交流，来增进地方政府间的学习互动，这也是实践中示范效应所引发的"轮番考察热"的逻辑所在（杨宏山，2013；杨雪冬，2011）。有学者（Ma，2017）对中国公共自行车项目扩散过程中城市间实地考察行为的研究表明，具有相似属性的邻近城市更倾向于相互学习，其中考察学习频次、考察团规模和考察活动时长都与政策采纳概率相关。

2. 竞争机制

竞争机制是指政府间在政治、经济等方面的竞争关系导致的政策调整过程（Tosun and Shikno，2016）。在竞争中，决策者会考虑其他政府采取或不采取某项政策所带来的效应，他们会倾向于采取能给自己带来积极效应的政策，特别是带来积极经济效益的政策（陈芳，2013）。不同地区尤其是相邻的地方政府会与周边地区在资源上存在竞争关系，因此相邻区域创新政策的采纳和实施存在竞争性，这种竞争性会推动政策的进一步扩散与发展。中国公共政策实践中广泛存在"相互看齐"的竞争机制。不同于西方的政党选举竞争，这种竞争是政府在地区或部门间的绩效竞争，地方政府之间长期处于争相提供相对优质的地方公共产品和服务的竞争压力之中。作为公共政策创新与扩散主体的地方政府或部门面临的这种竞争性环境和压力，造就了中国政策扩散的独特竞争性机制（王浦劬、赖先进，2013）。

地方政府为了抢占先机获得政策上的竞争优势与政策落地的首发机会，为了争取晋升机会和提高绩效排名，会高度关注上级乃至中央的施政导向，根据本地情况开展创新试验，开展多样化的创新实践。"政治锦标赛"鼓励地方政府的创新行为，并成为政策创新扩散中的一个显著特点（周黎安，2007）。上级政府通过将公共政策纳入官员考核范围，激发地方官员的改革热情，政策创新的扩散是地方政府官员对"政治锦标赛"进行的策略性反应的结果（周黎安，2007）。在我国的晋升—激励的政治体制下，有前瞻性的地方政府会将"创新"放在最重要的位置，以便在各种政治竞赛上向上级政府展示他们的创新、远见与能力（陈朋，2016）。地方竞争是驱动政策创新扩散的重要动力，在以绩效为主的晋升赛道内，地方官员围绕政绩开展的竞争行为成为创新扩散的关键性诱因。为了获取政绩，地方政府针对政策创新的学习与模仿行为推动了创新政策的复制与推广（陈家喜、汪永成，2013），而政府在竞争中的"争先"和在学习中的"恐后"的竞合机制，则会促使创新经验得以在空间上延展（黄燕芬等，2021）。

张海柱和林华旌（2022）提出政策再创新的内在逻辑："创新擂台赛"。他们认为地方政府采纳政策并进行再创新，并不只是为了响应上级的要求，也不只是为了解决实际问题，其终极目标也不是通过创新和政策效果打造"创新政绩"，而是需要借助特定领域的治理绩效向上级政府发出积极的信号。因此，"政绩—晋升"的激励被视为政策创新扩散的主要逻辑。为了促进管辖区的发展与进步，获得政治和经济的先行权，地方政府不断地进行政策创新，与同级地区竞争，以求在地方发展和个人升迁中获得优势（靳亮、陈世香，2017；朱光喜、陈景森，2019）。

3. 模仿机制

模仿机制是政策主体将其他地区或部门的政策通过直接复制和套用的方式引入本地，实现本地区的政策扩散的机制，这种机制能够降低政策执行成本（王浦劬、赖先进，2013）。这一机制对于不同地区的文化意识形态等有着较高的要求，政策引入后能否在当地顺利实施，取决于地区之间的环境相似性。

长期以来，"相互看齐"的横向学习和隐形竞争体制在中国公共管理领域广泛存在。地方出于对环境的不确定性的认知及对所处社会网络中同侪行为的感知，往往会在一开始采取模仿行为，以降低政策扩散的风险。在我国，地方政府经济的成功常意味着更强的实施改革或创新的能力，因为制度的创新采纳和扩散需要较高的成本投入和经济实力。因此，尽管同级政府中创新先行者和领导者的全部特征难以以可检验的方式被完全窥探，但考虑到决策过程中资源和时间的稀缺性，落后的省份为了避免由于存在短板而在本区域处于被动落后地位的窘境，常会模仿先行地区的创新政策，推动当地政策的扩散落地，以期通过这样的行动取得相似效果，规避竞争中的不确定性（Collier and Messick，1975；林雪霏，2015）。但是，这种跟风模仿的方式往往容易忽略对政策扩散的成本—收益进行分析，是一种非理性的投机行为（刘伟，2014）。很多模仿行为甚至原封不动地传递政策内容，直接采取"跟风式"模仿的策略，完全停留在表面形式上的政策扩散，导致盲目的消极行为（刘伟，2014；章高荣，2017；魏景容，2021）。

4. 强制机制

强制机制是指一个政府通过高位命令强迫另一政府完成政策扩散的过程（Volden，2017）。对于上级政府重视的创新项目，下级政府一般都会采取积极的应对措施。上级政府在下达强制性行政指令时，常会配备相应的财政支持等措施，激励下级政府克服创新扩散过程中可能存在的障碍（Mohr，1969）。伴随着层级规制压力而来的行政指令，能够赋予创新以合法性，降低地方政府进行相关决策的政治风险（周望，2019）。

除了上述四种常见机制外，学者们通过对不同领域的政策扩散现象进行实证研究，总结出了以下几种机制：一是诱致机制，是指下级政府开展政策创新获得较好的收益与效果后，驱动或者影响了上级政府采纳创新政策的过程（杨代福，2016）；二是激励机制，这是从内在激励视角出发，上级政府通过政治激励和经济激励促使地方政府保持与上级相同的政治行为，从而实现公共政策的扩散（朱多刚、胡振吉，2017）；三是社会建构机制，即在公民、媒体和公共事件的共同作用和社会构建下，政策制定者会对创新政策开展一系列的政策学习与模仿，以推动政策扩散现象的发生，使得政策扩散成了一种自然发生的过程规则（王浦劬、赖先进，2013）。此外，还有道义性扩散机制（刘伟，2012）等机制。

(四) 政策创新与扩散的影响因素

1. 主体层面

政策扩散需要行动者的推动,行动者作为思想与知识的承载者与传递者,具有以下作用:发现并引导关注社会敏感问题、表达创新性的政策观点、界定问题和展示创新性的政策实施方案、建立团队与组织、推动试点示范与政策制度化等 (Mintrom and Vergari,1998;朱光喜,陈景森,2019)。不同的政策行为者之间的影响和复杂的互动,使得政策扩散在时间、空间和路径上表现出了不同的特质,从而产生了不同的政策扩散模式 (杨正喜,2019)。地方政府官员是推动政策扩散的主导力量 (王浦劬、赖先进,2013)。现有研究主要从年龄、学历、异地任职和行政级别等几方面进行研究。首先,在中国的政治晋升体制中,年龄是影响官员晋升的一个重要因素,这种非正式的晋升要求会对官员的心理和行为产生微妙的关联 (Mintrom,1997)。超过一定年龄的领导人常被认为没有晋升的希望,因而其接受新事物和推动新事物的动力也会降低,更愿意选择保守的政治行为。除了年龄外,学历也会影响政策行动者对政策创新扩散的接受程度。其次,政策企业家的学历越高,越具有创新精神,这种创新精神使他们不断地寻求突破,从而推动政策的扩散 (吴建南等,2014;吴克昌、吴楚泓,2022)。韩万渠 (2019) 在探讨决策咨询制度扩散的议题时发现,地方领导人的学历越高,说明其与高校专家建立的社会关系越多,也就越有可能向专家学者征求咨询,从而有利于政策的创新与扩散。但是,也有学者通过实证分析发现,地方领导人的认知特质与政策创新与扩散之间呈负相关关系 (唐慧、王印红,2021)。

另外,一些学者认为干部的任职来源也会影响政策创新扩散进程。官员的异地调任能将其自身的创新经验推广到其他地区,伴随调任过程产生的官僚间高度谨慎的处事行为,会对政策扩散的传播产生影响,由此也可能会形成地方政府间政策扩散的新渠道,(朱旭峰、张友浪,2015;钟光耀、刘鹏,2022;Zhu and Zhang,2016;张海柱、林华旌,2022)。有学者提出,地方领导人如果来自上级政府或同级部门,则他们更倾向于推动政策创新扩散 (唐慧、王印红,2021;Zhu and Zhang,2016;刘佳、刘俊腾,2020)。而干部的异地考察学习也被证明能够推动政策扩散进程 (Zhu and

Zhao，2018）。此外，在压力型体制下，行政级别越高的领导人，其权力和可支配资源的能力就越大。雷叙川和王娜（2019）在对城市生活垃圾分类制度扩散的研究中发现，相较于普通地级市，副省级及以上的城市有更好的经济基础，同时也能够对其他地方形成示范效应，所以这些地方的领导人在政策创新扩散上会表现得更加积极。王洪涛和陈洪侠（2017）同样提出，地方领导人的行政级别越高，其执政经验越丰富，调配资源的能力就越强，在推动政策创新扩散时的阻力就相对越小，也就更有能力去实现创新政策的扩散。

2. 组织层面

在我国政策创新扩散实践中，府际关系及政府行为作为影响政府间政策扩散的组织因素，是学者们的研究焦点（Karch，2007；马亮，2011）。在中国单一制结构形式下，府际竞争、部门间博弈、府际社会建构等在很大程度上能对政策扩散的轨迹产生影响（朱旭峰、赵慧，2017；岳经纶、王春晓，2017）。从府际关系来看，政策的扩散分为两个维度。在纵向上，中央政府通过试点、吸纳、强制推广推动政策创新扩散（杨宏山、李娉，2018）；在横向上，地方政府通过学习、竞争、模仿和强制、社会建构实现政策创新的扩散（徐增阳等，2021）。有学者提出条条互动会影响政策扩散的层级，表现为向强学习，促进了迁移性扩散；而条块互动则会影响政策扩散的范围，表现为向邻学习，促进传染性扩散（吕芳，2021）。在政策扩散过程中，各级政府承担着提供经验借鉴、中介推导、评估与推广的角色（Volden，2008），学界基于城市网格化管理（杨代福，2013）、养老保险（赵慧，2013）、廉租房政策（朱多刚、胡振吉，2017）等个案展开了大量的实证研究。此外，朱光喜等（2023）认为社会组织也是推动政策扩散的组织因素之一。他们认为社会组织具有独特的政策倡导、资源整合和网络聚集作用，使其能够作为思想启发者、方案生产者、实施参与者与关系协调者（Torfing，2019）来推动政策扩散的议程启动和实施。

3. 政策属性

越来越多的学者注意到政策属性也会对政策扩散产生影响。政策所具有的技术属性、经济属性、政治属性等特性会影响政策的相对优势、兼容性、复杂性等，进而影响政策扩散过程，特别是兼具经济社会双重特征的政策类型对政策扩散的影响更为明显（朱亚鹏、丁淑娟，2016；李东泉、王瑛，2021；胡占光，2022）。而那些概念较为简单、操作较为简便、短期效果较为明显、采纳成本较为低廉、受益群体广泛、社会阻力较小的政府创新更加容易扩散（吴建南、张攀，2014）。有学者研究了"三治结合"的案例，认为其之所以能够持续创新与扩散，是因为得益于政治上的"合法性"，即该政策自身具有的政治渊源、法律依据、现实基础等符合中国情景的属性（胡占光，2022）。毛寿龙等（2023）认为，就中国情景而言，政策自身的价值可接受性比技术可行性更为重要。一项政策首先要符合政策共同体或政策制定者的价值标准（如"效率"或"公平"等），才有机会被采纳，否则即使方案的技术可行性再高也不容易被接受。马静和徐晓林（2023）认为，创新政策的适应性对创新扩散有较大影响。适应性在某种程度上可视为对政策创新效果的检验，其包括对中央精神的适应性及对地方发展的适应性。例如发轫于浙江的"最多跑一次"改革创新，之所以在全国迅速扩散，主要是因为适应了中央的"放管服"的改革。从上述内容可以看出，政策属性是理解地方政策创新上升为国家行动的新视角。但这一视角的文献仍相对缺乏，尚未形成系统深入的研究积累。

除上述三个因素外，还有学者研究发现政策扩散会受到外部环境压力或场域的影响。这些压力包括城市自身的特性和属性、城市外部利益相关者的诉求和压力、地区经济水平等（马亮，2015；郑永君，2018）。

四　政策转移与政策的再创新

关于政策转移的研究起始于20世纪60年代的西方。自那时起，关于政策转移与政策扩散的关系的争议就一直存在，至今未达成一致的看法。国内学界关于政策转移的研究起步较晚，相较于西方学者丰厚的研究成果而言，国内学界研究尚显薄弱，具有很大的发展空间。本节安排如下：首先，对政策转移的研究起源进行简要介绍；其次，对国内政策转移的研究进行整理分析；最后，对国内关于政策再创新的现有研究进行归纳探析。

（一）政策转移研究的起源

政策转移研究是在比较政策分析研究的基础上逐渐形成的。20世纪60年代，比较政策分析学研究开始兴起，在此期间，许多学者对政策的扩散过程表现出研究兴趣，例如沃克（Walker，1996）的研究。但是，这些研究并不关注国家或地区间转移政策的具体内容，而是更多在时间、地理位置和资源的相似性方面来解释政策的扩散过程，这也使得他们的研究范围相对有限。富勒和罗弗里（Fuller，Roffey，1993）曾批评道："这种研究传统的主要问题在于，它对新政策的内容一无所知。它的关注点在于过程而非政策实质。"由此，比较公共政策研究开始分化，除了对政策扩散过程的研究外，有一大批学者转而研究转移政策的具体内容，即政策转移。对政策扩散与政策转移的关系争议也逐渐展开。

政策转移兴起于1990年代全球化与新自由主义化的背景。多勒维茨和马什（Dolowitz，Marsh，1996）对政策转移的定义具有广泛的代表性，他们认为政策转移"是一个过程，在这个过程中，在一个时间或地点存在的政策、行政管理措施或机构被用于在另一个时间或地点来发展有关政策的知识、行政管理措施和机构"。他们重点描绘政策在不同空间、不同政治系统之间的位移，并勾勒出了政策转移的基本特征：①政策转移是同时具有空间和时间特征的多维现象；②政策转移是一个涉及多要素的动态演进过程，具有流动性；③政策转移涉及多内容的转移，包括了政策知识、行政管理安排、机构的转移，以及政策性计划和政策具体的应用等；④政策转移发生在多个空间尺度，既包含国际组织层面的转移，也包括跨国层面的转移和国内层面的转移。可以说，多勒维茨和马什（Dolowitz，Marsh，1996；2000）给出了一个非常广泛的政策转移概念。从此以后，政策转移被广泛用于描述和解释国家之间以及国家内部地方政府之间的政策异地传播现象。在此基础上，两位学者进一步构建了一个涵盖转移原因、转移主体、转移内容、转移来源、转移程度，转移约束因素、资料来源、转移失败原因的政策转移分析框架，即"多-马模型"（Dolowitz-Marsh Model），为政策转移研究提供了一个重要的分析工具。

此外，还有一些国外学者进一步发展了政策转移理论。埃文斯和马克（Evans，Mark，1999）从多学科、多层面的视角进一步发展政策转移理论，他们将政策转移定义为：某个部门或层级治理中有关制度、政策或服务体系的知识被应用到另一个部门或层级治理的制度、政策或服务体系的发展的过程。他们阐述了政策转移的三个层面：全球的、国际的和跨国的层面，宏观的层面，跨组织的层面。佩奇（Page，2000）将政策转移定义为：将一个管辖区内实施的政策和/或实践转移到另一个管辖区。沃尔曼（Wolman，

2009）认为政策转移是："不同政策机构之间发生的政策或政策某些方面的传播，所采纳机构至少已经了解到其他机构已经存在这一政策事实，才出现这样的结果。"沃尔曼和佩奇（Wolman，Page，2002）建立了一个政策转移的信息沟通模型，他们认为政策转移发生在一个信息交流框架下，处于一个信息生产者、发送者、促进者、接受者的信息传播网络中，政策转移即信息的沟通、处理、应用、评估与应用。虽未得到学术界的一致认同，但 Dolowitz 和 Marsh 的政策转移概念仍是当前引用最多、影响最广泛的。

政策扩散与政策转移的关系较为复杂，学界一致认为二者的内涵存在包含与被包含的关系，但对于谁的内涵更为广泛暂无定论。以纽马克（Newmark，2002）为代表的学者们认为，扩散是一个更为普遍的研究术语，政策转移是政策扩散中特殊的传播形式。政策扩散研究集中在创新政策怎样从一个政府传递到另一个政府的问题上。纽马克合并了教训吸取、政策集中、政策扩散等相关案例，提出了一个扩散的连续统，他认为，政策扩散将所有关于连续统的点都包含在内，因此政策转移是包含在政策扩散之中的。而以丹妮·斯通（Diane Stone，1999）为代表的学者认为政策转移是一个更为宽泛的概念，它包含了扩散、强制与自愿的教训吸取活动。

（二）政策转移的国内研究

政策转移研究在中国的兴起仅有 10 余年的时间，整体上仍处于起步阶段。但越来越多的学者投身到这一研究领域。他们在引进西方政策转移研究的同时，以中国为研究对象进行了一系列积极探索，推动了文献数量的增长和研究质量的提升。本团队以国内《管理世界》《公共管理学报》等 169 本 CSSCI 来源期刊作为数据来源，以 2000 年和 2022 年作为检索起止时间，对以上期刊中有关政策转移的相关文献进行搜索，同时，又以政策转移、政策转移与政策扩散等作为关键词进行二次搜索。通过进一步对整体样本进行整理编码，最终确定 25 篇文献作为分析样本。从图 7-9 可以看出，我国的政策转移研究分为三个阶段。阶段一（2004~2009 年）属于国内政策转移研究的起始阶段，文献研究量总体上为上升趋势，于 2009 年达到最高，有 9 篇相关文献发表。阶段二（2009 年~2018 年）的研究回归平缓，在 2017 年发表了 7 篇，为本阶段最高水平。阶段三（2018 年至今）除了 2019 年文献发表量升至 9 篇外，本阶段的政策转移研究整体处于下降趋势。整体而言，国内的政策转移研究依然存在碎片化的问题，关注的焦点较多，呈现出离散的状态。

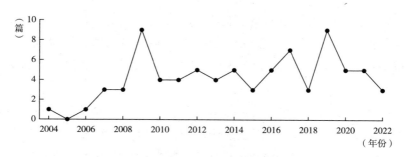

图 7-9　国内政策转移研究数量年度分布
资料来源：作者自制。

从研究议题来看，当下研究主要包括两个方面。一是政策转移理论的研究。这一议题的研究主要针对政策转移的基本概念、影响因素、分析框架等方面。从基本概念来看，熊烨（2019）跟进国外政策转移研究中的建构主义思潮，将研究视野拓展到政策创新脱嵌、传播、再嵌入、产出的全过程。魏淑艳（2008）在政策转移的内涵与衡量标准、转移的条件、要素、途径与类型、功能与作用等方面进行了理论探讨。陈芳（2013）对政策转移、政策扩散、政策趋同三个基础概念的内涵进行了辨析，进而阐述了各自的基本类型和发生机理，总体来说，她认为政策转移研究与政策扩散研究存在交集，但各有特色。从政策转移影响因素方面来看，这一议题的研究较多。魏淑艳（2009）对政策转移过程中的文化冲突的表现形式、影响结果进行了分析，并提出了相应的规避策略；此外，她还对政策转移过程中国家主权、意识形态、法律、制度、本土资源等政治因素进行了分析。此外，从分析框架来看，朱德米（2007）从政策网络视角提出了分析政策扩散、政策转移的整合解释框架。该分析框架主要由政策转移的原因、内容、方式、过程、程度、时间、空间等因素构成。

二是不同空间范围政策转移的研究。严汇（2007）在全球化背景下，利用政策转移分析框架，对中国市场转型进行了分析，认为政策转移对中国市场经济转型发展有重要的意义。宋卫清（2008）总结了国家间政策转移的基本概念及存在的问题,认为我国存在大量政策转移实践和相关理论研究缺失的矛盾,提出了我国政策研究的关注点。冯锋、程溪(2009)分析了我国政策转移的历程、主要障碍,构建了我国政策转移的框架体系及保障体系。魏淑艳(2014)总结了转型期各阶段中国政策转移的发生机理、过程、特征,认为转型期中国的政策转移是非模式化的,伴随体制转轨、意识形态冲突等特点。魏淑艳、路稳玲(2015)认为我国政策转移催生了政策创新,节约了政策创新的成本,两者之间联系紧密。

(三) 政策扩散中的再创新

1. 何谓政策再创新?

政策再创新是政策创新与扩散生命过程中的一个子集 (Volden, 2006; Carleyet a. , 2017; Mooney and Lee, 1999; Neomi et al. , 2020),它存在于政策扩散实践中,但易被误解为扩散中的异常行为或扩散研究中的 "噪声"。这种观点直至近几十年才逐渐开始转变。一些研究者开始关注并试图找到政策扩散中政策内容变化的原因,使得政策再创新成为政策创新与扩散研究的新方向 (Chen and Huang, 2021)。罗杰 (Roger) 于 1978 年首次提出了政策再创新的概念。在政策 "创新" 阶段,政策追随者依据内外部因素决定采纳或拒绝新政策,而政策的 "再创新" 是指政策追随者利用从其他政府学习的知识,在创新扩散过程中对政策做出的有目的的改变 (Clark, 1985; Guo and Ba, 2020; Hays, 1996; Mooney and Lee, 1995)。政策再创新超越了采取政策创新的政府决策,它包含了改变政策本身内容的过程 (Jacobs, 2014; Jansa et al. , 2018),是政策创新与扩散研究的一个重要问题。

近年来,我国政策再创新研究逐渐兴起,在理论建构上取得了一定的进展,政策再创新研究正在成为政策创新与扩散研究中的一项重要课题。地方政府在面对不同的政策扩散环境时需要对政策内容进行变动与更新 (魏景容,2021)。"政策再创新" 是指在政策扩散中的后期采用者对原有的创新政策进行修正而形成新政策的现象。政策扩散推动政策再创新的实质是政策知识学习、提取、内化、创造的过程,这个过程嵌入一定的情境结构之中 (魏淑艳、郑美玲,2022)。在政策采纳过程中,当政策跟随者具备较大的创新自主性时,其会基于成本收益分析,并充分考虑前期的实施经

验、结合本地的实际需求对原政策进行新的内容填充和完善，实现对政策
内容的再生产（孟俊彦等，2020）。此时该地方政府的政策采纳并非知识对
政策的被动性移植或纯粹的复制，而是把原本的政策作为知识起点开始新
的吸收和变革，以便更适合本地区的实际情况，从而保障政策的有效性和
适用性。

学界关于政策再创新的研究可以从过程研究和变量研究两个维度进行
归纳梳理。

2. 政策再创新的过程

政策再创新的过程研究主要包括再创新的模式、模型、机制及路径四
个方面。熊烨和周建国（2017）提出了政策转移中政策"再生产"的三种
模式：资源主导型政策再生产，行政压力、资源、社会力量复合驱动型政
策再生产，政府和智库合作型政策再生产。席虎和汪艳霞（2021）则从政
策目标兼容性与政策工具兼容性的维度区分了填充式、剪贴式、转向式和
层叠式四类地方政府政策再发明模式。随后，熊烨（2019）基于某地河长
制转移的案例，采用扎根理论方法构建出我国地方政策转移的"行动者—
情境—产出"模型。针对政策再创新的机制研究，林雪霏提出了地方政府
政策再生产的三大机制：问题研判机制、不确定性规避机制与资源动员机
制（林雪霏，2015）。张海柱和林华旌（2022）提出了政策再创新的两大生
成路径——"权威引导型"和"自主优化型"。他们认为，一方面，地方政
府为追求创新政绩，会基于具有一定合法性的政策创新，通过融入地方特
色、更换政策目标等方法进行政策再创新；另一方面，为尽可能维持社会
秩序，地方政府会倾向于采纳具有明显社会需求或得到广泛社会支持的政
策以增强政策的合法性。

3. 政策再创新的影响因素

政策再创新的变量研究主要可以分为两大类：内部决定因素、外部扩
散因素。

内部决定因素被认为在政策再创新中发挥着引领作用，政府能力是其
中的核心部分（Carley and Miller，2017），主要包括组织能力、基础设施建
设等（Tolbert et al.，2008），以及政府财力、人力、技术等资源动员能力
（孟俊彦等，2020；周志忍、李倩，2014）。在联邦制国家，立法专业化水
平是政策再创新研究的重点关注对象（Glick and Hays，1991），立法者会对

政策文本进行精心修改以适应当地实际。专业化水平越低的地方政府再创新能力与动力越低（Hays，1996；Jansa et al.，2019）。基于内部资源视角的研究认为，充裕的制度资源能够为政策制定者提供与政策相关的充分信息，从而更有可能进行政策再创新，以满足当地特定的需求（Jansa et al.，2019）。此外，财力、人力与技术等物质资源也将直接影响再创新的改革力度（Karch，2007）。

从外部扩散因素来看，国外学者认为政策再创新会受到国家政治制度特征的影响，比如民主化程度和政治选举（De Rynck and Dezeure，2006；Tolbert et al.，2008），同样，社会因素（Shin，2010）、利益集团的游说（Yu et al.，2020）等都可能改变创新采纳者的动机以及政策学习的内容和程度。在国内研究中，学者通过定性比较分析证明了府际关系对政策再创新具有重要的影响（张海柱、林华旌，2022），中央政府自上而下施加的影响能够显著增加省级政府采用新政策工具的可能性（Zhang and Zhu，2019）。从横向政府关系来看，官员被视为变革的推动者，当他们跨区域职业流动时，会将原在地的创新政策带入新入职地（Yi et al.，2018），因此领导层的流动和交流对政策再创新有着重要的影响（Ma，2017）。行动者理论认为包括政党、政府官员等在内的政策企业家，他们的经验、关系网络和资源能够推动政策的扩散和修订（Kuhlmann，et al.，2020）。还有学者认为政策再创新会受到政策兼容性的影响（席虎、汪艳霞，2021）。

近年来，国内关于政策再创新的研究成果有明显的增加趋势，但较于国外的成果数量仍旧偏少，仍有很大的发展空间。

第四节　研究总结：追随者还是创新者？

中国学者立足于中国现实情境，对地方政府的政策创新扩散展开了广泛研究，尝试构建符合我国本土化情境的政府创新扩散理论，并形成了丰富的研究成果。现有的政策创新与扩散研究对中国公共政策经验的总结和中国政策过程理论的发展起到了重要的推动作用。

一 理论贡献

（一）理论上的学习与"追随"

在中国政策创新与扩散研究发展初期，国内多位学者系统地梳理了西方公共政策创新扩散的研究现状及最新进展，并开始将其应用于中国的政策研究场域。

朱亚鹏（2010）着眼于西方政策创新、政策扩散的相关概念，分析影响政府创新的因素，并提出了对中国政策创新扩散研究的建议。陈芳（2014）对西方政策扩散的理论发展的三个阶段进行详细梳理考察，并对每一阶段的研究方法、概念内涵及理论解释进行了剖析。朱旭峰和张友浪（2014）在对政策创新与政策扩散的概念辨析基础上，分析了西方学者对地方政府创新扩散的动力框架及机制，为国内学者研究地方政府创新扩散研究提出了可操作性的参考建议。杨代福（2016）从因变量再定义、研究方法的创新及框架整合等多个方面阐述了西方政策创新扩散的研究现状，指出了相关研究的不足。张克（2017）探讨了西方研究公共政策创新与扩散的组织、制度及行动—过程三大理论，剖析了创新扩散研究方法的发展变化，同时指出国内研究政策创新与扩散需要在范式确定等多个方面实现突破。另外，杨代福、刘新（2018）详细分析了美国社会治理创新扩散的四大特征，梳理了影响美国社会治理创新扩散的因素及机制，提出了我国政策在理论研究及实践发展方面的建议。周望（2012）在介绍政策扩散理论的基础上分析了我国"政策试验"的政策扩散实践，指出我国的"政策试验"是一个"试验—推广"的过程，在研究的过程中要做出相应的调适。

整体而言，学者们通过对国外政策创新扩散理论的梳理、总结概括，比较全面地介绍了西方政策创新扩散理论的概念内涵、研究视角及研究问题等内容，为后续我国开展本土化政策创新扩散理论研究奠定了相对基础。

（二）研究中的修正与拓展

伴随着中国政策创新与扩散研究的迅速发展与不断成熟，越来越多的学者加入研究队伍。他们带着强烈的情景意识和本土情怀，强调在中国公共政策的丰富实践中做好本土化研究。已有大量的研究证明，直接套用西方政策创新与扩散理论去解释中国的政策实践活动，可能会"水土不服"，一些被认为具有"普适性"的理论缺乏解释中国实践的想象力。基于此，大批学者逐渐开始摒弃"西方固化思维"，在中国的优质情景中开始探索西方政策创新扩散理论与中国本土治理实践的问题建构与理论生产，并且基于中国本土情景在问题建构与理论解释方面丰富了政策创新扩散理论的话语体系。具体而言，可以从以下几个视角进行总结。

1. 政策变迁视角

有学者提出，政策创新扩散本质上是一种政策变迁过程，常被看作政策变迁的一种重要形式（王厚芹、何精华，2021），也有学者认为政策采纳在制度变迁中对应制度再生产（蔡长昆、杨哲盈，2022）。以制度变迁理论为基础的渐进式政策创新扩散一直被认为是政策创新扩散的主导模式（刘鑫、穆荣平，2020；王丛虎、马文娟，2020；李燕、苏一丹，2022）。通过对中国政策创新扩散实践的观察可以发现，传统的以渐进主义解释逻辑为基础的政策扩散分析框架，很难对政策实践中迅速发生的政策创新与扩散现象进行有效的解释。

实际上，中国地方政府的政策扩散过程，主要表现为政策创新、政策试验的经验推广，并不一定会导致渐进式的政策扩散模式，也有可能出现爆发性的政策扩散模式。例如，国内学者研究了特色小镇政策（杨志、魏姝，2018）、复工复产政策（文宏，2020）、中小企业支持政策（姜晓萍、吴宝家，2020）、健康码政策（王法硕、张桓朋，2021）、"人才新政"政策（唐慧、王印红，2021）、封闭式管理政策（吴光芸、周芷馨，2022）等政策在我国的爆发性扩散。张岚和曹伟（2016）以政策变迁的不同方式进行区分，将政策创新扩散划分为强制性扩散和自发性扩散两种模式；王艺潼（2023）通过观察危机情境下重大突发公共卫生事件的政策创新扩散提出了"政策默契"的变迁新机制。这些学者从制度变迁的视角丰富了政策创新扩散的理论体系。

2. 央地关系视角

从央地关系的角度来看，政府创新的扩散就是创新从一个政府流向另一个政府的传播过程（马亮，2011）。央地关系是促进社会政策创新扩散的重要因素（朱旭峰、赵慧，2016；吕芳，2021）。在中国政治体制下，政策创新扩散过程是嵌入中国的央地关系结构之中的。

我国学者主要从条块关系来探讨政策创新扩散与府际关系的内在关系（陈思丞等，2022；吕芳，2021）；也有学者基于中央主导的政策试点在地方政府间的扩散模式，提出"试点—推广"的政策创新扩散机制（梅赐琪等，2015；李智超，2019；廖福崇，2021；王路昊等，2023）。基于央地互动，大部分学者都将"政策试验"看作政策创新的中国经验，并在案例研究的基础上进行了一系列探讨（向玉琼，2018；杨正喜，2019；王厚芹，2021；杨宏山、周昕宇，2021）。此外，一些学者提出了具有中国特色的政策试验模式，例如双轨制试验（杨宏山，2013）、组合漏斗式试验（黄冠、乔东平，2021）与众创试验（陈昭，2022）等，为理解我国政策创新扩散过程提供了新视角，有助于推动政策试验领域的知识增长。陈思丞（2020）基于案例研究提出条块部门对地方政府政策创新扩散的影响呈现出"条条创新、块块扩散"的有趣格局。作者认为虽然条条部门主导的创新扩散对扩散程度的影响较为有限，却能为政策创新提供宽松的政策环境；而块块部门主导的创新扩散对扩散程度影响极强，但也在一定程度上挤压了下级政府的政策创新空间。王厚芹、何精华（2021）提出"政府结构—政策过程"的分析框架，认为条条结构的政策运行过程对创新的"宽容度"较低，因而更容易出现渐进式的政策调整；块块结构的管理模式下地方政府具有较大的自主创新空间，更有可能会出现激烈的政策创新。这与陈思丞的研究结论具有一定共性。杨宏山和周昕宇（2021）提出成功的政策试验也会通过组织学习途径实现创新扩散，并从议题复杂性的视角，将政策试验分为政社合作型试验、权威倡导型试验、技术检验型试验。

3. 晋升激励视角

在晋升激励下，任何一个有战略远见的地方政府，都会紧抓着"创新"这张牌不放，以便在各种政治竞赛上向上级政府以及外部世界展示他们的创新远见与能力（陈朋，2016）。地方官员高度关注上级乃至中央的施政导向，竞相开展政策学习（杨宏山、李娉，2019）。一些研究认为在中国的压力型体制中，官员流动（Zhu and Zhang，2016；Ma，2017；张克，2015；朱旭峰、张超，2020）、晋升激励（王猛，2020；范洋洋、吕晓俊，2021）、地方政府竞争（何艳玲、李妮，2017；周俊、刘静，2021）等因素深刻影响着地方政府治理的创新与扩散，而中国地方官员的交流制度也推动了地方政府的创新扩散（Zhu，2018），进而形成了政策同构的现象（Zhu and

Meng，2020)。张海柱、林华旌（2022）提出政策再创新的内在逻辑:"创新擂台赛"。他们指出，地方政府在采纳政策并进行创新时，并不仅仅为了满足上级的指令或解决现实问题，其最终目的在于通过政策创新和成效来构建"创新政绩"，以此向上级政府传递积极的信号。总的来说，这一理论视角的主要观点是:晋升激励是政策创新扩散的体制性动力，政策创新扩散是地方官员策略性回应晋升激励的结果。

二　局限

经过半个多世纪的发展，中国政策创新与扩散研究已基本形成一个视角多样与内容丰富的理论系统。一些研究在中国具体的政治体制和制度情景下，特别关注中国央地关系、横向政府竞争和官员流动等因素对政策创新扩散的影响，这些研究对推动政策创新与扩散理论的本土化具有重要作用。但现有的中国政策创新与扩散研究也面临一些问题。

（一）理论建构的碎片化

从理论框架方面来说，国内不少学者在国外研究成果的基础上，立足于中国本土化情境，不断对西方政策创新扩散理论进行调适修正，为构建恰适性的本土化政策创新扩散理论分析框架做了大量的有益探索。但是总体上看，国内关于构建中国情境下的本土化政府创新扩散理论分析框架的研究成果并不多。在理论建构上，由于整合性框架和系统性理论的缺失，学界对政策创新扩散的内在逻辑、机制等问题的讨论还存在一定程度的混乱，对于连接框架和模型的理论建构没有合理的诠释，政策创新扩散理论仍旧缺乏缜密且系统的逻辑概念。这突出表现在:已形成的关于政策创新扩散的理论知识呈现明显的碎片化特征，且大多是借鉴国外的理论成果，缺乏本土化理论与模型的构建，未形成公认的、系统的研究框架。

从理论视角来说，现有研究从央地关系、横向竞争等理论视角对政策创新与扩散进行了丰富的讨论。在对这些理论视角进行总结对比时，会发现不同的视角蕴含着不同的理论焦点与核心变量，并且这些理论要素也相互交叉。随着研究的深入，现有研究普遍存在变量重复、视角单一与整体性框架的缺失等问题。虽然单一化的研究路径有助于帮助我们专注地从特定视角看待与解释某一现实问题，但不可否认的是，单一化的研究路径只能为我们提供理解该问题的"零碎图片"，缺乏对问题的全面性把握，进而会带来研究结论的偏误。

从研究内容方面来看，首先，从宏观的角度来看，现有研究在一定程度上忽略了对"什么被扩散"以及"扩散后变成什么"等问题的考察，忽视了在中国政策变迁的脉络中理解政策创新扩散的动态过程与总体趋势，使得已有研究对中国政策创新与扩散过程的理解缺乏历史纵深感。其次，现有政策创新扩散研究多聚焦于政策创新扩散的影响因素研究，对政策创新扩散机制的研究和对政策创新与扩散结果的讨论存在不足。且对政策扩散影响因素的研究多集中在个人或组织层面，对政策网络、政策传播渠道等变量的研究较少。政策网络的结构、密度等差异会影响政策创新扩散的速度和扩散机制，而哪种类型的渠道更有利于政策的创新扩散、不同地区如何选择扩散渠道等都是值得继续研究的问题。最后，当前研究发现政策属性会影响政策扩散，但未针对具体的影响机理进行深入探究，且对于政策属性的概念内容多沿用西方的定义，国内尚无形成统一的标准。值得注意的是，在关于政策特质研究中，学者们多从政策属性角度来研究，对于政策的其他特质，例如政策类型、政策层级等，是否会对政策扩散产生影响则较少关注。

（二）方法论的单一化

根据本章对研究样本的研究方法的编码结果，现有中国创新与扩散研究以单案例研究为主。还有一部分研究是基于特定的政策实践，运用多案例比较研究、定量研究以及混合研究方法等来展开研究。尽管定性与定量研究方法都很重要，但是由于定量数据的可及性问题，我国的政策创新扩散研究更多地采用定性研究的方法，其中大多数研究以单案例研究为主要研究方法。现有的研究仍然局限于个案分析，缺乏从因果机制方面对创新扩散类型、机制和逻辑等问题的解释和分析，难以得出反映中国政策创新扩散整体状况的基本结论。尽管也有研究采用多案例比较分析方法，例如何增科（2011）基于地方政府创新奖案例库，运用量化方法对地方政府政策创新的特征、类型等进行整体性描述，但是理论解释力仍然不足，缺乏解释性的理论框架对现状加以概括。此外，在一部分单案例研究中，其案例选择、案例的研究设计和资料的收集分析等操作流程并没有严格按照规范的方法展开，研究的效度具有待考性。方法论的单一限制了当前政策创新扩散研究的解释力，限制了中国政策创新扩散整体性理论框架的构建。

在定量研究方法中，事件史方法是目前政策创新扩散量化研究中运用较多的资料分析方法，它可以检验某段时间内影响政策创新采纳的影响因素，是目前探索政策扩散影响因素的主流研究方法。国内许多学者运用事件史分析法对不同领域的政策创新实践进行研究，包括公共自行车（马亮，2015）、政务服务网络平台建设（魏志荣、赵兴华，2021）等。必须承认，事件史分析方法极大地推动了政策创新扩散的研究，但同时也不能忽视这一方法的局限性。首先，目前政策创新扩散影响因素的研究被事件史方法所支配，学者们在进行研究时，更多地是依据"追溯"事件史方法选择研究变量，而非依据现实并遵循科学的方法进行合适的资料筛选与工具选择，这样就使得变量的选择变成了一种无意义的重复行为，最终影响研究结果的科学性和真实性（付建军，2022）。其次，事件史方法在测量政府间"竞争"或"模仿"行为对政策扩散的影响时，大多时候都是测量政策在追随者地区的采纳数量，这种简单的测量无法识别自变量间的因果中介机制对结果变量所产生的复杂效应（朱旭峰、赵慧，2016）。此外，还有一些学者认为事件史分析方法过于关注扩散模式的变化和影响因素的变化，却忽视了时间的变化（Box-Steffensmeier and Jones，1997）。伯姆克（Boehmke，2009）认为事件史分析方法夸大了政策采纳中外部因素的影响作用。

三　研究展望

经过几十年的发展，中国政策创新与扩散研究已经基本形成一个视角多样、内容丰富的理论系统。总的来说，我国的政策创新扩散研究经历了从"跟随"到"自主"的转变。当前，中国政策创新扩散研究呈现出一些新特点与新趋势，具体表现在研究方法上由关注价值、功能与方向的规范分析转向基于案例与定量的研究，由描述性研究转向解释性的研究。针对中国政策创新与扩散研究，未来有以下几个方向值得深入推进。

首先，整合现有研究成果，探索建立系统性的中国政策创新扩散理论。学者们需要继续从中国的体制背景和特色的政策实践出发，着力于开发政策创新扩散研究的中层理论，在政策创新扩散的综合性宏观理论与具体性经验命题之间搭建桥梁，为中国政策创新扩散的具体实践研究提供坚实的理论支持。同时，需要更加关注地方政府创新的实践，并采用严谨的研究视角和科学的实证方法进行理论检验和经验积累，从而深化对中国政策创新扩散实践微观机制的理解。

其次，研究领域是伴随着研究方法的规范和研究问题的深入而逐渐成熟的。目前我国政策创新扩散研究以单案例研究为主，学者们提出的观点仅基于某个领域的政策实践，其理论普适性仍待商榷，学界的整体研究缺乏规范研究与实证研究的结合。因此，中国的政策创新扩散研究要综合运用多种方法，在规范分析与个案描述的基础上，增加多案例研究与定量研究，尝试开发新的研究方法，推进研究方法从"描述"向"解释"的更新转变。

最后，进一步通过政策创新扩散研究来反思中国政策过程的本土化研究。我国丰富的政策创新案例，为我们提供了观察地方政府行为以及央地互动、政企互动的重要窗口，并提供了构建中国特色政策过程理论的极佳试验场域与丰富的本土资源。中国政策创新与扩散研究是观察政府在政策形成过程中的特殊角色和理解中国政策过程的重要窗口，也提供了讲好中国故事与构建中国特色政策过程理论的难得契机。

结　语

本章运用系统性研究综述的研究方法，对中国的政策创新与扩散研究进行了整体性回顾，全面梳理和评估当前研究文献，以期理清中国政策创新与扩散研究的整体发展状况与研究脉络，把握最新的研究进展，从而探索未来的研究方向，为推进中国政策创新与扩散研究的理论进程提供有价值的参考和启示。

研究发现，当前中国政策创新与扩散研究主要是从政策变迁视角、央地关系视角与晋升激励视角广泛地探讨了政策创新与扩散过程的影响因素、机制和结果等研究议题，并积累了丰富的研究成果。整体来说，中国政策创新与扩散研究延续了西方研究的研究范式，并在此基础上提出了具有中国特色的代表性理论、概念以及理论模型，形成了多样化的理论研究体系，对于总结和归纳中国政策创新扩散经验、构建中国特色的政策创新扩散理论体系做出了显著的理论贡献。

　　同时，我们也不能忽视当前中国政策创新与扩散研究仍然未形成整体性的理论框架，对政策创新扩散的内在逻辑、机制等问题的讨论还存在一定程度的混乱，未能实现知识的持续性积累。可能在研究视角、研究议题和研究方法之间存在壁垒，使得整体研究呈现出明显的碎片化特征，且对中国政策创新扩散过程的观察与理解缺乏历史纵深的视角。

　　因此，在以后的研究中，应加强规范理论研究方法，探索更具分析性的理论研究工具；同时扎根中国本土的政策经验，在已有理论框架的基础上，构建出中国特色的政策创新与扩散理论，为政策创新扩散实践提供更为坚实的理论支撑。

第八章　中国政策变迁：回顾、分析与展望

政策是国家治理的基本工具，服务于经济社会的发展。政策稳定是公共政策有效调节社会行为和实现政策目标的重要基础。但政策稳定是相对的，而政策变动则是绝对的。公共政策是一个不断适应变化的过程，"随着政策问题的转变或政策目标的调整以及社会环境的变化，政策稳定的均衡状态会被打破，政策的变动与调整也就开始了。"（宁骚，2011）国家治理实践中，任何政策都处在特定的环境中不断发生着变化，以有效应对复杂的治理形势。在这一历史进程中，"中国的公共政策在所有的政策领域、在所有的问题领域以各种方式发生了深刻的变化"（唐贤兴，2019），构成了大国治理中的独特现象。这不仅引起了研究者的持续关注和深入讨论，也促成了中国政策变迁研究领域丰富的学术成果。对中国政策变迁的既有研究进行全面回顾和系统分析，既是深入理解中国政策变迁逻辑和模式的重要基础，也是加快推进中国特色政策科学话语、理论和学科体系建设的必然要求，对进一步推动政策过程研究的知识生产和理论创新具有积极作用。

第一节　政策过程研究的政策变迁议题

政策变迁是政策实践中的常见现象，也是政策过程研究的重要议题。"受环境高度复杂化和知识有限性等诸多因素限制，政策调适与变迁成为现代国家治理的一种常态。"（熊烨，2022）因此，政策在出台后并非保持一成不变，而总是处在不断演进之中。政策变迁研究聚焦政策议程的不稳定现象，致力于政策变迁的发生过程梳理、演进特征总结、驱动要素分析、发展规律揭示，取得了较为丰富的研究成果，对推动政策实践发展和拓展政策理论体系都具有重要意义。

一　政策变迁的内涵阐释

（一）政策变迁的概念界定

稳定与变迁是公共政策的两种状态，但稳定与变迁又都是相对的。尽管公共政策必须讲求稳定性，但政策变迁其实才是公共政策的常态（杨腾原，2017）。公共政策在制定出台后并非一成不变，而是随着内外环境的变化不断变化。政策学家詹姆斯·安德森（James E. Anderson，1990）指出："绝大多数政策过程——尤其是重大问题上的决策过程——是连续不断的。某一政策被正式通过后，评价和反馈便会发生，政策的变化和调整便会随之而来。"受到外部条件或内在因素的影响，极少有政策能够始终维持当初被采纳时的状态，而是在制定和实施以后就处于持续不断的变动之中。政策变迁通常是指现行政策被新政策所取代的过程，主要包括现行政策的修改、调整或废止，以及新政策的采纳。作为政策过程中的常态现象，政策变迁是决策者为适应组织内部和外部环境变化而做出的调适性变革。一项政策的变迁意味着内容、工具、目标等要素的变革，表现为不断调适的过程或彻底的废止（曲纵翔，2018）。概言之，政策变迁是一个立体性的概念，蕴含着时间序列上的不同、内容构成上的差异以及变化所引发的结果。

（二）政策变迁的类型划分

国外研究者们围绕政策变迁的类型展开了广泛探讨。布莱恩·霍格伍德（Brian W. Hogwood）和 B. 盖伊·彼得斯（B. Guy Peters）（2007）系统研究了政策变迁的概念和类型，指出了政策变迁的四种类型，即政策创新、政策接续、政策维持、政策终结，并阐明政策接续包括直接取代、合并、分割、部分终结、附带延续和非线性延续等具体形式。彼得·霍尔（Peter Hall）（1993）从政策变迁对政策范式的影响出发，将没有改变政策范式的政策变迁称为常规政策变迁，将改变了政策范式的政策变迁称为非常规政策变迁，并指出了政策变迁的三个序列：在政策总体目标和政策工具不变的前提下，对政策工具设置的调整；在政策总体目标层次上保持不变，根据以往经验对政策工具及其配置进行调整，甚至更换新的政策工具；政策总体目标的全面变化。迈克尔·豪利特（Michael Howlett）和 M. 拉米什

（M. Ramesh）（1998）依据政策变迁的模式和速度，将政策变迁分为快速的范式性政策变迁、慢速的范式性政策变迁、快速的渐进性政策变迁和慢速的渐进性政策变迁等四种形式。

我国公共政策研究者也对政策变迁的类型进行了分析。杨宏山（2024）指出，政策变迁具有三种表现形式：一是现行政策的局部修改，即决策主体依据环境变化对当前政策的目标或工具进行调整；二是现行政策的重大调整，即决策主体对特定领域政策的价值理念、总体目标、具体安排等方面做出系统性调整；三是创设新的公共政策，即决策主体通过制定新政策进而形成新的制度安排。吴文强和郭施宏（2018）从政策主体的价值情感心理系统入手，基于"价值共识水平"和"政府现状偏好"两个维度，识别出政策变迁的四种基本类型，即政策维持、政策赓续、政策叠加和政策替代。厉毅、吕长生（2023）等基于历史制度主义理论视角，发现我国学分银行政策发生着政策微调、政策置换和政策转换三种渐进式变迁类型。

二 政策变迁研究的兴起

（一）国外研究的兴起

在政策科学发展的早期，政策变迁现象并未引起研究者们的广泛关注。早期的政策研究将政策过程视为若干阶段构成的线性过程，把政策过程分为问题建构、议题设定、政策规划、政策制定、政策执行、政策评估、政策终结等阶段。但在实践中，绝大多数政策都会经历持续的变迁过程后才走向终结。20世纪70年代以来，随着经济社会环境的急剧变化，政策实践中的复杂性和不确定性增加，迫切需要及时调整现行政策甚至改进政策制定方式，以有效应对环境的新变化。这对决策系统检视过往的政策变迁并从中汲取经验教训，以指导未来的政策制定，提出了现实要求。政策研究者们开始关注政策变迁现象，围绕政策变迁的条件、模式、动因、影响因素、发展规律等问题，沿着制度主义、政策学习、话语联盟等不同研究路径，展开了系统研究并形成了丰富的成果，包括间断均衡理论、倡导联盟框架、多源流理论等经典政策过程理论，为理解和分析政策变迁实践提供了有效的理论指导，也为推动政策变迁研究的持续发展奠定了坚实的理论基础。

(二) 国内研究的兴起

我国政策变迁研究是伴随着改革开放而兴起并不断拓展的。改革开放以来,我国经济社会发展经历了全面转型并发生了深刻变化,对原有的制度体系提出了新的要求,为制度创新提供了机会和条件。在国家治理实践中,很多领域的公共政策发生了不同程度的调整和变革,使得政策变迁成为制度创新大潮中的重要现象。研究者们尝试寻找合适的视角、理论和路径,透视和剖析中国的政策变迁现象,努力做出全面和系统的解释,以揭示中国政策变迁的内在逻辑和发展规律。在此背景下,国内关于中国政策变迁的研究开始兴起并发展成为热点议题。20 世纪 80 年代以来,我国公共政策研究者围绕中国的政策变迁展开了积极探讨,覆盖了住房政策、教育政策、人口政策、环境保护政策、科技发展政策等多个具体领域,聚焦了中国政策变迁的演进阶段、主要特征与基本经验、公众人物和专家参与的影响等不同议题。在引介和运用西方政策变迁理论的基础上,国内学者立足中国政策实践和政策情境展开理论检验并进行理论修正,尝试提出更具中国特色的概念、构建更加符合中国情境的理论,推动了中国政策变迁研究不断发展。

三 政策变迁研究的意义

(一) 推动政策实践发展

政策变迁不仅是国家治理变革的重要体现,也是政策实践发展的客观写照。政策变迁研究在推动政策实践发展方面,具有重要的现实意义和指导作用。一方面,政策变迁研究可以深化对既有政策变革的认知。政策变迁研究有助于系统回顾特定领域的政策调整和变化过程,深入分析政策变迁的环境条件、驱动力量、表现形式和影响因素,从国家治理面临的复杂形势和政策过程运行的周期循环出发,理解政策变迁为何发生以及如何发生等问题。另一方面,政策变迁研究可以指导未来政策过程的运行。政策变迁研究有助于全面总结政策变革的模式、特点、规律以及经验教训,为未来的政策制定和实施活动提供有益参考与借鉴,促进不同领域政策与其内外环境之间保持动态平衡,不断提升政策效能,有效助力国家治理体系和治理能力现代化的进程。

（二）拓展政策理论体系

政策变迁是政策科学研究的核心议题之一，也是政策理论的重要组成部分。政策变迁研究在丰富政策科学议题和充实政策理论体系方面，发挥着积极作用。首先，政策变迁研究可以丰富政策科学的研究议题。从拉斯韦尔初创政策阶段论再到萨巴蒂尔等汇集政策过程论，都在努力揭示政策过程周期性变迁的规律及其特点（杨志军、支广东，2021）。政策变迁研究有助于对政策变革与演进的发生过程、驱动要素、因果关系和内在机理做出理论阐释，对不同区域和领域的政策变迁进行比较分析，解释和揭示政策变迁的内在机制及理论逻辑，丰富政策科学研究的相关议题。其次，政策变迁研究可以充实政策理论的知识体系。政策变迁是政策实践中的常见现象，也是政策理论关注的重要议题。政策变迁研究可以深化对政策变迁的理论阐释，促进政策变迁理论和实践的交融，推动政策变迁理论的建构、反思和更新，不断充实和完善公共政策理论的知识体系，实现政策科学的可持续发展。

20 世纪 80 年代以来，中国政策变迁的实践探索和理论研究稳步推进，取得了显著成果。不同地区和领域中持续发生的政策变迁，反映了我国改革的广泛性和深入性，为政策变迁的理论研究提供了有利契机和生动素材。而中国政策变迁研究的日益深化和不断积累，诠释了中国政策变迁的多样性和复杂性，为理解大国治理实践中的政策变迁现象提供了理论工具。中国政策变迁的理论和实践成果日益丰富，在数量的增长和质量的提升方面都有长足进步。但关于中国政策变迁研究的议题分布、方法运用、理论贡献、发展趋势等方面的具体状况，我们还缺乏全面了解和准确把握，难以有效应对复杂的政策实践，难以破解政策难题，难以为加快构建中国公共政策自主知识体系提供理论支撑。因此，有必要系统梳理中国政策变迁研究的既有成果，回顾中国政策变迁研究的整体情况，分析中国政策变迁研究的具体内容，回应中国政策变迁的理论与实践进展，并对中国政策变迁研究的未来发展做出前瞻性思考，进一步深化和拓展中国政策变迁研究。

本章对中国政策变迁研究的回顾、分析和展望，沿着"背景介绍—文献梳理—现状总结—议题剖析—总体评述"的进路展开。首先对政策变迁的内涵及其研究的兴起和意义等情况做出了简要阐释；进而对改革开放以来中国政策变迁研究的中英文文献进行了全面收集和系统整理；在此基础上，总结了中国政策变迁研究的基本现状，并对中国政策变迁研究的核心议题进行了详细剖析；最后对当前中国政策变迁研究的整体情况进行了评述，阐明了中国政策变迁研究的主要进展和不足，对未来研究的发展方向、目标和任务进行了展望。

第二节　中国政策变迁研究的文献梳理

一　文献资料来源

（一）资料选择标准

一是期刊的权威性。为保证研究的专业性、可信度和说服力，在期刊选择方面坚持权威性标准，充分考虑期刊的专业领域、学术声誉和社会影响等多重因素。本章以2022年SSCI收录的政治学、公共管理学、公共政策学等领域的48本英文期刊，以及CSSCI收录的政治学、公共管理学以及具有综合性特点的169本中文期刊为中国政策变迁研究的文献资料来源期刊。

二是主题的相关性。文献主题的精准确定是保证文献聚焦的前提和基础。为实现文献资料的高效和准确收集，在文献资料选择方面注重主题的相关性，紧紧围绕"中国政策变迁"这一中心议题，选取专门探讨中国政策变迁问题的相关文献，剔除非政策变迁议题的文献、虽属政策变迁议题范畴但与中国无关的文献。

三是时间的连续性。在20世纪80年代后，随着中国经济的高速发展，世界范围内兴起了研究中国的热潮并持续至今。通过对国内外文献的检索，可以发现关于中国政策过程的研究，国外期刊从20世纪90年代就已开始刊发相关成果，而国内的成果则在2000年之后才逐渐增多。考虑到成果追踪的连续性和全面性，在文献资料的时间方面，英文期刊以1990～2022年为检索区间，而中文期刊则以2000～2022年为检索区间。

（二）资料收集过程

初步检索阶段（2023年5月~2023年6月）。以2022年SSCI和CSSCI收录的政治学、公共管理学、公共政策学等领域的48本英文期刊和169本中文期刊为基础，通过人工浏览期刊官网的方式，对"中国政策变迁"相关的学术论文进行初步检索，共获得文献213篇（中文186篇、英文27篇）。

精准筛选阶段（2023年7月~2023年8月）。以"中国"+"政策变迁"作为标准，对初步检索所得的文献进行精准筛选，剔除了议题或内容不在中国政策变迁范畴的文献133篇（中文112篇、英文21篇），如介绍西方政策变迁理论、探讨政策执行或政策评估的文献等，筛选后留存文献80篇（中文74篇、英文6篇）。

回溯补充阶段（2023年9月）。在完成文献初步检索和精准筛选的基础上，为防止遗漏相关研究文献，保证文献收集的系统性和全面性，对中英文期刊进行了回溯检查，并补充中文文献10篇。至此，中国政策变迁研究的文献资料收集工作正式完成，文献总数90篇（中文84篇、英文6篇）。

二 文献资料编码

（一）资料编码项目

在完成文献资料收集后，以本书第一章设计的编码框为基础，按照文献编码要求，对中国政策变迁的相关文献资料进行了统一编码。编码项目主要包括作者基本信息（人数、职称、学历、机构）、文献基本信息（题名、刊发时间、来源期刊、基金支持）、文献研究内容（研究的问题、目的、范式、主体）、政策领域（教育文化、社会政策、环境政策、经济和创新、"三农"、其他政策、跨政策领域）、文献理论评估（理论框架、理论贡献）、文献研究方法（量化、质性、混合、其他）、文献数据资料（收集渠道、分析方法、容量状况、时间跨度）。

（二）资料编码过程

在完成文献资料的精准筛选工作后，对留存的中国政策变迁的文献资料进行了初步编码，并于2023年8月中旬完成编码工作。2023年9月中旬，在对中英文期刊进行回溯检查和补充后，完成了新增文献的编码工作。在此基础上，2023 年 9 月下旬又对中国政策变迁研究的文献资料 90 篇（中文 84 篇、英文 6 篇）的编码情况进行了全面回顾和重新编码，对编码结果存在分歧的文献资料进行了反复阅读和讨论，以提升编码的规范性、准确性和一致性。通过编码结果的对照和比较，发现前后编码完全一致的文献在文献数量中的占比为 87.3%，体现出编码工作具有较高的信度。

第三节　中国政策变迁研究的现状分析

中国政策变迁研究成果的收集和整理工作，为分析中国政策变迁研究的现状、了解中国政策变迁研究的进展、评估中国政策变迁研究的得失，提供了有力的数据支撑。当前，关于中国政策变迁的研究，总体上呈现出如下六个方面的特征。

一　研究者构成集中性明显

（一）高校成为核心主体

当前，中国政策变迁问题的研究者主要集中在高校。通过中国政策变迁研究文献资料的整理可以发现（见图 8-1），绝大多数研究者都来自高校（人数占比为 90%），而来自党校（行政学院）、政府部门及其他机构的研究者，数量相对较少（人数占比为 10%）。来自其他机构的研究者，主要是国家和省市社科院、特定行业研究院等机构中的专业研究人员。总之，高校师生是中国政策变迁研究的核心主体。

（二）合作研究比重较高

关于中国政策变迁的既有研究成果大部分为合作研究（见表 8-1）。在现有文献资料中，独著形式的研究成果不到一半，而将近 55% 的研究成果都是由多人合作完成的。在合作研究产出的成果中，二人合作相对较多，约占合著成果数量的 80%，而三人及以上的合作相对较少（仅 9 篇研究文献），约占合著成果数量的 20%。这表明在中国政策变迁的研究领域中，合作已经成为知识生产的一种重要方式。

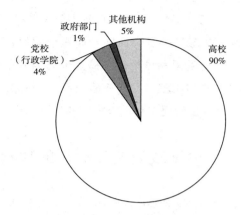

图 8-1 作者机构分布

资料来源：作者自制。

表 8-1 成果生产方式构成

单位：篇，%

项目	独著	合著			合计
		二人	三人	四人及以上	
数量	37	34	8	1	80
比例	46.25	42.5	10	1.25	100

资料来源：作者自制。

（三）中青年研究者较多

通过对现有文献资料的整理，发现从事中国政策变迁研究的研究者中，中青年学者的数量相对较多。在探讨中国政策变迁问题的 80 篇中英文文献资料中，作者共 133 人（有 7 人未标注职称和学历信息，在下文的比例计算中未计入总人数）。其中，在职称方面，教授有 42 人、副教授有 18 人、讲师有 15 人、助教有 2 人，副教授及以下职称人员共有 35 人，在总人数中的占比约为 27.8%；在学历方面，在读研究生有 47 人（博士研究生有 33 人、硕士研究生有 14 人），在总人数中的占比约为 37.3%。

二 研究问题的指向性清晰

（一）问题意识较为明确

关于中国政策变迁问题的研究大都具有明确的问题意识。根据现有研究文献的编码，86.25%的文献资料"有科学的问题"；而13.75%的文献资料"无科学的问题"，为问题解决型、倡导型或者规范—价值型探究，缺乏充分的经验和理论支持。同时在研究目的方面，66.25%的研究具有明确的理论指向，如做出理论解释、开展理论对话、提出理论概念或建构理论模型等；33.75%的研究具有明确的实践指向，着力于界定政策过程中的实践问题（见表8-2）。

表8-2 研究的问题意识及研究目的

单位：篇，%

项目	问题意识		研究目的	
	无科学的问题	有科学的问题	实践指向	理论指向
数量	11	69	27	53
比例	13.75	86.25	33.75	66.25

资料来源：作者自制。

（二）关注特定政策议题

关于中国政策变迁问题的研究多聚焦于特定政策议题。在研究问题的属性方面，93.75%的研究聚焦"中国特定具体政策议题"，而仅有6.25%的研究聚焦"中国政策过程研究的一般问题"。在政策议题领域方面，现有关于中国政策变迁的研究相对集中在社会政策、"三农"政策、教育文化政策、环境政策等领域，其中社会政策的关注度最高（文献数量38篇，在文献总数中的占比为47.5%），远高于其他政策领域。这也反映出人口、劳动就业、社会保险、医疗卫生等关系国计民生的社会政策，在中国政策变迁研究领域引起了广泛关注和深入探讨（见图8-2）。

（三）研究主体相对聚焦

中国政策变迁研究的文献资料所研究的主体较为集中（见图8-3）。在

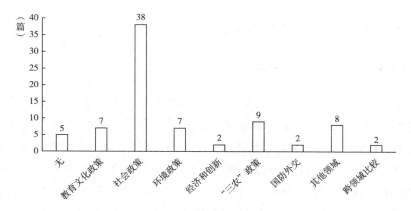

图 8-2　政策议题领域分布

资料来源：作者自制。

现有相关成果中，77.5%的研究具有明确的指向，其中绝大多数研究（文献38 篇，占比为 61.3%）以中央政府作为研究主体，少数研究（文献 14 篇，占比为 22.3%）以地方政府作为研究主体，而以经济—社会主体、中央—地方主体、政府—经济/社会主体为指向的研究相对较少（文献共 10 篇，占比为 16.1%）。

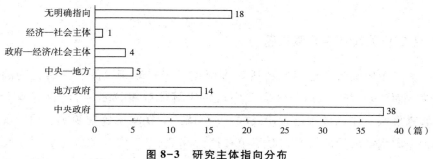

图 8-3　研究主体指向分布

资料来源：作者自制。

三　研究范式的实证性鲜明

（一）实证研究作为主导

目前关于中国政策变迁的探讨以实证研究为主导方式。通过对现有研究资料的整理和分析发现,实证性研究成果共有 59 篇,在文献资料数量中的占比为 73.75%,在中国政策变迁研究中居于主导地位,并呈现出稳步增长的发展趋势。而规范性研究和倡导性研究的文献共有 21 篇,数量上相对较少,总体占比较小(见表 8-3)。

表 8-3 研究范式类型构成

单位:篇,%

类型	实证性研究	规范性研究	倡导性研究	合计
数量	59	17	4	80
比例	73.75	21.25	5	100

资料来源:作者自制。

(二) 研究资料类型多样

关于中国政策变迁的研究采用了多种研究资料。通过对现有研究成果中资料收集方式的分析,发现二手数据、深度访谈、参与式观察是使用最多的三种方式。其中,使用二手数据进行的研究最多(70 篇),约占文献总量的 87.5%,涵盖了政策文本、新闻报道、统计数据、地方史志等不同来源和形式的数据资料。而访谈记录、观察日志、问卷结果等,也是既有研究中较为常见的资料来源形式(见表 8-4)。

此外,除了集中运用某一种特定的资料收集方式外,还有一些研究同时运用两种或三种资料收集方式,如"二手数据+深度访谈""二手数据+参与式观察""深度访谈+参与式观察""二手数据+深度访谈+参与式观察"等,为探讨中国政策变迁的问题提供了多样化信息来源和资料支持,增强了不同资料之间的相互确认与支持,提升了研究结果的说服力和可信度(见表 8-4)。

表 8-4 研究资料综合运用

资料收集方式	具体文献
深度访谈+参与式观察	(施生旭、陈浩,2021)
二手数据+参与式观察	(王俊、王雪瑶,2021)
二手数据+深度访谈	(文宏,2014)(Wang Guohui,2019)(傅利平等,2020)(杨志军,2021)(李斯旸、朱亚鹏,2021)(孙蕊等,2021)(高鹏、杨翠迎,2022)

资料收集方式	具体文献
二手数据+深度访谈+ 参与式观察	（孙志建，2014）（侯志峰，2019）（朱亚鹏、孙小梅，2020a；2022b）

资料来源：作者自制。

（三）经验区域跨度丰富

关于中国政策变迁的研究涉及众多不同的政策经验区域。根据对现有研究文献资料的整理和分析，发现大部分探讨中国政策变迁的研究都有相应的经验区域，也有 46.25% 的研究文献无相应的经验区域。在具有经验区域的文献资料中，跨区域研究数量较多（27 篇，占比为 62.79%），其他研究则覆盖了华东地区（4 篇）、西北地区（4 篇）、华北地区（3 篇）、华南地区（2 篇）和华中地区（1 篇）等多个区域。此外，还有少数研究对经验区域采取了匿名的方式进行了处理（2 篇）。上述研究文献中经验区域跨度很大，不仅体现了中国政策变迁理论研究的开阔视野，同时也反映了中国政策变迁实践发展的客观基础。

四 政策领域广泛

（一）涉及政策领域数量多

中国政策变迁研究涉及众多不同的政策领域。基于对现有文献资料的分析，发现当前关于政策变迁问题的探讨，涉及社会政策（王绍光等，2005；朱亚鹏、孙小梅，2020）、"三农"政策（Wang，2019；徐增阳等，2019；唐斌等，2021）、教育文化政策（潘懋元、朱乐平，2019）、环境政策（冯贵霞，2014；杨志军、支广东，2021）、经济和创新政策（杨璐璐，2016；李珄、战建华，2017）、国防外交政策（Hu，2019；刘纪达等，2022），以及信访维稳制度（于水、杨溶榕，2017；文宏等，2019）、行政区划调整（范逢春、周森然，2021）、矿产资源管理（彭忠益、高峰，2021）、自贸区建设（王厚芹、何精华，2021）等多个领域。

（二）单一领域议题范围广

中国政策变迁研究在相关政策领域中涉及议题较为广泛。在社会政领域，现有研究涉及住房（林卡、高红，2007；李培，2008；柏必成，2010；朱亚鹏、孙小梅，2020；吕萍、邱骏，2021；李国庆、钟庭军，2022）、医疗卫生（王绍光等，2005；房莉杰，2017；颜昌武，2019；傅利平等，2020；李斯旸、朱亚鹏，2021；高鹏、杨翠迎，2022）、道路交通（李毅，2019；王英伟，2019；黄坤达、朱旭东，2022）、人口与计划生育（李朔严、张克，2016；刘小燕、李泓江，2019）、农村低保（侯志峰，2019）、养老服务（韩艳，2015；付舒，2019；孙蕊等，2021）、慈善捐赠（刘蕾、史钰莹，2021）、劳动政策（臧雷振等，2020）、社会组织（叶托，2019）、食品安全（吴林海等，2021）等众多议题。在教育文化政策领域，现有研究涉及农村基础教育（曲铁华、樊涛，2011）、城市幼儿教育（段泽孝，2020）、高等职业教育、（潘懋元、朱乐平，2019）文化产业（卫志民、于松浩，2019）、义务教育"减负"（熊烨，2022）、科研管理（刘开君，2016）等诸多的议题。这不仅表明了政策变迁在不同政策领域发生的普遍性，同时也意味着政策变迁在特定政策领域涉及要素的多样性，诠释了政策变迁实践所具有的系统性和复杂性特征。

五　研究方法多样

（一）质性研究居主导地位

质性研究方法在当前中国政策变迁研究中运用最为广泛，尤其是案例研究。通过文献资料的整理和分析，发现采用质性研究方法的文献共55篇，在文献总量中的占比为68.75%。其中，案例研究方法是最主要的路径，单案例研究偏多——文献数量共49篇，在案例研究文献中的占比为89%（见表8-5）。此外，也有部分研究通过比例案例分析的路径，探讨了中国政策变迁中的相关问题，如中国社会政策变迁中的专家参与模式（朱旭峰，2011）、京津冀劳动政策的差异（臧雷振等，2020）、中西食品安全风险治理工具的演化（吴林海等，2021）、目标群体社会建构的转型与政策变迁（李斯旸、朱亚鹏，2021）。由此可见，质性研究已经成为探讨和解答中国政策变迁实践"How（怎么样）"和"Why（为什么）"等问题的"主流方法"，在中国政策变迁的知识生产和理论建构过程中发挥着重要作用，并在研究中受到越来越多的关注、讨论和运用。此外，政策文本分析也是中国政策变迁研究中使用较多的质性研究方法，如关于社会政策模式转换（黄帅，2012）、医疗卫生政策变迁（颜昌武，2019）、农民工政策变迁（徐增阳、付守芳，2019）、城市生活垃圾管理政策变迁（万筠、王佃利，2020）、基本公共服务均等化政策目标及演化（姜晓萍、郭宁，2020）等。

表 8-5 质性研究方法构成

单位：篇，%

类型	单案例研究	比较案例研究	民族志	合计
数量	49	6	0	55
比例	89	11	0	100

资料来源：作者自制。

（二）量化研究的数量较少

量化研究方法在当前中国政策变迁研究中有少量运用。如有研究者运用省级面板数据分析了我国环保支出的变化（邝艳华，2015）；也有研究者运用文献计量分析的方法，探讨了我国养老服务政策的演进态势（付舒，2019）、新能源汽车产业的政策变迁与政策工具选择（李肆、战建华，2017）以及社会科学研究如何影响政策变迁（吴宾、滕蕾，2021）等。总体上看，量化研究方法在中国政策变迁研究中的运用相对较少，而文献计量分析是其中较为常见的一种方法。

（三）混合研究有一定比重

混合研究在当前中国政策变迁研究中也有部分运用。如王绍光等（2005）基于三次国家卫生服务调查的结果，分析了在强大财政压力下城镇医疗保险制度的演变过程，以及政府对公立医疗机构的政策转变对医疗服务提供者行为的影响；邬龙等（2019）以大气污染治理政策为样本，通过构建文本关键词关联网络、凝聚子群识别和主题相似度计算，分析了大气污染治理的政策变迁规律和未来趋势。

六 理论诉求的差异性显著

(一) 理论框架构成多样

关于中国政策变迁的研究在理论框架方面具有多样化的特征。通过整理和分析相关文献资料,发现目前30%的研究成果没有理论框架。自己建构理论框架的研究、使用经典的政策过程理论作为框架的研究,在数量上相同(各有18篇,文献占比均为22.5%);而以现有理论为基础修订/建构新的理论框架的研究、以修正经典政策过程理论为研究目的的研究,也数量相同(各有7篇,文献占比均为8.75%);此外,也有部分文献使用其他学科理论作为框架。综上可见,关于中国政策变迁的研究,在理论框架方面存在着"框架缺失""自主建构""拿来主义""修订完善"等多种不同的构成类型,反映出研究者在理论方面具有各自的目的和偏好(见图8-4)。

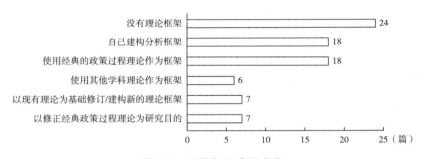

图 8-4 研究框架类型分布

资料来源:作者自制。

(二) 理论贡献类型多样

关于中国政策变迁的研究在理论贡献方面具有多种不同类型。通过文献资料整理,发现部分研究在理论贡献方面较为薄弱甚至无理论贡献(18篇,占比为22.5%);大部分研究旨在借用国外相关理论对中国政策变迁实践进行分析,并实现理论的拓展(30篇,占比为37.5%);一部分研究旨在通过探讨中国政策变迁过程中的因果关系和作用机制,生成相应的理论(14篇,占比为17.5%);一些研究在研究视角/范式创新(7篇,占比为

8.75%)、建构概念模型（6篇，占比为7.5%）方面做出了积极探索；此外，也有研究在提炼概念、方法论的丰富与创新等方面进行了有益尝试。可见，目前关于中国政策变迁的研究，从不同层面广泛推进知识生产并做出了相应的理论贡献，不断深化中国政策变迁的理论探讨，有效充实和丰富了中国政策变迁的理论知识。

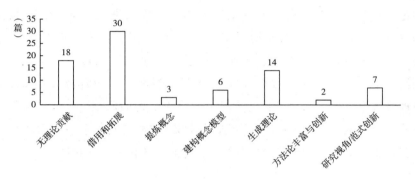

图8-5　理论贡献类型分布

资料来源：作者自制。

第四节　中国政策变迁研究的核心议题

在中国政策变迁的研究中，研究者们立足不同政策领域实践，围绕政策变迁的发生过程、动力机制、影响因素和基本规律等核心议题，进行了持续的探讨，旨在对中国政策变迁如何发生、为何发生、受何影响以及有何规律等相关问题，做出实践陈述或理论解释，以深化对中国政策变迁过程的认知和理解。梳理和总结中国政策变迁研究的核心议题，有助于全面把握中国政策变迁研究的整体情况，并做出相对客观准确的评价，进而明确未来研究的方向。

一　政策变迁的发生过程

（一）政策变迁的演进历程

回顾政策变迁历程是探讨中国政策变迁问题的基础性工作。任何政策的变迁都会呈现阶段性的特点。在中国政策变迁的相关文献资料中，研究者对不同领域的政策变迁进行了全面回顾和系统梳理，展现了新中国成立以来尤其是改革开放后，在不同历史阶段和不同政策领域，我国政策变迁的广泛性和持续性态势，如新中国成立以来医疗卫生政策的变迁（王绍光，2008）、养老服务政策的演进路径（韩艳，2015）、道路交通安全管理体制的变迁（黄坤达、朱旭东，2022）、防范化解重大稳定风险的政策发展脉络（文宏等，2019）、社会组织政策的范式变迁（叶托，2019）、改革开放以来中国科技人才政策的变迁（刘忠艳等，2018）、农村劳动力政策的演进（王成利，2018）、土地政策的变迁（杨璐璐，2016）、中小学减负政策的变迁（王毓珣、刘健，2018）、21世纪以来中国海外高层次人才引进政策20年的发展历程（葛蕾蕾，2021）、党的十八大以来我国基本公共服务均等化的政策演化（姜晓萍、郭宁，2020）等。

（二）政策变迁的基本特征

中国政策变迁诠释了经济社会发展和国家治理的"中国特色"。不同时段和不同领域的政策变迁，共同演绎了中国政策变迁的实践景象，也展现出中国政策变迁的基本特征。

部分研究者聚焦特定政策领域，基于政策文本分析，阐明了不同政策变迁的特征。韩艳（2015）基于1949~2014年国家层面政策文本，分析了我国养老服务政策的演进路径，指出养老服务政策的变迁，呈现出政策客体逐渐扩大、养老服务项目逐渐增多、更加凸显社区居家养老方式的作用、更多运用市场型和动员型政策工具、更加关注政策效果和养老服务质量提高等特点。孙萍、刘梦（2015）以1989~2013年出台的社区政策为样本，分析了我国城市社区社会保障政策的演变，指出了周期性起伏且渐趋平稳、政策制定参与主体多元化、政策工具选择差异化、政策主导类别转向社区社会福利等特征。刘忠艳等（2018）以1978~2017年国家层面发布的科技人才政策为研究数据，系统解析了我国科技人才政策的演进，认为科技人才政策的变迁具有指导性战略体系日趋完善、关注重点由宏观科技管理转向微观专项科技人员、政策目标人群日趋丰富和细化等特点。卫志民、于松浩（2019）基于2006~2018年的文化产业政策，分析了我国文化产业政策的演进，总结出政策主题多元化、政策主体网络化、政策结构层级化、政策数量渐进增加等方面的主要特征。

部分研究者从宏观性和总体性视角出发，试图对中国政策变迁的总体特征进行总结。不同于西方国家，"中国自改革开放后进入了一个剧烈转型的时期，政策变迁呈现出自己独有的特点，即转型强烈影响政策过程的方方面面"（骆苗、毛寿龙，2017）。陈潭（2009）认为中国的公共政策变革是计划经济体制走向市场经济体制的增量演进，改革开放 30 年来的公共政策变迁演绎着"中国特色"和"中国奇迹"，呈现出"从摸索到创新、从试点到普及、从协调到一致、从效率到公平、从服从到参与"等特征。唐贤兴（2019）指出，用单一逻辑解释中国政策变迁，难以展示中国政策变迁过程的全貌，并从思维和方法上由简单向复杂的转变、保持某种程度的政策稳定的前提下实现从政策的渐进调适到系统性的顶层设计、日益加大与国际环境的互动并适应和满足国内环境的需求、由政策冲突走向政策协调等方面着手，概括和总结了中国政策变迁的逻辑。徐国冲、许玉君（2022）基于"五年规划"建议说明稿的话语分析，指出新时代我国公共政策的变迁受内容性逻辑和任务性逻辑的双重影响，在政策主体上加强主体间的上下联动，党的领导贯穿公共政策始终；在过程中走向决策流程规范化和制度化，问题导向与目标导向相结合；在结果上实现政策内容产出的均衡全面，政策学习更为积极主动。

二 政策变迁的影响因素

政策变迁是政策实践中较为常见的现象，受到多种因素的影响。研究者们对影响政策变迁的相关因素进行了探讨，阐明了政策变迁实践的复杂性。纵观既有相关研究，可以将政策变迁的影响因素概括为环境因素、主体因素和机会因素等几个方面。

（一）政策环境

任何公共政策都是在特定环境中形成和发挥作用的。作为公共政策活动的外部场域，政策环境对政策变迁具有重要影响。一方面，政策变迁深深嵌入社会宏观结构系统中，与社会整体情境存在着耦合关系。如中国共产党科技人才政策变迁，深受当时宏观情境的影响，包括经济情境、法律情境和国际情境等方面的要素（钟云华、黄小宾，2022）；在思想政治教育学科政策变迁过程中，政治环境是决定性因素、经济环境是诱导性因素、文化环境是中介性因素（宋俊成，2014）。另一方面，政策变迁也受到法律、法规和习俗等特定制度的影响。如新中国农村基础教育政策的变迁，受到农村土地改革、人民公社体制、农村社会转型和社会主义新农村建设等多重要素的影响（曲铁华、樊涛，2011）；中国农地流转政策的变迁，受到计划经济向市场经济过渡的宏观制度环境变化、政治精英理念更新，以及农民工、农村社会保障、农业税收和农村土地确权等政策调整作用等制度因素的影响（吴光芸、万洋，2019）。此外，媒体也被视为影响政策变迁的重要因素。随着媒介融合持续推进，媒体对政策变迁的影响效果日益显著（王洛忠、李奕璇，2018）。新媒体环境下，网络舆情可以将网民的注意力迅速聚焦于焦点事件，进而使相关议题得到决策者的关注与回应，最终实现政策的间断式变迁（黄扬、李伟权，2018）。

（二）主体因素

政策变迁是政策主体不断调整和变革政策的结果。政策过程中不同行动主体的政策回应，对政策变迁产生不同影响。政策实践中，政策主体的价值情感心理系统对政策变迁具有重要影响，价值共识水平的变化可产生政策变迁的内在动力，政府现状偏好则直接制约政策价值取向和政策工具类型的变动（吴文强、郭施宏，2018）。在个体层面，不同类型的主体对政策变迁具有不同的影响。多元行动者的价值理念及其相互作用是推动政策变迁及范式转换的动力（孟溦、张群，2020）。政策企业家（朱亚鹏，2012）、政策经纪人（王春城、柏维春，2014）和政策活动家（施生旭、陈浩，2021）具备敏锐的观察力和娴熟的资源运作能力，善于建立并利用人际关系网络来实现政策变化，是耦合源流、软化矛盾和推动变迁的重要力量。公众人物可以利用自身的专业技能，通过塑造公共议题影响政策变迁（王向民，2015）。在组织层面，不同主体及其互动也对政策变迁具有重要影响。改革开放40多年的历程表明，推动中国公共政策变迁的主要力量，还是来自执政党和政府（唐贤兴，2020）。在中国政策情境下，中央政策导向和地方政策调适是促使政策场域发生变动的核心变量，以不同层级政府为主的政策场域的转化对政策状态的切换起着至关重要的作用（魏署光、吴柯豫，2022），不同维度的央地互动对政策变迁模式具有异质性影响（王厚芹、何精华，2021）。

（三）机会因素

作为政策变迁的时间窗口，机会因素是外部环境刺激、行为主体推动等共同促成政策变迁的时机。机会因素可视为推动政策变迁的催化剂，在很大程度上决定着政策变迁能否发生。焦点事件是政策变迁的重要引发机制，不仅可以把社会问题凸显，而且可以形成政治环境并引起决策者的关注，进而实现"政策窗"的形成，通常可为解决相关社会问题提供契机，或为政策变革和调整提供条件（王雄军，2009）。在环境信息公开政策变迁中，重大事件是推动政策变迁的主要因素，一是事件的危害触动了原有信念体系而引发新的信念并带来政策产出，二是极其严重的突发事件发生时，政府会采取应急处理措施，迅速发布政策文件以消除负面影响、稳定民心（孙岩等，2018）。在中国野生动物保护政策变迁中，受焦点事件的影响，政策呈现间断均衡的变迁特征，表现为以资源利用为目标的政策均衡和以生态保护、公共卫生安全为转向的政策间断（武晗、王国华，2020）。

三　政策变迁的动力机制

政策变迁为何以及如何发生是广受关注的重要议题。研究者们积极引入、借鉴和修正西方理论，从不同视角出发，围绕政策变迁的动力机制展开了广泛探讨，形成了丰富的成果，为阐明中国政策变迁的驱动因素和理解中国政策变迁的运行机制，奠定了坚实的基础。

（一）多源流理论视角

多源流理论是美国政策学家约翰·金登（John W. Kingdon）于20世纪80年代中期提出的，用于分析政策议程的设置问题的理论。多源流理论继承了垃圾桶决策模型的非理性主义分析方法，试图回答三个重要问题：政策制定者的注意力是如何分配的？具体问题是如何形成的？对问题及其解决方法的发现是怎样和在哪里进行的？（姜艳华、李兆友，2019）该理论提出了影响政策议程的三大源流，即问题源流、政策源流和政治源流，且三种源流彼此独立，具有不同的运作机制和流动路径。问题源流涉及对需要处理的问题的界定，关注社会中诸多需要加以解决的问题是如何被政府部门感知并最终进入政府政策议程的。政策源流涉及解决问题的技术可行性、解决方案的预算可行性、公众的接受性、与主导价值观的协调性等内容，需要发挥专业分析人员的作用，关注政策共同体中的专家提出的政策建议和政策方案的产生、讨论、修改和确定的过程。政治源流涉及影响问题解决的政治因素，包括民众情绪、利益集团之间的竞争、政府的变更、重大人事调整、舆论焦点变化等（金登，2004）。当三种源流汇合到一起时，政策制定的"机会之窗"就会打开，使得政策问题被识别、政策建议被采纳、政策议程发生变化。

政策企业家被视为促进三大源流汇合的重要力量。多源流理论认为，政策之窗并不经常打开并且具有稍纵即逝的特点，而政策企业家在其中发挥着重要作用。政策企业家作为特定政策的倡导者，愿意投入时间、精力、声誉和资金，促进某一政策主张的落实，以实现预期收益。成功的政策企业家不仅具有超出常人的政治技能、坚韧不拔的意志，而且还具有敏锐的触觉，能够准确察觉"政策之窗"并在恰当的时机采取行动，促进三大源流汇合（金登，2004）。政策企业家具有创新精神，致力于打破现有政策平衡，"兜售"新的政策理念，并力图将其变成新的决策方案（杨宏山，2024）。在政策议题提出阶段，政策企业家努力确认问题并坚持对决策部门的思想进行软化；而在政策之窗敞开时，政策企业家把解决办法、问题、政治力量、政策建议等相结合，"利用自身的影响力凸显问题并提供政策建议以实现政治溪流和政策溪流的结合，在政策窗口出现的短暂时间内抓住时机将准备就绪的方案提出，从而实现三流合一推动政策变迁"（骆苗、毛寿龙，2017）。因此，政策企业家被视为解释公共政策变迁和公共政策创新的关键变量（Weissert，1991）。

多源流理论被广泛运用在公共政策研究领域中。多源流理论拓展了政策阶段分析的研究空间，提供了政策过程参与者的全景分析图，修正了垃圾桶决策模型（陈建国、金登，2008），揭示了公共政策形成的契机，分析了影响公共政策过程的各要素及所发挥的作用，具有较强的解释力和影响力，不仅可用于政策议程分析，也可用于政策制定、执行和扩散分析（曾令发，2007）。在政策变迁过程中，多源流理论注重三大源流汇合的条件分析，突出焦点事件、危机和符号对政策变迁的动力作用，致力于回答政策变迁发生的过程和条件，如阿尔坎特拉（C. Alcantara）和罗伊（J. Roy）

（2014）运用多源流理论探讨了加拿大固定选举日期立法的演变；尼尔·卡特（N. Carter）和迈克尔·雅各布斯（M. Jacobs）（2014）运用多源流理论，基于2006~2010年工党政府领导下的英国气候变化和能源政策的转变，尝试对激进的政策变迁做出解释。.

　　研究者们运用多源流理论，对我国政策变迁的动力展开了探讨。多源流理论比传统的政策过程阶段论更能为政策变迁提供合理的解释，获得了国内研究者们的积极关注和借鉴。如周超、颜学勇（2005）运用多源流理论对孙志刚事件，以及强制收容政策向无偿救助的政策转变过程进行了分析，阐明了强制收容政策变迁的过程和动力。柏必成（2010）以多源流理论为视角，在对改革开放以来我国住房政策进行分析的基础上，构建了政策变迁的动力模式，指出问题的变化、方案可行性的增强、政治形势的变化、外部事件的冲击、正面政策效果的积累等共同构成了政策变迁的动力因素。施生旭、陈浩（2021）对多源流理论框架进行修正，构建了"两阶段多源流"社区政策议程设置的解释性框架，以老旧小区加装电梯项目为例进行了阐释，强调了社区"能人"在耦合源流与软化矛盾中的积极作用。在我国政策变迁的研究中，多源流理论的应用频繁且类型多样，既有直接套用，也有改造更新，显示出该理论具有较强的解释力和广泛的适用性，也体现出研究者立足本土实践对西方理论进行反思的自觉性。

（二）间断—均衡理论视角

　　间断—均衡理论（Punctuated Equilibrium Theory, PET）是美国学者弗兰克·鲍姆加特纳（Frank Baumgartner）和布莱恩·琼斯（Bryan Jones）在20世纪90年代提出的，旨在解释政策过程中的长期稳定和突变间断现象。在反思政策过程中的渐进模型和偏好模型的基础上，间断—均衡理论"试图从议程设定理论出发，结合政策图景和政策场所的互动，同时解释政策过程中稳定和变迁问题"（李文钊，2018）。间断—均衡理论将问题界定与制度结构的相互影响，视为政策变迁的动力来源，并将这一解释具体到政策形象和政策议定场所之间的持续互动中（孙欢，2016）。议程设置是其主要的研究途径，信息处理是分析焦点，宏观政治和政策子系统是政策变迁发生的两种场所，认知、制度和政策图景则是理解政策过程中稳定与变迁模式的三种解释逻辑（李文钊，2018）。间断—均衡理论关注到政策变迁的非线性特征，对渐进决策理论进行了修正，将政策变迁分为长期的渐进变迁和短期的重大间断两个阶段，并运用政策形象、正反馈、负反馈、注意力等概念，同时对政策变迁的稳定性和间断性做出了理论解释，增进了对政策变迁规律的认识。

间断—均衡理论将政策图景、政策场域和政策垄断看作影响政策状态转换的关键因素。政策图景是关于政策问题的公众认知，包括个体对政策的经验信息和情感诉求，存在着正面和负面两种类型，前者促进政策均衡的形成，后者则导致政策均衡被打破。通常情况下，"政策的倡导者会将政策聚焦于某一特定的政策形象谱系，而反对者会将其诉诸另外一种政策形象谱系"（鲍姆加特纳、琼斯，2011）。政策场域是针对特定问题做出权威性决策的制度性场所。在政策制定过程中，有的政策议题由单一利益群体主导，而有的则涉及多个利益群体，"当政策子系统被单一利益主导时，就会出现政策垄断现象，形成强有力的政策观念来支撑政策制定，并主导与公众的沟通。成功的政策垄断可减轻政策变迁的压力，使政策调整缓慢进行"（杨宏山，2024）。而如果其他行动者对政策议题做出新界定、提出新观点，就可能会形成不同的政策图景，使得正面政策图景逐步变为负面政策图景，进而打破原来的政策垄断，建立新的制度结构，使政策出现重大间断期。而随着新政策的出台，公共政策将会进入下一个政策均衡期。

间断—均衡理论在国内公共政策分析中运用十分广泛。"间断均衡理论对分析我国公共政策变迁的整体过程有着较强的适用性，它能够有效厘清政策的渐进演变与间断变革的过程和特征"（魏署光、吴柯豫，2022），被用于环境保护（邝艳华，2015）、食品安全监管（黄新华、赵荷花，2020）、人口生育（孙欢，2016）及出租车管理等多个领域的研究。李健、成鸿庚（2018）基于间断均衡模型，分析了我国社会组织政策的变迁，指出政策场域变化是政社关系变迁的前提，而焦点事件爆发、地方政府创新、社会组织倡导是促使政策场域变化的基础变量。刘开君（2016）尝试从适用条件、理论假设、变迁过程和根本原因等维度对间断—平衡分析框架予以修正，将修正后分析框架的适用条件扩大为稳定的政治制度结构。文宏（2014）指出，间断—均衡理论中的制度结构性因素（政策场域），不能与我国的政策实践相匹配，宏观层面的价值倾向、地方领导班子的态度以及公民的反应，是政策变迁动力的主要因素，具有典型的中国情景。孟溦、张群

（2020）在间断—均衡框架和政策范式结合的基础上，指出政策变迁的作用机制体现为不同场域的行动者运用其资源能力和价值信念，维持或改变政策目标和形象、调整政策工具及其设置，使政策由均衡走到间断再回到均衡。而推动政策变迁及范式转换的动力主要是多元行动者的价值理念及其相互作用。

（三）倡导联盟框架

倡导联盟框架（Advocacy Coalition Framework，ACF）是由美国学者萨巴蒂尔（Paul A. Sabatier）和简金斯·史密斯（Jenkins-Smith）于20世纪80年代提出的政策过程研究理论，也被译为倡议联盟框架、支持联盟框架等。作为政策过程研究的重要理论，"倡议联盟框架的核心目标在于有效解释政策变迁过程，政策变迁是倡议联盟框架的终极因变量"（朱春奎等，2012）。倡导联盟框架基于外生变量和政策子系统的互动，将政策变迁看作两方面因素共同作用的结果，一方面是政策子系统中相互竞争的倡议联盟之间的互动，另一方面是经济社会环境变化、新技术应用、新的执政联盟等外部要素（萨巴蒂尔、史密斯，2011）。在政策子系统中，参与者被分为许多不同的倡导联盟，每个联盟的成员具有共同的信念，通常也会采取一致的行动。不同联盟的战略相互冲突，通常会由被称为"政策掮客"的第三方进行斡旋调解，以寻找合理的妥协方案和减少激烈冲突。最终的结果是一个或更多的政府政策，而这些政策又在操作层面产生相应的政策后果，进而对目标问题产生系列影响。

倡导联盟框架特别关注以政策为导向的学习。倡导联盟框架将政策导向的学习看作影响政策变迁的重要机制，常常可以改变联盟信念体系的次要方面，但政策核心方面的转变通常都是由子系统外非认知性因素的变化所触发，包括宏观经济环境、新的占统治地位的联盟的形成、其他政策子系统的影响等（杨宏山，2024）。倡导联盟框架认为政策子系统由政策精英组成，并把他们的信念体系划分为核心信念、接近核心的基本战略和次要方面，核心信念是最稳定的（萨巴蒂尔、史密斯，2011）。在联盟中，大部分参与者对核心信念的看法基本相同，但在次要方面则存在差异，只要一个联盟仍掌握权力，政策的核心就不会发生重大改变。而当社会经济状况、占主导地位的联盟力量发生重大变化时，联盟内部就可能出现认知冲突，不同信念体系的相互交流，会引发政策导向的学习，进而促进政策体系的次要方面发生变化。相互竞争的联盟在实力保持稳定时，政策的核心价值也保持稳定。公共政策发生重大变革通常是政策子系统外部环境变化的结果，特别是社会经济状况发生重大变化会导致执政联盟的重新组合。

倡导联盟框架以政策子系统为单元、以各类参与者组成的倡导联盟为媒介，聚焦联盟的政策信仰系统（李文钊，2023），利用信念体系的层次化、联盟内外的政策学习与政策子系统的互动剖析政策变迁的发生过程及不同程度政策变迁出现的原因（骆苗、毛寿龙，2017），为公共政策分析提供了全新的视角，在我国政策变迁研究中有着较为广泛的应用。宋心然（2017）基于中国网约车监管政策变迁的分析，证明了倡议联盟框架的诸多命题在中国的政策过程中同样适用，同时指出在核心信仰不发生改变的前提下，政策变迁也有可能发生；由于核心信仰未改变，政策极易变动；立法部门化对政策变迁影响显著；"互联网+"技术的应用则大大加速了政策变迁的进程。田华文、魏淑艳（2015）基于广州市城市生活垃圾治理政策变迁的案例研究，验证了倡议联盟理论关于政策论坛可成为推动政策学习并引发政策变迁的观点适用性，认为政策论坛未来应是推动我国政策变迁的重要力量。范永茂（2016）基于京沪粤三地"异地高考"政策变迁的分析，指出利益相关者对潜在利益的追求以及制度环境中某些外生性变量诱致了政策的变迁，改变政策子系统的基本规则、权力结构、文化环境等变量也可以间接地促成政策的变迁。

（四）历史制度主义

历史制度主义是20世纪80年代开始流行并发展起来的社会科学理论流派。作为当代西方以经验为基础的政治科学的主要分析范式之一，历史制度主义在批判行为主义、多元主义、理性选择理论的基础上，认为如果不充分了解脉络，就不能理解社会现象或政策，而形成脉络的正是历史，其主要特征是关注宏观脉络并分析历史过程（河连燮，2014）。历史制度主义研究的主题是制度变迁，其所运用的方法是比较历史法和制度分析法，以及行动者中心的方法、中层研究法等具体方法的综合，其核心问题是什么要素推动了制度变迁，以及制度变迁和制度本身对政治现象有何作用（刘圣中，2010）。历史制度主义的分析范式主要体现在结构观和历史观上，结构观既强调了政治制度对公共政策和政治后果的重要作用，也重视变量之间的排列方式；在历史观上，注重通过追寻事件发生的历史轨迹来找出过去对现在的影响，强调政治生活中路径依赖和制度变迁的特殊性，并试图通过放大历史视角来找出影响事件进程的结构性和历史性因果关系（何俊志，2002）。

历史制度主义对于公共政策研究具有重要借鉴作用。历史制度主义关注制度在社会变迁中的作用，强调以历史为核心进行分析，致力于把制度与历史过程结合起来，构建了涵盖宏观结构层面的深层结构、中观制度层面的路径依赖、微观行动者层面的动力机制的分析框架，可以为公共政策研究提供重要参考和借鉴。历史制度主义以新制度主义的基本思路对历史的发展进行比较研究，从各国历史发展和比较的过程中去探求制度变迁的不同过程，寻求在稳定的制度安排下政策变化的根源，以及政治制度与政治观念的互动作用，以解释在特定制度局限下观念变革如何导致政策变化（赵晖、祝灵君，2003）；强调中观层面的制度是政治分析和政策研究的中心，其制度观对政策研究具有解释性意义，其历史观对政策研究具有描述性意义，其方法论对政策研究具有建构性意义，为政治科学与政策科学在新的层次上实现融合和交流提供了思路（庄德水，2008）。历史制度主义学派提供的分析视角，可使我们更好地理解国家内部政策的延续性和不同国家间政策的差异性，更好地吸取国内外在政策制定中的经验与教训（张海清，2013）。

历史制度主义在中国政策变迁研究中有着广泛应用。作为新制度主义的重要理论流派，历史制度主义理论符合中国政治发展的需要，尤其是能为在历史和传统背景下进行制度变革和发展政治提供有益的帮助（刘圣中，2010）。因此，许多研究者运用历史制度主义探讨我国不同领域的政策变迁问题，并尝试对政策变迁的动因做出解释。潘懋元、朱乐平（2019）指出，推动产业转型、变革管理机制和满足个体需求是我国高职教育政策的变迁的主要动力。郭哲（2020）指出，路径依赖是我国科技人才政策保持结构稳定性与内在连贯性的基本阐释工具，关键节点在政治逻辑作用下成为科技人才政策变革的原始驱动力。黄坤达、朱旭东（2022）基于新中国道路交通安全管理体制变迁的分析，指出国家政治、经济、社会层面的宏观制度结构框定了变迁方向，决策者的理性选择以及相关部门间的竞争决定着变迁路径。张云生、张喜红（2022）指出，环境、政策、行动者及其相互关系，是影响撤县设市政策变迁的主要动因。吴光芸、万洋（2019）认为，中国农村土地流转政策的变迁，是宏观制度环境的变化、政治精英理念的更新、其他相关政策的作用、社会经济技术的革新、传统历史文化的影响、外部示范效应的压力以及政治行动者的推动等多方面因素共同作用的结果。

（五）其他理论视角

除了倡导联盟分析框架、多源流理论以及间断—均衡理论等主流分析路径外，研究者们还从其他视角着手对政策变迁的动力问题展开了探讨，并形成了较为丰富的研究成果，为拓展政策变迁的理论和深化对政策变迁规律的认识，提供了方向指引和理论支持。

杨志军（2021）基于政策动力学理论，对政策变迁的动力机制做出了多维度分析和系统信性阐释。作为直接触发机制的选举、作为常规推动机制的议程设置以及作为核心稳定机制的偏好，是政策变迁的三种动力机制。选举之于政策变迁并作用于国家治理的意义是实现决策的注意力转移；议程设置则是注意力分配的过程，在注意力稀缺、饱和和转移三种情形之下，政府议程在问题进入政策议程渠道上占据主导地位；偏好来自理性，在偏好稳定的情形下，政策变迁取决于制度摩擦的阻力水平，其不可测量性需要追踪政策注意力的变化。上述研究有助于探索政策过程及其变迁的本源性知识，为寻求政策变迁的核心解释机制提供参考和借鉴。

朱亚鹏、张婷婷（2021）基于政策要素模型，分析了中国小额信贷政策的发展历程及政策变化。中国小额信贷政策呈现出不同于霍尔模型的复杂的政策动态与发展渐进的政策变化模式。在此过程中，抽象层次的政策要素保持长期稳定，而程序性和操作层次的政策要素发生渐进变化，改变了原本的政策均衡。研究发现，政策学习、政治环境变化和焦点事件中的政策企业家，是促进小额信贷政策变化的主要动力机制。该研究重点从政策要素变化的角度，考察我国小额信贷政策变化的范围、内容和方向，检验了政策要素模型作为分析工具的适用性，有助于更好识别政策变化的动态，为考察中国公共政策变迁问题提供了有效的工具支持。

吴江等（2019）与李敬锁等（2021）基于宏观、微观两个层面，分析了中国科技政策发展变迁的历程和动力。政策变迁离不开宏观和微观两个方面的共同作用，政策环境的变化是宏观动力，各主体间的利益冲突是微观动力，地方政府对科技园区的引导、高校科技成果转化、企业自身发展三者相互作用，推动国家大学科技园政策的变迁。宏观动力是外部条件、微观动力是根本动力，两种动力相互作用共同构成了政策演化的动力机制，宏观和微观双动力及其相互作用是推动科技特派员制度变迁的根本原因（李敬锁等，2021）。上述研究对于系统理解中国政策变迁的复杂场景和深入分析中国政策变迁的多重原因，具有较强的实践针对性和理论启发性。

此外，还有研究者从要素组合、动力结构和主体博弈等角度出发，探讨政策变迁的动力。包国宪、马翔（2018）运用清晰集定性比较分析法（csQCA）研究地方政府环保政策的变迁，发现自上而下的政治压力、公众舆论压力、媒介压力、专家压力以及领导变更等5类8个解释变量，可作为政策变迁的驱动因素，中央媒介压力是政策变迁的必要条件；张圆刚等（2021）基于黄山案例地的定性比较分析，探讨乡村旅游政策变迁影响路径的组态。张峰、韩丹（2012）基于新中国高校思想政治教育政策的变迁研究，将政策变迁的动力进行层次细分，提出政策变迁动力来自根本动力、基础动力、直接动力三方面的分力融合而成的合力。何云辉（2011）基于高校毕业生就业政策变迁的分析，指出中央政府、地方政府、高校、毕业生以及用人单位，围绕就业政策反复进行博弈并趋向协作，成为推动政策变迁的内在动力机制。

从不同视角出发对政策变迁动力的研究，揭示了政策变迁驱动因素的复杂性、影响路径的多样性和实践效果的差异性，不仅体现了研究者对政策变迁动因的广泛关注和持续追踪，也在一定程度上反映出政策变迁研究的热度和广度。这对于进一步拓宽政策变迁研究的视角和丰富政策变迁研究的议题，不断深化中国政策变迁问题的研究，加快构建中国公共政策自主知识体系，具有重要推动作用。

第五节　中国政策变迁研究的总体评述

中国政策变迁贯穿于我国社会建设和现代化的发展过程，体现出鲜明的中国特色并蕴含着独特的中国智慧，彰显了中国共产党领导下的大国治理的实践探索和光辉历程。关于中国政策变迁问题的研究取得了长足的进展，对理解中国政策变迁现象、解释中国政策变迁原因和探讨中国政策变迁规律，具有重要的指导和参考作用，为不断深化中国政策变迁研究奠定了坚实的基础。但同时也还存在着一些不足，在某种程度上影响和制约着中国政策变迁研究的进程，亟待进一步弥补。

一　中国政策变迁研究的进展

（一）议题覆盖的广泛性不断提高

中国政策变迁研究的议题覆盖更加广泛，主要体现在分析的"聚焦点"和政策领域的分布两方面。在分析的"聚焦点"方面，关于中国政策变迁的研究涉及议程设置（刘小燕、李泓江，2019）、政策制定（林卡、高红，2007）、政策设计（整合、工具）（唐斌、席振华，2021）、政策执行（昌硕，2021）、政策创新与扩散（学习、试验、试点）（朱亚鹏、孙小梅，2020）等内容，体现出政策变迁自身的复杂性特征以及与其他议题之间的关联性。在政策领域分布方面，关于中国政策变迁的研究涉及教育文化（卫志民、于松浩，2019）、社会政策（高鹏、杨翠迎，2022）、环境政策（王颖、王梦，2020）、经济和创新（杨璐璐，2016）、"三农"（唐斌等，2021）、国防外交（刘纪达等，2022）等领域，以及跨政策领域的比较分析（Lamand Chan，2015），显示了政策变迁现象的普遍性特征以及相关研究经验素材来源的丰富性程度。

（二）资料构成的丰富性逐渐增加

中国政策变迁研究的资料构成更加丰富，具体包括二手数据、访谈记录、观察记录、调查问卷等多种形式。在现有相关研究中，二手数据是资料来源的主体，并且以政策文本为主要载体。绝大多数的研究基于中央或地方的相关政策文本，对特定领域的政策变迁问题进行了分析，如农村扶贫政策变迁、农民工市民化政策变迁、环境保护政策变迁等（何文盛等，2018）。也有一些研究通过运用新闻报道（黄帅，2012）、"中央一号文件"（王成利，2018）、面板数据（邝艳华，2015）等不同类型的数据资料，对国家和地方层面的政策变迁问题展开了探讨。在充分利用二手数据资料的基础上，国内外研究者们还综合运用了访谈记录（施生旭、陈浩，2021）、观察记录（朱亚鹏、孙小梅，2022）和调查问卷（文宏，2024）等一手资料，对政策变迁问题进行广泛探讨。研究资料的丰富性一方面体现了中国政策过程透明度在不断提高，各级政府部门所发布的相关政策信息获取更为便利；另一方面也表明中国政策变迁研究证据链的持续拓展，可以为政策变迁提供更为全面和系统的信息资料，进而提高了研究结果的可信度和解释力，推动中国政策变迁研究不断走向深入。

（三）研究方法的系统性持续增强

中国政策变迁研究的方法运用更加系统，集中体现为综合性和规范性两方面。在方法运用的综合性方面，现有研究注重定性与定量的相结合，根据研究问题的性质和特点，结合研究的内容与目标，选用了统计分析、单案例研究、比较案例分析、民族志、定性比较分析、混合研究等多种具体方法，进一步拓宽了中国政策变迁问题的研究路径，有效增强了研究的全面性和深入性。在方法运用的规范性方面，现有研究在具体方法的使用过程中，按照不同方法的原则和要求操作，进一步提升了中国政策变迁问题的研究质量，增强了研究的科学性和专业性。研究方法系统性的持续增强，既反映了中国政策变迁研究过程中方法论意识的自觉，也意味着中国政策变迁研究整体水平的不断提高，促进了不同研究方法以及采用不同方法的研究者之间的对话和交流，为推动中国政策变迁研究不断走向深入，促进中国公共政策领域知识、理论和思想的创新与发展，提供了有效的方法支持。

（四）理论贡献的多样性全面展现

中国政策变迁研究的理论贡献更加多样，总体呈现出从借用到修正再到建构的趋势。从中国政策变迁相关的已有研究来看，研究者们对西方政策理论的译介较为及时和充分，"主流的公共政策理论大多已被引入中国，那些关键、前沿性的研究文献的获得亦更加容易"（朱亚鹏，2013）。在此基础上，研究者们尝试借用西方政策理论和相关概念，对中国政策变迁问题进行分析并提供解释，继而反思西方政策理论在中国情境中的适用性和解释力，进一步开展理论修正与理论建构的积极探索。在理论借用方面，研究者运用不同理论围绕中国政策变迁问题展开了广泛探讨，有效拓展了中国政策变迁研究的视野。在理论修正方面，不少研究者基于对西方政策理论在中国情境下的适用性反思，尝试对经典政策过程理论和现有相关理论进行修正，使之能够有效解释中国政策变迁的逻辑，有效推动了研究者对西方政策理论适用性和解释力的反思，促进了中国政策变迁研究的知识生产和理论更新。在此基础上，很多研究者主动展开了中国情境下政策变迁理论建构的积极探索，促进了中国政策变迁理论的不断丰富和持续发展。理论贡献的多样性，既彰显了中国政策变迁研究的繁荣和进步，也推动了不同理论和不同研究者之间的相互对话，对系统审视西方政策理论、深入分析中国政策情境和有效解释中国政策变迁问题，实现政策变迁理论的创新和发展意义重大。

二　中国政策变迁研究的不足

（一）科学性的理论研究有待加强

首先是研究问题的科学性不高。现有关于中国政策变迁问题的研究，尽管涉及议题多元、覆盖领域广泛，但部分研究还缺乏问题意识，没有科学地研究问题，多停留在对特定领域的政策变迁进行背景介绍、过程描述和特点总结等层面上，亟须强化基于政策变迁现象和事实的学理性思考，夯实中国政策变迁研究的基础。

其次是研究目标的理论性不强。关于中国政策变迁的既有研究，总体上具有明确的理论目标，但部分研究缺乏清晰的理论诉求、不具有强烈的理论推进导向，多停留在对政策变迁实践问题的阐述、演进规律的探讨和未来发展的展望等方面，亟须强化基于政策文本等实践素材的理论加工，以把握中国政策变迁研究的指向。

最后是研究贡献的创新性不足。现有关于中国政策变迁问题的研究，虽然在理论借用、修正和建构方面都进行了积极探索并取得显著成效，但研究贡献的创新性不够突出，大多数研究还处在理论借用和拓展层面，亟须强化基于中国政策情境的概念提炼、理论建构、研究视角与范式创新，以彰显中国政策变迁研究的价值。

（二）本土化的理论建构有待加强

一方面是对中国政策变迁的复杂性缺乏深入分析。复杂性被视为现代国家治理面临的现实情境与重要挑战，而政策过程则是理解国家治理复杂性的窗口（韩志明，2017）。部分研究者认为，西方政策理论、研究范式或框架，难以为理解中国公共政策及其过程提供足够的解释力，原因在于中国政策过程的复杂性。但现有关于中国政策变迁的研究，多是对特定领域的政策变迁历程进行回顾并总结特点和预测趋势，而对不同领域政策变迁复杂性的具体表现、形成原因、影响因素、作用机制等，尚缺乏深入分析和具体呈现，难以与西方政策变迁的实践及理论进行比较和对话。当前中国政策变迁研究，在质疑西方理论的适用性与强调中国情境的复杂性之间，还处于"破而未立"的状态，研究深度还亟待进一步加强。

另一方面是对中国政策变迁的独特性缺乏系统阐释。改革开放以来，中国经济社会发展取得了显著成就并产生了广泛影响，关于"中国模式"的探讨成为热点。一些研究者提出，中国的政策变迁根植于特定的政策环境之中，是中国情境下多种因素综合作用的结果，具有鲜明的中国特色，因而有别于西方国家政策实践。因此，只有依据本土资源构建的政策过程模型，才有可能对当代中国的政策实践具有较强的解释力（宁骚，2012）。但当前的研究在解释中国政策变迁的特殊性方面相对薄弱，尚未系统阐述中国政策变迁实践所蕴含的理论意义及其对西方政策变迁理论的检验、补充或拓展作用。此外，关于中国政策变迁的本土理论建构探索较多，但理论共识程度相对较低，这也表明基于中国政策情境的本土理论建构任重而道远。

（三）国际化的理论对话有待加强

一是中国研究者的成果在国际刊物上发表得少。现有关于中国政策变迁的研究中，国内研究者由于数量较多而成为绝对主体。但中国研究者在国际学术期刊上发表的数量相对较少，导致中国政策变迁研究方面国内研究者发声不足，缺乏与国外研究者及其研究的交流对话，从而限制了中国政策变迁问题研究讨论的广度和深度。

二是中国政策变迁的研究过程相对封闭。目前关于中国政策变迁的研究，在资料获取方面存在一定的制约因素，特定领域政策变迁的相关资料难以完全获得，不同类型资料之间相互印证的链条无法有效建立。当前中国政策变迁研究主要是以特定领域的政策文本为分析素材，在数据来源和资料类型方面相对较为单一，难以真正打开中国政策变迁的"过程黑箱"，难以深入揭示中国政策变迁的理论逻辑。

三是中国政策变迁的理论修正相对滞后。国内研究者在中国政策变迁研究中，广泛引介和深入反思西方政策变迁理论的适用性，主动开展理论修正的探索，但理论修正相对滞后。总体上看，现有关于中国政策变迁的研究，理论借用较多而修正较少，在西方政策理论如何与中国政策问题和中国政策话语相结合方面，还有待继续探索。

结　语

改革开放以来，随着中国经济社会的迅速发展，各个领域都发生了深刻变革。不同领域的政策变迁记录着时代前行的足迹，也见证了中国崛起的沧桑巨变。中国政策变迁成为广受关注的热点议题。国内外研究者围绕中国政策变迁实践，聚焦不同领域的具体政策，对政策变迁的发生过程、动力机制、影响因素等问题，进行了持续关注和深入探讨，取得显著进展并形成了丰硕成果，议题覆盖的广泛性不断提高、资料构成的丰富性逐渐提升、研究方法的系统性持续增强、理论贡献的多样性全面展现，总体上呈现出从理论借用到理论修正再到理论建构的转向，为理解中国政策变迁实践、深化中国政策变迁研究和拓展政策变迁理论体系，提供了有力支持。与此同时，中国政策变迁的研究还存在着一些问题和不足，集中体现为科学性的理论研究有待加强、本土化的理论建构有待加强、国际化的理论对话有待加强等方面。由此可见，中国政策变迁研究既存在着巨大潜力和广泛空间，也面临着多重任务。

一是保持对中国政策变迁实践动态性的关注。在世界百年未有之大变局加速演进、中华民族伟大复兴不断推进的背景下，我国发展的外部环境和内部条件都在不断发生着新的变化，各种风险挑战交织叠加，不同领域的问题充满复杂性与不确定性，深刻影响政府治理体系并推动公共政策的调适与变革。中国公共政策变迁研究必须植根公共管理的新情境和公共政策的新动态，密切关注和持续追踪各领域的政策实践，加强中国政策变迁的经验观察、过程记录和素材收集，为继续推进中国政策变迁研究，加快构建中国公共政策自主知识体系，提供鲜活的实践样本和丰富的典型案例。

二是深化对西方政策变迁理论适用性的反思。理论是观察、分析和解释社会现象的工具。公共政策研究建立在一定的理论基础之上，"理论基础是学者们在进行学术研究时，观察政策实践与解读政策问题的一个切口，理论基础的选择映射出背后指导学者进行学术活动的研究价值观"（杨海蛟等，2023）。随着公共政策研究的不断深入和迅速发展，研究者们积极引入和主动借鉴西方相关理论，为探讨中国政策变迁问题提供了方向指引和工具支持。但西方理论是基于特定情境与实践的总结，难以完全理解和充分解释中国政策实践。因此，中国公共政策变迁研究必须从中国政策实践出发，对"追踪—回应"西方理论的学习模式进行理性反思（林毅，2018），全面审视西方政策变迁理论在中国场景中应用的适切性和有效性，扬弃西方学者的分析框架。

三是推进对中国政策变迁知识原创性的构建。改革开放以来，我国公共政策研究发展迅速并取得了显著成效，但"中国公共政策学科现有的理论框架基本上是在借鉴和吸收国外政策科学及相关学科理论框架和基本理论的基础上形成的，缺乏具有本土化特色的政策知识体系"（李瑞昌，2021）。而在中国治理实践中，一些独特的政策现象还缺乏相应的理论解释。中国公共政策变迁研究需要聚焦中国治理场域、关切中国政策实践和回应中国政策问题，创新公共政策变迁的本土化理论知识，加快构建自主性和原创性相统一、独立性和通约性相平衡（薛澜，2022）的中国政策变迁知识体系，既能够更好地解释中国政策变迁的独特实践，"又需要经得起对非中国社会经验与现象的分析论证"（李友梅，2017），为有效推动公共政策变迁研究贡献中国理论与中国智慧。

四是加强对政策变迁理论国际化对话的参与。政策科学发端于西方国家。西方公共政策理论模型与分析框架的成熟与领先客观存在，国内相关研究既不应完全无视其参考价值，亦不应过度放大其解释空间（黄新华、段渲琪，2023）。立足中国情境产出具有本土解释力和全球沟通力的哲学社会科学知识体系，是当代中国学者的历史责任和使命（容志，2023）。因此，中国公共政策变迁的研究需要开拓国际视野，搭建对话平台，积极参与国际交流，在比较和互鉴中讲好政策变迁的中国故事，阐明政策变迁的中国模式，揭示中国公共政策变迁的道理和学理，持续推进中国政策变迁研究的知识生产和创新，扩大中国政策变迁知识传播的力度和广度，增进世界对中国政策变迁的关注和理解，提升中国政策变迁研究的国际认同和影响力。

结论：站在十字路口的中国政策过程研究

一 在经验历史和理论的转折期

自新中国成立以来，中国作为一个新兴的社会主义国家，由落后的农业国转变为世界第二大经济体，仅用了短短数十年就走过了发达国家几百年的发展历程。自改革开放以来，在中国共产党的领导下，中国从积贫积弱走向繁荣复兴，从各行业百废待兴到创造举世瞩目的经济"奇迹"，其中的治理密码一直让世界充满好奇。

党的十八大以来，以习近平同志为核心的党中央把深化党和国家机构改革作为推进国家治理体系和治理能力现代化的一项重要任务，按照坚持党的全面领导、坚持以人民为中心、坚持优化协同高效、坚持全面依法治国的原则，深化党和国家机构改革，为党和国家事业取得历史性成就、发生历史性变革提供了有力保障。当前和今后一个时期是以中国式现代化全面推进强国建设、民族复兴伟业的关键时期。中国式现代化是在改革开放中不断推进的，也必将在改革开放中开辟广阔前景。持续发挥"中国之治"的现代化优势，离不开提升"中国之策"的科学化进程。

世界正经历百年未有之大变局，我国正处于实现中华民族伟大复兴的关键时期。理解中国之策，同样站在历史与理论的关键转折点上。一方面，中国有大量的政策实践经验正在发生，这些政策本身正在重塑中国的治理体系、治理结构和治理效能。另一方面，这些政策实践的经验，无论是理论化的程度还是分析的程度，都没有得到更为深入的理论阐释。特别是，这些经验并没有真正进入主流的公共政策研究的视野之中。如果说，政治学的终极目标是为了实现更好的治理，那么，基于中国的政策过程所建构的治理体系理应对世界政策过程的研究，以及对世界的政策系统建构进程产生实质性的影响。

问题的关键是，我们真正地通过对自身的政策经验的研究形成了对自身的政策过程的理论理解了吗？中国的政策过程实现了足够的理论化了吗？中国的政策过程研究整体的状况如何？要建构中国之策，首先需要理解中国之策的建构和作用过程；要理解这一过程，首先需要对中国的政策过程的研究进行系统的清理。我们只有知道自己在哪里，才能知道从哪里出发，并去向哪里！本卷的核心意图，就是试图定位中国的政策过程"在哪里"。或者说，在中国政策系统发展的经验历程中，在经验与大量的次方理论的碰撞中，处于十字路口的中国政策过程研究是否正走在正确的理论建构的方向呢？

二 中国政策过程的整体评估

（一）整体评估

1. 研究问题的科学性

能否提出具有科学性、明确性的研究问题，很大程度上决定了研究成果是否具有价值以及能否提出有针对性的解决方案。纵观 30 年来中国政策过程研究成果，大部分入选文献都具有较为科学明确的研究问题，占总体比例将近七成。然而，有 32.1% 的研究成果并未明确提出科学性的研究问题，这种情况可能由以下两个因素造成：首先，早期的政策过程研究范式可能不太注重研究问题的明确性；其次，部分文献属于倡导性研究，它们更侧重于内容的价值倡导，而不是明确提出和分析具体的研究问题。可以说当前政策过程研究仍须强化基于现象和事实的学理性思考，夯实中国政策过程研究的基础。随着学术界问题意识和问题导向的不断增强，预计中国政策过程研究领域将展现出更强的针对性、前瞻性和科学性。

2. 理论化进展

从数据分析结果可以发现：从研究使用理论框架的情况看，未使用理论框架的研究占比最大；使用自主建构的分析框架的成果和使用经典政策过程理论作为框架的研究均约占总数的两成；而使用其他学科理论作为框架的研究仅占约 7.37%；此外，以现有理论为基础修订或建构新的理论框架的研究也仅有一成左右，而以修正经典政策过程理论为研究目的研究更是仅占 0.79%。由此可见，中国政策过程的理论研究及其基于理论的研究工作，仍有很大的进步和发展空间。

从目前的理论贡献程度看，未能得出理论贡献的研究约有近四成，可以说，当前研究的理论性发展仍然任重道远。当前约有三成成果为借用和拓展理论框架的研究，而最终建构概念模型的研究约占总量的一成；提出新理论、研究视角或范式创新的文献所占比例分别为 7.51% 和 6.67%；能够实现提炼概念（例如选择性执行等）的文献比例相对较低，大约只占 4.90%。可见，中国政策过程研究的理论贡献中，以借用和拓展理论框架为主要形式，而在对理论的创新修正及自主知识体系的建构方面，目前的研究仍处于破而未立的阶段。未来应进一步加强研究的理论化、创新性导向，加强对中国经验和本土化理论建构的深度提炼。

总体来看，当前中国政策过程研究成果在理论验证、经验解释等方面取得了诸多进展，也有部分议程阶段取得了相当可观的本土化理论成果。但仍存在以借用、追随西方理论为研究内容，修正、建构类研究欠缺的问题。另外，研究目标的理论性不强、研究贡献的创新性不足、中国情境的理论对话不多等，使得中国政策过程研究的理论化发展依然任重道远。

3. 研究设计

从总体的研究范式来看，目前，实证性研究的占比大约为 38.3%，规范性研究的占比约为 44.1%，而倡导性研究的占比则约为 17.6%。可以说，中国政策过程研究领域研究范式的科学化还有很大的提升空间。

从具体的研究方法来看，案例研究方法中的单案例方法和多案例比较研究占据了绝对优势。在资料搜集和分析方式中，多数研究通过二手数据进行"边缘试探"，并未深入政策过程的内部。采用访谈和统计分析等方法的研究也占据着相对主流地位。这种现象一方面可以说明案例研究方法与公共政策过程研究的契合程度极高，二手数据、访谈方法和统计分析又具有便捷性和客观性的优势，使学者不约而同地选择它；从另一个角度来看，这种普遍的高契合度可能导致一种选择上的惯性，使得许多研究忽略了自身的独特性，而过于依赖案例方法，这限制了更多潜在创新方法的应用。因此，欲提升中国政策过程研究方法的适配性、多样性和科学性，应着力提升方法论意识，坚持问题导向，鼓励跨学科创新。

（二）不同的过程，不同的科学化

通过前述各章节系统化的评估和分析，发现不同的政策过程阶段在理论贡献方面存在差异。单从理论贡献形成量来看，这种差异与不同议题研究成果数量的差异存在一定的相关性。政策执行议题领域成果基数比其他6项议程成果多，占全部研究的比例将近1/3，相应产生的理论贡献总体上也最为显著。而政策制定/决策、政策创新与扩散（学习、试验、试点）两类议题，也与政策执行一道列于理论贡献榜前三之位。相比之下，其他议题领域理论发展有着极大的深挖空间。

理论贡献的核心来自有效的理论框架的牵引以及更深入政策过程的经验。根据这两个维度，我们可以对中国的不同政策阶段的研究的潜在的理论贡献的程度进行比较分析（见图1）。从理论贡献类型和水平来看，不同过程间同样存在差异性，接下来，本节对不同政策阶段进行简单分析和总结。

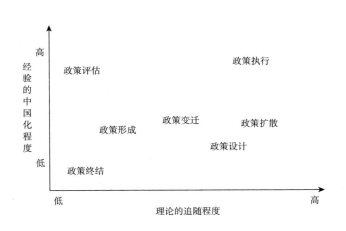

图1 不同政策阶段的理论化水平

资料来源：作者自制。

第一，中国政策执行研究是中国政策过程研究中研究频率最高、研究内容最多、理论贡献最大的议题。当前的政策执行研究为提炼中国公共政策的实践经验，以及促进中国政策过程理论的进步做出了宝贵的贡献。中国政策执行的研究具有极强的"中国特征"，然而，总体而言，中国政策执行研究的核心视角仍然深深地嵌入西方政策执行理论视角之中（陈丽君、傅衍，2016）。

第二，我国政策形成（问题建构、议程设定至决策）和设计的相关研究成果，具有理论追随、碎片化程度高、研究影响力低的特点，总体贡献度十分有限。虽然西方经典理论为我国学者探究中国政策实践提供了深厚的理论积淀，但同时也导致了中国政策形成研究"学步"式跟随西方理论框架的发展，存在对西方政策形成理论的学习与模仿。即便中国学者尝试将经验领域拉回中国场域并提出理论命题，但这些研究并没有跳出西方政策形成理论的圈子，还隐隐显露出西方政策形成理论的"影子"。

第三，当前中国政策创新与扩散研究基于不同视角，探讨了政策创新与扩散过程的影响因素、机制和结果等研究议题，并积累了丰富的研究成果。整体来说，中国政策创新与扩散研究延续了西方研究的研究范式，并在此基础上提出了具有中国特色的代表性理论、概念以及理论模型，形成了多样化的理论研究体系，对于总结和归纳中国政策创新与扩散经验、构建中国特色的政策创新与扩散理论体系做出了显著的理论贡献。

除此之外，当前中国公共政策过程中的政策评估的研究进程整体落后，主要是以政策评估的研究方法为基础对中国的政策经验进行评估。无论是在理论层面还是在实践层面，都尚未达到成熟的水平，而且在数量和质量方面都表现出不足。政策终结研究的内涵、发生、障碍、策略以及理论研究等取得了一定的理论进展。然而，在研究的科学性、理论框架的建立以及经验的积累等方面，都有明显的不足之处。研究目标的理论性不强。关于中国政策变迁的既有研究，总体上具有明确的理论目标，但部分研究缺乏清晰的理论诉求、不具有强烈的理论推进导向。在理论借鉴、调整和构建方面已经开展了积极的探索，但创新性的研究贡献尚不够显著，许多研究仍然停留在理论的借用和扩展阶段。迫切需要加强基于中国政策背景的概念提炼、理论构建、研究视角和范式创新，以突出中国政策变迁研究的独特价值。

（三）"黑箱"在多大程度上打开了？

前文对多维度进行了交叉分析，发现经验中涉及主体互动程度较高的文献占比较大，低互动度的文献次之，中低互动度的文献数量相差不大。

显然，当前的研究已经充分认识到了多主体参与政策过程的重要性和必要性，但在整体占比和具体数量方面，仍有较大的提升和拓展潜力。从政府层级间研究方法使用情况的分析结果来看，不仅质性案例研究方法在基层经验中应用比例更大，而且总体上利用实证研究方法的成果经验也在基层占比更大。从不同政府层级间理论贡献类型的差异情况来看，在提炼概念、建构概念模型、生成理论、方法论丰富与创新以及研究视角/范式创新等方面基层和中层级经验均贡献较多，中央层级主要的理论贡献则为理论的借用和拓展。与基层相比，中央层级的研究成果在数量上更为丰富，但在采用科学性的实证研究方法和范式方面却显得不足，其理论贡献也相对较弱。从这些维度的数据来看，在中国政策过程研究领域，中高层级政府的透明度并不如基层，而且所有层级的政府在透明度方面都有待进一步的探索和深化。

从政策领域分布情况来看，围绕社会政策展开研究的成果较为丰富，其次是环境政策和"三农"政策，分别约占总体的一成。此外还有一些涉及经济与创新政策、教育文化政策、外交政策及其他政策领域的成果。跨政策领域的比较分析正在逐年增多。总体而言，目前的研究在政策领域的覆盖面上仍须进一步拓宽，特别是在跨政策领域的比较分析方面，需要更多的研究成果。通过扩大经验政策领域的类型范围和深化跨政策领域的比较分析，不仅可以提高中国政策过程研究的可验证性和适用性，还可以增强相关理论的普遍性和可信度，从而进一步推动中国政策过程研究的理论科学化发展。

总的来看，中国政策过程研究的"黑箱"还没有被打开。中国政策过程研究依然是中国公共管理学和公共政策学中一个极具前景和生命力的研究领域。

三　中国和世界：中国政策过程的理论体系供给分析

（一）从价值偏向到价值中立实现了吗？

长期以来，对中国政策过程研究的英文文献至少有两个基本的脉络，即区域研究与专业研究，这也是本卷英文文献所在的两个主要的研究期刊阵营。但是，在区域研究中，中国的政策过程更多地被赋予了政治学的内涵：政策是透视中国政治的工具。然而，这些政治透视往往充满偏见！然而，在公共管理和公共政策研究的期刊中，"中国"本身代表的理论、经验以及研究设计的挑战，使得这些期刊长期以来"规避"中国的独特的政策议题，它们选择能够"嵌入"主流的公共管理和公共政策过程的议题进行研究，这极大地限制了中国政策过程理论的持续发展。

不同的语言的文献似乎也存在对于中国政策的价值判断和偏好。例如，国外文献较为聚焦于对中国"政策执行"主题的研究。他们更多地从"体制"的角度去理解中国的政策执行的偏差等问题。失败的执行符合了这些研究对中国的央地关系的想象：失败的中央或者失败的地方，潜台词往往是这样的体制必然带来央地政策的失败。不仅如此，在政策制定和决策中，国外文献也倾向于站在封闭体制等视角去审视中国政策过程，这种对中国的政策过程更加"悲观"的价值预设，阻碍了中国政策科学研究的价值中立性，限制了中国政策过程研究成果的国际化进路。

不仅如此，在国外的中国政策过程研究中，这样的进路往往被"迎合"。这种迎合主要体现在两个方面：在中国研究类的期刊中，大量的学者愿意迎合西方编辑和读者的偏好，跟着这些期刊一起想象中国。在公共管理和公共政策类的期刊中，大量的中国公共政策过程的研究想方设法地以"规避"中国来验证中国经验具有的独特的"合法性"。这些路径，极大地限制了中国的政策过程理论的进步和持续的累积。

（二）中国经验的理论化：曲折中前行

目前，中国政策过程研究正处在一个对西方理论适用性持怀疑态度，同时强调中国情境复杂性的阶段，尚未完全形成自己的理论体系，仍处于"批判已有理论而尚未建立新理论"的状态，研究的深度需要进一步加深。目前的研究在阐释中国政策变迁的独特性方面尚显不足，还没有全面揭示中国政策变迁实践中所蕴含的理论价值，以及其对西方政策变迁理论的补充或拓展的潜在贡献。此外，尽管在构建中国政策变迁的本土理论方面已有众多尝试，但理论共识尚未形成，这反映出构建与中国政策情境相契合的本土理论是一项长期而艰巨的任务。

一方面，中国政策过程研究过程相对封闭。在资料获取方面存在一定的制约因素，数据来源和资料类型相对较为单一，难以真正打开中国政策变迁的"过程黑箱"和深入揭示中国政策变迁的理论逻辑。另一方面，中国政策过程理论修正研究相对滞后。国内研究者广泛引介和深入反思西方理论的适用性，主动开展理论修正的探索，但总体上得到的高质量理论修正成果依然相对滞后。现有中国政策过程研究贡献中，理论借用、追随较多，而修正、创新较少，在西方政策理论如何与中国政策问题和中国政策话语相结合方面，还有待加强探索。

（三）理论的借用者还是中国的理论？

多年来，经过国内学者的不断求索，许多能够诠释中国特色政策过程的理论得到归纳提炼。例如，在决策阶段有总结渐进式改革经验的"摸着石头过河"的决策模型（盛宇华，1998）、揭示决策层与大众之间相互关系的"上下来去"决策模型（宁骚，2001）、体现执政党与政府民主集中制决策原则的"集团决策"模型（温龙、王晓伟，2002）以及"中国式共识型决策"（王绍光等，2013）和"集思广益型决策"（鄢一龙等，2013）等，它们从不同角度揭示了当代中国转型期的决策特点，也都是解释中国特色决策过程的有益探索和重要尝试。

在政策执行阶段，中国政策执行研究更加注重权威体制对于政策执行的影响。在政策的政治势能、复杂的中央与地方关系，以及政府与社会之间复杂的互动网络等方面，中国的实践与西方政策执行存在明显差异。这些因素对中国政策执行的过程和结果产生了显著影响，从而塑造了具有中国特色的执行模式。此外，中国政策执行研究还深入探讨了具有中国特色的政策动员和政策调适等执行策略，并对其进行了详尽的阐释。最后，中国政策执行研究对于政策实践中普遍存在的政策执行偏差及政策执行差异的问题提供了众多解释，并提炼出了制度性"共谋"（周雪光，2008）、"选择性执行"（O'Brien and Li，1999）、动员模式（周雪光、练宏，2011）等特色模式。这些高质量研究成果立足于中国本土的政策执行经验，持续拓展着更为"特异"（区别于西方）的中国特色理论建构。

在政策试验与创新扩散研究领域，学者们基于中国特殊的"摸着石头过河"的试验和扩散方式，提出了诸如分级制政策试验（韩博天、石磊，2008）、央地博弈模式（王浦劬、赖先进，2013）、"试点—推广"机制（梅赐琪等，2015）、跳跃式的跨层级扩散模式（赵强，2015）等本土化理论成果。这些成果立足中国的政治体制和本土实践，认为政策创新扩散过程是嵌入中国的央地关系结构之中的，中央政府在政策创新过程中扮演了独特角色，政策创新具有横向扩散和纵向升级等重要特征。

总的来说，中国政策过程研究的不同阶段，尚未实现全阶段系统性的理论供给。但亦有个别议程阶段的研究成果，在主流的公共政策研究中得到了大量认可，如上文提到的决策、政策试验与创新扩散、政策执行等阶段。

四　展望

为深入理解中国政策过程，本研究在系统梳理 30 年来中国政策过程研究的基础上，从多维度、多阶段对中国政策过程研究的发展现状进行了系统化全面评估，为中国的政策过程研究的未来发展奠定了坚实的基础。

多年来，经过国内学者的不断求索，许多能够诠释中国特色的理论得到归纳提炼，他们从不同角度揭示了当代中国转型期的政策过程特点，也都是解释中国特色政策过程的有益探索和重要尝试。与此同时，一些具有中国特色的研究议题与日俱增，如政策创新、政策试验、基层治理、精准扶贫、"三农"问题、河长制等这类议题，这些议题的发展预示着学界开始内观中国自身经验的独特性，并重新审视其与西方主导下的政策过程理论之间的关系。

然而，综观不同议程间理论建构程度、不同主题和层级间的互动复杂性等维度，中国政策过程的"黑箱"仍未打开，中国政策理论化、科学化、本土化、创新化研究仍任重道远。

第一，未来应持续构建科研网络，树立问题导向，开放资料获取，规范研究范式，提升方法论适配度，加强理论建设驱动力，促进中国政策过程研究的研究设计和理论贡献的进一步精准化、科学化。

第二，针对当下政策过程各议程领域、政府层级研究成果分布不均等问题，应进一步推动各议程研究的均衡性发展，打开各级政府政策过程的"黑箱"，推动中国政策过程知识体系的系统化、均衡化建构与发展。

第三，当前中国政策过程本土化、特色化研究正在持续推进，一些具有中国特色的研究主题与日俱增，但中国政策过程的本土化知识体系和系统化理论建构仍是未来研究的重要课题。

　　此外，未来应进一步加强本土化经验与国际政策过程理论的对话。以本土化经验的归纳总结，搭建适合中国土壤的政策过程解释框架。从比较和对话的视角，借鉴国际优秀理论，提炼和建构中国特色政策过程理论体系，助力中国政策过程研究理论建构与实践应用的高质量发展。

　　目前，我国正处于实现中华民族伟大复兴的关键时期。发展如逆水行舟，不进则退，中国政策过程研究须总结好中国特色的本土政策过程经验，总结好中国特有的政策过程规律，建构出中国特色政策过程理论体系，向世界讲好中国故事。

参考文献

中文文献

（一）专著

［1］习近平．习近平著作选读：第1卷［M］．北京：人民出版社，2023．

［2］习近平．决胜全面建成小康社会 夺取新时代中国特色社会主义伟大胜利——在中国共产党第十九次全国代表大会上的报告［M］．北京：人民出版社，2017．

［3］Neil Gilbertand Paul Terrell. 社会福利政策导论［M］．黄晨熹等译．上海：华东理工大学出版社，2003．

［4］埃弗里特・M. 创新的扩散［M］．北京：中央编译出版社，2002．

［5］埃贡・G. 古贝，伊冯娜・G・林肯（著）．第四代评估［M］．秦霖等译．北京：中国人民大学出版社，2008．

［6］保罗・A. 萨巴蒂尔（Paul A. Sabatier）编．政策过程理论［M］．彭宗超，钟开斌，等，译．北京：生活・读书・新知三联书店，2004．

［7］陈富良．规制政策分析：规制均衡的视角［M］．北京：中国社会科学出版社，2007．

［8］陈工孟主编．实证研究指南［M］．北京：经济管理出版社，2014．

［9］陈庆云．公共政策分析［M］．北京：北京大学出版社，2006．

［10］陈谭，刘庆东，张林峰．公共政策案例分析［M］．北京：社会科学文献出版社，2008．

［11］陈振明．公共政策分析［M］．北京：中国人民大学出版社，2003．

［12］陈振明．公共政策学：政策分析的理论、方法和技术［M］．北

京：中国人民大学出版社，2004.

［13］陈振明．政策科学：公共政策分析导论（第二版）［M］．北京：中国人民大学出版社，2004.

［14］陈振明．政策科学：公共政策分析导论［M］．北京：中国人民大学出版社，2003.

［15］陈振明．政策科学［M］．北京：中国人民大学出版社，1998.

［16］陈振明．政策科学［M］．北京：中国人民大学出版社，2004.

［17］陈振明．政策科学［M］．北京：中国人民大学出版社，2003.

［18］陈振明主编．政策科学——公共政策分析导论：第2版［M］．北京：中国人民大学出版社，2003.

［19］戴维·伊斯顿．政治生活的系统分析［M］．北京：人民出版社，2012.

［20］丁学东．文献计量学基础［M］．北京：北京大学出版社，1993.

［21］范绍庆．公共政策终结：启动、执行和关闭问题研究［M］．北京：中国社会科学出版社．2014.

［22］弗兰克·J·古德诺．政治与行政：一个对政府的研究［M］．上海：复旦大学出版社．2011.

［23］弗兰克·鲍姆加特纳，布赖恩·琼斯．美国政治中的议程与不稳定性［M］．曹堂哲，文雅，译．北京：北京大学出版社，2011.

［24］弗兰克·费希尔．公共政策评估［M］．北京：中国人民大学出版社，2003.

［25］弗兰克·古德诺．政治与行政——政府之研究［M］．丰俊功，译．北京：北京大学出版社，2012.

［26］盖伊·彼得斯．美国的公共政策——承诺与执行［M］．上海：复旦大学出版社，2008.

［27］格斯顿．公共政策的制定：程序和原理［M］．重庆：重庆出版社，2001.

［28］河连燮．制度分析：理论与争议（第2版）［M］．李秀峰，柴宝勇，译．北京：中国人民大学出版社，2014.

［29］赫伯特·A.西蒙．管理决策新科学［M］．北京：中国社会科学出版社，1982.

［30］胡宁生．现代公共政策学［M］．北京：中央编译出版社，2007．

［31］金登．议程、备选方案与公共政策［M］．丁煌、方兴，译．北京：中国人民大学出版社，2004．

［32］来丽锋．公共政策过程与绩效评估研究［M］．长春：吉林出版集团股份有限公司，2020．

［33］赖因哈德·施托克曼，沃尔夫冈·梅耶．评估学［M］．唐以志，译．北京：人民出版社，2012．

［34］李国正．公共政策分析［M］．北京：首都师范大学出版社，2019．

［35］李蕾．我国公共政策评估体系探索与构建［M］．北京：中国言实出版社，2022．

［36］李志军．公共政策评估［M］．北京：经济管理出版社，2022．

［37］李志军．公共政策评估概论［M］．北京：经济管理出版社，2022．

［38］刘圣中．历史制度主义：制度变迁的比较历史研究［M］．上海：上海人民出版社，2010．

［39］刘伟．政策扩散的理论、实践与发展［M］．北京：科学技术文献出版社，2020．

［40］迈克尔·豪利特，M.拉米什．公共政策研究：政策循环与政策子系统［M］．庞诗等，译．北京：生活·读书·新知三联书店，2006．

［41］宁骚．公共政策［M］．北京：高等教育出版社，2001．

［42］宁骚．公共政策学（第二版）［M］．北京：高等教育出版社，2011．

［43］全钟燮．公共行政的社会建构：解释与批判［M］．北京：北京大学出版社，2008．

［44］萨巴蒂尔，詹金斯-史密斯．政策变迁与学习：一种倡议联盟途径［M］．邓征，译．北京：北京大学出版社，2011．

［45］斯蒂文·小约翰．传播理论［M］．北京：中国社会科学出版社，1999．

［46］斯图亚特·S.内格尔．政策研究：融合与评估［M］．长春：吉林人民出版社，1994．

［47］唐贤兴. 大国治理与公共政策变迁：中国的问题与经验［M］. 上海：复旦大学出版社，2020.

［48］托马斯·R. 戴伊. 自上而下的政策制定［M］. 北京：中国人民大学出版社，2002.

［49］王绍光，樊鹏. 中国式共识型决策：开门与磨合［M］. 北京：中国人民大学出版社，2013.

［50］威廉·W. 邓恩. 公共政策分析导论［M］. 北京：中国人民大学出版社，2011.

［51］吴定. 公共政策［M］. 台北：五南图书出版社，2011.

［52］小约瑟夫·斯图尔特（Joseph Stewart. Jr.），戴维·M. 赫奇（David M. Hdege），詹姆斯·P. 莱斯特（James P. Lester）. 公共政策导论［M］. 北京：中国人民大学出版社，2011.

［53］杨宏山. 公共政策学（第二版）［M］. 北京：中国人民大学出版社，2024.

［54］杨宏山. 公共政策学［M］. 北京：中国人民大学出版社，2020.

［55］杨腾原. 思想模型与政策变迁：以草原政策及其变迁历程为研究对象［M］. 北京：社会科学文献出版社，2017.

［56］杨团. 社会政策//俞可平主编. 中国治理变迁 30 年［M］. 北京：社会科学文献出版社，2008.

［57］叶海卡·德洛尔. 逆境中的政策制定［M］. 王满传，尹宝虎，张萍，译. 上海：上海远东出版社，1996.

［58］俞可平. 地方政府创新与善治：案例研究［M］. 北京：社会科学文献出版社，2003.

［59］约翰·W. 金登. 议程、备选方案与公共政策［M］. 丁煌，方兴，译. 北京：中国人民大学出版社，2004.

［60］詹姆斯·E. 安德森. 公共决策［M］. 唐亮，译. 北京：华夏出版社，1990.

［61］湛垦华、沈小峰等编. 普里高津与耗散结构理论［M］. 陕西：陕西科学技术出版社，西安，1982.

［62］张国庆. 公共政策分析［M］. 上海：复旦大学出版社，2004.

［63］张金马. 公共政策分析：概念、过程、方法［M］. 北京：人民

出版社，2004.

［64］张金马．政策科学导论［M］．北京：中国人民大学出版社，1992.

［65］周黎安．转型中的地方政府：官员激励与治理［M］．上海：格致出版社，2008.

［66］朱亚鹏．公共政策过程研究：理论与实践［M］．北京：中央编译出版社，2013.

［67］朱志宏．公共政策［M］．台北：三民书局，1995.

（二）论文

［1］艾云．上下级政府间"考核检查"与"应对"过程的组织学分析——以A县"计划生育"年终考核为例［J］．社会，2011.

［2］白桂花，朱旭峰．政策模糊性、内外部监督与试点初期执行：基于"新农合"的比较研究［J］．学海，2020.

［3］白佩宇．基于多源流理论的政策终结分析——以广西速生桉清理政策为例［J］．现代商贸工业，2020.

［4］柏必成．改革开放以来我国住房政策变迁的动力分析——以多源流理论为视角［J］．公共管理学报，2010.

［5］包国宪，马翔．兰州市洒水治污政策变迁路径与动力研究——基于定性比较分析法［J］．北京理工大学学报（社会科学版），2018.

［6］包国宪，张弘．党政融合机制下决策过程的绩效领导路径研究——来自中国L县的观察［J］．中国行政管理，2021.

［7］蔡长昆，李悦箫．权力重塑、政策调适与复杂政策执行：来自县域精准扶贫政策执行的经验［J］．公共管理与政策评论，2021.

［8］蔡长昆，沈琪瑶．"议程超载"下地方政府如何完成任务？——以A区建筑垃圾治理过程为例［J］．行政论坛，2021.

［9］蔡长昆，王玉．"政策建构政治"：理解我国"顶层设计-地方细则"——以网约车政策过程为例［J］．甘肃行政学院学报，2019.

［10］蔡长昆，王玉．制度、话语框架与政策设计：以网约车政策为例［J］．公共行政评论，2019.

［11］蔡长昆，杨哲盈．嵌入、吸纳和脱耦：地方政府环境政策采纳的

多重模式［J］．公共行政评论，2022．

［12］操小娟，杜丹宁．政策协同视角下的主体功能区土地政策研究［J］．行政论坛，2021．

［13］曹郭煌，郭小聪．基层部门联合执行的"策略主义"行为研究：以 H 区餐饮行业的"商改"为例［J］．中国行政管理，2022．

［14］曹海军，陈宇奇．部门间协作网络的结构及影响因素——以 S 市市域社会治理现代化试点为例［J］．公共管理与政策评论，2022．

［15］曹建云，李红锦，方洪．基于目标偏差的政策组合效果评价［J］．预测，2020．

［16］岑乾明．论公共政策评估的权力化［J］．吉首大学学报（社会科学版），2007．

［17］曾军荣．政策工具选择与我国公共管理社会化［J］．理论探讨，2008．

［18］曾莉，吴瑞．从弱激励到强激励：河长制政策创新扩散研究——基于省级数据的事件史分析［J］．软科学，2023．

［19］曾令发．政策溪流：议程设立的多源流分析——约翰·W. 金登的政策理论述评［J］．理论探讨，2007．

［20］昌硕．"脱贫不脱政策"的片面执行何以发生？——基于河南省 4 个脱贫摘帽村的分析［J］．北京行政学院学报，2021．

［21］常成．结构-机制视角下长期照护政策执行偏差研究［J］．社会保障评论，2021．

［22］常征．央地互动的立法试验——基于湖南重大行政决策程序法治化的分析［J］．中共天津市委党校学报，2018．

［23］陈宝胜，刘伟．公共政策议程研究的成果、限度与发展走向［J］．江西社会科学，2013．

［24］陈宝胜．邻比冲突治理政策工具的有效性评价：一个理论框架［J］．学海，2022．

［25］陈超凡，王泽，关成华．国家创新型城市试点政策的绿色创新效应研究：来自 281 个地级市的准实验证据［J］．北京师范大学学报（社会科学版），2022．

［26］陈芳．政策扩散、政策转移和政策趋同——基于概念、类型与发

生机制的比较 [J]．厦门大学学报（哲学社会科学版），2013.

[27] 陈芳．政策扩散理论的演化 [J]．中国行政管理，2014.

[28] 陈芳．政策扩散理论的演化 [J]．中国行政管理，2014. 陈冠宇，王佃利．迈向协同：跨界公共治理的政策执行过程——基于长江流域生态治理的考察 [J]．河南师范大学学报（哲学社会科学版），2023.

[29] 陈贵梧，林晓虹．网络舆论是如何形塑公共政策的？一个"两阶段多源流"理论框架——以顺风车安全管理政策为例 [J]．公共管理学报，2021.

[30] 陈国营．公民参与研究述评：理论演变与焦点转移 [J]．中共浙江省委党校学报，2010.

[31] 陈华珊．数字时代的政务微博创新扩散及治理——基于效率机制和合法性机制的比较分析 [J]．学术论坛，2021.

[32] 陈继．区别化执行：政策实践中乡镇政府的社会动员——以 DFY 水库搬迁过程为例 [J]．甘肃行政学院学报，2021.

[33] 陈家建，边慧敏，邓湘树．科层结构与政策执行 [J]．社会学研究，2013.

[34] 陈家建，张琼文．政策执行波动与基层治理问题 [J]．社会学研究，2015.

[35] 陈家喜，汪永成．政绩驱动：地方政府创新的动力分析 [J]．政治学研究，2013.

[36] 陈建国．金登"多源流分析框架"述评 [J]．理论探讨，2008.

[37] 陈姣娥，王国华．网络时代政策议程设置机制研究 [J]．中国行政管理，2013.

[38] 陈俊乾，张丽珍．反思中国公共政策终结：缘由、现状与出路 [J]．江海学刊，2012.

[39] 陈丽君，傅衍．人才政策执行偏差现象及成因研究——以 C 地区产业集聚区创业创新政策执行为例 [J]．中国行政管理，2017.

[40] 陈丽君，傅衍．我国公共政策执行逻辑研究述评 [J]．北京行政学院学报，2016.

[41] 陈丽君，金铭．政策营销、政策获取意愿与政策有效性评价的关系研究——基于政策知晓度的中介效应检验 [J]．中国行政管理，2020.

［42］陈丽君，郁建兴，张瑶琼．基于知晓度的政策绩效评价：以浙江省湖州市城乡统筹就业促进政策和服务为例［J］．公共行政评论，2009．

［43］陈玲，赵静，薛澜．择优还是折衷？——转型期中国政策过程的一个解释框架和共识决策模型［J］．管理世界，2010．

［44］陈鲁雁，吴童．柔性政策动员：乡村治理中农户参与的实现机制——以独龙江乡草果产业为例［J］．云南民族大学学报（哲学社会科学版），2022．

［45］陈那波，李伟．把"管理"带回政治——任务、资源与街道办网格化政策推行的案例比较［J］．社会学研究，2020．

［46］陈那波，张程．"领导重视什么及为何？"：省级党政决策的注意力分配研究——基于 2010～2017 年省委机关报的省级领导批示［J］．公共管理与政策评论，2022．

［47］陈朋．地方政府创新的影响因素分析——基于中国地方政府创新奖的数据研判［J］．中共中央党校学报，2016．

［48］陈世香，王笑含．中国公共政策评估：回顾与展望［J］．理论月刊，2009．

［49］陈世香，张静静．基于"价值链－政策工具"框架的我国公共文化服务政策分析［J］．吉首大学学报（社会科学版），2021．

［50］陈世香，邹胜男．地方政府公共文化政策执行阻滞的生成逻辑——基于制度环境三维度理论框架的分析［J］．上海行政学院学报，2019．

［51］陈水生．什么是"好政策"？——公共政策质量研究综述［J］．公共行政评论，2020．

［52］陈水生．项目制的执行过程与运作逻辑——对文化惠民工程的政策学考察［J］．公共行政评论，2014．

［53］陈水生．中国公共政策模式的变迁——基于利益集团的分析视角［J］．社会科学，2012．

［54］陈思丞，施瑞祺，刘婧玥，等．嵌入性组织中的政策企业家如何推动政策创新？——基于农业生产托管政策变迁的历时观察［J］．公共行政评论，2022．

［55］陈思丞．政府条块差异与纵向创新扩散［J］．社会学研究，2020．

［56］陈潭.改革开放以来的中国公共政策变迁［J］.湖湘论坛，2009.

［57］陈潭.公共政策变迁的过程理论及其阐释［J］.理论探讨，2006.

［58］陈潭.政策动员、政策认同与信任政治——以中国人事档案制度的推行为考察对象［J］.南京社会科学，2006.

［59］陈天祥，王群.党政统合动员：基层社会动员的组织联结与机制整合——以新时期村居法律顾问政策为例（2009～2021）［J］.中共中央党校（国家行政学院）学报，2021.

［60］陈喜乐，杨洋.政策执行研究的范式转变［J］.厦门大学学报（哲学社会科学版），2013.

［61］陈晓艳，汪建昌.注意力分配及其交互作用与政策议程设置——基于 20 个案例的定性比较分析［J］.湖北社会科学，2023.

［62］陈宣霖.政策执行的地区差异是如何发生的——意义建构视角下的随迁子女义务教育政策考察［J］.教育学报，2021.

［63］陈永杰，胡沛验.激励失衡、多权威中心与基层跨部门协作困境——基于 X 县的治砂案例［J］.中国行政管理，2022.

［64］陈宇，闫倩倩，王洛忠.府际关系视角下区域环境政策执行偏差研究——基于博弈模型的分析［J］.北京理工大学学报（社会科学版），2019.

［65］陈玉龙.公共政策评估的演进：步入多元主义［J］.青海社会科学，2017.

［66］陈悦，陈超美，刘则渊，等.CiteSpace 知识图谱的方法论功能［J］.科学学研究，2015.

［67］陈昭."众创"试验：理解中国政策创新的新视角——基于干部容错纠错机制演化的案例研究［J］.公共行政评论，2022.

［68］陈振明，和经纬.政府工具研究的新进展［J］.东南学术，2006.

［69］陈振明，张敏.国内政策工具研究新进展：1998～2016［J］.江苏行政学院学报，2017.

［70］陈振明.西方政策执行研究运动的兴起［J］.江苏社会科学，2001.

［71］陈振明.政府工具研究与政府管理方式改进——论作为公共管理学新分支的政府工具研究的兴起、主题和意义［J］.中国行政管理，2004.

〔72〕程聪慧.突发事件情境下地方政府政策响应的异质性研究——以中小微企业支持性政策扩散为例〔J〕.暨南学报（哲学社会科学版），2021.

〔73〕程样国，李志.独立的第三方进行政策评估的特征、动因及其对策〔J〕.行政论坛，2006.

〔74〕崔浩.功利主义价值取向的公共政策及其实践反思〔J〕.浙江社会科学，2009.

〔75〕崔晶."运动式应对"：基层环境治理中政策执行的策略选择——基于华北地区 Y 小镇的案例研究〔J〕.公共管理学报，2020.

〔76〕崔晶.基层治理中的政策"适应性执行"——基于 Y 区和 H 镇的案例分析〔J〕.公共管理学报，2022.

〔77〕崔晶.政策执行中的压力传导与主动调适——基于 H 县扶贫迎检的案例研究〔J〕.经济社会体制比较，2021.

〔78〕崔晶.中国情境下政策执行中的"松散关联式"协作——基于 S 河流域治理政策的案例研究〔J〕.管理世界，2022.

〔79〕崔先维.渐进主义视阈中政策工具的选择〔J〕.行政论坛，2010.

〔80〕戴卫东.地方政府养老政策的创新与评价——基于两届"中国十大创新社会福利政策"案例分析〔J〕.中国软科学，2018.

〔81〕邓集文，施雪华.中国城市环境治理信息型政策工具设计的模式——公共行政隐喻的视角〔J〕.南京社会科学，2012.

〔82〕邓集文.中国城市环境治理信息型政策工具选择的机理——基于政治学的视角〔J〕.湘潭大学学报（哲学社会科学版），2012.

〔83〕邓集文.中国城市环境治理信息型政策工具选择的政治逻辑——政府环境治理能力向度的考察〔J〕.中国行政管理，2012.

〔84〕邓燕华，张莉."捆绑式政策执行"：失地社保与征地拆迁〔J〕.南京社会科学，2020.

〔85〕邓喆，孟庆国.自媒体的议程设置：公共政策形成的新路径〔J〕.公共管理学报，2016.

〔86〕狄金华."权力-利益"与行动伦理：基层政府政策动员的多重逻辑——基于农地确权政策执行的案例分析〔J〕.社会学研究，2019.

〔87〕翟军亮，吴春梅，金清.基于政策合法性视角的公共政策有效落地分析——以设施农业政策在优成农场的落地为例〔J〕.中国农村观

察，2021.

[88] 翟磊.地方政府政策的精准性及其提升——基于"制定机构-政策工具-目标群体"互适框架 [J].南开学报（哲学社会科学版），2021.

[89] 翟文康，邱一鸣.政策如何塑造政治？——政策反馈理论述评 [J].中国行政管理，2022.

[90] 丁煌，定明捷."上有政策、下有对策"——案例分析与博弈启示 [J].武汉大学学报（哲学社会科学版），2004.

[91] 丁煌，定明捷.国外政策执行理论前沿评述 [J].公共行政评论，2010.

[92] 丁煌，定明捷.政策执行过程中政府与公众的谈判行为分析——非对称权力结构的视角 [J].探索与争鸣，2010.

[93] 丁煌，李晓飞.逆向选择、利益博弈与政策执行阻滞 [J].北京航空航天大学学报（社会科学版），2010.

[94] 丁煌，李晓飞.中国政策执行力研究评估：2003～2012 年 [J].公共行政评论，2013.

[95] 丁煌，梁健.从话语到共识：话语如何影响政策制定——以平台经济监管政策为例 [J].公共管理与政策评论，2022.

[96] 丁煌，马小成，梁健.从观念到行动：公共政策的共识型执行及其逻辑——以贵州数字经济发展政策为例 [J].贵州社会科学，2022.

[97] 丁煌，杨代福.政策工具选择的视角、研究途径与模型建构 [J].行政论坛，2009.

[98] 丁煌.我国现阶段政策执行阻滞及其防治对策的制度分析 [J].政治学研究，2002.

[99] 丁建彪，张倩倩.我国生活垃圾分类政策协同结构的内容及局限研究——基于 2000～2020 年试点城市 233 份政策文本的分析 [J].行政论坛，2022.

[100] 丁开杰.中国社会安全网研究——青岛市"阳光救助工程"的创新实践 [J].公共管理学报，2007.

[101] 丁淑娟，朱亚鹏.公共危机与卫生创新采纳变化——以互联网医院为例 [J].中国行政管理，2021.

[102] 丁淑娟.政策终结类型研究——基于一种政治过程视角 [J].

行政科学论坛，2019. 丁章春，陈岳."放管服"引擎下社会政策试点的逻辑进路——以最低生活保障政策为例［J］. 国家行政学院学报，2018.

［103］定明捷，张梁. 地方政府政策创新扩散生成机理的逻辑分析［J］. 社会主义研究，2014.

［104］定明捷."政策执行鸿沟现象"的内生机制解析［J］. 江苏社会科学，2008.

［105］定明捷. 中国政策执行研究的回顾与反思（1987~2013）［J］. 甘肃行政学院学报，2014.

［106］董石桃，蒋鸽. 渐进性调适：公众议程、网媒议程和政策议程互动的演进过程分析——以"网约车"政策出台为研究对象［J］. 中国行政管理，2020.

［107］董玄，陈思丞，孟庆国. 对比观念、共同认知与政策制定——以土地托管政策过程为例［J］. 公共行政评论，2019.

［108］董幼鸿. 我国地方政府政策评估困境的政策生态学分析——兼析 S 市车牌拍卖政策评估［J］. 甘肃行政学院学报，2009.

［109］段伟红."又红又专"的政策议题是如何设置的？——以"股权分置改革"为个案的一项研究［J］. 管理世界，2012.

［110］段泽孝. 调控与助推：政策变迁中的利益兼顾及其路径选择——以城镇小区配套幼儿园移交政策为例［J］. 湘潭大学学报（哲学社会科学版），2020.

［111］樊晓杰，林荣日. 扶贫视角下影响家庭教育支付的基础教育政策及其工具分析［J］. 华中师范大学学报（人文社会科学版），2020.

［112］范逢春，周淼然. 撤县设市政策的变迁：历程、逻辑与展望——基于历史制度主义的分析［J］. 北京行政学院学报，2021.

［113］范绍庆. 公共政策终结的风险辨识［J］. 广东行政学院学报，2014.

［114］范绍庆. 公共政策终结的免疫策略［J］. 浙江社会科学，2014.

［115］范绍庆. 公共政策终结的设计与管理［J］. 华东经济管理，2012.

［116］范绍庆. 公共政策终结的执行策略［J］. 内蒙古社会科学（汉文版），2012.

［117］范绍庆. 公共政策终结问题研究的回顾与瞻望［J］. 广东行政

学院学报，2011.

[118] 范绍庆. 论公共政策终结的启动原因 [J]. 云南行政学院学报，2013.

[119] 范绍庆. 论公共政策终结的启动障碍 [J]. 广东行政学院学报，2012.

[120] 范洋洋，吕晓俊. 我国地方官员晋升的因果机制研究及展望——基于 CSSCI 文献分析 [J]. 领导科学，2021.

[121] 范永茂. "异地高考"：倡议联盟框架视角下的政策变迁分析 [J]. 中国行政管理，2016.

[122] 范梓腾，谭海波. 地方政府大数据发展政策的文献量化研究——基于政策"目标-工具"匹配的视角 [J]. 中国行政管理，2017.

[123] 方浩，杨建. 基于多源流模型视角的政策议程分析——以共享单车为例 [J]. 电子政务，2019.

[124] 方琦，范斌. 多元关系与运作逻辑：社会组织扶持政策设计基点分析 [J]. 理论与改革，2016.

[125] 房莉杰. 中国卫生政策的议程设置——以合作医疗制度为例 [J]. 社会发展研究，2017.

[126] 费久浩. 政策议程设置中网民触发模式的基本要素分析 [J]. 四川师范大学学报（社会科学版），2015.

[127] 丰雷，胡依洁. 我国政策试点的中央政府行为逻辑探析——基于我国农村土地制度改革"三项试点"的案例研究 [J]. 中国行政管理，2021.

[128] 封铁英，熊建铭. 新型农村社会养老保险政策评估——基于土地流转制度背景下的研究 [J]. 公共管理学报，2012.

[129] 冯定星. 政策执行中的"包保责任制"——以 Q 市创建国家卫生城市工作为例 [J]. 社会发展研究，2014.

[130] 冯锋，程溪. 全球化视域下中国政策转移的反思与建构 [J]. 公共管理学报，2009.

[131] 冯锋，周霞. 政策试点与社会政策创新扩散机制——以留守儿童社会政策为例 [J]. 北京行政学院学报，2018.

[132] 冯贵霞. "共识互动式"环保政策执行网络的形成——以环保约谈制为例 [J]. 东岳论丛，2016.

［133］冯贵霞．大气污染防治政策变迁与解释框架构建——基于政策网络的视角［J］．中国行政管理，2014．

［134］冯猛．地方治理政策的创新程度与执行差异［J］．学海，2021．

［135］付建军．政策扩散研究如何扩散？——政策扩散研究的三波浪潮与发展逻辑［J］．社会主义研究，2022．

［136］付舒．我国养老服务政策行为者行动特征及其协同治理挑战——基于政策网络视角的文本量化分析［J］．南通大学学报（社会科学版），2019．

［137］傅广宛，傅雨飞．政策制定中的公民参与：信息渠道、动机与频次——基于社会性别的视角［J］．中国行政管理，2007．

［138］傅广宛，王倩，杨杨．可燃冰开发中的海洋生态环境保护政策制定研究——以交易成本理论为分析视角［J］．湘潭大学学报（哲学社会科学版），2020．

［139］傅广宛，张继平，傅雨飞．政策制定中的公民参与：途径、偏好与绩效——基于社会性别主流化的视角［J］．江汉论坛，2008．

［140］傅广宛，张晓霞，傅雨飞，等．公共政策制定与公民的关注度——来自武汉的调研报告［J］．中州学刊，2006．

［141］傅广宛．政府决策咨询机构的"中国特色"内涵研究——以中西方比较为研究视角［J］．中国行政管理，2010．

［142］傅利平，许凯渤，何兰萍．政策经纪人的抉择：医改制度变迁的路径研究——以"西宁模式"为例［J］．甘肃行政学院学报，2020．

［143］傅雨飞．智库结构在政策议程确立中的作用研究——以结构功能主义为分析视角［J］．中国行政管理，2017．

［144］干咏昕．政策学习：理解政策变迁的新视角［J］．东岳论丛，2010．

［145］高登晖，孙峰．地方政府垃圾分类政策响应速度缘何差异化？——基于46个试点城市的定性比较分析［J］．东北大学学报（社会科学版），2022．

［146］高洁．公共政策评估主体性原则思考［J］．理论探索，2007．

［147］高进，郭爱平，霍丽婷．理解政策设计：一个初步的分析框架［J］．东北大学学报（社会科学版），2022．

[148] 高鹏，杨翠迎．中国家庭医生制度的政策变迁与启示——基于倡议联盟框架的分析 [J]．东北大学学报（社会科学版），2022.

[149] 高新宇，王菁娴，武永超．网络焦点事件何以触发政策终结？——基于 40 个案例的模糊集定性比较分析 [J]．江苏社会科学，2021.

[150] 葛蕾蕾．我国海外高层次人才引进政策 20 年（2001～2020）：回顾、挑战与展望 [J]．福建论坛（人文社会科学版），2021.

[151] 葛天任．治理结构与政策执行：基于 3 个城市社区建设资金使用案例的实证研究 [J]．中国行政管理，2018.

[152] 葛云霞，李洪强，李增元．"理解性吸收"政策与"理性偏好"行动：当代农村社区建设实践的逻辑机理分析 [J]．甘肃行政学院学报，2014.

[153] 耿旭，喻君瑶．政策工具一定会服务于政策目标吗——基于 23 份省级主体功能区政策文本的分析 [J]．甘肃行政学院学报，2018.

[154] 耿言虎，王少康．折中治理：高风险约束情境下基层政府政策执行的策略研究——以 G 镇粉浆水治理为例 [J]．中国行政管理，2022.

[155] 官晓辰，孙涛．节能减排政策工具降低碳强度影响机制研究——基于 30 省（市、自治区）数据的模糊集定性比较分析 [J]．城市问题，2021.

[156] 龚虹波．执行结构-政策执行-执行结果——一个分析中国公共政策执行的理论框架 [J]．社会科学，2008.

[157] 龚虹波．中国公共政策执行的理论模型述评 [J]．教学与研究，2008.

[158] 谷孟宾．城市社会问题的界定方式对公共政策议程设定的影响 [J]．人文杂志，2006.

[159] 顾建光，吴明华．公共政策工具论视角述论 [J]．科学学研究，2007.

[160] 顾建光．公共政策工具研究的意义、基础与层面 [J]．公共管理学报，2006.

[161] 顾建光．政策能力与国家公共治理 [J]．公共管理学报，2010.

[162] 顾昕，赵琦．中国政策企业家研究的理论反思：身份类型、活动功能和行动性质 [J]．经济社会体制比较，2021.

［163］管兵，夏瑛．政府购买服务的制度选择及治理效果：项目制、单位制、混合制［J］．管理世界，2016．

［164］郭渐强，寇晓霖．论公共政策评估中行政决策失误责任追究制的有效实施［J］．东南学术，2013．

［165］郭渐强，梁琳．基于利益冲突的公共政策终结策略——以"营改增"政策为例［J］．求实，2018．

［166］郭渐强，杨婕敏．构建公众议程与政府议程良性互动的机制——基于湖南省"三问"活动的启示［J］．湖南师范大学社会科学学报，2012．

［167］郭渐强，杨露．ICA框架下跨域环境政策执行的合作困境与消解——以长江流域生态补偿政策为例［J］．青海社会科学，2019．

［168］郭劲光，王杰．"调适性联结"：基层政府政策执行力演变的一个解释［J］．公共管理学报，2021．

［169］郭俊华，黄嘉宜，徐倪妮．科技创新券政策的扩散机制研究——面向282个地级市的事件史分析［J］．中国科技论坛，2022．

［170］郭磊，胡晓蒙．住房公积金缴存比例的调整对谁有利？——基于社会建构理论的分析［J］．公共行政评论，2020．

［171］郭磊，秦酉．省级政府社会政策创新扩散研究——以企业年金税收优惠政策为例［J］．甘肃行政学院学报，2017．

［172］郭丕斌，刘宇民．创新政策效果评价：基于行业和区域层面的分析［J］．中国软科学，2019．

［173］郭沁，陈昌文．政策工具是否能有效改善水环境质量——基于30个省份的面板数据分析［J］．社会科学研究，2023．

［174］郭随磊，魏淑艳．政策工具研究的过程论视角：优势、逻辑与框架［J］．东北大学学报（社会科学版），2017．

［175］郭小聪，曹郭煌．科层分工的复杂性与政策执行绩效的差异——基于D区"商改"的案例研究［J］．江苏行政学院学报，2022．

［176］郭小聪，吴高辉，李刘兴．政策脱节中的政府行为机制——基于深度贫困县L产业扶贫过程的案例分析［J］．西北农林科技大学学报（社会科学版），2019．

［177］郭哲．历史制度主义视野下我国科技人才政策战略转型与变革

逻辑［J］．科技进步与对策，2020.

［178］韩博天，石磊．中国经济腾飞中的分级制政策试验［J］．开放时代，2008.

［179］韩博天．通过试验制定政策：中国独具特色的经验［J］．当代中国史研究，2010.

［180］韩冬梅．论中国水污染点源排放控制政策体系的改革——基于排污许可证制度的政策整合［J］．中国软科学，2016.

［181］韩万渠，董欣欣．协商参与嵌入政策体系：基层政策执行困境的破解路径［J］．学习与实践，2020.

［182］韩万渠，宋纪祥．政策预期、资源动员与朝令夕改政策过程的生成［J］．甘肃行政学院学报，2019.

［183］韩万渠．基层官员的身份困境与乡村治理中的政策执行变异［J］．中国行政管理，2016.

［184］韩万渠．决策咨询制度扩散机制及其区域差异：基于中国城市政府的实证（1983~2016）［J］．公共管理与政策评论，2019.

［185］韩啸，魏程瑞．风险如何影响政策扩散？——以环境信息公开为例［J］．公共管理与政策评论，2021.

［186］韩啸，吴金鹏．政府信息公开制度扩散的多重逻辑——面向中国省份的事件史分析［J］．东北大学学报（社会科学版），2019.

［187］韩艳．中国养老服务政策的演进路径和发展方向——基于1949~2014年国家层面政策文本的研究［J］．东南学术，2015.

［188］韩月．教育政策终结的阻力及其消解——以高考全国性体育加分政策终结为例［J］．教育发展研究，2016.

［189］韩志明．政策过程的模糊性及其策略模式——理解国家治理的复杂性［J］．学海，2017.

［190］何得桂，徐榕．政策变现的乡土逻辑：基于"有参与无合作"现象的分析及超越［J］．中国农村观察，2020.

［191］何俊志．结构、历史与行为——历史制度主义的分析范式［J］．国外社会科学，2002.

［192］何树虎，吴湘玲．蜗行的政策终结何以发生——基于"驾照直考"政策改革的反思［J］．长白学刊，2016.

［193］何文盛，杜晓林，任鹏丽．新世纪我国农村扶贫政策的演进特征与价值取向——基于甘肃省的政策文本分析［J］．北京行政学院学报，2018．

［194］何文盛，何志才，唐序康等．"一事一议"财政奖补政策绩效偏差及影响因素——基于甘肃省10个县（区）的质化研究［J］．公共管理学报，2018．

［195］何小舟，刘水云．教师道德形象建构与政策设计——基于目标群体社会建构与政策设计框架理论［J］．教育学报，2021．

［196］何艳玲，李妮．为创新而竞争：一种新的地方政府竞争机制［J］．武汉大学学报（哲学社会科学版），2017．

［197］何艳玲．"我们在做什么样的研究"：中国行政学研究评述［J］．公共管理研究，2007．

［198］何艳玲．以品质成就自主：何以建构自主的公共管理知识体系［J］．公共管理与政策评论，2022．

［199］何云辉．高校毕业生就业政策变迁的动力机制研究［J］．江苏高教，2011．

［200］何增科．中国政府创新的趋势分析——基于五届"中国地方政府创新奖"获奖项目的量化研究［J］．北京行政学院学报，2011．

［201］何志武，吕永峰．科学主导型公共政策的公众参与：逻辑、表征与机制［J］．华中师范大学学报（人文社会科学版），2020．

［202］和经纬．中国公共政策评估研究的方法论取向：走向实证主义［J］．中国行政管理，2008．

［203］贺东航，孔繁斌．公共政策执行的中国经验［J］．中国社会科学，2011．

［204］贺东航，孔繁斌．中国公共政策执行中的政治势能——基于近20年农村林改政策的分析［J］．中国社会科学，2019．

［205］侯军岐，杨艳丹．改革开放以来政府推动扶贫减贫政策分析［J］．西北农林科技大学学报（社会科学版），2021．

［206］侯云．流动儿童义务教育政策执行的复杂性——基于政策网络视角的研究［J］．教育科学研究，2012．

［207］侯志峰．政策联盟的注意力配置、互动策略与社会政策变

迁——基于甘肃农村低保政策的分析个案 [J]．甘肃行政学院学报，2019．

［208］胡鞍钢．中国特色的公共决策民主化——以制定"十二五"规划为例 [J]．清华大学学报（哲学社会科学版），2011．

［209］胡春艳，张莲明．"好"政策的执行效果也好吗？——基于容错纠错政策的实证检验 [J]．公共行政评论，2021．

［210］胡剑锋，朱剑秋．水污染治理及其政策工具的有效性——以温州市平阳县水头制革基地为例 [J]．管理世界，2008．

［211］胡平仁．政策评估的标准 [J]．湘潭大学学报（哲学社会科学版），2002．

［212］胡平仁．政策问题与政策议程 [J]．湘潭大学社会科学学报，2001．

［213］胡象明．地方政策执行：模式与效果 [J]．经济研究参考，1996．

［214］胡象明．论政府政策行为的价值取向 [J]．政治学研究，2000．

［215］胡业飞，崔杨杨．模糊政策的政策执行研究——以中国社会化养老政策为例 [J]．公共管理学报，2015．

［216］胡业飞，孙华俊，傅利平．政策执行研究"第三阶段"的核心议题与理论逻辑进路 [J]．上海行政学院学报，2020．

［217］胡业飞．组织内协调机制选择与议事协调机构生存逻辑——一个组织理论的解释 [J]．公共管理学报，2018．

［218］胡永远，周志凤．基于倾向得分匹配法的政策参与效应评估 [J]．中国行政管理，2014．

［219］胡占光．"三治结合"何以得到全国性推广？——基于政策创新扩散的视角 [J]．治理研究，2022．

［220］黄飚．当代中国政府的试点选择 [D]．浙江大学，2018．

［221］黄博函，岳经纶．政策执行偏差的组织视角分析——以 Y 市社保卡发行为例 [J]．北京社会科学，2022．

［222］黄萃，苏竣，施丽萍，等．政策工具视角的中国风能政策文本量化研究 [J]．科学学研究，2011．

［223］黄冬娅．压力传递与政策执行波动——以 A 省 X 产业政策执行为例 [J]．政治学研究，2020．

［224］黄甫全，游景如，涂丽娜，等．系统性文献综述法：案例、步

骤与价值 [J]. 电化教育研究, 2017.

[225] 黄冠, 乔东平. 组合漏斗式试验: 中国儿童福利领域政策试验的试点机制及优化研究 [J]. 中国行政管理, 2021.

[226] 黄红华. 政策工具理论的兴起及其在中国的发展 [J]. 社会科学, 2010.

[227] 黄健荣, 徐西光. 政府决策能力论析: 国家重点建设工程决策之视界——以长江三峡工程决策为例 [J]. 江苏行政学院学报, 2012.

[228] 黄健荣. 政府决策注意力资源论析 [J]. 江苏行政学院学报, 2010.

[229] 黄杰, 朱正威, 吴佳. 重大决策社会稳定风险评估法治化建设研究论纲——基于政策文件和地方实践的探讨 [J]. 中国行政管理, 2016.

[230] 黄坤达, 朱旭东. 新中国道路交通安全管理体制的历史变迁与政策启示——基于历史制度主义视角的考察 [J]. 内蒙古社会科学, 2022.

[231] 黄帅. 改革开放以来中国社会政策模式的转换研究——以 1978~2008 年《人民日报》相关文章关键词变化为视角 [J]. 甘肃行政学院学报, 2012.

[232] 黄新华, 段渲琪. 建构中国公共政策自主知识体系的探索——新时代十年的公共政策研究 [J]. 中共福建省委党校（福建行政学院）学报, 2023.

[233] 黄新华, 马万里. 从需求侧管理到供给侧结构性改革: 政策变迁中的路径依赖 [J]. 北京行政学院学报, 2019.

[234] 黄新华, 于潇. 环境规制影响经济发展的政策工具检验——基于企业技术创新和产业结构优化视角的分析 [J]. 河南师范大学学报（哲学社会科学版）, 2018.

[235] 黄新华, 赵荷花. 食品安全监管政策变迁的非线性解释——基于间断均衡理论的检验与修正 [J]. 行政论坛, 2020.

[236] 黄燕芬, 田盛丹, 张超. 国家治理视角下的中西方政策扩散比较研究 [J]. 教学与研究, 2021

[237] 黄扬, 陈天祥. 街头官僚如何推动政策创新?——基层卫生服务领域中的创新案例研究 [J]. 公共管理学报, 2020.

[238] 黄扬, 李伟权. 新媒体环境下网络舆情对政策间断式变迁的影响

研究——基于"间断—均衡理论"视角与案例分析 [J]．电子政务，2018．

[239] 黄振威."半公众参与决策模式"——应对邻避冲突的政府策略 [J]．湖南大学学报（社会科学版），2015．

[240] 黄振威．地方重大行政决策制度的内容分析——基于88个省一级制度文本的研究 [J]．北京行政学院学报，2017．

[241] 吉黎．政策不确定性与财政补贴——基于官员谨慎动机的新发现 [J]．经济与管理，2020．

[242] 季建林．执政成本的执行偏差矫正与终结障碍消除 [J]．理论导刊，2007．

[243] 贾路南．公共政策工具研究的三种传统 [J]．国外理论动态，2017．

[244] 贾义猛，张郁．模式的扩散与扩散的模式：行政审批局创新扩散研究 [J]．求实，2022．

[245] 江亚洲，郁建兴．重大公共卫生危机治理中的政策工具组合运用——基于中央层面新冠疫情防控政策的文本分析 [J]．公共管理学报，2020．

[246] 姜国兵，蓝光喜．重构公共政策评估——基于公民权与行政权相对平衡的分析 [J]．中国行政管理，2008．

[247] 姜国兵．对公共政策工具五大主题的理论反思 [J]．理论探讨，2008．

[248] 姜玲，叶选挺，张伟．差异与协同：京津冀及周边地区大气污染治理政策量化研究 [J]．中国行政管理，2017．

[249] 姜晓萍，郭宁．我国基本公共服务均等化的政策目标与演化规律——基于党的十八大以来中央政策的文本分析 [J]．公共管理与政策评论，2020．

[250] 姜晓萍，吴宝家．疫情防控中的中小企业支持政策：扩散特征与核心议题——基于省级"助企纾困"政策的文献计量分析 [J]．行政论坛，2020．

[251] 姜艳华，李兆友．多源流理论在我国公共政策研究中的应用述论 [J]．江苏社会科学，2019．

[252] 金太军．重视对公共政策执行的研究 [J]．江苏社会科学，2001．

［253］靳亮，陈世香．横向自发与纵向推动：我国政策扩散的双重逻辑——以地方文化体制改革为例［J］．广西社会科学，2017．

［254］靳永翥，刘强强．从公众话语走向政策话语：一项政策问题建构的话语分析［J］．行政论坛，2017．

［255］靳永翥，刘强强．政策问题源流论：一个发生学的建构逻辑［J］．中国行政管理，2016．

［256］景跃进．比较视野中的多元主义、精英主义与法团主义——一种在分歧中寻求逻辑结构的尝试［J］．江苏行政学院学报，2003．

［257］孔繁斌，向玉琼．新中国成立70年来政策议程设置的嬗变：政治逻辑及其阐释［J］．行政论坛，2019．

［258］邝艳华，叶林，张俊．政策议程与媒体议程关系研究——基于1982至2006年农业政策和媒体报道的实证分析［J］．公共管理学报，2015．

［259］邝艳华．公共预算决策理论述评：理性主义、渐进主义和间断均衡［J］．公共行政评论，2011．

［260］邝艳华．环保支出决策：渐进还是间断均衡——基于中国省级面板数据的分析［J］．甘肃行政学院学报，2015．

［261］兰梓睿．中国可再生能源政策效力、效果与协同度评估——基于1995～2018年政策文本的量化分析［J］．大连理工大学学报（社会科学版），2021．

［262］蓝庆新．我国农业政策效果的实证分析：基于PAM的检验［J］．学术研究，2004．

［263］蓝庆新．我国农业政策效果的实证分析：基于PAM的检验［J］．学术研究，2004．

［264］郎玫，郑松．政策弹性、执行能力与互动效率：地方政府政策执行绩效损失生成机制研究［J］．行政论坛，2020．

［265］雷叙川，王娜．地方政府间的政策创新扩散——以城市生活垃圾分类制度为例［J］．地方治理研究，2019．

［266］李博，左停．精准扶贫视角下农村产业化扶贫政策执行逻辑的探讨——以Y村大棚蔬菜产业扶贫为例［J］．西南大学学报（社会科学版），2016．

［267］李超显，黄健柏．流域重金属污染治理政策工具选择的政策网络分析：以湘江流域为例［J］．湘潭大学学报（哲学社会科学版），2017.

［268］李东泉，王瑛，李雪伟．央地关系视角下的城市规划建设管理政策扩散研究——以历史文化名城保护和城市设计为例［J］．城市发展研究，2021.

［269］李国庆，钟庭军．中国住房制度的历史演进与社会效应［J］．社会学研究，2022.

［270］李辉，胡彬．"混合型"政策创新：我国地方政府政策创新的解释框架——以J市"老楼加梯"为例［J］．山东大学学报（哲学社会科学版），2023.

［271］李辉．层层加码：反制科层组织执行衰减的一种策略［J］．中国行政管理，2022.

［272］李辉．理性选择与认知差异：运动模式下基层政策执行的变与不变——基于专项行动的多案例研究［J］．中国行政管理，2021.

［273］李慧龙，尉馨元．不只是偏差："雷声大雨点小"政策的多重逻辑——基于"激励-冲突"框架的类型分析［J］．中国行政管理，2021.

［274］李健，成鸿庚，贾孟媛．间断均衡视角下的政社关系变迁：基于1950~2017年我国社会组织政策考察［J］．中国行政管理，2018.

［275］李健，张文婷．政府购买服务政策扩散研究——基于全国31省数据的事件史分析［J］．中国软科学，2019.

［276］李健．公益创投政策扩散的制度逻辑与行动策略——基于我国地方政府政策文本的分析［J］．南京社会科学，2017.

［277］李金龙，乔建伟．政府规制工具变迁逻辑及其与政策目标适配路径研究——基于出租车政策的内容分析［J］．大连理工大学学报（社会科学版），2023.

［278］李肆，战建华．中国新能源汽车产业的政策变迁与政策工具选择［J］．中国人口·资源与环境，2017.

［279］李肆．环境政策执行偏差的破解——基于信号传递理论的解释［J］．中国人口·资源与环境，2020.

［280］李景鹏．地方政府创新与政府体制改革［J］．北京行政学院学报，2007.

［281］李敬锁，徐鹏民，徐健等．中国科技特派员政策变迁的演化逻辑与动力机制［J］．科技管理研究，2021．

［282］李静芳．我国地方公共政策评估现状与对策［J］．行政论坛，2001．

［283］李利文．执法堕距：政策执行在基层缘何容易走样？——基于D村违法建设综合整治案例的研究［J］．中国行政管理，2021．

［284］李玲玲．论政策工具与公共行政［J］．理论探讨，2008．

［285］李梦瑶，李永军．棚户区改造政策的创新与扩散——一项中国省级地方政府的事件史研究［J］．兰州学刊，2019．

［286］李棉管．自保式低保执行——精准扶贫背景下石村的低保实践［J］．社会学研究，2019．

［287］李培．中国住房制度改革的政策评析［J］．公共管理学报，2008．

［288］李娉，杨宏山．科学检验与多元协商：政策试验中的知识生产路径——基于Y市垃圾分类四项试点的比较分析［J］．公共管理学报，2022．

［289］李娉，杨宏山．政企互动与规制重建：企业家如何推进政策创新？——基于深圳改革经验的实证分析［J］．公共管理学报，2020．

［290］李娉，邹伟．权威调控与知识生产：中国政策试验的双重逻辑——基于能源领域四项试点的案例比较［J］．中国行政管理，2022．

［291］李强，王亚仓．长江经济带环境治理组合政策效果评估［J］．公共管理学报，2022．

［292］李强．地方政策创新的规律和重点［J］．人民论坛，2010．

［293］李强彬，姜丽红．社会公正感视域中的政策决策及其优化［J］．经济体制改革，2008．

［294］李强彬，刘敏婵．论表达自由与公共政策问题的构建［J］．理论探讨，2008．

［295］李强彬，杨春黎．政策议程设定何以驱动：四种典型途径［J］．行政论坛，2016．

［296］李强彬，支广东，李延伟．中央推进政策试点的差异化政策工具选择逻辑——基于20个案例的定性比较分析［J］．公共行政评论，2023．

[297] 李强彬. 公共政策"前决策过程"概念、特性与改进论析 [J]. 四川大学学报（哲学社会科学版），2011.

[298] 李强彬. 公共政策问题"界定"中的协商民主：逻辑、价值与理由 [J]. 理论探讨，2012.

[299] 李强彬. 论协商民主与公共政策议程建构 [J]. 求实，2008.

[300] 李庆钧. 公共政策创新的动力系统分析 [J]. 理论探讨，2007.

[301] 李瑞昌. 关系、结构与利益表达——政策制定和治理过程中的网络范式 [J]. 复旦学报（社会科学版），2004.

[302] 李瑞昌. 基于"政策关系"的政策知识体系论纲 [J]. 学术月刊，2021.

[303] 李瑞昌. 中国公共政策实施中的"政策空传"现象研究 [J]. 公共行政评论，2012.

[304] 李胜兰，黎天元. 复合型环境政策工具体系的完善与改革方向：一个理论分析框架 [J]. 中山大学学报（社会科学版），2021.

[305] 李朔严，张克. 中国计划生育政策变迁研究（1956～2015）——基于间断均衡模型的视角 [J]. 公共管理与政策评论，2016.

[306] 李斯旸，朱亚鹏. 目标群体社会建构的转型与政策变迁——基于两种传染病的比较研究 [J]. 公共管理与政策评论，2021.

[307] 李斯旸. 目标群体社会建构与政策设计框架：发展与述评 [J]. 中山大学学报（社会科学版），2017.

[308] 李薇. 经济转型期促进就业政策工具选择模型和变迁路径再探——以小额贷款担保政策为例 [J]. 甘肃行政学院学报，2012.

[309] 李伟权，黄扬. 政策执行中的刻板印象：一个"激活-应用"的分析框架 [J]. 公共管理学报，2019.

[310] 李文彬，王佳利. 地方政府绩效评价的扩散：面向广东省的事件史分析 [J]. 行政论坛，2018.

[311] 李文钊，徐文. 基于因果推理的政策评估：一个实验与准实验设计的统一框架 [J]. 管理世界，2022.

[312] 李文钊. 倡导联盟框架：探究政策过程中的子系统效应 [J]. 行政论坛，2023.

[313] 李文钊. 间断-均衡理论：探究政策过程中的稳定与变迁逻辑

［J］．上海行政学院学报，2018.

［314］李文钊．民主的政策设计理论：探究政策过程中的社会建构效应［J］．学海，2019.

［315］李文钊．认知、制度与政策图景：间断−均衡理论的三重解释逻辑［J］．南京社会科学，2018.

［316］李文钊．政策评估中的 DID 设计：起源、演进与最新进展［J］．甘肃行政学院学报，2019.

［317］李雪伟，唐杰，杨胜慧．京津冀协同发展背景下的政策协同评估研究——基于省级"十三五"专项规划文本的分析［J］．北京行政学院学报，2019.

［318］李亚，宋宇．后实证主义政策评估主要模式评析［J］．天津社会科学，2017.

［319］李亚，尹旭，何鉴孜．政策话语分析：如何成为一种方法论［J］．公共行政评论，2015.

［320］李燕，苏一丹．中国地方政府大数据政策扩散机制研究［J］．软科学，2022.

［321］李燕，朱春奎．"政策之窗"的关闭与重启——基于劳教制度终结的经验研究［J］．武汉大学学报（哲学社会科学版），2017.

［322］李毅．社会建构类型转换与公共政策变迁——以中国网约车监管政策演变为例［J］．公共管理与政策评论，2019.

［323］李迎生，李泉然，袁小平．福利治理、政策执行与社会政策目标定位——基于 N 村低保的考察［J］．社会学研究，2017.

［324］李友梅．中国社会科学如何真正从"地方"走向"世界"［J］．探索与争鸣，2017.

［325］李元珍．央地关系视阈下的软政策执行——基于成都市 L 区土地增减挂钩试点政策的实践分析［J］．公共管理学报，2013.

［326］李占乐．中国公民社会有效参与政策制定的制约因素——基于政府层面的分析［J］．求实，2011.

［327］李长根，张凤合．论政策创新中的企业家精神［J］．中国行政管理，2008.

［328］李长文．我国公共政策评估：现状、障碍与对策［J］．兰州大

学学报（社会科学版），2009.

[329] 李振. 推动政策的执行：中国政治运作中的工作组模式研究 [J]. 政治学研究，2014.

[330] 李志军. 加快构建中国特色公共政策评估体系 [J]. 管理世界，2022.

[331] 李智超，卢婉春. 生活垃圾分类政策执行的差异性研究——基于注意力视角的定性比较分析 [J]. 经济社会体制比较，2020.

[332] 李智超. 政策试点推广的多重逻辑——基于我国智慧城市试点的分析 [J]. 公共管理学报，2019.

[333] 李壮. 中国政策试点的研究述评与展望——基于 CSSCI 数据库的分析 [J]. 社会主义研究，2018.

[334] 厉毅，吕长生，吴伟赋，等. 我国学分银行政策变迁逻辑：基于历史制度主义的解释框架 [J]. 远程教育杂志，2023.

[335] 梁晨. 农村低保政策的基层实践逻辑——以武陵山区某村为例 [J]. 贵州社会科学，2013.

[336] 梁亮，王春福. 如何提高政府政策决策效率 [J]. 人民论坛，2000.

[337] 廖福崇. "放管服"改革的政策创新研究：试点-推广的政策逻辑 [J]. 暨南学报（哲学社会科学版），2021.

[338] 林卡，高红. 中国经济适用房制度发展动力和制度背景分析 [J]. 中国软科学，2007.

[339] 林仁镇，文宏. 目标设定、资源整合与中国特色政策试点机制——基于深圳建设中国特色社会主义先行示范区的分析 [J]. 华中科技大学学报（社会科学版），2022.

[340] 林水波、张世贤：《公共政策》，台湾：五南图书出版公司，1991.

[341] 林雪霏. 政府间组织学习与政策再生产：政策扩散的微观机制——以"城市网格化管理"政策为例 [J]. 公共管理学报，2015.

[342] 林亦府，辛丽娟，孟佳辉. 协同治理视角下农村环保政策执行主体的互动逻辑——基于黑龙江省秸秆禁烧的实证考察 [J]. 甘肃行政学院学报，2022.

[343] 林毅. 西方化反思与本土化创新：中国政治学发展的当代内涵

［J］．政治学研究，2018.

［344］凌争．主动"加码"：基层政策执行新视角——基于 H 省 J 县的村干部选举案例研究［J］．中国行政管理，2020.

［345］刘东杰．破解政策终结困境的有利因素分析［J］．重庆行政，2006.

［346］刘复兴，邢海燕．论教育政策执行评估中的公众参与问题［J］．华南师范大学学报（0 社会科学版），2021.

［347］刘纪达，董昌其，安实．中国国防科技工业政策的变迁路径及其动力机制——基于 589 份政策文献的量化分析［J］．行政论坛，2022.

［348］刘纪达，王健．变迁与演化：中国退役军人安置保障政策主题和机构关系网络研究［J］．公共管理学报，2019.

［349］刘骥，刘秀汀，陈子恪．历史制度影响地方政府当下决策——以环渤海、长三角、珠三角三地劳工政策为例［J］．甘肃行政学院学报，2011.

［350］刘骥，熊彩．解释政策变通：运动式治理中的条块关系［J］．公共行政评论，2015.

［351］刘佳，刘俊腾．"最多跑一次"改革的扩散机制研究——面向中国 294 个地级市的事件史分析［J］．甘肃行政学院学报，2020.

［352］刘进才，孙耀，陈卫东等．关于政策评估的模糊数学方法及计算机程序处理研究［J］．苏州大学学报，2004.

［353］刘进才．公共政策评估的模糊数学方法［J］．中共中央党校学报，2001.

［354］刘开君．公共政策变迁间断-平衡模型的修正及应用——兼论新中国科研政策变迁的渐进与突变规律［J］．北京社会科学，2016.

［355］刘蕾，史钰莹．我国慈善捐赠政策的政策变迁与工具选择——基于中央层面的政策文本分析［J］．北京行政学院学报，2021.

［356］刘培伟．基于中央选择性控制的试验——中国改革"实践"机制的一种新解释［J］．开放时代，2010.

［357］刘培伟．政策设计对执行行为的影响——基于 B 县 W 村干部对低保和新农保政策执行的比较［J］．贵州社会科学，2014.

［358］刘鹏，刘志鹏．工作专班：新型议事协调机构的运行过程与生成逻辑［J］．中国行政管理，2022.

［359］刘鹏，刘志鹏．街头官僚政策变通执行的类型及其解释——基于对 H 县食品安全监管执法的案例研究［J］．中国行政管理，2014.

［360］刘祺，叶仲霖，陈国渊．公共政策价值评估：缘起、概念及测度——一种批判实证主义的评估程式建构［J］．东南学术，2011.

［361］刘倩．公共政策问题确认中政府行为研究的前在预设［J］．西北农林科技大学学报（社会科学版），2011.

［362］刘强强．政策试点悖论：未实现预期效果又为何全面推广——基于"以房养老"政策的解释［J］．福建行政学院学报，2019.

［363］刘琼，梁凤波．基于注意力竞争理论的地方政府"政策响应差异"分析——以医疗保险支付方式改革为例［J］．甘肃行政学院学报，2019.

［364］刘然．"政策试点""政策试验"与"政策实验"的概念辨析［J］．内蒙古社会科学（汉文版），2019.

［365］刘然．网络舆论触发政策议程机制探讨——在对三起网络公共事件的比较中质疑多源流模型［J］．理论与改革，2017.

［366］刘升．信息权力：理解基层政策执行扭曲的一个视角——以 A 市中街城管执法为例［J］．华中农业大学学报（社会科学版），2018.

［367］刘升．政策边缘人：理解基层政策执行难的一个视角——以精准扶贫中的"争贫"为例［J］．华中农业大学学报（社会科学版），2019.

［368］刘思宇．政策论证与共识建构的多源流嵌套——以"PM2.5 事件"和空气治理为例［J］．甘肃行政学院学报，2018.

［369］刘伟，黄健荣．当代中国政策议程创建模式嬗变分析［J］．公共管理学报，2008.

［370］刘伟．国际公共政策的扩散机制与路径研究［J］．世界经济与政治，2012.

［371］刘伟．论我国政策议程设置模式的演进与优化［J］．江苏行政学院学报，2012.

［372］刘伟．学习借鉴与跟风模仿——基于政策扩散理论的地方政府行为辨析［J］．国家行政学院学报，2014.

［373］刘伟．政策试点：发生机制与内在逻辑——基于我国公共部门绩效管理政策的案例研究［J］．中国行政管理，2015.

［374］刘伟．政策议程创建的基本类型：内涵、过程与效度的一般分

析［J］．理论与现代化，2011．

［375］刘伟．政策议程创建模式转型与政府治理能力提升［J］．改革，2008．

［376］刘伟伟．政策终结的多源流分析——基于收容遣送制度的经验研究［J］．公共管理学报，2015．

［377］刘伟忠，张宇．利益集团与公共政策制定［J］．山东社会科学，2006．

［378］刘伟忠，张宇．与异质性行动者共生演进：基于行动者网络理论的政策执行研究新路径［J］．贵州社会科学，2022．

［379］刘玮辰，郭俊华，史冬波．如何科学评估公共政策？——政策评估中的反事实框架及匹配方法的应用［J］．公共行政评论，2021．

［380］刘小康．论行政决策公众参与度及其影响因素——基于中国经验的分析［J］．北京行政学院学报，2017．

［381］刘小燕，李泓江．中国生育政策传播模式演变考察［J］．北京大学学报（哲学社会科学版），2019．

［382］刘鑫，穆荣平．基层首创与央地互动：基于四川省职务科技成果权属政策试点的研究［J］．中国行政管理，2020．

［383］刘鑫，汪典典．整合与转型：改革开放以来的知识产权公共政策演进研究［J］．中国软科学，2021．

［384］刘兴成．典型化：中国政策创新扩散的逻辑与机制［J］．学习与实践，2022．

［385］刘雪明，曹迎宾．公共政策终结的影响因素分析［J］．理论探讨，2014．

［386］刘雪明，曹迎宾．公共政策终结的障碍及其原因——以驻京办撤销为例［J］．河南科技大学学报（社会科学版），2014．

［387］刘亚平，刘琳琳．地方政府在公共决策中的策略选择：一个权力网络的分析视角［J］．东南学术，2010．

［388］刘燕凤．政策终结过程中政府公信力下降问题浅析［J］．内蒙古农业大学学报（社会科学版），2012．

［389］刘义强，范静惠．公共议程设置的适应性转换何以实现？［J］．东南学术，2023．

［390］刘媛．西方政策工具选择理论的多途径研究述评［J］．国外社会科学，2010.

［391］刘志鹏，刘丽莉．"干部下乡"背后的"政策落地"——基于"精准扶贫"中干部互动视角的分析［J］．中国行政管理，2020.

［392］刘忠艳，赵永乐，王斌．1978～2017年中国科技人才政策变迁研究［J］．中国科技论坛，2018.

［393］刘祖华．村头官僚、政策变通与乡村政策的实践逻辑——村干部政策角色的一个解释框架［J］．甘肃行政学院学报，2008.

［394］柳立清．政策多变与应对失矩——基层易地扶贫搬迁政策执行困境的个案解读［J］．中国农村观察，2019.

［395］卢锋华，王昶，左绿水．跨越政策意图与实施的鸿沟：行动者网络视角——基于贵阳市大数据产业发展（2012～2018）的案例研究［J］．中国软科学，2020.

［396］芦彦清，赵建国．基于新媒体的网络舆情政策化议程设置研究——以多源流理论为视角［J］．电子政务，2018.

［397］鲁先锋．网络条件下非政府组织影响政策议程的场域及策略［J］．理论探索，2013.

［398］陆益龙．粘附与剥离：基层户籍管理中的问题与对策［J］．人口研究，2000.

［399］罗峰，崔岩珠．行动者转译偏差：政策执行何以陷入"困局"？——以S市托育政策执行为例［J］．甘肃行政学院学报，2020.

［400］罗建文，赵嫦娥，李惠阳．论公共政策设计中民生幸福的价值本质［J］．湖南科技大学学报（社会科学版），2013.

［401］罗依平，胡上．民意：地方公共政策制定的缘起和归宿［J］．河北学刊，2010.

［402］罗依平，汤资岚，刘思思．协商民主视角下的地方政府公共政策议程优化研究［J］．理论探讨，2019.

［403］罗依平．地方政府公共政策制定中的民意表达问题研究［J］．政治学研究，2012.

［404］罗依平．深化我国政府决策机制改革的若干思考［J］．政治学研究，2011.

［405］罗哲，单学鹏．研究共识与差异取向：国内外政策工具研究的比较分析［J］．西南民族大学学报（人文社会科学版），2022．

［406］骆苗，毛寿龙．理解政策变迁过程：三重路径的分析［J］．天津行政学院学报，2017．

［407］吕德文．治理周期与政策执行波动：基于城管执法的动态经验观察［J］．公共行政评论，2022．

［408］吕德文．中心工作与国家政策执行——基于 F 县农村税费改革过程的分析［J］．中国行政管理，2012．

［409］吕芳．公共服务政策制定过程中的主体间互动机制——以公共文化服务政策为例［J］．政治学研究，2019．

［410］吕芳．条块差异与公共服务政策的扩散［J］．政治学研究，2021．

［411］吕萍，胡元瑞．人情式政策动员：宗族型村庄中的国家基层治理逻辑——基于江西省余江县宅改案例的分析［J］．公共管理学报，2020．

［412］吕萍，邱骏，丁富军等．住房属性困境、产权残缺与住房制度改革——基于中国住房政策演变和调整讨论［J］．公共管理与政策评论，2021．

［413］吕志奎，侯晓菁．超越政策动员："合作治理"何以有效回应竞争性制度逻辑——基于 X 县流域治理的案例研究［J］．江苏行政学院学报，2021．

［414］吕志奎．公共政策工具的选择——政策执行研究的新视角［J］．太平洋学报，2006．

［415］马海涛，韦烨剑．政策组合视角下政府研发补贴政策评估——基于 40 个国家的模糊集定性比较分析［J］．中央财经大学学报，2021．

［416］马静，徐晓林．地方政府创新何以扩散全国——基于多案例的比较研究［J］．理论与现代化，2023．

［417］马亮．府际关系与政府创新扩散：一个文献综述［J］．甘肃行政学院学报，2011．

［418］马亮．公共服务创新的扩散：中国城市公共自行车计划的实证分析［J］．公共行政评论，2015．

［419］马小娟，冯钰婷．网络舆情背景下政策问题建构的逻辑理路与优化路径［J］．宁夏党校学报，2022．

［420］马忠玉，宋乃平，郭颖．中国退耕还林政策评估研究［J］．宁

夏社会科学，2006.

[421] 满小欧，杨扬."三孩"背景下我国生育支持政策体系建设研究——基于政策工具与生育友好的双重分析框架 [J]．东北大学学报（社会科学版），2023.

[422] 毛劲歌，刘伟．公共政策执行中的政府绩效评估探析 [J]．湖南大学学报（社会科学版），2008.

[423] 毛寿龙，栗伊萱，杨毓康．地方政策创新如何上升为国家行动：一个政策属性的分析视角——基于河长制的案例观察 [J]．北京行政学院学报，2023.

[424] 毛寿龙，郑鑫．政策网络：基于隐喻、分析工具和治理范式的新阐释——兼论其在中国的适用性 [J]．甘肃行政学院学报，2018.

[425] 梅赐琪，汪笑男，廖露，等．政策试点的特征：基于《人民日报》1992~2003 年试点报道的研究 [J]．公共行政评论，2015.

[426] 梅琼林，聂静虹．新媒介环境中的公共政策制定 [J]．探索与争鸣，2009.

[427] 孟俊彦，王婷，张杰．政策扩散视角下河湖长制政策再创新研究 [J]．人民黄河，2020.

[428] 孟溦，张群．公共政策变迁的间断均衡与范式转换——基于1978~2018 年上海科技创新政策的实证研究 [J]．公共管理学报，2020.

[429] 孟薇，孔繁斌．邻避冲突的成因分析及其治理工具选择——基于政策利益结构分布的视角 [J]．江苏行政学院学报，2014.

[430] 苗丰涛．基层创新如何上升为国家政策？——府际关系视角下的纵向政策创新传导机制分析 [J]．东北大学学报（社会科学版），2022.

[431] 莫旭麟，韦剑峰．政策终止论 [J]．学术论坛，1989.

[432] 穆军全．政策试验的机制障碍及对策 [J]．中国特色社会主义研究，2015.

[433] 聂静虹，陈堂发．试论新闻媒体在公共政策论辩中的功能优化 [J]．学术研究，2013.

[434] 聂静虹．论大众传媒与政策议程构建 [J]．学术论坛，2002.

[435] 宁国良，孔祥利．论政策问题评估 [J]．湘潭大学社会科学学报，2003.

［436］宁国良．论公共政策执行偏差及其矫正［J］．湖南大学学报（社会科学版），2000．

［437］宁骚．从"政策试验"看中国的制度优势［J］．理论学习，2014．

［438］宁骚．政策试验的制度因素——中西比较的视角［J］．新视野，2014．

［439］宁骚．中国公共政策为什么成功？——基于中国经验的政策过程模型构建与阐释［J］．新视野，2012．

［440］宁甜甜，张再生．基于政策工具视角的我国人才政策分析［J］．中国行政管理，2014．

［441］潘翻番，薛澜，徐建华．中国政府内部政策企业家推动政策创新研究［J］．东南学术，2021．

［442］潘桂媚．公共政策扩散的制约因素及对策［J］．中共南宁市委党校学报，2014．

［443］潘懋元，朱乐平．高等职业教育政策变迁逻辑：历史制度主义视角［J］．教育研究，2019．

［444］潘毅，高岭．中美公共政策评估系统比较及启示［J］．甘肃行政学院学报，2008．

［445］庞明礼，薛金刚．政策模糊与治理绩效：基于对政府间分权化改革的观察［J］．中国行政管理，2017．

［446］庞明礼．国家治理效能的实现机制：一个政策过程的分析视角［J］．探索，2020．

［447］庞明礼．领导高度重视：一种科层运作的注意力分配方式［J］．中国行政管理，2019．

［448］庞锐．采纳与内化：多重制度压力如何影响河长制创新扩散——基于省级政府的定向配对事件史分析［J］．公共管理学报，2023．

［449］裴旭东．我国政策责任评价体系与责任政府对接机制探析［J］．河南师范大学学报（哲学社会科学版），2014．

［450］彭勃，杨铭奕．合法性与有效性冲突及其化解：基层公共服务的政策工具选择［J］．华中师范大学学报（人文社会科学版），2023．

［451］彭向刚．多源流模型视角下城市治理的政策议程设置——以非

首都功能疏解为例 ［J］. 学术研究，2020.

［452］彭正德. 阶级动员与认同聚合：党在乡村社会的一种政策动员模式——以湖南省醴陵县为中心的考察 ［J］. 湖南师范大学社会科学学报，2011.

［453］彭忠益，高峰. 我国矿产资源管理政策范式变迁研究 ［J］. 北京行政学院学报，2021.

［454］彭忠益，石玉. 中国政策评估研究二十年（1998～2018）：学术回顾与研究展望 ［J］. 北京行政学院学报，2019.

［455］钱再见，金太军. 公共政策执行主体与公共政策执行"中梗阻"现象 ［J］. 中国行政管理，2002.

［456］钱再见. 论多维理论视角中的政策问题构建 ［J］. 学术界，2013.

［457］钱再见. 论公共政策执行中的偏差行为 ［J］. 探索，2001.

［458］钱再见. 论公共政策制定的基本原则 ［J］. 中国行政管理，2001.

［459］钱再见. 政策终结的公共权力逻辑与路径研究——基于治理视角的学理分析 ［J］. 学习论坛，2017.

［460］乔治·锐查，华大明. 社会学——一门多范式的科学 ［J］. 社会，1988.

［461］秦勃. 公共政策创新的实现机制及影响因子分析 ［J］. 行政论坛，2011.

［462］邱爱军，孟育建. 我国农村政策决策机制分析 ［J］. 中国农业大学学报（社会科学版），2009.

［463］曲铁华，樊涛. 新中国农村基础教育政策的变迁及影响因素探析 ［J］. 东北师大学报（哲学社会科学版），2011.

［464］曲纵翔，董柯欣. 以算法拯救循证："知识－权力"结构下政策终结的话语空间 ［J］. 行政论坛，2021.

［465］曲纵翔，马红. 政策终结中的利益输入：以合作型输入替代系统内输入 ［J］. 中共福建省委党校学报，2016.

［466］曲纵翔，祁继婷. 政策终结：基于正反联盟的利益冲突及其协调策略 ［J］. 中国行政管理，2016.

［467］曲纵翔，赵旭. 社会建构语境中政策终结的主体间性 ［J］. 中国行政管理，2018.

［468］曲纵翔．从"效用递减规律"到"积累法则"——关于政策终结的思考［J］．中共福建省委党校学报，2015．

［469］曲纵翔．公共政策终结：基于"过程"角度的阐释［J］．中国行政管理，2017．

［470］曲纵翔．论政策终结过程中基于正反联盟的多维政治互动［J］．中共福建省委党校学报，2014．

［471］曲纵翔．信任、合作与政策变迁：一个实现政策终结的逻辑阐释［J］．学海，2018．

［472］曲纵翔．政策终结理论演进中的基础性概念述论［J］．理论导刊，2013．

［473］曲纵翔．政策终结系统动力及建模——基于耗散结构论的解释［J］．东北大学学报（社会科学版），2016．

［474］任丙强．地方政府环境政策执行的激励机制研究：基于中央与地方关系的视角［J］．中国行政管理，2018．

［475］容志．中国公共行政学自主知识体系建构的逻辑起点［J］．新文科教育研究，2023．

［476］汝绪华．算法政治：风险、发生逻辑与治理［J］．厦门大学学报：哲学社会科学版，2018．

［477］阮蓁蓁．食品免检制度终结分析——基于多源流理论的分析视角［J］．行政论坛，2009．

［478］沈永东，祝子航，杨鸣宇．"因地制宜"与"殊途同归"：中国地方网约车政策多元化成因分析［J］．甘肃行政学院学报，2018．

［479］盛宇华．"摸着石头过河"——一种有效的非程序化决策模式［J］．领导科学，1998．

［480］施生旭，陈浩．"多源流框架"对社区政策议程设置的解释力——以福州市 H 老旧小区加装电梯为例［J］．城市发展研究，2021．

［481］石绍成，吴春梅．适应性治理：政策落地如何因地制宜？——以武陵大卡村的危房改造项目为例［J］．中国农村观察，2020．

［482］舒耕德，李安娜，王丽丽．当代中国政策实施和政治稳定性研究的分析框架［J］．国外理论动态，2012．

［483］宋华琳，牛佳蕊．指导性文件是如何制定和演进的？——对新

冠肺炎七版诊疗方案的跟踪研究 [J].公共行政评论，2020.

[484] 宋俊成.我国思想政治教育学科政策变迁环境研究——基于政策社会学视角 [J].广西社会科学，2014.

[485] 宋卫清.国家间公共政策的转移——概念、研究态势和理论 [J].公共管理学报，2008.

[486] 宋心然.中国网约车监管政策变迁研究——以倡议联盟框架为分析视角 [J].中国行政管理，2017.

[487] 宋雄伟."整合式"视角下中国民生政策执行的困境——基于最低生活保障和基层医改政策的实证研究 [J].山东社会科学，2016.

[488] 宋雄伟.政策执行网络：一种研究政策执行问题的理论探索 [J].国家行政学院学报，2014.

[489] 苏利阳，王毅.中国"央地互动型"决策过程研究——基于节能政策制定过程的分析 [J].公共管理学报，2016.

[490] 孙发锋.问题界定的政策效应研究：以党政领导干部兼任社会组织职务问题治理为例 [J].中国行政管理，2021.

[491] 孙峰，魏淑艳.网络时代政策议程设置研究的范式革新 [J].求实，2017.

[492] 孙峰.参与式议程设置中的信任：从流失到精准修复——基于网约车议程的实证研究 [J].中国行政管理，2020.

[493] 孙峰.精准协作：行动者网络视角下政策问题建构优化 [J].中共宁波市委党校学报，2021.

[494] 孙峰.走向精准：参与式决策目标设定优化研究——基于出租车改革的实证分析 [J].中国行政管理，2019.

[495] 孙欢.间断平衡框架及在我国政策分析中的适用性：基于政策范式 [J].甘肃行政学院学报，2016.

[496] 孙培军，丁远朋.国家治理机制转型研究——基于运动式治理的视角 [J].江西师范大学学报（哲学社会科学版），2015.

[497] 孙萍，鲍丽明.论我国公共政策问题构建的价值诉求与回归 [J].理论与改革，2010.

[498] 孙萍，刘梦.我国城市社区社会保障政策的演变与特征分析 [J].东岳论丛，2015.

［499］孙蕊，王少洪，邢宇丽．开放式社会创新视角下我国医养结合政策研究——基于北京市 X 养老机构的实地调研［J］．甘肃行政学院学报，2021．

［500］孙昕聪，黄靖，魏姝．环保约谈机制对政策执行效果的影响——基于 40 个地级市空气治理案例的比较分析［J］．城市问题，2020．

［501］孙岩，刘红艳，李鹏．中国环境信息公开的政策变迁：路径与逻辑解释［J］．中国人口·资源与环境，2018．

［502］孙岩，张备．如何破解环境政策执行"运动式"困境？——基于组态的研究［J］．科研管理，2022．

［503］孙远东．当代中国公共政策制定的结构分析［J］．探索，1998．

［504］孙志建．政府治理的工具基础：西方政策工具理论的知识学诠释［J］．公共行政评论，2011．

［505］孙志建．中国城市摊贩监管缘何稳定于模糊性治理——基于"新多源流模型"的机制性解释［J］．甘肃行政学院学报，2014．

［506］孙宗锋，孙悦．组织分析视角下基层政策执行多重逻辑探析——以精准扶贫中的"表海"现象为例［J］．公共管理学报，2019．

［507］谭翀，严强．从"强制灌输"到"政策营销"——转型期中国政策动员模式变迁的趋势与逻辑［J］．南京社会科学，2014．

［508］汤火箭，刘为民．地方政府对财政政策的执行策略：一个分析框架［J］．中国行政管理，2012．

［509］唐斌，席振华，曾镇坚．农村基本公共服务均等化政策的演进逻辑及其实践工具——基于"中央一号文件"的质性分析［J］．甘肃行政学院学报，2021．

［510］唐斌．企业如何推开基层治理中的"政策之窗"？——多源流理论的地方实践及其政治逻辑［J］．公共管理学报，2017．

［511］唐慧，王印红．政策爆发的多重逻辑：基于中国地级市"人才新政"的事件史分析［J］．中国人力资源开发，2021．

［512］唐曼，王刚．行为模仿：地方政府行为的一个分析框架——基于多案例的研究［J］．公共行政评论，2021．

［513］唐贤兴，田恒．分权治理与地方政府的政策能力：挑战与变革［J］．学术界，2014．

［514］唐贤兴．政策工具的选择与政府的社会动员能力——对"运动式治理"的一个解释［J］．学习与探索，2009．

［515］唐贤兴．中国治理困境下政策工具的选择——对"运动式执法"的一种解释［J］．探索与争鸣，2009．

［516］唐啸，陈维维．动机、激励与信息——中国环境政策执行的理论框架与类型学分析［J］．国家行政学院学报，2017．

［517］陶学荣，王锋．公共政策终结的可行性因素分析［J］．内蒙古社会科学（汉文版），2005．

［518］陶学荣，王锋．政策终结的可行性探究——求解公共政策"有始无终"难题［J］．晋阳学刊，2005．

［519］田恒，唐贤兴．论政府间的政策能力［J］．晋阳学刊，2016．

［520］田华文，魏淑艳．政策论坛：未来我国政策变迁的重要动力——基于广州市城市生活垃圾治理政策变迁的案例研究［J］．公共管理学报，2015．

［521］田华文，魏淑艳．中国政策网络适用性考量——基于怒江水电开发项目的案例研究［J］．甘肃行政学院学报，2014．

［522］田华文．生活垃圾强制分类是否可行？——基于政策工具视角的案例研究［J］．甘肃行政学院学报，2020．

［523］田雄，郑家昊．被裹挟的国家：基层治理的行动逻辑与乡村自主——以黄江县"秸秆禁烧"事件为例［J］．公共管理学报，2016．

［524］万健琳，杜其君．生态扶贫政策创新扩散模式的情境机制分析［J］．中国行政管理，2022．

［525］万筠，王佃利．中国城市生活垃圾管理政策变迁中的政策表达和演进逻辑——基于1986~2018年169份政策文本的实证分析［J］．行政论坛，2020．

［526］汪家焰，赵晖．论协商式政策议程设置模式：理论谱系、生成逻辑与建构路径［J］．南京社会科学，2018．

［527］汪家焰，赵晖．政策议程设置的民主过程：类型、效应与优化机制［J］．江海学刊，2021．

［528］汪家焰，赵晖．政策议程设置民主化的价值维度考量［J］．内蒙古社会科学（汉文版），2019．

[529] 王班班，齐绍洲．市场型和命令型政策工具的节能减排技术创新效应——基于中国工业行业专利数据的实证 [J]．中国工业经济，2016．

[530] 王冰，张晓莲．公共政策的公共性测度——基于武汉市交通拥堵治理政策的实证研究 [J]．城市问题，2013．

[531] 王成利．改革开放四十年来农村劳动力政策演进研究——涉农中央"一号文件"的视角 [J]．东岳论丛，2018．

[532] 王程韡．从多源流到多层流演化：以我国科研不端行为处理政策议程为例 [J]．科学学研究，2009．

[533] 王翀，严强．从"市管县"到"省管县"：基于政策终结的视角 [J]．南京社会科学，2012．

[534] 王翀，严强．公共政策终结研究：现状和展望 [J]．晋阳学刊，2012．

[535] 王春城，柏维春．政策经纪人在政策变迁中的作用与机理 [J]．行政论坛，2014．

[536] 王春城．公共政策客体层次论及其对政策绩效评估的规定 [J]．江苏社会科学，2019．

[537] 王春城．政策精准性与精准性政策——"精准时代"的一个重要公共政策走向 [J]．中国行政管理，2018．

[538] 王春福．论公共政策议程的协同回应模式——以温州金融体制综合改革试验区议程为例 [J]．浙江社会科学，2013．

[539] 王春福．论决策的科学化和民主化的统一——兼论政策科学的学科理念 [J]．政治学研究，2004．

[540] 王春婷，傅广宛．公共政策制定中大众媒体对公民有序参与的影响 [J]．深圳大学学报（人文社会科学版），2011．

[541] 王丛虎，侯宝柱．模糊性市场准入政策：博弈、网络结构与执行机制——基于公共资源交易领域政策执行的考察 [J]．北京行政学院学报，2022．

[542] 王丛虎，马文娟．公共资源交易政策扩散的行动策略研究 [J]．治理研究，2020．

[543] 王达梅．公共政策环境影响评估制度研究 [J]．兰州大学学报（社会科学版），2007．

［544］王佃利，付冷冷．行动者网络理论视角下的公共政策过程分析［J］．东岳论丛，2021.

［545］王佃利，唐菁阳．约束性程度、损失嵌入性与社区政策执行模式［J］．深圳大学学报（人文社会科学版），2019.

［546］王法硕，张桓朋．重大公共危机事件背景下爆发式政策扩散研究——基于健康码省际扩散的事件史分析［J］．电子政务，2021.

［547］王法硕．制度设计、治理能力与自我更新：地方政府创新扩散效果研究——以城市公共自行车项目为例［J］．中国行政管理，2016.

［548］王锋．引致政策终结的外因研究［J］．行政论坛，2006.

［549］王福涛，段子威，谢媛媛．政治动员、政策资源与政策执行偏差——G省欠发达地区人民调解政策执行案例分析［J］．华南理工大学学报（社会科学版），2021.

［550］王国红．我国政策执行评估机制的缺陷及其完善［J］．中共中央党校学报，2007.

［551］王国华，武晗．从压力回应到构建共识：焦点事件的政策议程触发机制研究——基于54个焦点事件的定性比较分析［J］．公共管理学报，2019.

［552］王红梅，王振杰．环境治理政策工具比较和选择——以北京PM2.5治理为例［J］．中国行政管理，2016.

［553］王红梅．中国环境规制政策工具的比较与选择——基于贝叶斯模型平均（BMA）方法的实证研究［J］．中国人口·资源与环境，2016.

［554］王洪涛，陈洪侠．我国智慧城市创新扩散演进机理及启示——基于38个城市的事件史分析［J］．科技进步与对策，2017.

［555］王厚芹，何精华．中国政府创新扩散过程中的政策变迁模式——央地互动视角下上海自贸区的政策试验研究［J］．公共管理学报，2021.

［556］王厚芹．如何摸着石头过河？——基于政策试验的中国政府渐进改革策略分析［J］．中国行政管理，2021.

［557］王辉，刘惠敏．政策整合的研究议题与本土展望［J］．上海行政学院学报，2023.

［558］王辉，刘惠敏．制度变迁中的农村养老保障政策：整合逻辑与路径选择［J/OL］．理论与改革，2023.

［559］王辉．政策工具视角下多元福利有效运转的逻辑——以川北 S 村互助式养老为个案［J］．公共管理学报，2015.

［560］王辉．政策工具视角下我国养老服务业政策研究［J］．中国特色社会主义研究，2015.

［561］王辉．政策工具选择与运用的逻辑研究——以四川 Z 乡农村公共产品供给为例［J］．公共管理学报，2014.

［562］王惠娜，马晓鹏．政府注意力分配与政策执行波动——B 制革区企业整合重组政策的案例分析［J］．公共管理与政策评论，2022.

［563］王家峰．作为设计的政策执行——执行风格理论［J］．中国行政管理，2009.

［564］王家合，杨倩文．社交媒体推动政策终结的多源流分析——以武汉市取消路桥隧收费政策为例［J］．湘潭大学学报（哲学社会科学版），2019.

［565］王家庭，季凯文．我国开发区制度创新扩散的微观机理与实证分析［J］．社会科学辑刊，2008.

［566］王家庭．国家综合配套改革试验区制度创新的空间扩散机理分析［J］．南京社会科学，2007.

［567］王建容．我国公共政策评估存在的问题及其改进［J］．行政论坛，2006.

［568］王金水，胡华杰．现场实验研究在中国政治语境下的应用分析［J］．国外社会科学，2017.

［569］王俊，王雪瑶．中国整合型医疗卫生服务体系研究：政策演变与理论机制［J］．公共管理学报，2021.

［570］王礼鑫，莫勇波．基于知识视角的政策制定基本问题探析［J］．中国行政管理，2017.

［571］王礼鑫，杨涛．当代中国政策过程中的政策否决现象探析［J］．浙江社会科学，2010.

［572］王礼鑫．动员式政策执行的"兴奋剂效应"假说［J］．武汉大学学报（哲学社会科学版），2015.

［573］王礼鑫．公共政策的知识基础与决策权配置［J］．中国行政管理，2018.

［574］王礼鑫．政策否决、政体类型与比较政治：一项研究议程［J］．浙江社会科学，2014．

［575］王礼鑫．政策知识生产：知识属性、过程特征与主要模式［J］．行政论坛，2020．

［576］王立剑，邱晓东．政策组合对养老服务资源供给的影响研究［J］．西安交通大学学报（社会科学版），2022．

［577］王琳，张杰．和谐社会视野下政策终结的利益协调机制分析［J］．改革与战略，2011．

［578］王路昊，庞莞菲，廖力．试验与示范：国家自主创新示范区建设中的央地话语联盟［J］．公共行政评论，2023．

［579］王洛忠，都梦蝶．"限塑令"执行因何遭遇阻滞？——基于修正后"模糊—冲突"框架的分析［J］．行政论坛，2020．

［580］王洛忠，李建呈．政策执行缘何走样？——基于 L 市大气污染防治攻坚战的案例研究［J］．理论探讨，2020．

［581］王洛忠，李奕璇．媒介融合背景下的政策变迁及其多源流分析——以"独生子女"到"全面二孩"的政策变迁为例［J］．南京大学学报（哲学·人文科学·社会科学），2018．

［582］王洛忠，庞锐．中国公共政策时空演进机理及扩散路径：以河长制的落地与变迁为例［J］．中国行政管理，2018．

［583］王洛忠．试论公共政策的公共利益取向［J］．理论探讨，2003．

［584］王洛忠．我国转型期公共政策过程中的公民参与研究——一种利益分析的视角［J］．中国行政管理，2005．

［585］王蒙．扶贫开发与农村低保衔接的政策执行偏差及其矫正——基于复杂政策执行的"模糊——冲突"分析框架［J］．中国农业大学学报（社会科学版），2018．

［586］王猛．中国地方政府创新研究：理论、议题与方法［J］．公共管理评论，2020．

［587］王培杰，彭雨馨，张友浪．政策设计、政策认同和生育偏好——基于"独生子女"政策的反馈效应分析［J］．公共行政评论，2022．

［588］王浦劬，赖先进．中国公共政策扩散的模式与机制分析［J］．北京大学学报（哲学社会科学版），2013．

［589］王清，王磊．政策工具创新：从强制到许可——以当代中国城市户口迁移制为例［J］．中国行政管理，2010．

［590］王庆歌，孔繁斌．政策目标群体的身份建构逻辑——以户籍政策及其改革为例［J］．公共管理与政策评论，2022．

［591］王庆华，张海柱．社会管理创新的政策学解读：基于社会建构论的理论探讨［J］．社会科学战线，2012．

［592］王庆华．论政策过程中的利益博弈与价值博弈［J］．中国行政管理，2009．

［593］王仁和，任柳青．地方环境政策超额执行逻辑及其意外后果——以2017年煤改气政策为例［J］．公共管理学报，2021．

［594］王绍光，樊鹏．政策研究群体与政策制定——以新医改为例［J］．政治学研究，2011．

［595］王绍光，何焕荣，乐园．政策导向、汲取能力与卫生公平［J］．中国社会科学，2005．

［596］王绍光，鄢一龙，胡鞍钢．中国中央政府"集思广益型"决策模式——国家"十二五"规划的出台．中国软科学［J］．2014．

［597］王绍光．学习机制与适应能力：中国农村合作医疗体制变迁的启示［J］．中国社会科学，2008．

［598］王绍光．中国公共政策议程设置的模式［J］．开放时代，2008．

［599］王绍光．中国公共政策议程设置的模式［J］．中国社会科学，2006．

［600］王诗宗，李鹏．基层政策执行的创新：自主性建构与合法性叙事［J］．治理研究，2019．

［601］王诗宗，罗凤鹏．基层政策动员：推动社区居民参与的可能路径［J］．南京社会科学，2020．

［602］王诗宗，杨帆．基层政策执行中的调适性社会动员：行政控制与多元参与［J］．中国社会科学，2018．

［603］王婷．政策工具的权变主义研究——基于农村社会养老保险政策的考察分析［J］．社会科学，2018．

［604］王婷．政策问题建构研究——基于中国农村社会养老保险政策的验证［J］．中国行政管理，2017．

［605］王向民．公众人物如何影响中国政策变迁［J］．探索与争鸣，2015.

［606］王星霞．论普通高中"三限"政策的终结［J］．上海教育科研，2011.

［607］王雄军．焦点事件与政策间断——以《人民日报》的公共卫生政策议题变迁为例［J］．社会科学，2009.

［608］王亚华．中国用水户协会改革：政策执行视角的审视［J］．管理世界，2013.

［609］王艺潼．政策默契：危机情境下政策创新扩散的新机制［J］．行政论坛，2023.

［610］王英伟．媒体话语对政策过程影响机制的叙事式框架分析——以城市专车监管政策为例［J］．公共管理与政策评论，2019.

［611］王英伟．权威应援、资源整合与外压中和：邻避抗争治理中政策工具的选择逻辑——基于（fsQCA）模糊集定性比较分析［J］．公共管理学报，2020.

［612］王颖，王梦．间断均衡理论视域下我国环保政策变迁研究——基于改革开放以来的政策文本分析［J］．东北大学学报（社会科学版），2020.

［613］王永生．试析公共政策评估及其规范［J］．理论探讨，2000.

［614］王毓珣，刘健．改革开放四十年中小学减负政策变迁及走向分析［J］．教育理论与实践，2018.

［615］王长征，彭小兵．殡葬改革中的公众"消极响应"现象研究——基于动员过程的跟踪分析［J］．公共行政评论，2020.

［616］王振波．"短命"政策产生——终结的内在逻辑研究［J］．东北大学学报（社会科学版），2017.

［617］王铮．政府部门间协作的影响因素及其组织逻辑：基于组织角度的分析［J］．公共管理与政策评论，2023.

［618］韦彩玲，杨臣．政策工具理论的研究状况及其在我国的应用前景——以国内外文献为研究对象［J］．江西社会科学，2012.

［619］卫志民，于松浩．我国文化产业政策的演进特征及其内在逻辑——基于政策文本的量化研究［J］．福建论坛（人文社会科学版），2019.

［620］魏景容．政策文本如何影响政策扩散——基于四种类型政策的

比较研究 [J]. 东北大学学报 (社会科学版), 2021.

[621] 魏来. 组合式执行与累加性创新: 社区协商政策的实践逻辑 [J]. 湖北民族大学学报 (哲学社会科学版), 2021.

[622] 魏姝. 府际关系视角下的政策执行——对 N 市农业补贴政策执行的实证研究 [J]. 南京农业大学学报 (社会科学版), 2012.

[623] 魏姝. 政策类型与政策执行: 基于多案例比较的实证研究 [J]. 南京社会科学, 2012.

[624] 魏淑艳, 陈雅. 中国重大环保事件政策执行纠偏机制及影响因素 [J]. 东南学术, 2021.

[625] 魏淑艳, 高登晖, 孙峰. 新时代政策议程设置: 场景、行动逻辑与未来趋向 [J]. 理论导刊, 2022.

[626] 魏淑艳, 路稳玲. 我国的政策转移与公共政策创新 [J]. 理论探讨, 2015.

[627] 魏淑艳, 蒙士芳. 我国公共决策议程设置模式的历史演进——以重大水利工程决策为例 [J]. 东南学术, 2019.

[628] 魏淑艳, 孙峰. "多源流理论" 视阈下网络社会政策议程设置现代化——以出租车改革为例 [J]. 公共管理学报, 2016.

[629] 魏淑艳, 孙峰. 政策议题建构现代化的驱动逻辑与实现路径 [J]. 理论探讨, 2018.

[630] 魏淑艳, 郑美玲. 政策转移推动政策创新生成机理探究——基于福建省排污权交易政策转移个案的分析 [J]. 中南大学学报 (社会科学版), 2022.

[631] 魏淑艳. 政策转移的若干理论问题探究 [J]. 东北大学学报 (社会科学版), 2008.

[632] 魏淑艳. 政策转移的主要政治变量分析 [J]. 东北大学学报 (社会科学版), 2009.

[633] 魏淑艳. 政策转移中的文化冲突及规避策略 [J]. 北京行政学院学报, 2009.

[634] 魏淑艳. 转型时期中国公共政策转移的发生机理、结构变量与历史逻辑 [J]. 上海行政学院学报, 2014.

[635] 魏署光, 吴柯豫. 间断均衡理论视阈下我国独立学院政策变迁

审视 [J]．高校教育管理，2022．

[636] 魏志荣，赵兴华．"互联网+政务服务"创新扩散的事件史分析——以省级一体化网上政务服务平台建设为例 [J]．湖北社会科学，2021．

[637] 温龙，王晓伟．论公共政策中的集团决策模型 [J]．江西行政学院学报，2002．

[638] 温美荣．公共政策综合评估的5P框架——基于创新驱动发展政策的理论模式建构与案例阐释应用 [J]．内蒙古社会科学，2020．

[639] 文宏，陈路雪，李玉玲．新中国成立70年来防范化解重大稳定风险的发展脉络与演化逻辑——基于1949~2019年政策文本的内容分析 [J]．行政论坛，2019．

[640] 文宏，杜菲菲．注意力、政策动机与政策行为的演进逻辑——基于中央政府环境保护政策进程（2008~2015年）的考察 [J]．行政论坛，2018．

[641] 文宏，李风山．组态视角下大气环境政策执行偏差的生成机理与典型模式——基于61个案例的模糊集定性比较分析 [J]．中国地质大学学报（社会科学版），2021．

[642] 文宏，郑虹．重大突发公共卫生事件中公共政策制定的公众情绪反馈差异研究——基于"延迟开学"政策社交媒体数据的考察 [J]．北京工业大学学报（社会科学版），2022．

[643] 文宏．间段均衡理论与中国公共政策的演进逻辑——兰州出租车政策（1982~2012）的变迁考察 [J]．公共管理学报，2014．

[644] 文宏．危机情境中的政策扩散：一项探索性研究——基于446份复工复产政策的文本分析 [J]．四川大学学报（哲学社会科学版），2020．

[645] 翁士洪，叶笑云．网络参与下地方政府决策回应的逻辑分析——以宁波PX事件为例 [J]．公共管理学报，2013．

[646] 翁士洪．农村土地流转政策的执行偏差——对小岗村的实证分析 [J]．公共管理学报，2012．

[647] 邬龙，王晓蓉，迟远英．我国大气污染治理政策主题变迁量化分析及预测 [J]．北京工业大学学报（社会科学版），2019．

[648] 吴宾，齐昕．政策扩散阻滞：何以发生又如何消解？——自2016~2019年中国住房租赁政策的观察 [J]．公共行政评论，2020．

［649］吴宾，齐昕．政策执行研究的中国图景及演化路径［J］．公共管理与政策评论，2019.

［650］吴宾，滕蕾．社会科学研究如何间接影响政策变迁？——基于政策文献量化与知识图谱的分析［J］．吉首大学学报（社会科学版），2021.

［651］吴光芸，李培．多源流理论视阈下我国公共政策终结策略探讨——基于食品质量免检政策终结的分析［J］．当代经济管理，2014.

［652］吴光芸，万洋．政策创新的扩散：中国"证照分离"改革的实证分析［J］．经济体制改革，2019.

［653］吴光芸，万洋．中国农村土地流转政策变迁的制度逻辑——基于历史制度主义的分析［J］．青海社会科学，2019.

［654］吴光芸，周芷馨．封闭式管理政策创新扩散的时空特征、路径模式与驱动因素——基于重大公共危机治理的研究［J］．软科学，2022.

［655］吴建南，马亮，苏婷，等．政府创新的类型与特征——基于"中国地方政府创新奖"获奖项目的多案例研究［J］．公共管理学报，2011.

［656］吴建南，马亮，杨宇谦．中国地方政府创新的动因、特征与绩效——基于"中国地方政府创新奖"的多案例文本分析［J］．管理世界，2007.

［657］吴建南，张攀，刘张立．"效能建设"十年扩散：面向中国省份的事件史分析［J］．中国行政管理，2014.

［658］吴建南，张攀．创新特征与扩散：一个多案例比较研究［J］．行政论坛，2014.

［659］吴建平．理解法团主义——兼论其在中国国家与社会关系研究中的适用性［J］．社会学研究，2012.

［660］吴江，费佳丽，王倩茹．国家大学科技园政策变迁的演进逻辑与动力机制［J］．科学管理研究，2019.

［661］吴进进．公共决策的 AI 应用模式及其风险：多案例分析［J］．中国行政管理，2021.

［662］吴克昌，吴楚泓．重大突发公共卫生事件背景下政策响应速度差异研究——基于 283 个城市复工复产政策的事件史分析［J］．北京工业大学学报（社会科学版），2022.

［663］吴克昌，周胜兰．打破政策"黑箱"的制度设计——基于广州

政策兑现实践的研究［J］. 北京行政学院学报，2020.

［664］吴林海，陈宇环，陈秀娟. 食品安全风险治理政策工具的演化研究——中国与西方国家的比较及启示［J］. 江苏社会科学，2021.

［665］吴群芳，刘清华. 目标群体的政策规避与政策悬浮：生活垃圾分类何以不能落地生根？——以天津市滨海新区为例［J］. 城市发展研究，2021.

［666］吴少微，杨忠. 中国情境下的政策执行问题研究［J］. 管理世界，2017.

［667］吴文强，郭施宏. 价值共识、现状偏好与政策变迁——以中国卫生政策为例［J］. 公共管理学报，2018.

［668］吴文强. 政策协调机制何以失效？——对 F 省新版医疗服务价格目录"难产"的过程追踪［J］. 公共管理学报，2021.

［669］吴湘玲，王志华. 我国环保 NGO 政策议程参与机制分析——基于多源流分析框架的视角［J］. 中南大学学报（社会科学版），2011.

［670］吴旭红. 我国绩效管理试点政策评价：一个分析框架——以广东省地税部门为例［J］. 甘肃行政学院学报，2012.

［671］武晗，王国华. 从资源利用、生态保护到公共卫生安全——野生动物保护政策中的焦点事件与社会建构［J］. 公共行政评论，2020.

［672］武晗，王国华. 注意力、模糊性与决策风险：焦点事件何以在回应型议程设置中失灵？——基于 40 个案例的定性比较分析［J］. 公共管理学报，2021.

［673］武祯妮，李燕玲，尹应凯. 区域污染产业转移治理的环境规制工具选择研究——基于新结构经济学视角［J］. 城市问题，2021.

［674］席虎，汪艳霞. 政策兼容性与地方政府政策再发明——基于科技特派员制度的案例追踪与比较［J］. 公共行政评论，2021.

［675］席毓，魏文池. 官员特征、任期与预算政策制定——基于省级预算稳定调节基金的实证分析［J］. 公共行政评论，2022.

［676］夏志强，田代洪. 恰适性联结：政策认同如何促成政策变现——对"耗车绿色转型"政策执行过程的追踪分析［J］. 甘肃社会科学，2022.

［677］向俊杰."一刀切"式环保政策执行过程中的三重博弈——以太原市"禁煤"为例［J］. 行政论坛，2021.

[678] 向小丹. 公共政策终结的渐进模式分析——以"新疆回沪知青"系列政策为例 [J]. 上海交通大学学报（哲学社会科学版），2017.

[679] 向玉琼. 技术理性—经验理性的背离与融合：决策模型的演进轨迹 [J]. 上海行政学院学报，2022.

[680] 向玉琼. 论经验理性的社会治理：基于政策试验的中国实践 [J]. 江苏社会科学，2018.

[681] 向玉琼. 论政府危机管理中的公共政策制定 [J]. 云南社会科学，2005.

[682] 向玉琼. 政策"不决策"及其合作治理 [J]. 学术论坛，2012.

[683] 向玉琼. 政策问题建构线性模式及其解构 [J]. 江苏行政学院学报，2012.

[684] 向玉琼. 注意力竞争的生成与反思：论政策议程中的注意力生产 [J]. 行政论坛，2021.

[685] 肖滨，费久浩. 专家-决策者非协同行动：一个新的解释框架——以 A 市政府决策咨询专家的政策参与为例 [J]. 公共管理学报，2020.

[686] 肖滨，郭明. 以"治权改革"创新地方治理模式——2009 年以来顺德综合改革的理论分析 [J]. 公共行政评论，2013.

[687] 肖棣文，姜逾婧，朱亚鹏. 如何形成政策共识：社会政策立法过程中的协商政治——以南方省残疾儿童保护政策立法为例 [J]. 政治学研究，2016.

[688] 肖方仁，唐贤兴. 再组织视野下政策能力重构：乡村振兴的浙江经验 [J]. 南京社会科学，2019.

[689] 谢俊. 棚户区改造政策扩散因素分析 [J]. 中南财经政法大学学报，2018.

[690] 谢明，张书连. 试论政策评估的焦点及其标准 [J]. 北京行政学院学报，2015.

[691] 谢庆奎. 论政府创新 [J]. 吉林大学社会科学学报，2005.

[692] 谢小芹，姜敏. 政策工具视角下市域社会治理现代化政策试点的扎根分析——基于全国 60 个试点城市的研究 [J]. 中国行政管理，2021.

［693］谢新水．公共领域合作的初始条件和发展变量——一个定性研究［J］．中国行政管理，2010．

［694］谢媛．政策评估的顾客导向模式及其应用［J］．行政论坛，2003．

［695］邢华，胡潆月．大气污染治理的政府规制政策工具优化选择研究——以北京市为例［J］．中国特色社会主义研究，2019．

［696］邢华，邢普耀．大气污染纵向嵌入式治理的政策工具选择——以京津冀大气污染综合治理攻坚行动为例［J］．中国特色社会主义研究，2018．

［697］熊烨，周建国．政策转移与情境嵌入：一个政策转移有效性的分析框架［J］．中南大学学报（社会科学版），2017．

［698］熊烨，周建国．政策转移中的政策再生产：影响因素与模式概化——基于江苏省"河长制"的QCA分析［J］．甘肃行政学院学报，2017．

［699］熊烨．我国地方政策转移中的政策"再建构"研究——基于江苏省一个地级市河长制转移的扎根理论分析［J］．公共管理学报，2019．

［700］熊烨．政策变迁中的反馈机制：一个"理念－工具"分层框架——以我国义务教育阶段"减负"政策为例［J］．公共管理与政策评论，2022．

［701］徐国冲，许玉君．新时代我国公共政策的特点变迁——基于"五年规划"建议说明稿的话语分析［J］．中共天津市委党校学报，2022．

［702］徐建牛，施高键．相机执行：一个基于情境理性的基层政府政策执行分析框架［J］．公共行政评论，2021．

［703］徐珊珊．公共政策执行困境组织结构性因素的分析［J］．行政论坛，2008．

［704］徐湘林．农村社会保障体制转型与地方政府创新——广西五保村建设的理论启示［J］．新视野，2006．

［705］徐湘林．政治改革政策的目标设定和策略选择［J］．吉林大学社会科学学报，2004．

［706］徐晓波．政策试验：顶层设计阶段的考量［J］．湖北社会科学，2015．

［707］徐晓新，张秀兰．共识机制与社会政策议程设置的路径——以新型农村合作医疗政策为例［J］．清华大学学报（哲学社会科学

版），2016.

［708］徐雨婧，沈瑶，胡珺．进口鼓励政策、市场型环境规制与企业创新——基于政策协同视角［J］．山西财经大学学报，2022.

［709］徐增辉，刘志光．政策议程设置的途径分析［J］．学术研究，2009.

［710］徐增辉．公共政策议程扭曲的机理与防治［J］．云南社会科学，2013.

［711］徐增辉．协商民主与政策议程的成功设置［J］．行政论坛，2016.

［712］徐增阳，蔡佩，付守芳．社会建构是如何影响社会政策扩散的？——以积分制政策为例［J］．行政论坛，2021.

［713］徐增阳，付守芳．改革开放40年来农民工政策的范式转变——基于985份政策文献的量化分析［J］．行政论坛，2019.

［714］许欢，孟庆国．政策和管理叠加创新研究：以"双创"为例［J］．中国行政管理，2016.

［715］许鹿，樊晓娇．规制均衡视角下中国食品免检政策终结探析［J］．云南行政学院学报，2009.

［716］许阳．网络话语影响下的中国公共政策议程建构研究——基于扩散议题战略模型的分析［J］．社会科学辑刊，2014.

［717］薛澜，林泽梁．公共政策过程的三种视角及其对中国政策研究的启示［J］．中国行政管理，2013.

［718］薛澜，赵静．转型期公共政策过程的适应性改革及局限［J］．中国社会科学，2017.

［719］薛澜．公共管理自主知识体系建构：分析与思考［J］．公共管理与政策评论，2022.

［720］薛立强，杨书文．论政策执行的"断裂带"及其作用机制——以"节能家电补贴推广政策"为例［J］．公共管理学报，2016.

［721］薛立强，杨书文．论中国政策执行模式的特征——以"十一五"期间成功关停小火电为例［J］．公共管理学报，2011.

［722］苟丽丽，包智明．政府动员型环境政策及其地方实践——关于内蒙古S旗生态移民的社会学分析［J］．中国社会科学，2007.

［723］闫飞飞．协商民主视阈下的公共政策议程设定［J］．南昌大学

学报（人文社会科学版），2011.

[724] 严汇．全球化、政策转移与中国市场转型 [J]．云南行政学院学报，2007.

[725] 严强．构建和谐社会与公共政策设计 [J]．江苏社会科学，2007.

[726] 严荣．公共政策创新与政策生态 [J]．上海行政学院学报，2005.

[727] 严荣．转型背景下政策创新的扩散与有限理性学习 [J]．上海行政学院学报，2008.

[728] 阎波，吴建南．非正式问责、组织学习与政策执行：J 市政府职能转变综合改革的案例研究 [J]．中国行政管理，2018.

[729] 阎波，武龙，陈斌，等．大气污染何以治理？——基于政策执行网络分析的跨案例比较研究 [J]．中国人口·资源与环境，2020.

[730] 颜昌武．新中国成立 70 年来医疗卫生政策的变迁及其内在逻辑 [J]．行政论坛，2019.

[731] 颜德如，张树吉．组织化过程中政策工具与组织协作的协同关系分析——基于 1989~2019 年城市社区服务的政策文本研究 [J]．上海行政学院学报，2021.

[732] 颜克高，唐婷．名实分离：城市社区"三社联动"的执行偏差——基于 10 个典型社区的多案例分析 [J]．湖南大学学报（社会科学版），2021.

[733] 杨成虎．论政策问题构建的逻辑与程序 [J]．学习与实践，2010.

[734] 杨代福，丁煌．中国政策工具创新的实践、理论与促进对策——基于十个案例的分析 [J]．社会主义研究，2011.

[735] 杨代福，刘新．美国社会治理创新扩散：特征、机制及对中国的启示 [J]．地方治理研究，2018.

[736] 杨代福，云展．大数据时代公共政策评估创新研究：基于过程的视角 [J]．电子政务，2020.

[737] 杨代福．我国城市社区网格化管理创新扩散现状与机理分析 [J]．青海社会科学，2013.

[738] 杨代福．西方政策变迁研究：三十年回顾 [J]．国家行政学院学报，2007.

[739] 杨代福．杨代福．西方政策创新扩散研究的最新进展 [J]．国

家行政学院学报，2016.

［740］杨代福. 政策工具选择的网络分析——以近年我国房地产宏观调控政策为例［J］. 新疆社会科学，2009.

［741］杨代福. 政策工具选择理性分析的理论基础与实证检验［J］. 华中科技大学学报（社会科学版），2009.

［742］杨代福. 中国政策创新扩散：一个基本分析框架［J］. 地方治理研究，2016.

［743］杨帆. 基层政策动员研究：行政控制、动员策略与执行效果［D］. 浙江大学，2019.

［744］杨海蛟，杨弘，张等文. 中国政治学与政治发展［C］. 北京：中国社会科学出版社，2023.

［745］杨宏山，高涵. 政策试验的两种逻辑与组织模式［J］. 中国行政管理，2022.

［746］杨宏山，李娉. 政策创新争先模式的府际学习机制［J］. 公共管理学报，2019.

［747］杨宏山，李娉. 中美公共政策扩散路径的比较分析［J］. 学海，2018.

［748］杨宏山，茆雪瑞. 政策执行中的府际学习机制——基于教育政策改革的典型案例分析［J］. 首都师范大学学报（社会科学版），2020.

［749］杨宏山，赵远跃. 政策试验中的多方互动与知识生产——以北京市"接诉即办"改革为例［J］. 北京社会科学，2023.

［750］杨宏山，周昕宇. 中国特色政策试验的制度发展与运作模式［J］. 甘肃社会科学，2021.

［751］杨宏山. 创制性政策的执行机制研究——基于政策学习的视角［J］. 中国人民大学学报，2015.

［752］杨宏山. 从精英驱动到互动创设：中国政策议程设置的制度发展［J］. 国家治理，2019.

［753］杨宏山. 情境与模式：中国政策执行的行动逻辑［J］. 学海，2016.

［754］杨宏山. 双轨制政策试验：政策创新的中国经验［J］. 中国行政管理，2013.

［755］杨宏山．政策执行的路径—激励分析框架：以住房保障政策为例［J］．政治学研究，2014．

［756］杨静文．我国政务中心制度创新扩散实证分析［J］．中国行政管理，2006．

［757］杨林霞．近十年来国内运动式治理研究述评［J］．理论导刊，2014．

［758］杨璐璐．产权保护视野的农村宅基地制度演进［J］．重庆社会科学，2016．

［759］杨璐璐．改革开放以来我国土地政策变迁的历史与逻辑［J］．北京工业大学学报（社会科学版），2016．

［760］杨露，周建国，周雅颂．科层动员、利益聚合与基层合作治理——以贵州易地扶贫搬迁政策过程为例［J］．宁夏社会科学，2022．

［761］杨婷，唐鸣．政策组合视角下中国政府黄河开发保护政策结构和逻辑研究——基于文本量化分析［J］．青海社会科学，2022．

［762］杨小科．农村住房补贴政策瞄准效果分析——来自"2017年城乡困难家庭抽样入户调查"的经验证据［J］．中国行政管理，2022．

［763］杨雪冬．过去10年的中国地方政府改革——基于中国地方政府创新奖的评价［J］．公共管理学报，2011．

［764］杨正联．政策动员及其当代中国向度［J］．人文杂志，2008．

［765］杨正喜，曲霞．政策成本、条条差异与政策扩散——以清远村民自治单元改革试点为例［J］．甘肃行政学院学报，2020．

［766］杨正喜，周海霞．政策属性是如何影响农村改革试验区政策扩散的？［J］．农村经济，2022．

［767］杨正喜．波浪式层级吸纳扩散模式：一个政策扩散模式解释框架——以安吉美丽中国政策扩散为例［J］．中国行政管理，2019．

［768］杨正喜．中国乡村治理政策创新扩散：地方试验与中央指导［J］．广东社会科学，2019．

［769］杨志，魏姝．政策爆发：非渐进政策扩散模式及其生成逻辑——以特色小镇政策的省际扩散为例［J］．江苏社会科学，2018．

［770］杨志，魏姝．政策爆发生成机理：影响因素、组合路径及耦合机制——基于25个案例的定性比较分析［J］．公共管理学报，2020．

［771］杨志，魏姝．政府考察学习如何影响政策扩散？——以县级融媒体中心政策为例［J］．公共行政评论，2020．

［772］杨志军，李颖．嵌入式吸纳：环境抗争引发非常规政策变迁的消解方略［J］．甘肃行政学院学报，2019．

［773］杨志军，欧阳文忠，肖贵秀．要素嵌入思维下多源流决策模型的初步修正——基于"网络约车服务改革"个案设计与检验［J］．甘肃行政学院学报，2016．

［774］杨志军，彭勃．俱进而非失衡：政府决策中的精英与公众［J］．行政论坛，2017．

［775］杨志军，张鹏举．环境抗争与政策变迁：一个整合性的文献综述［J］．甘肃行政学院学报，2014．

［776］杨志军，支广东．PET框架对政策变迁过程的再解释与新应用——以中华人民共和国成立以来植树造林政策为例［J］．甘肃行政学院学报，2021．

［777］杨志军，支广东．完全还是有限：政策议程建立的型构条件与耦合机理——基于"关键个人"变量的新多源流模型解释［J］．中国行政管理，2020．

［778］杨志军．"统—总—分"政策结构下政策试点的机制与功能分析［J］．北京行政学院学报，2022．

［779］杨志军．常规与非常规：地方治理学习型政策变迁的模式比较［J］．行政论坛，2022．

［780］杨志军．地方治理中的政策接续：基于一项省级旅游优惠政策过程的分析［J］．江苏社会科学，2021．

［781］杨志军．公众议程的形成逻辑、演进过程与政策影响——基于一起邻避型环境治理案例的分析［J］．南通大学学报（社会科学版），2021．

［782］杨志军．模糊性条件下政策过程决策模型如何更好解释中国经验？——基于"源流要素+中介变量"检验的多源流模型优化研究［J］．公共管理学报，2018．

［783］杨志军．政策变迁的动力机制：基于政策动力学的理论解释［J］．理论学刊，2021．

［784］姚德超，刘筱红．农民市民化政策范式变迁与发展趋势——基于政策文本的分析［J］．中国农业大学学报（社会科学版），2016.

［785］姚刚．公共政策视角下的政府绩效评估［J］．求索，2008.

［786］姚海琳，张翠虹．政策工具视角下中国城市矿产政策效果评估［J］．城市问题，2018.

［787］叶大凤．论公共政策执行过程中的公民参与［J］．北京大学学报（哲学社会科学版），2006.

［788］叶林，李寅．我国幼儿体育教育政策的多源流分析：政策之窗的开启与推动［J］．学术研究，2020.

［789］叶林，罗丽叶，邓利芳．组织、议题与资源动员："公咨委"公众参与模式对公共政策的影响分析［J］．甘肃行政学院学报，2016.

［790］叶托，薛琬烨."在执行中规划"：软性社会政策的政策规划模式——以 Z 市全民公益园建设为例［J］．中国行政管理，2019.

［791］叶托．新中国成立 70 年来我国社会组织政策的范式变迁及其基本规律［J］．北京行政学院学报，2019.

［792］易承志．转型期我国中央与地方关系的协调：特征、趋势与路径分析［J］．湘潭大学学报（哲学社会科学版），2009.

［793］易兰丽，范梓腾．层级治理体系下的政策注意力识别偏好与政策采纳——以省级"互联网+政务服务"平台建设为例［J］．公共管理学报，2022.

［794］殷华方，潘镇，鲁明泓．中央-地方政府关系和政策执行力：以外资产业政策为例［J］．管理世界，2007.

［795］鄞益奋．公共政策评估：理性主义和建构主义的耦合［J］．中国行政管理，2019.

［796］尹德挺，黄匡时．改革开放 30 年我国流动人口政策变迁与展望［J］．新疆社会科学，2008.

［797］尹明．招商引资政策工具对区域创新能力的影响效应——以中山市为例的实证研究［J］．学术研究，2017.

［798］印子．治理消解行政：对国家政策执行偏差的一种解释——基于豫南 G 镇低保政策的实践分析［J］．南京农业大学学报（社会科学版），2014.

［799］于明刚．公共政策终结评估机制构建探索［J］．厦门特区党校学报，2020.

［800］于水，杨溶榕．中国信访制度的历史变迁与特征：基于政策文本分析的视角［J］．公共管理与政策评论，2017.

［801］余晓，祝鑫梅，宋明顺．标准与科技的"乘数效应"是否体现？——政策协同的视角［J］．中国软科学，2021.

［802］余孝东．试点改革的运作逻辑与政策化路径——以五轮农村集体产权制度改革试点为例［J］．云南社会科学，2021.

［803］余亚梅，唐贤兴．协同治理视野下的政策能力：新概念和新框架［J］．南京社会科学，2020.

［804］余亚梅，唐贤兴．组织边界与跨界治理：一个重新理解政策能力的新视角［J］．行政论坛，2020.

［805］俞可平．中国的治理改革（1978-2018）［J］．武汉大学学报（哲学社会科学版），2018.

［806］郁建兴，黄亮．当代中国地方政府创新的动力：基于制度变迁理论的分析框架［J］．学术月刊，2017.

［807］袁方成，康红军．"张弛之间"：地方落户政策因何失效？——基于"模糊-冲突"模型的理解［J］．中国行政管理，2018.

［808］袁方成，李会会．"同意的治理"：理解政策认同的实践逻辑——Y县宅基地改革观察［J］．探索，2020.

［809］袁方成，王丹．情景适应：多重政策目标的动态实现逻辑——基于农村宅基地改革案例的经验观察［J］．南京社会科学，2021.

［810］岳经纶，惠云，王春晓．"罗湖模式"何以得到青睐？——基于政策创新扩散的视角［J］．南京社会科学，2019.

［811］岳经纶，刘璐．中国正在走向福利国家吗——国家意图、政策能力、社会压力三维分析［J］．探索与争鸣，2016.

［812］岳经纶，王春晓．三明医改经验何以得到全国性推广？基于政策创新扩散的研究［J］．广东社会科学，2017.

［813］岳婷婷．过程视角下当前我国公共政策终结研究［D］．山西大学，2019.

［814］臧雷振，任婧楠．从实质性政策工具到程序性政策工具：国家

治理的工具选择 ［J］．行政论坛，2023．

［815］臧雷振，许乐，翟晓荣．京津冀劳动政策的差异与协同 ［J］．北京行政学院学报，2020．

［816］詹中原．公共政策问题建构过程中的公共性研究 ［J］．公共管理学报，2006．

［817］湛中林，严强．交易成本视角下政策工具失灵的根源与对策 ［J］．南京社会科学，2015．

［818］湛中林．交易成本视角下政策工具的选择与创新 ［J］．江苏行政学院学报，2015．

［819］张秉福．论社会性管制政策工具的选用与创新 ［J］．华南农业大学学报 （社会科学版），2010．

［820］张帆，薛澜．弥合碎片化的政策设计：从提升专业性的角度深化公务员制度改革 ［J］．中国行政管理，2015．

［821］张峰，韩丹．论新中国高校思想政治教育政策变迁的动力机制 ［J］．东北师大学报 （哲学社会科学版），2012．

［822］张凤合．公共政策价值取向中的政策空间 ［J］．南京社会科学，2005．

［823］张桂敏，王轲，吴湘玲．政策地位：政策终结中一个被忽视的影响变量 ［J］．理论导刊，2021．

［824］张海清．制度如何形塑政策？——基于历史制度主义的视角 ［J］．中国行政管理，2013．

［825］张海柱，林华旌．政策扩散中 "政策再创新" 的生成路径与内在逻辑——基于 16 个案例的定性比较分析 ［J］．公共管理学报，2022．

［826］张海柱．话语建构与 "不决策"：对改革开放初期合作医疗解体的一个理论解释 ［J］．公共行政评论，2015．

［827］张海柱．话语联盟、意义竞争与政策制定——以互联网 "专车" 论争与监管政策为例 ［J］．公共行政评论，2016．

［828］张海柱．西方公共政策话语研究：回顾与展望 ［J］．公共管理与政策评论，2013．

［829］张海柱．政策设计与民主：目标群体的社会建构理论述评 ［J］．公共管理与政策评论，2017．

[830] 张海柱. 政策议程设置中的社会建构逻辑——对"农村义务教育学生营养改善计划"的分析 [J]. 学术论坛, 2013.

[831] 张华, 仝志辉, 刘俊卿."选择性回应":网络条件下的政策参与——基于留言版型网络问政的个案研究 [J]. 公共行政评论, 2013.

[832] 张继亮, 张敏. 横-纵向扩散何以可能:制度化视角下河长制的创新扩散过程研究——基于理论建构型过程追踪方法的分析 [J]. 公共管理学报, 2023.

[833] 张继平, 王恒, 赵玲. 我国涉海工程环评审批政策执行偏差:象征性执行研究 [J]. 中国行政管理, 2018.

[834] 张建明, 黄政."结构-利益-关系之网"与基层政策执行——对华北 D 镇散煤回收工作的考察 [J]. 社会学评论, 2021.

[835] 张剑, 李鑫. 复杂情境下系统性政策问题的应对:政策组合理论的研究评述 [J]. 公共管理与政策评论, 2022.

[836] 张金马. 公共政策:学科定位和概念分析 [J]. 北京行政学院学报, 2000.

[837] 张紧跟, 周勇振. 信访维稳属地管理中基层政府政策执行研究——以 A 市檀乡为例 [J]. 中国行政管理, 2019.

[838] 张紧跟."减增量、去存量"如何有效治理"僵尸政策" [J]. 人民论坛, 2018.

[839] 张静."法团主义"模式下的工会角色 [J]. 工会理论与实践. 中国工运学院学报, 2001.

[840] 张静. 政治社会学及其主要研究方向 [J]. 社会学研究, 1998.

[841] 张军涛, 马宁宁. 城镇化进程中财政政策工具影响效应分析 [J]. 西南民族大学学报(人文社科版), 2018.

[842] 张康之, 范绍庆. 从公共政策运动到公共政策终结问题研究 [J]. 东南学术, 2009.

[843] 张康之, 向玉琼. 从"多元主义"向"政策网络"的转变——考察政策问题建构视角演变的路径 [J]. 江海学刊, 2014.

[844] 张康之, 向玉琼. 从领域分离到领域融合:政策问题建构权的变化 [J]. 东南学术, 2016.

[845] 张康之, 向玉琼. 从政策问题建构权看社会治理体系的演变

[J]．河北学刊，2014.

[846] 张康之，向玉琼．论政策问题建构中的符号 [J]．苏州大学学报（哲学社会科学版），2015.

[847] 张康之，向玉琼．网络空间中的政策问题建构 [J]．中国社会科学，2015.

[848] 张康之，向玉琼．政策问题建构：从追求共识到尊重差异 [J]．社会科学研究，2015.

[849] 张康之，向玉琼．政策问题建构权演进的历史轨迹 [J]．西北师大学报（社会科学版），2014.

[850] 张康之，向玉琼．政策问题建构中"议题网络"的生成 [J]．江苏社会科学，2015.

[851] 张康之，向玉琼．政策问题建构专业化对民主政治的影响 [J]．浙江学刊，2014.

[852] 张克．地方主官异地交流与政策扩散：以"多规合一"改革为例 [J]．公共行政评论，2015.

[853] 张克．西方公共政策创新扩散：理论谱系与方法演进 [J]．国外理论动态，2017.

[854] 张克．政策扩散视角下的省直管县财政改革——基于 20 个省份数据的探索性分析 [J]．北京行政学院学报，2017.

[855] 张克．政策试点何以扩散：基于房产税与增值税改革的比较研究 [J]．中共浙江省委党校学报，2015.

[856] 张岚，曹伟．地方政府创新扩散的困境及其超越：基于制度变迁的视角 [J]．中共福建省委党校学报，2016.

[857] 张丽珍，何植民．改革开放以来的公共政策终结：割裂与整合之间 [J]．行政论坛，2016.

[858] 张丽珍，靳芳．公共利益与政策终结的价值基础 [J]．社会主义研究，2012.

[859] 张丽珍，靳芳．政策终结诱因研究——基于多源流理论框架 [J]．新视野，2012.

[860] 张丽珍．网络社会政策问题构建的非传统参与及战略设计 [J]．求实，2015.

[861] 张丽珍. 我国政策终结的困境及其治理——基于组织创新的视角 [J]. 行政论坛, 2012.

[862] 张丽珍. 政策终结的制约因素辨识 [J]. 中共四川省委省级机关党校学报, 2012.

[863] 张丽珍. 政策终结评估标准的立体透视 [J]. 山东社会科学, 2013.

[864] 张丽珍. 政策终结议程设置中的社会行动者：现象图景、知识介入及理论修补 [J]. 行政论坛, 2019.

[865] 张楠迪扬, 张子墨, 丰雷. 职能重组与业务流程再造视角下的政府部门协作——以我国"多规合一"改革为例 [J]. 公共管理学报, 2022.

[866] 张权, 谢获帆. 如何选，选得如何? 政策过程中的试点单位选择及其"科学性"原则——以智慧城市试点为例 [J]. 中共中央党校（国家行政学院）学报, 2023.

[867] 张润君, 任伊扬. 公共政策科学研究中的"问题"范式 [J]. 西北师大学报（社会科学版）, 2012.

[868] 张绍阳, 刘琼, 欧名豪. 财政竞争、引资竞争与土地约束性指标管控政策执行偏差 [J]. 中国人口·资源与环境, 2018.

[869] 张世洲, 姚荣. 复合嵌入性：我国地方教育政策转移的一种解释框架 [J]. 广西社会科学, 2014.

[870] 张书涛. 政府绩效评估的政策偏差与矫治：基于府际协同治理的视角 [J]. 河南师范大学学报（哲学社会科学版）, 2016.

[871] 张玮. 人才居住证制度的地方实践及启示 [J]. 现代商贸工业, 2011.

[872] 张文博. 易地扶贫搬迁政策地方改写及其实践逻辑限度——以 Z 省 A 地州某石漠化地区整体搬迁为例 [J]. 兰州大学学报（社会科学版）, 2018.

[873] 张翔. 基层政策执行的"共识式变通"：一个组织学解释——基于市场监管系统上下级互动过程的观察 [J]. 公共管理学报, 2019.

[874] 张昕竹, 陈志俊. 经济学论文的写作规范 [J]. 数量经济技术经济研究, 2003.

［875］张新文，杜春林．政策工具研究路径的解构与建构——兼评《公共政策工具：对公共管理工具的评价》［J］．公共管理评论，2014.

［876］张兴祥，陈申荣．我国分级诊疗改革政策实施效果的量化评估——以试点城市厦门为例［J］．福建论坛（人文社会科学版），2019.

［877］张永宏．从组织间关系看政策执行差距：L镇农民工保护个案分析［J］．广西民族大学学报（哲学社会科学版），2009.

［878］张勇杰．渐进式改革中的政策试点机理［J］．改革，2017.

［879］张勇杰．目标群体的社会建构如何转化为公共政策——一个政策议程嵌套的解释框架［J］．甘肃行政学院学报，2019.

［880］张友浪，王培杰．公共政策反馈如何影响政府机构变迁？——基于生育政策的历史追踪分析（1949-2021）［J］．上海行政学院学报，2023.

［881］张宇，刘伟忠．利益集团与公共政策制定［J］．学习与探索，2006.

［882］张宇．我国公民参与政策制定的社会背景分析［J］．理论探讨，2007.

［883］张玉容，陈泽鹏．网络舆情推动下政策议程设置的多源流分析——基于网络直播营销监管政策的案例研究［J］．人文杂志，2021.

［884］张圆刚，黄业坚，余向洋．乡村旅游政策变迁影响路径的组态视角研究——基于黄山案例地的定性比较分析［J］．地理科学进展，2021.

［885］张云生，张喜红．撤县设市政策变迁的历史逻辑与现实启示——基于历史制度主义的分析［J］．地方治理研究，2022.

［886］张韵君．政策工具视角的中小企业技术创新政策分析［J］．中国行政管理，2012.

［887］张璋．政策执行中的"一刀切"现象：一个制度主义的分析［J］．北京行政学院学报，2017.

［888］章高荣．高风险弱激励型政策创新扩散机制研究——以省级政府社会组织双重管理体制改革为例［J］．公共管理学报，2017.

［889］章高荣．制度空间、组织竞争和精英决策：一个议程设置的动态分析视角［J］．中国行政管理，2020.

［890］章平，刘婧婷．公共决策过程中的社会意见表达与政策协商——以新医改政策制定为例［J］．政治学研究，2013.

［891］章荣君．公共政策创新中合法性要素的制度分析［J］．公共管理学报，2006.

［892］章文光，刘志鹏．注意力视角下政策冲突中地方政府的行为逻辑——基于精准扶贫的案例分析［J］．公共管理学报，2020.

［893］章文光，肖彦博．创新型城市试点选择的多维影响因素分析——基于2006-2016年事件分析［J］．上海行政学院学报，2020.

［894］赵德余，顾海英．多重政策目标与转轨策略选择——来自中国粮食部门的经验［J］．学术月刊，2008.

［895］赵德余．多重目标下公共政策的决策逻辑：对天然气价格调整的系统动力学分析［J］．公共管理与政策评论，2019.

［896］赵德余．政策共同体、政策响应与政策工具的选择性使用——中国校园公共安全事件的经验［J］．公共行政评论，2012.

［897］赵德余．政策制定中的价值冲突：来自中国医疗卫生改革的经验［J］．管理世界，2008.

［898］赵德余．政策制定中的价值目标与效率的冲突——对2004年中国粮食增产措施的经验研究［J］．华南农业大学学报（社会科学版），2009.

［899］赵晖，祝灵君．从新制度主义看历史制度主义及其基本特点［J］．社会科学研究，2003.

［900］赵慧．中国社会政策创新及扩散：以养老保险政策为例［J］．国家行政学院学报，2013.

［901］赵慧珠．中国农村社会政策的演进及问题［J］．东岳论丛，2007.

［902］赵吉林．公共政策评估中的非理性因素［J］．行政论坛，2003.

［903］赵静，陈玲，薛澜．地方政府的角色原型、利益选择和行为差异——一项基于政策过程研究的地方政府理论［J］．管理世界，2013.

［904］赵静，薛澜，王宇哲．旧瓶新酒：对"2015年股灾"成因的公共政策过程解释［J］．公共管理学报，2020.

［905］赵静，薛澜．回应式议程设置模式——基于中国公共政策转型一类案例的分析［J］．政治学研究，2017.

［906］赵静．执行协商的政策效果：基于政策裁量与反馈模型的解释［J］．管理世界．2022.

［907］赵强．制度压力如何影响地方政府公共服务创新的扩散？——

以城市网格化管理为例［J］．公共行政评论，2015.

［908］赵全军，林雄斌，季浩．地方政府参与人才竞争的政策工具选择研究——基于"人才争夺战"的分析［J］．浙江学刊，2022.

［909］赵筱媛，苏竣．基于政策工具的公共科技政策分析框架研究［J］．科学学研究，2007.

［910］赵新峰，袁宗威，马金易．京津冀大气污染治理政策协调模式绩效评析及未来图式探究［J］．中国行政管理，2019.

［911］赵新峰，袁宗威．京津冀区域政府间大气污染治理政策协调问题研究［J］．中国行政管理，2014.

［912］赵新峰，袁宗威．区域大气污染治理中的政策工具：我国的实践历程与优化选择［J］．中国行政管理，2016.

［913］赵远跃，靳永翥．中国特色政策试验的知识生产与学习模式［J］．河海大学学报（哲学社会科学版），2023.

［914］赵泽洪，吴义慈．从服务行政的角度看我国公共政策终结［J］．理论探讨，2009.

［915］郑寰．跨域治理中的政策执行困境——以我国流域水资源保护为例［J］．甘肃行政学院学报，2012.

［916］郑石明，李佳琪，李良成．中国创新创业政策变迁与扩散研究［J］．中国科技论坛，2019.

［917］郑石明，罗凯方．大气污染治理效率与环境政策工具选择——基于29个省市的经验证据［J］．中国软科学，2017.

［918］郑石明．嵌入式政策执行研究——政策工具与政策共同体［J］．南京社会科学，2009.

［919］郑文换．地方试点与国家政策：以新农保为例［J］．中国行政管理，2013.

［920］郑新业，王宇澄，张力．政府部门间政策协调的理论和经验证据［J］．经济研究，2019.

［921］郑永君，张大维．从地方经验到中央政策：地方政府政策试验的过程研究——基于"合规－有效"框架的分析［J］．学术论坛，2016.

［922］郑永君．政策试点扩散的过程、特征与影响因素——以社区矫正为例［J］．内蒙古社会科学（汉文版），2018.

［923］钟光耀，刘鹏．动力-路径框架下的干部交流与政策扩散：基于多案例的比较研究［J］．经济社会体制比较，2022.

［924］钟海．权宜性执行：村级组织政策执行与权力运作策略的逻辑分析——以陕南 L 贫困村精准扶贫政策执行为例［J］．中国农村观察，2018.

［925］钟兴菊．地方性知识与政策执行成效——环境政策地方实践的双重话语分析［J］．公共管理学报，2017.

［926］钟裕民，陈宝胜．地方公共决策的有效参与：基于温州民间智库的经验研究［J］．中国行政管理，2015.

［927］钟裕民，赵东海．制度供给视阈中的公共政策滞后及其防范——以我国个人所得税起征点的政策制定为例［J］．理论探讨，2008.

［928］钟裕民．双层互动决策模型．

［929］钟裕民．双层互动决策模型：近十年来中国政策过程的一个解释框架［J］．南京师大学报（社会科学版），2018.

［930］钟云华，黄小宾．中国共产党建党百年科技人才政策变迁逻辑与未来展望——一个历史制度主义分析框架［J］．科学管理研究，2022.

［931］周超，颜学勇．从强制收容到无偿救助——基于多源流理论的政策分析［J］．中山大学学报（社会科学版），2005.

［932］周超，易洪涛．政策论证中的共识构建：实践逻辑与方法论工具［J］．武汉大学学报（哲学社会科学版），2007.

［933］周建国，边燚．构建聚合的政策评估模式［J］．管理世界，2022.

［934］周建国，陈如勇．政策评估中的公众参与——基于南京市政府政策评估实践的分析［J］．江苏社会科学，2015.

［935］周建国．公共政策评估多元模式的困境及其解决的哲学思考［J］．中国行政管理，2012.

［936］周建国．政策评估中独立第三方的逻辑、困境与出路［J］．江海学刊，2009.

［937］周建青，张世政．网络空间内容治理中政策工具的选择与运用逻辑［J］．学术研究，2021.

［938］周建青，张世政．政策工具"理性"回归：突发公共卫生事件应对的逻辑进路与效用检视［J］．求实，2023.

［939］周俊，刘静．创新驱动下的互利共赢：社会治理的复合机制何

以形成——以嘉兴市"微嘉园"积分管理为例 [J]．治理研究，2021．

[940] 周黎安．中国地方官员的晋升锦标赛模式研究 [J]．经济研究，2007．

[941] 周立，罗建章．"上下来去"：县域生态治理政策的议程设置——基于山西大宁购买式造林的多源流分析 [J]．中国行政管理，2021，（11）：58-66．

[942] 周孟珂．国家与社会互构："村改居"政策"变通式落实"的实践逻辑——基于 Z 街道"村改居"的案例分析 [J]．浙江社会科学，2016．

[943] 周望．政策扩散理论与中国"政策试验"研究：启示与调适 [J]．四川行政学院学报，2012．

[944] 周望．中国"政策试点"研究 [D]．南开大学，2012．

[945] 周雪光，艾云．多重逻辑下的制度变迁：一个分析框架 [J]．中国社会科学，2010．

[946] 周雪光，练宏．政府内部上下级部门间谈判的一个分析模型——以环境政策实施为例 [J]．中国社会科学，2011．

[947] 周雪光．"逆向软预算约束"：一个政府行为的组织分析 [J]．中国社会科学，2005．

[948] 周雪光．权威体制与有效治理：当代中国国家治理的制度逻辑 [J]．开放时代，2011．

[949] 周雪光．运动型治理机制：中国国家治理的制度逻辑再思考 [J]．开放时代，2012．

[950] 周亚越，黄陈萍．迭代创新：基层社会治理创新的扩散逻辑——以"村情通"的扩散为例 [J]．中国行政管理，2020．

[951] 周义程，刘伟．协合型政策议程建构的话语民主分析 [J]．理论探讨，2009．

[952] 周英男，刘环环．基于 AHP 的政策工具选择模型研究 [J]．大连理工大学学报（社会科学版），2010．

[953] 周颖，颜昌武．焦点事件对议程设置的影响研究——以《校车安全管理条例》的出台为例 [J]．广东行政学院学报，2015．

[954] 周玉婷，左停，杨瑞玲．政府的政策执行偏好：表达、固化与问责机制——西北 Y 县民政局两种社会政策的执行比较 [J]．北京社会科

学，2015.

［955］周志忍，李倩．政策扩散中的变异及其发生机理研究——基于北京市东城区和 S 市 J 区网格化管理的比较 ［J］．上海行政学院学报，2014.

［956］周志忍，徐艳晴．独立性视角下公共政策评估的主体建构和选择策略 ［J］．中国软科学，2022.

［957］朱春奎，毛万磊．议事协调机构、部际联席会议和部门协议：中国政府部门横向协调机制研究 ［J］．行政论坛，2015.

［958］朱春奎，舒皋甫，曲洁．城镇医疗体制改革的政策工具研究 ［J］．公共行政评论，2011.

［959］朱春奎，严敏，曲洁．倡议联盟框架理论研究进展与展望 ［J］．复旦公共行政评论，2012.

［960］朱德米．公共政策扩散、政策转移与政策网络——整合性分析框架的构建 ［J］．国外社会科学，2007.

［961］朱德米．构建流域水污染防治的跨部门合作机制——以太湖流域为例 ［J］．中国行政管理，2009.

［962］朱多刚，郭俊华．专利资助政策的创新与扩散：面向中国省份的事件史分析 ［J］．公共行政评论，2016.

［963］朱多刚，胡振吉．中央政府推进政策扩散的方式研究——以廉租房政策为例 ［J］．东北大学学报（社会科学版），2017.

［964］朱光喜，陈景森．地方官员异地调任何以推动政策创新扩散？——基于议程触发与政策决策的比较案例分析 ［J］．公共行政评论，2019.

［965］朱光喜，王一如，朱燕．社会组织如何推动政社合作型政策创新扩散？——基于"议程触发-实施参与"框架的案例分析 ［J］．公共管理学报，2023.

［966］朱光喜．工具替代、利益阻滞与户籍改革中的政策"粘附"剥离 ［J］．甘肃行政学院学报，2014.

［967］朱光喜．公共政策执行：目标群体的遵从收益与成本视角——以一项农村公共产品政策在三个村的执行为例 ［J］．云南行政学院学报，2011.

［968］朱光喜．政策"反协同"：原因与途径——基于"大户籍"政策

改革的分析［J］．江苏行政学院学报，2015．

［969］朱水成，李正明．网络民意在政策问题建构中的作用研究［J］．上海行政学院学报，2012．

［970］朱水成．中国地方公共政策评估现状与对策［J］．理论探讨，2001．

［971］朱天义，张立荣．贫困地区基层政府培育农业经营主体的行动逻辑——基于"情境-过程"分析框架的探索［J］．中国行政管理，2021．

［972］朱伟．不确定性、韧性思维与政策设计：政策科学研究的前沿议题［J］．学海，2020．

［973］朱伟．西方政策设计理论的复兴、障碍与发展［J］．南京社会科学，2018．

［974］朱旭峰，王海渊．国际组织在政策转移中的作用研究——以UNDP参与中国小额信贷政策为例［J］．中国行政管理，2012．

［975］朱旭峰，张超．央地间官员流动、信息优势与政策试点——以国家可持续发展议程创新示范区为例［J］．公共行政评论，2020．

［976］朱旭峰，张友浪．创新与扩散：新型行政审批制度在中国城市的兴起［J］．管理世界，2015．

［977］朱旭峰，张友浪．地方政府创新经验推广的难点何在——公共政策创新扩散理论的研究评述［J］．人民论坛·学术前沿，2014．

［978］朱旭峰，赵慧．政府间关系视角下的社会政策扩散——以城市低保制度为例（1993~1999）［J］．中国社会科学，2016．

［979］朱旭峰，赵慧．自下而上的政策学习——中国三项养老保险政策的比较案例研究［J］．南京社会科学，2015．

［980］朱旭峰．中国社会政策变迁中的专家参与模式研究［J］．社会学研究，2011．

［981］朱亚鹏，丁淑娟．政策属性与中国社会政策创新的扩散研究［J］．社会学研究，2016．

［982］朱亚鹏，李斯旸．目标群体社会建构与政策设计框架：发展与述评［J］．中山大学学报（社会科学版），2017．

［983］朱亚鹏，孙小梅．政策学习与政策变迁：以人才住房政策为例［J］．广东社会科学，2020．

［984］朱亚鹏，孙小梅．重新理解中国住房模式：基于深圳住房发展的案例研究［J］．社会学研究，2022．

［985］朱亚鹏，肖棣文．谁在影响中国的媒体议程：基于两份报纸报道立场的分析［J］．公共行政评论，2012．

［986］朱亚鹏，肖棣文．政策企业家与社会政策创新［J］．社会学研究，2014．

［987］朱亚鹏，岳经纶，李文敏．政策参与者、政策制定与流动人口医疗卫生状况的改善：政策网络的路径［J］．公共行政评论，2014．

［988］朱亚鹏，张婷婷．理解中国扶贫的信贷路径：小额信贷政策变迁的测度、方向与动力机制［J］．华中师范大学学报（人文社会科学版），2021．

［989］朱亚鹏．协商民主的制度化与地方治理体系创新：顺德决策咨询委员会制度的经验及其启示［J］．公共行政评论，2014．

［990］朱亚鹏．政策创新与政策扩散研究述评［J］．武汉大学学报（哲学社会科学版），2010．

［991］朱亚鹏．政策过程中的政策企业家：发展与评述［J］．中山大学学报（社会科学版），2012．

［992］朱亚鹏．政策网络分析：发展脉络与理论构建［J］．中山大学学报（社会科学版），2008．

［993］朱正威，刘莹莹．重大公共政策社会稳定风险评估中风险沟通机制的构建——基于北京市水价调整政策的案例分析［J］．北京社会科学，2016．

［994］竺乾威．地方政府的政策执行行为分析：以"拉闸限电"为例［J］．西安交通大学学报（社会科学版），2012．

［995］庄垂生．政策变通的理论：概念、问题与分析框架［J］．理论探讨，2000．

［996］庄德水．论历史制度主义对政策研究的三重意义［J］．理论探讨，2008．

［997］庄贵阳．中国低碳城市试点的政策设计逻辑［J］．中国人口·资源与环境，2020．

［998］庄玉乙，胡蓉．"一刀切"抑或"集中整治"？——环保督察下

的地方政策执行选择［J］. 公共管理评论，2020.

［999］卓越，郑逸芳. 政府工具识别分类新捋［J］. 中国行政管理，2020.

［1000］邹俊，叶常林. 公民参与公共决策的创新实践——以芜湖市的探索为例［J］. 理论探索，2012.

［1001］邹万平，颜玲. 政策终结的深层阻滞因素——组织利益因素［J］. 经济导刊，2011.

［1002］王绍光. 中国公共政策议程设置的模式［J］. 中国社会科学，2006.

英文文献

（一）专著

[1] Anderson, James E. (1975). *Public Policy-making*. Holt, Rinehart and Winst.

[2] Anderson, James E. . (1976). *Public Policy Making*. New York: Praeger Publisher.

[3] Bason, Christian. (2018). *Leading Public Sector Innovation: Co-Creating for a Better Society*. Bristol University Press.

[4] Bason, Christian. (2010). *Leading Public Sector Innovation: Co-Creating for a Better Society*. 1st ed. , Bristol University Press.

[5] Baumgartner, Frank R. , and Bryan D. Jones, eds. (2002). *Policy dynamics*. University of Chicago Press.

[6] Birkland, Thomas A. (2019). *An Introduction to the Policy Process: Theories, concepts, and models of public policy making*. Routledge.

[7] Booth, A. , Papaioannou, D. , Sutton, A. (2012). *Systematic Approaches to a Successful Literature Review*. Los Angeles: Sage.

[8] Boushey G. (2010). *Policy Diffusion Dynamics in America*. Cambridge University Press.

[9] Boushey, Graeme. (2010). *Policy Diffusion dynamics in America*. Cambridge University Press.

[10] Brewer, G. D. and Deleon, P. (1983). *The Function of Policy Analysis*. Homwood, Illinois: Dorsey Press.

[11] Brook, Timothy, and B. Michael Frolic. (2015). *Civil Society in China*. Routledge.

[12] Charles O. Jones. (1997). *An Introduction to the Study of Public Policy*. North Scituate: Duxbury Press.

[13] CHRISTOPHER C. HOOD. (1986). *The Tools of Government*. Chatham, NJ: Chatham House.

[14] Commission on Global Governance. (1995). *Our Global Neighborhood*. Oxford University Press.

[15] Daniels, Mark R. 1997. *Terminating Public Programs: An American Political Paradox*. ME Sharpe.

[16] Downs, Anthony. (1967). *Inside Bureaucracy*. Little Brown, Boston.

[17] E. E. , Schattschneider. (1960). *The Semisovereign People*. New York: Holt, Rinehart and Winston.

[18] Garry D. Brewer, Peter deLeon. (1983). *The Foundation of Policy Analysis Homewood*. Illinois: Dorsey Press.

[19] H. Wollmann. (2007). Policy Evaluation and Evaluation Research. in F. Fischer G. Miller and M. Sidney (eds), *Handbook of Public Policy Analysis: Theory Politics and Methods*. Boca Raton: CRC Press.

[20] Hajer, Maarten A. (1995). *The politics of environmental discourse: Ecological modernization and the policy process*. Clarendon Press.

[21] Ham C, Hill M J. (1984). *The policy process in the modern capitalist state*. New York: St. Martin's Press.

[22] Hogwood, Brian W. , and Lewis A. Gunn. (1984). *Policy analysis for the real world*. Oxford, UK: Oxford University Press.

[23] Hogwood, W. Brian and Peters, B. Guy. (1983). *Policy Dynamics*. New York: St. Martin's Press.

[24] Hogwood, W. Brian and Peters, B. Guy. (1983). *Policy Dynamics*. New York: St. Martin's Press.

[25] Hood, Christopher C. (1983). *The tools of government*. Macmillan.

[26] John, Peter. (2013). *Analyzing public policy*. Routledge.

[27] Kenneth Lieberthal, (1990). Michel Oksenberg. *Policy Making in China: Leaders, Strcutures and Processes*. Princeton: Princeton University Press.

[28] King, Gary, Robert O. Keohane, and Sidney Verba. (2021). *Designing social inquiry: Scientific inference in qualitative research*. Princeton university press.

[29] Knoke, David. (1996). *Comparing policy networks: labor politics in the US, Germany, and Japan*. Cambridge University Press.

[30] L. Pye, (1981). *The Dynamics of Chinese Politics*. Cambridge, Mass. : Oelgeschlager, Gunn and Hain.

[31] Lasswell, Harold Dwight. (1956). *The decision process: Seven categories of functional analysis*. Maryland: Bureau of Governmental Research, College of Business and Public Administration, University of Maryland.

[32] Lasswell, Harold Dwight. (1971). *A pre-view of policy sciences*. New York: American Elsevier Publishing Co. , Inc. .

[33] Lerner, Daniel J. , Harold Dwight Lasswell and Harold H. Fisher. (1951). *The policy sciences: recent developments in scope and method*. Stanford: Stanford University Press.

[34] Lester, James P. and Joseph Stewart, Jr. . (2000). *Public Policy, 2nded*. Belmont, Calif: Thomson learning.

[35] Lichfield N. , Kettle P. , Whibread M. (1975). *Evaluation in the Planning Process*. Oxford: Pergamen Press.

[36] Lieberthal, Kenneth, and Michel Oksenberg. (1990). *Policy making in China: Leaders, structures, and processes*. Princeton University Press.

[37] Majone, Giandomenico. (1989). *Evidence, argument, and persuasion in the policy process*. Yale University Press.

[38] Michael Lipsky. (1980). *Street-Level Bureaucracy: Dilemmas of the Individual in Public Services*. Cambridge: MIT Press.

[39] Monke, E· A· , and S· R· Pearson. (1989). *The Policy Analysis Matrix for Agricultural Development*. Ithaca and London: Cornell University Press.

[40] Nachmias, David . (1979). *Public policy evaluation: approaches and methods*. UT Back-in-Print Service.

[41] Ostrom, Elinor. (2009). *Understanding institutional diversity.* Princeton University Press.

[42] Peters, B. Guy, and Frans KM Van Nispen. (1998). *Public policy instruments: Evaluating the tools of public administration.* Edward Elgar.

[43] Peters, B. Guy, and Guillaume Fontaine, eds. (2022). *Research handbook of policy design.* Edward Elgar Publishing.

[44] Pye, Lucian W. (1982). *The Dynamic of Chinese Politics.* Cambridge, MA: Oelgeschlager Gunn and Hain.

[45] Rogers E M, Singhal A, Quinlan M M. (2014). *Diffusion of innovations//* An integrated approach to communication theory and research. Routledge.

[46] Rogers, E. M. (1978). Reinvention during the innovation process. In Radnor, M., Feller, I., and Rogers, E. (Eds). *The diffusion of innovations: An assessment.* Evanston: Northwestem University, Center for the Interdisciplinary Study of Science and Technology.

[47] Rose, Richard. (1993). *Lesson-drawing in public policy: A guide to learning across time and space.* Chatham: Chatham House Publishers.

[48] Rothwell, R. and W. Zegveld. (1985). *Reindusdalization and technology.* Logman Group Limited.

[49] Tsebelis, George. (2002). *Veto players: How political institutions work.* Princeton University Press.

[50] Yu, Jianxing, and Sujian Guo, eds. (2019). *The Palgrave handbook of local governance in contemporary China.* Palgrave Macmillan.

（二）论文

[1] Ahlers, Anna L., and Yongdong Shen. (2018). "Breathe easy? Local nuances of authoritarian environmentalism in China's battle against air pollution." *The China Quarterly,* 234, 299-319.

[2] Alcantara, Christopher, and Jason Roy. (2014). "Reforming election dates in Canada: Towards an explanatory framework." *Canadian Public Administration,* 57 (2), 256-274.

[3] Allen, Mahalley D., Carrie Pettus, and Donald P. Haider-Markel. (2004).

"Making the national local: Specifying the conditions for national government influence on state policymaking. "*State Politics and Policy Quarterly*, 4(3), 318-344.

[4] An, B. Y. , Porcher, S. , Tang, S. Y. , and Kim, E. E. (2021). "Policy design for COVID-19: worldwide evidence on the efficacies of early mask mandates and other policy interventions. "*Public Administration Review*, 81(6) 1157-1182.

[5] Angrist, Joshua D. , and Jörn-Steffen Pischke. (2017). "Undergraduate econometrics instruction: through our classes, darkly. "*Journal of Economic Perspectives*, 31(2) 125-144.

[6] Annemieke Dool, Jialin Li. (2023). "What do we know about the punctuated equilibrium theory in China? A systematic review and research priorities. "*Policy Studies Journal*, 51(2), 283-305.

[7] Araral, Eduardo. (2014). "Policy and regulatory design for developing countries: A mechanism design and transaction cost approach. "*Policy Sciences*, 47 289-303.

[8] Bachrach, Peter, and M. Baratz. (1962). "Two Faces of Power. " *The Americun Political Science Review*, 56(4), 947-952.

[9] Balsiger, Jörg, and Stéphane Nahrath. (2015). "Functional regulatory spaces and policy diffusion in Europe: The case of mountains. "*Environmental Science and Policy*, 49, 8-20.

[10] Bardach, Eugene. "Policy terminationas a political process. (1976). " *Policy Sciences*, 7(2), 123-131.

[11] Barnett, Homer Garner. (1953). "Innovation: the basis of cultural change. "*American Sociological Review*, 18(4). Baumgartner, Frank R. , and Bryan D. Jones. (1991). "Agenda dynamics and policy subsystems. "*The Journal of Politics*, 53(4), 1044-1074.

[12] Bearman, Margaret, et al. (2012). "Systematic review methodology in higher education. "*Higher Education Research and Development*, 31(5), 625-640.

[13] Behn, Robert D. (1978). "How to terminate a public policy: A dozen hints for the would-be terminator. "*Policy Analysis*, 393-413.

[14] Bennett, Colin J. , and Michael Howlett. (1992). "The lessons of learning: Reconciling theories of policy learning and policy change. "*Policy Sciences*,

25(3), 275-294.

[15] Benson, J. Kenneth. (1982). "A framework for policy analysis." *Interorganizational Coordination: Theory, Research, and Implementation*, 137-176.

[16] Berry F S, Berry W D. (1990). "State lottery adoptions as policy innovations: An event history analysis." *American Political Science Review*, 84 (2), 395-415.

[17] Berry, Frances Stokes, and William D. Berry. (1990). "State lottery adoptions as policy innovations: An event history analysis." *American Political Science Review* 84(2), 395-415.

[18] Bobrow, Davis. (2006). "Policy design: Ubiquitous, necessary and difficult." *Handbook of Public Policy*, 75-96.

[19] Boehmke F J. (2009). "Policy emulation or policy convergence? Potential ambiguities in the dyadic event history approach to state policy emulation." *The Journal of Politics*, 71(3), 1125-1140.

[20] Boehmke, Frederick J. (2009). "Policy emulation or policy convergence? Potential ambiguities in the dyadic event history approach to state policy emulation." *The Journal of Politics*, 71(3), 1125-1140.

[21] Boehmke, Frederick J., and Paul Skinner. (2012). "The determinants of state policy innovativeness." *Annual State Politics and Policy Conference*, Houston, TX.

[22] Boehmke, Frederick J., and Richard Witmer. (2004). "Disentangling diffusion: The effects of social learning and economic competition on state policy innovation and expansion." *Political Research Quarterly*, 57(1), 39-51.

[23] Box-Steffensmeier, Janet M., and Bradford S. Jones. (1997). "Time is of the essence: Event history models in political science." *American Journal of Political Science*, 1414-1461.

[24] Braun, Dietmar, and Fabrizio Gilardi. (2006). "Taking ' Galton's problem'seriously: Towards a theory of policy diffusion." *Journal of Theoretical Politics*, 18(3), 298-322.

[25] Bressers, Hans Th A., and Laurence J. O'Toole Jr. (1998). "The selection of policy instruments: A network-based perspective." *Journal of Public Policy*, 18(3), 213-239. Brewer, Garry D. (1978). "Termination: Hard choices-

harder questions."*Public Administration Review,* 38(4), 338-344.

[26]Brewer, Garry D. and Peter Deleon. (1983). "The foundations of policy analysis."*Political Psychology* 4, 780.

[27]Brint, Steven. (1990). "Rethinking the policy influence of experts: From general characterizations to analysis of variation." *Sociological Forum,* 5. Kluwer Academic Publishers-Plenum Publishers.

[28]Brown, Lawrence A., and Kevin R. Cox. (1971). "Empirical regularities in the diffusion of innovation."*Annals of the Association of American Geographers,* 61 (3), 551-559.

[29]Cai, Changkun, and Na Tang. (2023). "China's campaign-style implementation Regime: how is 'Targeted poverty Alleviation' being achieved locally?"*Journal of Chinese Political Science,* 28(4), 645-669.

[30]Cai, Changkun, Qiyao Shen, and Na Tang. (2022). "Do visiting monks give better sermons? 'Street-level bureaucrats from higher-up' in targeted poverty alleviation in China."*Public Administration and Development,* 42(1), 55-71.

[31]Cai, Changkun, Yuexiao Li, and Na Tang. (2022). "Politicalized empowered learning and complex policy implementation: Targeted poverty alleviation in China's county governments."*Social Policy and Administration,* 56(5), 757-774.

[32]Capano, Giliberto., Howlett, Michael., Jarvis, Darryl. S., Ramesh, M., and Goyal, Nihit. (2020). "Mobilizing policy(in) capacity to fight COVID-19: Understanding variations in state responses."*Policy and Society,* 39(3), 285-308.

[33] Carley, Sanya, Sean Nicholson-Crotty, and Chris J. Miller. (2017). "Adoption, reinvention and amendment of renewable portfolio standards in the American states."*Journal of Public Policy,* 37(4), 431-458.

[34] Carter, Neil, and Michael Jacobs. (2014). "Explaining radical policy change: the case of climate change and energy policy under the British labour government 2006-10."*Public Administration,* 92(1), 125-141.

[35] Cawson, Alan. (1978). "Pluralism, Corporatism and the Role of the State1."*Government and Opposition,* 13(2), 178-198.

[36]Cejudo, Guillermo M., and Philipp Trein. (2023). "Policy integration as a political process."*Policy Sciences,* 56(1), 3-8.

[37] Chan, W., and Shi, S. -J. (2022). "Central coordination, regional competition, and local protectionism: Social decentralisation in China's long-term care reform." *Social Policy and Administration*, 56(6), 956−969.

[38] Chan, Wing-kit, and Shih-Jiunn Shi. (2022). "Central coordination, regional competition, and local protectionism: Social decentralisation in China's long-term care reform." *Social Policy and Administration*, 56(6), 956−969.

[39] Changxi, Liu. (2016). "Public Opinion, Central Decision-making Dominance and Policy Changes: A Case Study of China's Large Aircraft Industry." *China: An International Journal* 14(1), 35−55.

[40] Charles J. Fox. (1990). "Implementation Research: Why and How to Transcend Positivist Methodology"in Denis J. Palumbo and Donald J. Calista(eds), *Implementation and the Policy Process: Opening up the Black Box* (New York: Greenwood Press), 199−212.

[41] Chen X. (2017). "A U-turn or just pendulum swing? Tides of bottom-up and top-down reforms in contemporary China." *Journal of Chinese Political Science*, 22(4), 651−673.

[42] Chen, Jing, and Cui Huang. (2021). "Policy reinvention and diffusion: Evidence from Chinese provincial governments." *Journal of Chinese Political Science*, 26. 4, 723−741.

[43] Chen, Liang-Yu. (2017). "How do experts engage in China's local climate governance? A case study of Guangdong Province." *Journal of Chinese Governance*, 2(4), 360−384.

[44] Chen, Xieao, Ping Huang, and Zhenhong Xiao. (2022). "Uncovering the verticality and temporality of environmental policy mixes: The case of agricultural residue recycling in China." *Review of Policy Research*, 39(5), 632−653.

[45] Chen, Xuelian. (2017). "A U-turn or just pendulum swing? Tides of bottom-up and top-down reforms in contemporary China." *Journal of Chinese Political Science* 22(4), 651−673.

[46] Christensen, Tom, Per Lægreid, and Lois R. Wise. (2002). "Transforming administrative policy." *Public Administration*, 80(1), 153−178.

[47] Clark, Jill. (1985). "Policy diffusion and program scope: Research

directions. "*Publius: The Journal of Federalism,* 15(4), 61-70.

[48] Clemens, Elisabeth S. , and James M. Cook. (1999). "Politics and institutionalism: Explaining durability and change. "*Annual Review of Sociology,* 25 (1), 441-466.

[49] Cobb, Roger, Jennie-Keith Ross, and Marc Howard Ross. (1976). "Agenda building as a comparative political process. "*American Political Science Review,* 70(1), 126-138.

[50] Cohen, M. D. , J. G. March and J. P. Olsen. (1979). "People, Problems, Solutions and the Ambiguity of Relevance. " In*Ambiguity and Choice in Organizations.* Bergen, Norway: Universitets forlaget, 24-37.

[51] Cohen, Michael D. , James G. March, and Johan P. Olsen. (1976). "People, problems, solutions and the ambiguity of relevance. "*Ambiguity and Choice in Organizations,* 2, 24-37.

[52] Collier, David, and Richard E. Messick. (1975). "Prerequisites versus diffusion: Testing alternative explanations of social security adoption. "*American Political Science Review,* 69(4), 1299-1315.

[53] Considine, Mark, and Jenny M. Lewis. (2007). "Innovation and innovators inside government: From institutions to networks. "*Governance,* 20(4), 581-607.

[54] Considine, Mark, Damon Alexander, and Jenny M. Lewis. (2014). "Policy design as craft: Teasing out policy design expertise using a semi-experimental approach. "*Policy sciences,* 47, 209-225.

[55] Curtis, Tim. (2016). "The challenges and risks of innovation in social entrepreneurship. "*Social Entrepreneurship.* Policy Press, 95-110.

[56] Damanpour, Fariborz, and Marguerite Schneider. (2009). "Characteristics of innovation and innovation adoption in public organizations: Assessing the role of managers. "*Journal of public administration research and theory,* 19(3), 495-522.

[57] Damanpour, Fariborz. (1991). "Organizational Innovation: A Meta-Analysis Of Effects Of Determinants and Moderators. " *Academy of Management Journal,* 34(3), 555-590.

[58] Daniels, Mark R. (1997). "Symposium: public policy and organization

termination: introduction. " *International Journal of Public Administration,* 20 (12), 2043-2066.

[59] Daugbjerg, Carsten. (2022). "Against the odds: How policy capacity can compensate for weak instruments in promoting sustainable food. " *Policy Sciences,* 55 (3), 451-467.

[60] De Rynck, Stefaan, and Karolien Dezeure. (2006). "Policy convergence and divergence in Belgium: Education and health care. " *West European Politics,* 29 (5), 1018-1033.

[61] DEL RÍO P. (2014). "On evaluating success in complex policy mixes: the case of renewable energy support schemes. " *Policy Sciences,* 47 (3), 267-287.

[62] Del Rio, Pablo. (2014). "On evaluating success in complex policy mixes: the case of renewable energy support schemes. " *Policy Sciences* 47 (3), 267-287.

[63] Deleon, Peter, and José Mario Hernández-Quezada. (2001). "The case of the national solidarity program in Mexico: A study in comparative policy termination. " *International Journal of Public Administration,* 24 (3), 289-309.

[64] DeLeon, Peter. (1978). "Public policy termination: An end and a beginning. " *Policy Analysis,* 4 (3), 369-392.

[65] DeLeon, Peter. (1987). "Policy termination as a political phenomenon. " *The Politics of Program Evaluation,* 1, 173-199.

[66] Desmarais, Bruce A., Jeffrey J. Harden, and Frederick J. Boehmke. (2015). "Persistent policy pathways: Inferring diffusion networks in the American states. " *American Political Science Review,* 109 (2), 392-406.

[67] Ding, Xiaojiong. (2010). "Policy implementation in contemporary China: The making of converted schools. " *Journal of Contemporary China* 19 (64), 359-379.

[68] Dolowitz, David P., and David Marsh. (2000). "Learning from abroad: The role of policy transfer in contemporary policy-making. " *Governance,* 13 (1), 5-23.

[69] Dolowitz, David, and David Marsh. (1996). "Who learns what from whom: a review of the policy transfer literature. " *Political Studies,* 44 (2), 343-357.

[70] Domorenok, Ekaterina, and Anthony R. Zito. (2021). "Engines of learning? Policy instruments, cities and climate governance." *Policy Sciences,* 54 (3), 507-528. Dryzek, J. (1983). "Don't Toss Coins in Garbage Cans: A Prologue to Policy Design." *Journal of Public Policy*, 3 (4), 345-67.

[71] Dryzek, John S. (1983). "Don't toss coins in garbage cans: A prologue to policy design." *Journal of Public Policy,* 3 (4), 345-367.

[72] Dryzek, John S. , and Brian Ripley. (1988). "The ambitions of policy design." *Review of Policy Research,* 7 (4), 705-719.

[73] Duckett, Jane. (2019). "International influences on policymaking in China: Network authoritarianism from Jiang Zemin to Hu Jintao." *The China Quarterly,* 237, 15-37.

[74] Duit, Andreas. (2016). "Resilience thinking: Lessons for public administration." *Public Administration,* 94 (2), 364-380.

[75] Dunsire, A. (1990). Implementation Theory and Bureaucracy. In Younis, T. Ed. Implementation in Public Policy. Brookfield: Gower.

[76] Elmore, Richard F.. (1978). "Organizational models of social program implementation." *Public Policy,* 26 (2), 185-228.

[77] Evans, Mark, and Jonathan Davies. (1999). "Understanding policy transfer: A Multi-level, multi-disciplinary perspective." *Public Administration,* 77 (2), 361-385.

[78] Forrest, Joshua B. (2003). "Networks in the policy process: An international perspective." *International Journal of Public Administration,* 26 (6), 591-607.

[79] Fox, Ashley M. , Wenhui Feng, and Rakesh Yumkham. (2017). "State political ideology, policies and health behaviors: the case of tobacco." *Social Science and Medicine,* 181 (C), 139-147.

[80] Fox, Charles J. (1990). "Implementation research: Why and how to transcend positivist methodologies." *Implementation and the Policy Process: Opening up the Black Box, ,* 199-212.

[81] Francesch-Huidobro, Maria, and Qianqing Mai. (2012). "Climate advocacy coalitions in Guangdong, China." *Administration and Society,* 44 (6) _

suppl, 43S-64S.

[82] Frantz, Janet E. (1992). "Reviving and revising a termination model." *Policy Sciences*, 25(2), 175-189.

[83] Frisch Aviram, Neomi, Nissim Cohen, and Itai Beeri. (2020). "Policy entrepreneurship in developing countries: A systematic review of the literature." *Public Administration and Development*, 40(1), 35-48.

[84] Fuller, Don, and Bet Roffey. (1993). "Improving public sector accountability and strategic decision-making." *Australian Journal of Public Administration*, 52(2), 149-163.

[85] Garcea, Joe. (1996). "Studying Public Policy: Policy Cycles and Policy Subsystems Michael Howlett and M. Ramesh." *Canadian Journal of Political Science,* 29(1), 169-170.

[86] Garry D. Brewer. (1978). "Termination: Hard Chioces, Harder Questions." *Public Administration Review,* 38, 4,

[87] Gilardi, Fabrizio. (2010). "Who learns from what in policy diffusion processes?." *American Journal of Political Science,* 54(3), 650-666.

[88] Glass, G. V. (1976). "Primary, secondary and meta-analysis of research." *Education Research*, 6(5).

[89] Glick, H. R. andHays, S. P. (1991). "Innovation and Reinvention in State Policymaking: Theory and the Evolution of Living Will Laws." *The Journal of Politics*, 53(3), 835-850.

[90] Glor, Eleanor D. (2002). "Innovation traps: Risks and challenges in thinking about innovation." *Workshop on Public Sector Innovation.*

[91] Goggin, Malcolm L., D. A. Mazmanian, and P. A. Sabatier. (1983). "Implementation and Public Policy." *Acoustics Speech and Signal Processing Newsletter IEEE,* 14(4), 159.

[92] Goggin, Malcolm L.. (1990). "Implementation Theory and Practice: Toward a Third Generation." *American Political Science Review,* 85, 269-270.

[93] Gong, Weila. (2022). "Temporary Leaders and Stable Institutions: How Local Bureaucratic Entrepreneurs Institutionalize China's Low-Carbon Policy Experiments." *The China Quarterly,* 252, 1206-1232.

[94] Goyal, Nihit, and Michael Howlett. (2021). "'Measuring the mix' of policy responses to COVID-19: comparative policy analysis using topic modelling." *Journal of Comparative Policy Analysis: Research and Practice*, 23(2), 250-261.

[95] Gray V. (1973). "Innovation in the states: A diffusion study." *American Political Science Review*, 67(4), 1174-1185.

[96] Gray, Virginia. (1973). "Innovation in the states: A diffusion study." *American Political Science Review*, 67(4), 1174-1185.

[97] Guan, Ting, and Jørgen Delman. (2017). "Energy policy design and China's local climate governance: energy efficiency and renewable energy policies in Hangzhou." *Journal of Chinese Governance*, 2(1), 68-90.

[98] Gunningham, Neil, and Darren Sinclair. (1999). "Regulatory pluralism: Designing policy mixes for environmental protection." *Law and Policy*, 21(1), 49-76.

[99] Guo, Lei, and Yuhao Ba. (2020). "Adopt or not and innovation variation: A dynamic comparison study of policy innovation and diffusion mechanisms." *Journal of Comparative Policy Analysis: Research and Practice*, 22(4), 298-319.

[100] Habich-Sobiegalla, Sabrina. (2018). "How do central control mechanisms impact local water governance in China? The case of Yunnan Province." *The China Quarterly*, 234, 444-462.

[101] Hall, Peter A. (1993). "Policy paradigms, social learning, and the state: the case of economic policymaking in Britain." *Comparative Politics*, 275-296.

[102] Halvorsen, T., Hauknes, J., Miles, I., and Røste, R. (2005). "On the differences between public and private innovation." *Publin Report, No. D9 Oslo*.

[103] Han, Heejin, Brendon Swedlow, and Danny Unger. (2014). "Policy advocacy coalitions as causes of policy change in China? Analyzing evidence from contemporary environmental politics." *Journal of Comparative Policy Analysis: Research and Practice*, 16(4), 313-334.

[104] Harris, Michael. (2001). "Policy termination: The case of term limits in Michigan." *International Journal of Public Administration*, 24(3), 323-323.

[105] Hays, Scott P. (1996). "Influences on reinvention during the diffusion

of innovations. ”*Political Research Quarterly,* 49(3), 631−650.

[106] He, Alex Jingwei, Yumeng Fan, and Rui Su. (2022). “Seeking policy solutions in a complex system: Experimentalist governance in China's healthcare reform. ”*Policy Sciences,* 55(4), 755−776.

[107] He, Alex Jingwei. (2018). “Manoeuvring within a fragmented bureaucracy: Policy entrepreneurship in China's local healthcare reform. ”*The China Quarterly,* 236, 1088−1110.

[108] Hedström, Peter, and Richard Swedberg. (1998). “Social mechanisms: An introductory essay. ”*Social Mechanisms: An Analytical Approach to Social Theory,* 1− 31.

[109] Heilmann, Sebastian. (2008a). “From local experiments to national policy: the origins of China's distinctive policy process. ” *The China Journal* 59, 1−30.

[110] Heilmann, Sebastian. (2008b). “Policy experimentation in China's economic rise. ”*Studies in Comparative International Development,* 43(1), 1−26.

[111] Hensengerth, Oliver, and Yiyi Lu. (2018). “Emerging environmental Multi-Level Governance in China? Environmental protests, public participation and local institution-building. ”*Public Policy and Administration,* 34(2), 121−143.

[112] Hjern, Benny. (1982). “Implementation research—the link gone missing. ”*Journal of Public Policy,* 2(3), 301−308.

[113] Hood, Christopher. (2007). “Intellectual obsolescence and intellectual makeovers: Reflections on the tools of government after two decades. ”*Governance,* 20(1), 127−144.

[114] Houston, David J., and Sybil M. Delevan. (1990). “Public administration research: An assessment of journal publications. ”*Public Administration Review,* 50(6), 674−681.

[115] HOWLETT M, RAYNER J. (2007). “Design principles for policy mixes: Cohesion and coherence in ‘new governance arrangements. ”*Policy and Society,* 26(4), 1−18.

[116] Howlett, M. and Ramesh, M. (2009). “Studying Public Policy: Policy Cycles and Policy Subsystems. ”*American Political Science Association,* 91(2),

548-580.

[117] Howlett, Michael P. , and Ishani Mukherjee. (2014). "Policy design and non-design: Towards a spectrum of policy formulation types. " *Lee Kuan Yew School of Public Policy Research Paper,* 14-11 .

[118] Howlett, Michael, Allan McConnell, and Anthony Perl. (2017). "Moving policy theory forward: Connecting multiple stream and advocacy coalition frameworks to policy cycle models of analysis. " *Australian Journal of Public Administration,* 76(1), 65-79.

[119] Howlett, Michael, and Andrea Migone. (2011). "Charles Lindblom is alive and well and living in punctuated equilibrium land. " *Policy and Society* 30, (1), 53-62.

[120] Howlett, Michael, and Ishani Mukherjee. (2014). "Policy Design and Non-Design: Towards a Spectrum of Policy Formulation Types. " *Politics and Governance,* 2(2), 57-71.

[121] Howlett, Michael, and Ishani Mukherjee. (2018). "The contribution of comparative policy analysis to policy design: Articulating principles of effectiveness and clarifying design spaces. " *Journal of Comparative Policy Analysis: Research and Practice,* 20(1), 72-87.

[122] Howlett, Michael, and Jeremy Rayner. (2007). "Design principles for policy mixes: Cohesion and coherence in ' new governance arrangements' . " *Policy and Society,* 26(4), 1-18.

[123] Howlett, Michael, and Jeremy Rayner. (2013). "Patching vs packaging in policy formulation: Complementary effects, goodness of fit, degrees of freedom, and feasibility in policy portfolio design. " *Annual Review of Policy Design,* 1 (1), 1-19.

[124] Howlett, Michael, and Mishra Ramesh. (1998). "Policy subsystem configurations and policy change: Operationalizing the postpositivist analysis of the politics of the policy process. " *Policy Studies Journal,* 26(3), 466-481.

[125] Howlett, Michael, and Raul P. Lejano. (2013). "Tales from the crypt: The rise and fall(and rebirth?). of policy design. " *Administration and Society,* 45(3), 357-381.

[126]Howlett, Michael, Ishani Mukherjee, and Jun Jie Woo. (2015). "From tools to toolkits in policy design studies: The new design orientation towards policy formulation research."*Policy and Politics,* 43(2), 291-311.

[127]Howlett, Michael, Joanna Vince, and Pablo del Río González. (2017). "Policy integration and multi-level governance: dealing with the vertical dimension of policy mix designs."(2017). *Politics and Governance,* 5(2), 69-78.

[128]Howlett, Michael. (2014). "From the 'old' to the 'new' policy design: design thinking beyond markets and collaborative governance." *Policy Sciences,* 47 (3), 187-207.

[129]Hsu, Philip S. (2004). "Deconstructing decentralization in China: fiscal incentive versus local autonomy in policy implementation."*Journal of Contemporary China,* 13(40), 567-599.

[130]Hu, Weixing. (2019). "Xi Jinping's 'major country diplomacy': The role of leadership in foreign policy transformation."*Journal of Contemporary China,* 28(115), 1-14.

[131]Huang, Cui, et al. (2017). "A quantitative study on the diffusion of public policy in China: evidence from the SandT finance sector."*Journal of Chinese Governance,* 2(3), 235-254.

[132]Huang, Ying, Yashan Li, Jinge Mao, Ruinan Li, Lin Zhang. (2023). "The dynamics of policy coordination: The case of China's science and technology policy-making."*Science and Public Policy,* 50(2), 177-193.

[133]Hupe, Peter, and Harald Sætren. (2015). "Comparative implementation research: Directions and dualities."*Journal of Comparative Policy Analysis: Research and Practice,* 17(2), 93-102.

[134]Ingraham, Patricia W. (1987). "Toward More Systematic Consideration of Policy Design."*Policy Studies Journal,* 15(4), 611-628.

[135]Irepoglu Carreras, Yasemin. (2019). "Problem-Solving Across Literatures: Comparative Federalism and Multi-Level Governance in Climate Change Action."*European Policy Analysis,* 5(1), 117-134.

[136]Jacobs, David. (2014). "Policy invention as evolutionary tinkering and codification: the emergence of feed-in tariffs for renewable electricity."

Environmental Politics, 23 (5), 755-773.

[137] Jansa, Joshua M., Eric R. Hansen, and Virginia H. Gray. (2019). "Copy and paste lawmaking: Legislative professionalism and policy reinvention in the states." *American Politics Research,* 47 (4), 739-767.

[138] Jiang, Qinzhi, Gang Lin, and Weixu Wu. (2022). "The 'Follow-Up Checks' of Poverty Alleviation: An Empirical Analysis of Chinese Government Behavior in Policy Implementation." *China Review,* 22 (4), 137-62.

[139] Jordan, Andrew, and Elah Matt. (2014). "Designing policies that intentionally stick: Policy feedback in a changing climate." *Policy Sciences,* 47, 227-247.

[140] Karch, Andrew. (2006). "National intervention and the diffusion of policy innovations." *American Politics Research,* 34 (4), 403-426.

[141] Karch, Andrew. (2007). "Emerging issues and future directions in state policy diffusion research." *State Politics and Policy Quarterly,* 7 (1), 54-80.

[142] Kennedy, John James, and Dan Chen. (2018). "State capacity and cadre mobilization in China: The elasticity of policy implementation." *Journal of Contemporary China,* 27 (111), 393-405.

[143] Kern, Florian, Karoline S. Rogge, and Michael Howlett. (2019). "Policy mixes for sustainability transitions: New approaches and insights through bridging innovation and policy studies." *Research Policy,* 48 (10), 103832.

[144] Kirkpatriick, Susan E., James P. Lester, and Mark R. Peterson. (1999). "The policy termination process: A conceptual framework and application to revenue sharing." *Review of Policy Research,* 16 (1), 209-238.

[145] Kostka, Genia, and William Hobbs. (2012). "Local energy efficiency policy implementation in China: bridging the gap between national priorities and local interests." *The China Quarterly,* 211, 765-785.

[146] Kuhlmann, Johanna, et al. (2020). "How social policy travels: A refined model of diffusion." *Global Social Policy,* 20 (1), 80-96.

[147] Lai, Hongyi, and Su-Jeong Kang. (2014). "Domestic bureaucratic politics and Chinese foreign policy." *Journal of Contemporary China* 23 (86), 294-313.

[148] Lam, Wai Fung, and Kwan Nok Chan. (2015). "How Authoritarianism Intensifies Punctuated Equilibrium: The Dynamics of Policy Attention in Hong Kong. " *Governance*, 28 (4), 549−570.

[149] Lampton, David M. , and Kenneth G. Lieberthal. (1992) . "The 'Fragmented Authoritarianism' Model and Its Limitation. " *Bureaucracy, Politics, and Decision Making in Post-Mao China*, 1−33.

[150] Lasswell, Harold Dwight. (1970) . "The emerging conception of the policy sciences. " *Policy Sciences*, 1 (1), 3−14.

[151] Lasswell, Harold Dwight. Key symbols, signs and icons (1954). [C] // L. Bryson, L. Finkelstein, R. M. Maciver, R. Mckean. "Symbols and values: An initial study. " New York: Harper and Brothers, 77−94.

[152] Lavee, Einat, and Nissim Cohen. (2019). "How street-level bureaucrats become policy . entrepreneurs: The case of urban renewal. " Governance, 32 (3), 475−492.

[153] Li, Linda Chelan. (2010) . "Central-local relations in the people's Republic of China: Trends, processes and impacts for policy implementation. " Public Administration and Development 30 (3), 177−190.

[154] Li, Wei, and Christopher M. Weible. (2021). "China's policy processes and the advocacy coalition framework. " *Policy Studies Journal* 49 (3), 703−730.

[155] Li, Wei, and Wilson Wong. (2019) . "Advocacy coalitions, policy stability, and policy change in China: The case of birth control policy, 1980 − 2015. " *Policy Studies Journal*, 48 (3), 645−671.

[156] Li, Xiaohan, et al. (2022). "Assessment of Critical Diffusion Factors of Public-Private Partnership and Social Policy: Evidence from Mainland Prefecture-Level Cities in China. " *Land*, 11 (3), 335.

[157] Liberati, Alessandro, et al. (2009) . "The PRISMA statement for reporting systematic reviews and meta-analyses of studies that evaluate health care interventions: explanation and elaboration. " *Journal of Clinical Epidemiology*, 62 (10), e1−e34.

[158] Lieberthal, Kenneth G. (1992) . "Introduction: the 'fragmented authoritarianism' model and its limitations. " *Bureaucracy, Politics, and Decision Making*

in Post-Mao China, 1, 6–12.

[159] Linder, Stephen H. , and B. Guy Peters. (1988). "The analysis of design or the design of analysis?. "*Review of Policy Research,* 7(4), 738–750.

[150] Liu, N. N. , Lo, C. W. -H. , Zhan, X. , and Wang, W. (2014). "Campaign-Style Enforcement and Regulatory Compliance. "*Public Administration Review,* 75(1), 85–95.

[161] Liu, Nicole Ning, et al. (2015). "Campaign-style enforcement and regulatory compliance. "*Public Administration Review,* 75(1) 85–95.

[162] Liu, Weixing, and Hongtao Yi. (2021). "Policy diffusion through leadership transfer networks: Direct or indirect connections?. "*Governance,* 36(2), 359–378.

[163] Liu, Zhipeng, and Lili Liu. (2022). "Cooptating the new elites: Targeted Poverty Alleviation and Policy Implementation in Rural China. "*China Review,* 22(3), 271–296.

[164] Lowi, Theodore J. (1972). "Four systems of policy, politics, and choice. "*Public Administration Review,* 32(4), 298–310.

[165] Lowi, Theodore. (1963). "Toward functionalism in political science: the case of innovation in party systems. "*American Political Science Review,* 57(3), 570–583.

[166] Lowry, William. (2006). "Potential focusing projects and policy change. "*Policy Studies Journal,* 34(3), 313–335.

[167] Ma, Liang. (2017). "Site Visits, Policy Learning, and the Diffusion of Policy Innovation: Evidence from Public Bicycle Programs in China. "*Journal of Chinese Political Science,* 22(4), 581–599.

[168] Maggetti, Martino, and Fabrizio Gilardi. (2016). "Problems (and solutions) in the measurement of policy diffusion mechanisms. "*Journal of Public Policy,* 36(1), 87–107.

[169] Maggetti, Martino, and Philipp Trein. (2021). "More is less: Partisan ideology, changes of government, and policy integration reforms in the UK. "*Policy and Society,* 40(1), 79–98. Makse, Todd, and Craig Volden. (2011). "The role of policy attributes in the diffusion of innovations. "*The Journal of Politics,* 73(1), 108–

124.

[170] Manwaring, Rob. (2016). "From New Labour to Rudd/Gillard-transferring social policy." *Policy Studies*, 37(5), 426-439.

[171] March, James G., and Johan P. Olsen. (1984). "The New Institutionalism: Organizational Factors in Political Life." *The American Political Science Review*, 734-749.

[172] Matland, Richard E. (1995). "Synthesizing the implementation literature: The ambiguity-conflict model of policy implementation." *Journal of Public Administration Research and Theory*, 5(2), 145-174.

[173] Mavrot, Céline, Susanne Hadorn, and Fritz Sager. (2019). "Mapping the mix: Linking instruments, settings and target groups in the study of policy mixes." *Research Policy*, 48(10), 103614.

[174] McCann, Pamela J. Clouser, Charles R. Shipan, and Craig Volden. (2015). "Top-down federalism: State policy responses to national government discussions." *Publius: The Journal of Federalism*, 45(4), 495-525.

[175] Mei, Ciqi, and Zhilin Liu. (2014). "Experiment-based policy making or conscious policy design? The case of urban housing reform in China." *Policy Sciences*, 47, 321-337.

[176] Meng, Qingguo, and Ziteng Fan. (2022). "Punctuations and diversity: exploring dynamics of attention allocation in China's E-government agenda." *Policy Studies*, 43(3), 502-521.

[177] Mertha, Andrew C., and William R. Lowry. (2006). "Unbuilt dams: Seminal events and policy change in China, Australia, and the United States." *Comparative Politics*, 39(1), 1-20.

[178] Mertha, Andrew. (2009). "Fragmented authoritarianism 2.0: Political pluralization in the Chinese policy process." *The China Quarterly*, 200, 995-1012.

[179] Mertha, Andrew. (2010). "Society in the state: China's nondemocratic political pluralization." *Chinese Politics: State, Society and the Market*, 69-84.

[180] Meseguer, Covadonga. (2005). "Policy learning, policy diffusion, and the making of a new order." *The Annals of the American Academy of Political and Social Science*, 598(1), 67-82.

[181] Mintrom, Michael, and Phillipa Norman. (2009). "Policy entrepreneurship and policy change." *Policy Studies Journal,* 37 (4), 649-667.

[182] Mintrom, Michael, and Sandra Vergari. (1998). "Policy networks and innovation diffusion: The case of state education reforms." *The Journal of Politics,* 60 (1), 126-148.

[183] Mintrom, Michael. (1997). "Policy entrepreneurs and the diffusion of innovation." *American Journal of Political Science,* 738-770.

[184] Mitnick, Barry M., and RobertBackoff. (1984). "The incentive relation in implementation." George C. Edwards, III, *Public Policy Implementation* 3. Moher, David, et al. (2009). "Preferred reporting items for systematic reviews and meta-analyses: the PRISMA statement." *Annals of Internal Medicine,* 151 (4), 264-269.

[185] Moherd, Liberatia, Tetzlaffj, et al. (2009). "Preferred reporting items for systematic reviews and meta-analyses: The PRISMA Statement." *BMJ,* 339 (7716), 332-336.

[186] Mohr, Lawrence B. (1969). "Determinants of innovation in organizations." *American Political Science Review,* 63 (1), 111-126. Mooney, Christopher Z. (2001). "Modeling regional effects on state policy diffusion." *Political Research Quarterly,* 54 (1), 103-124.

[187] Mooney, Christopher Z., and Mei-Hsien Lee. (1995). "Legislative morality in the American states: The case of pre-Roe abortion regulation reform." *American Journal of Political Science,* 39 (3), 599-627.

[188] Mooney, Christopher Z., and Mei-Hsien Lee. (1999). "Morality policy reinvention: State death penalties." *The Annals of the American Academy of Political and Social Science,* 566 (1), 80-92.

[189] Moran, Michael. (2002). "Understanding the regulatory state." *British Journal of Political Science,* 32 (2), 391-413.

[190] Mossberger, Karen, and Harold Wolman. (2003). "Policy transfer as a form of prospective policy evaluation: Challenges and recommendations." *Public administration review,* 63 (4), 428-440.

[191] Newmark, Adam J. (2002). "An integrated approach to policy transer and diffusion." *Review of policy research,* 19 (2), 151-178.

[192] Nicholson-Crotty, Sean. (2009). "The politics of diffusion: Public policy in the American states." *The Journal of Politics,* 71(1), 192–205.

[193] Nowlin, Matthew C. (2011). "Theories of the policy process: State of the research and emerging trends." *Policy Studies Journal,* 39, 41–60.

[194] O'Brien, Kevin J., and Lianjiang Li. (1999). "Selective Policy Implementation in Rural China." *Comparative Politics,* 31(2), 167–186.

[195] Ostrom, Elinor. (2019). "Institutional rational choice: An assessment of the institutional analysis and development framework." *Theories of the Policy Process, Second Edition.* Routledge, 21–64.

[196] Page, Edward C. (2000). "Future governance and the literature on policy transfer and lesson drawing." *ESRC Future Governance Programme Workshop on Policy Transfer, ,* 28.

[197] Qian, Jiwei, and Ka Ho Mok. (2016). "Dual decentralization and fragmented authoritarianism in governance: Crowding out among social programmes in China." *Public Administration and Development,* 36(3), 185–197.

[198] Qian, Jiwei. (2017). "Improving Policy Design and Building Capacity in Local Experiments: Equalization of Public Service in China's Urban-rural Integration Pilot." *Public Administration and Development,* 37(1), 51–64.

[199] Qin, Xuan, and Catherine Owen. (2021). "Social forces and street-level governance in Shanghai: From compliance to participation in recycling regulations." *The China Quarterly,* 248(1), 1081–1102.

[200] Qu, Yuanyuan, Jude Howell, and Regina Enjuto Martinez. (2023). "Contracting welfare services to social organizations in China: multiple logics." *The China Quarterly,* 253, 123–140.

[201] Regens, James L. (1980). "State policy responses to the energy issue: An analysis of innovation." *Social Science Quarterly,* 61(1), 44–57.

[202] Rhodes, Rod AW. (1994). "The hollowing out of the state: The changing nature of the public service in Britain." *Political quarterly,* 65(2).

[203] Rhodes, Rod AW. (1997). "Policy networks in British political science." *Understanding Governance: Policy Networks, Governance, Reflexivity and Accountability,* 29–45.

[204] Rhodes, Roderick Arthur William. (1996). "The new governance: governing without government. "*Political Studies,* 44(4), 652–667.

[205] Rogers E M, Singhal A. (2003). "Empowerment and communication: Lessons learned from organizing for social change. " *Annals of the International Communication Association,* 27(1), 67–85.

[206] Rogers, Everett M. , Arvind Singhal, and Margaret M. Quinlan. (2019). "Diffusion of Innovations 1. " *An Integrated Approach to Communication Theory and Research. Routledge,* 415–434.

[207] Rogge, Karoline S. , and Joachim Schleich. (2018). "Do policy mix characteristics matter for low-carbon innovation? A survey-based exploration of renewable power generation technologies in Germany. " *Research Policy,* 47 (9), 1639–1654. Sabatier, Paul A. (1988). "An advocacy coalition framework of policy change and the role of policy-oriented learning therein. " *Policy Sciences,* 21 (2), 129–168.

[208] Sarti, Francesco. (2023). "The policy integration game? Congruence of outputs and implementation in policy integration. "*Policy Sciences,* 56(1), 141–160.

[209] Schlager, Edella, and Michael Cox. (2018). "The IAD framework and the SES framework: An introduction and assessment of the Ostrom workshop frameworks. "*Theories of the Policy Process.* Routledge, 215–252.

[210] Schmitter, Philippe C. (1974). "Still the century of corporatism?. " *The Review of politics,* 36(1), 85–131.

[211] SCHNEIDER A, INGRAM H. (1990). "Behavioral Assumptions of Policy Tools. "*The Journal of Politics,* 52(2), 510–529.

[212] Schneider, Anne L. , Helen Ingram, and Peter Deleon. (2014). "Democratic policy design: Social construction of target populations. "*Theories of the Policy Process,* 3, 105–149.

[213] Schneider, Anne, and Helen Ingram. (1988). "Systematically pinching ideas: A comparative approach to policy design. "*Journal of Public Policy* 8 (1), 61–80.

[214] Schneider, Anne, and Helen Ingram. (1990). "Behavioral assumptions of policy tools. "*The Journal of Politics* 52(2), 510–529.

[215] Schneider, Anne, and Helen Ingram. (1993). "Social construction of target populations: Implications for politics and policy. " *American Political Science Review* 87(2), 334-347.

[216] Schofield, Jill. (2001). "Time for a revival? Public policy implementation: a review of the literature and an agenda for future research. " *International Journal of Management Reviews,* 3(3), 245-263.

[217] Shen, Yang, and Bingqin Li. (2022). "Policy coordination in the talent war to achieve economic upgrading: the case of four Chinese cities. " *Policy Studies,* 43(3), 443-463.

[218] Shi, Shih-Jiunn. (2011). "The contesting quest for old-age security: institutional politics in China's pension reforms. " *Journal of Asian Public Policy,* 4(1), 42-60.

[219] Shin, Dong-Hee. (2010). "Convergence and divergence: Policy making about the convergence of technology in Korea. " *Government Information Quarterly,* 27(2), 147-160.

[220] Shin, Kyoung. (2017). "Mission-driven agency and local policy innovation: empirical analysis from baoding, China. " *Journal of Chinese Political Science,* 22(4), 549-580.

[221] Shipan, Charles R., and Craig Volden. (2006). "Bottom-up federalism: The diffusion of antismoking policies from US cities to states. " *American Journal of Political Science,* 50(4), 825-843.

[222] Shipan, Charles R., and Craig Volden. (2008). "The mechanisms of policy diffusion. " *American Journal of Political Science,* 52(4), 840-857.

[223] Shulsky, Abram N. (1976). "Abolishing the District of Columbia motorcycle squad. " *Policy Sciences,* 7(2), 183-197.

[224] Si, Yutong. (2020). "Implementing targeted poverty alleviation: A policy implementation typology. " *Journal of Chinese Governance,* 5(4), 439-454.

[225] Simmons, Beth A., and Zachary Elkins. (2004). "The globalization of liberalization: Policy diffusion in the international political economy. " *American Political Science Review,* 98(1), 171-189.

[226] Simmons, Beth A., Frank Dobbin, and Geoffrey Garrett. (2006).

"Introduction: The international diffusion of liberalism." *International Organization*, 60(4), 781-810.

[227] Simon, Herbert A. *Administrative behavior*. Simon and Schuster, 2013.

[228] Smith, Thomas B. (1973). "The policy implementation process." *Policy Sciences*, 4(2), 197-209.

[229] Stallings, Robert A., and James M. Ferris. (1988). "Public administration research: Work in PAR, 1940-1984." *Public Administration Review*, 580-587.

[230] Stone D. (1999). "Learning lessons and transferring policy across time, space and disciplines." *Politics*, 19(1), 51-59.

[231] Stone, Diane. (1999). "Learning lessons and transferring policy across time, space and disciplines." *Politics*, 19(1), 51-59.

[232] Strumpf, Koleman S. (2002). "Does Government Decentralization Increase Policy Innovation?." *Journal of Public Economic Theory*, 4(2), 207-241.

[233] Sun, Jingran, et al. (2023). "Environmental governance in China: The effects of policy clarity, career concerns, and new appointed officials on pollution control." *Policy Studies Journal*, 51(2), 397-417.

[234] Sun, Xin. (2020). "Campaign-style implementation and affordable housing provision in China." *The China Journal*, 84(1), 76-101.

[235] Teets, Jessica C., and Reza Hasmath. (2020). "The evolution of policy experimentation in China." *Journal of Asian Public Policy*, 13(1), 49-59.

[236] Teets, Jessica C.; Hasmath, Reza. (2020). "The evolution of policy experimentation in China." *Journal of Asian Public Policy*, (13), 49-59.

[237] Teubner, Gunther, and Andreas Fischer-Lescano. (2004). "Regime-collisions: the vain search for legal unity in the fragmentation of global law." *Michigan Journal of International Law*, 25(4), 999-1046.

[238] Tian, Gang, and Wen-Hsuan Tsai. (2022). "The policy implementation strategies of county cadres: Political instrument and flexible local governance." *China Information*, 36(1), 23-45.

[239] Tolbert, Caroline J., Karen Mossberger, and Ramona McNeal. (2008). "Institutions, policy innovation, and E-Government in the American States." *Public*

Administration Review, 68(3), 549-563.

[240] Torfing, Jacob. (2019). "Collaborative innovation in the public sector: The argument. "*Public Management Review,* 21(1), 1-11.

[241] Torgerson, Douglas. (1985). "Contextual orientation in policy analysis: The contribution of Harold D. Lasswell. "*Policy Sciences* 18(3), 241-261.

[242] Torgerson, Douglas. (1990). "Origins of the policy orientation: The aesthetic dimension in Lasswell's political vision. "*History of Political Thought,* 11(2), 339-351.

[243] Tosun, Jale, and Susumu Shikano. (2016). "GMO-free regions in Europe: An analysis of diffusion patterns. "Journal of Risk Research, 19(6), 743-759.

[244] Tsai, Kellee S., and Qingyan Wang. (2019). "Charitable crowdfunding in China: an emergent channel for setting policy agendas?. "*The China Quarterly,* 240, 936-966.

[245] Tsai, Wen-Hsuan, and Gang Tian. (2022). "The role of China's county-level research offices in policy adaptation. "*Journal of Chinese Political Science,* 27(4), 661-679.

[246] Tsai, Wen-Hsuan, and Nicola Dean. (2014). "Experimentation under hierarchy in local conditions: cases of political reform in Guangdong and Sichuan, China. "*The China Quarterly,* 218, 339-358.

[247] Tsai, Wen-Hsuan, Hsin-Hsien Wang, and Ruihua Lin. (2021). "Hobbling big brother: top-level design and local discretion in China's social credit system. "*The China Journal* 86(1), 1-20.

[248] Turnbull, Nick. (2008). "Harold Lasswell's "problem orientation" for the policy sciences. "*Critical Policy Analysis,* 2(1), 72-91.

[249] Van den Dool, Annemieke, and Jialin Li. (2023). "What do we know about the punctuated equilibrium theory in China? A systematic review and research priorities. "*Policy Studies Journal,* 51(2), 283-305.

[250] Van der Heiden, Nico, and Felix Strebel. (2012). "What about non-diffusion? The effect of competitiveness in policy-comparative diffusion research. "*Policy Sciences,* 45(4), 345-358.

[251] Van der Heijden, Jeroen. (2014). "Experimentation in policy design: insights from the building sector. " *Policy Sciences* 47(3), 249–266.

[252] Van Meter, Donald S. , and Carl E. Van Horn. (1975). "The policy implementation process: A conceptual framework. " *Administration and Society,* 6(4), 445–488.

[253] Vītola, Anete. (2015). "Innovation policy mix in a multi-level context: The case of the Baltic Sea Region countries. " *Science and Public Policy,* 42(3), 401–414.

[254] Volden, Craig. (2006). "States as policy laboratories: Emulating success in the children's health insurance program. " *American journal of political science,* 50(2), 294–312.

[255] Volden, Craig. (2017). "Policy diffusion in polarized times: The case of the affordable care act. " *Journal of Health Politics, Policy and Law,* 42(2), 363–375.

[256] Waardenburg, Maurits, Martijn Groenleer, and Jorrit De Jong. (2020). "Designing environments for experimentation, learning and innovation in public policy and governance. " *Policy and Politics,* 48(1), 67–87.

[257] Walker, Jack L. (1969). "The diffusion of innovations among the American states. " *American Political Science Review,* 63(3), 880–899.

[258] Walker, Richard M. (2006). "Innovation type and diffusion: An empirical analysis of local government. " *Public Administration,* 84(2), 311–335.

[259] Wang, Guohui. (2019). "Principle-guided policy experimentation in China: from rural tax and fee reform to Hu and Wen's abolition of agricultural Tax. " *The China Quarterly,* 237, 38–57.

[260] Wang, Shaoguang. (2008). "Changing models of China's policy agenda setting. " *Modern China,* 34(1), 56–87.

[261] Webster, Jane, and Richard T. Watson. (2002). "Analyzing the past to prepare for the future: Writing a literature review. " *MIS Quarterly,* 25(2), 13–23.

[262] WeilaGong. (2022). "Temporary Leaders and Stable Institutions: How Local Bureaucratic Entrepreneurs Institutionalize China's Low-Carbon Policy Experiments. " *The China Quarterly,* 252, 1206–1232.

[263] Weimer, David L. (1993). "The current state of design craft:

Borrowing, tinkering, and problem solving. ” *Public Administration Review*, 110-120.

[264] Weissert, Carol S. (1991). “Policy entrepreneurs, policy opportunists, and legislative effectiveness. ” *American Politics Quarterly*, 19(2), 262-274.

[265] Wejnert, Barbara. (2002). “Integrating models of diffusion of innovations: A conceptual framework. ” *Annual Review of Sociology*, 28(1), 297-326.

[266] Welch, Susan, and Kay Thompson. (1980). “The impact of federal incentives on state policy innovation. ” *American Journal of Political Science*, 24(4), 715-729.

[267] Wen, Zhuoyi. (2017). “Government purchase of services in China: Similar intentions, different policy designs. ” *Public Administration and Development*, 37 (1), 65-78.

[268] Weyland, Kurt. (2005). “Theories of policy diffusion lessons from Latin American pension reform. ” *World politics*, 57(2), 262-295.

[269] Whiteman, Charles H. (1986). “Analytical policy design under rational expectations. ” *Econometrica: Journal of the Econometric Society*, 1387-1405.

[270] Wilson, Woodrow. (1887). “The study of administration. ” *Political Science Quarterly*, 2(2), 197-222.

[271] Wolman, Harold, and Ed Page. (2002). “Policy transfer among local governments: An information-theory approach. ” *Governance*, 15(4), 477-501.

[272] Wolman, Harold. (2009). “Policy transfer: what we know about what transfers, how it happens, and how to do it. ” *The George Washington University Institute of Public Policy Papers*, 1-31.

[273] Woodman, Richard W. , John E. Sawyer, and Ricky W. Griffin. (1993). “Toward a theory of organizational creativity. ” *Academy of Management Review*, 18(2), 293-321.

[274] Wotipka, Christine Min, and Francisco O. Ramirez. (2008). “World society and human rights: an event history analysis of the convention on the elimination of all forms of discrimination against women. ” *The Global Diffusion of Markets and Democracy*, 3096, 303-343.

[275] Wright, Quincy. (1952). “The Policy Sciences: Recent Developments

in Scope and Method. Edited by Daniel Lerner and Harold D. Lasswell. ”*American Political Science Review*, 46(1), 234-238.

[276]Wu, Jiannan, and Pan Zhang. (2018). “Local government innovation diffusion in China: An event history analysis of a performance-based reform programme. ”*International Review of Administrative Sciences*, 84(1), 63-81.

[277]Wu, Xun, and M. Ramesh. (2014). “Market imperfections, government imperfections, and policy mixes: Policy innovations in Singapore. ” *Policy Sciences*, 47, 305-320.

[278] Wu, Yipin. (2018). “Dynamics of policy change in authoritarian countries: a multiple-case study on China. ”*Journal of Public Policy* 40(2), 236-258.

[279]Xufeng, Zhu, and Zhao Hui. (2018). “Social policy diffusion from the perspective of intergovernmental relations: an empirical study of the urban subsistence allowance system in China(1993-1999).. ”*Social Sciences in China* 39, (1), 78-97.

[280]Yang, Guobin. (2010). “Brokering environment and health in China: Issue entrepreneurs of the public sphere. ”*Journal of Contemporary China*, 19(63), 101-118.

[281] Yi, Hongtao, Frances Stokes Berry, and Wenna Chen. (2018). “Management innovation and policy diffusion through leadership transfer networks: An agent network diffusion model. ” *Journal of Public Administration Research and Theory*, 28(4), 457-474.

[282]Yu, Hongyuan. (2004). “Global environment regime and climate policy coordination in China. ”*Journal of Chinese Political Science*, 9(2), 63-77.

[283]Yu, Jinhai, Edward T. Jennings, and J. S. Butler. (2020). “Lobbying, learning and policy reinvention: An examination of the American states’ drunk driving laws. ”*Journal of Public Policy*, 40(2), 259-279.

[284]Yu, Min, and Christopher B. Crowley. (2020). “The discursive politics of education policy in China: Educating migrant children. ” *The China Quarterly*, 241, 87-111.

[285]Yuanyu Qu, J. Howell, Regina Enjuto Martinez. (2022). “Contracting Welfare Services to Social Organizations in China: Multiple Logics. ” *The China*

Quarterly, 6 .

[286] Zhan, Jing Vivian, and Jiangnan Zhu. (2023). "Policy coordination and selective corruption control in China. "*Policy Studies Journal,* 51(3), 685-702.

[287] Zhan, Xueyong, and Shui-Yan Tang. (2013). "Political opportunities, resource constraints and policy advocacy of environmental NGOs in China. "*Public Administration,* 91(2), 381-399.

[288] Zhang, Nandiyang, and David H. Rosenbloom. (2018). "Multi-Level Policy Implementation: A Case Study on China's Administrative Approval Intermediaries' Reforms. "*Australian Journal of Public Administration,* 77(4), 779-796.

[289] Zhang, Pan, Wu, Jiannan. (2019). "Performance targets, path dependence, and policy adoption: evidence from the adoption of pollutant emission control policies in Chinese provinces. "*International Public Management Journal,* 1-16.

[290] Zhang, Xuehua. (2017). "Implementation of pollution control targets in China: has a centralized enforcement approach worked?. "*The China Quarterly,* 231, 749-774.

[291] Zhang, Yongliang, Bing Zhang, and Jun Bi. (2012). "Policy conflict and the feasibility of water pollution trading programs in the Tai Lake Basin, China. "*Environment and Planning C: Government and Policy,* 30(3), 416-428.

[292] Zhang, Youlang, and Xufeng Zhu. (2019). "Multiple mechanisms of policy diffusion in China. "*Public Management Review,* 21(4), 495-514.

[293] Zhang, Youlang, and Xufeng Zhu. (2020). "The moderating role of top-down supports in horizontal innovation diffusion. "*Public Administration Review,* 80(2), 209-221.

[294] Zhang, Yunxiang, and Shichen Wang. (2021). "How does policy innovation diffuse among Chinese local governments? A qualitative comparative analysis of River Chief Innovation. "*Public Administration and Development,* 41(1), 34-47.

[295] Zhao, Taotao, and Sow Keat Tok. (2021). "From academic discourse to political decisions? The case of the Xinjiang ethnic unity education textbook reform. "*The China Quarterly,* 245, 165-185.

[296] Zhu, Xufeng, and Hui Zhao. (2018). "Recognition of innovation and diffusion of welfare policy: Alleviating urban poverty in Chinese cities during fiscal recentralization. "*Governance,* 31 (4), 721-739.

[297] Zhu, Xufeng, and Hui Zhao. (2021). "Experimentalist governance with interactive central-local relations: Making new pension policies in China. " *Policy Studies Journal,* 49 (1), 13-36.

[298] Zhu, Xufeng, and Peipei Zhang. (2016). "Intrinsic motivation and expert behavior: Roles of individual experts in Wenling participatory budgeting reform in China. "*Administration and Society,* 48 (7), 851-882.

[299] Zhu, Xufeng, and Tianguang Meng. (2020). "Geographical leadership mobility and policy isomorphism: Narrowing the regional inequality of social spending in China. "*Policy Studies Journal,* 48 (3), 806-832.

[300] Zhu, Xufeng, and Youlang Zhang. (2016). "Political mobility and dynamic diffusion of innovation: The spread of municipal pro-business administrative reform in China. "*Journal of Public Administration Research and Theory,* 26 (3), 535-551.

[301] Zhu, Xufeng. (2014). "Mandate versus championship: Vertical government intervention and diffusion of innovation in public services in authoritarian China. "*Public Management Review,* 16 (1), 117-139.

[302] Zhu, Xufeng. (2016). "Dynamics of central-local relations in China's social welfare system. "*Journal of Chinese Governance,* 1 (2), 251-268.

[303] Zhu, Xufeng. (2017). "Inter-regional diffusion of policy innovation in China: A comparative case study. "*Asian Journal of Political Science* 25 (3), 266-286.

[304] Zhu, Yapeng, and Hui Ding. (2022). "Social Construction of Target Groups and Policy Design. "*China Review,* 22 (4), 231-262.

[305] Zou, Yonghua, et al. (2022). "The diffusion of the housing purchase restriction policy in China. "*Cities,* 120, 103401.

[306] Howlett, M. (2014). "From the 'Old' to the 'New' Policy Design: Design Thinking Beyond Markets and Collaborative Governance. "*Policy Sciences,* 47, 187-207.

附录 1　中英文期刊目录

编号	期刊	备注
1	北京行政学院学报	
2	科技进步与对策	最终无文献保留
3	当代世界社会主义问题	最终无文献保留
4	北京社会科学	
5	东南学术	
6	东岳论丛	
7	读书	最终无文献保留
8	安徽大学学报（哲学社会科学版）	
9	北京大学学报（哲学社会科学版）	
10	北京工业大学学报（社会科学版）	
11	北京联合大学学报（人文社会科学版）	最终无文献保留
12	甘肃行政学院学报	
13	公共管理与政策评论	
14	当代世界与社会主义	
15	福建论坛（人文社会科学版）	
16	甘肃社会科学	
17	广东社会科学	
18	贵州社会科学	
19	北京师范大学学报（社会科学版）	
20	重庆大学学报（社会科学版）	最终无文献保留
21	大连理工大学学报（社会科学版）	

编号	期刊	备注
22	东北大学学报（社会科学版）	
23	行政论坛	
24	公共管理学报	
25	社会主义研究	
26	国外社会科学	
27	河北学刊	
28	江海学刊	
29	江汉论坛	
30	东北师大学报（哲学社会科学版）	
31	东南大学学报（哲学社会科学版）	
32	福建师范大学学报（哲学社会科学版）	最终无文献保留
33	复旦学报（社会科学版）	最终无文献保留
34	公共行政评论	
35	管理世界	
36	中国特色社会主义研究	
37	教育研究	
38	城市发展研究	
39	江淮论坛	
40	江苏社会科学	
41	内蒙古社会科学	
42	华中科技大学学报（社会科学版）	
43	华中农业大学学报（社会科学版）	
44	华中师范大学学报（人文社会科学版）	
45	江苏行政学院学报	
46	软科学	
47	北京工商大学学报	最终无文献保留
48	改革	
49	江西社会科学	
50	开放时代	
51	南京社会科学	

编号	期刊	备注
52	广西大学学报（哲学社会科学版）	
53	海南大学学报（人文社会科学版）	
54	河海大学学报（哲学社会科学版）	
55	河南大学学报（社会科学版）	
56	理论探索	
57	社会保障评论	
58	广东财经大学学报	
59	城市问题	
60	宁夏社会科学	
61	青海社会科学	
62	求是学刊	最终无文献保留
63	河南师范大学学报（哲学社会科学版）	
64	湖北大学学报（哲学社会科学版）	
65	湖南大学学报（社会科学版）	
66	湖南科技大学学报（社会科学版）	
67	理论探讨	
68	治理研究	
69	贵州财经大学学报	
70	求索	
71	人民论坛	
72	人文杂志	
73	山东社会科学	
74	湖南师范大学社会科学学报	
75	华东师范大学学报（哲学社会科学版）	
76	华南农业大学学报（社会科学版）	
77	华南师范大学学报（社会科学版）	
78	理论学刊	
79	中国行政管理	
80	经济社会体制比较	
81	社会科学	

编号	期刊	备注
82	社会科学辑刊	
83	社会科学研究	
84	社会科学战线	
85	吉林大学社会科学学报	
86	吉首大学学报（社会科学版）	
87	济南大学学报（社会科学版）	最终无文献保留
88	暨南学报（哲学社会科学版）	最终无文献保留
89	理论与改革	
90	山西财经大学学报	
91	上海财经大学学报	最终无文献保留
92	思想战线	
93	探索与争鸣	
94	天津社会科学	
95	文化纵横	
96	江西师范大学学报（哲学社会科学版）	
97	兰州大学学报（社会科学版）	
98	南昌大学学报（人文社会科学版）	
99	求实	
100	中国工业经济	
101	中国农村观察	
102	文史哲	最终无文献保留
103	新疆社会科学	
104	学海	
105	南京大学学报（哲学·人文科学·社会科学）	
106	南京农业大学学报（社会科学版）	
107	南京师大学报（社会科学版）	
108	南开学报（哲学社会科学版）	
109	上海行政学院学报	
110	中央财经大学学报	
111	社会	最终无文献保留

编号	期刊	备注
112	学术界	
113	学术前沿	最终无文献保留
114	学术研究	
115	学术月刊	
116	南通大学学报（社会科学版）	
117	清华大学学报（哲学社会科学版）	
118	山东大学学报（哲学社会科学版）	
119	探索	
120	中国软科学	
121	社会学评论	
122	学习与实践	
123	学习与探索	
124	山东师范大学学报（人文社会科学版）	最终无文献保留
125	山西大学学报（哲学社会科学版）	
126	陕西师范大学学报（哲学社会科学版）	
127	上海大学学报（社会科学版）	
128	上海交通大学学报（哲学社会科学版）	
129	中共中央党校（国家行政学院）学报	
130	社会学研究	
131	云南社会科学	
132	浙江社会科学	
133	浙江学刊	
134	中国高校社会科学	最终无文献保留
135	上海师范大学学报（哲学社会科学版）	
136	深圳大学学报（人文社会科学版）	
137	首都师范大学学报（社会科学版）	
138	四川大学学报（哲学社会科学版）	
139	政治学研究	
140	社会发展研究	
141	中国社会科学	

续表

编号	期刊	备注
142	中州学刊	
143	四川师范大学学报（社会科学版）	
144	苏州大学学报（哲学社会科学版）	
145	同济大学学报（社会科学版）	
146	武汉大学学报（哲学社会科学版）	
147	西安交通大学学报（社会科学版）	
148	西北大学学报（哲学社会科学版）	
149	电子政务	
150	中国人口·资源与环境	
151	学术论坛	
152	西北农林科技大学学报（社会科学版）	
153	西北师大学报（社会科学版）	
154	西藏大学学报（社会科学版）	
155	西南大学学报（社会科学版）	
156	厦门大学学报（哲学社会科学版）	
157	湘潭大学学报（哲学社会科学版）	
158	新疆大学学报（哲学人文社会科学版）	最终无文献保留
159	经济体制改革	
160	新疆师范大学学报（哲学社会科学版）	
161	云南师范大学学报（哲学社会科学版）	最终无文献保留
162	浙江大学学报（人文社会科学版）	
163	浙江工商大学学报	
164	郑州大学学报（哲学社会科学版）	
165	中国地质大学学报（社会科学版）	
166	中国农业大学学报（社会科学版）	
167	中国人民大学学报	
168	中南大学学报（社会科学版）	
169	中山大学学报（社会科学版）	
170	The China Quarterly	补充搜索
171	COMPARATIVE POLITICAL STUDIES	补充搜索

续表

编号	期刊	备注
172	CLIMATE POLICY	
173	The China Journal	补充搜索
174	ADMINISTRATION & SOCIETY	补充搜索
175	ENVIRONMENT AND PLANNING C-POLITICS AND SPACE	
176	Modern China	补充搜索
177	GOVERNANCE – AN INTERNATIONAL JOURNAL OF POLICY ADMINISTRATION AND INSTITUTIONS	补充搜索
178	SCIENCE AND PUBLIC POLICY	
179	Journal of Contemporary China	补充搜索
180	COMPARATIVE POLITICS	补充搜索
181	PUBLIC POLICY AND ADMINISTRATION	补充搜索
182	China Review	补充搜索
183	CRITICAL POLICY STUDIES	
184	REGULATION & GOVERNANCE	补充搜索
185	China Information	补充搜索
186	JOURNAL OF COMPARATIVE POLICY ANALYSIS	补充搜索
187	INTERNATIONAL PUBLIC MANAGEMENT JOURNAL	补充搜索
188	China：An International Journal	补充搜索
189	INTERNATIONAL REVIEW OF ADMINISTRATIVE SCIENCES	补充搜索
190	JOURNAL OF ACCOUNTING AND PUBLIC POLICY	
191	Journal of Chinese Political Science	补充搜索
192	SOCIAL POLICY & ADMINISTRATION	补充搜索
193	JOURNAL OF POLICY ANALYSIS AND MANAGEMENT	
194	Journal of Asian Public Policy	补充搜索
195	JOURNAL OF PUBLIC ADMINISTRATION RESEARCH AND THEORY	补充搜索
196	JOURNAL OF PUBLIC POLICY	补充搜索
197	Asian Survey	补充搜索
198	JOURNAL OF SOCIAL POLICY	补充搜索
199	LOCAL GOVERNMENT STUDIES	补充搜索

编号	期刊	备注
200	Journal of Chinese Governance	补充搜索
201	NONPROFIT MANAGEMENT & LEADERSHIP	
202	POLICY AND POLITICS	补充搜索
203	Communist and Post-Communist Studies	
204	POLICY AND SOCIETY	补充搜索
205	POLICY SCIENCES	补充搜索
206	AMERICAN REVIEW OF PUBLIC ADMINISTRATION	补充搜索
207	POLICY STUDIES	补充搜索
208	POLICY STUDIES JOURNAL	补充搜索
209	PUBLIC ADMINISTRATION	补充搜索
210	PUBLIC ADMINISTRATION AND DEVELOPMENT	补充搜索
211	PUBLIC ADMINISTRATION REVIEW	补充搜索
212	AUSTRALIAN JOURNAL OF PUBLIC ADMINISTRATION	补充搜索
213	PUBLIC MANAGEMENT REVIEW	补充搜索
214	PUBLIC MONEY & MANAGEMENT	
215	CANADIAN PUBLIC ADMINISTRATION - ADMINISTRATION PUBLIQUE DU CANADA	
216	PUBLIC PERFORMANCE & MANAGEMENT REVIEW	补充搜索
217	REVIEW OF POLICY RESEARCH	补充搜索

附录 2 《国家科研项目分类表》

国家科研项目分类表科研课题分类

分类	项目
一类： 是以"国家自然科学基金重点项目""国家社科基金重点项目"为标杆的科研课题	自然科学类：国家自然科学基金重点项目、国家自然科学基金重大项目、国家自然科学基金重大研究计划项目（经费 100 万元以上）、国家杰出青年科学基金、高等学校全国优秀博士学位论文作者专项资金、863 计划课题（经费 100 万元以上）、973 课题（经费 100 万元以上）、国家科技支撑计划课题（经费 100 万元以上） 社会科学类：国家社科基金重点项目、国家软科学研究计划重大项目、高等学校全国优秀博士学位论文作者专项资金
二类： 是以"国家自然科学基金项目""国家社科基金项目"为标杆的科研课题	自然科学类：国家自然科学基金项目、国家自然科学基金委员会科学部主任基金、国家自然科学基金专项项目、863 课题（经费 30 万元以上）、973 课题（经费 30 万元以上）、霍英东教育基金会高等院校青年教师基金、高等学校博士学科点专项科研基金、教育部新世纪优秀人才支持计划、国家政策引导类科技计划（星火计划、农业科技成果转化资金支持项目、火炬计划国家重点新产品计划、国际科技合作计划）以及国家各部委、各省、自治区、直辖市委托专项课题（经费 40 万元以上）和企业以产学研合作方式委托研发类课题（其中到校经费中研究经费达到 50 万元以上） 社会科学类：国家社科基金项目、国家软科学研究计划项目、霍英东教育基金会高等院校青年教师基金、教育部新世纪优秀人才支持计划、教育部哲学社会科学研究重大课题攻关项目、国家政策引导类科技计划（国家软科学研究计划）以及国家各部委、各省、自治区、直辖市委托专项课题（研究经费 20 万元以上）、企业以产学研合作方式委托咨询类课题（研究经费 30 万元以上）

续表

分类	项目
三类： 是以"省自然科学基金项目"、"教育部人文社会科学研究项目"为标杆的科研课题	自然科学类：省自然科学基金项目、863 课题（经费 10 万元以上）、973 课题（经费 10 万元以上）、教育部科学技术研究项目、教育部留学回国人员科研启动基金、省优秀青年科技基金、省科技攻关计划项目、省教育厅自然科学研究重点项目、国家重点实验室和国家工程（技术）研究中心开放基金、中国博士后科学基金资助以及国家各部委、各省、自治区、直辖市委托专项课题（经费 20 万元以上）和企业以产学研合作方式委托研发类课题（其中到校经费中研究经费达到 25 万元以上） 社会科学类：教育部人文社会科学研究项目、全国教育科学规划课题、教育部留学回国人员科研启动基金、高等学校博士学科点专项科研基金（新教师基金课题）、省软科学研究计划项目、省哲学社会科学规划项目、省教育厅人文社会科学研究重点项目、中国博士后科学基金资助以及国家各部委、各省、自治区、直辖市委托专项课题（研究经费 10 万元以上）和企业以产学研合作方式委托咨询类课题（研究经费 15 万元以上）
四类： 是以"省教育厅自然科学研究项目的科研课题""安徽省教育厅人文社会科学研究项目"为标杆的科研课题	自然科学类：省教育厅自然科学研究项目、安徽省高校青年教师科研资助计划、省部级重点实验室和省部级工程（技术）研究中心开放基金以及国家各部委、各省、自治区、直辖市委托专项课题（经费 10 万元以上）、各地市级政府、各厅局级单位委托专项课题（经费 10 万元以上），企业以产学研合作方式委托研发类课题（其中到校经费中研究经费达到 10 万元以上） 社会科学类：安徽省教育厅人文社会科学研究项目、安徽省高校青年教师科研资助计划以及国家各部委、各省、自治区、直辖市委托专项课题（研究经费 5 万元以上）、地市级政府、各厅局级单位委托专项课题（研究经费 3 万元以上），企业以产学研合作方式委托咨询类课题（研究经费 5 万元以上）
五类	自然科学类：各类单位设立或立项的课题（研究经费 1 万元以上）、企业以产学研合作方式委托研发类课题（其中到校经费中研究经费达到 2 万元以上） 社会科学类：各类单位设立或立项的课题（研究经费 0.3 万元以上）、企业以产学研合作方式委托咨询类课题（经费 1 万元以上）

附录 3　编码框设计

<table>
<tr><td colspan="3" align="center">编码框设计表</td></tr>
<tr><td align="center">维度</td><td align="center">指标/编码</td><td align="center">规则和注意事项</td></tr>
<tr><td>［A］作者</td><td></td><td>直接填充内容。多个作者用";"隔开</td></tr>
<tr><td>［B］题名</td><td></td><td>直接填写题名</td></tr>
<tr><td>［C］发表时间</td><td></td><td>直接填写发表时间。用四位数年份编码</td></tr>
<tr><td>［D］来源期刊</td><td></td><td>直接填充内容</td></tr>
<tr><td>［E］关键词</td><td></td><td>直接填充内容。多个关键词用";"隔开</td></tr>
<tr><td rowspan="4">［F］作者
机构</td><td>［0/1］高等院校</td><td rowspan="4">多选。编码方法为"0/1"。特别注意：只编码单个作者的第一机构。有多个作者才编码多个机构</td></tr>
<tr><td>［0/1］党校和行政学院</td></tr>
<tr><td>［0/1］政府部门</td></tr>
<tr><td>［0/1］其他科研机构</td></tr>
<tr><td rowspan="5">［G］基金
支持</td><td>［0/1］无基金</td><td rowspan="5">多选。有特定基金支持则编码为"1"，否则编码为"0"。特别注意：如果没有基金支持，则"无基金支持"编码为"1"；其他项编码为"0"</td></tr>
<tr><td>［0/1］国家级</td></tr>
<tr><td>［0/1］省部级</td></tr>
<tr><td>［0/1］地市级</td></tr>
<tr><td>［0/1］校级</td></tr>
<tr><td>［H］研究
问题</td><td>［0］没有科学的研究问题
［1］有科学的研究问题</td><td>单选。这里强调的是科学性；科学性一般都是经验的和理论的，问题解决型、倡导型以及规范-价值型的问题都属于"没有科学的研究问题"，即编码为［0］</td></tr>
</table>

续表

维度	指标/编码	规则和注意事项
[I] 研究问题属性	[1] 中国政策过程的研究的一般问题 [2] 中国特定具体政策议题	单选
[J] 研究目的	[1] 公共价值 [2] 政策问题—倡导（界定政策过程中的实践问题） [3] 理论目标 [4] 其他	单选。尽量不要编码"其他"类！
[K] 研究范式	[1] 实证性研究 [2] 规范性研究 [3] 倡导性研究	单选
[L] 议题领域	[0/1] 其他 [0/1] 议程设置 [0/1] 制定/决策 [0/1] 设计（整合、工具） [0/1] 执行 [0/1] 评估（包括效果、反馈、态度等，以及终结） [0/1] 创新与扩散（学习、试验、试点） [0/1] 政策变迁 [0/1] 整体的政策过程	多选。有特定议题则编码为"1"，否则编码为"0"。特别注意：尽量不要编码"其他"类。意即，"其他"类尽量编码为"0"
[M] 研究主体	[0] 无明确指向 [1] 中央政府 [2] 地方政府 [3] 经济—社会主体 [4] 央—地 [5] 政—经/社	单选。这里主要强调的是整个的研究对象的主体。注意与方法和经验部分的区分
[N] 政策领域	[0] 无经验性政策领域 [1] 教育文化 [2] 社会政策 [3] 环境政策 [4] 经济和创新 [5] "三农" [6] 国防外交 [7] 其他政策领域 [8] 跨政策领域的比较分析	单选

续表

维度	指标/编码	规则和注意事项
[O] 理论框架	[0] 没有理论框架 [1] 自己建构分析框架 [2] 使用经典的政策过程理论作为框架 [3] 使用其他学科理论作为框架 [4] 以现有理论为基础修订/建构新的理论框架 [5] 以修正经典政策过程理论为研究目的	单选
[P] 核心理论贡献	[0] 无 [1] 借用和拓展 [2] 提炼概念（如选择性执行） [3] 建构概念模型 [4] 生成理论 [5] 方法论丰富与创新 [6] 研究视角/范式创新	单选。注意，这里的生成理论值"理论"一定需要因果关系和因果机制
[Q] 研究方法	[1] 量化：实验/准实验 [2] 量化：计量 [3] 质性：单案例研究 [4] 质性：比较案例分析 [5] 质性：民族志 [6] 混合：定性比较分析（QCA） [7] 混合：其他 [8] 理论阐释（文献综述） [9] 其他	单选
[R] 资料搜集	[0/1] 其他 [0/1] 实验 [0/1] 问卷调查 [0/1] 二手数据 [0/1] 访谈 [0/1] 观察	多选。有特定资料搜集方法则编码为"1"，否则编码为"0"。特别注意：如果没有资料搜集方法，则"其他"编码为"1"；特定研究方法项全部编码为"0"
[S] 资料分析	[0/1] 其他 [0/1] 统计分析 [0/1] 内容分析 [0/1] 扎根理论 [0/1] 主题分析 [0/1] 话语分析	多选。有特定资料分析方法则编码为"1"，否则编码为"0"。特别注意：如果没有资料分析方法，则"其他"编码为"1"；特定资料分析方法项全部编码为"0"

续表

维度	指标/编码	规则和注意事项
[T] 政府层级	[0/1] 其他	多选。这里主要讨论的是经验涉及特定的政府层级，该项编码为"1"，否则编码为"0"。特别注意：如果没有涉及特定的政府层级，则"其他"编码为"1"；特定政府层级项全部编码为"0"
	[0/1] 中央	
	[0/1] 省级	
	[0/1] 地市级	
	[0/1] 县区级	
	[0/1] 乡镇/街道	
	[0/1] 村—居	
[U] 涉及主体	[0/1] 无主体	多选。经验中涉及特定的主体，该项编码为"1"，否则编码为"0"。特别注意：如果没有涉及特定的主体，则"其他"编码为"1"；特定主体项全部编码为"0"
	[0/1] 各级政府（内部）	
	[0/1] 府际关系（互动）	
	[0/1] 干部（街头官僚）	
	[0/1] 专家（高校、智库）	
	[0/1] 经济组织	
	[0/1] 社会组织—团体	
	[0/1] 公众	
[V] 主体间互动	[0] 无 [1] 低：仅对单一主体行为进行研究 [2] 中：单向互动（命令—服从；无反馈） [3] 高：双向—网络互动	单选。其中，"无"是指研究中没有针对特定主体的指涉
[W] 数据资料容量	[0] 薄弱（无数据） [1] 适中（0～100份政策文本/10万字以内访谈资料/10位以下访谈对象/百份问卷样本/单案例） [2] 丰富（100份以上政策文本/10万字以上访谈资料/10位以上访谈对象/千份问卷样本/多案例）	单选
[X] 数据时间跨度	[0] 无数据 [1] 单一时间点 [2] 5年内 [3] 5～10年 [4] 10年及以上	单选

续表

维度	指标/编码	规则和注意事项
［Y］经验区域	［0］无 ［1］东北（黑龙江省、吉林省、辽宁省） ［2］华东（上海市、江苏省、浙江省、安徽省、福建省、江西省、山东省、台湾省） ［3］华北（北京市、天津市、山西省、河北省、内蒙古自治区） ［4］华中（河南省、湖北省、湖南省） ［5］华南（广东省、广西壮族自治区、海南省、香港特别行政区、澳门特别行政区） ［6］西南（四川省、贵州省、云南省、重庆市、西藏自治区） ［7］西北（陕西省、甘肃省、青海省、宁夏回族自治区、新疆维吾尔自治区） ［8］跨区域 ［9］匿名	单选
［Z］摘要		直接复制内容